·西方法制史系列·

上海市教委2005年重点科研项目
上海市重点学科建设项目，编号：T1001

西方宪法史

The History of Western Constitution

主　编　何勤华　张海斌
撰稿人　何勤华　冯　尚　彭　杨
　　　　徐震宇　刘守刚　张海斌
　　　　张　彬　胡照青　朱应平

图书在版编目(CIP)数据

西方宪法史/何勤华,张海斌主编.—北京:北京大学出版社,2006.12

(西方法制史系列)

ISBN 978 – 7 – 301 – 11355 – 4

Ⅰ.西… Ⅱ.①何…②张… Ⅲ.宪法-法制史-西方国家 Ⅳ.D911.02

中国版本图书馆 CIP 数据核字(2006)第 148263 号

书　　　名:	西方宪法史
著作责任者:	何勤华　张海斌　主编
责 任 编 辑:	朱梅全　丁传斌　王业龙
标 准 书 号:	ISBN 978 – 7 – 301 – 11355 – 4/D·1646
出 版 发 行:	北京大学出版社
地　　　址:	北京市海淀区成府路 205 号　100871
网　　　址:	http://www.pup.cn
电　　　话:	邮购部 62752015　发行部 62750672　编辑部 62752027 出版部 62754962
电 子 邮 箱:	law@pup.pku.edu.cn
印　　刷　者:	北京宏伟双华印刷有限公司
经　　销　者:	新华书店
	890 毫米×1240 毫米　A5　18.625 印张　519 千字 2006 年 12 月第 1 版　2008 年 3 月第 2 次印刷
定　　　价:	38.00 元

未经许可,不得以任何方式复制或抄袭本书之部分或全部内容。
版权所有,侵权必究
举报电话:010 – 62752024　电子邮箱:fd@pup.pku.edu.cn

序

"宪法"一词,在中国起源很早。在公元前5世纪前后面世的《国语·晋语九》中就有"赏善罚奸,国之宪法也"。在战国时期成书的《管子·七法》中,也有"有一体之治,故能出号令,明宪法矣"的用语。在这些中国上古时代的文献中,"宪法"一词已具有"国法"、"根本大法"的内涵,但还没有近代以后宪法所蕴含的人权保障、权力分立与制约等意义。

蕴含有人权保障、权力分立与制约等意义的近代宪法,起源于西方,是西方法治社会与传统的产物。在中国,关于中国宪法史的研究已经有了一些成果,但关于西方宪法史的研究则还是一片空白。而中国的现代宪法文化,主要源于西方经验,是19世纪末20世纪初在移植西方宪法制度与理念的基础上,糅入中国的实践而整合出来的。因此,笔者以为,研究现代中国的宪法文化,追溯西方宪法的历史,在某种程度上,比研究中国宪法的历史意义还要重大。这也是我们编写本书的基本宗旨。

研究西方宪法史虽然具有重大的学术价值,但完成一部西方宪法史作品却并不是一件容易的事——中国已经有了近一百年的宪法学研究历史,却至今未有一部西方宪法史著作出版已经说明了这一点。其困难之处不仅仅在于西方宪法史涉及撰稿人的外语水平、大量文献资料的收集解读,以及西方宪政观点的把握等诸方面,还因为它涉及西方政治学、历史学、社会学等领域,甚至还需要有扎实的西方政治哲学的基础。考虑到这一点,我们这几个撰稿人虽然完成了本书的写作,但心里却是十分忐忑不安。我们期待着学术界的关心和批评指正。

本书是一部合著,写作大纲由何勤华与张海斌编写,具体参加撰稿的人员如下：

何勤华　导论
冯　尚　第一章
彭　杨　第二章
徐震宇　第三章
刘守刚　第四章
张海斌　第五章，第八章，目录
张　彬、胡照青　第六章
朱应平　第七章，英文目录

本书是上海市教委 2005 年度重点科研项目，也是上海市重点学科建设项目，其经费资助为本书的写作奠定了物质基础。华东政法学院法律学院副教授魏琼博士和刑事司法学院副教授夏菲博士，为本书英文资料的收集提供了帮助。华东师范大学法政学院讲师陈融博士以及上海社会科学院法学研究所浦增元研究员为本书英文目录的翻译提供了指导。北京大学出版社王业龙老师则为本书的出版付出了诸多心血。对此，我们均表示诚挚的谢意。

何勤华
于上海·华东政法学院
2006 年 10 月 1 日

目　　录

导　论　放宽历史的视界 …………………………………………… 1

第一章　古代希腊宪政 ………………………………………… 18
　第一节　古希腊宪政总论 …………………………………… 18
　第二节　雅典宪政 …………………………………………… 29
　第三节　古希腊宪政的历史地位 …………………………… 74

第二章　古代罗马宪制 ………………………………………… 77
　第一节　王政时期的罗马宪制 ……………………………… 79
　第二节　共和国时期罗马宪制 ……………………………… 84
　第三节　罗马宪制转型期 …………………………………… 118
　第四节　元首制时期的罗马宪制 …………………………… 123
　第五节　帝国时期的罗马宪制 ……………………………… 128
　第六节　罗马宪制总结 ……………………………………… 130
　第七节　波利比阿和西塞罗的宪政思想 …………………… 133

第三章　中世纪的宪政传统 …………………………………… 140
　第一节　罗马的衰败与中世纪的开始 ……………………… 140
　第二节　日耳曼社会与宪政 ………………………………… 143
　第三节　中世纪西欧封建主义与近现代宪政 ……………… 151
　第四节　中世纪英格兰宪政的发展 ………………………… 166
　第五节　中世纪教会与宪政 ………………………………… 188
　第六节　中世纪城市与宪政 ………………………………… 208
　第七节　中世纪宪政发展的特点和意义 …………………… 221

第四章　近代个人主义宪法思想 ……………………… 225
第一节　近代的来临与个人主义的诞生 …………… 225
第二节　近代宪法思想的初步形成 ………………… 236
第三节　近代宪法思想的发展 ……………………… 249
第四节　19世纪宪法思想的完善及其影响 ………… 270
第五节　小结 ………………………………………… 279

第五章　社会民主主义宪法 …………………………… 281
第一节　《魏玛宪法》概述 …………………………… 281
第二节　社会民主主义宪法的思想背景 …………… 285
第三节　社会民主主义宪法的确立 ………………… 290
第四节　社会民主主义宪法的国际化 ……………… 299
第五节　社会民主主义宪法的基本特征 …………… 304

第六章　西方主要国家宪政实践 ……………………… 310
第一节　英国的宪政实践 …………………………… 310
第二节　美国的宪政实践 …………………………… 341
第三节　法国的宪政实践 …………………………… 377
第四节　德国的宪政实践 …………………………… 413
第五节　日本的宪政实践 …………………………… 440

第七章　西方宪法原则与宪法制度及其现代化 ……… 469
第一节　概述 ………………………………………… 469
第二节　人民主权原则 ……………………………… 475
第三节　法治原则 …………………………………… 497
第四节　宪法分权制衡原则 ………………………… 523
第五节　人权保障原则 ……………………………… 550

第八章　21世纪西方宪法的新课题 …………………… 576
第一节　概述 ………………………………………… 576
第二节　当代西方宪法的机遇与挑战 ……………… 577
第三节　知行合一：当代立宪主义的使命 ………… 586

Contents

Introduction: to Broaden Historical Vision 1

Chapter 1 Constitutional System in Ancient Greece 18
    Section 1 Introduction to the Constitutionalism in
                 Ancient Greece 18
    Section 2 Constitutionalism in Ancient Athens 29
    Section 3 Historical Position of the Constitutionalism
                 in Ancient Greece 74

Chapter 2 Constitutional System of Ancient Roman 77
    Section 1 Roman Constitutionalism in the
                 Regal Age 79
    Section 2 Roman Constitutionalism in the
                 Principate Age 84
    Section 3 Transitive Period of Roman
                 Constitutionalism 118
    Section 4 Roman Constitutionalism in the
                 Monarch Age 123
    Section 5 Roman Constitutionalism in the
                 Imperial Age 128
    Section 6 Summary 130
    Section 7 Constitutional Thoughts of Polybius
                 and Cicero 133

Chapter 3 Constitutional Tradition in Medieval Times ······ 140

- Section 1 Decline of Roman Empire and the Beginning of Medieval Times ·················· 140
- Section 2 Germanic Society and Constitutionalism ······ 143
- Section 3 Western European Feudalism in Medieval Times and the Constitutionalism in Modern Times ·· 151
- Section 4 Evolution of English Constitutionalism in Medieval Times ······························· 166
- Section 5 The Christian Church in Medieval Times and Constitutionalism ···························· 188
- Section 6 Cities in Medieval Times and Constitutionalism ······································ 208
- Section 7 Characteristics and Significance of the Development of Constitutionalism in Medieval Times ································· 221

Chapter 4 The Constitutional Ideology of Individualism in Modern Times ······························ 225

- Section 1 Approach of Modern Times and the Birth of Individualism ································ 225
- Section 2 Preliminary Formation of Modern Constitutional Ideology ······················· 236
- Section 3 Evolution of Modern Constitutional Ideology ··· 249
- Section 4 Improvement and Influence of the Constitutional Ideology in the 19th Century ·· 270
- Section 5 Summary ··· 279

Chapter 5 Social Democratic Constitutional Laws 281
　　Section 1　General Outline 281
　　Section 2　Ideological Basis of Social Democratic
　　　　　　　Constitutional Laws 285
　　Section 3　Establishment of Social Democratic
　　　　　　　Constitutional Laws 290
　　Section 4　Internationalization of Social Democratic
　　　　　　　Constitutional Laws 299
　　Section 5　Basic Characteristics of Social Democratic
　　　　　　　Constitutional Laws 304

**Chapter 6 Constitutional Practice in the Leading
　　　　　　Countries** 310
　　Section 1　Constitutional Practice in UK 310
　　Section 2　Constitutional Practice in US 341
　　Section 3　Constitutional Practice in France 377
　　Section 4　Constitutional Practice in Germany 413
　　Section 5　Constitutional Practice in Japan 440

**Chapter 7 The Principles and Systems of Western
　　　　　　Constitution and Their Modernization** 469
　　Scetion 1　General Outline 469
　　Section 2　The Principle of Popular Sovereignty 475
　　Section 3　The Principle of the Rule of Law 497
　　Section 4　The Principle of the Separation of Powers
　　　　　　　and Checks and Balances 523
　　Section 5　The Principle of Human Rights Protection 550

Chapter 8 New Subjects of Western Constitutional Law in the 21st Century ·············· 576
　Section 1　General Outline ····························· 576
　Section 2　The Opportunities and Challenges Facing Contemporary Western Constitutional Law ·· 577
　Section 3　The Unity of Knowledge and Practice: Mission for Contemporary Constitutionalism ············ 586

导 论
放宽历史的视界

一

从历史哲学的角度看,历史学很大程度上是一种阐释学。研究历史并获致对历史的确切把握,必然受制于史家的视角和眼光,受制于整理历史事实和事件的立场与方法,最终受制于如何定义概念。因此,不同视角的观照,使得历史具有了多重阐释的可能性,在此基础上,新的历史图景可能得以呈现,一些被其他视角长期遮蔽的历史意义可能得以揭示。

因此,本书关于西方宪法史的研究,很大程度上就是一种对于西方宪法历史的阐释。它涉及如何理解宪法的涵义,如何理解历史上宪法事件或者具有宪法意义的事件,如何理解宪法性事件之间的因果关系等等。这些先决性命题,决定了西方宪法的历史图景及其线索。而对这些问题的回答,在宪法学界依旧是一个见仁见智的话题。

我们认为,梳理西方宪法史,重要的在于如何界定"宪法"。这个问题在宪法学界看来,似乎不是一个值得争议的命题。在国内的任何宪法学教材上,都有关于宪法的清晰概念。但是,需要指出的是,任何概念本身就是一部生生不息的流动的历史,有其萌芽、初具雏形、日渐完善乃至最终成熟的过程。如果仅仅从概念成熟状态的种种特征出发,去认识和把握概念的历史,就会犯形而上学的错误,人为地割裂历史的内在逻辑。

不难发现,在宪法学领域,对于宪法概念的认识已基本达致了一些共识,即所谓宪法的存在,首先意味着一部根本性的法律文本,这部法律文本应当具有分权和人权的价值内容,体现法治和民主的精神意蕴等等,这是毋庸置疑的。但是,正如许多宪法史作品揭示的,宪法的基本内涵,绝不是一蹴而就的。相反,它有一个发展演变的历史过程,是人类在长期的政治和法律实践过程中演进而成的。在古代希腊和古代罗马甚至更早的时代,我们已可以看到一些宪法思想的萌芽及其制度实践,这些尚未成熟的宪法形态,随着历史的演进,随着思想家们的阐发和宣传,随着各种历史事件的交互影响,渐次递进而日渐型塑成现在较为成熟的宪法形态。因此,宪法史很大程度上就是宪法的概念史。

对于历史之研究,历史学家黄仁宇先生曾提出"放宽历史的视界"的治史理念,提倡在更加宽广的学术视野和时间跨度内认识历史事件的意义,这种大历史的视角对于宪法史的研究具有重要的借鉴意义。当我们将视野扩展到更为宽广的时间和空间领域时,许多以前不具有宪法意义的事件或事实,可能被合理地纳入、连缀到宪法史的视野之中,并成为宪法的知识渊源和思想渊源。

举其荦荦大端者,譬如,按照一般的认识,宪法仅仅是欧洲文化的逻辑产物。然而,很多学者已经通过考证提出:在欧洲以外的其他文化领域,早期也存在一些民主、共和之类的价值和制度,由于因缘际会或其他复杂的原因,这些地区没有最终促成宪法的产生,最后仅仅是欧洲文明逻辑地孕育了宪法。但是,这些欧洲文明以外的地区,其早期孕育的具有宪法意义的思想和制度,并非没有意义。许多历史学家已经证实,随着人类早期政治经济文化的频繁交互,其他文明为西方宪法的产生提供过重要的甚至是关键性的智识助益。我们只有放宽历史的视界,西方宪法史的丰富性才可能更加充分地呈现出来。

二

一般认为,成熟的西方宪法诞生于近代资产阶级革命时期。但是,古代希腊以降的早期宪法思想与宪制实践,为西方宪法的成熟奠定了良好的基础。如果进一步追溯,不难发现,近东一带的政治法制实践,对于西方宪法思想的产生和发展产生过重要的影响,这些早期的宪政因子对西方宪法制度和宪法思想提供过重要的知识渊源。历史学家威尔·杜兰曾经就此指出:"欧美文明,与其说起源于克里特、希腊、罗马,不如说起源于近东。因为事实上,雅利安人并没有创造什么文明,他们的文明系来自巴比伦和埃及。"[①]因此,从近东的城市或者国家的宪政实践出发,来探询西方宪法的一些早期因子,可以使我们能够更好地把握宪法史的漫长轨迹。

(一)古代巴比伦的宪政因素

古代巴比伦是世界上最早诞生法律文明的地区之一。据史料记载,早在公元前4000年,古代巴比伦地区就进入了奴隶社会。公元前3000年初,在两河流域的南部相继出现了拉格什、乌鲁克等国家。公元前2371年,古代巴比伦地区被北部的阿卡德人统一。公元前2113年,乌尔城邦的国王乌尔纳姆再次统一了两河流域,建立了中央集权的强大的乌尔第三王朝,并编撰了适用于全境的成文法典《乌尔纳姆法典》,该法典除序言以外共有29条,是迄今所知的历史上第一部成文法典。

乌尔第三王朝衰落以后,两河流域再次陷入分裂,其间出现过一些小国,编撰过一些法典,如《苏美尔法典》、《李必特·伊斯达法典》、《俾拉拉马法典》等。公元前19世纪,阿摩利人的一个分支重新统一了两河流域,建立了强大的古巴比伦王国。公元前1762年前

[①] 〔美〕威尔·杜兰:《世界文明史——东方的遗产》卷一,幼狮文化公司译,东方出版社1999年版,第125页。

后,古巴比伦王国的第六代王汉穆拉比制定了著名的《汉穆拉比法典》,适用于整个巴比伦地区。公元前1559年以后,古巴比伦遭赫梯人入侵。公元前729年,古巴比伦王国为亚述人吞并而灭亡。

1. 古巴比伦的法律理念

古代巴比伦相对漫长的历史进程,孕育了许多重要的法制思想,有些重要的法制理念对于西方宪法思想具有重要的影响。其中以著名的《汉穆拉比法典》最为典型。《汉穆拉比法典》于1902年在苏萨出土。这部法典令人印象深刻的一个重要特征,就是法典的神圣化。也即,古代巴比伦不仅仅拥有一部成文法典,而且这部成文法典具有神圣的地位,它奠定了古代巴比伦初步的法制秩序,意义深远。

像《摩西十诫》一样,《汉穆拉比法典》也是以天赐的名义颁布的。在刻有法典的绿玉圆柱上就有"谨受于太阳神沙马什"的字样,可见一斑。在法典的前言部分,可以看到许多关于法典神圣目的的阐述,例如,法律之目的在于抑强扶弱、教化万民、增进万民福祉等等。这样,原本是一部规定世俗事务的法典,汉穆拉比却使它穿上了神圣的外衣,使世俗成文法典和神圣的力量产生了勾连。这有助于增加人们对于法典的尊重和敬畏,从而强化了法典的合法性和正当性。换言之,《汉穆拉比法典》尽管没有被赋予"宪法"的名称,但通过借助神力,使其具有了根本大法的权威。无疑,这是《汉穆拉比法典》一个值得重视的特点。

《汉穆拉比法典》在很多方面可以给后人以充分的启发。该法典中的一段话,是历史上其他任何法典所没有的,具有重要的意义。该法典描述:"这部合乎正义的法典,是汉穆拉比,一代贤明君主制定的,这部法典乃是社会安宁、政治清明的根据……他是万民的保护者……无论苏马人或者阿卡德人,他均给予同等的重视……汉穆拉比其所以要制定这部法典,目的在于勿使强凌弱,在于保护孤儿寡妇……任何受压迫的,都可到正义之王面前来申诉,让他知道,这部法典是有效的。汉穆拉比希望每一个人经由这部法典,知道什么是他的权利。"[1]

---

[1] 转引自〔美〕威尔·杜兰:《东方的遗产》,东方出版社2003年版,第122页。

从法典的内容不难看出:首先,这部法典提出了一个非常重要的法律理念,即法律正义观。在法典的表述之中,正义构成了法典正当性的基础,是法典存在的目的。如果我们暂且抛开关于正义内容的探讨不论,那么古代巴比伦的这种法律正义观念,显然要早于古代希腊哲学家们全面思考法律正义观的年代。

其次,《汉穆拉比法典》提出了另一个非常重要的法律理念,即法律权利观。该法典认为:汉穆拉比希望每一个人经由这部法典,知道什么是他的权利。由此可见,法典的目的不在于我们通常理解的维护君主的专断统治,至少在文本上在于明确并保障权利。这项规定,将法典之目的与权利之界分及其保障联系起来,在人类法制史上是一个引人注目的亮点。而众所周知,在古代希腊,权利的概念是付诸阙如的,甚至这个词在古代希腊都没有出现过。当然,值得注意的是,法典里权利的概念和现代关于权利的理解有很大的区别。但是,保障权利就是给一个人应得的东西,这种对于权利的理解和现代的权利观不会有很大的分歧。

最后,在《汉穆拉比法典》中,还可以看到另一种法律理念即法律平等观,如"无论苏马人或者阿卡德人,他均给予同等的重视",虽然这只是一些初步的法律面前人人平等的思想,并且从法典的内容来看,这种平等也仅仅是法律适用上的平等,但这种法律平等观在一种早期的奴隶制国家法典里面出现,显得弥足珍贵,对于后世的影响,自不待言。

2. 古巴比伦的限权思想

按照一些学者的观点,立宪主义的基本价值在于人权和限权。从宪法史的角度来看,限权思想的出现要远远早于人权思想。考察古代巴比伦的政治体制之后,我们不难发现,作为限制权力的政体特征在古代巴比伦是较为明显的。作为权力象征的王权并非能够为所欲为,相反,它受到诸多的限制。一般而言,古巴比伦的王权受到三种限制:一种是法律;一种是贵族;一种是祭师。其中,最为重要的限制是祭师。

如果仔细研究古巴比伦祭师阶层对王权的限制,对于一些习惯于在中世纪研究王权和教权的二元结构,并由此寻觅西方立宪主义的踪迹的学者来说,显然又开创了一个新的视域。众所周知,古代巴比伦具有神权政治的色彩,这意味着国王乃是神的代理人。国王倘要行使特定的权力,就必须从祭师手中获得权杖,否则他的权力就不能名正言顺。因此,祭师对于国王权力构成了很大的限制,这种限制建立在深厚的社会文化和宗教文化基础之上,国王也不能不尊重。另外,神权政治的一个重要特征,就是任何权力必须依照神意进行,即使制定法典,也必须寄托于神明,这对于国王来说,显然也构成了重要的限制。

考虑到以上实践,美国古代史专家韦斯特布鲁克(Raymond Westbrook)教授在《古代近东地区法律史》一书中,对古代巴比伦国王的权力受到的限制总结道:"因此,国王在法律上并不是一个彻底的统治者。尽管他无需受到司法制裁,但却不能逃避神灵的约束。如果他不能完成神的旨意,他就会受到神的惩罚,这不仅会影响到他自身也会殃及整个王国。新叙亚人的经文中写道:'如果国王不重视正义,他的人民将陷入混乱,他的土地将遭受毁灭。'在理论上,尽管只有神灵的正义一种理由,但实际上,国王的恶行可以为叛乱或篡权提供口实。"①

3. 古巴比伦的罪感文化

很多西方学者在阐述宪法和基督教的关系的时候,都将宪法的产生归因于罪感文化。他们认为罪感文化孕育了立宪主义的精神。因为根据罪恶文化,人的天性是恶的,所以应当对人性、权力和政府怀有天然的怀疑态度和戒备心理。这种罪感文化构成了西方宪法的宗教基础和心理基础。但是,考诸历史,作为宪法宗教基础的基督教罪感文化,其实最终乃是渊源于古代巴比伦的圣诗和宗教仪式。

在古巴比伦的很多文学作品之中,我们随处可以看到一些充满忏悔意识的情绪和话语。譬如在当时一首流传甚广的诗歌里,就可

---

① Raymond Westbrook, *A History of Ancient Near Eastern Law*, Volume One, Brill Leiden Boston, 2003, p.26.

以清晰地体会到其中沉重的罪恶感。诗歌写道:"主啊,我的罪既深且重……我沉没于罪恶深渊而不能自拔,仁慈的主啊,我唯有向你呼救……主啊,求你可怜我,求你拯救你这可怜的奴隶!"根据一些宗教学者的考察,古巴比伦这种罪感文化后来被犹太教、基督教吸收,成为一种关于人性善恶的宗教哲学。这种人性观,通过中世纪基督教的渗透和浸淫,对西方宪法思想中的法治主义、个人主义、良心自由等观念的形成,产生了不可忽视的影响。

4. 古代巴比伦及西亚地区的公民权及代议制萌芽

在古代巴比伦,尽管对现代意义上的公民权尚没有一个确切的外形轮廓,但对归属于一个政治单位已有明确的观念,并且同特权、义务和相应的法律后果相联系。当时存在着两种观点:广义和狭义的公民权。当王权是宪法的形式时构成广义的公民权,即统治者的臣民的权利。臣民是统治者的"奴隶",甚至当他们个体独立的时候也是如此。

在这个广泛的理念中,狭义的公民权指的是生而自由的国民的权利,与外国人的权利相对应。对国民有属地主义和属人主义两种解释。区别的重点在于生而自由的国民理当享有公民权(而且不会仅仅因沦为奴隶而丧失)。外国人、动产奴隶和其他缺乏正当理由获取公民权的人可以依靠国王的任意权取得这项权利。统治者可以吸收他们进入生而自由的国民行列。比如通过授予哈尼戈尔拔特① 之权利等。结婚或收养这样的私人调整也可能导致将奴隶等纳入一个生而自由人的种族,这是间接取得公民权的方式。②

"国民"与"臣民"二词的区别在具帝国性质的波斯和以经文为主的以色列的实践中得到了对比性解释。尽管可以通过种族融合,如婚姻,来取得公民权,但以色列的公民权严格建立在种族基础之上。相反,在埃及埃利潘蒂尼的波斯人驻地,犹太人、亚兰人、克兰斯

---

① 哈尼戈尔拔特是北叙利亚的一个王国。
② See Raymond Westbrook, *A History of Ancient Near Eastern Law*, Volume One, Brill Leiden Boston, 2003, p.36.

米亚人和其他种族的人都被作为波斯皇帝的臣民,地位同本土的埃及人相等。

一个非公民不受地方法的保护,除非作为一个友邦的外国公民,那么他会受到国际法的保护。相反,一个公民在理论上有权期待得到法律保护和法律权利的尊重,甚至是通过统治者来表达这一目的。统治者可以给予外国居住者特殊保护。一旦被授予居民身份,外国人就可以平等地进入地方法院而不用再进入为外国人专设的隔离法院。①

这里有一重大例外情况。在古叙亚人时代,有一个阿叙尔城市会议,国王是其中的成员之一。这个会议不仅以集体名义签发法令,而且以雕刻在石柱上的方式作为书面记录。在庭上,立法语言如果未被确切引用,则参照石柱上的版本。这种立法并非是仅在一个城市短暂盛行而未被其他地方采用的特例。这个会议的活动可能预示着在地方政府中的广泛实践,而地方政府的立法渊源则被忽略了,因为中央政府的立法和国王的意识形态已将其涵盖。果真如此的话,现代立法会议的种子可能已经存在于古代近东地区,而远远早于古希腊城邦。②

(二)希伯来法的宪政因素

假如说古代巴比伦的宪政思想还处在比较朦胧阶段的话,那么,在犹太教及其希伯来法中,宪法的理念就得到了比较清晰的表述。一般认为,希伯来法的一些理念,对于宪法思想的兴起有着较为重要的影响。

希伯来法是指公元前11世纪至公元1世纪古代希伯来国家法律的总称。因犹太人使用的语文称希伯来文而得名,其主要渊源为《摩西律法》,其基本原则集中表现在《摩西十诫》之中。希伯来法是

---

① See Raymond Westbrook, *A History of Ancient Near Eastern Law*, Volume One, Brill Leiden Boston, 2003, p.37.

② Ibid., p.27.

古代东方法中颇有影响的一支法律体系。虽然希伯来国家独立存在的时间不长,希伯来法的发展中断的时间比较早,其内容和立法技术也并不发达和完善,然而幸运的是,希伯来法律文化因为被基督教继承吸取,成为《圣经》的一部分,因而其余绪不仅得以完整保全,更是通过宗教规范的特殊方式传播至今,其影响及于全世界诸基督教国家,并渗透进入西方宪政传统之中。这些思想主要表现为:

  1. 希伯来法的平等理念

  在希伯来法的思想中,平等理念占有非常重要的位置。在希伯来的平等理念中,首先是身份上的平等。这是一种相对的平等。按照上帝与希伯来人的立约,希伯来人在上帝面前基本上是平等的。没有种姓制度,没有阶层区分,没有高低贵贱之别。其次,希伯来法对司法上的平等作了阐述,明确规定了司法公正原则。例如,《旧约·申命记》中说:"你要在耶和华你神所赐的各城里,按着各支派设立审判官和官长。他们必按公义的审判判断百姓,不可屈枉正直,不可看人的外貌,也不可受贿赂。因为贿赂能叫智慧的人的眼变瞎了,又能颠倒义人的话。你要追求至公至义,好叫你存活,承受耶和华你神所赐你的地。"

  当然,希伯来法中的平等理念乃是一种较为狭隘的平等观,和后来的基督教的平等理念有着较大的区别。但希伯来法中的司法公正与司法神圣的理念,却对后来的司法文化有着不可忽视的影响。

  2. 希伯来法关于私有财产的保护

  《摩西十诫》是希伯来人守法的基本准则,也蕴涵着希伯来法的基本价值和精神。《摩西十诫》有两条关于保护个人财产的规定,体现为希伯来法对于财产权利的保障:其一,"不可盗窃";其二,不可贪恋人的房屋,也不可贪恋人的妻子、仆婢、牛驴并他一切所有。当然,在《摩西十诫》中财产的定义和现代有些不同。关于私有财产的保护,在《圣经》各卷中有大量的规定,比如盗窃他人财产应视情况受到加倍赔偿,若无力赔偿,贼要被卖以赔偿他所偷之物。[①] 过失造

---

① 《旧约·出埃及记》第22章第1—4节。

成他人财产损失的,如点火焚烧荆棘以致烧着别人财物也必须赔偿。① 还有借他人之物受损或替他人看守之物被盗,都要赔偿物主的损失。②

3. 希伯来法关于人身权利的保护

《摩西十诫》里面对于人身权利的保障有两条直接的规定:其一,不可杀人;其二,不可奸淫。希伯来法对于人身权利的保护基于这样一个理念:人是上帝创造的,只有创造他的主才有资格消灭他,而故意剥夺他人的生命,不仅是对他人的伤害,更是对上帝的冒犯,是不可宽恕的。因此,希伯来法对于人身权利的保障,首先体现在对故意伤害他人生命的罪行,给予最血腥严厉的处罚。甚至如果牲畜触死了人,如果主人没有尽到看管义务,也被视为故意杀人,不仅要打死牛,还要把主人治死。③ 这种规定在希伯来法中比比皆是,希伯来法对于人身权利的保障可见一斑。

4. 希伯来法关于限权的思想

希伯来人对于王权的理解主要体现在以下几个方面:首先,只有上帝才是希伯来人的国王,希伯来人自己立王本身就是对耶和华犯罪;其次,国王的产生基于民意而非王权自身的强大;再次,在立王的过程中,先由上帝借撒母耳之口明确国王的权力,再选出扫罗担任国王,即国王的权力不取决于国王本人的意愿,不是国王自己说了算,而只是上帝认可的权力;最后,希伯来人只有在遭受列国入侵的时候才希望立一个王。从这个角度来看,在希伯来法中,王权不可能像一些国家那样成为一种专制的力量。由此可见,希伯来法中蕴涵的限权思想是较为明显的。

5. 希伯来法中的契约精神

按照社会契约理论,宪法乃是一纸契约,即契约观是西方宪法的哲学基础。而这种用契约的形式来设定权利和义务的思想,其实是

---

① 《旧约·出埃及记》第22章第6节。
② 《旧约·出埃及记》第22章第12、14节。
③ 《旧约·出埃及记》第21章第28、29节。

发轫于希伯来法。实际上,希伯来法本身就是希伯来人和上帝之间立的约,后来被编成《旧约》。近代政治思想家们用社会契约论的观点来论证政府的产生及其存在宗旨的思路,很大程度上受到了《圣经》思想的启迪。

关于摩西在西奈山上与上帝的立约,在《旧约·出埃及记》第19章中有详细的描述:在西奈旷野,耶和华召呼摩西,告诉他关于立约的想法。摩西于是召集所有长老征求意见,众长老表示愿意接受上帝的约。于是,摩西回复耶和华。耶和华让摩西率领希伯来百姓三天以后到西奈山盟约。三天以后,摩西和祭师亚伦两人上山,其他百姓则在山下亲听上帝和摩西立约的过程。摩西下山以后将上帝所传之十诫在内的第一批约法传给众人,众人皆齐声表示要遵守,还将立约的祭血洒在身上作为凭据,此后摩西又上山四十四天,接受耶和华的约法并传于众人。

这个关于契约的传说,真实与否已经难以考证,但它折射出来的契约精神,却意义深远。这种关于法律来源于契约的思想,深刻影响了后人对于法的认识,成为社会契约论的一个知识渊源,也构成了近代宪法思想的重要组成部分。

值得指出的是,虽然希伯来法的一些观念,对于后世宪法产生了重要的影响,但是,我们应当清醒地认识到,希伯来法特别是《摩西律法》,反映了犹太人的生活,但并不就是犹太人的生活。因为这部律法,只是一种犹太祭师想象中的乌托邦而已。① 实际上,它还远不如一般的法典更能反映人民实际的生活。因此,这部律法对于犹太人的影响与其说是行为上的,不如说是精神上的。由此,我们也可以认为,希伯来法对于西方宪法的影响,很大程度上不是体现在某项宪法制度的创制上,而是它启发和丰富了西方宪法的精神维度。

---

① 参见〔美〕威尔·杜兰:《东方的遗产》,东方出版社2003年版,第3页。

三

当然,还有一些文化和制度,对于西方宪法有着直接或者间接的影响,本书相关章节已经进行了较为细致的探讨,这里不一一赘述。需要强调的是,本书很大程度上是在法律史的视野中来研究西方宪法变迁的。因此,它与当下比较常见的西方宪法文化和宪法思想的研究稍有不同,而是侧重于对宪法制度的梳理和剖析。当然,这不意味着本书关于宪法思想的阐述就很单薄。事实上,在一些章节,我们可以看到一些关于宪法思想的论述依旧较为丰富和饱满。当然,这些宪法思想的探讨,往往旨在深化对于宪法制度的理解才展开的。

考虑到西方宪法的源头在古代希腊和罗马是中国乃至西方宪法学界的主流观点,因此,本书导论部分虽然对西方宪政的传统要素(古代东方的宪法意识和宪政实践的萌芽)进行了梳理,但正文仍然从古代希腊起笔。

本书第一章描述了古代希腊的宪政制度。在古代希腊,城邦有关公民资格、公民的权利和义务的法律以及有关行政机构、议事机构和法庭的选任、组织、权限、责任的法律,构成了城邦宪法的基本内容。尤其值得重视的是,古希腊各城邦基本上都已有了分权制衡的雏形,各邦的立法、行政、司法等权力分别由不同的机构和官吏来行使。比如在雅典,公民大会、五百人议事会、陪审法庭将城邦权力分为立法、行政、司法三权,还有元老院、九名执政官和十名将军分享这些权力。这些权力机构相互之间基本上是横向的制约关系。可见,在古希腊没有任何人拥有绝对权力,专制统治不可能发生。同时,有效的权力监督制度也使权力受到了普遍控制。正是古代希腊宪政制度的上述成就,使得它成了西方宪法的发源地。

继古希腊宪政制度而起的是古代罗马政制。这是本书第二章所描述的内容。在对罗马宪政制度在各个时期如王政时期、共和国时期、元首制时期以及帝国时期的发展演变进行阐述的基础上,本章重点对王政时期所实行的军事民主制的内涵(王的选举、元老院、民众大会等的作用)和特征,共和国时期罗马宪政发展的各个阶段及其内容和特征,政权组织机构(元老院、民众大会和行政长官等)的内容和特征,各种官制(执政官、独裁官、裁判官、监察官等)的内涵和特征(选举机制、暂时性、集体性、无偿性、责任追究等),进行了比较充分的分析论述。最后,本章对将希腊和罗马的宪政思想贯穿起来,并且对使罗马宪政思想对后世产生影响的两位杰出的罗马宪政主义者波利比阿和西塞罗的宪法思想作了介绍和评述。

第三章讲述的是中世纪西欧的社会与宪政。公元3世纪左右,罗马帝国盛极而衰。帝国退缩到东部,依靠东方式的统治维持秩序,在西部,社会则逐渐陷入无政府的状态,至476年,终于为占地封王的各日耳曼种族国家所取代。出于秩序和安全的需求,人们进入了一种较无序状态更为紧密的等级结构,即一般所说的"封建主义"。罗马帝国崩溃之后,原中央权力不复存在,教会成为唯一有效组织起来的机构。本章对上述状态下的日耳曼人的民众大会、参议会、国王与首领等政权组织形式,对日耳曼种族发展起来的个人主义的自由法治和限权传统作了介绍与说明,对封建主义之下的契约观念、法律和权利意识以及中央权力的限制作了分析,对因教会的统治而形成的国家和教会分离的二元体系(世俗的权力并不带有至高无上的神性,不得不受到神法或自然法的约束)对近代宪政的重大意义作了阐述。最后,将中世纪英格兰宪政的诞生作为个案作了详细的描述和总结。

第四章是对近代个人主义思想的评述。近代个人主义,是在种种特定的历史条件之下诞生的。本章对这些条件,诸如文艺复兴运动与人的尊严、宗教改革与人的自主、启蒙运动中哲学个人主义与理性时代的到来,以及这些要素与近代个人主义思想的关联等作了阐述,对霍布斯、洛克两个思想家的思想在近代宪法思想产生中的地位与作用,以及苏格兰学派、卢梭、杰弗逊以及美国联邦党人的理论对英国、法国和美国近代宪法思想的发展所各自产生的巨大影响作了分析。同时,进一步对邦雅曼·贡斯当、托克维尔、约翰·密尔等宪法思想家对19世纪西方宪法思潮的巨大贡献作了论述。

本章认为,19世纪近代宪法思想达到了相对比较成熟和完善的地步,这是英、法两国宪法思想相互影响,以及立宪主义回应保守主义、社会主义、民族主义等思潮挑战的结果。在相对比较完善的宪法思想影响下,在各国的立宪运动推动下,19世纪的英、法、美三国的宪政制度得以进一步完善,近代宪政制度基本确立。这三个国家宪法思想的成熟及其实践中的成功,还表现为对欧洲其他国家的巨大影响上,欧洲各国如瑞典、挪威、荷兰、比利时、瑞士、丹麦、意大利、奥地利、德国等都相继制定了成文宪法,立宪运动席卷了欧洲大陆。甚至少数欧美两洲以外的国家,也在19世纪制定了宪法,如1876年土耳其宪法、1889年日本宪法等。

第五章论述的主题是社会民主主义宪法,并以1919年的德国《魏玛宪法》作为分析的重点。内容涉及社会民主主义宪法的思想背景,如在古典自由主义的基础上诞生的边沁、密尔等人的积极的自由主义等;社会民主主义宪法的确立(《魏玛宪法》的社会化影响、罗斯福新政立法对美国宪法的改良等);社会民主主义宪法的国际化,如1945年《联合国宪章》的诞生、1948年《世界人权宣言》和1966年两个国际人权公约的签署等,对推动世界各国社会民主主义宪法的确立的意义;社会民主主义宪法的基本特征,包括福利国家之引入与社会权利之保障、人权的内容和种类不断丰富、立法国家转向行政国家、违宪审查制度的建立及其普遍化等。

在西方近代个人主义思想的影响下,在社会民主主义宪法的理论指导下,以及个人主义宪法和社会民主主义宪法的示范作用下,各西方国家都进入了一个宪法实践的历史时期。本书第六章对此作了比较详细的叙述。内容涉及美国的宪政实践,包括早期州宪的制定与影响、邦联条例的制定与生效、1787年美国宪法的制定公布、美国宪法(如联邦制、三权分立制度、公民权利等)的变迁等;英国的宪法实践,涉及1215年《自由大宪章》、1628年《权利请愿书》、1679年《人身保护法》、1689年《权利法案》、1701年《王位继承法》、1911年以后的历次《议会法》和《人民代表法》,以及英国宪政的主要制度内容和基本原则及其主要特点；法国的宪政实践,包括 1789 年《人权宣言》、1791 年之后的近代历次立宪活动和内容、20 世纪以后法国宪法的新发展等；德国的宪政实践,涉及 1849 年《法兰克福宪法》、1850 年《普鲁士宪法》、1867 年《北德意志联邦宪法》、1871 年《德意志帝国宪法》、1919 年《魏玛宪法》、1949 年《波恩基本法》及其以后的历次修改、两德统一后德国宪法的新发展等；日本的宪政实践,主要论述了日本近代以后 1889 年《明治宪法》和 1946 年《日本国宪法》两部宪法对欧美宪政经验的借鉴,在保存天皇制的前提下日本宪政实践所面临的矛盾与问题,以及目前日本国内少数右翼势力以修宪名义对和平、民主宪法的立场的放弃。

第七章在上述西方各国宪政实践的历史回顾的基础上,进一步对西方宪法原则与宪法制度及其现代化问题作了探讨。本章认为,进入现代时期,近代以后诞生并逐渐被各国宪法所确认的人民主权、法治、分权和基本人权保障成了宪法的基本原则,以及各项具体的宪法制度的核心要素。在这四项基本原则中,人民主权最为重要,因为它所阐明的是国家权力的终极来源在于人民,它是实行法治原则和分权原则的前提和根源,也是基本人权保障的逻辑基础。本章依次对英、美、法、德、日五个西方主要国家中这四项基本原则的发展演变作了细致的梳理,并阐述了导致并推动这种发展演变的各种社会历史条件的变更。

第八章是一个简短的展望,围绕 21 世纪西方宪法的新课题,对福利国家与宪政价值之间的平衡、立宪主义与经济发展的矛盾、西方与非西方立宪主义的冲突、人权保障面临着的新的挑战,以及影响宪法发展的其他关键因素,如战争与军备、南北问题、民主危机对立宪主义的伤害等问题谈了我们的看法。最后,本章对知行合一——当代立宪主义的使命作了阐述。

四

对西方宪法史展开研究,在当前,具有重大的理论和实践价值。

第一,中国近代以后的宪法,奠基于对欧美宪政制度的移植。20世纪初叶,在清末民初的学习西方立宪主义思想、建立民主共和的中国宪政热潮中,我们曾经为借鉴西方的君主立宪制还是共和制而激烈地争论,在借鉴共和制的人士中又为到底是吸收总统制还是内阁制而唇枪舌剑、分歧不断;我们的一些知识界精英也曾经以西方宪法为范本,起草了数十种个人的宪法草案建议稿;我国还曾经派遣中央最高层的官员载泽、戴鸿慈、端方、尚其亨、李盛铎(五大臣)遍访日、美、德、英、法、俄等十五个国家,学习其立宪经验。至于翻译外国的宪法文本及其教科书、专著,传播西方的宪法思想及其理念,乃至于模仿西方各国的宪法而制定了数种地方省宪,都说明了西方宪政对近代中国的影响之深、之巨。①

第二,在中国近现代的宪政实践中,民国时期的宪法在立法、行政、司法三权分立的基础上,加入了监察和考试两种权能,形成了"五权宪法"的体制。新中国的宪法引入苏联经验,确立起了人民代表大会制度。初看起来,这都是中国本土的经验,是中国人的创造。但实际上,"五权宪法"的出发点和归宿,也是分权与制约的理论(机制),虽然在实践上,民国的宪政并没有做到这一点,最后形成行政权力一权"独秀"的局面,但在理论上,民国宪法遵循西方各国的立宪主义应是没有问题的。再就新中国的情况而言,人民代表大会制度虽然源自中国共产党领导的革命根据地的经验,但从理论机制上而言,它是吸收了外国即苏联的模式。

第三,20世纪80年代以后,改革开放的实践又将我们的学习借鉴的目光拉回到了英、美、法、德、日等西方主要发达国家的宪政经验上来。虽然在这方面,我们的认识并不统一,我们的争论也一直没有间断,尤其是对西方宪政理论和实践中的多党制、联邦制、总统制、全民公决制、三权分立制等尚未形成一致的意见,但它们对我们的巨大影响仍然是显而易见的。

---

① 参见何勤华、李秀清:《外国法与中国法——20世纪中国移植外国法反思》,中国政法大学出版社2003年版,第29—64页。

比如,西方国家的多党制与我们实行的"中国共产党领导的多党合作制"是什么关系,前者对于我们有无借鉴作用？西方尤其是美国的联邦制对我们处理好中央与地方的关系有无帮助？它的价值体现在什么地方？同样是"总统加总理"的模式,为什么法国是总统为主,总理为辅,而德国和意大利是总理为主、总统只是一种国家的象征？这两种体制对中国的国家元首制度的完善有什么借鉴意义？全民公决制的内在价值何在？我们距离它还有多远？三权分立机制的精妙之处在于它对权力的监督和制约,那么,它与我们要确立的国家权力机构中的监督制度的方向应是一致的,我们应如何吸收它的长处避免它的短处？所有这些问题,都可以在西方宪法史中寻找答案,都可以通过西方宪法史的研究来获得一些有价值的经验。

五

在本书的序中,笔者谈到,西方宪法的发展史是一幅全方位多层次的历史图卷。要清晰全面地把握其历史脉络,梳理其发展轨迹,总结其历史规律,在某种程度上是一项需要数代人的努力才能完成的任务。因为它受到很多相关因素的限制,比如第一手宪法资料的收集和分析、宪法学最新研究成果的掌握、研究方法的完备等等。由此,我们也不难理解,为何在中国大陆至今尚未出版一部研究宪法史的法学作品(而宪法思想史的作品尚有几部)。可以说,本书在这个意义上稍微弥补了这个缺憾。当然,由于上述种种限制,本书也必然存在一些瑕疵,甚至在有些观点上也有值得进一步商榷之处,这些都是有待于我们进一步完善的地方。

第一章

古代希腊宪政

第一节 古希腊宪政总论

一、古希腊宪政概述

古代希腊是西方文明的发源地,也是西方法尤其是西方宪法的发源地。由于希腊历史和希腊文明领域并不存在能够管辖全希腊境内的最高政治权力,也不存在能够统一适用于整个希腊境内的法律体系;又由于城邦①的分裂繁殖和殖民模式,在整个希腊城邦之间,始终存在着互相联系的纽带。这些城邦通过语言和文化的亲和性辨识其共享的希腊民族性。②

由此,所谓的古希腊法并不是一个国家法的概念,而是泛指存在于古代希腊世界所有法律规范的总称。而所谓"希腊世界",并不是一个统一的国家,而是一个地理和文化概念。从地理上讲,它以爱琴海地区为中心,包括希腊半岛、爱琴海各岛屿与小亚细亚沿海地区,其边缘延伸到黑海沿岸和意大利南部及西西里岛等地区。从文化上讲,它还包括希腊化时代在东方建立的希腊国家。

---

① 城邦,波里斯(Polis)在《荷马史诗》中是指堡垒(城堡)或卫城,后演化成为一种政体。在西方语言中,诸如政治的(Political)、政治学(Politics)、政体(Polity)等词均来源于城邦。

② 参见〔爱尔兰〕J. M. 凯利:《西方法律思想简史》,王笑红译,法律出版社2002年版,第3页。

古希腊宪法是古希腊法的重要组成部分。公元前6世纪,希腊各城邦发生了一系列有影响的政治改革和立法活动,许多城邦建立了民主政治制度。由于古希腊民主政治制度的内容相当于近代以后的宪法,因此被称为古希腊宪政制度。城邦有关公民资格、公民的权利和义务的法律以及有关行政机构、议事机构和法庭的选任、组织、权限、责任的法律,构成了城邦宪法的基本内容。

古希腊学者亚里士多德就认为,宪法应是国家的根本法,是建立国家制度的依据。他在《政治学》一书中指出:"政体(宪法)为城邦一切政治组织的依据,其中尤其着重于政治所由以决定的'最高治权'的组织。"①"……法律实际是,也应该是根据政体(宪法)来制定的……也由以订立城邦及其全体各分子所企求的目的。"②

二、古希腊城邦制度与城邦宪政的发展

古希腊是欧洲最先进入文明社会并最早产生国家与法的地区。希腊文明开始于克里特岛,再从克里特岛传播至大陆希腊。大约公元前20世纪,克里特岛便产生了早期城邦。公元前16世纪和15世纪,正是克里特文明的黄金时期,克诺索斯城雄霸全岛,其他诸城全部被毁。

公元前15世纪以后,克里特文明衰落,迈锡尼文明兴盛,古希腊的历史进入"迈锡尼文明"时期。这一时期的古希腊法与早期城邦制度紧密联系在一起,一方面带有远古时代法的一般特征;另一方面,"对法律的原始尊奉原理得以保留,并成为西方政治发展的基础之一"③。从初步形成的早期城邦制度中,我们似乎可以瞥见民主政治的模糊身影。例如,在著名的特洛伊战争中,当面临是继续围困特洛伊城还是解围撤兵的难题时,迈锡尼国王阿伽门农要召集首领们参加两种会议来讨论并作出决策。这两种会议就是后来在英译本中

---

① 〔古希腊〕亚里士多德:《政治学》,吴寿彭译,商务印书馆1997年版,第129页。
② 同上书,第178页。
③ 〔美〕弗里德里希·沃特金斯:《西方政治传统——现代自由主义发展研究》,黄辉、杨健译,吉林人民出版社2001年版,第3页。

被称为公民大会和议事会的 Assembly 和 Council。

公元前 12 世纪特洛伊战争之后,迈锡尼王朝急剧衰落。从北方来的多利安人入侵希腊本土,最终一举摧毁了迈锡尼文明,从而引起希腊各部落的巨大变动。多利安人的入侵,大大推进了自迈锡尼时代早已开始的海外殖民,形成了希腊各部落的大迁徙。希腊历史由此进入了一个新的时期。

公元前 12 世纪至前 8 世纪的希腊历史,因《荷马史诗》而得名,被称为"荷马时代"。"在接下来的许多个世纪,希腊人是可以自行其是的,不受任何外来影响,在没有任何外人启发的情况下自己选择最适合本地历史地理条件的发展道路。"① 海外殖民所产生的大量殖民城邦以及殖民城邦的"分裂繁殖"②,使得这一时期的整个希腊世界出现了数以百计独立的具有主权性质的城邦国家。当代一些学者估计,城邦大约在 600 到 700 或 750 个之间。③ 著名的城邦有雅典、斯巴达、米利都、叙拉古、科林斯等。

这数百个城邦国家具有共同的特点:每个城邦都是以一个城市为中心连接其周围不大的一片乡村区而成的一个独立的主权国家。它对外独立,对内享有完全的自主权。与此同时,每个城邦又显示出鲜明的个性:各个城邦按各自的发展道路建立了各种各样的政治制度。古希腊人通常把他们的政治制度划分为若干类型,如君主制、僭主制、贵族制、寡头制、民主制等,其中每个类型又包含千差万别的政治形式;这些自治和自给的城邦国家逐渐摆脱血族基础,转而以契约为基础。

海外殖民所产生的一个成果是,在政治方面希腊的这些海外殖民城邦里的新移民们会继续选择他们在海洋上"同舟共济"的合作

---

① 〔苏〕IO. B. 安德列耶夫:《古希腊罗马城邦和东方城市国家》,载《古代世界城邦问题译文集》,时事出版社 1985 年版,第 66 页。
② 分裂繁殖是指古希腊殖民城市建立安顿下来二三代之后,自己又成为殖民城邦,派遣移民到临近的甚至辽远的海岛和小亚细亚沿岸去建立新的殖民城市。
③ See M. H. Hansen, *The Athenian Democracy in the Age of Demosthenes*, Blackwell, 1991, p.56.

关系,并且一直将这种关系保存下去。这时同伙的感情会超过血族的感情,而选择一个可靠领袖的办法也会代替习惯传统。①

不仅如此,此时的希腊还出现了"themis"一词,它的中心意涵是神所启示的裁定、指示或裁定。J. W. Jones认为:"由于人们开始认为神掌管着正义和美德,themis 的意义就不若神或人的道德义务那样可有所权变。因而,人们在表述和适用 themis 的时候,开始用这个词来指某种意涵宽泛的原则";"从产生起,themis 就假定社会是由有思考能力的生物(神和人)组成的,社会中存在着集体意识。"②

公元前8—6世纪是希腊奴隶制城邦形成时期,这一时期又称为早期希腊。早期希腊城邦国家内部的社会力量不断重新组合和联盟。一部分人的财富在增长,与此同时,贫困阶层,特别是那些没有土地或拥有少量土地和财产的人们的状况却得不到改善。人口的增长给特权阶层增加了压力,激烈的社会斗争连续发生。在城市复杂而激烈的政治斗争中,妥协经常被用来维持权力的平衡。

妥协,不仅在雅典,而且在其他任何地方都十分常见,它促成了一种由小所有者组成的社会共同体的形成;同时,它也增强了中小农场主以及其他类型的农民在经济上的自主性。"这些群体的地位由于军事组织的重要变革而得到了进一步的提高,而这样的军事组织曾经使较为富裕的农民成为共同体防御的核心。对城市国家将来的政治结构产生影响的也许正是这一变革,而非其他变化。"③其后,城邦国家的宪法实现了革新。这时的宪法主要有公元前621年的《德拉古法》、公元前594年的《梭伦立法》、公元前560年的《庇西特拉图立法》、公元前509年的《克里斯提尼立法》等。

从总体上看,早期希腊的城邦从贵族阶级的寡头专政政体,经过僭主政体或经过立法者和民选调解官过渡到了民主政体。"需要指出的是,这些早期民主政体的产生并不是某些单一事件的结果;相

---

① 参见顾准:《希腊城邦制度》,中国社会科学出版社1982年版,第62页。
② J. W. Jones, *The Law and Legal Theory of the Greek*, Oxford, 1956, pp.29-30.
③ 〔英〕戴维·赫尔德:《民主的模式》,燕继荣等译,中央编译出版社2004年版,第16页。

反,它们的发展是数代连续变化过程的产物。"①尽管这一时期各城邦政治五花八门,各具特色而又变化多端,但大体说来,除早期和后期的僭主政治外,"主权在民"和"轮番为治"已成为它们的共同宪政特色。

以本土为中心的希腊世界到公元前6世纪末已经定型,开始步入辉煌的"古典时代"。"到公元前5世纪时包括黑海在内的整个地中海地区已经布满了繁盛的希腊殖民地,这些殖民地成了克隆母邦样式的海外城邦。"②希腊城邦制度,经过长期演变到此时已最终形成。在公元前5世纪中叶的希波战争中,希腊大获全胜,雅典成了整个希腊世界的军事、经济、文化中心。在公元前440年的《伯里克利法》颁布后,古典时代的雅典民主宪政臻于极盛。而雅典在此时也充分利用其作为帝国中心的地位,向其盟邦和其他城邦传播了它的民主宪政传统。

仰慕雅典宪政的城邦也纷纷效法雅典。例如,雅典宪政中最具特色的陶片放逐法,据考证,就有米利都、阿尔哥斯、叙拉古、麦加拉等国仿行。③ 于是,希腊民主宪政制度在这一时期也发展到了顶点,获得了巨大的成功。"这种成功的原因在于雅典人所创建的特别宪法(politeia),这使得那种连希罗多德也赞颂的自由成为可能,使得雅典城邦成为代表全希腊的一种模式。"④但随后雅典和斯巴达争霸的伯罗奔尼撒战争使包括雅典在内的希腊城邦迅速衰落。公元前3世纪以后,随着希腊城邦的衰落,城邦宪法也日趋式微。

公元前4世纪,希腊北方的马其顿帝国兴起,吞并了希腊各城邦。但希腊法并没有随着城邦的消灭而消逝,而是进入了希腊化法律时期。希腊化的法律适用于希腊人及定居在希腊化国家的希腊化

---

① 〔英〕戴维·赫尔德:《民主的模式》,燕继荣等译,中央编译出版社2004年版,第17页。
② 〔美〕斯塔夫里阿诺斯:《全球通史》,董书慧、王昶、徐正源译,北京大学出版社2005年版,第102页。
③ 参见顾准:《希腊城邦制度》,中国社会科学出版社1982年版,第133—134页。
④ 〔美〕唐纳德·R.凯利:《多面的历史——从希罗多德到赫尔德的历史探询》,陈恒等译,三联书店2003年版,第53页。

居民。一般而言,希腊化国家的法律来源于希腊法,具有希腊法律制度的一般特征,但不同于希腊法律,它们是希腊法律和占领地法律相互渗透、融合的产物。这些国家在私法方面适用当地居民的习惯法和成文法,而在宪法方面即有关国家政制及其组织的法律适用希腊的征服者所带去的殖民地法。对希腊化时期法律的了解和研究既无法典,也无当时的法律著作,而主要从载有契约、申请书、诉讼案件记录等的羊皮纸和碑文中得来。① 至公元前2世纪,随着罗马帝国对原属希腊化国家的征服,希腊化法律逐渐被罗马法所取代。

三、古希腊宪法的基本特征

古希腊法是古代欧洲最早形成的法律体系,在西方法律史上占有先驱者的地位。而其中的宪法更是创造了古代法律史上的辉煌,为近代宪法的诞生铺垫了历史的基础。作为欧洲最早的宪法形态,古希腊宪法以其丰富的内涵呈现出瑰丽的色彩,具有以下一些基本特征:

第一,古希腊宪法是各城邦国家自己制定并仅适用于其邦内的根本法,并没有统一适用于希腊全境的希腊法,因而具有多元性特征。希腊境内多崇山峻岭,将各地区分离隔绝,加上东部海岸多良好港湾,为海上贸易提供了优越的条件,客观上缩小了组织国内市场的要求,从而使希腊全境缺乏形成政治统一体的经济前提。因此在整个古代时期,希腊始终未能形成一个统一的大国,也未能出现全境普遍适用的统一的法律制度。

大部分希腊城邦都制定了各自适用的宪法,且内容和形式上存在程度不同的差异,宪政的发展也很不平衡,呈现多元性的特征。亚里士多德曾在《雅典政制》中对158个城邦的宪法进行过比较分析,根据希腊各城邦宪法规定的体制和实际存在的政体,把政体分为三种正宗政体和三种变态政体,而每一种政体又依据不同的分类标准呈现出更为复杂的形态特点,其多元与复杂可见一斑。

第二,古希腊宪法发达,成文宪法出现较早,但保留下来的极为零

---

① 参见何勤华主编:《外国法制史》(第四版),法律出版社2006年版,第62页。

散。古希腊宪法在各城邦的发展很不平衡。但从总体上看,要比其他部门法发达,对后世的影响无疑也更大。这与古希腊崇尚哲学、政治学,注重对国家社会结构及其政体研究的文化传统有关。比如雅典,从《梭伦立法》、《克里斯提尼立法》,到伯里克利时代的雅典宪法,雅典宪政制度不断臻于完善,尤其是有关民主政体及行政管理的法制已相当完备。

公元前7世纪以后,各城邦普遍进行了立宪活动,但其宪法都没有完善地保存下来。我们所知道的一些著名宪法,如斯巴达的《来库古法》、雅典的《德拉古法》、《梭伦立法》、《克里斯提尼立法》等,大多数见于希腊哲学家和历史学家的著作之中,其他宪法和法律也只能从当时的一些著作及其他文献中了解到它们的一些内容。迄今保留下来的第一手资料是希腊碑铭,其中有涉及各城邦的宪法和宪法性文件等内容。这些碑铭不下百余件,对它们的研究,至今尚在起步阶段。

第三,古希腊宪法以限制政治权力为其主要功能。古希腊各城邦基本上建立了分权制衡的政体,各邦的立法、行政、司法等权力分别由不同的机构和官吏来行使。即使在实行贵族寡头制的斯巴达也进行了有效的分权制衡:它设有两个并列的国王,但他们不是国家最高首脑,还有五个检察官、公民大会和元老院。而雅典的政权结构更为复杂。公民大会、五百人议事会、陪审法庭将城邦权力分为立法、行政、司法三权,还有元老院、九名执政官和十名将军分享这些权力。这些权力机构相互之间基本上是横向的制约关系,而不是相互统属的纵向关系。可见,在古希腊没有任何人拥有绝对权力,专制统治不可能发生。

此外,有效的权力监督制度使权力受到普遍控制。斯巴达的检察官,主要职责就是掌握裁判权并监视王的行动。一旦王权有失控现象,他们有权使王负其咎。[①] 雅典的检察制度更为系统。无论是

---

① 参见〔苏〕塞尔格叶夫:《古希腊史》,缪灵珠译,高等教育出版社1955年版,第163页。

各种官员任职、在职和卸任审查,还是不法申诉制度,又或者贝壳放逐法,都起到了对权力的控制作用。无论如何,古希腊宪法对政治权力的限制,解决了官吏腐化堕落、政治腐败、个人专权等问题,实现了公众对官员的监督。

四、古希腊宪政产生的原因

首先,从历史发展进程来看,宪政作为一种国家制度形态,是与国家的产生与发展分不开的。它是伴随着政治权力的形成和国家的出现而产生的。宪政产生的前提,是人类社会组织进化到某个关键的阶段。在这个阶段,原始社会原来简单自然的血缘集团开始解体,社会关系变得复杂,社会内部的分化和冲突加剧,出现了阶级的对立和斗争,凌驾于社会之上的强制性的公共政治权力取代了传统的以血缘关系为基础的天然权威。也就是说,出现了政治实体,形成了国家。

在西方,最早的国家形式是形成于公元前8—6世纪的古代希腊的城邦。与原始的氏族组织不同,城邦是政治社会,其内部关系是政治关系,而不是天然的血缘关系。其政府和法律不是家族和氏族的权威,而是政治性的公共权威。政治秩序和政治关系不是天然的,而是人为的。这使得人们对政治权力产生了自己的期望和要求,对它的服从也不是盲目的,而是有条件的、理性的。这就为宪政的产生创造了条件。宪政就这样伴随着以城邦为核心的政治现实的出现而产生了。

其次,从地理和社会环境来看,城邦最显著的特征是小国寡民。一般城邦以一个城市或城堡为中心,包括附近数公里以内的若干村落,与其他城邦之间往往有山河海洋为自然边界。少量的城邦规模大些,如雅典在伯罗奔尼撒战争前,"加上妇女和儿童,公民总人口大约在15万到17万人。外邦人人口在3.5万到4万。奴隶大约有

8万到10万人,但不可能超过12万人"①。有的不过是一些很小的居民点。典型的城邦领土在50~100平方公里之间,公民人数在625~1250人之间。总人口一般在数千人,达到数万人的并不多。这样一个小规模的政治实体就是一个独立国家,所谓希腊世界就是由数以百计的这样的小城邦所构成的。

由于城邦非常狭小,城邦的政治权威与公民的关系是直接可见的。因此,采取何种政体形式来实现城邦公民共同体的福祉无疑直接关系到每个公民的切身利益,成为公民群体普遍关注的问题。不仅如此,古希腊大多数城邦都是通过母城邦分裂繁殖而产生的移民城邦。在这样的城邦里,血缘关系在一定程度上萎缩了,政治法律制度具有"契约"的性质,表现出一种人为的建构;同时,"形如亚洲帝国之类的组织,必须虑及的是大规模军事与官僚组织的问题,这一点城邦便毋庸置虑。

小型社会当中行政方面的需要同样较为单纯,不妨以简单的办法来应付。举例说,便是雅典城邦权势如日中天之时,其事务以最单纯的行政程序也应付得来。公共事务既然如此组织,便使得每一个普通公民都能够胜任最为重要的事务,而不必依赖职业官员"②。因之,希腊社会生活的关键在于政治问题而非行政问题。"而希腊城邦政治问题的根本,就是如何建立助益于城邦和谐秩序而群体行为的基础问题。"③于是,宪政的产生有其可能性。总之,城邦的命运掌握在公民手中,而公民的生活和福利又与他们自己制定出的良好的宪法息息相关。这一切都激发了人们对宪政的关心和思考。

再次,从经济形态来看,宪政作为政治上层建筑必须建立在一定的经济基础之上,宪政的产生与商品经济的发达密不可分。古希腊除斯巴达等少数城邦外,大部分城邦宪政的形成都得益于它们较为

---

① J. B. Bury, S. A. Cook, F. E. Adcock, *The Cambridge Ancient History*, Vol. V, Athens 478—401 B. C., Cambridge University Press, 1979, p.11.
② 〔美〕弗里德里希·沃特金斯:《西方政治传统——现代自由主义发展研究》,黄辉、杨健译,吉林人民出版社2001年版,第2页。
③ 黄基泉:《西方宪政思想史略》,山东人民出版社2004年版,第4页。

发达的商品经济。这些临海城邦由于陆路交通不发达,而被迫向海外发展。这不仅表现为它对异族的殖民扩张,而且还表现为它的海外贸易。

古希腊宪政的发展是与商品经济的发展同步进行的。以雅典为例,早在梭伦改革时期,其政策就鼓励富裕阶级将其财富投入工商业,鼓励外来工匠移民雅典并给予公民权,鼓励公民学习手工业技术。这些措施极大地促进了工商业的发展。到伯里克利时代,雅典已发展为希腊世界首屈一指的工商业城市。

商品经济的发展对古希腊城邦宪政制度的发展产生了深远的影响:第一,商品经济的发展造成了人员的流动和不同氏族的杂居,按地域对成员的管理取代了根据血缘关系对成员进行的管理,从而加速了国家产生的过程。第二,商品经济的发展造就了工商业阶层的壮大。无论是工商业奴隶主还是平民,他们都是推动宪政发展的主要动力。历史实践证明,古希腊宪政发展过程中的每一次政治改革,都有工商业阶层的积极参与和推动。例如,雅典宪政发展过程中具有重要贡献的政治家,如梭伦、克里斯提尼、伯里克利等人,都是工商业阶层的代言人。他们所实行的政治改革,往往是有利于工商业发展的。第三,商品经济的等价交换原则培养了公民的平等意识,激发了公民对城邦事务的参与热情。这也为宪政的产生准备了条件。

再次,从军事形态来看,古希腊的军事变革也推动了古希腊宪政的产生和发展。在君主政体衰落时期,贵族骑兵是城邦所绝对信任的军事力量,当时人们还不懂得正确使用步兵的兵法。从公元前7世纪起,古希腊社会的政治改革运动大大加强。其原因在于:以往在战场上起决定作用的贵族骑兵此时已为穿戴盔甲的重装步兵所取代。

"重装步兵左臂挎盾,右手执长矛,以密集队形排列成坚固方阵,作战时步调一致,因而在与以往战无不胜的骑兵对阵时他们也能以密集的阵势将其击败。这一新军种不仅瓦解了贵族政治权力的军事基础,而且提高了那些独立的、能为自己提供进入方阵必需装备的农民和工匠的地位,增加了他们的政治影响。"①而以贵族骑兵为军事政治基础的寡头政体也旋即为以重装步兵为军事政治基础的民主政体所替代。

公元前5世纪中叶希波战争中希腊人的胜利,特别是雅典海军在萨拉米斯海战中的胜利,又一次极大地促进了民主政治的发展。因为划船投入战斗的划手都是没钱将自己装备成重装步兵的公民,所以,城市贫民在这次军事上所起的作用甚至比有财产的重装步兵还要重大。这一变革趋势自然极大地加强了民主政治运动的发展,终于在伯里克利时期(公元前461—前429年)达到其最高潮。伴随着海上军事力量的崛起,强大的海军时代到来了,以重装步兵为军事政治基础的民主政体也相应地发生变化,以船员和水手为军事政治基础的极端民主政体形成统治地位。

最后,从文化传统来看,一方面,无论是散布于爱琴海中各岛屿和沿地中海岸分布的各个城邦,还是希腊半岛上的居民,其生活都依存于海洋,深入内地而远离海洋的城邦是很少的。所以,希腊文明是与内陆文明不同的海洋文明。它具有开放、活跃和多样性的特征。另一方面,古希腊破碎的地理版图,不容易形成统一的政治中心,建立中央集权的国家。最终,古希腊形成了众多城邦林立的极其多元化的政治局面。而海洋文明的特征和多样政治制度的现实也使得古希腊文化传统具有多元性的特点。

古希腊神话是古希腊文化传统中最令人称道的组成部分之一,它也是多神论的。在古希腊神话中,神是一个大家庭,每个神都有自己的权力和职责。而在神与神之间也存在矛盾和对立,没有一个神可以制服其他所有的神而成为众神之首。人们对神的崇拜是多元的,并不是崇拜某一个神。这种多神论思想是有助于以限制政治权力为核心的宪政思想的发育的。而且,古希腊的文化是以人为中心的、世俗的文化。在古希腊神话中,神也像人一样有七情六欲,每个

---

① 〔美〕斯塔夫里阿诺斯:《全球通史》,董书慧、王昶、徐正源译,北京大学出版社2005年版,第103页。

神都有自己的优点和缺点,有自己的喜好和憎恶。这种以人为中心的世俗文化,提倡人性,强调人追求自己幸福的权利和自由,以及与人相应的责任,反对神性、神权,从而为宪政的产生奠定了深刻的思想基础。

第二节 雅典宪政

一、雅典城邦宪政思想的发展

（一）早期的宪政思想

包括雅典在内的古代希腊各民族的世界观,在其早期发展阶段基本上都带有神话的性质。当时,人与自然处于直接同一的关系中,关于人类社会组织和人与社会关系的意识还没有分化为一个独立的领域,而是混合为整体的神话世界的一部分。人类主要借助神话形式来理解和解释他们的世间生活、社会制度与政治法律制度等问题。

在公元前12至公元前8世纪的"荷马时代",个人意识逐渐觉醒。在反映这个时期社会面貌和人们思想观念的文献《荷马史诗》中,已经产生了政治法律思想的萌芽。史诗记叙的故事虽然发生在迈锡尼时代末期,但它流传和形成于荷马时代,到公元前8世纪才最终定型。因此,《荷马史诗》曲折地反映出荷马时代的社会特征和政治法律观念。

据史诗所载,这个时期的政治生活是极其原始的。政治权力刚刚萌芽,国家还没有出现,国家立法也就不可能存在。"由于作为阶级统治的特殊组织的国家尚未产生,所以'荷马社会'也就自然不知道国家立法意义上的法,但它知道惯例与正义意义上的法,知道社会的和法律的正义原则。""正义是作为既成惯例或习惯法的法的绝对基础和准则,而习惯法则是永恒正义的一种具体化,是永恒正义在人们的相互关系中,甚至在众神自身的相互关系中的存在、表现和实施。"①尽管习惯法的规定尚未写成条文,但服从其规定却是无条件的。根据史诗来判断,与公正和不公正行为有关的法律的观念,在荷马时代已有很大的发展。

公元前 8 世纪,希腊人已经从"黑暗时代"的蒙昧状态下走了出来。此时,氏族制度开始解体,阶级关系已经出现。到公元前 6 世纪,希腊世界完成了由原始部落向城邦的过渡。雅典城邦大约就是在此时形成的。在后来风起云涌的宪政改革浪潮中,雅典涌现出了一批伟大的改革家。像梭伦、克里斯提尼、伯里克利等等,既是改革家同时也是政治思想家。他们的立法活动及其创立的政治法律制度体现了他们的政治思想,而这些政治思想颇具宪政的意味。

例如,"梭伦寻求在一个被贫富纠纷所分裂的国家中引入一种社会平等的理想"②。他采用"中庸"的方式力求在不损害贵族利益的情况下保护穷人利益并提高其社会地位,以达到富人和穷人都接受其政策的目的。不仅如此,在梭伦改革中还产生了"分权对抗"的宪政思想的萌芽。他在提高公民大会地位的同时,又创设了四百人议事会和陪审法庭。这些机构相互依赖并且依职权而相互联系,但每个机构又能对其他机构实行监督。遗憾的是,由于这些立法者没有系统的著作流传下来,我们无法深入地了解他们的宪政思想。但可以肯定的是,雅典宪政思想在此时已经逐步形成了。

公元前 5 世纪中叶希波战争以后,希腊城邦民主制度达到鼎盛,雅典成为希腊政治和文化中心。发达的民主制度和活跃的公民政治生活带来热烈的政治讨论,推动了希腊哲学研究兴趣由自然转向人和社会,从而最终实现了政治思想的繁荣。智者和苏格拉底是最早的真正的城邦政治理论家。虽然没有完整的著作流传下来,但作为古代雅典第一批专注于城邦政治问题的学者,智者和苏格拉底对城邦宪政问题的探讨深刻地影响了柏拉图和亚里士多德,并成为他们

---

① 〔苏〕涅尔谢相茨:《古希腊政治学说》,蔡拓译,商务印书馆 1991 年版,第 10 页。
② 〔英〕厄奈斯特·巴克:《希腊政治理论——柏拉图及其前人》,卢华萍译,吉林人民出版社 2003 年版,第 59 页。

宪政思想的重要来源。

智者与苏格拉底都从崭新的角度来考察城邦。智者作为政治理论家，虽然其活动的确切性质，乃至其智识不可推测，但我们却能够确定他们所关注的问题焦点便是城邦——被视为从遍布于希腊世界众多自治城邦中抽象出来的概念。这些城邦在其制度方面表现出诸多的差异，但其基本框架同属一类而有别于其他社会。我们大概可以把智者的政治理论描述为一种尝试，即界定、分析希腊众多城邦的共同点并阐明其中显著差异的尝试。①

苏格拉底与智者一样关切城邦。但与智者不同，他并未对城邦概念提出任何实质性的分析。这是因为他发现智者所发展的理论缺少基本分析的严格性，所以他提出了对有关城邦政治概念应该如何进行分析的理论。"他相信，对某一概念的真正理解只有借助于每一阶段都能自我证成的论辩才能实现。为确保这一点，分析应采取与他人讨论的方式。在此，没有什么可被视为理所当然的，而且要保证双方在论辩过程中的每一阶段均达成一致的意见。"②

苏格拉底将分析范围从个体延伸到城邦，突出强调了道德是城邦政治的基础。他认为，一个真正的领袖人物不是要迎合民众的要求，而是要使民众尽可能向善。因此，苏格拉底抨击伯里克利等政治家只是在满足公民的私欲中寻求其幸福和快乐，不懂得道德是政治的根本，从而将雅典公民培养成骄纵、怠惰和狂野的人。他认为这是当时政治危机的根源。与此相联系，苏格拉底主张贤人政治。在他看来，只有贤人才可以引导民众向善，追求知识和美德。同时治国也是一门专门的知识，甚至是一门艺术，需要专门的训练。他尖锐地抨击雅典的抽签选举，认为政治家应该是具有相应知识的人。这些思想后来都被柏拉图所继承。

（二）柏拉图和亚里士多德的宪法思想

柏拉图和亚里士多德作为古希腊历史上探讨宪政问题最有代

---

① 参见〔英〕F.I.芬利主编：《希腊的遗产》，张强等译，上海人民出版社2004年版，第41页。

② 同上书，第43页。

性的两位思想家,他们系统的宪政思想无疑超过他们之前的任何一位思想家,从而为宪政思想的发展作出了开创性的贡献。

1. 柏拉图的宪政思想①

柏拉图是深入系统地研究宪政问题的第一人。他的宪政思想奠定了西方宪政思想的基础,对后世产生了极其深远的影响。他的宪政思想主要体现在《理想国》、《政治家》和《法律篇》这三部著作中。其中最有影响的是《理想国》,一般认为是柏拉图盛年的作品。《法律篇》写于晚年。《政治家》写于二者之间而比较接近于《法律篇》的年代。他的宪政思想主要体现在以下几个方面:

(1) 理想政体的等级构成

柏拉图的理想国贯彻了严格的社会分工原则。国家应有"统治"、"保卫"和"生产"三种职能。"因此,柏拉图的理想国作为一个整体,是以劳动分工为标志的三个特殊等级之间的联合。这三个特殊等级为:统治者(或者完美的保护人)、军人(首先被称为'保护人',后来被称为辅助者)和生产者等级(他们被柏拉图称为'农民')。"②柏拉图说:"当生意人、辅助者和护国者这三种人在国家里各做各的事而不相互干扰时,便有了正义,从而也就使国家成为正义

---

① 自古评述柏拉图之作,足以充栋。《理想国》只是他的政治著作之一,另二作是《法律篇》与《政治家》,都有多种版本。研究柏拉图的人,都应该享受阅读《会饮篇》之乐。在英语世界,现代评论始于敌视柏拉图的葛洛斯曼(R. H. S. Grossman)与卡尔·波普尔,前者有《今日柏拉图》(*Plato Today*,修订版,1959),后者有《开放社会及其敌人》(*The Open Society and Its Enemies*,修订版,1962)卷一《柏拉图之咒》。读此二作,必须步步谨慎。论点较平衡的有巴克(Ernest Barker)的《希腊政治理论:柏拉图及其先行者》(*Greek Political Theory: Plato and His Predecessors*,第5版,1960)与《柏拉图与亚里士多德的政治思想》(*The Political Thought of Plato and Aristotle*,1959),只是巴克倾向于将柏拉图视为雅各宾式人物,而将亚里士多德看成一个稳健的维多利亚自由主义者。尼特希普(R. L. Nettleship)的《柏拉图理想国演讲集》(*Lectures on the Republic of Plato*,1901,1968年重印)声名历久不衰。温斯皮尔(A. D. Winspear)的《柏拉图思想源流》(*The Genesis of Plato's Thought*,1952年第2版),与柯伊里(Alexandre Koyre)的《发现柏拉图》(*Discovering Plato*,1960),也值得一提。参见〔美〕约翰·麦克里兰:《西方政治思想史》,彭淮栋译,海南出版社2003年版,第65—66页。

② M. A. Ernest Barker, *Political Thought of Plato and Aristotle*, New York, Russell & Russell, 1959, p.112.

的国家了。"①

接着,柏拉图从不同角度论证了这种等级划分的合理性。他论证说,个人是城邦的缩影,城邦是个人的扩大。他的意思是指,一个人灵魂与美德的要素与城邦相应的要素之间是同构的。他说:"在国家里存在的东西在每一个个人的灵魂里也存在着,且数目相同。"②他认为,一个理想的城邦,需要有智慧、勇敢和节制三个条件。这些条件首先来自人性。就是说,人有三种本性:理性、意志和情欲。这三种本性又都具有自己的美德:理性具有智慧,意志发展为勇敢,情欲则应节制。三者的层次不同,理性最高,意志其次,情欲最下。

人性的这三种活动,产生出三个社会等级:专心陶冶理性和追求真理者——这是理智、智慧和判断力的体现者,应负责治理社会,管理他人,所以是哲学王;追求荣誉和成就者——这是意志和勇敢的体现者,应负责防外安内,所以是军人;追求感官满足和身体享受者——以满足情欲和感官需要为己任,应负责供应社会需要,维持社会生存,所以是国家的生产者。

值得注意的是,柏拉图提出的关于三个等级的划分并不是一种严格的等级制度,因为它遵循着等级开放原则,不是血统而首先是人的天赋决定他属于哪一个等级。在柏拉图看来,人究竟处在这三个等级的哪一个等级上,不是取决于财富,也不是取决于出身,而是以对他们的天赋能力的估价为基础,以人们天资上的差异为根据。也就是说,统治者擅长于统治术,军人擅长于战争术,而生产者只擅长于从事生产。

除此以外,"柏拉图还用神话的形式描绘了这三个等级之间的区别:虽然国家里的所有成员彼此亲如兄弟,但是他又告诉我们,在形成这三个等级的时候,神用黄金精炼成了统治者,用白银锻造出了

---

① 〔古希腊〕柏拉图:《理想国》,郭斌和、张竹明译,商务印书馆1986年版,第156页。

② 同上书,第168页。

军人,用铜铁生产了农民和工匠"①。他试图以此说服人们达到对等级划分和自己等级地位的认同。但其更深层次含义则在于,以所谓金制、银制和铜铁制来象征人的心灵的不同素质类型,并以此作为等级划分的主要依据。

柏拉图的这种等级划分,特别是将统治者从生产者等级中分离出来,可以说是一种政治客观主义。②"一方面是代表生产者的经济社会,另一方面是代表保护者的国家——一个国家小心地通过'共产'制度而与经济社会相分离,并且可能绝不会相互影响。这一社会和国家之间的区分,为古希腊人所忽视,但在柏拉图这里却找到了完整的意义。"③

（2）哲学家治国思想

哲学家治国是柏拉图理想国的核心内容。根据柏拉图设计的社会政治建构,哲学家被置于等级结构的顶端,垄断城邦全部政治权力,其他各等级则完全被排斥在城邦权力体系之外。这是理想国最具特色的内容之一。在柏拉图看来,人类生来不平等,注定只能由最少数人统治最多数的人。这最少数人就是"敏于学习、强于记忆、勇敢、大度"的哲学家。

柏拉图肯定:"除非哲学家成为我们这些国家的国王,或者我们目前称为国王和统治者的那些人物,能严肃认真地追求智慧,使政治权力与聪明才智合而为一;那些得此失彼、不论兼有的庸庸碌碌之徒,必须排除出去,否则的话……对国家甚至我想对全人类都将祸害无穷,永无宁日。"④其中的原因,就是哲学家具有最高的知识,具有

---

① M. A. Ernest Barker, *Political Thought of Plato and Aristotle*, New York, Russell & Russell, 1959, p.114.

② Ibid., p.115.

③ "'国家'在这里被当作'政府'。Hildenbrand 却论证说甚至柏拉图也没有国家观念的正确概念,即一种代表共同利益的组织的概念:柏拉图创造了一个等级统治者。但是那个等级如果不是被柏拉图看做一个'代表'组织,就是被看做为了共同利益的组织。" M. A. Ernest Barker, *Political Thought of Plato and Aristotle*, New York, Russell & Russell, 1959, p.115.

④〔古希腊〕柏拉图:《理想国》,郭斌和、张竹明译,商务印书馆 1986 年版,第 214—215 页。

洞悉万物本原把握至善的能力。只有道德上或智慧上的圣人才适宜成为国家的统治者。他认为,研究哲学和政治艺术的事情天然属于爱智者的哲学家兼政治家。这样,所谓的哲学家执政,就被柏拉图理解为高超的智慧、真实的知识、完美的德行与绝对的最高权力的结合。同时,他把这种哲学家视为城邦的"拯救者"。他相信,如无哲学家治理,城邦和个人绝无希望可言。

虽然随着时间的推移,社会现实环境的变化,他的以哲学家为主体的贤人政治无法得以实现,以致暮年的柏拉图转而开始重视法律的作用,肯定"法治",但在他看来,一旦出现有能力的统治者,人类就无须再由法律统治了。这样,柏拉图又重新回到了他宪政思想的起点——哲学家治国。而只有依赖科学、音乐和体育等教育手段,经过长期艰苦的思维训练才能造就出这样的圣人。由此,柏拉图肯定了教育对法律的优势。"我们从《理想国》中已经看到,在教育已经给予'活'的知识的地方,法律已无必要;我们也看到柏拉图把法律的缺失当作教育忽视和缺乏的信号。"①

总之,在柏拉图的政治思想发展过程中,他始终确信真正的理想政体,应实行哲学家的理性统治,不受法律和习俗的牵制。② 所以,柏拉图一再声称《法律篇》中所指出的法治国家是第二等好的国家。法治作为现实最好的选择,始终是相对于理想政体而言的一种次优的统治。

(3) 政体思想

在政体思想方面,《理想国》、《政治家》以及《法律篇》三部著作是柏拉图政体思想发展的早、中、晚期的代表作。这三部著作比较清晰地勾画出了柏拉图政体思想的发展轨迹。

---

① M. A. Ernest Barker, *Political Thought of Plato and Aristotle*, New York, Russell & Russell, 1959, p.167.
② "因此,在《政治家》一书中,柏拉图认为君主进行统治必须要同其他艺术家完成作品一样不受任何羁束。"M. A. Ernest Barker, *Political Thought of Plato and Aristotle*, New York, Russell & Russell, 1959, p.168.

A.《理想国》与政体演变思想

在《理想国》中,柏拉图已经对各种政体进行了分类。他把自己所设计的由哲学家执政的国家称为"贤人政治",也就是通常所说的"贵族政治"。贤人政治是一种理想,是善的正当的政体。而在现实政治生活中存在的都是不当政体。柏拉图将它们区分为四种类型,即荣誉政体、寡头政体、平民政体、僭主政体。贤人政治的内在原则或标准是智慧,其他几种政体分别是荣誉、财富、自由和专制。它们是依次下降的,一个比一个差,僭主政体最坏。

紧接着,柏拉图在《理想国》中提出了政体演变的思想。他认为,各种政体都有其存在的周期,政体是可以演变的。这种演变是政体内部诸要素矛盾斗争的结果,演变的原因就是政体存在的基础要素发生了变化。柏拉图的这种思想是把政治制度之根本维系于抽象的人性基础之上。柏拉图说:"有多少种不同类型的政制就有多少种不同类型的人们性格。你不要以为政治制度是从木头里或石头里产生出来的,不是的。政治制度是从城邦公民的习惯里产生出来的。习惯的倾向决定其他一切的方向。"[1]

在柏拉图看来,国家是由公民构成的,公民的习惯倾向决定着政治制度的取向;每种政体都有其内在精神;每种政体下的统治者和公民也有其独特的品格和心灵。他还认为,如果有五种政治制度,就应有五种个人心灵。与这五种政体(即贤人政体、荣誉政体、寡头政体、平民政体和僭主政体)相对应的个人分别是善者(正义者)、爱荣誉者、寡头分子、民主分子和僭主。当一种政体下统治者和公民的品格和心灵发生变化后,政体就会发生相应的演变。在柏拉图的论述中,这种演变指向堕落的方向,其具体的路线是:贤人政体—荣誉政体—寡头政体—平民政体—僭主政体。柏拉图的这种政体演变思想的主旨是揭示国家存在的本质规定性——贤人政治。正是在这五种政体的循环演变中,柏拉图向人们证明了贤人政体的优越性。

---

[1] 〔古希腊〕柏拉图:《理想国》,郭斌和、张竹明译,商务印书馆1986年版,第313—314页。

B. 《政治家》与政体分类思想

在《政治家》这篇对话中,柏拉图的政体思想趋于成熟。他在该篇中对民主政治的态度不如《理想国》那么恶劣;最重要的是,他对法律有了一种新的看法——仍然不友好,但不那么决绝了。另外,对专制主义的信奉仍然是柏拉图思想的一部分。①

柏拉图先依据"政府由一个人、少数人还是多数人实施统治",将政府形式划分为君主政体、少数人统治的政体和民主政体三种。然后,他又根据"强制顺从与自愿顺从、贫穷与富有、非法治与法治"②的标准,将君主政体分为僭主政体与宪政君主制,将少数人统治的政体分为寡头政体与贵族政体,将民主政体分为极端民主政体与宪政民主政体。这样就有六种政治制度。

与此同时,柏拉图所主张的政体已经由纯粹的哲学家的统治转变成具有统治知识的政治家的统治,有王者之风的政治家已经取代了道德上的圣人——哲学家,从而法治也就成了次优的统治。他说:"但是,照目前的情形看,像我们所述的,在我们的国家中还无从产生这样的国王——他像蜂群中蜜蜂的统治者,从一开始在身体上和精神上就天生卓越而适合为王,因此我们似乎不得不聚集起来制定成文的法律,以仿效完美而真正的政体形式。"③他的意思是说,在现实社会里,真正的哲学家不易找到。在没有哲学家的条件下,他肯定了法律统治的价值,认为法律可以说是经验的总结。

从有知识的人那里学来写出的法律是对真理的模仿。虽然是种模糊的不完善的模仿,但是法治政体仍然是现实政体中对理想政体模仿得最好的政体。相对于理想政体而言,法治是次优的统治。据此,他按统治者是否依法统治而将上述六种政体区分为两类:合法的政体,包括宪政君主制、贵族政体和宪政民主政体;变态的政体,包括

---

① 参见〔英〕厄奈斯特·巴克:《希腊政治理论——柏拉图及其前人》,卢华萍译,吉林人民出版社2003年版,第376页。
② 〔古希腊〕柏拉图:《政治家》,黄克剑译,北京广播学院出版社1994年版,第88页。
③ 同上书,第106页。

僭主政体、寡头政体和极端民主政体。"在这六种宪政中,柏拉图把宪政君主制放在首位,而把僭主政体置于末位;一个人的统治既可能产生最大的美德又可能产生最大的罪恶,因为权力完全集中在一个人手上。多数人的统治则相反,既可能产生最小的罪恶又可能产生最小的美德,因为权力在大量的权力主体中间被无限小地划分;并且相应地,虽然柏拉图认为极端的民主政体是第一位的最好的变态政体,但是同时他又认为宪政的民主政体是第三等的最糟的合法政体。"①

总之,《政治家》呈现给我们的仍然是一种以知识为基础的开明专制的思想,但柏拉图的理想已经开始向现实妥协,因为他认识到法治是现实政体的最好的选择。

C.《法律篇》与混合政体思想

《法律篇》是西方历史上第一部法学专著。在《法律篇》中,"柏拉图承认其早期政治理想认识的不足,但其结果不是放弃,而是远大的使命——构想另外一种较好的生存方式"②。此时,柏拉图的理想已经比较彻底地向现实妥协,"法治"已经取代"人治"。虽然他仍然坚持认为《理想国》的国家蓝图是最好的,是人间立法者所应尽力模仿的"典范",只是无法完全实现,但是结合当时希腊的政治现实,他还是对这些原则在国家的体制和政策方面的具体实施进行了重要调整。

在没有"哲学王"的条件下,法律应处于至高无上的地位。人人必须守法,因为法律是神赐的产物,是统治公民灵魂的东西。③ 倘若有人不守法,他就可能被鞭打和监禁,被剥夺公民权利,或者被驱逐出境,甚至被处以死刑。④ 良好政体的根本原则应该是城邦受法律的支配,而不受个别统治者和特殊阶级或利益集团的支配。不仅如

---

① M. A. Ernest Barker, *Political Thought of Plato and Aristotle*, New York, Russell & Russell, 1959, pp. 175-176.

② 〔英〕F. I. 芬利主编:《希腊的遗产》,张强等译,上海人民出版社 2004 年版,第 49 页。

③ 参见〔古希腊〕柏拉图:《法律篇》,张智仁、何勤华译,上海人民出版社 2001 年版,第 411 页。

④ 同上书,第 326—327 页。

此,《法律篇》还接受了有限的民主原则。基于这一原则,在"第二等好的国家"里,柏拉图引进了混合政体。他认为最好的政治制度应该是混合了民主制和君主制的统治,应该是自由和智慧相结合的统治。健全的政体应该是将城邦内的平民成分与某种个人权威相结合。

不过,柏拉图在《法律篇》中所设计的政体更接近于寡头政体和平民政体的混合。"这样,与混合政制相结合的法治国家就成了柏拉图后期主要的政治观点。这好比是理想与现实的中转站:这是一个次理想的国家,与实际情况近到足以被轻松地纳入现实生活。"[1] 因此,《法律篇》比《理想国》更具体而真实地反映了希腊城邦的政治现实,包含了对政治法律问题更成熟的思考,也更多地代表着雅典文明的主流传统,并对亚里士多德的宪政思想产生了重大影响。

《法律篇》中混合政体思想的影响无疑是极其巨大的。美国学者萨拜因认为:这项原则就是若干世纪以后孟德斯鸠重新发现的著名的三权分立原则的原型。[2] 英国学者泰勒也认为:柏拉图在《法律篇》中明确而清楚地宣告了一个伟大的政治学原理,即"统治权的划分"原则。[3] 我们可以说,柏拉图的混合政体理论是西方近代分权制衡学说的思想源头。

总之,作为柏拉图宪政思想核心的政体思想是在不断变化发展的。但是从这些变化中,我们仍然可以探究到一些不变的东西。一方面,柏拉图始终反对那些没有限制的直接民主制,认为最好的统治应当从一个人或少数人的统治中去寻找。"虽然贵族政体更自然地被我们看做柏拉图的理想,但是有理由相信让柏拉图宣誓效忠的是君主政体。这一判断来自《理想国》一书中著名的结论:只有哲学王

---

[1] 〔英〕厄奈斯特·巴克:《希腊政治理论——柏拉图及其前人》,卢华萍译,吉林人民出版社2003年版,第410页。
[2] 参见〔美〕萨拜因:《政治学说史》,盛葵阳等译,商务印书馆1986年版,第106页。
[3] 参见〔英〕泰勒:《柏拉图生平及其著作》,谢随知等译,山东人民出版社1991年版,第669—670页。

统治,古希腊世界和全人类才能免于痛苦;①并且我们从《政治家》一书中,也能获悉理想的绝对君主制的必要。"②同时,柏拉图也痛恨那些既无知识又无法律的僭主暴君的统治,认为他们是最专制的人、最恶的人与最不幸的人。

另一方面,在他的思想发展变化的过程中,有一点是自始至终明确的:柏拉图始终把那种以知识或智慧为基础的人实行的开明专制视作自己心目中最理想的政体。"虽然,后来他把法治作为现实最好的政体,但是,那仅仅是相对于理想政体而言的次优政体,是他的理想对现实的一种迫不得已的选择。可以说,在政体思想上,柏拉图始终是一个理想主义者。"③

2. 亚里士多德的宪政思想④

亚里士多德是古希腊百科全书式的学者和思想家,西方政治学的创始人。反映亚里士多德宪政思想的著作主要是《雅典政制》⑤和

---

① "这里我们看到了苏格拉底式的理智主义:追求绝对有知识的君主,而忽视人民的愿望。正如 McKenzie 所说(Int. Journ. Ethics, Jan., 1906, p.144):'如果一个真正的哲学家成为了国王,那么他的第一个举动可能是退位,或者至少尽可能迅速地保证政府的实际工作分给这个国家有能力的成员。'真正的哲学必须认识到目的要素。"M. A. Ernest Barker, *Political Thought of Plato and Aristotle*, New York, Russell & Russell, 1959, p.164.

② M. A. Ernest Barker, *Political Thought of Plato and Aristotle*, New York, Russell & Russell, 1959, p.164.

③ 徐祥民等:《政体学说史》,北京大学出版社2002年版,第61页。

④ 亚里士多德的《政治学》,一切系于定义,一切必须向文中细处寻索,因此读原书最要紧。企鹅经典丛书有个补上最新资料的优秀版本,是罗德(Carnes Lord)的新译本(1984)。亚里士多德著作包罗甚广,有心认真了解亚里士多德者,一定要读他的《伦理学》(*Ethics*)与《雅典宪法》(*Constitution of Athens*),收于摩尔(I. M. Moore)《亚里士多德与芝诺芬论民主与寡头统治》(*Aristotle and Xenophon on Democracy and Oligarchy*, 1975)。古为评注亚里士多德之作不可胜数,大多最好避之为妙,因为衡以现代标准,其中大多以极不可靠的版本为根据,其拉丁文不堪卒读。现代人讨论亚里士多德的《政治学》,始于耶格尔《亚里士多德》(1934,1962年重印)。巴克与摩拉尔之作亦可参考。罗斯(D. Ross)的《亚里士多德》(1934年第2版)是旧有亚里士多德学传统的好例子。麦金太尔(Alasdair McIntyre)的《美德之后》(*After Virtue*, 1981),则是亚里士多德伦理学与政治学仍有发挥之处的精彩说明。参见〔美〕约翰·麦克里兰《西方政治思想史》,彭淮栋译,海南出版社2003年版,第86页。

⑤ 《雅典政制》的英译者 P. J. Rhodes 认为有内在证据表明这本书不是由亚里士多德本人写的。多数学者也这样认为,但通常都把它归于亚里士多德名下。

《政治学》两部作品。就宪政思想而言,《政治学》无疑是亚里士多德最重要的著作。后人研究亚里士多德的宪政学说,基本的资料就是这本书。该书内容宏大丰富,分析精辟独到,是希腊城邦时代政治遗产的杰出代表。

(1)"城邦"和"公民"之概念辨析

亚里士多德在《政治学》第三卷的开头说道:"人们要研究'城邦政治'这个问题,考察各种政制的实际意义及其属性,就应该首先确定'城邦'的本质。"①他采取溯源的方法,即通过对城邦起源的探讨来了解其本质。"亚里士多德确信,城邦的形成并不是出于事先的预谋,而是'必须或者自然的',并且城邦之所以是自然和必须的,是因为个人不能仅仅依靠自己来充分满足自身的所有需要。"②

城邦这一政治团体最初起源于家庭。家庭是人类为满足日常生活需要而建立起来的社会的基本形式。随着人类为了适应更广泛的生活需要,若干家庭联合组成一种较为高级的社会团体,这就是村社。村社最自然的形式是由一个家庭繁殖而衍生的部落。随着村社的进一步发展,若干村社组合而为城邦。社会就由此进化到高级而完备的境界。

亚里士多德认为,人类生来就有合群的性情,是自然倾向于城邦生活的动物,所以,城邦的产生和形成完全是为了人类本性发展的需要。正是"这种需要拯救了人类,推动了人类的进步"③。人按本性的要求必须过城邦生活,只有通过城邦生活,人的本性才能够实现。反过来说,人要实现自己的本性,就必须成为城邦的成员,过城邦生活。

正是在这个意义上,亚里士多德诠释了城邦的本质。他认为,城

---

① 〔古希腊〕亚里士多德:《政治学》,吴寿彭译,商务印书馆1997年版,第109页。
② M. A. Ernest Barker, *Political Thought of Plato and Aristotle*, New York, Russell & Russell, 1959, p.265.
③ 在《理想国》中,恰恰是以同样的方式,被表达出来的需要(χρεία)不可避免地促使人们形成一个组织(κοινωνία)。See M. A. Ernest Barker, *Political Thought of Plato and Aristotle*, New York, Russell & Russell, 1959, p.265.

邦是"至高而广涵的社会团体"。"城邦的一般含义就是为了要维持自给生活而具有足够人数的一个公民集团",是"许多公民各以其不同职能参加而合成的一个有机的独立体系"①。在亚里士多德看来,城邦是古希腊人最宝贵的财富,是他们值得为之献身的最高利益。对全体希腊人来说,城邦就是一种共同生活,是一个能够实现至善的公民团体,而城邦宪法不是一种法律建构,而是一种"生活的模式"。

城邦的基本要素是公民。公民的本质是什么呢？亚里士多德指出,"全称的公民是凡得参加司法事务和治权机构的人们"②,即有权参加陪审法庭和公民大会的人们。因为这两个机构是城邦最高权力所在之处,有权参加这两个机构并享受平等政治权利的人才是真正的公民。③

亚里士多德的"公民"概念,同时也是古希腊的公民概念,与我们今天所理解的超越血缘关系的普通的法律资格概念是不相同的。"公民身份意味着对主权国家的参与,它被限定在安逸和有能力的阶层。他们的安逸来自于拥有大量的奴隶;并且相应地社会财富的生产者因为缺乏空闲和政治能力也必须被排除在公民身份之外。"④同时,亚里士多德的"公民"概念还完全否认了奴隶、外邦人和妇女的政治权利。亚里士多德认为奴隶是会说话的工具,奴隶和自由人的区分符合自然,是城邦生活所必需的。他也歧视非希腊的"野蛮

---

① 〔古希腊〕亚里士多德:《政治学》,吴寿彭译,商务印书馆1997年版,第113、109页。

② 同上书,第111页。

③ M. A. Ernest Barker 对亚里士多德探求公民本质的过程作了精辟的分析:"为了界定公民,亚里士多德追求'aporetic'联想方法,并且为了实现真理而拒绝许多可能的定义。在分析公民概念的组成成分和要素时,亚里士多德衡量了每一个决定性的实质要素。居住是公民身份的一个要素,但它不是实质性要素。公民身份的实质性要素必须是为每一个公民所具有,同时没有人能比公民更能表现出来的东西;但是外国人可以和公民一样成为居民。参与立法权也是一个要素;但是这也不是特有的,因为外国人可以和公民一样在法庭上起诉和应诉。组成公民身份的实质性要素既不是居住也不是特权,而是功能:通过它一个公民必定被界定,并且相应地通过功能公民被定义为参加司法事务和治权机构的人们。"M. A. Ernest Barker, *Political Thought of Plato and Aristotle*, New York, Russell & Russell, 1959, p.294.

④ Ibid., p.298.

人",认为他们低于希腊人,天生就该当奴隶。而妇女,他认为只相当于肢体不全的男人。可以说,古希腊社会流行的各种阶级、等级、种族、性别歧视,在亚里士多德那里都得到了充分体现。因此,他的公民观念是非常狭隘的。

不仅如此,他认为公民,作为政治动物,仅以城邦的一员而存在,而非以一个独立的个体而存在。这种公民对于城邦是附属的。在城邦和公民的关系上,是公民服从于城邦,而不是城邦服从于公民。亚里士多德的整体优先的思想是清楚的。下面这段话再清楚不过地表达了他的这种思想。他说:"城邦虽在发生程序上后于个人和家庭,在本性上先于个人和家庭。就本性来说,全体必然先于部分;以身体为例,如全身毁伤,则手足也就不成其为手足,脱离了身体的手足同石制的手足无异,这些手足无从发挥其手足的实用,只在含糊的名义上大家仍旧称之为手足而已。我们确认自然生成的城邦先于个人,就因为[个人只是城邦的组成部分],每一个隔离的个人都不足以自给其生活,必须共同集合于城邦这个整体才能满足其需要。凡隔离而自外于城邦的人——或是为世俗所鄙视而无法获得人类社会组合的便利或因高傲自满而鄙弃世俗的组合的人——他如果不是一只野兽,那就是一位神祇。"①

而所谓的公民权只是公民参与城邦的权利。这种权利并不是指作为独立个体的城邦公民所拥有的权利。它只是参与城邦政治生活,或者说参加城邦管理的资格,是根据出生或财产而获得的一种特权。它是个人作为城邦的一分子,即作为一个"政治动物"的人由城邦分配给他的一种机会,或授予的资格②。这种机会和资格是人作为城邦的一员的机会和资格。若没有这种机会和资格,作为"政治动物"的人也就成不了城邦的公民。

这种公民权不是针对政府权力的,而是政府由以组成的元素;这

---

① 〔古希腊〕亚里士多德:《政治学》,吴寿彭译,商务印书馆1997年版,第8—9页。
② 按照亚里士多德时代的雅典制度,"凡是由公民双亲所生者均享有公民权"这种资格。参见〔古希腊〕亚里士多德:《雅典政制》,日知、力野译,商务印书馆1999年版,第44页。

种公民是国家主人,但这种主人不是打倒了专制君主才登上政治舞台的政治角色,而是天然的城邦组成者。作为主人并非因为他们自己有权利,对城邦政治生活的参与在很大程度上可以说是义务。①

(2)政体思想

在亚里士多德的政治学体系中,对政体的研究占有重要地位。由于师承关系,亚里士多德的政体思想受到了柏拉图的影响。"不仅政体的分类,而且亚里士多德的理论中的其他关键要素,都源于柏拉图。"②但比起柏拉图来,他的研究更为系统、清晰、精细。真正完整的政体理论是由他奠定基础的。

亚里士多德认为,政体是"一个城邦的职能组织,由以确定最高统治机构和政权的安排,也由以订立城邦及其全体各分子所企求的目的"③。也就是说,政体是指中央政治权力的组织形式和依据。国家最高治权与不同公民团体,通过不同的原则、机制相结合,构成不同的政权组织形式,形成不同的政体类型。同时,各种政体在现实中并非静止不变,相反,由于各政体的建制原则、构成方式、运作过程及所处的外界环境中均含有大量不稳定因素,所以各类政体之间可能相互转化,优良政体可转变为不良政体,即亚里士多德所说的政体变革现象普遍存在。通过对政体分类和变革的分析,亚里士多德更进一步提出了他的"理想国家"蓝图——"中庸之道"的共和宪制。

A. 政体分类观

柏拉图以统治者人数的多少作为对政体分类的标准。"与此相反,亚里士多德明确拒绝了单一的数量分类法,因为它仅仅把单一的

---

① 参与城邦政治生活是古希腊公民的义务。这一点最明显地表现在参加会议罚款的规定和担任官职不领薪金的规定。根据《雅典政制》的记载,雅典曾规定:"议事会的成员中于预定的日子不到议事院将被罚款每天1德拉克马。"(《雅典政制》,第34页)废除四百人专政的人们在"将政务移交给出自有武装阶层的那5000人"之后投票决定,"任何官职均不得支取薪饷"(《雅典政制》,第36页)。参见徐祥民等:《政体学说史》,北京大学出版社2002年版,第67—69页。

② M. A. Ernest Barker, *Political Thought of Plato and Aristotle*, New York, Russell & Russell, 1959, p.320.

③ 〔古希腊〕亚里士多德:《政治学》,吴寿彭译,商务印书馆1997年版,第178页。

外在特征作为标准。取代依据统治者数量来分类政体的方法,亚里士多德在道德标准的基础上主要根据政体的目的和政府的本质进行分类,并且根据掌权者的社会阶层或者授予公职的原则来进一步细分它们。"①

实际上,亚里士多德按照三个标准对政体进行分类。亚里士多德认为,国家是政权的载体,国家建立的终极目的是追求公利,充分发扬人的天性,促进美德,满足人们过优质生活的愿望。基于这种目的,亚里士多德提出了第一种政体分类标准,即"以绝对公正的原则来判断,凡照顾到公利的各种政体就是正当或正宗的政体;而那些只照顾到统治者们的利益的政体就都是错误的政体或正宗政体的变态(偏离)。这类变态政体都是专制的(他们以主人管理其奴仆那种方式施行统治),而城邦却正是自由人所组成的团体"②。这一标准实际上是一种道德性标准,是最基本的政体划分标准。③ 亚里士多德对由此划分的两种政体表现了明显的倾向性:肯定正当政体而否定变态政体。

在将政体作了最基本的划分以后,亚里士多德以第一种政体划分标准为基础进一步提出了第二种政体划分标准。他根据掌权者人数的多少,是一个人、少数人还是多数人,在正当政体和变态政体中又分别划分出三种不同政体:将正当政体划分为君主政体、贵族政体和共和政体④;将变态政体依此标准分别划分为僭主政体、寡头政体

---

① M. A. Ernest Barker, *Political Thought of Plato and Aristotle*, New York, Russell & Russell, 1959, p. 317.
② 〔古希腊〕亚里士多德:《政治学》,吴寿彭译,商务印书馆1997年版,第132页。
③ "因此我们发现政体主要被分成两种:'正当政体'中的政府是无私的,因为它追求一个道德目的,而'变态政体'中的政府则是腐败的,因为它没有追求这一目的。"M. A. Ernest Barker, *Political Thought of Plato and Aristotle*, New York, Russell & Russell, 1959, pp. 310－311.
④ M. A. Ernest Barker 认为:"'共和'一词(πολιτεία or constitution)是特别应用到一个种类上的普通名词,因为这一种类没有自己的名字。'共和'相应地意味着对以多数人统治为特征的正当政体的细分:它是为了共同的正义的多数人统治。它是不带私利的民主,因此被翻译到更高的层次。"M. A. Ernest Barker, *Political Thought of Plato and Aristotle*, New York, Russell & Russell, 1959, p. 311.

和平民政体。

第二种标准实际上是政治性标准,是对不同阶级掌握政权的静态格局的反映,与政治权力的归属、分配格局以及阶级分化有关。这种政治性划分标准成为政治学史上最经典的政体划分标准之一。比较起来,根据第一种标准划分的正当政体与变态政体之间的差异是根本性、绝对性的,而在此基础上,根据第二种标准划分的六种政体之间的差异却是非本质性的、相对的,彼此并无优劣之分,而是各有利弊,适用于不同社会。

在具体分析各种政体的过程中,亚里士多德更为具体地提出了隐含的第三种政体划分标准——法治性标准。在对政权的动态运作状况进行了现实考察后,亚里士多德以人的意志和法律之间的关系作为划分政体的标准,将政体划分为法治政体和人治政体。"当我们探讨亚里士多德对寡头政体和平民政体的详细论述时,法治在这里成为了一个标准。"①第三种标准——法治性标准在第一种标准(价值性标准)和第二种标准(政治性标准)的基础上,解决了统治依据的问题。对于据此而划分的人治政体与法治政体,亚里士多德认为法治政体的现实效果优于人治政体,即使采用人治政体,至少应该保证其中含有一定的法治性因素。"凡不能维持法律威信的城邦都不能说它已经建立了任何政体。……任何真实的政体必须以通则即法律为基础。"②

B. 政体变革思想

对政体进行明确分类以后,亚里士多德进一步分析现实中的政体变革现象。这里的变革,亚里士多德也称"衰亡",其意为已建立的政体无法维持。他从三个方面概括了引起政体变革的原因:

首先,政体变革源于政体建置原则的"病变":造成正当政体变革的主要原因是政体建置原则自身的腐化。"贵族政体时代,其地

---

① M. A. Ernest Barker, *Political Thought of Plato and Aristotle*, New York, Russell & Russell, 1959, p. 317.

② 〔古希腊〕亚里士多德:《政治学》,吴寿彭译,商务印书馆1997年版,第191—192页。

方官员屈从于诱惑,开始从公共事务中谋私利。财富成为了政治生活的目的和标准,这样寡头政体出现了,僭主政体和平民政体也相继产生。"①正当政体的建置原则和政治系统运作都处于两个对立的极端之间。它们通过协调以达到一种微妙的中庸状态。但这种暂时的平衡往往是很脆弱的,因为完善的政治原则毕竟要由最高权力主体来实现,体现于政治过程中。但人性自利的天性和统治集团独立的利益要求会对以公利为目标的原则形成有力的挑战。

亚里士多德敏感地意识到一切贵族政体中的寡头势力都有放纵贵要的偏向。实际上,一切原则的腐化均始于权力主体的腐化,而政体原则易于随着权力主体的腐化滑向偏执的不完善的某一极端,导致整体变革;②变态政体变革的普遍性原因是它们自身政体建置原则的不完善。在寡头政体和平民政体这两种变态政体中这一因素表现得尤为明显。平等主义者以数量论平等,寡头主义者以(财产)数额论平等,各有所偏,都不能免于内讧。亚里士多德认为,财富上的不平等和身份上的平等共同构成了正义的基本内容。寡头政体和平民政体各执一端,以此废彼,只能体现不充分、不完善的正义,是局限于有限人(不管是少数还是多数)的正义而非涉及全体的正义。因此,这两种变态政体在其建立之初就蕴涵着不稳定因素。随着时间的推移,这些不稳定因素会不断膨胀,最终导致政体变革。

其次,亚里士多德在概述政体变革时,认为城邦应该把公民身份授予拥有盔甲的人。从这一观点出发,亚里士多德将政体变革与军事变革联系起来,强调军事变革也会导致政体变革。在君主政体衰落时期,骑兵是城邦所信任的军事力量。当时人们还不懂得正确使用步兵的兵法。此时骑兵意指寡头政体。当步兵流行起来之后,政体被拓宽,并且出现了"现在所称的共和政体,但是在当时则被称为民主政体"。而当海上军事力量崛起后,强大的海军时代到来了,政

---

① M. A. Ernest Barker, *Political Thought of Plato and Aristotle*, New York, Russell & Russell, 1959, p.445.
② 参见安然:《论亚里士多德的政体观》,载《沈阳大学学报》(哲学社会科学版) 2000年第1期,第34页。

体也相应地变化,"极端民主制"形成统治地位。①

最后,政体变革的具体动机是各种偶然性事件的发生。

在一般性原因的基础上,亚里士多德指出政体变革还需要三个要件:第一,持不同政见者对现实政治不满所产生的发难情绪;第二,这些发难者的目的,一般是私利和荣誉;第三,引发事变和政治斗争的机会。前两种动机是人们的主观心理状态的反应,是引发政体变革的必要条件;后一种动机是促使政体变革的充分条件。

C. 理想政体的设计

亚里士多德的理想政体模式与柏拉图不同,他认为理想政体应该是"中庸之道"的共和宪制。"中庸之道"是亚里士多德伦理学的核心思想,也是他政治哲学的理论基础。他认为,德性就是中道,是最高的善和极端的正确。而国家政治的目的就是要实现公民的最高善德。因此,是否符合"中庸之道"应作为评价一个政体优劣的标准。他指出,依通例说,不问各城邦特殊情况怎样,凡是和最好政体愈接近的品种自然比较良好;凡离中庸之道愈远的品种也一定是最恶劣的政体。正是出于这样的考虑,他才认为共和政体是最好的政体。共和政体是寡头政体和民主政体的"中间物"和混合物,它集中两者的优点而避免其弊端。

实际上,亚里士多德为避免政体衰亡开出了基本的处方,即在一个政体里面中和寡头主义的比例平等和民主主义的数量平等作为寡头民主政体。② 这里的寡头民主政体就是共和政体。这样,共和政体中和了平民派和寡头派两种偏颇的正义观,既考虑到平民的自由身份,又照顾到财富、能力、品德等因素。公民内部平等,实行"轮番为治",既是统治者,又是被统治者,但每个公民在国家中的地位则以其才德为依据。这就解释了为什么两种坏的政体可以混合成好的

---

① See M. A. Ernest Barker, *Political Thought of Plato and Aristotle*, New York, Russell & Russell, 1959, pp. 445–446.

② Ellen Meiksins Wood, Neal Wood, *Class Ideology and Ancient Political Theory (Socrates, Plato, and Aristotle in Social Context)*, Basil Blackwell Oxford, 1978, p. 243.

政体。①

亚里士多德认为,我们显然应该用共和政体一词来称呼贫富两因素混合的政体。他进一步揭示了共和政体的本质,即混合贫富,兼顾有产阶级和自由出身的人们。共和政体是"中间"的政体,"中间"成分在其中的各个方面处于优势:在道德方面,中庸处于优势;在财产方面,小康水平处于优势;在执政方面,中产阶级处于优势。

亚里士多德认为,就一个城邦各种成分的自然配合来说,唯有以中产阶级为基础,才能组成最好的政体。中产阶级比任何其他阶级都稳定。他们既不像穷人那样希图他人的财物,他们的资产也不像富人那么多得足以引起穷人的觊觎。既不对别人抱有任何阴谋,也不会自相残害。所以,中产阶级是民主势力,是最好的执政者。中产阶级的这种生活状况决定了它是城邦稳定的重要因素。

亚里士多德认为,如果一个城邦内"中产阶级强大,足以抗衡其他两个部分而有余,或至少要比任何其他单独一个部分为强大——那么中产阶级在邦内占有举足轻重的地位,其他两个相对立的部分(阶级)就谁都不能主治政权——这就可能组成优良的政体"。他赞赏这样的城邦说:"公民都有充分的资产,能够过小康的生活,实在是一个城邦的无上幸福。"②

总之,亚里士多德所设计的理想城邦在政治上混合了寡头要素和民主要素,在社会中以大量中产阶级为基础。这些中产阶级是土地的所有人。他们既不过于富裕又不过于贫穷,但拥有中等的充分的财产。③

(3) 法治思想

亚里士多德主张实行共和政体,提倡民主,坚决主张中产阶级执

---

① See M. A. Ernest Barker, *Political Thought of Plato and Aristotle*, New York, Russell & Russell, 1959, p.477.

② 〔古希腊〕亚里士多德:《政治学》,吴寿彭译,商务印书馆1997年版,第206—207页。

③ See Aristotle, *Politics*, 1295b(182). See also Ellen Meiksins Wood, Neal Wood, *Class Ideology and Ancient Political Theory (Socrates, Plato, and Aristotle in Social Context)*, Basil Blackwell Oxford, 1978, p.243.

政,因此法治成为其理想政体的逻辑必然。在古代西方,明确而坚定地主张法治,并系统阐述法治理论的思想家是亚里士多德。毫不夸张地说,他既是古希腊法治思想的集大成者,又是后世法治理论的奠基人。他的法治理论,不仅启发和推动了西方法学的形成和发展,而且倡导了一种法律的至高无上、法律的神圣权威以及法的统治优于一人统治的社会观念,形成了支配西方长达两千多年的法治传统,并至今绵延不断。①

A. 法治应当优于一人之治

亚里士多德极力推崇法治。针对柏拉图早期提出的"哲学王"的统治,他在《政治学》中明确指出:"法律是最优良的统治者"②;"法治应当优于一人之治"③。亚里士多德如此强调法治,是因为他对人的本性和法律的本质有比较深刻和透彻的理解。他认为,凡是不凭感情治事的统治者总比感情用事的人优良,"谁说应该由法律遂行其统治,这就有如说,唯独神祇和理智可以行使统治;至于谁说应该让一个个人来统治,这就在政治中混入了兽性的因素。常人既不能完全消除兽欲,是最好的人们(贤良)也未免有热忱。这就往往在执政的时候引起偏向。法律恰恰正是免除一切情欲影响的神祇和理智的体现"④。

在这里,亚里士多德使用了一个"三段论"的推理方式,即大前提是:优良的统治应当免除人的情欲或非理性成分,是一种理性的统治;小前提是:人治不能免除人的情欲或非理性成分,唯有法治能够免除人的情欲或非理性成分,是一种理性的统治;因此,结论就是:法治是优于人治的统治。⑤

亚里士多德并不仅仅从人的本性推导出法治应当优于人治,而

---

① 参见何勤华:《西方法学史》,中国政法大学出版社1996年版,第22页。
② 〔古希腊〕亚里士多德:《政治学》,吴寿彭译,商务印书馆1997年版,第171页。
③ 同上书,第167—168页。
④ 同上书,第168—169页。
⑤ 参见夏勇:《法治是什么——渊源、规诫与价值》,载《中国社会科学》1999年第4期,第118页。

是在人性的基础上,进一步从制约权力的需要推导出法治应当优于人治。他认为,法治虽然源于人类本性的需要,但它的功能在于对权力的约束。他说:"法治应当优于一人之治。遵循这种法治的主张,这里还须辨明,即便有时国政仍须依仗某些人的智虑(人治),这总得限止这些人只能在应用法律上运用其智虑,让这种高级权力成为法律监护官的权力。应该承认邦国必须设置若干职官,必须有人执政,但当大家都具有平等而同样的人格时,要是把全邦的权力寄托于任何一个个人,这总是不合乎正义的。"①

接着,亚里士多德在分析僭主政体时认为,僭主施政专以私利为尚,对人民的公益则毫不顾惜,而且也没有任何人或机构可以限制他个人的权力。这是暴力的统治,所有世间的自由人当然完全都不愿意忍受这样的制度。他认为,之所以会导致这种情况,主要是因为权力没有受到应有的限制。他说:"人们要是其权力足以攫取私利,往往就不惜违反正义。"②因此,任何机构、团体或个人都不能取得绝对的权力。而要让权力受到限制,法治无疑是最有效的手段,是最充分的保障。在亚里士多德看来,要建立一个稳定的优良政体,国家就应当确立最有权威的理性规则,不让任何人在政治方面获得脱离寻常比例的超越地位。在这里,亚里士多德所崇尚的权威的理性规则约束就是法治。

B. 法治的基本含义

亚里士多德在明确肯认"法治应当优于一人之治"的基础上,进一步指明了法治一词的基本含义。他写道:"我们应该注意到邦国虽有良法,要是人民不能全部遵循,仍然不能实现法治,法治应包含两重意义:已成立的法律获得普遍的服从,而大家所服从的法律应该本身是制定得良好的法律。"③这段话,包含了他关于法治论的两层重要含义:

---

① 〔古希腊〕亚里士多德:《政治学》,吴寿彭译,商务印书馆1997年版,第167—168页。
② 同上书,第316页。
③ 同上书,第199页。

第一,作为法治基础的法律,应当是一种好的法律。亚里士多德明确指出,作为法治基础的法律,必须是一种良法。恶法虽也可能导致法律统治,但不能导致法治。亚里士多德认为,相应于城邦政体的好坏,法律也有好坏,或者是合乎正义或者是不合乎正义。亚里士多德强调,法律的实际意义应该是促成全邦人民都能进于正义和善德。只有制定出良法,并将其作为治理国家的基础,才能达到实施法治的目的。"如此,法律的本质就与道德的本质同一,结果依据法律或者正义而行为等同于依据道德或者美德而行为。"①

第二,法律制定后,应当为全社会所普遍遵守。"将优秀的法律写入一个人的内心比仅将它们写在纸上无疑更为伟大;遵守法律比法律本身更为重要。"②如果说良法是法治的基石,那么法律具有至上权威则是法治的关键。亚里士多德认为,邦国虽有良法,要是人民不能全都遵循,仍然不能实现法治。在亚里士多德看来,法治应当表现为人们普遍遵从法律的实际状况,也就是法律必须具有崇高的权威。他说:"凡不能维持法律威信的城邦都不得说它已经建立了任何政体,法律应在任何方面受到尊重而保持无上的权威。"③这样,法律至上就成了亚里士多德法治的标志。这种守法之治,在《政治学》中,也是正义之治;服从法律即符合正义,非正义就是破坏法律。总之,严格服从良法,亦即法律的至上性和法律的正当性,成了亚里士多德的法治论的基本要素。

C. 法治的实现途径

亚里士多德提出了法治这一目标,同时又为法治确立了两个基本标准,即"法律被普遍遵从"和"法律本身优良"。实际上,立法的好坏不仅决定着法律本身的优良程度,而且也是普遍遵从的前提。而守法则是法治的重要内容,守法成败直接决定了法治的成效。因此,国家要实行法治就必须做到这两个方面。也就是说,国家必须从

---

① M. A. Ernest Barker, *Political Thought of Plato and Aristotle*, New York, Russell & Russell, 1959, p.322.
② Ibid., p.323.
③ 〔古希腊〕亚里士多德:《政治学》,吴寿彭译,商务印书馆1997年版,第192页。

立法和守法入手来实现法治：

在立法方面，亚里士多德认为必须遵循以下一些原则：一是所订法律必须反映中产阶级的利益；二是要详细研究国家的情况，包括国境的大小和境内居民人数的多少以及与邻邦、外国的关系。此外还要注意财产、军备等实际情况；三是要考虑对公民特别是青少年加强教育；四是灵活性和稳定性相结合，法律不能一成不变，但也要注意保持其稳定性。①

在守法方面，亚里士多德强调，法律之所以能见成效全靠公民的服从，即要求公民守法。而守法和德性存在密切的联系。一个人是守法还是违法，不仅仅取决于法律对他的约束强度，还取决于他是否具有德性。他说："大多数合法行为几乎都出于德性整体。法律要求人们全部合乎德性而生活，并禁止各种邪恶之事，为教育人们去过共同生活所制定的法规就构成了德性的整体。"②亚里士多德重视法制教育对于公民们尚法品德的塑造，使他们养成守法的习惯。"亚里士多德认识到，每个旨在促进政治进步的'立法者'的主要工作是在思想和行为方面教育人们，以使其立法永久成为可能。"③他认为，对公民进行普遍的法制教育是国家不可推卸的责任。所以，国家最重要的使命是对公民实施法制教育。只有通过这样长期的法制教育，"法行天下"的稳定和繁荣的良邦才会傲然屹立。

（三）希腊化时期的宪政思想

伯罗奔尼撒战争之后，希腊世界的城邦制度开始走向衰败。公元前338年，希腊各城邦沦于马其顿控制之下，失去了独立的主权。公元前334年，马其顿王亚历山大东侵，建立了一个庞大的世界帝国，开始了所谓希腊化时期。希腊化时期的雅典有代表性的宪政思想家，主要有伊壁鸠鲁和波里比阿。

---

① 参见何勤华：《西方法学史》，中国政法大学出版社1996年版，第21页。
② 〔古希腊〕亚里士多德：《尼各马科伦理学》，苗力田译，中国社会科学出版社1999年版，第99页。
③ M. A. Ernest Barker, *Political Thought of Plato and Aristotle*, New York, Russell & Russell, 1959, p.325.

伊壁鸠鲁是希腊化时期雅典著名的哲学家。他认为,国家政权的主要目的和政治社会的基础是:确保人们相互间的安全,克服相互间的恐惧,避免相互间的损害。在他看来,在广阔的政治社会领域内,由于国家的这种排除不安的力量,由于国家的繁荣昌盛,人们的安全会达到一定程度。跟上述对政治社会的作用与任务的理解相联系,伊壁鸠鲁把国家和法律看做是人们相互间关于公共福利(相互安全)的契约。他认为,自然正义实质上是一种关于利益的契约,其目的在于避免人们彼此伤害和受害。伊壁鸠鲁已不再把国家视为自然的产物,而是自私的个人为了自己的利益而相互达成的一种契约。这种契约论意味着把个人视为国家的基础。

波里比阿是希腊化时期雅典著名的历史学家。他以希腊传统的政体循环理论为基础来阐述自己的宪政思想。波里比阿指出,所有纯粹的统治形式或简单的政体形式都会以特定的方式蜕化变质。因为每种这样的政体只能体现单一的原则,而这个原则就其本性来说必将或几乎是命中注定地蜕变为自己的对立面。因此,君主制蜕变为暴君制,贵族制蜕变为寡头制,民主制蜕变为暴民政体。而这三种蜕变成的政体又会被革命所推翻,为新型的政体所取代。于是,他把这六种政体描述成为一个前后相继依次蜕变和更替的过程,即君主政体—暴君政体—贵族政体—寡头政体—民主政体—暴民政体。它们形成一个闭合的更替圆圈,循环不已。不仅如此,他还提出了自己的混合政体学说。

在这个问题上,波里比阿显然受到了亚里士多德混合政体思想的影响。波里比阿认为,混合政体的长处在于,它恰如其分地结合了"混合"(溶合为一个整体)政体所应有的各项原则(君主制原则、贵族制原则和民主制原则),具有防止国家蜕变为坏政体的必要稳定性。他在阐述罗马宪政时特别指出:"罗马宪法一个特别的优点是这种宪法'如此公正、如此得体地安排和调节了三种因素(执政官、元老、人民),以至于罗马人甚至要肯定地宣布他们的政体究竟是贵族制、民主制抑或君主制都是不可能的。'①结果导致了市民和军事机构之间不寻常的平衡和适合统一整个帝国的宪政上的稳定。"②在混合政体中,各种政体的代表人物的权力并不统一于一个原则(部分),而是各自分开,在相互制约和彼此平等并使整个国家制度在保持稳定中结合和并存。

波利比阿使用的混合政体概念不仅包括希腊人常说的各种社会集团和力量之间的混合和平衡,还包括各种不同性质的政治权力的混合与平衡。特别是后者,即国家权力体系各构成部分和机构之间的制约和平衡,是波利比阿的独特发现。所以,它不再是一般意义上的混合政体观念,而是一种分权学说。

二、雅典城邦宪政制度的发展

(一)梭伦改革以前的雅典宪政

从公元前8世纪开始,希腊半岛上形成了数以百计的城市国家,即城邦。每个城邦通常都以位于高处的城市为中心,并辐射到周围的农村。雅典位于希腊东部的阿提卡半岛,是希腊城邦中较大的一个城邦,但其面积也不过2556平方公里,人口在雅典帝国全盛时期也不过40万人左右。

记录伯罗奔尼撒战争的伟大史学家修昔底德曾斩钉截铁地断言,早在特洛伊战争之前,雅典国王提修斯便统一了雅典和阿提卡,成为单一的城邦。传说公元前8世纪时提修斯进行了立宪,他设立了以雅典城为中心的管理机关,各部落的民众大会被设在雅典城的公民大会所替代;他还以宪法来确立社会的等级,把当时雅典的居民分成三个等级,即贵族、农民和手工业者。

雅典早期的宪法是不完备的,立法内容完全由贵族控制的阿瑞奥珀戈斯会议提出,公民大会只是在形式上进行表决。阿瑞奥珀戈

---

① Polybius, 6.11. See also Claude Nicolet, Polybe et les institutions romaines, in *Entretiens Hardt XX*, pp.147-200.
② 〔美〕唐纳德·R.凯利:《多面的历史——从希罗多德到赫尔德的历史探询》,陈恒等译,三联书店2003年版,第61页。

斯会议设有三个执政官：宗教执政官，掌管宗教和国家大典；军事执政官，主管战事征伐；执政官，总揽一般行政①。而后，议会又设立了六位司法执政官。他们是法律的维护者，兼各种审判委员会的主席。他们与前三个执政官一起构成了雅典早期的行政机构"执政九人团"。与此同时，阿提卡人被伊翁（所有爱奥尼亚希腊人的祖先）区分为四个"爱奥尼亚部落"。部落是军事组织的基础，并负有部分宗教和财政功能。这些部落原是古代贵族家族的组合，每个人都隶属于这些部落。

早期雅典是氏族贵族专政的国家，所有的政治权力完全掌握在贵族手中。因此，宪法内容完全有利于氏族贵族集团，保障贵族集团的利益。在政治上，贵族们包揽官职，制定法律，压迫平民；在经济上，以高利贷、土地兼并来谋求暴利，从而导致贫困的雅典农民、手工业者破产，有些债台高筑者不得不以人身为抵押，或者将其妻子和子女卖为奴隶。由于此时的雅典还处于不成文法阶段，法律不公开，贵族常常按照自己的意愿来随意解释法律，庇护同族，迫害平民，作出对平民不利的判决，这引起了平民阶层的极大不满。

公元前630年左右发生的库隆暴动震惊了雅典，反映了雅典社会动荡不安的状况。公元前621年，雅典执政官德拉古进行了宪法改革。他将雅典的法律编撰成册并颁布实施。这部法典以严峻闻名，任何犯罪行为几乎都处以极刑。普鲁塔克曾经说过，德拉古的法律不是用墨水写的，而是用血写的。

但这部法典也具有进步意义。它反对血族复仇制度，并把当时已经存在的关于故杀、非故杀和自卫杀人三者加以区别的惯例，作了成文的规定，把贵族垄断的法律和审判职能公开出来，这一改革反映出雅典城邦试图以成文法来强调法律的公正性，从而也反映了雅典宪法的进一步发展。但是他的法律中关于整顿财产关系的

---

① "虽然，此'执政官'权力最大，而且执政的时期（稍后严格限为一年）也常以他的名讳命名（往往被称为"名年执政官"），但这个职位极可能在前两位执政官之后才产生的。"〔英〕约翰·索利：《雅典的民主》，王琼淑译，上海译文出版社2001年版，第3页。

部分,保护富有的贵族(债权人)的利益,加深了社会的阶级矛盾,使得库隆暴动以来的社会骚动更加激烈了。

(二) 梭伦的宪法改革

德拉古的严刑峻法非但没有能调和平民和贵族的阶级冲突,反而加剧了这一冲突,反过来消解了德拉古法律的权威性,以致"除了有关杀人犯以外,已不复为人所遵守了"[①]。而雅典尖锐的阶级冲突却是一把双刃剑:它既威胁雅典的政治生活,又为雅典宪政迎来了转机。"在阶级冲突之初,人们依然能援用传统的法律,解决出现的问题。比方说,在雅典下层民众不再相信,贵族法官依照不成文的习俗做出的判决有什么公正可言的时候,贵族还可以把这样的习俗制定成成文法典,暂时平息怨望;这便是众所周知的《德拉古法典》。然而到以后,人们觉得受到变革中的社会环境带来的压迫,他们开始不满这种因循守旧的做法,便经常有意制定新的制度,以适应新出现的需要。这样,城邦只能放弃这种视法律为传统的绝对力量的原始法律观念,而将其视为灵活的政治手段,须靠民众谨慎的努力方能解决。"[②]

摆脱早期的立宪方式,使宪法与雅典的民主政治相结合,始于梭伦时代。公元前594年,梭伦当选为执政官。他奉命组成特别委员会,试图解决雅典政治和经济方面的问题。针对雅典社会高利贷盛行、贫富分化严重、债务奴隶剧增、社会趋于动荡的局面,梭伦双管齐下:一方面颁布一连串具有宪法性质的法令进行经济改革;另一方面则大规模修改宪法。

梭伦的经济改革:第一,颁布"解负令"(Seisacktheia),使雅典平民所欠的公私债务一笔勾销,沦为债务奴隶的一律解放,彻底取消债务奴隶制。这一法令使雅典国内一些因负债而被奴役的公民立即获得了自由,而且国家出钱把以前被贵族卖往国外的债务奴隶赎了回

[①] 〔古希腊〕亚里士多德:《雅典政制》,日知、力野译,商务印书馆1999年版,第9页。
[②] 〔美〕弗里德里希·沃特金斯:《西方政治传统——现代自由主义发展研究》,黄辉、杨健译,吉林人民出版社2001年版,第4页。

来。为了使"解负令"得以贯彻,也废除了与土地无关的工商业债务,但不禁止改革以后的工商业信用。从此,通过法律的程序明确地把雅典公民和非雅典公民区分开来,保护了雅典公民集体的利益,也在法律上为全体公民的广泛参政铺平了道路。因此,亚里士多德评论说,债务奴隶制的废除是梭伦改革中最为民主的内容。①

第二,禁止输出谷物,准许输出橄榄油到国外,使雅典农业迅速过渡到集约性的果园和园圃经营,这是当时有条件输入粮食后改变阿提卡农业经济结构的根本性的措施。

第三,改革重量和度量衡制度,使之与科林斯和尤卑亚等城邦通行的标准统一。就经济发展而言,科林斯和尤卑亚均较雅典先进。这项措施使得雅典与已采用科林斯和尤卑亚度量衡制度的各个城邦间贸易往来更加便利。

第四,鼓励熟练的工匠由海外移往雅典定居做生意,允许外邦人获得雅典的公民权。商贾出身的梭伦很清楚,雅典的经济相当落后。此举用意在于快速提高雅典的生产力。"随着时间的推移,这种独特的、目的在于缓和贫富不均和解决在这个基础上发生的公民内部冲突的经济政策,愈来愈具有系统性。拟定并执行一系列综合措施,其主旨在于一方面大大地阻止和限制私有制的发展,另一方面保证对所有贫穷公民必要的物质支持,让他们可以积极参加国家的政治和社会生活。"②总之,梭伦的经济改革是一切事情的基础,正是由于它才造成了一种排他性的"公民精英"心态。③

梭伦的宪法改革:第一,"梭伦坚信国内冲突的原因是世袭的上层阶级握有不受限制的与不受监督的权力"④。所以,首先必须截断

---

① 〔古希腊〕亚里士多德:《雅典政制》,日知、力野译,商务印书馆1999年版,第12页。
② 〔苏〕Ю. B. 安德列耶夫:《古希腊罗马城邦和东方城市国家》,载《古代世界城邦问题译文集》,时事出版社1985年版,第69页。
③ 参见〔英〕约翰·邓恩编:《民主的历程》,林猛等译,吉林人民出版社1999年版,第4页。
④ 〔美〕特伦斯·欧文:《古典思想》,覃方明译,辽宁教育出版社1998年版,第44页。

贵族世家对整个政府的控制。当时贵族互选产生,而且由阿瑞奥珀戈斯会议支持的执政官,已近乎独裁。梭伦有意扩充政府的权力结构。他尤其热衷将非贵族出身但财力雄厚的人士,纳入权力体系。梭伦在其改革中把雅典的公民按财产多少划分成四个等级,并予以各等级不同的政治权利,作为新宪法的基础。

而等级划分的标准则是个人占有土地的收获多少。① 第一等级的年收成在五百斗以上,称作五百斗级(富农);第二等级的年收成在三百斗以上,称作骑士级(这两级养得起马,应征为骑兵);第三等级年收成在二百斗以上,称作公牛级(中农,构成重装步兵);第四等级年收成在二百斗以下,称为雇工级(平民,构成轻装步兵,担负军中杂役)。

以上四个等级,全都有参加公民大会的权利。虽然第四等级也可以出席公民大会,但是他们不能担任城邦的官职,政治权利也最少。第一、二等级享有最高的政治权利,只有他们才能担任城邦的最重要的官职如执政官和财务官。② 虽然贵族世家全都隶属于第一、二等级,但现在,有权担任重要官职的非贵族已不在少数。由于卸任执政官仍自动成为阿瑞奥珀戈斯会议的一员,渐渐地,会议成员不再局限于贵族阶级了。

第二,为了限制和削弱贵族会议的权力,梭伦通过立法使公民大会具有选举官职、决定战争与和平等决定国家大事的权力,提高了公民大会的作用,并且设立了两个新的机构:四百人议事会和陪审法庭(Heliaea)。四百人议事会由四个部落各选 100 人组成,只有第一、二、三等级的公民才有资格当选。会议握有相当的实权,尤其是在监督国家官员和制订公民大会议程时,更是一言九鼎。因此,原本由阿瑞奥珀戈斯会议行使的诸多权力,如今都由四百人议事会接手。无

---

① See P. J. Rhodes, *A Commentary on the Aristotelian Athenaion Politeia*, Oxford University Press, 1981, pp.141 – 142.
② 参见〔古希腊〕亚里士多德:《雅典政制》,日知、力野译,商务印书馆 1999 年版,第 10 页;〔古希腊〕普鲁塔克:《希腊罗马名人传》,黄宏煦译,商务印书馆 1990 年版,第 184—185 页。

论如何,四百人议事会都具有无可估量的意义:"它是欧洲历史上第一次有意识的、内容明确而且年代可考的政治革新。它是人们第一次具体的尝试,尝试在知识分子少数和大众之间建立所谓的'第三种势力':这个势力圈中,首要关注的是城邦的利益。"①

陪审法庭相当于雅典的最高法院,所有年满30岁以上每个阶层的公民都可以参加,主要负责各类案件的审理。此外,所有的公民如对执政官的判决有异议,也可向这些法庭提起上诉。新的法庭并未取代执政官在司法方面原有的功能,它只是在民主制度中,对执政官的一种制衡措施。陪审法庭的设立打破了贵族垄断司法的局面,使广大公民都有机会参加司法机关的活动。"梭伦的法律改革不仅仅允许公民将他们的案子提交给陪审法庭,因而削弱了贵族对司法的垄断,而且更有意义的是,任何公民现在能够代表社会中任何被犯罪行为侵害的成员对任何其他人提出指控。"②亚里士多德在评论梭伦改革时说,梭伦改革最为民主的措施之一就是给予所有公民向法庭控告犯罪行为的权利。③梭伦认为对每个人的伤害实际上就是对所有人的伤害,因此,他给予每个人为任何一个受害者伸张正义和起诉非正义的权利,即使他本人不是受害者。

实际上,梭伦这一系列改革举措具有更深层次的意义:"人们到那时为止所知道的防止政治骚乱的唯一方法,就是权力的集中。梭伦则开始以分散权力的方式来达到相同的目的。他将在他看来普通民众有能力运用的影响力都交给了他们,以便让国家免于专横统治。"④

第三,阿瑞奥珀戈斯会议的权力虽然受到削弱,但依旧保持审判杀人案的权力,梭伦更正式委托其负起监督法令和宪法的工作,因而

---

① 〔英〕约翰·邓恩编:《民主的历程》,林猛等译,吉林人民出版社1999年版,第6—7页。
② Ellen Meiksins Wood, Neal Wood, *Class Ideology and Ancient Political Theory (Socrates, Plato, and Aristotle in Social Context)*, Basil Blackwell Oxford, 1978, p.23.
③ 参见〔古希腊〕亚里士多德:《雅典政制》,日知、力野译,商务印书馆1999年版,第12页。
④ 〔英〕阿克顿:《自由的历史》,林猛等译,贵州人民出版社2001年版,第9页。

握有实权。再加上此时它的成员选自更多才干之士,所以它作为元老级政治人物云集的权威团体,声誉日隆。"总之,梭伦打击贵族并且一方面通过削弱部落及其分支,另一方面通过剥夺他们特定的政治功能将政治权利扩展至非贵族的大多数人。"①

"梭伦主要的宪法改革和他的促进农民利益的经济改革一样都是激进的:实质上,以财富作为任职资格的标准取代了以出身作为任职资格的标准。虽然关于梭伦改革以前的形势我们并没有太多的证据证明,但我们可以接受一般的推测,即官职是为贵族所垄断的。而且这一点是毫无疑问的,即梭伦建立了以收入划分的四个等级并且决定了何种等级有资格担任何种职务。"②

在梭伦改革之前,雅典是贵族阶级的寡头专政,平民不仅无权议政,而且处于债务奴役状态。改革之后,贵族阶级固然还当政,但并非贵族的富裕农民也成了当政阶级,以前实际上并无公民权利的平民,现在在公民大会中可以听到他们的声音了。"依靠同意的统治取代了依靠强迫的统治,倒立的金字塔被颠倒了过来。通过使每一个公民都成为其自身利益的看守者,梭伦将民主因素引入了国家。"③梭伦的立法改革,为雅典的经济繁荣以及民主政治的进一步发展创造了条件。

但是,梭伦的立法改革带有浓厚的妥协性和不彻底性。梭伦政制只是一种金权政治、中庸政治,而不是民主政治。正如他在自己的诗中所描述的那样:"我赋予人民恰如其分的崇高地位\未曾剥夺他们的荣誉\也未曾给予过多的尊荣 \权势之士因为财富遭受嫉妒\我保护他们免受一切危厄\我坚持立场\不偏不倚\不允许任何一方持

---

① Ellen Meiksins Wood, Neal Wood, *Class Ideology and Ancient Political Theory* (*Socrates, Plato, and Aristotle in Social Context*), Basil Blackwell Oxford, 1978, p. 23.

② John Boardman, N. G. L. Hammond, *The Cambridge Ancient History*, *Second Edition Volume Ⅲ, The Expansion of the Greek World, Eighth to Sixth Centuries B. C.*, Cambridge University Press, 1982, p. 384.

③ 〔英〕阿克顿:《自由的历史》,林猛等译,贵州人民出版社2001年版,第9页。

强凌弱。"①从这里也可以明确看出梭伦的立场,即其立法改革旨在维护雅典工商业奴隶主阶级的统治。

总之,"梭伦在试图解决雅典的社会、经济和政治问题时,对城邦的政治与社会制度进行了根本的变革,从而奠定了古典城邦的基础,梭伦的改革标志着雅典古典城邦制度的确立"②。

(三)克里斯提尼的宪法改革

梭伦改革开辟了雅典宪政发展的方向,使雅典走上了较为开明和进步的政治轨道。但梭伦离任以后,雅典社会平民和贵族的斗争又趋于激烈,利益驱动使雅典的社会阶层形成了三大派别,即代表贵族的平原派、代表农民的山地派和代表工商业阶层的海岸派,各阶层势均力敌,轮流执政。

山地派首领庇西特拉图最终以"僭主"③的形象登上了政治舞台,但他不曾丝毫更动梭伦的宪法。唯一增加的改革措施,便是引进"德谟法官"制度,审判当地的纷争诉讼。此举无疑取代了当地贵族世家拥有的非正式司法管辖权。庇西特拉图治下的雅典,不仅经济繁荣,政局也相当稳定。可是,庇西特拉图逝世后,其子希庇阿的独断暴虐引起了全体公民的反抗。

在这样的背景下,公元前506年克利斯提尼被选为首席执政官。他进一步推动了宪法改革,使雅典的民主政治从此确立起来。如何使雅典社会摆脱少数人专权,让所有公民参与全部公共生活,享有完全同等的权利,而不问其财产和德性,这是克利斯提尼执政遇到的重大问题。

贵族的权力主要来自三方面:第一,他们控制着土地,以及居住在土地上的人民;第二,古老的爱奥尼亚四个部落不但是梭伦宪改中

---

① 〔英〕约翰·索利:《雅典的民主》,王琼淑译,上海译文出版社2001年版,第13页。
② 黄洋:《古代希腊土地制度研究》,复旦大学出版社1995年版,第156页。
③ "僭主"一词就是指那些未经过当时合法的政治推选程序而进行统治的人,并没有道德谴责的含义。实际上,"僭主"通常都是支持平民而反对贵族特权阶级的,他们常常——虽然并非总是如此——加速了民主政治的到来。参见〔美〕斯塔夫里阿诺斯:《全球通史》,董书慧、王昶、徐正源译,北京大学出版社2005年版,第103页。

四百人议事会的骨干,在当时还是军事、财政组织的基础;第三,执政官职位与阿瑞奥珀戈斯会议席位,仍大半掌握在贵族手中。克利斯提尼如要改革成功,就必须满足平民的需要,由他们,而非贵族氏族永久掌握政权。① 而改革宪法便是唯一的出路。

首先,克利斯提尼废除了传统的四个氏族血缘部落,把整个雅典城邦分为三个区域:雅典城及其近郊;内陆中央地带;沿海地带。每个区域分为十个部分,每个部分名为"三分区"。三个区域中各抽一个"三分区"共三个"三分区"合成一起成为一个部落。这样,雅典境内实际上就被分为十个部落。这种部落与以前的不同,它不是集合在一片毗连的地带的部落,而是跨三个区域的一种人为的集合,它唯有在公民大会表决期间才得结合起来。这样的组织方法依据的是地区原则,因而它打乱了氏族传统,削弱了以氏族为基础的贵族势力,从而也削弱了僭主复辟时所依靠的力量。选区的基层单位被称为"德莫"(Demos),不再由氏族划分,而按所住的地区进行登记。这样,选举完全以地籍代替族籍,作为公民集体的雅典城邦内部就自然地联结在一起了。

其次,每一选区各选50名代表,以五百人议事会代替四百人议事会。只有财产等级属于双牛级(中农)以上者,才可出任代表。五百人议事会比四百人议事会拥有更大的权力,它除了为公民大会准备议案、议题之外,还管理财政、外交事务,在公民大会闭会期间负责处理雅典城邦的大部分日常事务。每个部落还出一个将军,统率本部征集的公民军,并组成一个"十将军委员会"统率全军。

最后,制定"陶片放逐法"(Ostracism),这是克利斯提尼宪法改革中最富特色的一种制度,也是雅典城邦保证民主政治不受侵害的一项重要制度。它规定在公民大会上通过投票决定放逐那些危害国家的政治野心家,进行表决时公民在贝壳或者陶片上写下要被放逐的人的名字,凡被大多数投票认为应被放逐的人,就要离开雅典,10

---

① 参见〔英〕约翰·索利:《雅典的民主》,王琼淑译,上海译文出版社2001年版,第22页。

年以后才准许返回。该制度设计的目的在于防止阴谋夺取政权的僭主政变,在实际政治生活中也确实起了稳定民主政体的作用。

雅典通过宪法改革所确立的民主政治到克利斯提尼改革为止,已兼具"主权在民"和"轮番为治"的特色。大体说来,克利斯提尼的宪法改革使雅典城邦的民主政治制度得以确立,从而推动了民主政治的健康发展,也推动了雅典城邦社会经济的前进步伐。"随着克利斯提尼之建立政治社会,氏族组织像是野蛮社会所留下的一片残襟被抛弃在一边了。"①

(四) 厄非阿尔特和伯里克利的宪法改革

克利斯提尼为雅典城邦确立的宪政在公元前5世纪初期经受了希波战争的严峻考验,并在战争期间得到了发展。公元前462年,厄非阿尔特进行了宪法改革,通过了一系列剥夺阿瑞奥珀戈斯会议权力的法案。经过厄非阿尔特的宪法改革,阿瑞奥珀戈斯会议的许多特权都被剥夺了,特别是在司法上的特权。

其后的雅典迎来了城邦宪政发展的鼎盛时期——伯里克利时代。"伯里克利时期是雅典的黄金时代,也是全希腊在古典时代中的黄金时代。"②自公元前443年起,伯里克利连续担任首席大将军15年,通过大量立法使雅典城邦的政治全面民主化:

首先,执政官等一切行政官职向所有等级的公民开放,每个公民都可以通过抽签选举的方式担任国家的官职,取消任职资格的财产限制。抽签选举虽然原始和简单,但在当时至少为每位公民提供了最广泛、最平等的参政机会。

其次,公民大会基本上成为雅典城邦国家的最高权力机关。公民大会作为最高的权力机关,拥有表决议案、选举官吏、颁布法律、制定政策、决定战争与议和等权力。公民大会每隔10天召开一次,凡年满20岁的男性公民都可参与国家一切重大政策的讨论,并享有提

---

① 〔美〕路易斯·亨利·摩尔根:《古代社会》,杨东莼、马雍、马巨译,商务印书馆1981年版,第274页。

② 〔美〕斯塔夫里阿诺斯:《全球通史》,董书慧、王昶、徐正源译,北京大学出版社2005年版,第104页。

出建议和弹劾公职人员渎职或违法行为的权利。与此相关的五百人议事会已具有了公民大会常设机构的性质,它除了为公民大会准备议案外,还负责执行公民大会的决议、监督国家行政部门的日常事务。而此时的陪审法庭作为最高的司法机关和监察机关,负责审理最重要的和大多数的案件,享有判处重大案件的罚金权,并有监督公职人员、考核政府官员的权力。

再次,实行官职津贴制。按照雅典城邦的传统,公民担任公职是尽义务,一律没有工资,而且需自己负担相关的费用。这个传统使贫民的参政活动受到很大的限制。公元前451年到450年左右,伯里克利为了吸引下层公民参与城邦管理,引进官职津贴制度。按此制度,若下层公民担任执政官、五百人议事会的成员和陪审法庭的陪审员,国家一律实行津贴或补助。这样,基本实现了官职向每一个等级的公民开放的目标,把少数公民的民主制度转变成多数公民的民主制。

最后,规定只有父母双方都是雅典公民的人才可以获得公民权。这就使许多雅典人被排除在雅典公民之外,从而使雅典公民权转变成一种标志性的特权。

(五) 小结

雅典宪政制度的发展,有一个历史过程。这一历史发展过程又是和雅典民主政治的发展过程交织在一起的。德拉古、梭伦、克利斯提尼、厄非阿尔特和伯里克利的四次宪法改革,大致代表了雅典民主宪政制度的开创、建立、发展和完善四个阶段。雅典宪政的发展是沿着不断削弱、剥夺氏族贵族和阿瑞奥珀戈斯会议的权力,不断提高、强化公民大会和陪审法庭的地位和作用的途径进行的。需要指出的是,雅典的宪政制度并不是统治者对人民的恩赐,而是广大平民、工商业者不断抗争的结果。如果没有广大平民、工商业者与贵族长期不懈的斗争,雅典的宪政制度不可能确立并得到发展。

三、雅典宪政的特点

雅典宪政由梭伦立法改革开创,至伯里克利时代达到极盛,总共延续了数百年,并对后世西方的政治制度产生了深远的影响。它不仅是古希腊的典范,而且是整个古代世界的典范。它主要有以下特点:

(一) 以直接民主制为基础

宪政和民主不可分。雅典民主宪政无疑是最有可能接近字面民主的民主制度了。"在那里,统治者与被统治者并肩共事,面对面互相协商。不管我们怎样评价城邦的自治制度①,无论如何,直接民主和间接民主有着根本的区别。把它们放在一起看,直接民主就是人民不间断地直接参与行使权力,而间接民主在很大程度上则是一种对权力的限制和监督体系。"②而雅典宪政以雅典直接民主制为基础。

雅典直接民主制指不是通过选举代表,组成议会或代表大会来治理国家(即所谓代议制度),而是通过由拥有雅典城邦政治主权的公民直接参与城邦治理的制度。在雅典,所有的国家权力机关都向雅典公民开放。雅典公民可通过选举或抽签的方式,最大限度地参与国家的管理和监督:公民大会作为最高国家权力机关,凡年满18岁的雅典公民均可参加,并以投票的形式,发挥"国家主人"的作用。每个公民在公民大会都有选举权和被选举权,并可以对国家的各种政治问题自由发言和投票表决。由于绝大多数的公职实行定期轮换与抽签,因此,每个公民在一生中都有可能被选为议事会成员,都可以轮流参加陪审法庭。

直接民主制的一个显著特征就是其决策过程往往过分依赖公众舆论。而雅典宪政就充分反映了这一特征:"雅典公民大会像所有群众集会一样不时被公众情绪所左右,像在第一次辩论米推利尼

---

① 关于自治的强度问题,参见〔美〕乔·萨托利所著《民主新论》一书第四章第三节。然而,希腊经验的特征在于它的面对面性质,拉斯莱特(P. Laslett)也指出了这一点,参见 The Face to Face Society, in *Philosophy, Politics and Society*, P. Laslett, ed., Basil Blackwell Oxford, 1956.

② 〔美〕乔·萨托利:《民主新论》,冯克利、阎克文译,东方出版社1998年版,第315页。

(Mitylene)时的怒气冲冲,在投票选举十将军时的义愤填膺,或讨论西西里(Sicilian)远征时的盲目乐观。"① 对于雅典所实行的民主化程度最高的"直接民主制",伯里克利曾有过精彩的评论。他说:"我们的制度之所以被称为民主政治,因为政权是在全体公民手中,而不是在少数人手中。解决私人争执的时候,每个人在法律上都是平等的;让一个人负担公职优先于他人的时候,所考虑的不是某一个特殊阶级的成员,而是他们有的真正才能。任何人,只要他能够对国家有所贡献,绝对不会因为贫穷而在政治上湮没无闻。"②

伯里克利时代的雅典应该被认为是现代政治制度的先驱,但这主要不是因为其法律是由公民大会的多数人投票通过,更重要的是雅典公民以多渠道的方式参与统治,特别是通过陪审法庭的方式参与统治,并且雅典政治的制度结构在历史上是第一个有着多层次、有着相互约束的权力机构的主要政体。③

(二) 政府机构实行分权与制衡

政府机构实行分权与制衡是宪政的本质要求。在雅典城邦民主宪政体制中,分权制衡的原则已经在一定程度上得到实现。公民大会、五百人议事会、执政官、陪审法庭将城邦权力一分为四。每个机构都有自己的权力范围和独立的职能,同时又受其他机构的制约。

公民大会由全体公民参加。它有权表决官员的留任,进行将军、骑兵将官等军事官员的选举,受理有关宗教事务、食物供应和邦土防卫等事宜,还有制定法律、讨论国家安全和债务、授予和剥夺公民权及其他日常工作。这样,公民大会几乎具有至高无上的权力。但即便拥有如此广泛的权力,它仍要受到陪审法庭的制约。公民大会上提案的合法性若遭到公民质疑,则须由陪审法庭来裁决。如果公民大会尚未通过这项违法的议案,则在法庭判决前,议案将暂时搁置;

---

① A. H. M. Jones, *Athenian Democracy*, Basil Blackwell Oxford, 1957, p.132.
② 〔古希腊〕修昔底德:《伯罗奔尼撒战争史》,谢德风译,商务印书馆1997年版,第130页。
③ 参见〔美〕斯科特·戈登:《控制国家——西方宪政的历史》,应奇等译,江苏人民出版社2001年版,第80页。

如果公民大会已通过了上述议案,法庭可以宣布公民大会的决议无效。

议事会先前有罚款、检察、处死权,后来平民剥夺了议事会的这些权力。在伯里克利时代,议事会拥有广泛的行政权力,甚至于与其他各类官员共管司库、设立主卖官、稽核人、考查马匹、决定披风式样、查管缺乏能力者等;议事会的主要功能是为公民大会准备提案,审查议案合宪性。"雅典人的初衷无疑是由成年男子和理论上无论如何有一定财产的人(他们立有誓言并且一旦背叛誓言就要被起诉)所组成的议事会应该作为对公民大会上可能不负责任的行为的某种制止力量。他们的职责是拒绝对非法的提案投票,同时他们也拒绝为完成非法提案提供便利。"① 因此,议事会受制于公民大会。议事会还负责监督国家行政机关的日常事务,考察议事官和九位执政官,并主持对大多数官员的审查。但这并非是终极性的,须服从于陪审法庭的裁判。

执政官是雅典的最高行政长官。雅典的执政官为九名。首席执政官权力最大,总揽一般行政;宗教执政官,掌管宗教和国家大典;军事执政官,主管战事征伐;其余六名执政官为司法执政官,掌管国家法律。执政官任期一年,是各公职人员中地位最高者。但执政官要对公民大会和五百人会议负责,同时受到十将军委员会和陪审法庭的横向制约,因此他们很难形成专权擅断。

"雅典政治的最重要特征不是其确定国家政策的方法,而是作为一种控制政府官员的权力行使的手段的陪审法庭制度的运用。"② 陪审法庭不仅是雅典的最高司法机关,也兼有部分立法和监督职能。陪审法庭审判员叫陪审员,通过抽签方式产生,任期一年,不得连选连任。根据雅典宪法,凡年满 30 岁以上的公民都有资格担任陪审法庭的审判员。陪审法庭处理各种案件(包括叛国罪、渎职罪)。不仅

---

① A. H. M. Jones, *Athenian Democracy*, Basil Blackwell Oxford, 1957, p.121.
② 〔美〕斯科特·戈登:《控制国家——西方宪政的历史》,应奇等译,江苏人民出版社 2001 年版,第 77 页。

如此,早在梭伦立法的时候,他就设立了专供平民控告官吏和贵族违法行为的申诉制度,受理公民的申诉;负责官吏的资格审查和纪律检查,对公职人员进行考核并批准其工作报告;参加立法工作,对公民大会的决议拥有最后核准权。此外,雅典还首创了司法审查制,即公民可以就公民大会的法案是否合法向陪审法庭提起诉讼,由法院审查。这样,司法审查制的设立使得陪审法庭获得了实际上的立法权。

由此可见,公民大会是拥有最高权力的机构。它有权制定法律,选举各种官吏并决定其留任等。议事会是公民大会常设机构,向公民大会提出议案,并执行大会决议,同时议事会拥有对诉讼的初审权。具体行政事宜由各司其职的执政官负责,整个城邦的行政事务则由议事会与执政官共同执掌。陪审法庭是最高审判机关。它审判各类案件,受理申诉,对公民大会决议具有最后的核准权,并监督各级官吏。

通过分析雅典国家权力机关的组成和运作,我们可以看到这是一个有着纵横交织,以防止任何权力机关权势过重的分权制衡体制。"从纵向上看,公民大会是权力的核心部分,其他机关均向公民大会负责并受公民大会直接制约,这是雅典民主制的本质所在。从横向上看,行使国家立法、行政、司法、军事、宗教权力的各部门彼此之间形成分工明确、权力有限、互相制约、力求平衡的关系。这是维系雅典民主制所必须的分权与制衡。"①这种体制对近现代西方国家的三权分立制度产生了深远的影响。

(三)官职实行义务职、"合一制"和限任制

"主权在民"的雅典城邦的官制,也具有它自己的特点。雅典城邦的行政官员包括:(1)将军或统帅;(2)市场监理;(3)城市监护;(4)公共水源管理;(5)乡区监护;(6)司库;(7)登记民间契约或法庭判决的"注册司";(8)执行法庭判决刑罚的"执罚员"及"典狱

---

① 张锐智:《论古希腊雅典的法律监督制度》,载《辽宁大学学报》2000年第5期,第40页。

官"等等。① 这些行政官员都是义务职,不支薪金。

不仅如此,雅典法律还规定,凡不及时参加公民大会和议事会的官员和公民,属于五百斗级的罚款三个德拉克玛(雅典货币单位);属于骑士级的罚两个;属于双牛级的则罚一个(一个德拉克玛可供五口之家一天的消费)。② 其后,伯里克利为了吸引下层民众参加城邦管理,实行了官职支薪制,但义务职并未废除。

在雅典,全体行政官员并不组成为某个行政首脑统一领导之下的"政府"。各种行政官员任期不一,全都由公民大会或其他相应机构直接选出,各自独立对公民大会或其相应机构直接负责。这样的做法使得公民大会要直接处理许许多多具体行政事务,立法权与行政权很难分开。而且,陪审法庭也对公民大会及议事会负责,重大诉讼案件的上诉和终审机构是公民大会而不是陪审法庭自身。这说明作为雅典最高权力机关的公民大会是立法权力、行政权力和司法权力合一的政府机构,在雅典宪政中没有形成"三权分立"的体制。

雅典城邦行政官制的另一个特色是限任制。国家公职人员虽然任期不一,但普遍任期较短,大多数官职任期不超过一年。除将军职外,其他权力机关的公职人员一律不准同时担任两个职务,也不能连续两次担任同一职务。将军可以连任,但前提是必须得到公民投票选举的认可,以防止个人专断势力的形成。

(四) 完善而严格的法律监督制度

雅典宪政制度的良性运行得益于它较为完善的监督机制。在雅典,公民可用来直接捍卫民主宪政的主要措施有:(1) 资格审查制;(2) 信任投票制;(3) 卸任检查制;(4) 贝壳放逐法;(5) 不法申诉制。

雅典的官吏从当选到卸任,要接受公民的严格监督。官吏在上任前,都必须接受资格审查。如果发现问题,就要提交到法庭裁决,

---

① 参见〔古希腊〕亚里士多德:《政治学》,吴寿彭译,商务印书馆1997年版,第329—338页。

② 参见《亚里士多德全集》第10卷,苗力田译,中国人民大学出版社1997年版,第6页。

以决定是否可以任职。雅典宪法规定,所有官员无论抽签还是举手表决选出均要考查才能上任。

对于执政官,先在议事会中,然后再在陪审法庭中受到考查。先前经议事会考查不合格者不能上任,但可以向陪审法庭申诉,而陪审法庭在资格考查方面拥有最终裁决权。官员通过考查后要踏上一块事先放置好的石头,发誓要公正遵照法律担任公职,并且不借职权收取礼物,倘若收了某种礼物便奉竖一尊金像。① 发誓后他们再到雅典卫城发同样的誓,然后才能走马上任。官吏在任职期间,公民还要对其进行信任投票。

在五百人议事会每一个主席团任期内(约 36 天),公民大会对在任的执政官和将军举行一次信任投票,检测其是否称职。如果多数公民对某一官员投不信任票,该官员就要停职接受陪审法庭审查,如无问题,官复原职,反之将被处以罚金和刑罚。

此制度使行使国家最高行政权和最高军事权的领导人,时刻置于公民的监督、罢免的约束之下。它对官员廉洁奉公、遵规守法是一个有力的外部制约。每个官吏在任职期满以后,还要由专人对其在任职期间的活动和账目进行审查。如果发现某个管理者贪污或者受贿,就要送交陪审法庭裁决。如果陪审法庭判决他有罪,通常对其课以贪污和贿赂款额十倍的罚金。②

为了防止僭主专政和官吏滥用权力,克利斯提尼制定了雅典政制中最具特色的陶片放逐法(贝壳放逐法),对这些人予以处罚。在每个春季召开一次的非常公民大会中,先用口头表决的方式提出是否有要被放逐的人。如果有,那么就召开第二次公民大会,每个人在贝壳或陶片上写下他认为应被放逐的人的名字。如果投票数目超过 6000,得票最多的人将被放逐国外 10 年。但其财产不被没收,被放逐者期满返回,便享有其财产权,以前其他一切权利也随之得以恢

---

① 参见《亚里士多德全集》第 10 卷,苗力田译,中国人民大学出版社 1997 年版,第 58—59 页。
② 同上书,第 56 页。

复。该制度对各级官吏尤其是那些手握实权可以连任的将军,是一个最有威慑力的监督制度。而它在实际生活中也确实发挥了重要作用。

例如,在雅典曾被誉为民族英雄的泰米斯托克利将军曾领导了抵抗波斯入侵的萨拉米斯海战,立下赫赫战功,成为民族英雄。但后来贪污受贿,侵吞巨款,遭到放逐。贵族出身的客蒙将军是护国英雄,在希波战争中也是功勋卓著,但由于触犯法律而遭到惩罚。就连伯里克利本人也差一点遭到放逐。陶片放逐法对那些身居高位滥用权力的人予以放逐,实际上起到了预防和遏制僭主、独裁发生的效果,也为后世西方国家的弹劾制度提供了范例。

为了保证制定出的法律不至于违反雅典宪法,危害公民自由,同时有力地扼制那些不任官职但常在公民大会上发表演说的政治领导人,陪审法庭设立了"不法申诉制"(违法法令诉讼)。不法申诉制是指任何公民若发现任何其他公民在公民大会提出与现行法律相抵触的议案,或者提案方式违反程序者,都可提起诉讼的制度。不法申诉案都交由法庭审理,通常都会由501人组成的陪审团陪审。如果公民大会尚未通过这项违法的议案,则在法庭判决前,议案将暂时搁置;如果公民大会已通过了上述议案,法庭可以宣布公民大会的决议无效。无论哪种情况,只要提出诉讼的公民赢得官司,便可获得奖赏,而提出违宪议案的人则会被罚款。

因此,不法申诉制成为雅典人对他们的政治领导人实行控制的一个重要工具,成为一种惩罚腐败政治家的工具,同时它也被用来反对公民大会上的政治领导人。这更意味着这些人作为政策的制定者和城邦的领导人要对自己的政治行为负责,平民政治领导人最终应对民众负责。

(五)独具特色的公民身份

公民原意为"属于城邦的人"。他们是城邦居民中一种特殊的身份团体。一般说来,公民仅指纯属本邦血统的成年男子,而占人口绝大多数的奴隶、外邦人和妇女都不是公民。不过,在城邦演进过程中,公民的含义会发生变化。在城邦形成之初民主制不发达的时候,公民主要指贵族或具备一定财产资格的人。但在城邦民主制发达以后,下层平民也获得了公民权,成了公民。当然在特定情况下,公民也可能被剥夺公民权(如不能履行公民义务),奴隶、外邦人等非公民也可能获得公民权(如战争发生公民人数不足时)。在伯里克利时代,雅典公民权仅给予那些父母双方都是雅典公民的人,于是雅典公民人数明显减少了。

虽然公民含义会发生变化,但是公民身份的特权性质一直没有发生改变。早在梭伦改革时,"梭伦就从三个方面定义了雅典城邦的公民权,即公民的人身自由、土地所有权和政治权利。而包括这三个要素的公民权也构成了城邦最根本的基础。只有公民才拥有政治权利和土地所有权,也只有他们的人身自由才受到城邦的保护"[①]。由此,公民权成了特权,而公民身份也就转换成了排他性的城邦特权身份。城邦是公民的共同体,只有公民才属于城邦。获得公民身份就意味着成为城邦的一分子,而没有公民身份的居民虽然生活在城邦中,但并不属于城邦。外邦人被看做侨居的客民,妇女和奴隶仅属于家庭成员。雅典公民身份的特权性质正是在与这些无公民权居民的对照中才凸现出来的。与邦内无公民权居民相比,雅典公民认为自己属于城邦。与外邦公民相比,也只有这个城邦属于他们。失去城邦,奴隶依然是奴隶,外邦人还是外邦人,但他们却失去了公民特权,甚至有沦为外邦人或奴隶之虞。而城邦繁荣、强大,就意味着公民个人的自由和独立。

由此可见,雅典公民身份作为一种特权身份是以排斥其他人为前提的。它一方面强调公民对自己"属于城邦"这种政治角色的认同,另一方面又承认对无公民权者的排斥、歧视和压迫,两者完全缠结在一起。"这样,雅典的公民身份与现代公民身份相比其权利更为广泛,而被承认享有这些权利的主体范围则更为狭隘。"[②]这是它与现代公民身份的主要区别。

[①] 黄洋:《古代希腊土地制度研究》,复旦大学出版社 1995 年版,第 157—158 页。
[②] M. A. Ernest Barker, *Political Thought of Plato and Aristotle*, New York, Russell & Russell, 1959, p.297.

第三节 古希腊宪政的历史地位

古希腊宪政以其精妙绝伦的制度设计在历史上写下了光辉的一页,对后世西方民主宪政理论和政治实践的发展产生了深远的影响。古希腊的宪政理论经过波利比阿、卢克莱修、西塞罗等人的传播直接影响了罗马共和国。罗马共和国与雅典城市国家一样,都允许人民参与政治事务,都不具有集中的官僚控制体系,都着力培养公民的美德,即深刻的公共责任感。但和雅典的民主共和国不同,罗马共和国的制度设计中具有了柏拉图的思想影响,它是一种寡头政体。

而到了中世纪,基督教把权威和智慧的来源从公民或哲学王转移到了神或上帝,从而使西方的政治活动在神学框架中重新获得了塑造。经过中世纪神学政治影响与中介后的古希腊宪政思想为文艺复兴以来西方国家的民主政制提供了思想和灵感的源泉。尤其是发端于古希腊的社会契约论和国家政体学说,对霍布斯、洛克、卢梭、孟德斯鸠等人产生了巨大的影响。西方现代民主政治正是以古希腊宪政为源头,历经罗马共和国和资产阶级近代民主政治一步步发展起来的。随着近代以来对古希腊著作的再发现、编辑和翻译,古希腊民主政治(宪政)成了西方文明的显著特征。这样,我们可能会把以下要素作为现代立宪民主的"希腊化特征":

1. 一种世俗的、功利的政府观:政府是一种对普遍利益作出共同选择的工具。

2. 一种牢固的宪政秩序的观念虽然是政治组织的固有特征,但它仍然是能够被改变以适应新的环境的。

3. 公民广泛参与法律的制定过程。

4. "公共舆论"在其中起着持续作用的政治制度不会限制正式法规所明确规定的行为。

5. 法治有两种含义:一是国家的法律适用于所有公民;一是国家的权力必须通过既定的正式程序行使。

6. 一种单个的公民能在独立的、有权作出具有约束力决定的法庭面前为案例辩护的审判制度。

7. 一种限制国家公务员擅自使用权力的制度结构。①

古希腊宪政无疑是人类政治智慧的结晶,然而不可否认,古希腊宪政建构无论从历史还是现实的角度来看,都是有缺陷的。

首先,古希腊宪政是与公众舆论紧密结合在一起的,这就使宪法的功能充满了随意性。城邦许多重大决议不是依靠法律条文、规范来决定,而是根据公民的政治热情、怀疑和正义来判断,从而有可能导致政局的偶然性和混乱。从这一点上说,古希腊民主政体是一种最简陋也最粗糙的结构:"它实质上是由'发言权'组成,不允许甚至从未想到设个'出口',特别是灾难性地缺少过滤器和安全阀。具体地说,古希腊的制度不能从重要信息中筛去琐碎的噪音和从长远需要中筛去眼前的一时兴致。"②

其次,城邦公职轮流担任,导致民主极端化。特别是它的民主扩大到司法机关,使司法机关严重缺乏职业气息。雅典陪审法庭六千余人,很多人根本不懂法律。"在直接民主条件下,没有一个法律职业共同体存在的余地,而在没有法律专业人士持有的程序理性与法律技术介入的情况下,以民主或经验名义的大众立法与司法活动,常常诱导于煽情性的蛊惑或诡辩,他们所立之法律根本谈不上符合可预期的法制统一性的实体正义,由此作出的判决也谈不上符合程序正义。"③于是,城邦民主发达了,而法律却萎缩了。

随着时间的推移,古希腊社会中的"人民权力"作为一种越来越不可抗拒的力量发挥着作用,因为只要民众认可的就能变成法律,而他们行使这种蛮横任性、没有限度的权力则不受任何限制④。因此,

---

① 参见〔美〕斯科特·戈登:《控制国家——西方宪政的历史》,应奇等译,江苏人民出版社2001年版,第65页。
② 〔美〕乔·萨托利:《民主新论》,冯克利、阎克文译,东方出版社1998年版,第317页。
③ 黄基泉:《西方宪政思想史略》,山东人民出版社2004年版,第5页。
④ 参见柏拉图:《理想国》,563:"到最后,……他们连法律也不会放在眼里,不管是成文的还是不成文的,没有谁能管得了他们!"另参见亚里士多德:《政治学》,1292a,1293a。转引自〔美〕乔·萨托利:《民主新论》,冯克利、阎克文译,东方出版社1998年版,第327页。

布赖斯理所当然地指出:"他们(人民)作为专制统治者进行统治,不能容忍各种束缚,甚至不能容忍他们通过法律加给自己的束缚。这就证明了一个箴言:没有人能出类拔萃到被授予绝对权力的程度。"①这种民主制度并不尊重个人,而且随时都在怀疑个人。它对杰出的个人尤为猜疑,对个人的评价反复无常,对个人的迫害冷酷无情。最典型的例子就是伟大的思想家苏格拉底被陪审法庭处死的事件。

最后,从根本上讲,古希腊民主政治(宪政)始终是少数人的民主政治。例如,虽然雅典公民在城邦中享有广泛而直接的民主权利,可以在公民大会上自由地讨论任何问题,但这绝不是多数人的民主。雅典民主无论在理论上还是在实践上都是以排斥广大的奴隶、外邦人和妇女的任何政治权利为存在前提的。即使在伯里克利时代的雅典,参与政治的公民人数在全国总人口中也只占有一个很小的比例。如此狭隘的民主不仅使法律制度很难有普遍的适用性,而且也使希腊各邦的民主政体必然在日后少数人与多数人的剧烈冲突中逐渐消亡。

---

① J. Bryce, *Modern Democracies*, New York, Macmillan, 1924, p.183.

第二章
古代罗马宪制[①]

　　罗马法是古代社会最发达、最完备的法律体系,并构成近现代西方国家法律的历史基础。罗马法尤以私法而著称于世,后世罗马法几乎成为罗马私法的同义语。[②] 但罗马法是罗马奴隶制国家的全部法律,[③]与私法相对应的公法制度也是罗马法的重要组成部分,而且罗马法学家第一次对法律作了公法与私法的划分。古罗马法学家乌尔比安就认为"公法是有关罗马国家稳定的法",造福于公共利益,见之于宗教事务、宗教机构和国家管理机构之中。[④] 查士丁尼的《法学阶梯》明确规定:"公法涉及罗马国家的政体,私法则涉及个人利益。"[⑤]

[①] 关于罗马宪制的详细论述,可参阅意大利学者的著作,其中的代表作是意大利历史学家马丁诺的《罗马宪法史》(F. de Martino, Storia della coustituzione romana, Ⅰ—Ⅵ(Ⅵ为索引) Naples, 1972—1990; Diritto soeicta nell-autica Roma, Rome, 1929)。这本书上起罗马传统中的王政时期,下至西罗马帝国的灭亡。马丁诺致力于从社会结构、经济发展来研究罗马宪法的发展与变化。他把国家当作一个客观的社会经济与政治的集合体对待,以为法律是社会经济关系的反映。他的著作在罗马宪制的研究上具有极高的价值。转引自彭小瑜:《古代罗马宪法制度及其汉译问题——从〈罗马法史〉的翻译谈起》,载《北大法律评论》第3卷第2辑,法律出版社2000年版,第315页。

[②] 参见周枏:《罗马法原论》上册,商务印书馆1994年版,第9—10页;何勤华:《西方法学史》,中国政法大学出版社1998年版,第53—54页。

[③] 关于罗马法的定义,详见周枏:《罗马法原论》上册,商务印书馆1994年版,第1、3页。

[④] 参见〔意〕彼德罗·彭梵得:《罗马法教科书》,黄风译,中国政法大学出版社1994年版,第9页。

[⑤] 〔古罗马〕查士丁尼:《法学总论》,张企泰译,商务印书馆1984年版,第6页。

长期以来,各国学者往往偏重于对罗马私法的研究,却忽视了作为罗马法律制度的重要组成部分——公法的研究。事实上,罗马的第一部成文法《十二表法》包含有许多公法的内容,其中第九表即"公法",内容涉及法律的普遍性、权利分配等宪法性内容,还有犯罪与刑罚的内容以及刑事诉讼程序的规定。

罗马公法中的宪政制度尤为各国学者所称道。现代社会的民主制衡原则等都可以在罗马的宪政实践中找到范例。罗马著名的政治家西塞罗在《论共和国》中指出:"罗马共和国是一个典型兼具君主制、贵族制和民主制优点的混合政体,其中执政官与人民的权力、元老院的权威相结合,构成一个制衡和谐的宪政体制。"①他同时指出罗马宪政的三大要素是官制、元老院与民众(表现为各类民众会议)。②"然而,罗马从未产生过自己的成文宪章和宪法性法律(在这个意义上,宪政是现代的发明),甚至到了公法在大多数情境中发挥效力的时期,我们所理解的宪政观念对罗马人来说也不是很清晰的,尽管公法在很多语境中都履行了宪政一词的功能。"③宪法的原则是由政府的实践、政治斗争和先例所创立的,这是罗马宪法的第一个重大特征。

"与这个特征紧密相连的第二个特征是,某些基本原则从一种宪法形式转移到另一种宪法形式:共和制的宪法保留并采用了王政宪法的因素;帝制的宪法吸收并利用了共和制宪法的因素,因此,如果说从一种宪法模式向另一种宪法模式的过渡,在政治层面上总是打上了斗争和内战的印记,相反在法律层面上,人们注意到某些原则的一定的延续和发展,这些原则确认并表明了它们的有用性。"④当我们把罗马宪政据以产生和发展的那些要素拿到起源问题上加以考

---

① 转引自张乃根:《西方法哲学史纲》,中国政法大学出版社1998年版,第66页。
② 参见〔意〕朱塞佩·格罗索:《罗马法史》,黄风译,中国政法大学出版社1994年版,第32页。
③ 〔爱尔兰〕J. M. 凯利:《西方法律思想简史》,王笑红译,法律出版社2003年版,第40页。
④ 〔意〕阿尔多·贝特鲁奇:《罗马宪法与欧洲现代宪政》,徐国栋译,载《法学》1998年第3期,第15页。

察时,我们按照传统对罗马发展阶段的划分,即罗马的王政时期、共和时期、帝政时期,分别论述各阶段罗马宪政发展的进程。①

第一节 王政时期的罗马宪制②

一、王政时期宪制概述

根据众所周知的传说,罗马城是由具有阿尔巴王室血统的拉丁人罗慕洛于公元前8世纪建立的。罗马在历史上表现为城邦的结构,它被理解为参与城市生活和防卫的自由人的组织,不同于那些大的地域性君主国,也不同于所有成员均处于臣民地位的王国。当时城邦采取的是君王制形式,王是国家的最高首脑。

王政时期前期的罗马正是由氏族制向国家过渡时期,尚未进入阶级社会。公社成员按照男性血统关系分属于若干氏族,实行族外婚。相传罗马有300个氏族,称库里亚。每十个胞族组成部落,称特里布斯。罗马有了共同管理机构,最有权力的是元老院,它由氏族首领组成,即氏族长老会议。传说罗慕洛时元老院人数为100人,后来由于萨宾人加入人数增至200人。在罗马公社内部实行军事民主,所有的成年男子均有资格参加库里亚会议。

罗马城是由不同的部落结合起来的,建立罗马城的目的主要是为了实现城邦的安全与稳固。这一目的最初的表现是设置一种凌驾于较小群体之上的权力,即确立一位首领的权力——王(rex)的权力,并且表现为这种权力的稳定。王是部落联盟的军事统帅,但这决不意味着他是具有无限权力的专制君主,比如他的职位不能世袭而是由人民大会选举产生。

---

① 对研究罗马共和国的政治制度的现有原始材料的说明,可参阅泰勒的著作。Lily Ross Taylar, *Roman Voting Assemblies*: *From the Hannibalic War to the Dictatorship of Caesav*, Ann Arbor: University of Michigan Press, 1966. 转引自〔美〕司科特·戈登:《控制国家——西方宪政的历史》,应奇等译,江苏人民出版社2001年版,第371页。

② 关于君主制的宪法,可参阅〔意〕阿尔多·贝特鲁奇:《罗马宪法与欧洲现代宪政》,徐国栋译,载《法学》1998年第3期,第16页。

罗马的"王政"时期,也称军事民主制时期。这一首领的地位或多或少地受到一种个人权力的影响,同时,氏族和家庭组织也对其地位有着明显影响,城邦正是从这些群体中产生的,王的权力必定受到这种组织的限制。传说自公元前753年(罗慕洛兄弟创建罗马城)至公元前509年(高傲者塔克文被推翻),曾先后有七王统治。因此,王政时期经过拉丁、萨宾四王和三个伊达拉里亚王相继统治。罗马王政时期明显可分为前后相连的两个不同时期[1]:

王政前期(公元前8—前7世纪)相传有四个王进行统治:

① 传说罗慕洛(公元前753—前717年)是罗马建城者。罗慕洛确定了罗马城邦的基本组织:划分了三个部落——Ramnes部落、Titles部落、Luceres部落,建立了库里亚民众会议,即将城邦居民划分为30个库里亚,每十个库里亚为一个部落,由100名成员组成元老院(后增加到300人),并区分贵族与平民。萨宾和罗马两个部落联合后,罗马王罗慕洛统治帕拉丁,萨宾首领塔提乌斯统治卡皮托尔,共治五年。塔提乌斯死后,罗慕洛为唯一的王,在位37年,为罗马人创立城邦基础。他最后被元老院杀害。

② 弩玛·彭庇里乌斯(公元前716—前673年)是萨宾人。他以法制、伦理和礼仪教育人民。他在位43年,使罗马变成和平和富足的公社,并曾制定历法。

③ 图路斯·荷斯提里乌斯(公元前672—前641年)是拉丁人,曾制定满足平民要求的土地法案。

④ 安库斯·马尔提乌斯(公元前640—前616年)。

王政后期(公元前6世纪)由于生产力提高,生产关系变化,氏族制趋于瓦解,国家开始产生,罗马开始进入阶级社会。从第五王开始,后三王都是伊达拉里亚人。他们通过暴力等方式即位,而前四王(拉丁人和萨宾人)却是经人民大会正式选出、元老院批准的。后三王把罗马从一个村落式的氏族部落聚居地发展成为一个真正的城邦国家,罗马进入了阶级社会。

---

[1] 参见于贵信:《古代罗马史》,吉林大学出版社1988年版,第21页。

① 第五王路克乌斯·塔克文(亦称老塔克文,公元前616—前578年)在罗马元老院里增加100名新元老,引进全套伊达拉里亚式的王权仪仗,戴金王冠,坐象牙雕饰的宝座,由12名持鞭斧的卫队经常护卫,增加王的声势。

② 第六王塞尔维乌斯·土利乌斯(公元前578—前535年)曾效仿雅典的梭伦进行了一次政治和军事变革。① 改革的主要内容有以下几项:

第一,进行人口财产调查。当时登记人口8万人(指拿武器的男丁人数)。他把过去由库里亚全体平均负担的出兵出钱的义务转到富有阶层身上,同时也将政权交给了这些富有阶层。

第二,把一切应服役的男子,不分贵族和平民一律按财产划分为五个等级,规定各等级的最低标准为:第一级拥有10万阿司;第二级为7.5万阿司;第三级为5万阿司;第四级为2.5万阿司。没有列入上述五个等级的贫民称为"无产者",不列级别。每个等级按其财力筹集不同数量的百人队。第一级出80个步兵百人队和18个骑兵百人队;第二级出22个百人队;第三级出20个百人队;第四级出22个百人队;第五级出轻装步兵百人队30个;无产者象征性出1个百人队。

第三,创立森都里亚会议(百人团会议)。自从有了森都里亚会议,库里亚会议就丧失了它的政治重要性。森都里亚会议对一切问题的表决都是以百人队为单位,每个百人队只有一个投票权,共有193票,会议决议案以过半数通过为原则。在表决时按等级顺序进行,因此,只要第一等级和他们的骑兵团一举手,其他等级也就无须表决了。新的财产关系代替了先前的血缘关系,特别是少数富裕平民上升对贵族传统特权的冲击具有重要意义。

第四,把原来的三个旧的氏族部落重新打乱,按地区划分为四个部落。

塞尔维乌斯改革是一次政治革命。它完成了由氏族制过渡到国

---

① 参见于贵信:《古代罗马史》,吉林大学出版社1988年版,第28—29页。

家的任务,它破坏了氏族的血缘关系,代之以财产为区分的阶级关系,并打破了旧氏族贵族的统治,建立起由一切有产者参政的制度。因此,塞尔维乌斯改革是罗马国家形成划时代的标志。①"这样,在罗马也是在所谓王政被废除之前,以个人血缘关系为基础的古代社会制度已经被炸毁了,代之而起的是一个新的、以地区划分和财产差别为基础的真正的国家制度。"②因此,新出现的国家制度是为有产者服务的,"公共权力在这里体现在服兵役的公民身上,它不仅被用来反对奴隶,而且被用来反对不许服兵役和不许有武装的所谓无产者"③。

二、官制

王政时期的王是单一的和终身的。王权的核心在于军事权力和宗教权力。军事权力同因为组建城邦而扩张领土并随之带来的战争有关。④ 宗教权力则关系到一切政治组织的形式,同时也涉及战争。围绕着军事权力和宗教权力,一系列同管理城邦事务相关的支配权和特权产生了。王的地位也同刑事司法权有关,这种权力相结合的形式表现为裁决,但王本身没有立法权。在对王的任命上,存在选举原则和世袭原则,但在王政时期,已经出现了日后深刻影响早期罗马世界的传统:由前任的王指定接班人的传统(在共和国官职的选举中保留着这种制度的残余)。⑤

另外,在最初的王政时期,氏族的社会组织占有重要地位,这种组织表现为家父们的元老院。同时存在"摄政"这一独特的制度,即在王死后,所谓的占卜权回到元老院议员手中,他们轮流行使这一权力,每人行使五天,直到其中一人(不能是第一个人)指定了新王。王的辅佐人包括敌对行为两人委员会(它参与刑事司法权的行使)、

---

① 参见于贵信:《古代罗马史》,吉林大学出版社1988年版,第30页。
② 《马克思恩格斯选集》第4卷,人民出版社1995年版,第128页。
③ 同上。
④ 参见〔意〕朱塞佩·格罗索:《罗马法史》,黄风译,中国政法大学出版社1994年版,第30页。
⑤ 同上书,第31页。

城市行政长官(他在王缺位时行使权力)、卫队长。①

三、元老院

元老院是王的咨询机关。在城邦的形成过程中,元老院这种咨询机构产生于组成城邦的一些较小的群体。元老院的产生是以下两者间平衡的结果:一方面是产生于家庭——氏族组织的首领;另一方面,王通过行使任命权而施加王个人的影响(元老院在随后的历史发展中逐渐摆脱了主政者的影响,共和国初期是由执政官进行挑选,直到后来将任命权授予监察官,随着历史的发展逐渐确定了选择元老院议员的客观标准)。②

在王政时期,元老院为王提供咨询,这通过元老院的决议表现出来。在允许平民参加元老院后,早期的元老仍然保留着一些王政时期的特殊职能,如摄政权、元老院准可权(即对民众大会决议的批准权),但是元老准可权仅限于贵族元老院(共和国时期贵族元老院衰落)。

四、库里亚民众会议

传说罗慕洛将人民划分为库里亚,在 Tities、Ramnes、Luceres 这三个部落中,每个部落包含十个库里亚。③ 每个部落包含十个库里亚的三分法同军事制度有关,反映了城邦军队的建立和发展,这支军队取代了氏族武装的简单聚合,当然这种划分在初期也带有地域性,并且同氏族有关。④

民众会议的最古老形式就是库里亚民众会议。库里亚民众会议的职能除了产生《关于权力的库里亚约法》以及一些与此相关的宗教仪式外,在库里亚面前还举行家庭生活中的一些基本活动,例如,以会前遗嘱的庄重形式批准最古老形式的遗嘱——民众会议前的遗

---

① 参见〔意〕朱塞佩·格罗索:《罗马法史》,黄风译,中国政法大学出版社 1994 年版,第 31 页。
② 同上书,第 33 页。
③ 同上书,第 34 页。
④ 同上书,第 35 页。

嘱(testamentum calatiscomitiis);举行放弃家庭宗教的仪式;批准最古老形式的收养——自权人收养(adrogatio)。① 这表明库里亚具有将较小群体的生活层次同城邦生活的层次衔接起来的功能。② 库里亚会议制度的发展必然导致出现一种新型的、将邻近氏族联合在一起的民众大会,同时这种新产生的民众会议将会构成各库里亚的核心。

第二节 共和国时期罗马宪制③

一、共和国时期宪制概述

罗马国家产生于王政时代后期,即所谓塔克文王朝统治时期,这同当时较先进的伊达拉里亚文化的影响有着密切关系。除了伊达拉里亚人的先进生产工具和技术传入罗马以外,他们的政治和军事制度对罗马也有影响。公元前6世纪末,塔克文被逐以后,罗马开始建立贵族共和政体。④ 一位现代罗马历史学家认为,君主制国家灭亡

---

① 参见〔意〕朱塞佩·格罗索:《罗马法史》,黄风译,中国政法大学出版社1994年版,第38页。

② 同上书,第39页。

③ 在长达500年的共和国历史中,宪法的结构及其不同因素的作用都有所变化。Millar 指出,主要制度的"现存的形式和作用"是在公元前世纪初期至3世纪后期之间。See Fergus Millar, *The Political Character of the Classical Roman Republic*, 200-151B.C., *Journal of Roman Studies*, 74 (1984), 1-19. 关于共和制时期的宪法,可参见 Serrao:《共和制罗马中的阶级、政党和法律》,比萨,1981年,第3—276页;Bretone:《罗马法史》,巴里,1989年,第25—150页。转引自〔美〕司科特·戈登:《控制国家——西方宪政的历史》,应奇等译,江苏人民出版社2001年版,第374页。

④ 有些历史学家把统治意大利半岛的政治体制看做一个"邦联"甚至是"联邦",这些术语本身就带有误导性。罗马与其意大利同盟者并非是合作者,意大利共同体有权按照自己的意愿来处理其内部事务,但是每个地区都受制于行省总督。从政治结构和实际政治方面来看,罗马是一个城市国家,即便在其势力范围超出了意大利且兼并了地中海世界后仍然是如此。Scullard 通常认为罗马和意大利行省形成了一个邦联,但是他同时也用"联邦"这个术语。Smith 则把这种体系称作"联邦"。对运用这个概念的坚决的反对意见可参见 Millar 的著作。See H. H. Scullard, *Roman Politics*, 220-150B.C., Oxford Clarendon, 1951\1973; *A History of the Roman World*: 753-146B.C., London: Routledge, 1980\1992; R.E. Smith, *The Failture of the Roman Republic*, Cambridge University Press, 1966; Fergus Millar, The Political Character of the Classical Roman Republic, 200-151B.C., *Journal of Roman Studies*, 74 (1984), 1-19. 转引自〔美〕司科特·戈登:《控制国家——西方宪政的历史》,应奇等译,江苏人民出版社2001年版,第371页。

之后的 200 年间的政治史,主要是随着平民从贵族那里寻求保护及平等地位的社会秩序斗争史。①

这一时期罗马宪制、政治和社会历史的发展以贵族和平民间的斗争为其特点,这一斗争随着平民的完全胜利而告终,共和国宪制得到确立并发展到顶峰。从公元前 5—前 3 世纪中叶,罗马贵族共和制城邦明显沿两条路线发展:一方面是平民与贵族斗争,平民上层逐步取得了在法律、政治和社会地位上与贵族平等的权利,从而形成新的豪门贵族统治阶级;另一方面,随着政治制度逐渐演进,出现了一系列新官职和政权机构,以适应扩大的社会需要。斗争的结果是:旧贵族当权的共和国变成了由旧贵族和平民上层有产者联合组成的新豪门阶级当权的共和制城邦。

罗马贵族和平民等级划分开始于王政时代。尼布尔在其所著的《罗马史》中认为,贵族是罗马公社原始居民,而平民产生于罗马公社向外扩张过程中,被迫或自愿迁到罗马来的其他公社的居民。②王政时代后期,罗马社会已经发生严重阶级分化。贵族拥有大量土地和财富,在政治、军事和宗教方面享受特权,把持各种公职,掌握国家权力。而平民的社会政治地位低下,他们的权利是不完全和不充分的。平民有产者虽然有权参加公民大会,参军服役,可是不能进入元老院担任国家其他要职。城市平民中只有少数人由于经营工商业发财致富,大多数人生活比较困难,甚至处于贫困境地。乡村中的平民缺少土地,甚至没有土地。贫困的平民向贵族租佃土地,借贷财物,受着贵族的压榨和剥削,甚至遭受贵族的奴役。

在王政时代由于贵族和平民等级划分刚刚产生,两个等级之间的界限还不十分分明。然而,在公元前 510 年推翻王政和建立共和国以后,平民和贵族的矛盾与斗争日益尖锐。贵族直接掌握政权后,力图维护自己的特权地位,在内部实行联姻,封闭起来,逐渐发展成为一个完全排他性的等级。贵族和平民等级界限森严,他们在政治

---

① 参见〔美〕司科特·戈登:《控制国家——西方宪政的历史》,应奇等译,江苏人民出版社 2001 年版,第 94 页。

② 参见于贵信:《古代罗马法》,吉林大学出版社 1988 年版,第 35 页。

和经济地位、社会地位方面的不平等必然导致这两个等级发生冲突。另外,在新的历史条件下,由于社会经济的发展,有些平民已成为富有者,变成奴隶主,但绝大多数平民日益贫困。缺乏土地是平民沦为奴隶的根本原因。平民迫切要求改善自己的困苦地位,在经济上围绕着争取土地和取消债务奴隶制问题展开斗争。同时在政治上,平民也强烈要求提高自己的地位、保障人身自由和合法权益,特别是富有平民要求享受与贵族平等的权利,参与政权,结束贵族独揽大权的局面。①

平民反对贵族的斗争经过了两个阶段。第一阶段是公元前494—前445年。这个阶段以争取政治权利为主。据传统说法,平民反对贵族的斗争最早发生在公元前494年,这次冲突的起因是债务问题。当时平民不堪忍受债务奴役,特别是服役出征的平民战士,甚至有战功的军官都因负债遭受残酷折磨,这些人由此纷纷起来斗争。在军事形势紧张的情况下,为了平息平民的义愤,行政长官塞维利乌斯颁布法令,禁止债主锁押或奴役愿意参军的公民。罗马公民在军事服役期间,任何人不能没收或出售他们的土地或财产。而平民再次出征且取得战争胜利后,另一行政长官克劳狄乌斯却拒不执行这条法令,听任债主对债务人的摆布。因此,再次出征的平民群情激愤,他们全副武装撤离罗马开往"圣山",表示与罗马脱离关系。② 这一行动使贵族大为惊慌,因为当时罗马正大敌压境,急需平民的军事帮助。罗马因平民离去兵力锐减,生产停滞,贵族财产也遭到破坏。在这千钧一发之际,贵族被迫作出让步,派使者同平民进行谈判,最后取得了和解。到公元前471年,平民经过斗争获得选举保民官和创设平民大会的权利。③

---

① 参见于贵信:《古代罗马法》,吉林大学出版社1988年版,第37页。
② 平民们最有效的武器是 successio——事实上是全民罢工,平民不再参与任何公共活动。因为平民在罗马兵团中充当步兵并扮演着重要的军事角色,罢工就成了威力很大的武器。公元前6世纪,由于采用了希腊的军事策略,需要大批装备精良的步兵,这就使得平民在军事上起到很大的作用。在此之前,最基本的军事单位由来自贵族阶层和骑士的骑兵组成,他们是最富有的平民,有足够的钱买马和其他一些设施来服兵役。参见〔美〕司科特·戈登:《控制国家——西方宪政的历史》,应奇等译,江苏人民出版社2001年版,第94页。
③ 参见于贵信:《古代罗马法》,吉林大学出版社1988年版,第36页。

保民官是每年从平民中选举的。保民官的人身不受侵犯,如果任何人侮辱保民官,都要处死,并被没收财产。保民官的职责是保护平民不受贵族官员的横暴侵犯,他们行使的否决权后来获得进一步发展,可以制止和否定国家官员的决定乃至元老院的法案。大概在保民官产生的同时或稍后,又设置了两个平民市政官作为保民官的助手,负责阿芬丁山上平民神庙的祭祀、保民官档案等。平民虽然获得设置保民官的权力,但贵族长官利用职权欺压平民的事件仍层出不穷。当时罗马法律只依习惯法,因循先例,没有成文规定。习惯法的规范比较含糊,对法律的解释权和司法审判权掌握在贵族官员手中,他们时常滥用职权袒护贵族、欺压平民。平民为了保障人身和财产的权利,反对贵族司法上的专横行为,要求制定成文法。[①]

公元前462年,保民官哈尔撒提议编纂成文法,遭到贵族的坚决反对。平民为此坚持数年的斗争,直到公元前451年才组成十人团,其成员全是贵族,被赋以全权,制定法律。相传十人团只编出了十个法表,次年另选了第二个十人团,继续编纂工作,在此基础上再加上两个法表,因为法律条文刻在十二块铜表上面,故称"十二铜表法"。"十二铜表法"内容极其繁杂,包括公法和私法。

在公法方面,它明确了社会违法行为,制定了一些基本的规章制度。其中第一、二表是诉讼程序和法庭规则;第三表是债务;第四表是父权、家长权;第五表是家长和遗嘱;第六表是契约法;第七表是土地法;第八表是伤害法;第九表是与宪法有关的一些规定;第十表是神圣法;第十一表是婚姻法;第十二表是关于诉讼的一些补充规定。

从内容可以看出,"十二铜表法"基本上是习惯法的汇编,包含着产生于不同时代、互相矛盾的各种法规。其中有原始社会习惯法的残余,允许债权人按比例瓜分债务人的躯体和金钱;也包含较晚期比较进步的法律内容,如禁止在城内埋葬死人和焚烧尸体等规定。就阶级实质来说,法典是为了保护贵族奴隶主利益的,这可以从它严格维护奴隶主的私有财产和残酷虐待债务人等方面得到证明。但

---

① 参见于贵信:《古代罗马法》,吉林大学出版社1988年版,第38页。

是,因为法律已经编制成明确条文,量刑定罪,以条文为准,这就在一定程度上限制了贵族的专横。从这些方面来说,"十二铜表法"具有一定进步意义。①

平民在达到公布法律的目的以后,又进一步要求改进原来的政制。公元前449年瓦列里乌斯和萨拉提乌斯当选为执政官,他们实施了三项法律。第一项是恢复上诉权,即当公民被高级长官判处死刑或被处予其他重刑时,他有权向公民大会提出上诉。第二项是确认公民大会通过的决定全体公民都必须遵守。第三项涉及保民官人身的神圣不可侵犯性。根据这一法律,凡是侮辱保民官的人都要被处死,并没收其财产。以前保民官的人身不可侵犯性是由平民立誓惩处侮辱者得以保障,到公元前449年则正式得到法律保护。②

公元前445年,坎努利阿法案废除了平民不得与贵族通婚的限制。法案规定,新生婴儿可以在他父亲的氏族登记,这样平民妇女的儿子就可以成为贵族了。与此同时,平民又展开斗争要求国家高级长官职务向他们开放。贵族当然不愿把执政官职轻易让给平民,但为了应付平民要求参政的斗争,答应设置军政官这种特殊职位。军政官是一种具有协议性质的执政官,初为三人,后增至六人,无论贵族还是平民皆可出任。一般认为,这种改变可能是出于军事方面的原因,因为当时战争频繁,两执政官不胜军职,需要更多的军事指挥官,而当时罗马平民在军队中占有相当大的数量,历任各级军官具有作战经验,适合指挥战争。公元前421年,原先作为执政官助手的财务官由二人增至四人,负责国家财政,并对平民开放。

第二阶段是公元前376—前287年。公元前4世纪,平民经过前一阶段的斗争取得了一些胜利,但是关于通婚权和担任高级官职的权利往往只对平民上层有利,而与平民下层密切相关的土地和债务问题并没解决。当时,罗马对外战争频繁,掠夺来的土地全被贵族占有。长期的战争特别是高卢战争的破坏,加速了小农的破产,土地

---

① 参见于贵信:《古代罗马法》,吉林大学出版社1988年版,第39页。
② 同上书,第40页。

日益集中在贵族手里,债务剥削和奴役更加严重。由此,土地、债务和争取政治上平等权利问题结合起来,使斗争又趋激化。

从公元前367年开始,平民和贵族展开了十年的斗争,终于迫使贵族作出让步。在公元前367年通过了著名的李锡尼和绥克斯都法案,法案的主要内容是:已付债息一律作为偿还本金计算,未偿还部分分三年还清;占有公有地的最高限额为500犹格,另外在共有地牧场上放牧大牲畜不得超过100头,小牲畜不得超过500头;取消军政官,重选执政官,在两个执政官中必须有一名由平民担任。

李锡尼和绥克斯都法案的通过具有重要意义:一方面满足了平民上层人物的要求,从此他们可以当选为执政官,侧身于最高权势者的行列,绥克斯都本人就在公元前366年当选为第一任平民出身的执政官;另一方面,在土地和债务问题上,贫苦下层平民的经济生活也得到一定程度的改善。在平民取得担任最高官职的权利后,其他的官职也陆续向平民开放了。公元前356年和前351年平民鲁提鲁斯先后就任独裁官和监察官,可见这两个重要官职也可以由平民来担任。[①]

公元前326年,在平民的压力下通过波提利乌斯法案,废除了债务奴役制。这样,被奴役的人获得了解放,且在此之后一直禁止奴役债务人,使平民免除了沦为债务奴隶的威胁,人身自由得到了保障。公元前304年,市政官弗拉维优斯把诉讼程序和法庭术语汇编成册并公布了开庭日和不开庭日,这使贵族失去了对法律和历法知识的垄断,保证平民在法律方面享受实际平等的权利。

平民反对贵族的最后一次大规模的斗争发生在公元前287年。这次斗争的起因带有一定的政治性质,当时平民举行了最后一次撤离,占领了台伯河对岸的雅尼库路姆山。之后平民霍腾西阿被任命为独裁官,他公布了一项旨在使平民会的决议对所有罗马公民有效的法律,从而平息了这次平民斗争。这一事件标志着平民反对贵族斗争的胜利结束。[②]

[①] 参见于贵信:《古代罗马法》,吉林大学出版社1988年版,第41页。
[②] 同上书,第42页。

平民经过与贵族两百多年的斗争,最终在政治、经济和社会地位方面都取得了一定程度的胜利。在政治法律上全体平民与贵族享受平等权利,他们有权担任公职和参加特里布斯大会;在法理上成了共和国的主人,平民组织得到社会的承认;平民和贵族的通婚合法化,平民和贵族拥有平等的社会地位。平民的经济地位也得到了显著的改善,这使得罗马公民内部的社会关系得到调整,扩大了共和国的社会基础。特别是废除债务奴役制,划清了自由民和奴隶之间的界限,罗马奴隶主不再奴役本国公民而代之以外籍奴隶。随着奴隶制的进一步发展,罗马公民内部矛盾逐渐让位于奴隶主和奴隶阶级之间的对立。①

由于平民之间经济地位上的不同,胜利对不同的平民有着不同的意义。从平民有权担任国家公职这点来看,它对于广大贫苦平民来说并没有什么意义。因为罗马早期的官职是无偿的,因此只有富人才能担任,所谓一切官职向平民开放,其实只是对平民中富裕上层适用。他们一旦当选为高级官吏,便有可能进入元老院。而通婚权又使他们通过联姻的方式与贵族融合起来。在公元前4世纪后半期,平民上层便与贵族逐渐合流,形成所谓的"新贵",共同把持政权。到公元前4世纪末出现了十几家新贵,经过两个世纪的政治变革,罗马从九贵族当权的共和国变成了由旧贵族和平民上层有产者联合组成的新豪门阶级当权的共和制城邦。②

随着氏族贵族的消亡,平民的概念发生了变化,平民以前指的是城市和乡村的自由民下层。他们主要是占有土地或者是缺少土地的农民、城市手工业者和商人以及平民。他们在等级阶级斗争中地位有所改善。虽然土地问题没有获得根本的解决,但是随着罗马的军事扩张,建立军事殖民地以及分配少量的公有地满足了部分平民对土地的要求。

在平民反对贵族斗争中,新官职不断出现、新法律不断公布,这使得罗马共和国城邦制度逐渐完备起来。除了原有的库里亚和森都

---

① 参见于贵信:《古代罗马法》,吉林大学出版社1988年版,第43页。
② 同上书,第44页。

里亚大会外又增添了特里布斯民众大会,作为具有最高立法权的公民大会。罗马公民在这个大会上表决通过国家立法、选举保民官、市政官、财务官和其他低级官员。由于国家职能的增加和国家事务的增多,各种高级官职也相应地设置和增加起来,进一步完善了国家机器。经过平民与贵族的斗争,城邦在经济、政治和社会力量的平衡中得到巩固,这种平衡促使各种力量在一种有机性结合的制度中相互结合。

二、官制

1. 官制的核心——各种权力概述

（1）治权

治权是罗马国家最高权力的表现形式,它产生于埃特鲁斯王的治权,治权作为主权的体现,反映着罗马宪制发展中的一种连续性。治权是一种由共和国最高执法官从王那里继承过来的权力,它保持着当时的外部特征,如肩扛束棒的侍从官,这是一种最高权力,它以军事权力为中心（埃特鲁斯王、独裁长官和执政官们均集此权于一身）,但是,除以军事权力为中心外,它也包含着政府职能的权力,不过治权不是一种被授权行使的权力,它因执法官相对于城邦的地位而当然地归该执法官所有。它直接表现为两名执政官的权力以及后来的裁判官的权力。[①]

共和国制度将产生于埃特鲁斯王的治权吸收并加以规范。因此,共和国宪制的发展使治权有了具体的范围和内容,在对治权加以界定时,共和国宪制把它区分为城内治权与军事治权,前者在城邦的城墙内行使,后者则在城外行使（界限是按地域划分的,不以和平时期与战争时期为转移）。在城墙以内,城邦制度为治权设置了一系列的限制,其中首要的和最富特色的是"向民众申诉"制度[②],该制度的起源可追溯到共和国之初即公元前 509 年的《关于申诉的瓦勒里

[①] 参见〔意〕朱塞佩·格罗索:《罗马法史》,黄风译,中国政法大学出版社 1994 年版,第 144 页。

[②] 同上书,第 154 页。

法》,该法是由瓦勒里付诸表决的,这项法律宣布执法官违反该法律的行为是不正当行为。

西塞罗介绍该法时说道:"任何执法官不得处死或鞭笞已经提出申诉的罗马市民。"李维对于《关于申诉的瓦勒里法》的内容作了较准确的归纳,指出它"禁止杀死、砍死或鞭笞已经提出了申诉的人"。"向民众申诉制度"被罗马人视为对市民自由权的最高宪制保障。它使那些拥有治权的执法官不能以最严厉的方式适用强制权和惩罚权,尤其是判处死刑的权力。但是只有那些拥有充分权利的罗马市民才有权提出"申诉",因为他们是民众会议的成员。而奴隶、外邦人以及最初时妇女则不适用申诉制度。①

城内治权与军事治权的区分也通过为享有治权的执政官配备的侍从官的装束反映出来,具体而言就是:侍从官在城里只肩抗束棒,但出城后束棒上就增加了斧子。在城外(更确切地说在城墙一千步开外),这种限制就消失了,治权恢复了其完整性。最初不得针对独裁官提出申诉,后来申诉被允许提出,但是只能在独裁官任期届满时提出。同时只允许在罗马以及离城墙一千步以内的城郊地区提出申诉,人们由此确定同"军事治权"相对应的"城内治权"。军事治权造成任职期限例外的延长。战争要求使得任职期限必须具备一定的灵活性,根据这一原则后来确立了延长治权和代理官职的制度,后一种制度主要适用于行省的行政管理。

从历史上看,治权归执政官、裁判官所有;在非常官职中,治权归取代执政官职位的最高权力享有者(如独裁官、行使行政官权力的军团长、十人立法委员会成员等)所有。人们可以据此划分拥有治权的执法官和不拥有治权的执法官。

(2) 支配权②

支配权可以用来根据其高低给各种官职划分等级,这体现为下

---

① 参见〔意〕朱塞佩·格罗索:《罗马法史》,黄风译,中国政法大学出版社 1994 年版,第 154 页。

② 同上书,第 146 页。

列原则:"平等或较高支配权具有较高的效力。"在这种等级划分中,取得相同官职的人是平等的。独裁官相对于执政官拥有较高支配权;执政官相对于裁判官拥有较高支配权。监察官则不在这种比较范围之内(他相对于其他官职不拥有较高支配权,其他官员相对于他也不拥有这样的权力)。拥有治权的官职相对于基层执法官和营造司等下级官员拥有较高支配权;而基层执法官和营造司等下级官职不存在较高支配权或者较低支配权的划分。平等或较高支配权的标准确定了否决权制度,只有拥有平等或较高支配权的执法官才可以行使否决权。

(3) 否决权、禁止权①

以"平等或较高支配权"为基础的否决权为各种不同官职提供了相互比较的可能。除了否决权外,经常有拥有较高权力的官员向下级官员发出的禁令,比如保民官根据所拥有的强制权以及人身不受侵犯的身份而发出的禁令。同这种禁止权相联系的、更为独特的是中止执法官职务,比如独裁官中止执政官的职务、裁判官中止骑兵队长的职务、执政官中止裁判官的职务等等。这种停职的决定被用来作为一种制裁措施。更加严厉的是"中止一般执法活动",即一般地中止其他执法官的正常活动,这是一种只在重大情况下才采用的非常措施,比如出现军事危险、节日、服丧等;这种措施的适用需要由在罗马拥有治权的最高执法官发布告示并事先听取元老院的意见。同时它也可能由保民官根据其权力宣布。

(4) 司法权②

在治权的内容中也包括所谓司法权,即执法官对私人争议的干预,它强令按照一定的方针解决争议,这种做法的发展表现为诉讼采取强制性仲裁的方式进行。从根本上讲,司法权仍然是最高权——治权的一种表现。在城邦宪制中行使司法权的基本代表——裁判官

---

① 参见〔意〕朱塞佩·格罗索:《罗马法史》,黄风译,中国政法大学出版社 1994 年版,第 150 页。
② 同上书,第 155 页。

拥有治权,司法权干预的强制性是最高权力的一种表现。为满足在城内行使司法权的要求而设立的执法官叫作裁判官,并且被视为两位执政官的下级同僚,这一事实再次说明司法权是治权的表现。

(5) 强制权①

治权所包括的各种权力中也包括强制权。所谓强制权,是对人身和财产直接采用强制措施和制裁手段的权能,这个概念范围很广,其表现形式包括处死、逮捕、监禁、鞭笞、科处罚金、扣押物品等等。个人对于其所遭受的惩罚可以向民众申诉,这是对强制权的限制。强制权归那些拥有治权的官员们所有。同时人民也授予平民保民官该权力,后者担负着保护个人或平民的任务并且拥有不可侵犯性。对于那些不拥有治权的执法官(监察官、营造司、行使司法权的官员等),只承认他们拥有针对财产的有限强制权,如科处罚金权。

2. 官制的基本分类

(1) 贵族官职和平民官职。如平民保民官和平民营造司,他们只能由平民担任。

(2) 正常官职和非常官职。人们通常称那些城邦中的常设官职为正常官职;非常官职是指一些因特殊情形而设立的官职,如独裁官、十人立法委员会、行使执政官权力的军团长等。

(3) 高级官职和下级官职。在正常官职中,执政官、监察官、裁判官是高级执法官;在非常官职中,独裁官、十人立法委员会成员、行使执政官权力的军团长是高级执法官。贵族营造司、基层执法官是下级执法官。随着选举原则的确立,这种划分也反映在各种民众会议所具有的不同选举权限上面(百人团会议选举高级执法官,部落会议选举下级执法官)。

3. 官职的具体类别

(1) 执政官是最高的官职,人数为两人,早期被称为"裁判官",也被叫做"仲裁官"。罗马共和国最高权力由执政官掌握,他在军事

---

① 参见〔意〕朱塞佩·格罗索:《罗马法史》,黄风译,中国政法大学出版社1994年版,第156页。

和行政方面有很大的权力。"执政官在不指挥军队时,仍留在罗马,掌握一切国家事务。其他行政官员除保民官外,都服从执政官,听他的命令。在准备和指挥战争方面,他几乎拥有绝对的权力。"①

执政官平时是国家的统治者和法官,战时则是罗马军队的统帅。执政官被认为是全国最有荣誉的官职,罗马人甚至用两执政官的名字来纪年。他们身穿镶紫色金边的长袍,在执行职务时坐在象牙宝座上,由卫队护卫着。执政官为了显示自己的最高权力,在外出时有12个侍卫官随行,每人肩上负有一束笞棒,中间插着一把斧头。这种象征暴力的东西称为"法西斯",近代德国的"法西斯党"即由此而来。"首先虽然他们各自拥有充分的权力,但两位执政官中的每一者都受到另一者否决权的约束;第二,他们任职的时间仅为一年;最后,他们的权力可以受到立法的限制。"②因此,国家的真正权力掌握在贵族垄断的元老院手中。

在共和国早期,执政官由元老院的成员完全把持,但是经过长久斗争后,在公元前367年这一职位向其他人开放,但是它仍然由元老院垄断,即便是那些偶尔成功当选的"新人"也会把自己看做贵族中的一员,由于是无偿制,因此唯一能够作为候选人的非贵族阶层就是骑士阶层。

(2)独裁官是最高的非常官职,他早期是"独裁长官",后来被称为dictator。由他挑选的骑兵指挥官——骑兵队长是他的直接下属。独裁官是在发生特殊危急情况时任命的,尤其是为了战争或制止动乱。在独裁官身上集体性消失了,"城内治权"和"军事治权"的区分消失了,城内治权所特有的那种对市民的保障中止了,保民官的否决权相对于独裁官丧失了效力。③

此外,独裁官不是由民众会议选举的,而是由执政官中的一人任

---

① 〔意〕朱塞佩·格罗索:《罗马法史》,黄风译,中国政法大学出版社1994年版,第160页。
② 〔英〕巴里·尼古拉斯:《罗马法概论》,黄风译,法律出版社2000年版,第3页。
③ 参见〔意〕朱塞佩·格罗索:《罗马法史》,黄风译,中国政法大学出版社1994年版,第160页。

命的。但是这种为了应付紧急情况而设立的独裁官,其权力受到较严格的时间限制,独裁官在完成了特定的任务之后应当自动辞职,而且在任何情况下,在任命他的那位执政官任期届满以后或者在经过6个月之后当然地停止行使权力。独裁期间,执政官只能根据独裁官的同意或在其指导下采取行动。也就是说,执政官的权力实际上已经中止。除全权独裁官外还有有限权力的独裁官,他们只是为履行宗教性或民事性的事务而任命的,而且是在执政官需授予某一独裁官以特别权限的情况下任命的,比如为了宣布拉丁民族的节日,为了召集民众会议而设立独裁官。独裁官的这些特点使得他能适应这些特殊的仪式。①

(3)裁判官是拥有治权的官员,他被视为执政官的下级同僚。一般来说,他只限于在城邦范围内行使职权,其主要职责是行使司法权,实际上该职责是从执政官那里分离出来的。另外,当执政官缺席时,裁判官也行使城邦管理的其他职权。除所谓市民裁判官以外,公元前242年又设立了一位裁判官,即负责在市民与异邦人之间司法的"外事裁判官"。裁判官的职位吸收了城市行政长官的职位,后者可追溯到王政时代,当最高首脑不在时他代替该首脑在城内执政。②

(4)监察官是于公元前443年设立的,他的管辖范围主要是人口登记即编制市民名册及其附产清单,以便调整与此有关的义务和权利。监察官的数目为两人。他们在进行人口登记时选出,即在需要人口登记时才选拔监察官。人口登记大约每五年进行一次。监察官不是在整个五年期间都留任,而只是在登记工作和随后进行的宗教仪式结束之前任职。公元前434年左右的一项《艾米里法》将该官职的最长任期确定为18个月。

监察官最初的职责比较简单,但是后来监察官可以将不够条件的市民排除在骑士百人团甚至百人团制度之外,这使得监察官获得

---

① 参见〔意〕朱塞佩·格罗索:《罗马法史》,黄风译,中国政法大学出版社1994年版,第161页。
② 同上。

了尊严和威信,以至于人们委托他对市民的名誉进行评判并将此记载在"监察官评注"之中,他们所享有的威望甚至超过了执政官①。同时,《奥威尼法》又委托监察官选拔元老院议员。这一切使得监察官职位在罗马官制中上升到最高的层次。另外,监察官还拥有财政方面的职权。公元前22年之后,监察官的职位被取消。

(5)贵族营造司。该官职类似于希腊的市政官(负责市场管理的人员),并同平民营造司并列。平民营造司也曾经超出平民的范围而变成一般的官职,主要负责治安,管理城市供应和市场,监督竞赛活动,而这项职责后来变为筹备上述竞赛活动,当然这种竞赛的目的是博取民众的欢心。②

(6)基层执法官(财务官)是处于官职序列较低一层的官员,他们的职权很有限,由上级执法官任命。基层执法官最初的职责是杀人罪审判官,他们作为调查官员负责确定杀人罪中的故意,后来则变成了审判杀人罪的法官,一般负责涉及死刑的审判。后来,由于为每位执政官指派了一名基层执法官负责管理公共出纳,这些基层执法官的职责主要变为财政管理,并被赋予相当的权力和权威。他们还负责保管官员记录和国家文件的档案。

随着历史的发展,基层执法官也改由民众会议选举,从此该官职变成为一种独立的官职。公元前267年,在四名基层执法官外又增加了四名负责管理意大利事务的执法官。后来又为行省总督增设了另一些基层执法官,最后苏拉将该官职的人数确定为20人。③

(7)一个更低级别的官职序列被统称为二十六人官,这些官员最初是由执政官挑选为副手,后来变为民选官员。奥古斯都时期裁减到20人,其中包括三人行刑官,他们负责监管监狱和执行死刑判决,并且负责有关公共安全的工作,针对下层民众具有一定的刑事司法权,负责在坎帕尼亚地区行使司法权;十人争议审判团负责主持百

---

① 但是监察官不拥有治权(imperium)。
② 参见〔意〕朱塞佩·格罗索:《罗马法史》,黄风译,中国政法大学出版社1994年版,第162页。
③ 同上书,第163页。

人团审判活动;四人官负责城市街道的清洁;三人铸币官,负责监管造币工作。①

(8)平民官职。它包括平民营造司和保民官。保民官作为共和国宪法秩序的重要组成部分,理应得到我们足够的重视。这些官员尽管没有行政地位,但却是共和国政治体系的重要组成部分,特别是根据罗马公民如何来保护自己免受国家权力的侵害来考察更是如此。普通公民的自由和他们的财产权所依靠的不是法庭的权威,而是平民保民官的权威。"在初设的时期,这一官职具有革命的和阶级的特点,因为它设立的目的在于保护平民免受贵族长官的权力危害,后来这一官职被整合到了城邦的宪法中。"②

从公元前449年开始,每年有10个保民官由公民大会选举出来。从一开始他们的主要职责就是帮助那些受到行政官员不公正对待的公民。为实现这个目的,每个保民官拥有否决行政官员惩罚权的权力。公民大会宣布保民官神圣不可侵犯,他们以庄严的誓言形式宣称:"任何对保民官下毒手或恶毒地干涉其职责执行的人,都将被咒骂或承受死亡的痛苦。"③平民强烈地感到,有必要通过保民官的保护以反对行政权的专断。

平民保民官的权力并不局限于以否决行政官员惩罚权的权威这种形式来对抗行政官员的权力。随着历史的发展,他们获得了对任何有违平民利益的行政行为进行否决的权威。斯卡拉德认为,保民官"能够检查整个国家机器"。保民官逐渐获得了直接参加元老院审议的权力,起先只是参加会议,后来是发表演说,公元前216年开始成为会议的权威召集人。

保民官职权的核心是否决权,但它的运用被限制在城邦范围以内,因而只能针对城内治权(最初不能针对独裁官)。平民保民官还

---

① 参见〔意〕朱塞佩·格罗索:《罗马法史》,黄风译,中国政法大学出版社1994年版,第164页。

② 〔意〕阿尔多·贝特鲁奇:《罗马宪法与欧洲现代宪政》,徐国栋译,载《法学》1998年第3期,第17页。

③ 〔美〕司科特·戈登:《控制国家——西方宪政的历史》,应奇等译,江苏人民出版社2001年版,第104页。

拥有一种强制权,它也包括针对人身的一些措施。除此之外,保民官还拥有代表平民行事的权力,随着平民会决议等同于法律,该权力涉及立法提案权;同时也有选举平民官员而召集民众会议的权力和司法职能,这后一种职能类似于百人团民众会议的司法职能,但是只涉及罚金,对于那些科处极刑的诉讼,仍然要向百人团民众会议提出申诉。

在历史上,保民官发展成了一个拥有至高权威的集体性实体,但实际上,除了在格拉古兄弟改革中保民官体现了维护普通民众权益的职能外,保民官一直是元老院的一种灵活的工具。与共和国的其他机构相比,元老院的优势是它具有常设的成员,这一点使它能够维持充分的团结,以保护贵族的经济和政治利益,尽管其内部分歧不断。而保民官是由平民选举的,无论从经济上的必要条件还是从传统上看,只有属于元老院和骑士阶层的人才能成为候选人。不可避免的是,保民官的个人利益与贵族利益的关系,比与平民的利益关系更为密切。

与元老院相比,保民官并不是一个组织机构的成员,不能作为一个群体来决定公共政策。所有人都有相同的地位和权威,任何人都可以否决其他人的法令。当元老院的经济或政治利益受到威胁时,元老院的成员劝说或唆使一个保民官来行使他的否决权以反对他的同僚,并不是一件很困难的事情。佩里·安德森(Perry Anderson)说:"保民官和国民大会并没有从本质上撼动共和国寡头统治的权利系统,而只是附着在其外围,在实际生活中,他们的重要性远远小于他们所正常具有的潜力。……保民官一般是相当富裕的人,在很长一段时间内,成了元老院驯良的工具。因此,罗马共和国保持着传统的寡头统治。"①

因此,我们必须客观看待保民官在罗马宪政秩序中的作用。"在整个罗马历史中,保民官们一直做着保护普通公民免受武断的或过度的行政权力的侵害的事。他们的宪法职能不是决定公共政策,而是保持个人自由,他们并不管理罗马政府,却给罗马人提供了

---

① 〔美〕佩里·安德森:《从古代到封建主义的过渡》,刘健译,上海人民出版社2001年版,第49页。

保护自己的方法。"①

4. 官制的基本特点②

共和国官制的基本特点是官员由民众选举产生、暂时性、集体性（相互制约）、任职结束后究责制、无偿性。暂时性、集体性、任职结束后究责制是使共和国最高官职——执政官区别于君王的特有之处。王是终身的，而执政官的任期则为一年；王是单一的，而执政官则为两人，且两人均拥有充分的治权，并作为同僚拥有平等支配权。因此，每个执法官都可以充分地实行统治行为，除非他的同僚通过否决权制止他。执政官的职位明显地表现出罗马官制中所特有的集体性，这意味着每位共同执政的执政官拥有的是一种相互制衡的权力。

暂时性必然导致对责任的追究。执政官在任职期间是不可侵犯的，但在任职结束后又重新成为普通市民，要对他担任执政官职务期间的行为负责，对他所做的侵害私人权利或国家利益的事情负责。这些使共和国最高官职区别于王的特点，可以说是共和国官制的基本特征。共和国官职的任期通常是一年；监察官是每五年任命一次，任期为该五年期的前18个月；独裁官的任期最长为6个月。不受暂时性、集体性任职结束后究责制等特征约束的是独裁官和骑兵队长。

四、元老院③

元老院是贵族统治的主要堡垒。"从宪法分析的角度看，元老

---

① 〔美〕司科特·戈登：《控制国家——西方宪政的历史》，应奇等译，江苏人民出版社2001年版，第105页。

② 参见〔意〕朱塞佩·格罗索：《罗马法史》，黄风译，中国政法大学出版社1994年版，第148页。

③ 为了理解元老院的政治功能，必须体会罗马文化中被称做"mos maiorum"的重要性。麦库劳（McCullough）认为这可能是"罗马的不成文宪法"，并且干脆定义为"事务的既定秩序……mos意味着既定的传统，maiorum意味着这个语境中的祖先。Mos maiorum就是指事情通常是如何去做的"。在整个罗马共和国的历史中，即使在奥古斯都以后，在政治演说中提到 mos maiorum 都有重要意义。See S. E. Finer, *The History of Government from the Earliest Times*, Oxford University Press, 1997. 戴维林利用李维、波利比阿等留下的资料，研究了公元前366年—前167年罗马的宪政与选举等情况，认为元老院确实控制着罗马国家。See R. Develin, *The Practice of Politics at Rome 366-167B. C.*, Bruxelles：Latomus, 1985. 转引自〔美〕司科特·戈登：《控制国家——西方宪政的历史》，应奇等译，江苏人民出版社2001年版，第100页。

院的特征是它没有独特的职能。……它在共和国中的角色仍然保留了王政时期的一个顾问机构的特色……元老院的建议极其重要,并且它的观点在某些特定领域——如外交政策、财政管理和财政政策以及对行省的控制中,是有决定作用的。"①

历史学家约翰·麦克指出:可能共和国最重要的机构是元老院,它起源于伊苏斯坎人的贵族元老会议,当时该会议是专门为国王提建议的。在共和国期间,元老院给执政官提出各种有关国策的提议。由于执政官的任期只有一年,而元老们则可以一直做下去,所以元老院成为罗马帝国稳定和持续性的保证。起初,元老院在法律方面只有建议权;但随着其权势的增长,后来它作出的建议就成为了法律。它在共和国时期的角色仍然是类似于王政时期的一个顾问机构。

元老院的第一项职权就是管理国库收入。它也主管国家的收入和支出。如派遣使者平息争端,需要或订购某种物品,接受某种屈服的要求,宣布战争,元老院可独自处理。当外国使者来到罗马时,由元老院负责决定如何对待,给予怎样的回答。元老院由贵族和退任的执政官组成,它是操纵共和国军政实权的指挥中心。它拥有决定内外政策、审查和批准法案等大权。同时,它管理国家财政,控制国家预算并有支配国家财产的权力。它还管理外交和占领区事务,领导公职人员的选举,有权监督执政官的行动,特别是在确定执政官在各个领域的职责方面有很大的权威,影响他们对继承人的挑选。

元老们位高权重,并对执政官的决策和行动产生重要影响。执政官本身就是元老贵族,任期又短,这些情况也促使他们听从元老院的旨意。元老院在当时对民众大会决议还握有批准权。因此,在共和国初年罗马国家政权机构中,元老院处在权力中心的地位。自公元前4世纪起,高级官员向平民开放,任何一个担任过高级官员职务的平民,在任期结束后都会成为终身的元老院成员。大量的平民以

---

① 〔美〕司科特·戈登:《控制国家——西方宪政的历史》,应奇等译,江苏人民出版社2001年版,第100页。

这种方式成为终身的元老院成员。

挑选和任命元老院议员的任务,最初是由最高执法官承担的,《奥威尼平民会决议》将此任务转交给监察官。该平民会决议规定,"监察官从两个阶层中为元老院选拔最优秀的市民"。《奥威尼平民会决议》强调选择两个阶层中的最优秀市民,这表明随着这一法律的颁布,由于采用统一的标准从贵族和平民中选择元老院议员,两个阶级之间的平等实现了。① 授予监察官的权力也包括(根据其道德监察权)开除不称职者的权力,在每次"净化仪式"②中,"监察官评注"的特点和对不称职行为的制裁具有撤职性质,但这种做法并没使元老院议员的职位丧失终身性特点。

选拔元老院成员的具体评判标准是候选者在以前任职中的表现。因此,选拔应首先在那些担任过贵族官职的人当中进行;如果这些人不足以填补所有空缺,也可以考虑选择那些担任过非贵族官职的人。后来发展到把曾经担任过官职视为进入元老院的前提,因而那些曾经担任过官职的人被允许在等待任命时,参加元老院会议并且发表他们的意见,元老院逐渐变为由元老院议员和"有权在元老院发表意见的人"组成。在共和国时期,元老院议员正常数目为300人,到了苏拉时代增加到600人。

五、民众会议

平民有权决定或批准法律,更为重要的是有权宣布战争与和平。结盟、休战、签约也由平民判断决定,予以确认或是宣布无效。民众会议在共和国时期有四种表现形式,由此产生的组织也相当复杂,尚未被历史学家完全搞清楚。③

---

① 参见〔意〕朱塞佩·格罗索:《罗马法史》,黄风译,中国政法大学出版社1994年版,第170页。

② "净化仪式"是在人口登记结束时举行的宗教仪式。参见〔意〕朱塞佩·格罗索:《罗马法史》,黄风译,中国政法大学出版社1994年版,第170页。

③ See Michael Crawford, *The Roman Republic*, Harvard University Press, 1993. 转引自〔美〕司科特·戈登:《控制国家——西方宪政的历史》,应奇等译,江苏人民出版社2001年版,第375页。

民众会议是罗马共和国的立法机构。同时,民众会议还有其他功能:比如在执行委员会成立之前,它执行某些司法职能;它还拥有正式宣战的权威。妇女、外邦人和奴隶都可以参加这种会议,但是公民大会上的演说者通常是行政官员和保民官。① 民众会议本身没有提议权,只能接受或者拒绝由执法官向它提出的建议,而这样的建议先由元老院进行讨论并通过。

在政治上起作用的是"百人团民众会议"和"部落民众会议"。② 下面将分别介绍民众会议的四种表现形式。

1. 库里亚民众会议(comitia curiata)

民众会议最古老的形式是库里亚民众会议,它仍然残留着但失去了原有的生命力。人们仍然通过库里亚法表示对当选执法官的服从,但是面对百人团民众会议的选举,库里亚法仅仅具有形式上的意义。库里亚民众会议的召集,主要是为了举行王和大祭司的占卜活动、实行自权人收养或订立遗嘱。但是共和国时代产生的新僧侣,不再继续通过库里亚进行占卜;人们也不再以库里亚法承认监察官的权力,而是采用《关于监察官权力的百人团法》承认该权力;遗嘱则朝着财产继承的方向发展。③

2. 百人团民众会议(森都里亚会议)(comitia centuriata)

共和国宪制中的基层民众大会是百人团民众会议。这种按百人团划分的民众政治会议产生于军事民众会议,它的起源同军事组织具有联系。这种组织发展为所谓的"塞尔维乌斯制度",据说是由塞

---

① Brunt 认为关于提议的法规的不同意见可以自由表达,但是作为公共讨论的论坛,却受到了严重的限制。Millar 认为公民大会在罗马共和国政治过程中很重要,这并不是作为讨论工具,而是作为提供了一个演说游说的机会。See Fergus Millar, The Political Character of the Classical Roman Republic, 200-151B.C., *Journal of Roman Studies*, 74 (1984), 1–19. 转引自〔美〕司科特·戈登:《控制国家——西方宪政的历史》,应奇等译,江苏人民出版社 2001 年版,第 375—376 页。

② 参见〔英〕巴里·尼古拉斯:《罗马法概论》,黄风译,法律出版社 2000 年版,第 5—6 页。

③ 参见〔意〕朱塞佩·格罗索:《罗马法史》,黄风译,中国政法大学出版社 1994 年版,第 207 页。

尔维乌斯确立的,在失去同军事兵役组织的关系之后,它继续作为民事的和政治的组织。① 同军事体制相适应,它存在五个等级(市民们根据财产登记的情况按顺序归入其中)。在此之前是骑士百人团,除此之外还有五个无武装的百人团。

在骑士百人团和五个等级问题上,历史学家李维在其著作中提到:首先是 18 个骑士百人团;接着是 80 个第一等级百人团(40 个青年百人团,40 个老年百人团);随后的三个等级各有 20 个百人团(10 个青年的和 10 个老年的);第五等级有 30 个百人团(15 个青年的和 15 个老年的)。青年和老年的比例是固定的,与此相对应的是野战军和防卫军的不同职能。骑士百人团由城邦的精华组成,骑士从国家那里得到钱买马和养马,因此也被称为国家骑士,最初由执政官挑选后来改由监察官挑选。候选人多为贵族家庭的成员,后来也从最富有和杰出的平民家庭中挑选。②

百人团民众会议等级的划分以财富多少为标准。选举时选票按照百人团来计算,而且表决从骑士开始,然后按照等级顺序依次进行,这就意味着财富和资历占有优先的地位。说富人拥有优先权,是由于只要骑士和第一等级的人都投赞成票就行了,因为他们占多数,在这种情况下,投票就不再继续;说资历长的人占优势,是由于虽然这些人数目不多但他们的百人团数目同青年的百人团数目是相等的。这是一种财产等级制度,正如李维所说,在这种制度中,投票权不是平等地授予每一个人,而是根据等级加以确定,因而虽然没有一个人被排除在投票之外,但整个权力都掌握在富人手中。③

---

① 参见〔意〕朱塞佩·格罗索:《罗马法史》,黄风译,中国政法大学出版社 1994 年版,第 178 页。
② 同上。
③ 同上。

3. 部落民众会议(特里布斯会议)①(comitia tributa)

第三种民众会议是部落民众会议,市民们以部落为单位,被召集参加这种会议,并以部落为单位投票。部落组织的最初形式是平民的组织,即部落会议,它们是作为部分民众的会议出现的,后来由于平民会议的决议成为法律,从而取得了全城邦范围内的职能。而效仿这些平民会议的模式,最终形成了整个民众参加的部落大会,即部落民众会议。部落民众会议不同于平民的部落会议,就表决权而言,对于部落民众会议来说,表决权归全体市民拥有,而对于平民部落会议来说,表决权则只归平民所有。

由于所有在部落登记的人均平等地参加投票,部落民众会议相对于百人团民众会议具有更为民主的特点。正是这个中小农民阶层构成了罗马社会的基石,而中小农民阶层的没落引发了后来罗马共和国的危机。对于远离罗马城的一些公民来说,只有很少人能够放下自己的工作而参加公民大会,而且也很少有这样的动机,因为行使公民权意味着在公民大会里站几个小时倾听政治演说,而这对于较低阶层来说是难以接受的,即使是最大的会场,在活动很密集的情况下也只能容纳一小部分有资格的选民。

4. 平民大会(concilium plebes)

平民大会曾经只由属于平民阶级的人组成,但是在贵族和平民实现平等以后,它包括了所有的公民,只有很少的贵族家族除外。像部落会议一样,平民大会也以地域为基础,根据平民的居所加以组织,但是仅由平民的部落召集和主持。百人团民众会议、部落民众会议、平民部落会议和平民大会具有三重职能:选举、立法、司法。

关于选举职能,在正常执法官当中,最高级别的执法官如执政官等是由百人团民众会议选举产生的;下级执法官如贵族营造司等由

---

① 《罗马法史》将特里布斯大会译成"部落民众会议"是不妥的,罗马的特里布斯是行政区域划分,与部落血缘没有关系。See W. Kunkel, *An Introduction to Roman Legal and Constional History*, Oxford: The Clarendon Press, 1973, p. 12. 转引自彭小瑜:《古代罗马宪法制度及其汉译问题——从〈罗马法史〉的翻译谈起》,载《北大法律评论》第3卷第2辑,法律出版社2000年版,第318页。

部落民众会议选举;平民执法官如平民保民官等由平民部落会议选举。由于执政官的权力具有军事特点,因此人们将对他们的任命提交军事民众大会通过,百人团民众会议正是产生于上述军事民众大会的。

另外,民众的归顺行为仍然通过库里亚并根据《关于权力的库里亚约法》加以实现。"在这一发展进程中,出现了这样一种选举的特点:对候选人的正式提名由执法官负责;即便在选举制度得到充分发展之时这一特点仍然保留着。由此产生了一项原则:'拥有较低权力的执法官不得主持选举拥有较高权力的执法官的民众会议'。"①选举原则得到普及之后,部落民众会议出现后的主要任务是选举下级执法官。后来选举原则也扩大适用于主要的僧侣职务(比如祭司、占卜官等),他们是在由祭司长主持的部落部分成员会议中选举产生的。②

民众会议的立法权与城邦制度的形成和发展密切相连。最初在贵族与平民两大阶层的斗争中,宪制的发展主要是通过各不同成分之间达成的各种各样的形式,并通过制定法规的做法得到确定的。城邦组织的巩固,必然将基点从制定上述规则和协议转移到民众会议进行的统一立法上来。

贵族与平民赖以形成的基础是百人团民众会议中的民众组织,它构成中心要素,成为立法工作的基准点。这种法首先涉及的是城邦集体生活中的问题即国家的组织和结构;其次间接地涉及私人关系问题即以市民法加以干预。一个渐进的和自发的表现形式是百人团制度的确立。对于法律来说,倡议权也归执法官行使,因为法律是根据执法官的提案而表决的,执法官征询民众的意见,民众会议的答复通常是通过或者是驳回。帕比尼安称"法律"为"整个共和国民众的共同誓约"。一方面执法官拥有治权;另一方面,民众把这种治权

---

① 〔意〕朱塞佩·格罗索:《罗马法史》,黄风译,中国政法大学出版社1994年版,第189页。
② 同上。

框定在一个具体的制度之中。在这两端之间表现出法律的协议特征。①

百人团民众会议与部落民众会议之间的立法职能缺乏明确的职责划分。百人团民众会议的专属权限是颁布《关于宣战的百人团法律》和《关于监察官权力的百人团法律》。公元前449年的《瓦勒里和奥拉兹法》、公元前339年的《布布里利和菲洛尼法》、公元前286年的《霍尔滕西法》均涉及平民会决议同法律的效力等同性问题,而随着《霍尔滕西法》的颁布,平民会决议和法律实现了充分的和绝对的等同。平民会决议的数目甚至超过了真正的法律的数目。除根据执法官的提议由民众会议表决通过的所谓民决法律外,还存在由执法官单方面发布的法律,如执法官为某一殖民地或自治市确定的法律制度。②

民众会议的司法权在民众会议的诉讼中已得到体现。例如,根据《十二表法》的规定,科处极刑属于百人团民众会议的职权范围。民众会议诉讼处于刑事司法的中心,执法官在民众会议中提起诉讼,勒令被控告者于规定的时间内在民众会议出庭。民众会议从进行非正式预审发展到正式预审,通过民众出席的三次执行会议,执法官提出控告、提交证据,被告人则进行辩护、发表辩护演说。执法官如果不中止诉讼就正式提出控告要求判处某人极刑或罚金刑。在第四次会议中提出正式的指控,开始真正的民众会议审判,民众会议或者按照执法官的建议科处刑罚或者宣布无罪释放。

共和制罗马宪政的一个非常重要的方面,是对被征服地区领土的组织。罗马根据被征服地人民的发展与文明程度,采取各种各样的统治模式,并试图尊重被征服地内部事务的自治。在意大利,人民被组织在殖民地和自治市中,这些城市的居民被授予了罗马市民权,人们定期地举行审判和市场活动。在意大利以外,最盛行的组织模

---

① 〔意〕朱塞佩·格罗索:《罗马法史》,黄风译,中国政法大学出版社1994年版,第190页。

② 同上。

式是行省,在行省内部也有拥有罗马市民权的城市和殖民地,它们可继续保留自己的市民权和法律制度,并可保留与定期的司法管理或商业相联系的更小的行政区划。

六、共和国宪制的危机①

公元前3世纪和公元前2世纪前半叶,由罗马人实现的伟大的宪制平衡并没有保持很长的时间。帝国的扩张由此而生的变迁,以及经济方面和社会方面,都很快暴露出深刻的危机,这一系列危机猛烈地爆发,并且通过冲突和动荡,在君主制中实现了宪制的改造。罗马在一系列变迁中建立起广袤的帝国,这些变迁也为罗马自己酝酿着经济、社会和政治领域的深刻危机。②

迦太基人入侵对罗马造成了巨大的破坏,由此造成罗马日益广泛地征募士兵,这都加重了小所有者们的负担,迫使他们离弃土地。意大利耕作制度的转变(密集耕种制的发展)必然导致农业的明显

---

① 历史学家在对共和国衰落原因的评价上分歧很大。根据 Cowell 的观点,罗马的衰亡是因为罗马人的优越品格和使个人利益从属于团体的能力由于外邦人的弱化,以及贵族阶层对个人财富和社会的盛名之自我中心主义的强调的腐蚀。See F. R. Cowell, *Cicero and the Roman Republic*, London Pitman, 1948.
Brunt 写道:平衡体系极度依靠"社会和谐"的存在,而这在共和国晚期,由于较低阶层的不满而消失了。See P. A. Brunt, *The Roman Mob*. Ⅲ: *Past and Present*, 1966, pp. 3 - 27; *Social Conflicts in the Roman Republic*, New York: Norton, 1971; *The Fall of the Roman Republic and Related Essays*, Oxford: Clarendon Press, 1988. Lintott 认为罗马警察力量的缺失意味着暴力作为一种解决个人争端的手段可以容忍。See A. W. Lintott, *Violence in Republican Rome*, Oxford: Clarendon, 1968, pp. 1 - 5. Beard 和 Crawford 也强调了贵族竞争的有害后果。See Mary Beard, Michael Crawford, *Rome in the Late Republic*, London: Duckworth, 1985. 对有关罗马共和国倾覆的精辟论述,详见 F. B. Marsh, *A History of the Roman World from 146 to 30B. C.*, London, 1935. 当然,在解释罗马共和国崩溃与帝国形成的史学中,影响最大的是罗纳德西米,参阅 R. Syme, *Roman Revolution*, Oxford, 1939 年第 1 版, 1952 年第 2 版。格鲁恩批评了几乎所有关于罗马共和国覆灭的观点,他认为罗马共和国在公元前 50 年还是很健康的,是随后爆发的内战摧毁了共和国的制度,而内战的爆发不过是元老院、庞培与恺撒之间战前一系列妥协的结果,但是格鲁恩根本没有注意到共和国的外衣虽然存在但罗马的特点与实质早已不是共和国性质了,同时他也没有对内战的社会基础作分析。See E. S. Gruen, *The Last Generation of Roman Republic*, Berkeley, 1974. 转引自〔美〕司科特·戈登:《控制国家——西方宪政的历史》,应奇等译,江苏人民出版社 2001 年版,第 374 页。

② 参见〔意〕朱塞佩·格罗索:《罗马法史》,黄风译,中国政法大学出版社 1994 年版,第 204 页。

增产,这要求大量地利用资本。大资产所有者阶层的形成,推动了这一进程的发展,使小所有者阶层进一步陷入绝境,承受不了负担。

另外,显贵阶层竭力扩大自己在土地所有权方面的投资,试图吞并小所有者们所闲置的土地,同时使自己大片的公有田得到充分的利用。繁荣的奴隶市场在几次大的战争后出现,使得大土地所有者更愿意在自己的农庄中使用奴隶的劳动而不是自由人的劳作。因此,小所有者阶层逐渐萎缩。这群农民大多属于乡村部落,他们的人数因被解放奴隶的增加而不断增加,这种情况对于民众会议中的民众组合结构产生着日益严重的影响。另一个受到危机触及的是建立在奴隶制之上的社会结构。奴隶制的扩延和有组织地使用奴隶使很多人受到残酷的剥削,这引起了奴隶的起义,如第一次和第二次西西里奴隶起义以及著名的斯巴达克起义,这些起义必然遭到镇压并产生内战的特点。

1. 意大利人争取公民权的斗争

公元前91—前88年,意大利各部落发动起义反抗罗马的压迫,要求获得罗马公民权①。他们中只有一小部分人拥有罗马公民的全部权利;许多人只拥有称为"拉丁权利"的部分公民权,然而大部分人根本就不是任何政治意义上的公民②。这是意大利人对罗马的歧视和压迫不满的结果。自从罗马征服意大利并对意大利实行"分而治之"以来,在200年时间里,意大利各民族逐渐拉丁化和罗马化。然而,罗马人名义上称意大利人为"同盟者",实际上却把他们当成属民而不当作平等的公民。意大利同盟者帮助罗马人开疆扩土,而他们自己却分不到"公有地",不能参加罗马的公民大会,更不能担

---

① 罗马公民权即市民权或国籍,是专属市民享有的权利,其内容包括公权和私权。市民资格的取得包括出生和入籍;市民资格的丧失包括死亡、丧失自由权、放弃国籍、驱逐出境。罗马每年都举行"着成人袍"的仪式,视为授予罗马公民权的标志。

② Scullard 提出"全权公民和半权公民"之说。后者在个人事务上与前者拥有同样的政治地位,但是他们不能在集会中选举或在政府中谋求职务。See H. H. Scullard, *Roman Politics, 220-150B. C.*, Oxford: The Clardendon Press, 1951\1973; *A History of the Roman World: 753-146B. C.*, London: Routledge, 1980\1992. 转引自〔美〕司科特·戈登:《控制国家——西方宪政的历史》,应奇等译,江苏人民出版社2001年版,第373页。

任各级官职,而且还常常受到罗马人的歧视和压迫。

意大利同盟者认为这一切不平等待遇的根源,就在于他们没有罗马的公民权。另外,罗马奴隶制大庄园的发展排挤了同盟者小农经济的发展,这引起了意大利居民的不满。土地问题的尖锐化是意大利人渴望取得罗马公民权的重要原因,他们想凭借公民权保证已经占有的土地并享有其他权利。[①]

最初意大利人采用各种手段获得罗马公民权,后来这个问题越来越严重,面对大量向罗马迁移的人,公元前95年的《李其尼和穆齐法》重申了有关公民权授予的限制,并且建立了一个刑事法庭惩处以市民自居的假市民。绝望的意大利同盟者拿起了武器举行起义,战争的结果是同盟者获得了罗马公民权。在公元前89年,《关于向盟友授予罗马公民权的普劳迪和帕皮里法》将罗马公民权授予所有居住在意大利境内的意大利人,其范围直至阿尔诺河和爱西诺河。公元前89年,《庞培法》向波河这边的高卢人授予了拉丁人资格。同盟战争在罗马历史上具有划时代的意义,它冲击了罗马的狭隘城邦向未来的统一的帝国迈进,即变成了全意大利的统一的罗马国家。危机的涉及面是广泛的和复杂的。各种各样的因素共同冲击着宪制结构,同时这种结构也满足不了领导日益扩大的帝国的组织需要。[②]

各行省的治理活动实际上削弱了保障共和国宪制的那些限制性规定,首先削弱了集体性原则。而在法律中具体规定并重申任职间隔期和有关城邦官职的限制性条款肯定不足以避免以下情况:战争和对帝国的统治要求突出某些个人的地位。而且随着危机的发展,这些个人的权势也必定一天天地战胜这些所谓的宪制规则。除此之外,由于朱古达战争的爆发,带来了马略的军事改革,从而使罗马军队的性质发生了变化。无产者的急剧增加和中等农民阶层的衰落,对一直以农民阶层为主力的城邦军队造成了毁灭性打击。

这一情况同日益复杂的战争要求一起使军队改革至关紧要。马

---

① 参见于贵信:《古代罗马史》,吉林大学出版社1988年版,第156页。
② 同上书,第157页。

略开始了这一改革,他于公元前107年为了朱古达战争同时也为了琴布里亚战争取消了早期的征兵制,代之以招募制,即征集所有前来报名的市民包括无产者。"在罗马历史上,马略第一次把士兵提升到与有产阶级相同的地位。"①正是这种结构性转变反过来深深地影响着士兵与将领之间的关系,并且触及城邦制度。

早期实行征兵制的城邦军队主要由农民士兵组成,它体现着城邦自己的制度,对该制度的忠诚意味着对自己家园的忠诚。然而,职业士兵的地位则大不相同,他们只向他们的指挥官负责,为了犒赏这些士兵,人们重新分配土地并进行殖民区化,这些措施被视为对养老兵的奖赏。一些人的地位已经同战争的需要、战争的胜利以及对士兵的照顾紧紧联系在一起,他们实际上已使执法官任职的暂时性丧失其意义,违反了所有关于重新任职的规定。

马略从公元前104年至前100年连续五年担任执政官。"以前对连任的禁令遭到公开藐视且在有些方面遭到了破坏,现在这一重要因素在共和国宪法中已经销声匿迹了。"②他在公元前100年,面对其拥护者的过激行为和暴力行为而退却,接受了元老院通过"元老院紧急决定"向其发布的命令,开始进行残酷的镇压,紧接着就退出了历史舞台。虽然城邦制度仍然具有自我维持的力量,但是朝着内战方向发展的进程也已经开始。

罗马公民兵变成了完全脱离社会生产的职业军队。军队从昔日维护共和国的工具,变成了共和国的破坏力量,现在军队成了左右政局的主要力量。正如历史学家阿庇安所说:党派的领袖们带着巨大的军队,依照作战习惯彼此互相进攻使他们将国家变为他们争夺的力量。显然这支军队同其将领的特殊关系为那些具有军事基础的权力以及内战提供了前提条件。

"共和国灭亡的直接原因既不是小生产者被剥夺了权利后引发

---

① 〔美〕司科特·戈登:《控制国家——西方宪政的历史》,应奇等译,江苏人民出版社2001年版,第97页。

② 同上。

的经济问题;也不是公民权的延伸引发的政治问题,而是未能对军事统帅保持政治控制。……与雅典不同,罗马没有采取其他措施来限制军事统帅,他们有权把战利品及各省贡品分配给士兵。这样他们就能够建立忠实于他们而不是忠实于罗马的军队。在这种形势下,早晚会有军事统帅屈从于诱惑,率军进攻罗马,在其军队支持下成为独裁者。……由于马略和苏拉同样任用罗马军团,罗马的政体已经极大的改变了。"① 另外,一系列文明和文化要素通过战利品流入罗马。这些要素为人们开辟了新视野的同时,不能不触动原始的农耕民族的严格纪律和道德规范。②

这些经济的、政治的、社会的和文化的因素都汇合在一起,这种汇合以及后来的发展进程使共和国的制度出现了崩溃。危机爆发的时间在提比略·格拉古③时期,即他在公元前133年担任保民官那年。这位平民保民官出身于贵族家庭。他试图解决当时日益恶化的土地问题,他的目的是振兴作为罗马社会基础的小土地所有者阶层。他的土地改革法案是:任何人不得占据超过500尤杰罗土地的公用田作为自己的先占田,每个儿子可得到250尤杰罗土地但总数不得超过1000尤杰罗;禁止为未来而对共有田进行先占;如果土地在收回时面积减少,"土地分配和争议三人审判委员会"负责将土地划分为30尤杰罗一块的份额加以分配,该土地份额是不可转让的而且应当纳税。这个计划提出并且试图解决城市无产者问题和振兴农民阶层问题,但它触犯了统治阶级的既得利益(即显贵阶级的利益)。统治阶级成功地阻止了将这一计划提交平民会议表决,他们争取到一位平民保民官的帮助,该保民官使用了否决权。

---

① 〔美〕司科特·戈登:《控制国家——西方宪政的历史》,应奇等译,江苏人民出版社2001年版,第97页。

② 参见于贵信:《古代罗马史》,吉林大学出版社1988年版,第155页。

③ Cowell指出,他们兄弟俩(提比略和盖约)是"罗马贵族的子孙中最早受到明显的希腊影响的教育的"。他认为,这一点可以解释他们对待共和国的政治问题采取不合传统的方法的原因。See F. R. Cowell, *Cicero and the Roman Republic*, London Pitman, 1948. 转引自〔美〕司科特·戈登:《控制国家——西方宪政的历史》,应奇等译,江苏人民出版社2001年版,第373页。

就宪制而言,提比略·格拉古本来应当向这位保民官的权力屈服。但是他不愿意向被他视为滥用权力的情况让步,反对狭隘的显贵阶级利益对解决这一重大问题的不当干预。他试图通过暂时停止执法活动以向显贵阶级施加压力,并企图将问题提交元老院讨论,但是他没有成功。在此之后,他以背叛民众利益的保民官将丧失其保民官资格为由,促使平民会议罢免了那个执政官的职务,从而使他的《土地法》得以通过。提比略本人、他的弟弟盖约·格拉古及其岳父克劳迪被任命为"土地分配和争议三人审判委员会"的成员。

同时,提比略提出了一些更激进的建议,比如在市民中分配贝尔加莫国阿塔洛留给罗马国家的财产。但是他在宣布另外一系列法律的同时,试图重新竞选下一年度的保民官职位,这违反了宪制规则。斯奇比奥在元老院提出"元老院紧急决议",宣布暂时中止一切宪制保障,责成执政官采取一切措施解决危机。这种做法的性质在于采取紧急措施不是针对外部敌人的威胁,而是针对一场具有革命性质的内部运动。当时的执政官不同意采取这种措施,而斯奇比奥则带头进行镇压并杀害了提比略。"元老院紧急决议"在后来被广泛使用,它为暴力和非法活动打开了方便之门,同时也引发了各种势力的斗争。

提比略的弟弟盖约·格拉古于公元前 123 年当选为保民官,他继承了其兄未竟的事业,推进了一系列旨在削弱元老院寡头势力、有利于由保民官领导的民众的改革工作,并努力深化《土地法》所能带来的社会变革。为了能够实施他的计划,盖约·格拉古必须长期得到人民的拥护,将骑士阶层争取和团结过来,并利用这个阶层同显贵阶层的矛盾达到自己的目的。为了得到群众的拥护,他采取了一系列的行动,如实行《粮食供给法》,免费或低价分配小麦,这在罗马历史上是没有先例的,它推动了城市的粮食供给工作。这样的社会后果是有害的,它鼓励了一些游手好闲的人,这些人云集在城市里,并认为有权利依靠国家的资助生活。他为获得民心而采取的这种措施完全违背了提比略的政策,后者的意图恰恰是迫使城市无产者从事农业生产。

另外，为了赢得骑士们的支持，并且削弱元老院的影响，诞生了《关于在亚细亚行省设立监察官的森布罗尼法》。该法调整亚细亚行省的承包问题，以及规定为诉讼而编制的审判员名册，应当从骑士中而不是从元老院议员中确定候选人的法律。随着这些法律的出现，骑士们上升为同元老院阶层平等的审判员，行省执法官正属于这个阶层，因而元老院阶层受到沉重的打击，骑士阶层则相应得到好处。在那些试图抑制元老院权力的法律当中，有一项关于市民生命的法律，它禁止未经民众许可而适用死刑。其目的是搞垮根据元老院决议而建立起来的非常刑事法庭，使元老院紧急决定丧失效力，并且撤销了公元前132年为惩罚提比略的同党而建立起来的特别法庭。①

盖约·格拉古计划的中心在于推进由其兄开创的政策。他提出了一项新的平民会决议——《森布罗尼土地法》，使提比略的《土地法》重新获得确认，并增加了新的内容，其中包括可以向拉丁人分配土地。盖约·格拉古为解决意大利人的问题，还提出了一项《关于授予盟友市民权的法案》，它建议授予拉丁人完全的罗马公民权，并授予所有意大利人以拉丁权。后来，元老院成功地获得另一位保民官的支持，该人动用了否决权，而且他抛出了一系列比盖约·格拉古的建议更加极端的建议，涉及公有田的分配、殖民区的设立等。②

由于盖约·格拉古失去了民众的拥护，因而在第二年的保民官选举中落选。在公元前121年他试图捍卫关于迦太基殖民地的法律但未获得成功，人们要求废除这一法律，当时的保民官则建议废除《森布罗尼土地法》中的一些规定，在此之后发生了动乱，通过行使"元老院紧急决议"，最终盖约·格拉古被杀害了。

2. 格拉古改革

格拉古改革的目的是抑强、固本、强兵。所谓抑强是使豪门贵族兼并公有地的活动有所收敛；固本是使失地农民拥有和保持一定数

---

① 参见于贵信：《古代罗马史》，吉林大学出版社1988年版，第146页。
② 同上书，第148页。

量的土地,从而为之提供公民权利和公民兵义务的物质基础;强兵主要是保持兵源。改革的目的在于维护和扩大城邦的社会基础,增强国力,以巩固统治。格拉古的改革是以维护罗马城邦的社会基础、增强奴隶主阶级的统治力量为目标的一次土地改革,其实质仍然是小土地所有制同大土地所有制的斗争,是一场由奴隶主阶级改革派领导的城乡平民和意大利同盟者争取土地和民主权利的改革运动。历史学家在这一点上达成了共识,即格拉古兄弟是开创导致共和国的罗马政府堕落时期的最著名的人物。①

3. 苏拉时期罗马宪制概况②

在公元前88年,50岁的苏拉以其过去辉煌的军事成就登上了执政官的职位。当时,罗马前附庸本都国王米特拉达特斯六世掀起了反对罗马的起义。为了镇压东方各行省起义,罗马组成了强大的"东方军",元老院任命苏拉为军事统帅,但遭到马略支持者的反对,因为东方军指挥是一个诱人的职位。公元前88年,元老院被迫决定把东方军指挥权交给马略。苏拉闻讯立即率军进攻罗马,经过一场残酷的战役,他击溃了马略,占领了罗马城。一项元老院紧急决定授予执政官充分的权力,它确认苏拉为恢复自己的权力而做的一切是合法的,并要求执政官宣布在逃的马略等人为"国家公敌"。苏拉与其同事庞培一起召集民众会议,并使之通过一些基本的法律(涉及百人团民众会议和保民官的权力、债务、开辟殖民地问题等)。在一次元老院选举中,议员的人数增加了300人(从那些对贵族政治有好感的家庭中选出新的议员)。

---

① Brunt remarks elsewhere that the Gracchi "set the revolutionary process in motion which was consummated by Augustus". 参见〔美〕司科特·戈登:《控制国家——西方宪政的历史》,应奇等译,江苏人民出版社2001年版,第95页。

② 关于苏拉改革及其目的,参阅 H. H. Scullard, *Roman Politics, 220-150B. C.*, Oxford: The Clardendon Press, 1951\1973; *From the Gracchi to Nero: A History of Rome from 133B. C. to A. D. 68*, London: Methuen, 1982。另外,也可参阅 F. R. Cowell, *Cicero and the Roman Republic*, London Pitman, 1948;R. E. Smith, *The Failture of the Roman Republic*, Cambridge University Press, 1966。Heichelheim et al. (1984. ch. 12) for a good survey of "The internal Effects of War and Imperialism"in the Republica period。转引自〔美〕司科特·戈登:《控制国家——西方宪政的历史》,应奇等译,江苏人民出版社2001年版,第373页。

但是在苏拉参加对米特拉达特斯的战争后,马略的同党——秦那当选为第二年的保民官,同时执政官庞培遭到杀害。他们宣布苏拉党人为"国家公敌",并搜杀苏拉党羽。苏拉胜利结束在东方的战争,率军赶回罗马,新的内战开始了,意大利再次陷入深重的灾难之中。经过艰苦的战斗和谈判,苏拉战胜了对手,于公元前82年在科里那门大胜,从而获得了罗马城。紧接着,苏拉通过元老院紧急决定疯狂报复马略党人。同时,考虑到自己权力在共和国宪制中的合法性,苏拉离开了罗马城,下令实行摄政管理,摄政王瓦勒里根据苏拉的意见颁布了《关于苏拉独裁官的瓦勒里法》,宣布苏拉为"有权制定法律和处理国家事务的独裁官"。以这种身份,苏拉重新开始进行恢复国家的工作,早在公元前88年,他就以执政官的身份提出法律开始了这项工作。①

"他认为他的改革是重新确立共和国政府的必要步骤,但是实际上现在的政体存在缺陷。在苏拉统治后的半个世纪中,常常打断罗马历史的市民战争和骚乱所争执的焦点不是罗马应当成为共和国或帝国,而是谁应当成为统治者,……在公元2世纪的后期,当军队统帅使自己摆脱有效的政治控制时,对任何多元主义的权力体系都是致命的疾病就已经传染上了。"②在这一时期,共和国宪制的各要素和机构仍然发挥着作用。但这一时期宪制生活的主角是武装派别和个人。

苏拉试图恢复以贵族政治为基础的早期国家,但是他带领自己的军队攻入罗马并进行屠杀已经违反了早期共和国最神圣的宪制原则。苏拉实际上成了国家的统治者,他的主要目标是恢复以元老院寡头政治为基础的共和国。苏拉在公元前82年被任命为独裁官后重新制定了一项《关于保民官权力的法律》,在这项法律中,除使保民官的立法权依赖于元老院的同意外,还规定只有元老院议员可以当选为保民官;前保民官不得取得贵族官职;只有在帮助市民摆脱行

---

① 参见于贵信:《古代罗马史》,吉林大学出版社1988年版,第148页。
② 〔美〕司科特·戈登:《控制国家——西方宪政的历史》,应奇等译,江苏人民出版社2001年版,第98页。

政措施威胁的情况下才能行使保民官的否决权。这时保民官的权力已经形同虚设。

正是在苏拉的独裁统治时期,尤其是在公元前82年和前81年,出现了一整套系统的立法。《官职法》重申任职需要经过十年的间隔期,并确切规定了任职制度,确定了担任基层执法官的最低年龄限度。《审判员法》恢复了由元老院议员担任刑事法庭审判员职务的规定,并对挑选审判员所应遵循的程序作了调整。在一项关于行省的法律中,重申元老院有权决定执政官行省和裁判官行省,并将治权延期制度规范化。废除粮食供给制也是苏拉时期的一项措施。此外,当时还开展了宏大的刑事立法工作,推广前面所说的常设刑事法庭。可见,苏拉所有措施的目的在于恢复贵族政治。

在公元前80年,苏拉在未辞去独裁官职务的情况下当选为执政官,这是违反他的《官职法》的。根据该法律,再次任职应当从第一次担任执政官职务起经过十年,但后来他拒绝再次当选为公元前79年的执政官,并且在选出执政官后辞去了独裁官的职务一直隐居起来,直到去世。苏拉独裁是罗马奴隶主阶级在城邦危机形势下企图克服这一危机而实行的个人军事专政。

罗斯托夫采夫论述道:"内战本质上已变成了一场争权夺势的斗争,这是元老院议员阶级中能力最强和野心最大的一些贵族彼此之间为了在政府中夺取压倒优势而进行的一场斗争。……这是为了个人势力和个人野心而在京城和战场中同时进行的一场战争。……内战实际上变成了由野心政治家所率领的组织严密、训练精良的军队之间的战争。……参与战争的都是罗马的职业军人。他们之所以打仗,是因为他们希望在敌对行动停止时能得到一笔丰厚的报酬,那就是土地和金钱。"①

苏拉独裁是在共和政体的范围内实行的,目的仍在恢复贵族寡头政治。苏拉专制有双重意义:第一,职业军队对公民政府的胜利,

---

① 〔美〕罗斯托夫采夫:《罗马帝国社会经济史》,马雍、厉以宁译,商务印书馆1986年版,第48页。

军队意志战胜法律,军队成为国家的主人;第二,贵族反动势力的胜利是为了维护贵族寡头特权地位而实行的,它是在法律上通过任命苏拉为独裁官而实行的专制。总之,苏拉独裁给予罗马共和国第一次致命的打击,它是奴隶制城邦危机的产物,并为恺撒的独裁开辟了道路。①

第三节 罗马宪制转型期

一、前三头同盟与恺撒的独裁

苏拉结束统治后,由其建立起来的制度迅速地瓦解了。公元前78年的《艾米里粮食供应法》恢复了粮食供给制;公元前75年的《奥勒留法》废除了对前保民官任职的限制;陪审团的组成制度被重新修改。在所有问题上危机又重新发生。随后的时期由两个人主宰:庞培和恺撒,而危机在这两个人的斗争中发展到了顶峰。庞培在公元前83年,当他还极为年轻时就被苏拉称为统帅;在公元前81年为他举行了从非洲归来的凯旋式,苏拉本人授予他伟人的称号。庞培享有军事上的威望,因而也相应地享有一系列权力。

公元前77年,作为享有治权的个人,庞培镇压了雷必多等人的暴动。他被授予行省执政官的权力,被派往西班牙作战。公元前70年的执政官职位成为庞培和克拉苏与民众派首领讨价还价的筹码,这使苏拉的宪制受到致命的一击。公元前67年,海盗逐渐成为对海上生活、城邦供应和生存的严重威胁,为了同海盗作战,《关于任命一名镇压海盗的将领的加比尼法》得以制定,并设立了一个指挥部,对所有的海域、海滨区域行使行省执政官的权力,为期三年;在此期间,指挥官有权征兵并装备一支最多由20个军团和50条船组成的舰队,并可以挑选15名特使,使用多达6000塔兰的贷款。虽然遭到显贵派的反对,该法律还是获得了通过,庞培被授予治权,因而取得

---

① 参见于贵信:《古代罗马史》,吉林大学出版社1988年版,第168页。

了极大的非常性权力。他在三个月内消灭了海盗。①

公元前66年,保民官马里尼提出了一项《马里尼法》,委托庞培领导同米特里达德的战争,赋予其享有宣战和缔约的权力,并且负责管理亚细亚行省、比蒂尼行省和其他诸行省。与此同时,庞培的对手克拉苏受恺撒的支持,在罗马策划阴谋,他依靠民众派中的一些极端分子建立起自己的根据地。恺撒于公元前62年担任裁判官,然后奔赴西班牙。恺撒从西班牙返回后,想成为公元前59年执政官的候选人,因此向庞培提供帮助,重新把庞培和克拉苏调和在一起。这样,在这三个人之间出现了秘密同盟,他们互相支持。公元前59年恺撒成为执政官,由庞培制定的《尤利法》获得了批准,随后《关于恺撒行省的瓦蒂尼法》把阿尔卑斯山一侧高卢和配有3个军团的伊里尼地区交给恺撒管理,为期五年,即直到公元前54年2月。根据庞培的建议,元老院又拨给恺撒一个军团和那尔波耐的高卢地区。②

公元前56年,面对元老院阶层在罗马的东山再起,这三个人又重新达成协议,尽管这中间夹杂了一些矛盾和冲突。在公元前56年7月他们完全公开地在卢卡相会,从而公开地表现出所谓的第一次"三头同盟"。他们商定:庞培和克拉苏担任公元前55年的执政官,随后庞培取得西班牙的统治权,克拉苏取得叙利亚的统治权;而将恺撒对高卢和伊里尼的统治权延长五年。

前三头同盟是三头为了反对元老贵族和夺取国家权力临时结成的政治同盟。三头中庞培握有军队,克拉苏是罗马首富,背后有骑士支持,而恺撒在民众中享有很高的威望,他们虽然代表着不同集团的利益,但是他们谁也没有力量单独战胜贵族势力独揽权力而只有三人暂时妥协和联合,才能与元老院抗衡。前三头同盟虽然在形式上表现为三个政治家的策略同盟,内容上则意味着平民、骑士和军队组成的反对贵族寡头政治的统一战线。尽管这个联盟是不巩固的和矛盾重重的,但它像普鲁塔克所说的是"消灭贵族政权的真正的国家政变"。

---

① 参见于贵信:《古代罗马史》,吉林大学出版社1988年版,第170页。
② 同上书,第172页。

前三头同盟是由共和制向帝制过渡的中心环节,它实际上是秘密的集体专制。前三头同盟实际上是恺撒与庞培的君子协定,克拉苏则是一个缓冲物。

二、前三头同盟的危机和破裂①

前三头同盟是三个野心家的暂时的策略同盟,他们各自怀有野心,因而是矛盾重重极不稳固的。恺撒出征高卢以后在罗马留下他的亲信克劳狄乌斯,后者于公元前58年担任保民官。他为了讨好城市无产者,用无偿赠予粮食代替减价出售粮食,同时他又组成一支私人武装干涉罗马以及行省事务。元老贵族也针对他的行动采取了类似手段。这样,罗马的政治便陷入极端紊乱之中,有时执政官职位公开拍卖,公职人员选举根本无法举行。庞培出面干预,将被流放的西塞罗召回。

公元前57年,庞培获得为罗马供应粮食的重任,重新恢复了在罗马的优势地位。庞培由于想谋取新的军事指挥权和控制埃及,从而与也想染指埃及的克拉苏的矛盾加深了。面对形势的急剧变化,公元前56年恺撒建议在路卡举行三头会议,三头重新弥补了同盟之间的裂痕。路卡会谈与数年前的秘密结盟不同,虽然会谈的结果是庞培、恺撒和克拉苏三人的私人协议,但实际上这次会谈具有公开的政治结盟的性质。

三头会议后,克拉苏在帕提亚战争中惨败,并在战争中被杀死。克拉苏的阵亡,使原来鼎足之势的三头同盟只剩恺撒和庞培两人对峙了。恺撒的权势增长令元老院和庞培妒忌和不安。元老院贵族拉拢庞培,庞培也乘机倒向元老院。正值此时,克劳狄乌斯被人杀害,其手下的暴徒烧毁了元老院会议厅和罗马广场上的许多建筑。元老院委托庞培恢复秩序。庞培召集部队,镇压了这次暴动。当年,元老院任命庞培为"没有同僚的执政官",任期为两个月,由于庞培还有行省总督的权力,所以此时他的地位相当于独裁官,于是开始

---

① 参见于贵信:《古代罗马史》,吉林大学出版社1988年版,第174—175页。

了庞培的独裁统治。

恺撒和庞培的矛盾在公元前50年达到白热化,元老院企图解除恺撒的职务以及兵权,而恺撒则通过他的代理人即保民官库里奥建议恺撒与庞培同时交出兵权,但庞培拒绝交出兵权。最后元老院于公元前49年1月7日宣布共和国进入紧急状态,授权庞培招募军队保卫共和国,并宣布恺撒为国家公敌。新的内战爆发了。

三、恺撒的政治改革①

公元前49年1月10日恺撒率军渡过卢比孔河,攻占了罗马和整个意大利。庞培和大批元老逃亡希腊。双方在法萨卢决战,结果是恺撒取得了胜利。庞培逃到埃及,被托勒密的廷臣杀害。公元前45年,恺撒成为罗马世界的唯一主宰者。公元前44年,他被任命为终身独裁官。此外,他还拥有执政官、监察官、终身保民官等头衔,集政治、军事、司法和宗教等大权于一身,从而破坏了贵族共和制,奠定了个人专制政体的基础。共和国的主要机构诸如元老院等形式上都存在,但实际上一切听命于恺撒。他有权任命元老,任命职官,并要求职官宣誓不违抗他的命令。

恺撒的胜利就他个人而言是登上权力的顶峰,就整个罗马而言则是专制战胜了共和。恺撒的政权本质上是君主制政权。恺撒在内战期间为了加强中央集权制,扩大奴隶主阶级的统治基础,采取了一系列改革措施。

第一,他使大部分老兵在意大利或行省内得到份地,并且在许多涉及自治市活动法令中规定了老兵应该享受的特权。

第二,改革元老院。对元老院进行清洗,把一些非元老贵族出身的奴隶主选进元老院,使元老数目增至900人,同时也使自己的亲信成为其中的成员。经过这样的改革,元老院发生了深刻的变化,它不再是一个狭隘的、仅仅代表罗马一小部分奴隶主专政的机构。无论

---

① 参见于贵信:《古代罗马史》,吉林大学出版社1988年版,第176—177页。

从地域还是从所代表的社会阶层来看,它代表的范围都比以前扩大了。

第三,在改革中具有重大意义的是他的调整行省管理制度的措施。他颁布了新的严厉惩治贪赃枉法的行省官员的法令,并使各地的自治市有一定的自治权力。

第四,改革税收制度,规定国家征收直接税。

第五,为了便于对罗马所有领土实行统治,恺撒采用一种新的单一的金币制。

这些措施不仅有利于整个罗马国家奴隶主阶级的联合,而且削弱了元老贵族的势力,提高了行省的地位,促进了经济的发展。经过恺撒的改革,由一小部分元老贵族操纵的狭隘的城邦共和国,被基础比较广泛的恺撒帝国所取代了。但是,恺撒的独裁统治和改革措施却遭到一小部分元老贵族的强烈反对,其代表人物是布鲁图斯和卡西乌斯,他们怀念旧的城邦共和国,视恺撒为暴君、共和国的颠覆者。公元前44年3月15日,他们在元老议事厅刺杀了恺撒。

恺撒被刺杀,恺撒的事业中断,没能形成一种完整的制度。而授予他各种权力的做法虽然超过了宪政的限度,但仍然是根据罗马宪制的规则进行的,恺撒的事业是受一种君权观念指导的,并且是朝着专制君主制的方向发展。共和国宪制在当时不再具有内在的力量,三头同盟表明:如果在这些最有实力的人物之间实现停战或者达成协议,国家就被他们所控制了。

恺撒被杀后,罗马国家陷入没落,恺撒的养子屋大维利用恺撒的声望壮大实力,通过一些事变,在公元前43年与安东尼和雷必多组成了"三头同盟"。这个三头同盟获得了一项法律的认可,即《关于设立国家三个首脑的梯蒂法》,该法律确认了这种非常官职的合法性,并授予其为期五年的无限权力。公元前37年,这个三头同盟再次获得确认。但是,屋大维和安东尼之间的矛盾在得到多次缓解后最终激化,最后安东尼于公元前32年退出三头同盟,于是内战爆发,屋大维于公元前31年获得胜利。随着这一事件的出现,元首制①诞生了。

第四节 元首制时期的罗马宪制

一、屋大维的元首政治②

……在我第六任和第七任期内(公元前28—前27年),在我平息内战之后,由于大家同意授予我绝对权力,我辞去行使的权力,并把权力交还元老院和罗马人民。根据元老院法令,赋予我奥古斯都的称号作为奖赏。从那时起,我的权力超过所有的人,但是我的法定权力从未超过其他每个行政官员、我的同事的权力……

——屋大维

公元前27年1月13日在元老院会上发生了向宪制正常化转变的重要事件,屋大维辞去了非常权力,将权力交还给元老院和民众。这种非常权力使得国家事务完全由屋大维掌管,现在屋大维又将它交给国家的宪政机构主持。屋大维的这一行为在当时表现为对共和国宪制的恢复。在放弃权力之后,他在以后几年中所担任的执政官职务继续作为其权力的法律基础。他承认,他不享有任何超过其他执政官的权力,只是因其拥有准可权,而处于优于其他人的地位。公元前27年1月16日,元老院正式授予屋大维"奥古斯都"的称号。

奥古斯都在被承认为君主之后,于公元前23年向前迈出了导致

---

① 传统的译法即"元首制"(principate)是比较恰当的翻译,既体现了屋大维及其继承人的特殊权威,也反映了由于浓重共和国制度残余的存在,这一时期罗马的政体不同于典型的君主制。《罗马法史》的译者译成"君主制"是不准确的。参见彭小瑜:《古代罗马宪法制度及其汉译问题——从〈罗马法史〉的翻译谈起》,载《北大法律评论》第3卷第2辑,法律出版社2000年版,第320页。

② 英国学者巴里·尼古拉斯认为元首制时期的罗马宪政是所谓"两头政治",即政治权力为皇帝和元老院瓜分。参见〔英〕巴里·尼古拉斯:《罗马法概论》,黄风译,法律出版社2000年版,第10页。

新制度确立的重要一步。奥古斯都放弃了执政官的职位,并且被授予终身保民官的权力、出席元老院会议的权利、随时可同元老院协商问题的权利、高于行省执政官治权的权力和无限权即不受城邦范围限制的权力,因而其权力范围涉及罗马、意大利和各行省,这种权力一旦授予则终身享有。

总而言之,在公元前23年,随着对执政官职位的放弃,出现了将上述两种权力集于君主一身的完整结合:保民官权力和行省执政官治权逐渐成为君主权力的两根支柱。随着奥古斯都对执政官职权的放弃和拒绝,君主逐渐脱离了共和国宪制的官职。君主凌驾于共和国宪制之上,他的地位开始以权力授予为法律上的依据。国家的权力集中在奥古斯都一个人手里,这标志着元首制的确立。奥古斯都拥有保民官权力而不是保民官,因而保民官对他不能行使否决权;他拥有行省执政官治权却不是行省执政官。围绕着这些基本权力,君主个人还拥有一系列权力,如宣战权、媾和权等。

屋大维的元首政治是在共和制外衣掩盖下的君主专制,"元首制是用共和制的词汇修饰起来的君主制"①。军队听命于元首个人,元老院和民众大会形同虚设,元首的意志高于一切,宗教式的个人神化和世袭制都说明了奥古斯都元首政治的君主制实质。但是,君主制的实质体现了公元前2世纪以来罗马历史发展的必然趋势。屋大维在罗马历史上起了承前启后的伟大作用。作为一种政治制度,他所确立的元首政治保证了"罗马和平",为罗马奴隶制社会的发展创造了条件。

罗斯托夫采夫这样论述罗马帝国的社会性质:"在所有城市之上,有一个强有力的中央政府,它执掌国家大事——外交、军事、国家财政。这个中央政府的首脑就是皇帝,他是居于首位的统治者,是元首,是领导者。他的代理人,有文职的,也有武职的,都以他的名义行使职权。……它是一个专制的君主政府,不过因为把某些特权赐予了罗马公民的上层阶级,同时因为各城市有自治之权,所以专制的程

---

① 郭圣铭:《世界文明史纲要》,上海译文出版社1984年版,第360页。

度有所限制。……罗马帝国与现代同类型国家的区别就在于:罗马帝国的中央政府既不是由帝国中有政治权的国民选举出来的,也不受他们的控制。……这个中央政府好像是一个独立的单位,……不过这个城市(罗马城)现在已经成为世界的霸主了。"①

二、官制②

在共和国官制中受君主制打击最大的是执政官职位,君主包罗万象的权力实际上将这一最高官职架空了。为了增加更多的曾经担任过执政官的人,执政官任期缩短,先是缩短到6个月,后来又减至4个月,随着"非常审判程序"的发展,某些新的司法职能被授予了执政官。担任过执政官的人保留着有关担任行省执政官和进入元老院的权力,并且还有可能取得新官制中的一些高级职位。

裁判官在司法和刑事司法中仍保留着其基本职能,但是在刑事司法中其职能随着"常设刑事法庭"的没落而逐渐衰退。在恺撒时代,裁判官的数目增加到16人。在奥古斯都及其继承人执政时,则在8人和16人之间浮动。在克劳迪时代上升为18人。另外,同"非常审判程序"相关的职能也被授予裁判官。在共和国末期,监察官的职位也走向衰弱。他们的一些职权被君主篡夺,有时候君主也取得监察官的称号,这个官职被君主制吸收了。而保民官仍然保留着召集和主持元老院会议的权力、否决权和罚金权。营造官(市政官)则继续保持着其有限的司法管辖权和科处罚款的权力,但是他们丧失了自己的行政职权,这些职权被皇帝的官员获得。基层执法官因地位低下而继续存在。

在君主及其权力诞生之时,君主制要求形成一套相关的组织。这时候,一方面早期的官制不断走向衰弱;另一方面出现了一系列新的官职,它们具有明显区别于共和国官制的特点。这个新官僚组织以君

---

① 〔美〕罗斯托夫采夫:《罗马帝国社会经济史》,马雍、厉以宁译,商务印书馆1986年版,第196—201页。
② 参见〔意〕朱塞佩·格罗索:《罗马法史》,黄风译,中国政法大学出版社1994年版,第323页。

主的整个权力为中心。所有人员从君主那里取得其职能、权限和权力,并以君主的名义或者受其委托开展活动。

为迅速办理一些同行使皇权有关的复杂的任务和工作,需要设置一些特别的官职,这类官员首先被看做是君主的私人属员,在君主的个人活动范围内发挥作用,因而这些职位从一开始就是由被君主解放的奴隶担任。

使这些皇帝官员区别于执法官的基本特点是:他们的任期是不确定的;他们获取报酬;他们的权限有特殊的依据,被理解为君主的受托人和代表,而不像共和国官职那样是原本官职。在各种属于皇帝的长官中级别最高的是大区长官,他的最初职能是军事性的。由于军事权力与民事权力的密切关系,他们也取得了更广泛地行使权力的资格,尤其是在意大利的刑事司法权,并可作为皇帝的代表担任审理上诉案件的法官。在3世纪,一些杰出的法学家被任命担任此官职。其他长官涉及罗马的行政管理。

从提比略开始,城市行政长官成为一种固定的官职,是一种皇帝官员的职位。他在城邦中拥有治安权,在其管辖的范围内也拥有司法权。从骑士中还选出了一名城市治安法官,他负责领导奥古斯都的城市治安部队,主要任务是防火和维护夜间安全,同时也拥有一定的刑事和民事司法权。另外,还出现了一系列为皇帝提供文秘服务的官职,如书信吏、诉文吏、调查吏、档案吏、管账吏等。同时,还有君主选拔的经元老院同意并且本身必须是元老院议员的官职,这种职位主要是为了完善共和国的管理工作。此外,有一个君主顾问委员会作为皇帝的常设法律咨询机构。

三、元老院[①]

元老院是在元首制中仍然保持着显要地位的宪制机构,元老院仍然被视为皇帝权力的根源,这仅仅因为就理论而言,皇帝的权力是

---

① 参见〔意〕朱塞佩·格罗索:《罗马法史》,黄风译,中国政法大学出版社1994年版,第328页。

由元老院授予的,但是元老院的活动实质上也处于君主的提示和指导之下,实际上元老院在国家生活中只占次要的地位,只是帝国的高等法院和议会而已。

"元老院实际上是皇帝的喉舌"①。根据有关规定,元老院成员多为前执法官。对这些人的推选必须注意到君主通过推荐而施加的影响。此外,君主还可以通过挑选将各种各样的前执法官塞进元老院。进入元老院,需拥有一百万塞斯退斯的财产。那些在共和国发展的顶峰时期元老院所拥有的基本权力,在君主制中已经大部分丧失,因为它们被君主的权力吸收了。同时,元老院丧失了在对外政策方面的领导权,缔结条约的权利、宣战与媾和的权利转归君主所有。但元老院仍保留着与金库有关的财政管理权。在对金库的管理中,两名由君主任命的国家金库长官(任期三年)取代了财政官。

在元老院的大部分职权被君主攫取的同时,它也从民众会议那里攫取了一些职权,除了立法权能以外,在选举权以及司法权等方面也大行干预之权。但是,这些权能也受到君主提议的限制。

四、民众会议②

在奥古斯都时代,民众会议仍具有生命力。然而,其司法方面的职能随着刑事法庭程序的发展而丧失殆尽(奥古斯都推进了这一进程)。但民众会议的立法活动仍然很频繁,这些立法是由奥古斯都根据其保民官权力而提出的。另外,还有一些他让执政官提交的法律。在提比略、卡尼古拉和克劳迪时代,法律逐渐减少。克劳迪之后,除了在内尔瓦时代出现过短暂的复兴外,人们不再对法律进行表决。

至于对执法官的选拔,在提比略时代,即在奥古斯都刚刚去世之后,首次开始由元老院而不是由民众会议进行。不过,由元老院选拔执法官,要以君主的推荐为限,而且这种推荐在一定程度上具有约束

---

① 〔英〕巴里·尼古拉斯:《罗马法概论》,黄风译,法律出版社2000年版,第10页。
② 参见〔意〕朱塞佩·格罗索:《罗马法史》,黄风译,中国政法大学出版社1994年版,第324页。

力,但具有约束力的推荐只适用于一部分官员的任命。对执政官和裁判官候选人的选拔在公元5年就交由元老院议员和骑士共同参加的选举大会进行,当时这种大会由10个百人团组成,到了公元19年则发展到15个百人团。

君主制在涉及一系列权力、职能和服务(比如各种各样的公共工程等)的政治和行政组织的发展中得到确立和发展;这种组织保留下来的古老宪制凋谢了,而直接负责行政管理的君主却处于凌驾于其上的地位,早期结构所保留的组织也被置于君主之下。

奥古斯都的出现,被认为是和平的恢复,罗斯托夫采夫说:"内战时期是罗马国民几乎人人都遭受大苦难的时期。……许多人不论贫富都丧失了自己的财产,领袖们把这些财产拍卖来充实他们空虚的府库,或分给打了胜仗的兵士。经济情况一直没有稳定过。每一个人都有朝不保夕之虞。意大利的人心是完全动荡不安的,这里有一个需要,也只有一个需要,那就是和平。……奥古斯都对于帝国国民普遍存在的心理了解的很清楚。……每个人都愿意承认奥古斯都和他的统治,只要他能恢复和平和安宁。"[1]它标志着危机和动荡时期的结束,奥古斯都的出现又说明罗马所取得的统治权在社会结构中得到了巩固。罗马政治的发展在君主制中得到了自己定型的制度。奥古斯都试图恢复的正是这个民族的传统、习俗和信仰。而君主作为最高调控者和统治者,他所取得的地位在各行省直接表现为秩序和正义的要素,他结束了不公正的剥削时代,建立起一个良好的行政管理制度。

第五节 帝国时期的罗马宪制

一、帝国时期宪制概述

2世纪末到3世纪,罗马帝国发生的社会危机,历史上称为3世

---

[1] 〔美〕罗斯托夫采夫:《罗马帝国社会经济史》,马雍、厉以宁译,商务印书馆1986年版,第51页。

纪危机,具体是指从安敦尼王朝最后一个皇帝康茂德在192年被杀到284年戴克里先登上皇位,大约一百年间所出现的社会危机局面。在3世纪,帝国权威的观念改变了。公元初的两个世纪,罗马统治者虽然被元老院和罗马公民赋予统治帝国的特殊权力,但是他的统治一直需要经过他的臣民同意。

3世纪是罗马帝国激变的时期,表现为农业萎缩、商业萧条、城市衰弱、财政枯竭、政治混乱、内战不断发生,帝国政府全面瘫痪。285年,戴克里先获得政权进入晚期帝国时期,标志着危机的暂时缓解。这时罗马皇帝已不再称为元首而改称为君主(Dominus),政权形态称为"君主制"(Dominatio),也称多米那特制。君主制是帝国奴隶主专政的进一步发展。

在戴克里先统治时期,罗马国家制度完成了从元首政治向公开的君主政体的转化过程。戴克里先最终建立了多米那特制而抛弃了普林西斯制。在前一种制度下,最高统治者理论上不是君主而是第一元老和第一公民。只有戴克里先不加掩饰地与旧传统公然决裂。在他的制度下,最高统治者称"多米努斯"(主人、统治者)。这个称号本身说明了他同帝国全体居民的关系是主仆、君臣关系。

罗马皇帝也像东方的君主一样被认为是神的代表,人们必须对他履行崇拜仪式,所有觐见皇帝的人都要屈膝跪拜。恶劣的国内外形势使他想出"四帝共治制"这样的方案。这是他实行分权统治的一种新发展。他确立帝位后不久就任命他的一位将领马克西米努斯为共治者,称为"恺撒",次年又提升为"奥古斯都"。293年"奥古斯都"每人又再给自己任命一位"恺撒"。戴克里先选择枷列里乌斯为"恺撒",马克西米努斯以君士坦乌斯为"恺撒"。这样就形成了"四帝共治制"所有法令以四个统治者的名义发布的制度。

二、官制

新的国家以对官职的全新划分为特点,通过设置中央官职维护皇帝的首脑地位,一切权力均属于皇帝并且来自于皇帝。富有特色的是存在军事官职与民事官职之分。

三、元老院

元老院在帝国中仍然是最高等级,但它已经不是具有重大政治影响的国家机构了,而在戴克里先时代之前,它还保有某种程度的影响,直到普罗布斯为止的历任皇帝当选,形式上都要经过元老院的批准。至帝国时期,具有全国性意义的政治问题已经不再交由元老院讨论。它只限于处理有关竞技表演和元老们的义务等问题,而且它的所有决定必须经皇帝批准。这一时期还存在传统行政长官职务,如行政官和执政官等,不过都是荣誉称号。全部政权已经集中到皇帝及其宫廷手中。

第六节 罗马宪制总结

罗马共和国的全名叫 Senatus Populusque Romanus,意思是元老院和罗马人民。从理论上说,罗马人民是主体,高级官吏代表人民行使职权,而元老院只是高级官吏的咨询机构。在罗马共和国晚期,由于军事上的节节胜利,当时的罗马已经由一个狭小的城邦发展成为包括整个地中海地区的奴隶制大国。但是领导这个大国的还是过去的那个元老院,而它只代表贵族阶层的利益,而且在共和国内享有公民权的只限于罗马城内的自由民,海外属地和行省的居民都没有公民权,就连意大利的许多城市和地区的奴隶主和自由民也没有罗马公民权。

这就是说,共和国制度只及于罗马公民,这样的结果使罗马的统治者越来越孤立。罗马的共和制度必然遭到罗马以外的奴隶主和自由民的反对,而城内的骑士和平民也反对元老院的狭隘政权,这种制度无法团结整个奴隶主阶级,这给奴隶制国家的巩固和发展带来了很大的威胁。整个奴隶主阶级都需要国家政权保障自己的利益,需要一个能代表全体奴隶主阶级的强有力的政权,于是罗马帝制建立了。

从经济上说,城邦制度是不发达的奴隶制经济和发达的小生产经济相结合的产物。但是随着奴隶制经济的迅速发展,富有的罗马人把小生产者从他们的土地上赶走,并从国家那里租用在占领半岛期间没收的大片公共土地,这样就形成了大庄园。这种行业并不需要太多的知识、技术或者精力,只需监工和一些奴隶运作便可以获利,这就取代了乡村独立的小生产者。许多被剥夺土地的小生产者来到罗马,他们聚集在城郊有多层房间的肮脏贫民区里,靠着为贫民发放的资助粮以及其他一些福利津贴苟延残喘。经济危机的原因在于奴隶制度和劳动力短缺。罗马文明建立在城邦基础上,城邦则在很大程度上依靠奴隶生产的剩余劳动产品而存在。

但奴隶承担的劳动过于繁重,以致通常无法通过繁衍后代来补充奴隶队伍。到图拉真时期,罗马一直靠战争的胜利和新的征服来提供新的奴隶来源,藉此维系奴隶制度,但以后的经济发展开始消耗更多的人力资源。乡村生产出的可供应城市的剩余产品越来越少。罗马没有依靠技术缓解紧张的局面,这也应归咎于奴隶制。后来西方历史上农业剩余产品都是靠技术进步取得的,但罗马的奴隶主们对此却毫不关心,只要有奴隶为他们干活,他们就不会对劳动技术感兴趣,他们还认为,对这种技术的重视是卑贱低下的标志。

劳动力短缺使罗马的经济问题进一步恶化。随着对外征服和奴隶制的衰落,罗马迫切要求将人们固定在土地上,但由于持续不断的蛮族入侵压力,又要求有足够的军队抵御入侵,同时2世纪和3世纪的瘟疫又使罗马人口大量减少。结果是既没有足够的劳力种田也没有足够的兵源。因此,罗马开始在军事战场上失利。随着小商品经济的迅速破产和日益频繁的对外侵略,城邦制度终于崩溃了。从阶级关系上说,城邦制度是平民阶层、贵族阶层相互斗争、平衡的结果。阶级关系和统治阶级内部关系的大大改变也使城邦制度崩溃。这一切使得第一领袖的地位大大提高,最终第一领袖凌驾于其他领袖之上,如苏拉、恺撒、屋大维等。

"新帝国唯一缺失的、至少现代世界视为关键的制度是关于王位继承的制度;在和平时期,继承一般遵循前一任君主的意愿;但是,这本身就是一种易于引发争议的制度,它也是罗马革命的起因所在,它一直诱惑着军事统帅以金钱为许诺让士兵宣称并推举他们做绝对统治者(imperator)。""这种意义上的王位纠纷就是公元3世纪罗马内战不止的原因所在,而且它和其他因素一道促成了西罗马帝国衰落及被北方民族击败的命运。"①

元首制时期,罗马宪政最明显的政治缺陷是缺乏明确的继承法,尤其是在统治者突然去世时无法确定由谁继承他的职位。在罗马帝国,这样的结局往往是内战。公元235到284年的战争就证明了这一点。如果统治不得人心,改变这种状况的唯一手段就是推翻现有统治。除了这些问题外,帝国时代罗马的最大政治缺陷就在于没有让代表广泛的各阶层人民参与到政府中来。帝国的大多数居民是根本不参与政权的臣民。效忠罗马是帝国运转所必需的,但当考验来临时,这种效忠却不存在。

帝国建立以后,职业军队合法化,成了正式的常备军,无业游民成了军队的主干。"二世纪末期的罗马军队虽说仍然由罗马人组成,但指的只是罗马帝国的居民而已,比起过去却越来越野蛮,越来越不能代表有文化的居民了。除了军官和军吏之外,军队的精神已经不是居民各阶层的精神而几乎完全是乡村各阶级的精神了。"②"三世纪内战的真正意义就是这样。军队向特权阶级开火,并且一直要打到使这些阶级丧失其一切社会威望、精疲力竭的僵卧在半蛮族化的军队的脚下才肯罢休。"③对于普通士兵来说,比起他们微薄的工资,分享战利品是一种更重要的收入来源。藉此,慷慨的指挥官可使其兵团战士在与那些承认"罗马元老院和平民院"的人的斗争中忠实于他。这样就奠定了罗马共和国最终倾覆的基础。

缺乏公民理想是罗马灭亡的另一个重要原因。同时,希腊哲学特别是伊壁鸠鲁哲学的盛行,冲垮了人们对集体主义与城邦的忠诚。

---

① 〔爱尔兰〕J. M. 凯利:《西方法律思想简史》,王笑红译,法律出版社2003年版,第43—44页。
② 〔美〕罗斯托夫采夫:《罗马帝国社会经济史》,马雍、厉以宁译,商务印书馆1986年版,第187页。
③ 同上书,第677页。

"希腊文化的引进以及传统准则的丧失都发生的太突然了,道德沦丧开始了并促使个人权力与野心的增长并引发了内战。"①对于罗马在其早期取得的繁荣,中国学者郭圣铭认为:"罗马公民都有一种公民意识,有一种作为国家主人翁的责任心和自豪感,忠勇爱国,人人争先为国效力,这就汇成一股强大的力量,虽屡经挫折,终能克敌制胜。罗马之所以能够由一个小小的城邦统一意大利半岛,进而征服整个地中海世界并将之凝聚为一个庞大帝国,其根本原因即在于此!"②城邦是自由的保障,为城邦而死实际上就是为自身的自由而死,这种英雄气概,如同伯里克利所说:"是从我们的生活方式中自然产生的,而不是国家法律规定的。"③城邦民主共和政制是培育英雄主义的基础,罗马人的爱国精神就是在这种政治文化的长期氛围中积淀下来的。

3世纪的罗马帝国无法依靠人们所共同拥有的公民理想。那时旧的共和制传统已被抛弃,地区间的分歧、公共教育的缺乏以及社会的分化进一步阻碍了任何统一的公益精神的形成。后来产生的理想不是公民理想而是基督教的理想。最终的事实是罗马在一群缺乏公民理想的人的唏嘘声中走到了终点。恩格斯说:"税捐、国家的差役和各种代役租使人民大众日益陷入穷困的深渊;地方官、收税官以及兵士的勒索,更使压迫加重到使人不能忍受的地步。……普遍的贫困化,商业、手工业和艺术的衰落,人口的减少,都市的衰败,农业退回到更低的水平——这就是罗马人的世界统治的最终结果。"④

第七节 波利比阿和西塞罗的宪政思想

在公元前3世纪前,罗马作为一个城邦共和国与希腊城邦是平

---

① 〔英〕巴里·尼古拉斯:《罗马法概论》,黄风译,法律出版社2000年版,第8页。
② 郭圣铭:《世界文明史纲要》,上海译文出版社1984年版,第272页。
③ 〔古希腊〕修昔底德:《伯罗奔尼撒战争史》上册,谢德风译,商务印书馆1960年版,第132页。
④ 《马克思恩格斯全集》第21卷,人民出版社1965年版,第168—169页。

行发展的。希腊的文化对罗马曾经产生过一定的影响,但罗马的宪政制度却是罗马人在自己的政治实践中不断总结逐渐发展起来的。罗马人创造了伟大的政治体制但却不擅长于理论阐释,直到公元前2世纪与希腊文化接触以前,罗马人并没有自己的政治理论。

在罗马人征服希腊之后,希腊发达的文化开始征服罗马人,在罗马文化与希腊文化的相互交融中,发达的罗马政治文明与希腊的政治哲学交汇在一起,罗马人接过希腊人的政治学发展的接力棒,从此西方政治学进入了一个新的发展阶段。开创由希腊政治学向罗马政治学转折点的代表人物是两位杰出的政治思想家:一个是希腊人波利比阿;另一个是罗马人西塞罗。

一、波利比阿的宪政思想

> 波利比厄斯从两个方面修改了长时期常见的那个古老的混合政体的理论。第一,他把纯粹形式的统治机构会蜕化变质的倾向说成是历史规律,但他的循环理论却是根据希腊的经验提出的,根本不适于发展罗马体制。第二,他的混合形式的政府并不像亚里士多德所说的那样,是社会各阶级之间的平衡,而是各派政治力量之间的平衡。这里他可能援引了罗马的同僚制的法律原则,即任何一位高级官吏都可以提出否决以阻止任何其他具有同等或较小的高级官吏所采取的行动。这样,波利比厄斯就使混合形式的政府具有抑制与均衡的制度形式,这种形式也就是后来为孟德斯鸠和美国宪法的起草者所接受的形式。
>
> ——〔美〕萨拜因[①]

波利比阿(Polybius,也译为"波利比厄斯",约公元前200年—前118年),是西方宪政主义史上率先明确解证分权与制衡宪政原则的政治思想家。波利比阿是希腊人,在第三次马其顿战争期间任希腊联军的骑兵长官。希腊联军战败后,他被派到意大利做人质。

[①]〔美〕萨拜因:《政治学说史》上册,盛葵阳、崔妙因译,商务印书馆1986年版,第126页。

从公元前 168 到前 151 年间,他为罗马著名的斯奇比奥家族做家庭教师,在此期间,他以希腊学者特有的理智思考了一个重要的问题:罗马人怎样和借助于什么特殊的政治制度在短短不到 53 年的时间里几乎征服和统治了全世界?带着这个问题,他在罗马进行了广泛的实地考察,并借助于斯奇比奥家族的庇护查阅了大量历史文献和档案资料,写下了名著《历史》。波利比阿的宪政思想集中体现在未能完整保留下来的《罗马帝国的兴起》(The Rise of Roman Empire)(40卷)中。

在他看来,罗马人成功的原因应到他们的政治制度中去寻找。一切事务成败的首要原因是国家制度的形式。国家制度是所有设想和行动计划的源泉,也是其得以实现的保证。所以,他特别重视对政治史的研究。他甚至称自己的《历史》一书为《政治史》。波利比阿运用希腊人特有的理性思维和政治哲学知识对罗马政治制度首次进行了考察分析。他的理论使罗马共和制度得到系统的理论说明。波利比阿认为罗马人成功的秘密在于罗马政治制度的优越性,在于它是一种混合政体。在罗马的共和国内有三种形式的政治力量汇合在一起,即贵族、王政和民主政治,每一种力量都非常平等,恰如其分,三种力量都尽力协助国家,甚至在罗马人中谁也不能断言,罗马究竟是贵族政治、王政还是民主政治。

波利比阿以希腊传统的政体循环理论为基础,指出:所有纯粹的统治形式或简单的政体形式都会以特定的方式蜕化变质。他将六种政体描述为一个前后相继依次蜕变和更替的过程,即君主政体——暴君政体——贵族政体——寡头政体——民主政体——暴民政体。它们形成一个闭和的更替圆圈,循环不已。而罗马人之所以能够跳出这个被动的循环,是因为他们将君主制、贵族制和民主制的因素混合,使这三种因素得到"精确的调整并处于恰好平衡的状态",从而避免了自发的衰败倾向,保证了国家的昌盛。

波利比阿指出:如果人们只注意执政官的权力,那么罗马国家就完全是君主制政体,如果人们只注意元老院的权力,它又完全是贵族政体,而如果只注意民众的权力,它显然又是民主政体。也就是说,罗马国家包含了这三种政体的要素。① 罗马人的政治智慧在于,他们使这三种权力既互相牵制又互相支持与合作,从而实现了相互间的制约与平衡,不使其中任何一种力量过于强大。

三种因素或力量中,任何一个都不是绝对的,如果其中一个要打破与其他部分的平衡,就会遭到另两种力量的反对。任何侵权的冲动必然会被阻止,每一方都不敢轻举妄动。波利比阿以他的观察为依据,分别论述了执政官、元老院和人民的权力及其关系。他总结说:权力就是这样的,每个部分钳制其他部分又与之合作。在所有紧急情况下,它们的联合又是非常适当的。所以,难以发现比这更好的政治制度了。

这种混合政体集君主制、贵族制和民主制的优点于一身,又不使其中任何一个原则过分的膨胀从而成为自己的对立面。因此这个政体能够保持较长时间的均衡状态。混合政体的思想在希腊政治思想中已经为人们所熟悉,柏拉图在《法律篇》就已经设计了君主制、贵族制和民主制相混合的政体形式,亚里士多德也把民主政体与寡头政体相混合的政体作为理想政体。但是,波利比阿使用混合政体概念,不仅包括希腊人常说的各种社会集团和力量之间的混合与平衡,还包括各种不同性质的政治权力的混合与平衡。特别是后者,即国家权力体系各组成部分和机构之间的制约与平衡,是波利比阿的独特发现。这种制约与平衡才是罗马共和体制的本质特征。不过它还

---

① 波利比阿将执政官制度比拟为君主制,这是有争议的。The relevant passages are contained in app. 1 of Kurt von Fritz, The Theory of the Mixed Constitution in Antiquity. This will be referred to heheafter as von Fritz (1975). The concluding chapter of von Fritz's book contains a good discussion of Polybius's political theory in comparison to Hobbes' sdotrine of sovereignty; plus some penetrating observations on the difference between the classical concept of mixed government and the modern theory of checks and balances. Walbank (1957) is a detailed analysis of the sixth book of Polybius's History. "执政官"一词来源于动词 consulere 即"咨询"。因此,在罗马共和国早期把 consul 作为最高行政长官的标号说明了其完全不同于君主的作用。而 Brunt 为波利比阿进行了辩护,他认为除罗马外,作为行省总督或者军事统帅的执政官的至上权是不受限制的,但是这并没有说明罗马自身是如何被统治的问题。See P. A. Brunt, The Roman Mob. Ⅲ: Past and Present, 1966, pp. 3 - 27; *Social Conflicts in the Roman Republic*, New York: Norton, 1971; *The Fall of the Roman Republic and Related Essays*, Oxford: Clarendon Press, 1988. 转引自〔美〕司科特·戈登:《控制国家——西方宪政的历史》,应奇等译,江苏人民出版社 2001 年版,第 376 页。

不是三权分立学说,波利比阿还没有近代那种立法、行政和司法权的概念。

波利比阿提出的分权和制约平衡原则经过西塞罗的阐释,成为西方政治传统的重要组成部分。直到英国的光荣革命,洛克发展了波利比阿的思想,阐述了一套近代型的分权学说,18世纪的孟德斯鸠则进一步发展为三权分立互相制衡的学说,成为近代资本主义国家普遍采纳的宪法原则。

二、西塞罗的宪政思想

> 如果人民维护他们的权利,他们就会说没有任何政府形式在自由或幸福上更高一等,因为他们才是法律和法庭的主人,战争与和平的主人,国与国之间的协议的主人,每个公民的生命和财产的主人;只有这种政府才能被正确的称之为国家即人民的财产。
> ——西塞罗

西塞罗(Cicero,公元前106年—前43年),是罗马共和国末期的政治家和政治思想家。他出身于骑士家庭,曾担任过财务官和执政官以及行省长官等要职。西塞罗生活在共和国末期,当时正处于共和国向帝国转变时期。作为一个政治家,他坚决捍卫共和传统,并同日益增长的专制倾向作不妥协的斗争,但最终他本人成为共和国的殉道者。然而,他的宪政思想对后世的影响却是深远的。

西塞罗信奉斯多葛学派的学说,在维护共和反对独裁的斗争中,他对罗马共和国的实践和精神进行了深入的思考和理论上的总结。他的理论贡献包含两个方面:一方面是将希腊哲学特别是斯多葛学派的政治哲学介绍到罗马;另一方面是对罗马共和制度从理论上予以总结。这些思想主要包含在《论共和国》、《论法律》两书中。[①] 罗

[①] P. A. Brunt 认为,西塞罗在理论上将君主制看做是最好的政体类型,但是在实践中却认为它存在某些缺陷。"因此,他偏好混合的要不就是平衡的体系……其中罗马……是一个典范。"See P. A. Brunt, *The Fall of the Roman Republic and Related Essays*, Oxford: Clarendon Press, 1988. 转引自〔美〕司科特·戈登:《控制国家——西方宪政的历史》,应奇等译,江苏人民出版社2001年版,第377页。

马国家与希腊城邦不同。特别是到西塞罗的时代，罗马国家内部的社会结构和政治体制也与希腊城邦不同。波利比阿只是从一个史学家的角度探讨了罗马政治制度的优越性，而西塞罗则第一个以政治哲学家的身份试图对罗马国家的实质进行探讨，依据罗马共和国的传统来重新定义国家。

他给国家下了一个著名的定义："国家是人民的事业。"他说："国家乃人民之事业。但人民不是人们某种随意聚合的集合体，而是许多人基于法的一致和利益的共同而结合起来的集合体。"①所谓"国家是人民的事业"，就是国家属于人民，为人民所有。所以，"共和国"这一名称的本来含义就是属于人民的国家。在罗马王政末期，王事实上成了人民的主人，支配着人民的命运，而人民在推翻王权专制以后，自己成了国家的主人，把国家掌握在自己的手中，国家从此成了人民集体的事务或共同财产，所以称为"共和国"。

西塞罗在阐释国家起源的同时，也解说了共和国的特性。他认为国家是一个道德的集合体，为共同拥有这个国家与法律的人的结合体，因而他称 res publica 是人民的事业，人民并不是以任何方式相互联系的任何人的集团，而是集合在一处的相当数量的这样的人，他们因有关法律和权利的一个共同协定以及参与互利行动的愿望而结合在一起。

由此可见，共和国的特性包括：作为人民的集合，共和国的力量来源于人民，因此权力属于人民；共和国是尊重人民权利的法治国，体现人民福祉的法律是其基础性的构成要素；共和国成立的正当目标或根本义务，是服务于道德正义与人民物质利益；共和国基于契约而立，决无暴君存在的余地，"在暴君统治的地方，国家形同虚设"。

正是基于理想共和国要素的现实主义诠释与求索，西塞罗展开了真正的法律和良宪政制的深入考察。西塞罗的国家概念突破了古希腊城邦概念的狭隘界限。他不再把国家理解为狭小的公民自治团

---

① 〔古罗马〕西塞罗：《论共和国》，王焕生译，中国政法大学出版社1997年版，第39页。

体,而是理解为"人民的联合体"。这个概念反映了罗马共和国的特征。关于政体形式,西塞罗没有什么独创,他重复了波利比阿的政体循环思想,并肯定了混合政体的主张。在他看来,三种单一政体结合而成的适中的"平衡政体"①才是最好的政体。

这种政体的优点在于:第一,它具有一定的公平性,如果缺少它,自由的人民是难以长时间接受的;第二,它具有稳定性。简单的政体很容易蜕变为其反面的政体,国王变成主宰,贵族变成阴谋集团,人民变为乌合之众。而这种变化在混合政体特别是平衡的政体中却不易发生。

西塞罗发挥了斯多葛学派的自然法原理,使之应用于共和国的法律实践。他写道:"在讨论特殊的法律之前,让我们再研究一下什么是一般意义的法的力量与性质。""真正的法律是与自然相一致的正确的理性之反映;它普遍的适用于所有人并且恒久不易。它的要求成为人们的义务;它的禁令防范人们为恶。"

西塞罗在论述自然法的过程中,非常明确地区分了"法"与成文法,并分别赋予法以自然法意味和成文法以现实立法的代名词。同时,为各国制定坏的和非正义的成文法的人,是违背诺言和契约的,他们所实施的东西也就根本不是法。西塞罗在此深化了法律的伦理价值要素与相应的类型分析,拓展了西方的自然主义宪政传统。

---

① Finner 说,罗马共和国随着时间的推移,建设了多种设施来防止至上权落在一个人或一个集团手中,罗马人做到的就是发明了制衡的设施。See S. E. Finner, *The History of Government from the Earliest Times*, Oxford University Press, 1997. 转引自〔美〕司科特·戈登:《控制国家——西方宪政的历史》,应奇等译,江苏人民出版社 2001 年版,第 377 页。

第三章

中世纪的宪政传统

第一节 罗马的衰败与中世纪的开始

公元 3 世纪左右,罗马帝国盛极而衰。与以往的看法不同,与其说日耳曼人的入侵是帝国衰败的原因,倒不如说是帝国衰败的结果,此后导致的是进一步的衰败。帝国退缩到东部,依靠东方式的统治维持稳定和秩序,而在西部,社会则陷入无政府的状态。查理曼的理想是恢复帝国的荣耀,但实际上这项工作并不成功。

弱者对秩序和安全的需求变得越来越迫切,他们需要强者的保护,而强者也需要弱者的支持。人们进入一种较无序状态更为紧密的等级结构。在中世纪,等级乃是正常状态,所谓的自由也只是等级下的自由,并不存在近代意义上的个人自由,人们必须首先保证安全。封建主义由此具有了存在的合理性。

封建主义不仅是一种政治法律结构,同时也是一种经济形态。罗马时代的大庄园和隶农得到了某种程度的继承。中世纪在本质上是一种农业社会,经济上自给自足,所有的日常用品基本上依赖于本地生产而不是商业贸易。通常,领主的住宅或城堡(或者是修道院)位于庄园的中心位置,周围是农地、树林、池塘等等。居住在庄园的农奴或佃农需要在领主的保留地上工作一定时间,缴纳一些产品,由此获得领主的保护。领主本人也许并不像想象中那样蛮横无理、养尊处优,有时一些小领主自己也不得不参加劳动,而领主对于农奴的态度也并不是一种出于追求利润目的的压迫,当时的状况首先只求自足,对于奢侈的消费品并不像罗马时代那样热衷。

在中世纪初期,商业尽管处于衰落状态,但从未消失过,尤其是在地中海沿岸、法国南部和意大利各城市的商业活动一直颇为频繁。到了中世纪的中后期,商业开始有了普遍的发展。商业的发展得益于商路的开通和货币的流通,在南欧、北海以及波罗的海都存在繁荣的商业,窖藏已久的货币也开始重新投入使用。此外,领主们发现在本地开办集市是个不坏的主意,于是各地的集市大大发展,同时进一步促进了商业和商人阶层的发展,香槟的集市一度名动欧洲,吸引了各地的商人。

另外,城市和市民阶层也开始兴起。商人和市民存在天然的亲近关系,但他们不属于传统的封建等级,他们持有一种近代意义上的自由观念。法国南部和意大利的城市形成了一种城市共和国的态势,西北欧诸城市则产生了城市公社,在德国则有城市同盟。汉萨同盟的势力一度非常强大,甚至同一些中小领主进行战争并且获胜。意大利则产生了众多的银行业家族。各种近代的商业技术开始产生。

中世纪是信仰的时代,也许对于那时候人们的虔敬,现在的人——尤其是缺乏宗教传统的我们——很难理解。那时信仰是同生活结合在一起的,而不是一种特别的活动。教会涉及社会的各种活动,城市、市集往往都诞生于教会所在地,人们在生活中最熟悉的声音可能就是教堂的钟声。所以,必须意识到在中世纪的生活中宗教活动的重要地位,才可以理解同此相关的种种问题。

罗马帝国崩溃之后,中央政府机制不复存在,原先在城市中进行统治的贵族阶层也不再具有势力,城市的管理任务往往由当地的教会负责。在当时的状态下,教会是唯一有效组织起来的机制。教皇制的逐渐形成不能完全归结于教士阶层试图攫取世俗或神事权力,而是具有某种现实合理性。当然,宗教事务同世俗事务也存在比较明显的区分。

不过,尽管有关宗教事务的权力看起来似乎并不具有多少权威,但在当时的状况下,人们对它的服从是很容易理解的。一切有关誓约、婚姻、遗嘱之类的事务都要由教会处理,如果有人不幸遭到绝罚,将会导致可怕的结果,所有的神事活动将会停止,甚至无法进行葬礼。由此我们也就可以理解教皇的巨大权力了。中世纪的历史充斥了教俗两界的斗争和冲突,其中一个重要原因是教会拥有巨大的世俗权力。当然,教士成为封臣也正是许多宗教改革派诟病的对象之一。

此外,在中世纪,教会完全掌握了文化和教育。只有教士接受良好的教育,许多世俗的大贵族乃至国王也都不过是赳赳武夫。因此,在世俗的政府管理过程中,国王和贵族们也不得不依赖教士阶层,尤其是在涉及文件起草的工作上。

中世纪的生活可能不像田园诗人所描绘得那样美好,即使是在大城市中,现代人习以为常的公共设施也恐怕很难找到。罗马城市的供水系统和公共浴室之类并没有保存下来多少,而对于中世纪生活的记忆又因为黑死病的灾难而蒙上了厚重的阴影。

一般的生活在物质方面并没有多少可以骄傲的,相比当时的拜占庭和阿拉伯世界欧洲确实比较黑暗,即便是生活在城堡中的王公贵族也并没有什么值得向往的优渥生活——城堡的军事意义显然更大一些。但是,乡村和城市的生活却并不乏味,人们有各种活动可以参加。当然,中世纪的生活是不自由的,有种种等级限制,下层民众担负着各种义务,他们的生命是脆弱的,容易受到各种环境的影响,如灾荒、疾病、战争等等。

历史的发展可能无法预言,但总是可以加以解释的,从中可寻找过去到现在的种种联系,寻找原因和意义。我们可以认为中世纪的人们缺乏理性,不过那时的人们也不会理解现代人对于上帝的态度。或许中世纪确实是黑暗的,但绝对不是毫无意义的。至于宪政,也许我们的问题类似于韦伯对于资本主义的提问:为什么仅仅是在西欧发展出了我们所赞赏的宪政体系?如果我们承认历史的连续性,那么对于这种宪政史的发展就必须向前追溯,而在这个历程中,恐怕中世纪是一个比较模糊的阶段。这就是以下我们需要加以研究的问题。

第二节 日耳曼社会与宪政

考查西方宪政的历史,在罗马之后我们首先要面对的就是日耳曼社会。从历史的连续性看,这群将森林视为圣地的"野蛮人"同近现代的宪政发展也许并非毫无关系。

一、日耳曼社会概况

对于早期的日耳曼人,由于其蛮族性质,我们所拥有的原始资料不多,比较有意义的资料是恺撒的《高卢战记》和塔西佗的《日耳曼尼亚志》。

一般认为,日耳曼人是北欧人种,属于雅利安或称印欧语系。他们早期的领地可能位于波罗的海西岸,后来不断地向东南方扩展,达到喀尔巴阡山一带,进而进入到莱茵河以及美因河流域。公元前2世纪,一些日耳曼部落,如辛布里人和条顿人已经进入高卢,并且向南威胁意大利,最后被罗马军队打败。[1] 恺撒在《高卢战记》中对于日耳曼人的武勇以及生活状况也有所记载,[2] 并且对于高卢人和日耳曼人的区别印象深刻。塔西佗也认为日耳曼人是一个比较纯粹的族群,未同其他种族发生混合,其原因则被归结为日耳曼地区的原始森林生存状况恶劣,与外界隔绝,不太可能有外来移民的情况。[3] 罗马帝国也逐渐受到日耳曼人的影响和压力。

日耳曼人体格强健、民风粗犷、衣着简陋;基本上以畜牧业、渔猎为生,较少从事农业,对商业贸易则完全缺乏了解。按当时的状况,日耳曼人尚未形成国家形式,甚至还没有一种稳定的王权,相比罗马人的文明程度,称其为野蛮人并不过分。但对于日耳曼人的精神状

---

[1] See L. Thorndike, *The History of Medieval Europe*, Cambridge, 1928, pp. 42–43.
[2] 参见〔古罗马〕凯撒:《高卢战记》卷六21—23,任炳湘译,商务印书馆1979年版,第142—144页。
[3] 参见〔古罗马〕塔西佗:《日耳曼尼亚志》,2,载《中世纪初期的西欧》,齐思和等选译,三联书店1958年版,第2页。

态,恺撒和塔西佗倒是颇有些赞扬之词:①

> ……在这时,人都没有什么隐瞒了,各人说出自己心里的话,因此每个人都暴露了自己的想法。到第二天,再重新加以讨论。这种进行商讨的方法的原则是:在热情的时候进行讨论,在冷静的时候加以决断。

在日耳曼社会中,妇女承担了大量的劳动工作,其地位也不低下。女孩受到与男孩同样的抚育,甚至携带武器以及在战争时随军出征,在战场上鼓舞士气。日耳曼人实行比较严格的一夫一妻制,除了少数贵族外,基本都是一夫一妻的家庭。

在社会身份方面,大致分为四种阶级。第一种是普通自由人,构成了人口的大多数;第二种是贵族,但是贵族并未完全形成一种法律上的特权阶级,而只是在受到伤害时可以请求更多的赔偿金(wergeld);②第三种是半自由人,类似于农奴,为主人耕种而依附于土地;③第四种是奴隶。但在日耳曼社会,奴隶并非完全处于受奴役的地位,他们自有住所家庭,只需上交给主人一定的劳动产品,除此以外没有太大的负担,严苛地对待奴隶的情况也不多见。④ 因此,在日耳曼社会中,实际上,基本的分类只是自由人和(享有一定自由的)奴隶,而贵族并没有形成特权阶级,也没有形成一种独立的神职人员阶级,至于王,同贵族也只是程度上的差异,而不是性质上的不同。⑤

另外,在当时的日耳曼社会,亲族团体的作用非常大。尽管日耳曼人对于两性的亲属均予认可,但只有男性亲属构成一种"亲族团体"(Sippe),而女性亲属(称为"机杼之族")则不在其列。亲族团体

---

① 参见〔古罗马〕塔西佗:《日耳曼尼亚志》,2,载《中世纪初期的西欧》,齐思和等选译,三联书店1958年版,第14页。
② See J. Brissaud, *A History of French Public Law*, Boston, 1915, p.17.
③ 参见〔法〕基佐:《法国文明史》第1卷,沅芷、伊信译,商务印书馆1993年版,第174页。
④ 参见〔古罗马〕塔西佗:《日耳曼尼亚志》,25,载《中世纪初期的西欧》,齐思和等选译,三联书店1958年版,第15页。
⑤ 参见〔美〕孟罗·斯密:《欧陆法律发达史》,姚梅镇译,中国政法大学出版社1999年版,第22页。

可以决定吸收或驱逐成员,同时又是一种农耕团体、政治团体以及军事编制,保护自己的成员不受侵害,而当侵害发生时则进行报复或追索赔偿金。①

二、日耳曼社会的政治组织

首先,有民众大会。民众大会由所有达到兵役适龄的男性组成,以携带武器为标志——从这一点可以看出民众大会最初的军事性质。大会召开时,各人全副武装,到空旷之处席地而坐,由祭司命令肃静,并由王或部落首领主持:②

> 酋长们可以决定小的事情;但是大事必由全体部落决定。这些重大的事情必先由酋长们详细讨论,再交部落会议讨论作最后决定。除非遇着意外的变故,部落会议是有定期的,大约在新月初升时或月圆时,他们认为这是讨论事务最适当的时候。他们并不像我们用白天来计算时间,而是用夜,无论在处理日常工作,或法律事件,都是如此。他们认为夜先于日。他们过分自由产生了一个流弊:他们不能按照指定的日期到齐,往往因大家不能到齐,无法开会,头二三天就白过去。等到人数到齐,大家愿意开会时,大家都坐着,手执武器。祭司们宣布肃静,在开会时担任维持秩序的责任,国王或领袖首先发言,其余以年龄、地位、在战争中的声望、辩才,先后发言。这些发言都是用道理来说服听众,而不是发号施令,命大家遵守。如群众对发言不同意,便以喧哗表示他们的不满;如同意,便以碰击武器表示赞成。

民众大会重要的职能之一就是选举国王或首领,还可决定部落的重大事务——近乎立法权。③ 同时,民众大会也是一种军事和司

---

① See J. Brissaud, *A History of French Public Law*, Boston, 1915, pp. 13 – 14.
② 〔古罗马〕塔西佗:《日耳曼尼亚志》,11,载《中世纪初期的西欧》,齐思和等选译,三联书店1958年版,第8页。
③ 参见〔美〕孟罗·斯密:《欧陆法律发达史》,姚梅镇译,中国政法大学出版社1999年版,第24页。

法性质的会议,可以决定战争事务以及各种案件的判决,总之,是一种直接的政府管理机制,而国王或首领只能处理较不重要的事务。

其次,有参议会。当日耳曼人的领地不断扩大,人口不断增多之后,全体民众参加的大会势必难以召开,尽管并没有完全消失,但只是在处理一些极端重要的问题时才召集。而日常的事务则交给一个人数相对较少的常设会议负责,通常是由贵族或者部落长老组成。这种参议会的性质类似于现代的联邦会议。①

最后,还必须谈到国王或者部落首领。按恺撒的记载,日耳曼人部族中很少能见到国王,而王基本上也是在受到罗马帝国影响之后才逐渐产生的。王基本上由选举产生,但是也带有一定的世袭性质,也就是说,他是在一些特定的家族之中选举的。另外,在战时往往还会选举一些领导战争的临时领袖。而部落的首领权力更小一些,通常是从贵族中选举产生。

另外,日耳曼人中间还存在一项特殊的"从士"(comitatus)制度,这个词的意思原本是指同志间的一种联合。从士的性质是一种私人武装,从士需要居住在君主或诸侯家中,一切饮食起居均在该处,按盎格鲁—萨克逊的民谣《贝奥武甫》(Beowulf)所说,日常家居都由其主公的妻子照顾。从士跟随主公出战,保护其人身安全,类似于亲军护卫,一旦主公有事则义不独生。而主公对其从士也存在某种保护的义务,如果从士遭到侵害,主公有义务为其复仇或追索赔偿金。

三、日耳曼人的法律和司法

尽管日耳曼人好勇斗狠,但却并非不讲法律,他们拥有自己古老的习惯法,并且倾向于仅仅相信那些久远的习惯,而不是人为发布的法律和命令。日耳曼人将许多习惯通过诗歌或民谣的方式进行传承,因此有所谓的"宣法者"(law-speakers),但他们并不是法官,也不是立法者,而是部落中的一些智者及年长者,在形成判决的时候提供意见。

---

① See J. Brissaud, *A History of French Public Law*, Boston, 1915, pp. 21 – 22.

日耳曼人的民众大会同时也承担部分司法功能,由一些裁判官或承审官主持,在正式审判中通常会提出一些先决问题:(1)当时是不是召开会议的正当时间和地点?(2)会场设置的标界是否恰当?(3)当时是否可以正式宣示保持肃静?① 至于主持会议的裁判官、君主或诸侯,实际上只是一种程序的主持者,而对于裁判本身并没有决断的权力,判决是由大会全体成员作出的,最初决定的方式同处理其他会议事项相同,各人将随身携带的武器互相撞击发出声响即表示同意。

至于日耳曼人的习惯法本身,在内容体系上同罗马法自然无法匹敌,从后来的《萨利克法典》看,基本上是一些侵权法以及刑事规范。当时,凡发生侵害事件,受害方亲族都会聚众前去讨回公道,最初的方式就是报复,而法庭的设置也是为了缓解这种互相报复的流弊,代之以赔偿金或者放逐(outlawry)的刑罚。同其他原始性的法律类似,日耳曼人对于形式的要求相当严格,在法庭上需要做特定的动作、讲特定的话语等等,否则就可能败诉;而被告的答辩也只能是全部承认或者全部否认,同样也要以固定的话语进行。

当时的事实证明方法包括誓证法以及神明裁判。在誓证法中,某些时候当事人可以独自发誓作证,而大多数情况下则需要寻找一些"助誓人"(oath-helpers),同他本人一起宣誓作证;至于神明裁判,日耳曼人习惯于通过决斗来探求上帝站在谁的一边,此外还有火审以及水审等等。②

日耳曼社会并没有一种警察体系负责司法裁判的执行工作,公众的压力已经足以构成威慑力。如果有人拒绝执行裁判结果,就可能遭到放逐的惩罚。日耳曼人的观念中有所谓的"部族的和平(peace)",此处所说的和平,大概就是指一种法律保护的领域,如果被放逐于和平之外,就意味着不再受到部族法律的保护,任何人都可

---

① 参见〔美〕孟罗·斯密:《欧陆法律发达史》,姚梅镇译,中国政法大学出版社1999年版,第40页。
② See L. Thorndike, *The History of Medieval Europe*, Cambridge, 1928, pp. 50 - 51.

以夺取他的财产或伤害他的人身。

四、日耳曼社会对于宪政的影响

(一) 个人主义的自由

对于近现代的宪政,尤其是英美的自由主义传统而言,个人主义具有重要的意义。宪政制度对于国家权力的警惕,首先来自对个人自由和权利的关心,希望达成的也正是通过对国家权力的限制而保障个人的自由,因为对于现代国家中的个人而言,最令他担心的恰恰就是国家本身。因此,在自由主义传统下,个人主义是重要的基本点之一。而日耳曼传统留给人们的最可骄傲的遗产就是对个人自由的重视。

当时的日耳曼社会并未形成国家形式,甚至在同罗马人交往之前还没有最原始的王权,但是日耳曼人对于个人自由的追求十分强烈。尽管多少有些野蛮习气,粗鲁、冲动、尚武、好赌,赌博时甚至押上自己的自由,但却极端重视个人的荣誉、为自己的行为负责,一旦赌输了就让对方将自己捆绑起来变卖。① 这是一个个人的社会,人们不懂得什么权威,即使是奴隶,也不像在罗马帝国那里受到主人的残暴对待:②

> 日耳曼人带入罗马世界的主要是个人自由的精神、对独立和个性的需要和热爱。严格地说,在古代德国,不存在任何国家权力和宗教权力;在这个社会里唯一实在的权力、唯一坚强而活跃的权力是人的意志,每个人做他愿意做的事,由他自己承担一切风险。

从个人主义出发,人们才得以同强于自己无数倍的国家进行抗衡,才能够通过对私有财产权的保护防止公权力的侵害。日耳曼的

---

① 参见〔古罗马〕塔西佗:《日耳曼尼亚志》,24,载《中世纪初期的西欧》,齐思和等选译,三联书店 1958 年版,第 15 页。
② 〔法〕基佐:《法国文明史》第 1 卷,沅芷、伊信译,商务印书馆 1993 年版,第 195 页。

年轻战士行成年礼时就获得了武器,表示可以到战场上去搏杀、去证明自己,他同其他战士(甚至是他的父兄)的地位是平等的。相比古代中国所强调的家族秩序、亲亲尊尊,日耳曼无疑对于个人的解放极为彻底,与带有极权倾向的神权政治和国家主义形成了明显的对比,以至于诸多史家有所谓近代欧洲自由主义系发端于日耳曼森林之说。①

基佐总结日耳曼人的个人主义时说:②

> 日耳曼人把自由的精神,把我们想象中自由的精神赋予我们,并在今天把它理解为每个个人的权利和财产,而每个个人则都是他的自身、自己的行动和自己的命运的主人,只要他不损害其他个人。先生们,这是一个具有普遍重要性的事实,因为它是一切过去的文化所不知道的:在古代各共和国里,国家权力处理一切事务;个人都为平民百姓牺牲。在宗教原则占统治地位的各社会中,信教者属于他的上帝,不属于他本人。因此,直到现在,人总是被同化于教会和国家。只有在现代的欧洲,人才为自己并按照自己的方式活着并谋求自己的发展,当然毫无疑义也不断地担负着越来越重的辛劳和责任,但他看到自己的目标和权利就在自己身上。我们必须把我们文化的这个显著的特征归溯到日耳曼人的风俗习惯上去。在现代的欧洲,自由的基本概念是从他的征服者那里得来的。

(二) 法治和限权传统

日耳曼社会的非国家主义性质,多少造就了对于人为创设法律的不信任感,而是崇尚历经久远的年代所形成的习惯。对于习惯法,所有人都必须遵守,即使是国王、贵族也必须受到约束。当然,这一点同日耳曼社会的政治体制有很大的关系,国王的权力从

---

① 参见〔美〕孟罗·斯密:《欧陆法律发达史》,姚梅镇译,中国政法大学出版社1999年版,第12页。
② 〔法〕基佐:《法国文明史》第1卷,沅芷、伊信译,商务印书馆1993年版,第195—196页。

来都不是最大的（甚至在很长时间内没有国王），民众大会拥有决定权。

在此我们不得不谈到英国的普通法。英国法被称为唯一存世的日耳曼法，它对于近现代宪政的影响不可谓不大，普通法的精神在英国和美国都有良好的结果，对于保护个人自由和权利功莫大焉。从英国法的很多基本原则中，我们都可以看到日耳曼法的因素。比如，在审判开始之前先要询问一些先决问题，如是不是正当的审理时间、地点，暗示了某种对于正当程序的偏爱，而所谓"法律的正当程序"正是英国法的基本原则之一。宣法官的角色，也很接近于英国法对于法律的态度，通过经验"发现法律"而不是通过逻辑"制定法律"。判决的建议作出后，需经过大会上民众的认可，同英美法的陪审团制度也颇有暗合之处。至于诉讼当事人各自寻求助誓人以求赢得胜利的做法，显然也更接近于英国法诉讼中的对抗制，而非大陆法系传统下的纠问制。

当然，我们也可以认为希腊和罗马传统中同样存在法治和限权，有对于法律的尊重，也有民主政治和共和政体。或许在此我们又面临一个争论了许久的话题，即英美传统和大陆传统的不同走向。相比之下，日耳曼社会的精神气质对于英美传统有比较大的影响，而罗马法在中世纪的复兴过程则表现出为王权张目的性质。

现代的法治和权力限制机制，并不是某一两种力量所造就的，我们在其中能够发现很多种因素的综合，而日耳曼传统至少是一种不能忽视的因素。

（三）忠诚的观念

前面提到了日耳曼社会的从士制度，主公同从士之间形成了某种结义的关系。从士本身并不是奴仆，基本上都是自由人（也正是由于大家都是自由人的缘故，因此在寻求对方帮助和保护的时候，就要生活于对方家中，为其提供某种劳务）。主公和从士之间存在一种信赖关系，在战场上从士须为主公奋力战斗，如果主公阵亡或者被俘而从士逃回,将被视为一种极大的耻辱。① 而主公同样对从士负有一定的责任,即提供保护、日常供给,以及帮助复仇及追索赔偿金等。在从士制度中,我们已经可以依稀看见封建主义的效忠关系,一种类似于契约的互相负有责任的观念,而这种契约观念,对于近现代宪政也产生了重要的影响。

第三节 中世纪西欧封建主义与近现代宪政

中世纪的欧洲,除了黑死病的大流行之外,其他的种种状况是否如我们一度认为的那样"黑暗",现在看来并不是不会引起争论的问题。对于现代人而言,等级制度是可憎的,于是人们不断地通过各种途径追求自由的幸福;而中世纪是封建主义的时代,人与人之间的不平等和依附关系正是其制度和观念的要点——需要注意的是,不平等并不等同于不自由,封建主义的特征正是各种特权自由,而不是一种普遍的自由,同时更不是一种普遍的专制。

一、封建主义的产生及其含义

罗马帝国的崩溃和蛮族的入侵使文明状态遭到了破坏,在此后的数百年间,欧洲的文明落后于东方以及伊斯兰世界,这也是称这段历史为"黑暗"的一个原因。关于罗马帝国崩溃的原因在此不作讨论,而需要注意的是,原先处于强有力的中央政府控制之下的社会陷入了某种混乱之中。繁荣的城市逐渐衰颓,原先在城市中主导政治的贵族们往往避入乡村,②同时日耳曼社会的各种因素则渗透到各个方面。

首先是4、5世纪日耳曼各部向罗马帝国的入侵,此后是8世纪开始的北欧人的侵袭。这种大规模而并不存在政治计划的入侵往往

---

① 参见〔古罗马〕塔西佗:《日耳曼尼亚志》,14,载《中世纪初期的西欧》,齐思和等选译,三联书店1958年版,第10页。
② See Edith Ennen, *The Medieval Town*, New York, 1979, p.13.

表现为对社会秩序的严重扰乱。尽管蛮族国家也试图通过各种政府管理手段,比如颁布法典,而希望对社会进行有效的控制,但中央权力和中央化的行政机制不可避免地衰落了。查理曼以其个人的天才所作的大量努力并不存在建立新体制的意图,而是一种恢复古代文明的尝试,在他死后帝国的分裂也表明了旧制度已经全然失效。①不过生活还要继续,当公共权力衰落、无法保障安全时,人们就不得不采取一些私人性质的措施来稳定社会的秩序。另外,货币经济的衰退使作为直接生产要素的土地成为唯一重大的财产形式。在这些因素的作用下,封建主义制度开始产生。

关于封建制度的渊源,通常认为是在两种社会的碰撞过程中,所谓"罗马因素"和"日耳曼因素"的结合。其中的争论在于何种因素占主导地位,一方认为罗马的大庄园、庇护制度(patronage)、隶农对于封建主义的形成存在重大影响;另一方则认为日耳曼社会的马尔克公社、从士以及农奴是主要的来源。② 这些争论对于以下要考察的问题并无太大实际意义,在此不详述。

简单说来,封建主义产生的现实需要在于稳定公共权力衰落所导致的社会动荡局面(当然,对于这种制度的谋划并非出于某种力量的刻意安排,而是在实际中逐渐形成的),查理曼的重建中央权威的工作并不成功,可行的方式是通过公共权力的私人化来安定社会,这就是人身依附的合理性。弱者不得不寻求强者的保护,将自己以及所有的财产投入到强者名下以换取安定;而强者在实施保护或者展开自己的行动时也有赖于被保护者提供的服役。另外,强者若要维持一种武装力量,可行的方法是:自己供养武士(如类似于日耳曼的从士制度),或者分封土地,以财产换取军役。后者显然更为方便,于是就逐渐形成了以个人效忠和土地分封为基础的制度。

---

① 参见〔法〕基佐:《法国文明史》第 2 卷,沅芷、伊信译,商务印书馆 1995 年版,第 222—223 页。
② 参见马克垚:《西欧封建经济形态研究》,人民出版社 2001 年版,第 61—67 页。

第三章 中世纪的宪政传统

这种制度在其产生之初的目的是出于军事上的考虑,通过私人而非公共的强力手段保障一种相对稳定的社会状态,由此产生的是一种政治和法律上的封建主义概念。早先,英国及德国学者对于封建主义的讨论也局限在政治和法律方面,及至苏联学者将其置于社会经济形态发展过程中加以考察时才有所改变。至于将封建主义作为一种必然的社会发展阶段适用于中国历史,则导致了某种程度的混淆。① 就本章所要探讨的问题而言,将关于西欧封建主义的考察限定在法律和政治方面比较合适。

"封建主义"(feudalism)一词来自于"封土"(fief),"封土"的意思是一种为换取军役服务而授予的财产(fief 一词来源于古日耳曼语,意为牲畜或财产),拉丁语形式为 *feodum*,最终演变为"封建的"(feudal)。② 封土的含义并不等同于分封的土地,而是一种作为整体的(农业)收入。布洛赫将欧洲封建主义的特征归纳为:处于受支配地位的农民阶层;广泛适用封土而非工资;处于统治地位的特殊武士阶层;个人之间的依附与保护关系;公共权威的分裂;其他一些社会关系,如家庭和国家的低水平维持(此类关系在封建主义后期重又兴起)等等。③

梅特兰认为,封建主义的要点首先在于土地分封制度,所有或绝大部分的公共权利和义务不可避免地同土地保有(tenure of land)交织在一起,整个政府体系(财政、军事、司法)都成为私有财产法律的一部分;④ 而理解封建主义的关键则在于:一方面,领主与封臣之间

---

① 封建主义在狭义上仅指西欧中世纪的一种政治(法律)关系,马克思主义将其含义扩大为一种社会经济形态,即便如此,马克思本人也并没有将这种社会经济形态扩展到亚洲地区,而对于亚洲则另称一种"亚细亚生产方式",他认为:"大体说来,亚细亚的、古代的、封建的和现代资产阶级的生产方式可以看作是经济的社会形态演进的几个时代。"(《马克思恩格斯选集》第 2 卷,人民出版社 1995 年版,第 33 页。)
② See Carl Stephenson, *Mediaeval Feudalism*, New York, 1942, pp. 11 – 12.
③ See Marc Bloch, *Feudal Society*, Chicago, 1961, p. 446.
④ See F. W. Maitland, *The Constitutional History of England*, Cambridge, 1908, pp. 23 – 24.

的依附关系,以及由此发生的保护和臣服关系(包括非常重要的军役);另一方面则是相应的财产关系即土地的分封保有。①

因此,从政治和法律角度考查封建制度,就不得不涉及两方面关系:领主和封臣之间的人身(依附)关系和财产(土地)关系。

二、封建制度

封建关系首先表现为一种人身依附关系,封臣必须向领主行臣服礼(homage),通常还必须宣誓效忠(fealty),前者是一种仪式,后者则是一种誓言(oath),具有宗教上的效力。一般情况下,臣服礼的仪式包含了宣誓效忠,而宣誓并不一定要进行臣服的仪式。

臣服礼的仪式一般是:封臣下跪,将双手置于领主手中,作出效忠的保证,随后领主将其扶起并吻他,接受他的效忠,最后封臣对着福音书或者圣物起誓。② 誓言通常是:"我谨以我的诚信保证,从此以往我将忠于……以完全的善意之心、不行任何欺瞒之事,遵守我对其所发的誓言。"③如此,在双方之间就建立起了一种依附关系。但必须注意的是,依附不同于奴役,领主和封臣之间的这种关系类似于一种契约,形成于双方的合意,领主也必须承担义务。当然,领主也享有相当大的权利。

在典型的封建关系中,领主的权利包括:(1) 封臣的效忠(承诺效忠和宣誓效忠);(2) 骑士军役;(3) 封建的辅助金(包括领主长子封为骑士、长女出嫁时的辅助金以及领主被俘虏时的赎身金);(4) 各种消遣娱乐;(5) 封臣出席领主的法庭④;(6) 其他权利(如继承封土时收取费用、继承人未成年时的监护权、安排女性继承人

---

① See F. W. Maitland, *The Constitutional History of England*, Cambridge, 1908, p. 143.
② See Carl Stephenson, *Mediaeval Feudalism*, New York, 1942, p. 18.
③ David Herlihy, *The History of Feudalism*, New Jersey, 1970, p. 98.
④ court 的含义最初并不仅指执行司法职能的法院,而是"宫廷"的意思,指承担各种政府职能的封建会议。参见〔英〕普拉克内特:《简明普通法史》,中信出版社 2003 年影印版,第 142—143 页。

(或者是寡妇)婚姻的权利等等)①。

封建制度的核心在于出于军事目的的人身依附关系,领主和封臣之间形成的这种关系在原始意义上着重于提供军役。由于这是一种通过宣誓建立于个人之间的关系,因此,从理论上讲封土是不能继承的,但是实际生活中却又不可避免地存在继承,所以在实际发生继承的时候,继承封土者必须重新向领主宣誓效忠、行臣服礼,以重新建立一种个人之间的关系,同时还需支付一定的费用。至于领主对未成年继承人的监护权和安排女性继承人婚姻的权利也出于此,目的在于为保证领主的封土可以换回令人满意的军事服役,需要保证封土的保有者不至于懦弱不堪而无法提供军役。

在土地方面,领主将土地封与封臣后,封臣可以再向下进行再分封(subinfeudation),由此形成一种层级结构,构成封建国家。封土的分封有很多种,附带的义务各不相同,按梅特兰所说,当时英国的土地保有共有六种:②

第一种,"自由教役保有"(frankalmoign)。在这种状况下,土地由宗教机构及其人员保有——如修道院、主教、教区牧师等,所附义务相当轻,仅仅是为领主的灵魂祈祷。

第二种,"骑士役保有"(knight service)。这种情况相当普遍,土地保有者必须为此向领主承担军役,每一骑士领(knight's fee)的土地须提供一名骑士,每年在领主的军队中服役40天。

第三种,"大侍君役保有"(grand serjeanty)。这种土地分封类似于骑士役保有,只是承担的并不是作战义务,而是某种为国王服役的义务,比如为国王掌管旗帜、武器或者作为前后军的引导官以及中军卫士等等。

第四种,"小侍君役保有"(petty serjeanty)。这种土地保有的义务是为国王的军队提供某些战争物资,比如剑、矛之类,接近于农役

---

① See Carl Stephenson, *Mediaeval Feudalism*, Newyork, 1942, p.35.
② 此处举英国的情况为例,因为诺曼征服之后的英国,在土地的保有方面封建性质非常典型,并且由于征服的缘故更接近于封建主义的理想情况。

保有。

第五种,"农役保有"(socage)。农役保有所附带的义务并不是军事性的,而是为保有土地缴纳赋税或者农产品,有时还必须为领主的土地提供一定的耕作劳务。土地保有者也必须向领主宣誓效忠,并且承担各种封建义务。

第六种,"维兰保有"(villeinage)。维兰(villein)不自由地附着于土地,但并不是奴隶,而是享有非常有限的权利,这种土地保有实际上形成了一种身份状况。①

由此我们可以看到,在封建国家中,国王成为最高的封建主,直接受封于国王的封臣通常以军役为代价保有土地;而土地再向下层层分封,直至底层的农民(包括维兰)通过农役保有土地。整个土地分封过程以一种个人的效忠契约关系为纽带,即使是最底层的农民也必须宣誓效忠。在这种状态下,罗马帝国式的国家中央权力被私人权力所取代,而这种私人权力同土地联系在一起,所有的政府运作都同土地发生关联。在封建主义制度下,所追求的目标既不是有效率的中央管理,也不是个人之间的平等,而是一种相对较安全的静态社会组织,自由并不受到羡慕,而没有领主的自由人则需要承担相当大的压力。封建主义排斥的是中央权力(王权)和个人的自由。

封建国家的政治运作存在较大的地方分裂主义,因为司法权同土地联结在一起,封臣负有出席领主法院的义务,而这在当时可能需要封臣远离自己的土地、放弃手头的事务长途跋涉,更何况大多数人并不是法律专家,对于法庭活动也无甚兴趣,因此司法对于大多数中小封臣来说并不是一种权力,而是一种相当沉重的负担。但是,国王以及各级领主也并不享有绝对的专断权力可以控制司法活动,这一点可能导致了一种意料之外的结果,即司法过程开始出现某种特有的领域并产生某种限制的因素。

总之,如果要理解作为政治和法律制度的封建主义,就必须从人

---

① See F. W. Maitland, *The Constitutional History of England*, Cambridge, 1908, pp. 25 – 33.

身关系和土地关系两方面来考察。在近现代宪政兴起的过程中,曾经有相当多的指责指向封建主义,谴责其不平等、不自由以及种种专断和压迫行为,但是近现代的宪政主义在很大程度上却是从封建主义发端的,这种辩证性质的历史发展事实上并不奇怪。

三、封建主义的某些特性及其宪政意义

(一) 契约观念

首先引起我们注意的是,领主和封臣之间的依附关系是通过一种类似于契约的方式建立的。

领主和封臣的关系的确是不平等的,但并不意味着领主对于封臣享有任意的专断权力;领主不仅享有种种封建权利,同时也必须承担一定的义务。尽管领主在封臣行臣服礼时无须立誓,但接受了某人的宣誓效忠之后,也就意味着他负有了某种义务。法兰克诸王的法令集(capitulary)只是间接地提到封臣遵守誓言的义务,而对于领主的不当行为则作出了明确的禁止;根据查理曼的一项法令,如果领主试图将封臣降至受奴役的地位,或如果领主阴谋杀害封臣,或如果领主同封臣的妻子通奸,或如果领主拔剑攻击封臣,或如果领主在可以的情况下没有保护封臣,封臣就可以根据以上理由正当地解除同领主的关系。① 200年之后,沙特尔主教(bishop of Chartres)傅贝尔(Fulbert)在致阿奎丹公爵的一封信中也阐述了领主和封臣互相负有义务原则:②

> 蒙受圣恩之傅贝尔主教致阿奎丹民众最杰出之公爵威廉阁下:
> 在下受命阐述关于宣誓效忠之性质,现据各部典籍之权威为君简要确定如下。向领主宣誓效忠者须切切将此六者牢记于心,谓:不存恶念(harmless)、安善守节(safe)、奉持荣誉(honora-

---

① See Carl Stephenson, *Mediaeval Feudalism*, New York, 1942, p. 20.
② F. A. Ogg, ed., *A Source Book of Mediaeval History*, New York, 1907, pp. 220 – 221.

ble)、勤勉持重(useful)、尽心事主(easy)以及谨避妨害(practicable)。不存恶念,意为不可侵害领主之人身;安善守节,意为不可辜负领主之信任或毁伤其赖以安身之防范措施;奉持荣誉,意为不可有损领主公正名声,或于他处伤及其荣誉;勤勉持重,意为不可侵害领主之财物;尽心事主,意为不可使领主为轻简事务而增添烦扰;谨避妨害,意为不可使领主可成之事徒成泡影。

虽则如是,然谓忠义封臣虽已谨避此种种妨主事项,其犹未足也:盖因不为恶不足以善其身,而躬亲为善方可嘉许也。故为封臣者当尽力襄助其主,从旁劝诫谋划,以全其功,乃可谓无愧于其封土及誓约也。

领主亦须于各处同样善待忠义封臣。若非,则可定其犯有恶意之罪,如前所述,若有推脱责任或推脱之企图,即为背信弃义,兼有伪誓之罪。

本当详细叙明诸多事宜,奈何在下近日事务缠身,向日盖城及教堂一并毁于大火,亟待重建,故无力详论也。虽当此多事之秋,蒙遭大难,然冀望于上帝及君之恩典,我辈亦觉宽慰。

这种契约关系需要双方的合意才能达成,在臣服礼的仪式中,领主在确认封臣的效忠之前,根据习惯往往会问:"你是否愿意?"封臣回答:"我确实愿意!"然后还要以吻来表示忠诚,双方之间的关系才算正式成立。尽管实际上封土是可以继承的,但是封建关系在理论上始终被视为一种个人之间的契约关系,因此不能天然地继承,于是才有继承人需要重新向领主行臣服礼的制度。也就是说,封建契约必须建立在双方同意的基础上。

契约观念对于近现代宪政的形成非常重要,它表明了一种权利义务对等交换的态度,一种对于专断权力的限制方式。在世界其他地方,我们往往会发现压制和专断、独裁统治,但在欧洲的封建主义制度中,尽管在中世纪也存在种种的不公——这一点无可置疑,但至少在其中也孕育了救济的方法。

(二) 法律和权利意识

从契约观念出发,自然就会导向一种权利义务关系和观念,以及由此催生的对于法律规则的尊重态度。

有一些封建关系建立的时候具有完备的契约形式,双方约定明确,并有证明人共同签署:①

> ——谨以圣三一之名,我,雷蒙德,蒙圣恩为巴塞罗那伯爵、阿拉贡王国王子、托图萨侯爵,将弗里克斯城堡及其附随的铸币权、典押物、市镇及周边区域,及其他附随权利,授予你,我的封臣博内法西奥·德·拉·沃尔塔,使你和你的后人可以通过我和我的后人保有此城堡,以此向我和我的后人效忠并承担役务,直至永远。无论战和、对错,一旦我提出,无论是亲自还是通过信使,你必将此城堡之统治权归还与我。你必当谨慎守卫此城堡,不得有丝毫欺瞒懈怠,为此你还将于我的土地境内,即谓巴塞罗那、托图萨以及西班牙,为我服役。另外我将享有地方上的三分之一赋税收入,另外的三分之二赐予你享有。我坚定地同意并向你和你的后人保证,根据上述条件将此城堡及其附随权利、一切典押物和司法收益及习惯收入授予你作为封土。
>
> ——根据上述条款,我,即上述的博内法西奥,向你,我的主人,即上述的雷蒙德,保证:我将属于你,永不欺骗,我将如一名封臣应当对其领主所为的那样忠诚,就像他运用自己的手臂那样听从吩咐,并且忠诚地为你的利益履行上述种种,永不欺骗。
>
> ——雷蒙德伯爵印,订立于我主耶稣基督道成肉身第1154年十月第三祈祷日。卡斯特威的威廉印。其弟阿尔维特印。圣马丁的威廉印。托洛哈的贝伦古尔印。勒尔希奥的阿尔瑙印。威廉·奥比罗托印。上述条款起草人彭西奥印。

尽管并不是所有的封建关系建立之时就存在明确的书面契约,但是至少根据习惯,封建关系的权利义务是比较确定的,任何一方未经对方同意不得擅自改变;领主不得擅自将新的法律、新的负担加到封

---

① David Herlihy, ed., *The History of Feudalism*, New Jersey, 1970, p.110.

臣的头上。① 由此进一步产生的是一种法律的观念,尽管当时私战横行、强权势大,"这个时期果然是强暴的,但它不是没有法律的"②;按照斯塔布斯的说法,中世纪时代的指导思想是权利或说诸权利的观念,普遍存在一种提高法律地位和遵守法律的意识,即便用强,也必定要寻找些许法律上的根据,"中世纪时代……是法律成长的时代……中世纪的战争,照例是权利的战争:它们很少是未被挑衅的战争,从来都不是绝对无理的侵略战争……"③

（三）对权力的限制

在封建主义的政治制度下,中央形式的公共权力日趋衰落,取而代之的是公权力的私人化,而这种公权力的私人化是同土地分封（财产）联系在一起的。也就是说,受封土地（享有较多财产）的人必须承担一定的公共管理责任。我们看到,封建司法权也是附随于土地保有的,保有土地就要负责地方上的司法事务。一般认为,在中世纪,这种司法权有时并不是一种权益,反而成为一种重大的负担;权力的享有并不意味着必然从中受益,而是必须承担公共的责任。

在中世纪,封臣拥有反抗的权利,如果领主（即使是国王）滥用权力,无端加重封臣的负担,封臣就可以奋起反抗。尽管这种反抗往往诉诸武力和战争,但却是保障个人自由的关键观念之一,因为"取消它就是接受奴役"④,而这种思想恰恰是来自于封建主义,而不是其他因素的影响。这种反抗权也见诸成文的法律,圣·路易的法律中就存在关于领主提出不合理的服役要求时,封臣可以拒绝服从,且并不因此违背封建义务的规定。⑤

---

① 参见〔法〕基佐:《法国文明史》第 3 卷,沅芷、伊信译,商务印书馆 1997 年版,第 212—213 页。
② 〔美〕汤普森:《中世纪经济社会史》下册,耿淡如译,商务印书馆 1963 年版,第 332 页。
③ 〔英〕斯塔布斯:《中世纪和近代史第十七次演讲集》,转引自〔美〕汤普森:《中世纪经济社会史》下册,耿淡如译,商务印书馆 1963 年版,第 332 页。
④ 〔法〕基佐:《欧洲文明史》,程洪逵、沅芷译,商务印书馆 1998 年版,第 75 页。
⑤ 参见〔法〕基佐:《法国文明史》第 3 卷,沅芷、伊信译,商务印书馆 1997 年版,第 214—215 页。

另一份书面文件就是著名的 1215 年《大宪章》,其中第 61 条规定:①

> ……如余等或余等之法官,管家吏或任何其他臣仆,在任何方面干犯任何人之权利,或破坏任何和平条款而为上述二十五男爵中之四人发觉时,此四人可即至余等之前——如余等不在国内时,则至余等之法官前,——指出余等之错误,要求余等立即设法改正。自错误指出之四十日内,如余等,或余等不在国内时,余等之法官不愿改正此项错误,则该四人应将此事取决于其余男爵,而此二十五男爵即可联合全国人民,共同使用其权力,以一切方法向余等施以抑制与压力,诸如夺取余等之城堡、土地与财产等等,务使此项错误终能依照彼等之意见改正而后已。……

在《萨克森明镜》中也有类似条款:②

> 若国王及法官行事有悖于法律,就可以加以反抗,甚至协助针对其发动的战争……在此,他并不违背宣誓效忠所承诺的义务。

除了反抗权之外,封臣还可以采取一种较为极端的方式,即离开封建体系,放弃一切封建权利,同时也就不再承担任何封建义务。不过,这种做法对于当事人和封建社会来说,代价都相当大。就个人而言,当然就失去了一切,甚至失去了某些法律的保护;而对社会而言,如果普遍存在无领主的自由人,整个封建体系就会被动摇,所以说这是一种极端的方式。在《博韦人的习惯法》中,有关此方式的记载是:③

> 根据我们的习俗,任何人也不得向他所属的领主挑战,除非

---

① 《世界史资料丛刊初集:中世纪中期的西欧》,刘启戈、李雅书选译,三联书店 1957 年版,第 81 页。
② Marc Bloch, *Feudal Society*, Chicago, 1961, p.451.
③ 〔法〕博马努瓦:《博韦人的习惯法》,转引自〔法〕自基佐:《法国文明史》第 3 卷,沅芷、伊信译,商务印书馆 1997 年版,第 217 页。

他放弃他与其领主的君臣关系和他从他那里取得的一切。因此,如果任何人因为他的领主得罪了他而想控告他的领主,则必须在上诉之前,到他的领主那里并在自己的同阶人士面前对他说:"老爷,我曾在一段时间里效忠于您与您缔结了封建关系,并以封地的形式从您那里取得了这些世袭财产,现在我放弃这种封地和与您缔结的封建关系,因为您对我做了不公正的事,为此,我将通过上诉寻求纠正。"放弃了这种封建关系之后,他必须召唤他到他国王的宫里去并提出他的上诉;如果他在放弃封地和封建关系之前就上诉,他就得不到损害赔偿金,而必须付一笔罚款给封建主,因为他在宫里和到宫里去的路上都说了他一些坏话。罚款每案为六十个利佛。

由此,按照封建主义,统治者(国王)必须实施良好的统治,必须尊重法律,否则就可能丧失其地位和权力。托莱多宗教会议制定的教规规定:①

> 国王之所以称为国王(rex),是因为他施政公正(rectè)。若他以公正(rectè)行事,他就合乎法律地拥有国王之名。若他不以公正行事,他就可悲地丧失此名。我们先辈有至理名言:国君公正则立,不公正则废(Rex ejus, eris si recta facis, si autem non facis, non eris)。君王的两件主要美德是公正和明理(理性的卓识)。

> 君权,如同人民,必须尊重法律。对上帝意志的顺从给予我们和我们的臣民明智的法律。我们的显贵和我们后代的显贵必须服从法律,全国的百姓也必须服从。

而国王在接受加冕时也往往必须作出明确的誓言,保证自己公正施政,英王爱德华二世加冕为王时在大主教的引导下有如下誓言:②

---

① 转引自〔法〕基佐:《欧洲文明史》,程洪逵、沅芷译,商务印书馆1998年版,第155—156页。
② W. Stubbs, *The Constitutional History of England*, Vol. 2, Oxford, 1873, pp. 331-332.

阁下,你是否同意、保持并通过你的誓言向英格兰人民确认,由你所正当继承的英格兰诸先王承认的各种法律和习惯,尤其是由你的父王、伟大的爱德华国王授予教士和人民的法律、习惯和特权?——我同意,并且保证。

阁下,在你获得权力之后,是否会完全符合上帝的意愿、凭着上帝和神圣的教会、为教士和人民谨守和平?——我会的。

阁下,你是否会在一切判决中实施平等、公正的司法,并且诚实、仁慈地裁断行使你的权力?——我会的。

阁下,你是否同意坚守王国民众所选择的法律和正当习惯,并且尽力使用你的权力、为着上帝的荣耀保卫并强化它们?——我同意,并且保证。

由此看来,尽管封建主义政治制度的最大缺点在于缺乏强有力的中央权威,从而导致行政的无效率、司法不统一以及地方上的分裂主义,但是却造就了一种对于权力进行限制的观念和制度。任何人都不能超越法律为所欲为。国王实施统治,必须是符合法律而公正的统治。在中世纪,所谓"王在法下"的观念从来都没有消失过。从某种角度讲,近代各欧洲国家进行革命和立宪活动的原因在于,绝对主义王权兴起之后,受到压迫的人民采取反抗的手段迫使统治者服从法律、施行良政,甚或试图取消一人专权的专断统治,从而建立一种宪政体系。

(四)封建会议、封建司法与近现代制度

根据封建主义,领主的封建会议由所有直接受封于该领主的封臣构成,负责商讨、处理一切政府事务,其中也包括司法事务。如果领主在既定的封建义务之外要求封臣们承担额外的负担,就必须召开全体会议,征得同意之后才可以实施。当然,这种形式可能受到领主本人能力的影响,如果领主是一位强权人物,封建会议往往无法起到太多的制约作用,但如果领主孱弱,或者处于窘迫的境地,则可能受到封建会议的很大制约。

国王作为最大的封建主,同样也需要召开封建会议,很多时候受到了相当大的制约,尤其是在试图增加收入而征税的时候。当时在欧洲各国基本上都存在类似的会议组织,后来往往演变为由各等级组成的会议(在英国、匈牙利、波兰通常划分为两个等级:贵族和教士或是贵族和市民;在德国划分了三个等级;在瑞典划分了四个等级:教士、贵族、市民和农民①)。我们可以看到,这些封建会议在发展过程中往往改变了其封建的性质,加入了平民代表,从而产生了形成代议机构的趋势:在英国有 Parliament,法国有 Estates,德国有 Stände,西班牙则有 Cortés。代议机构的产生对于近现代宪政的发展极为重要,而其最初的萌芽产生于封建制度下的会议。②

由于司法权同土地联系在一起,根据封建规则领主有权审理下属封臣之间的纠纷,而地方上民众的纠纷也由当地封建主主持审理(当然,通常是通过封建主的管家吏或其他一些官员处理),如此能够在尽量大的范围内实行司法的参与,而不是由一小部分人员垄断司法程序。司法的参与对于法律传统的建立和自由的保障是不可缺少的,"一个不参与审判的民族可能是幸福的、安静的、有良好管理的民族;但它不属于它自己,它是不自由的,它生活在刀剑之下"③。同时,在审判的过程中,代表体制也获得了进一步的发展。中世纪的欧洲存在大量陪审团审判的做法,最初可能起源于法兰克王国的传统,尤其是查理曼派往各地巡游处理政务的巡按使所使用的查证程序;此后陪审团从法国传到英国,并在那里蓬勃地生长起来。诚如梅特兰所言:"整个陪审团审判的体制,在其最初的形式中就暗示了代表制——听凭乡里裁判,听凭邻人裁判(*ponit se super patriam*,*super vicinetum*)。"④

与上述司法审判方式相对应,中世纪盛行的另一条规则是"同阶审判"(judgement by peers):在各级封建法院,领主或领主的官员所起的作用基本上限于主持程序、宣布判决以及发布执行的命令等,

---

① See J. Brissaud, *A History of French Public Law*, Boston, 1915, p.360.
② See Marc Bloch, *Feudal Society*, Chicago, 1961, p.452.
③ 〔法〕基佐:《法国文明史》第 3 卷,沅芷、伊信译,商务印书馆 1997 年版,第 214 页。
④ F. W. Maitland, *The Constitutional History of England*, Cambridge, 1908, p.71.

司法审判的工作是由同被告处于同一等级的人完成的,如此就可以避免领主及其官员滥用权力造成不公。这种传统存在于久远的习惯中,在封建主义之下则成为封臣的一种权利。[①] 尽管此后欧洲大陆上的罗马法复兴运动使陪审团制度及同阶审判渐渐消失,但却在英国得到了保留和发展。1215年《大宪章》第39条规定:[②]

> 任何自由人,如未经其同级贵族之依法裁判,或经国法判决,皆不得被逮捕,监禁,没收财产,剥夺法律保护权,流放,或加以任何损害。

14世纪时,此项条文被解释为"未经法律的正当程序(due process of law),个人的自由、财产不受侵犯"的原则,由此进一步推动了英国宪政的发展,而这是一条来源于封建法律和习惯的原则。

四、封建主义的差异性与宪政的发展

最后需要指出的是,尽管中世纪欧洲的封建主义存在很大的共性,使我们能够就整个欧洲的范围对其展开讨论,但封建主义的地区差异性也相当显著。一般认为,典型的封建主义存在于原法兰克王国地区,即法国中北部以及德国西部,而其他地区,如不列颠、意大利、法国南部、西班牙、德国大部以及东欧的部分地区存在的封建主义都具有种种对于封建理论形态的偏移。而且,由于封建主义本身的概念和特征长期存在争议,所以甚至很难确定原法兰克王国地区的制度就必然是一种标准型或理想型制度。

封建主义在政治上表现为中央权力的衰落、公共权力私人化,这一点同近代的民族国家形态存在本质的差异,而同时,近代宪政的发展又不得不存在于民族国家的框架之下。因此,尽管封建主义的种种观念和制度最终成为近现代宪政主义的一种渊源,但在将这些发展与不同体系下的观念、制度整合进现代国家的过程中,各国基于封

---

① See J. Brissaud, *A History of French Public Law*, Boston, 1915, p.224.
② 《世界史资料丛刊初集:中世纪中期的西欧》,刘启戈、李雅书选译,三联书店1957年版,第76页。

建主义本身的地区性差异走上了不同的道路。其中普遍存在一个绝对主义王权发展的过程，使中央权力得到加强，但同时需要解决的问题则是如何建立一种限制权力滥用的机制。在这一点上，英国和法国的宪政模式发展形成了最令人关注的差异。

英国的封建主义建立于诺曼征服之后，王权一直非常强大，但中世纪最强大的王权导致的却是最短命、最衰弱的绝对主义，进而基本上是在和平环境中确立了自由主义的宪政；而法国封建主义初期地方贵族势力强大，国王几乎无法控制地方，但最终出现的是极其强大的绝对主义王权，造成专制统治，最终通过暴力革命达成一种立宪制度。

在这个过程中，如果我们追根溯源，就会发现海峡两边的封建主义的差异，封建王权的不同，以及整个政治、法律发展进程的差异。一种解释是：英国的封建王权在最初非常强大，但在当时又不可能达到绝对的统治地位，于是贵族、平民在通过对王的斗争中逐渐发展出了种种限制权力的制度；而在法国，由于当初王权衰落，贵族们并没有太大的必要寻求限制王权的措施，于是当绝对主义发展之时，尽管可以建立现代的国家形式，却没有太多的资源可以发展限制权力的机制，最终只得依靠底层的革命。

当然，这个问题相当得复杂，在此只是试图表明一点：近现代宪政史中所谓英国和法国两种道路的发展，同封建主义的地区性差异也存在着相当大的关联。

第四节 中世纪英格兰宪政的发展

一、英格兰宪政的独特性

每当我们谈到所谓"宪政主义"（constitutionalism）时，所联想到的往往是英美法系的宪政实践，诸如"法治"、"有限政府"之类；而在欧洲大陆的传统之下，给人的印象往往是博丹的主权学说下的国家体系，或者是德国人的"法治国"。至于孟德斯鸠之类的学者（比如托克维尔、贡斯当),尽管是法国人,提出的学说反倒更适用于英美国家,而"三权分立"的理论从发展的历史来看,一方面基于对英国实践的总结,一方面又指导了美国的宪政建设,实在很难归入到欧洲大陆的宪政传统中去。

在此我们需要继续追问:为什么在近现代宪政的发展过程中,在西欧会产生英国的和大陆的两种不同走向?而大陆各国具体情况各不相同,未能形成一种有限政府和分权制衡的传统(大陆国家中,只有布腊班特①建立了一种类似于英国的宪政体制)。由此我们可以看出英国宪政的特殊性,以一个国家的实践就足以构成一种令旁人艳羡的传统,于是也就无怪乎英国人长期持有孤立心态,总是将自己置于欧洲之外。

关于英国宪政具体制度的特殊性,诸如议会主权、法律主治之类,论述者多矣,在此不再赘述。在此所希望考查的是这些近现代表现出来的特征得以产生的历史原因,毫无疑问,此项考查必须追溯到中世纪。实际上,从历史的连续性出发,近现代的种种宪制不得不植根于先前的历史,英国宪政史的发展,其独特品性也正是在中世纪形成的。

二、诺曼征服的重大影响

罗马帝国崩溃之后,中央权力衰落,尽管查理曼能够依靠个人的能力建立法兰克帝国,并且被认为是罗马的继承者,但在他死后,整个帝国在纷争中垮台了。对社会秩序的要求导致了封建主义的逐渐产生。

封建主义的最初目的在于一种可以维持的秩序,以结束混乱的状态,因此,其原始核心是一种政治——尤其是军事——上的关系;在公共权力无法维持的情况下,不得不通过一种私人的关系来维持正常的社会生活。这是一种个人之间的关系,一方是领主,承诺对封

---

① 布腊班特(Brabant),12 世纪时成为独立的公国,地域包括现在的荷兰南部和比利时北部。

臣进行保护，另一方是封臣，承诺为领主提供各种服务，其中最初的核心义务就是军役，封臣将要为领主而战，而双方必须通过宣誓效忠的仪式达成一种契约。

在当时的骑士制度下，提供军役的成本并不低[1]，于是封臣就"保有"领主的土地，以土地的收入提供军役。因此，就产生了封建主义的另一个要点——土地的分封。当时土地是唯一有重要实效的财产，实际需求的并非土地本身，而是土地收入提供的军役成本。如此逐渐形成了封建主义。

在封建关系中，领主与封臣之间并不是一种纯粹的臣属关系，领主对于封臣也承担义务，必须保护封臣，不得抛弃；封臣则必须为领主作战，同时还可以享受各种封建权利。理想的封建制度的特征首先是封臣和领主之间形成一种个人的契约关系；其次就是封建权利义务的确定性，封土的保有、领主对封臣的保护同军役和其他封建义务的交换。国王成为最高的封建主，直接受封于国王的封臣称为"直属封臣"(tenant in chief)，直属封臣再以同样的方式向下层层分封(再分封，subinfeudation)，直到直接占有土地的人；在底层则形成以农役保有土地的状态(socage)。整个社会通过土地分封和个人之间的忠诚关系连接在一起，"公共权力"既然不可实行，就只好通过公权力的私人化维持地方上的秩序；而政治权利享有的前提是财产(土地)和等级而不是人的自由状态。封建国家的特征表现为一种权力的分散化。

在实践中，没有哪一个国家能够完全达成理想的封建主义制度，英国、法国、意大利以及日耳曼地区都由于各自历史状况的差异形成了不同的封建主义状态。在法国的情况被认为是比较典型的封建制度，地方贵族权力膨胀，国王被架空；地方上强大的贵族中就包括了诺曼底公爵[2]。

---

[1] 骑士的装备包括马匹(4匹战马、4匹普通马)、剑、长矛、盔甲以及战斧等等。See *The Cambridge Medieval History*, Vol. VI, Cambridge, 1921, pp. 808–809.

[2] 诺曼人获得这片封地实际上也有赖于法兰克中央王权的软弱。See Lynn Thorndike, *The History of Medieval Europe*, Cambridge, 1928, p.219.

(一) 英国:前诺曼时期

英国在诺曼征服前仍然保持了相当多的日耳曼因素,罗马人对于不列颠的征服相比法兰克人对高卢的征服对于日耳曼原始因素的影响要小很多。在盎格鲁—萨克逊各王国(以及部落)中,保存了日耳曼的"从士"制度,一些职业武士效忠于首领,为他战斗,称为"*gesiths*"。此后这种人身关系也开始演变为某种土地占有关系,出现了"赛恩"(thegn)①。赛恩仍然需要承担某种战争的义务,但这种义务越来越多地演变为一种附随于土地的义务。赛恩并不具有封臣的性质,他的出现更大程度上仍然是"从士"固定于土地的现象,当时不仅国王而且各个贵族也拥有自己的赛恩。如果赛恩去世,还要向主人缴纳一笔费用,一种类似于军费的"贡赋"(heriot),这种形式近于封建制度下的"继承金"(relief)②。

盎格鲁—萨克逊时代的土地分为"习惯地"(folcland)、"封地"(bocland)以及"租赁地"(laenland)。③ 习惯地是通过"超越记忆"的习惯保证其权利,而封地则是国王或贵族分封的土地,但这种分封并没有导致封建的效忠关系和相应的义务。习惯地和封地都可以出租而成为租赁地,这种租赁形成的是一种"永佃"关系,因为土地的拥有者和实际进行耕作的人都希望这种关系能够稳定而持久,这对于双方都是有利的,在当时的记录中我们很少能够发现设定固定期限的租赁地。④ 另外,这一时期还产生了半自由的农奴(villein)阶层以及农奴制度(villeinage)⑤。

---

① 关于赛恩的一般标准:"如果一个底层自由民发了财,以致他拥有了足足五海德的土地、一个教堂、一个厨房、一座钟楼以及一处要塞,另外在国王宫殿里占有一席之地和特殊的职位,就被称为赛恩。"〔英〕肯尼思·O. 摩根主编:《牛津英国通史》,王觉非等译,商务印书馆1993年版,第112页。译文有修正。

② 由于封建关系本质上是一种个人之间的效忠关系,因此理论上不能继承,实际发生继承时,继承封土的继承人需要经过重新宣誓效忠,并且向领主交纳一定的费用,即relief。

③ See L. B. Curzon, *English legal history*, M&E, 1979, p. 8.

④ See F. W. Maitland, *The Constitutional History of England*, Cambridge, 1911, p. 150.

⑤ 关于英格兰农奴制度的问题非常复杂,限于篇幅此处不作讨论。

我们可以发现,在诺曼征服前,盎格鲁—萨克逊的不列颠已经开始出现某种封建主义的萌芽,当然,这种萌芽距离理想中的封建制度还相当远。国王在一定程度上并不是世袭的,而是通过"贤人会议"(witenagemot)推举产生——或者,至少需要构成贤人会议的大贵族们的支持。而封建采邑也还没有正式出现,至于贤人会议,也不是根据封建权利义务召集的会议。到了忏悔者爱德华(Edward, the Confessor)的时代,英格兰开始产生一种地方贵族权力增大的倾向,突出表现在私人司法权力的泛滥。

英格兰似乎要走向法国的封建主义模式,但是诺曼征服对此产生了极其重大的影响。

(二)诺曼征服与英格兰的封建主义

诺曼征服在整个英国历史,尤其是在宪政史上极其重要,从这开始我们将考察英格兰独特的封建主义以及它所造成的影响。

1066年忏悔者爱德华去世,据称他曾经许诺将王位传给诺曼底公爵威廉,而贤人会议则推举威塞克斯伯爵哈罗德为英格兰国王(抑或是爱德华临终改变了想法)。威廉随即率军进攻英格兰,在黑斯廷斯战役中击败并杀死了哈罗德,并于圣诞节在威斯敏斯特大教堂加冕为王,是为"征服者"威廉。

征服之初,诺曼人相对于被征服的盎格鲁—萨克逊人在人数上处于相对的劣势,因此威廉急需建立一套稳固的体制。在此之前,诺曼底已经受到了法国封建主义的影响。诺曼人入侵法国北部并最终定居下来成为法王的封臣之后,很快学习了法兰克传统下的封建制度。不过,诺曼底的封建制度已经显现出其中央权力的强大——所有的各级封臣都必须向诺曼底公爵宣誓效忠。诺曼人由此建立了一种在当时欧洲最有效率的政府机制,人们也经常提到所谓"诺曼人的行政天赋"。

诺曼征服之后,在英格兰也就开始了封建化的过程。武力征服的便利之处在于,能够尝试一种理论上的理想形态:在封建主义的发源地区,即原先法兰克帝国的疆域,由于封建制度是历史地发展起来的,因此土地保有关系并不完全符合封建的等级性分封,存在一些不属于封建体制的土地,显著的如德意志地区的非封建的土地。① 威廉将征服得到的土地分封给自己的亲信,这些人就成为他的直属封臣,而对于底层的民众,"被征服"的感觉并不强烈,因为看起来只是过去的盎格鲁—萨克逊土地贵族换成了新来的诺曼人——但事实上性质已经发生了很大的变化,形成了封建的土地保有(tenure)。

另外,原先的"习惯地"则全部成为国王的领地。为了加强统治,威廉要求所有的封臣——包括所有通过再分封获得封地的下级封臣都向国王宣誓效忠。② 在这种情况下,诺曼征服后的英格兰所有的土地保有都源自于国王,英格兰的土地法表现为很强的封建性质,甚至到了近现代这种性质仍然存在。因此,在一定程度上,诺曼人得以在英格兰实现封建主义的理论理想:"任何人都必须有自己的领主。"

但是,英格兰建立起来的这种诺曼封建制具有非常特殊的状态。一方面,在土地保有方面实行了完全的封建分封,所有的土地都纳入到一种封建体制之中;而另一方面,这种封建体制仅仅限于土地、私法方面,在政治上,国王的权力非常强大,在当时的西欧英格兰的王权是最强大的。

前面已经提到过,封建制度很重要的一点就是司法权力附随于土地,封臣有义务出席领主的法庭;"任何人都必须有自己的领主"最初的目的也在于维持社会秩序,某人一旦犯罪,领主就要负责向法庭提交人犯。然而在诺曼征服后的英格兰,一种通行全国的王室司法体系很快发展起来了,尤其是在亨利二世治下,"普通法"以及普通法法院得到了决定性的发展。

而盎格鲁—萨克逊时代的地方法院(郡法院和百户区法院)也得到改造,由国王委任的"郡守"(Sheriff)主持(尽管很多郡守不得不从地方显贵中选任);领主们的封建法院一方面遭到王室法院的

---

① See F. W. Maitland, *The Constitutional History of England*, Cambridge, 1911, p. 156.

② Ibid., p. 161.

压制,一方面又遭到地方民众的反对(出席领主的法院参加案件的审理实在是一种负担,而救济又不能方便快捷、充分地获得),于是很自然地衰落了。12世纪国王的巡回法官①巡游全国各地,审理各地的案件,促成了中央法院、普通法以及职业法官阶层的形成。

同时,诺曼以及金雀花王朝诸王还建立起了全国性的财政机制,很早就设立了财政署(Exchequer),负责管理国王的各种收入、审查监督地方上各郡守财政工作的情况。

诺曼封建主义表现出一种双重性,一方面是土地(财产)方面的较为纯粹的封建制度,另一方面,在政治、司法等方面又表现为极为强大的中央王权,这种特性对于英格兰宪政的发展产生了很大的影响。

诺曼封建制在土地方面的较为严格的封建制度使社会秩序较为稳定,同时不至于产生混乱的土地关系(在当时就是最重要的财产占有关系);在大陆上则存在一些封建体制之外的自由土地,或者一片土地重复分封,造成各级封臣之间层级不明,地方上的大贵族趁机攫取大权而自重。

所有的封臣均须向国王宣誓效忠,使得国王可以控制所有的地方贵族,而在法国,地方大贵族完全架空了国王的权力。从封建主义的理论上讲,再分封的封臣只对自己的直接领主负有效忠义务,因此一旦自己的直接领主同再上层的领主发生争端,他就必须仅仅忠于自己的领主,所以国王完全可能遭到直属封臣以下各级封建主的反对。由于封建义务中军事义务占有极其重要的地位,封臣必须为自己的领主战斗,因此在这种情况下,国王也可能遭到下级的武力攻击。另外,各级中层领主无休止的相互进行私战,在大陆上造成了社会秩序的严重不稳定。在英格兰,社会秩序一直处于相对良好的状况,而如果社会无法保持一种有秩序的状况,试图对权力进行有效的、法律化的限制也是不可能的。

诺曼人的管理天赋表现在中央司法体系的建立上。普通法的特

---

① 最初巡回法官在地方上并不专事司法工作,而是审查各种政府工作。

性在于,一方面实行了中央化的司法体系,而在法律内容方面则通过法官们的司法活动逐渐融合了各地的习惯,使地方习惯成为一种通行的法律,如此既保证了国家统一的司法体系,又使底层的民众不至于产生"此法非我族类"的强制实施的印象,可以保证人民的接受。而在大陆上,由于地方贵族势力强大,封建领主司法横行,统一的中央司法无法实施,最后不得不依赖于复兴罗马法以获得一种"共同的法律"(*Jus Commune*),而罗马法的性质则容易倾向于一种绝对主义的专制统治①。

封臣重要的封建义务之一就是出席领主的法庭。按照封建主义理论,国王法庭应当由所有的直属封臣组成。在英格兰,由于外来征服的影响,威廉将许多土地直接分封给他的亲信,有些人甚至是他的内侍而非贵族,或者并不是黑斯廷斯战役的参战者,②于是造成英格兰的直属封臣有500人之多(尽管有些直属封臣只保有相当少量的土地)③,因此英格兰的"王廷"(Curia Regis/King's Court,也译为"御前会议")实际上从来没有按照封建主义的政治制度进行运作。

王廷的组成人员相当复杂,包括僧俗贵族、国王近臣等等,及至议会发展,地方民众和下级教士的代表也得以加入,英格兰的政府机制得以从王廷向代表社会各阶层的议会转变。如果当初王廷严格按照封建制度,仅仅由国王的直属封臣组成,则很有可能像法国那样,形成僧俗大贵族垄断社会权力压迫底层的情况。而如果国王的权力非常衰落,地方贵族不受限制,也就无法(或者没有必要)产生限制中央王权的机制,也就有可能像法国那样,在王权兴起之后无法进行制约,贵族只得依附于国王,倒向绝对主义的专制体制,再不得不通过底层的暴动彻底打碎整个结构。

---

① 梅特兰认为罗马法迟早会带来绝对主义的专制制度,而英国的普通法及其法律家阶层有效地阻止了这种情况的发生,在大陆上复兴罗马法和绝对主义则大行其道。See F. W. Maitland, *The constitutional history of England*, Cambridge, 1911, pp. 21 – 22.

② See Frank Barlow, *The Feudal Kindom of England 1042—1216*, London, 1955, p. 114.

③ See M. H. Ogilvie, *Historical Introduction to Legal Studies*, Toronto, 1982, p. 34。另说1400人,见阁照祥:《英国贵族史》,人民出版社2000年版,第35页。

三、中世纪英格兰中央政府机构的演变

（一）诺曼征服之前

英格兰曾经被罗马人征服，作为罗马的一个行省存在了5个世纪之久，但是罗马人对于不列颠的控制并不强，当罗马自身遭遇种种危机、在日耳曼边疆无法坚守的时候就不得不放弃不列颠。接下来则是日耳曼人侵入英格兰的历史，包括盎格鲁人、萨克逊人以及朱特人等，在公元600年之后形成了"七国时代"，建立了肯特、威塞克斯、诺森伯利亚、麦西亚等7个日耳曼王国。

这些日耳曼王国是从血缘部落发展而来的，因此这些国家并没有构成一种"领土国家"(territorial state)，而是依靠血缘关系将人民联结在一起；国王们统治的是人民而不是确定的区域，因此，与其称奥法(Offa)为麦西亚国王(King of Mercia)，倒还不如称其为麦西亚人的国王(King of the Mercians)更为确切。[①]

盎格鲁—萨克逊时代的中央政府机关仍然带有中世纪普遍存在的"私人"性质，国王的王室内府(Royal Household，实际就是一套私人班子，最初负责国王的家庭生活)负责协助、建议国王处理各种日常政务，而"贤人会议"则是各僧俗贵族参与的大集会，带有某种公共性质。

贤人会议由国王主持。贵族，包括大主教、主教、地方上的伯爵以及其他一些贵族，偶尔也有自治市镇(borough)的行政官以及村镇的长官之类的人，往往因为一些特殊的原因出席(比如需要直接向国王请求司法救济)。而整个会议没有平民阶层的直接参与。贤人会议负责制定法律和决定征税等重大事项，并且充当各种案件的最高上诉审理机构；另外，理论上有权选举国王，在国王存在不当行为时将其罢免(尽管此项权力很少有行使的记录)。[②] 当时，从形式上

[①] See M. H. Ogilvie, *Historical Introduction to Legal Studies*, Toronto, 1982, p.7.
[②] See Edward Creasy, *The Rise and Progress of the English Constitution*, London, 1867, p.51.

看国王并非世袭传承,而是由贤人会议决定①;当然,国王个人的能力也有很大的影响,在强有力的国王面前贤人会议不会有太多的自主决定权。

贤人会议的性质类似于日耳曼早期的民众集会或贵族会议,对于要处理的政府工作并没有分类,处于一种较为原始的阶段;而这种会议也并不是封建性质的,前面也已经提到过,封建会议(包括法庭)是由领主的直属封臣构成的,当时的英格兰虽然已经出现了某些封建主义萌芽,但并没有产生封建制度。

(二)诺曼征服与王廷

诺曼征服对于英格兰的政制产生了重大影响,诺曼人的行政天赋表现无遗,中央政府机关不再是贤人会议(当然,这种转变不是在一天之内发生的)。诺曼人设置了"王廷",这种机构看起来与盎格鲁—萨克逊时代的贤人会议相似,但其更直接的来源则可能是诺曼底的"公爵廷"(Curia Ducis)。关于王廷,可能存在两种形式,一种是由众多贵族(直属封臣)组成的"大会议",参与重大事项的讨论决定,并不是经常召开;另一种是由国王的近臣(主要是内府成员)以及一些国王特别征召的贵族组成的规模较小的"小会议",负责日常的政府工作,基本上是一种常设的机构。

前面已经提到过,诺曼征服之后英格兰形成了非常特殊的封建主义制度。按照封建主义理论,王廷(大会议)应当由国王所有的直属封臣组成,但是在英格兰直接受封于国王的人非常多,以至于实际上不可能召集这样大规模的会议处理政务。于是才有了小会议的设置,其组成人员包括宰相(Justiciar)、中书令(Chancellor)等,而国王的内府官员仍然起到很重要的作用。需要注意的是,当时并没有严格区分作为直属封臣大会的"大会议"和常设机构"小会议",而是用"王廷"的名称涵盖了两者,两种会议所作的决定都是以王廷的名义发布的。

---

① 甚至在诺曼征服之后,威廉为了巩固政治权力,也不得不声明遵守原先的一切法律,而诺曼王朝的几位国王(至少在形式上)是通过贤人会议产生的。

对于封建贵族而言,出席领主的封建会议(法庭)并不是如现在进入议会那样的荣耀功绩,而是一种义务、一种负担。当时的贵族们(包括国王)不存在"国家利益"的观念,他们所关心的只是自己的私利。王廷的性质并不明确,它承担的是各种政府运作职能,可以决定各种问题,包括财政的、行政的、军事的以及司法的工作。贵族们参与中央政府是希望尽可能保护自己的利益,国王则希望通过中央的力量对地方进行管理。诺曼人创建的是一种强大的封建王权,他们有能力控制政治上的封建主义分裂态势,实施中央化的政府管理,他们能够倚仗的工具并不是现代的官僚政府,而是一种封建性会议和私人性官员的混合体。

(三) 王廷的分化发展

可以看出,王廷是一种行使各种权力的中央机构,但对于诺曼人的行政需要而言,这样一种未区分职能的机构显然不能满足效率的目的。于是王廷开始渐渐产生职能分化,设置许多新机构以承担不同的政府工作。

财政署 财政署是从王廷最早分化出来的机构,最早的纪录始于1118年。当时国库设在温切斯特(Wincester),需要接受各地贵族及郡守上缴的赋税,于是就分化出财政署专事管理。财政署下署(lower division)负责收款、检验货币成色等工作,上署(upper division)则负责解决债务纠纷。财政署的长官最初是政法官(Justiciar),后来由国库长(Treasurer)接替;另外,由于国玺亦保存在国库,因此中书令(后来成为大法官)也常在财政署工作。

财政署法院(Court of Exchequer)的出现则相对较晚。首先是因为财政署负责处理债务纠纷的官员最初并不是职业法官而是一些一般官吏,称为"财政署男爵",后来由于司法事务增加,这些男爵往往从律师中选任。其次,财政署所管辖的债务纠纷,理论上限于国王为债权人的案件,14世纪时采用了一种拟制(fiction):假定原告为国王的债务人,由于被告欠债不还导致无法清偿对国王的债务,①于是财政署得以签发令状受理一般案件,成为三所普通法法院之一。

另外,由于普通法法院的法官们常常在财政署内廷讨论疑难案件、各种法律问题以及相关财政署工作的各种事务,因而逐渐形成了一种"财政署内廷法院"(Court of Exchequer Chamber),负责讨论疑难案件或者对错误判决进行纠正等。

巡回法官 诺曼征服之后国王就开始向各地派出特别的"皇家巡按使"(Royal Commissioners)以代替国王四处巡游处理政务,后来演变为巡回法官。到了亨利二世时期开始形成定期巡回制度。这些巡回法官是从王廷直接派出的,代表国王受理一切王廷有权管辖的案件,所以实际上当时巡回法官不仅处理司法工作,同时还在地方上管理各种政府事务。巡回法官对于中央司法系统的建立贡献甚多。

普通诉讼法院(Court of Common Pleas) 王廷的司法职能开始分化。对于普通诉讼②案件的处理最初也有赖于国王,由随同国王巡游的法院管辖,此后则出现了在某一特定地点审理普通诉讼案件的法院机构。《大宪章》就规定了普通诉讼法院必须固定在某一地点。亨利三世时期这种法院开始拥有自己的独立卷宗档案,1272年普通诉讼法院大法官被任命(Chief Justice of the Common Pleas),标志着普通诉讼法院正式形成。

王座法院(Court of King's Bench) 王座法院在普通诉讼法院出现一个多世纪之后才形成,它同最初的王廷以及稍后的咨议院(King's Council)存在较为密切的联系。其雏形是一种随同国王巡游各地的机构,被认为是"在国王面前"工作,仍然同王廷一样处理

---

① 参见〔美〕坎平:《盎格鲁·美利坚法律史》,法律出版社 2001 年影印版,第 36 页。

② 普通诉讼(common plea)同国王诉讼(crown's plea)相区别。后者是指同国王利益直接相关的案件,包括国王为一方当事人的民事案件,同时由于重大的刑事案件被认为侵犯了"国王之安宁"(King's peace),因此也属于国王诉讼;其余的案件,包括臣民之间的民事案件和一般刑事案件则属于普通诉讼。

各种政府事务。普通法发展起来之后,各方面的需要都促成了独立法院的形成,到爱德华一世时这种分化越来越明显,最终成为一所拥有强大权力的普通法法院。当然,在这个过程中王座法院同咨议院的关系仍然非常紧密,并非三言两语能够说明。

中书省(Chancery)和大法官法院(Court of Chancery) 中书省较早时候就从王廷中分化出来,最早的纪录始于1238年。它是一种秘书机构,负责起草各种文件,中书令(Chancellor)是所有政府部门的秘书官①。同时中书令在财政署也承担了许多工作,直到财政署设置了自己的长官。

中书令掌管着国玺,任何重要的文件都必须加盖国玺方能生效,因此令状也须如此。由于普通法诉讼程式(forms of action)的关系,启动诉讼必须首先得到一份令状,因而不得不经过中书令的审查,于是中书令就享有了相当大的司法权力。议会兴起后,令状制度渐废,但中书令却获得相当的自由裁量权,在普通法缺乏救济手段时实施正义,于是中书令渐渐从一种文秘官员发展为司法官员"大法官",也就出现了大法官法院,次第发展出衡平法。

中书省同咨议院的关系也相当密切,中书令同时也是咨议院的首脑。所以在相当长的时间内,大法官法院并不是完全独立的法院机构,一直到发生进一步的分化,咨议院的司法权力界限明确时才开始形成独立的法院。

议会(Parliament) 最初,议会是指一种各阶层共同参加的会议,这种会议有别于由封臣组成的封建会议。但是这种转变并不是一蹴而就的,早先议会同咨议院仍然结合在一起,咨议院是议会的核心,行使相当大的权力,也就是说,"议会"出现时并没有形成一种确定的机构,而只是一种"会议"。其中国王仍然占有重要地位,但是已经开始同咨议院区分。咨议院直接代表了国王本人的意志,由国王的官员们构成,而议会则代表了贵族和平民的意愿,二者之间的矛

---

① 因此早期的中书令都是教士,因为当时只有教士阶层接受了完备的教育,能够精通拉丁语以及诺曼法语,承担撰写文件的工作。

盾导致了上下议院的紧密合作以对抗王权。

咨议院(Council) 咨议院可以被视为王廷的直系后裔。王廷没有明确的政府职能划分,在财政署和普通法法院独立之后,仍然存在大量模糊的权力,这些权力都存在于咨议院之中。此后中央机构进一步分化,导致议会作为立法机关获得了独立的地位,形成了作为最高权力者的"君临议会"(King in Parliament)。因此,咨议院逐渐演变为一种行政性质的机关。不过,在中世纪司法同行政的区别并不像现在那样泾渭分明,咨议院仍然拥有一部分司法权,这些权力首先有部分转由大法官法院行使,此后则分化出两种咨议院,其一属于法院性质,后来即称为"星宫法院"(Court of Star Chamber);其一则为行政机关,即后来的枢密院(Privy Council)。

后来咨议院在全英格兰的司法权被废除,但随后英国殖民地大增,司法权力不得不由枢密院行使,19世纪则通过设立枢密院司法委员会专门管理殖民地的上诉案件。

不难发现,王廷的分化,最初是在一些强有力的国王治下发起的,其目的在于提高中央政府的效率。但是随着机构分化的逐渐展开,一方面,官僚体系的形成,本身产生了一种制约;另一方面,国王能够直接控制的机构范围逐渐缩小,最初的王廷完全处于国王的监控之下,但随着财政机构、司法机构的分离,尤其是议会的产生以及平民代表的加入,国王能够直接控制的机构仅限于咨议院(后来是枢密院)。即便如此,贵族们仍然不断地试图控制和影响咨议院的人员组成和工作,国王能够完全信赖的人是自己的内府官员(即便如此,贵族们也甚至一度试图侵入到内府官员的选任过程),不过在14世纪,国王最终还是比较有力地控制了咨议院。

当然,需要注意的是,中世纪的政府运作在很大程度上依赖于个人的能力,如果国王的能力比较强,很可能完全控制多数的政府机关,但如果个性软弱、无法完成对各方力量的协调控制,也就可能失去很多权力,最明显的例子就是约翰。

从这个发展过程来看,首先是一种中央政府发展的过程,能够对全国(各地方)的政府事务进行有效的控制;但在此过程中,机构分化和贵族的斗争使中央政府机构本身发展出了许多限制国王权力的途径。尽管贵族们在很大程度上倾向于恢复一种旧式的封建关系,但也正是这种封建权利义务限制了绝对主义王权的发展。

(四)《大宪章》与中央机构的分化

我们可以看到,所有的中央政府机构几乎都是从最初的王廷分化发展出来的(除了议会中的下议院)。在这个过程中,政府仍然保持了中央化的趋势,但同时开始出现了职能和机构的划分,财政、立法、司法、行政的分化取代了未分化职能的王廷。

《大宪章》是一个显著的标志,在此之前金雀花王朝的各位国王都是强大王权的坚决实施者,而到约翰时,由于他本人不能像几位先祖那样能够压服贵族,因而不得不对此作出重大妥协。贵族们希望恢复一种封建秩序,但是他们显然也从有效率的行政中获益匪浅,因此对于中央政府的分化并不是要求恢复原状,而是要在其中加入限制国王权力的约定。这种情况使王权受到了种种限制,或者至少产生了多种限制王权的可能机制。法院虽然处于国王的控制之下,但毕竟形成了独立的机构和法律家群体,否则很难想象会出现科克与詹姆士一世进行对抗的场面。后来议会的发展产生了民主(选举)和代议制的因素。

《大宪章》本身具有两种性质。一方面,它仍然属于封建领主同国王斗争的产物,也就是说,它的目的是恢复一些封建性的权利,而不是帮助加强中央控制;另一方面,由于封建领主们同样也深切感受到中央(尤其是司法)权力的有利之处,因此,领主们力图维护自己的自由和权利,迫使国王签订协约保证不以专断权力侵犯臣民的权利。

举例来说,《大宪章》第 14 条规定,如果国王想要征收常规税种以外的特别税,就必须召集大会进行讨论,以期获得臣民们的同意。这一条规定实际上明确了中央政府的分化,王廷被区分为具体执行的官僚和参议贵族两种性质的会议,由此产生出具体的执行机关和主持大局的议事机关,后者最终形成了议会,前者则进一步分化出咨议院、王座法院等等。

《大宪章》第 17 条规定,普通诉讼法院不受封建领主法院的影响,但应固定在确定的地点。最初国王的治理方式仍然是四处出巡,到理查德一世和约翰的时候王廷已经渐渐发展出专门听审普通诉讼的机构,但该机构并不在王廷中跟随国王出巡,而是设在威斯敏斯特。本条实际上确定了普通诉讼法院为固定的法院,从而使其成为纯粹处理司法工作的法院。第 18 条强调,特定的普通诉讼应当在地方上处理以满足地方管理的需要,而不是送到王廷处理。同时规定了三种占有令状(possessory assize),相关案件须在事发地的郡审理,每年开庭四次,由本郡指派四名骑士协助两名法官审理。这实际上是强化了亨利二世的中央化改革措施。

关于臣民的自由和权利,则规定于第 39 条,即著名的"同级审判":自由人涉案时有权要求与自己同一等级的人进行审理。领主们在此要求的是一种封建式的审判,而不是统一的中央司法,并且他们不把任何王室法官视为自己的同级。后来上议院的审判权力也被认为渊源于此。本条实际上确定的是"未经法律的正当程序(due process of law),个人的自由、财产不受侵犯"的原则,它是一条重要的宪政原则。14 世纪时也是通过对《大宪章》作如是解释,从而进一步推动了宪政的进程。而议会和普通法的法律家们将其解释为"普通法的正当程序"(due process of the common law),以此对抗国王的咨议院和中书省。

因此,从《大宪章》中我们同样可以看到两种因素,即中央的政府机制以及对个人自由与权利的保障。当然,《大宪章》本质上还是封建性的,领主们在谈论"自由人"的时候,绝对不会想到农奴、平民甚或较为下层的自由人,他们也没有清楚地意识到中央政府的意义,他们所追求的只是恢复(私人性质的)封建权利,抵抗国王的暴政。但是从中反映出来的,恰恰是英格兰的某种特殊性。

西方宪法史

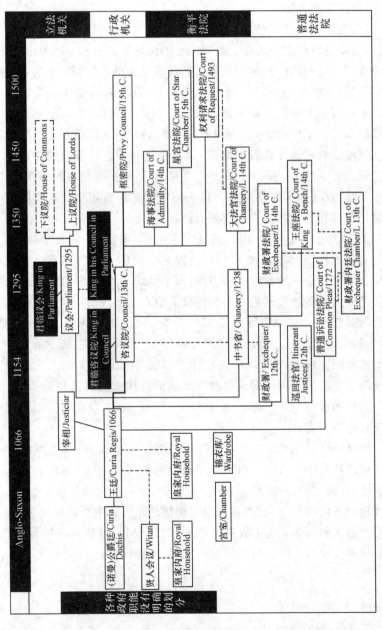

中世纪英格兰中央政府机构的演变

四、治安法官

诺曼征服之后,国王在地方上任命了郡守(sheriff)管理当地政府工作、负责主持郡会议/法院(County Court)。郡守的任命权虽然由国王掌握,但在很大程度上不得不倚重当地的贵族,以取代盎格鲁—萨克逊的体制。因此,国王越来越觉得无法依靠郡守来保障自己在地方上的权益,于是到了12世纪末国王设置了"监督官"(coroner)[①]以监督郡守的工作、保障国王的利益。但是由于监督官是通过地方上选举产生的,所以时间一长也不能对国王利益起到很好的管理保护作用,如此才渐渐产生了"治安法官"(Justice of the Peace)[②]。

12世纪末,曾经要求地方上选任当地骑士以维持治安,负责监禁囚犯等工作;13世纪中期设置了"治安护卫官"(Custodians of the Peace);爱德华三世时则设置了"治安保护官"(Conservators of the Peace 或 Keeper of the Peace),此后不断加强其权力,甚至可以惩治郡守及其属员的不法行为。

1349年黑死病袭击英格兰,造成大约一半的人口损失,劳动力大减,工资飞涨,于是《劳工条例》(Ordinance of Labourers)限制工人漫天要价,同时设置劳工法官(Justices of Labourers),基本上是由治安护卫官兼任。1361年在各郡任命地方上的头面人物,由精通法律者辅助,负责维持治安、捕捉逃犯、拘禁嫌疑犯以及审理当地的重罪(felony)和侵害(trespass)案件,并确定每年开庭四次。此时这种官员不再称治安保护官,而改称"治安法官"(Justices of the Peace)。

治安法官的人数每郡为6~8人,需要在本地拥有一定的地产(此项限制到1906年才取消)。最初治安法官有一定的薪金,但逐渐消失,成为一种不带薪的职位,而且就任时还需要宣誓、另交纳一

[①] Coroner最初拥有各种权力,到了现代仅剩的权力是调查不明原因的死亡事件,因此就演变为"验尸官"。

[②] Justice of the Peace旧译"太平绅士",似乎更接近其最初的含义。

定的费用。治安法官是当地的乡绅、骑士,并非法律专家,审理案件所需的法律专业知识有其书记官(Clerk of the Peace)提供。治安法官的选任权完全掌握在国王手中,议会曾经屡次企图染指这一权力,均以失败告终。

治安法官的职位属于乡绅阶层。在13、14世纪,英格兰的乡绅开始逐渐发展。乡绅们往往购买没落贵族和修道院的地产,逐渐壮大经济实力,实际上形成了一种有力的中产阶层。英格兰的中央权力并未对其失去控制,而是把乡绅尽量纳入到中央化的司法行政系统中来,并且利用治安法官进行底层的政府管理。

科克称治安法官制度是所有基督教国家中最为出色的制度。① 培根则认为治安法官制度使贵族和乡绅阶层得以紧密结合在一起,形成一种联合,并使贵族不至于沉湎于尚武斗狠,从而不谙政事。②

英格兰的这种治安法官制度,一方面维持了中央权力,使地方贵族无法形成势力;一方面又并没有直接向底层派驻中央官吏,而在某种程度上却维持了底层的自治;另一方面使乡绅阶层在行政和司法工作中获得了极大的锻炼,成为议会的合格成员,使议会处理政务的水平得到了保证。通过观察治安法官的发展,我们也能够看到英格兰宪政在这一时期发展的某种特性。

五、中世纪英格兰宪政发展的一些特性

英格兰中世纪宪政的发展同其他国家相比显得非常特殊,也造成了近现代独特的宪政体制和传统。

首先,英格兰的封建主义非常特殊。英格兰的封建制度存在一种分裂状态,也就是土地(财产)状况与政治制度的分裂。由于英格兰的封建主义并不是由崩溃的大帝国衰败而产生,而是通过诺曼征服人为导入,同时又保留了大量日耳曼传统,因此,土地的封建化较为彻底,但政治制度却维持了一种高度的中央王权。由此,中世纪的

---

① See Holdsworth, *History of English Law*, Vol. 1, London, 1956, p.285.
② Ibid., pp.291-292.

英格兰在实现封建主义的同时维持了强大的中央权力,这也是各位国王进行中央化制度设置的基础。

但是这种中央权力又不足以对贵族形成全面压倒性的优势。根据《末日审判书》(Domesday Book)记载,当时全英格兰岁入总计73000镑,其中国王的收入有17650镑,教会的收入为19200镑,所有贵族收入总和为30350镑。① 从这些数字可以看出,国王的收入相比任何一个单独的贵族,哪怕是最大的贵族,都具有决定性的优势,因此如果贵族们试图对国王进行限制,主张自己的权利,就必须联合起来,形成一种国家层面的联合态势;而这种联合一旦真正形成,国王就会处于下风。

从历史上看,英格兰的贵族暴动,凡是单独的或联合不力的必定要败给国王,但是如果大量贵族进行联合,比如约翰面临的情况,国王就必须作出妥协。另外,当商业发展之后,地方上的乡绅和城市市民阶层也形成了一种不可忽视的力量,这也是他们得以进入议会的根本原因。

其次,在中央化的态势展开之后,各种具体的制度受到封建贵族和国王两种力量的影响,往往形成妥协。就中央机构而言,由于中央化要求高效率,中央的各种政府机构开始逐渐发生职能分化,但分化产生的机构并非完全由王权控制,而是常常受到贵族的挑战。从《大宪章》中我们可以发现,贵族们反抗行动的矛头指向不断膨胀的中央王权,而在性质上属于封建性质,所要求的是传统的封建权利,但同时又希望从新机构所产生的效率中获益。

法院也形成了相对的独立性,普通法体系的巩固和普通法法律家群体的形成同样也可以被认为是中央化与权力限制的妥协:一方面用中央的司法体系取代地方的封建司法体系;另一方面,普通法法律家们又成为下议院的中坚力量。

在中央化不断展开的过程中,贵族们发现他们的对手往往是出身低微(或者说不那么高贵)、效忠于国王的职业官僚,二者的争斗

---

① *The Cambridge Medieval History*, Vol. 5, Cambridge, 1929, p.508.

突出体现在机构之间的争斗,即议会与咨议院的矛盾。因此,在中央机构不断分化、中央化程度不断加强的情况下,始终存在一种限制权力的传统,而无论这种传统最初是出于何种目的,但对于现代宪政制度的形成都极其重要。

另外,在地方上,我们可以看到中央不断试图控制地方事务。郡和百户区设置的保留,用意在于防止地方权力陷于封建贵族之手,同时国王指派各种王室官员到地方上工作,以排斥贵族的影响。而这种地方上的政制(尤其是治安法官),处于中央化试图和地方贵族限制王权试图的争夺之中,逐渐有效地形成了一种沟通上层和下层的桥梁,维持了某种地方上的自治,所以丘吉尔才会说:"倘若威廉没有把郡和百户区作为积极有效的行政单位保留下来,那么除了贵族世家以外,就不会有别的力量能够抵制中央政府或与之抗衡。"①

再次,我们也有必要注意战争的影响。由于中世纪存在"国王靠自己过活"的理念,因此承担国家运作任务的国王(尽管在很多时候他也着眼于私利)必须自己承担战争的费用,尽管封臣们负有为封主征战的义务,但根据封建原则,承担这种义务的时间一般不长(通常是40天),而且在以缴纳货币代替服役的做法普遍盛行之后,实际上国王更需要动员整个国家的力量进行战争。

有学者总结中世纪中晚期国家发展的因果循环周期为:(1)军队的变革或膨胀;(2)国家榨取臣民资源的新措施;(3)新官僚机构和行政革新的发展;(4)臣民的抗拒;(5)国家强制的加强和/或代表会议的扩大;(6)国家汲取的数量持续增加。② 从这个顺序来看,军事行动的扩展需要更多的资源,于是一方面会有对政府运作效率的要求,促使新机构和行政改革的发生;另一方面也会引起贵族和平民对于榨取资源行为的反抗,结果导致国家强制和/或代议制的

---

① 〔英〕温斯顿·丘吉尔:《英语民族史》第 1 卷,薛力敏、林林译,南方出版社 2004 年版,第 147 页。

② 参见〔英〕迈克尔·曼:《社会权力的来源》第 1 卷,刘北城、李少军译,上海人民出版社 2002 年版,第 583—584 页,引梯利(Tilly)的论述(C. Tilly, ed., *The Formation of National States in Western Europe*, Princeton University Press, 1975, pp.73 – 75.)

加强。

我们可以对比英法两国的情况。英法两国在战争之前都属于传统的封建国家,所不同的是英格兰的王权非常强大,而法国的中央王权相对衰弱。战争造成的压力使双方都不得不动员一切力量,因此双方都出现了进一步的中央化状态,出现官僚机构发达的情形。在英格兰,贵族和平民趁国王召开议会要求征税用于军事目的时,就不断地对国王的权力进行限制,国王则为了获得战争资源,不得不进一步容忍议会力量的增长。而在法国,最初国王的力量相对衰弱,当战争的巨大压力产生时,中央化的过程使得王权不断得到加强,而贵族的权力则逐渐衰落,国王所获得更多的是对内强制力量的增长。

因此,在英格兰出现的情况是,最初强大的王权在中央化的过程中不断遭到限权机制的制约,并且催生出代议制的议会;而在法国的情况则是,最初衰落的王权在中央化过程中不断增长并获得强制力量,代议制的会议则并不盛行。英法两国的民族国家形态在战争过程中逐步形成,但英国在发展过程中所经历的是最衰弱的绝对主义国家,而法国的绝对主义则异常强大。这两种不同的发展路径与受到战争压力后的不同反应有相当大的关联。

如果我们不把历史视为一种单向的直线发展过程,那么我们可以看到,所谓宪政制度在整个历史过程中并不是一种普遍的状态。现在所说的宪政,是在民族国家的背景下建成的,也就是说,首先需要有一种有效的国家机器实施公共性的管理,再进一步存在种种限制权力、相互制约的政治安排。但是在传统国家向现代民族国家发展的过程中,中央化的效率诉求对于权力限制机制并没有必然的促进作用。在这个过程中,必须有一种微妙而脆弱的平衡。

中世纪英格兰的情况是,封建贵族足够强大——因此才得以抵抗金雀花王朝的专制主义,同时又足够弱小——不至于破坏国家的有效运作。[①] 由此才可以发展出权力平衡的机制,中央权力防止地

---

① See Bryce Lyon, *A Constitutional and Legal History of Medieval England*, New York, 1980, p.649.

方分裂主义,限权机制防止专制主义抬头,各阶层的合作则维护整个社会的相对稳定和底层的自由。而这种发展基本上将矛盾、斗争与妥协的展开限定在一种法律性的框架之内,种种社会问题可以通过某种法律机制解决,而不必诉诸暴力。社会各阶层都可以通过某种方法主张自己的权利(当然,并不完全平等),形成多元的利益集团,这一点对于宪政的发展也极为关键。

第五节　中世纪教会与宪政

一、早期教会

在讨论中世纪教会之前,有必要对教会的早期发展作些简要的说明。

基督教之所以有别于与其同时的各种原始宗教,并且能够获得巨大成功,原因之一就在于其教会组织。基督教强调的一神论和组织性与当时的其他宗教相比显然具有很大的优势。通过教会组织,基督教逐渐形成了一种共同体形态,而在此过程中存在两种趋向:其一是作为教会组成部分的底层个人共同体的建立及其完善;其一是这些小共同体在更大范围内的紧密结合。[1] 也就是说,基督教会的发展是一种私人性和公共性的共同发展。

因此,早期教会的发展很大程度上是一种地方共同体的形成过程,是一种将个人融合进团体的过程,并且逐渐产生组织。最初的教会组织相当简单,只是使徒率领教众的形式,但是也渐渐开始形成某种管理机构,可能是一种委员会,[2]这被视为执事团或者长老制的起源。[3] 此后在教会的建立过程中进一步形成了管理制度,保罗就曾

---

[1] See *The Cambridge Medieval History*, Vol. 1, Cambridge, 1922, p. 143.
[2] 《使徒行传》,6:3:"所以弟兄们,当从你们中间选出七个有好名声,被圣灵充满,智慧充足的人,我们就派他管理这事。"
[3] 参见〔美〕威利斯顿·沃尔克:《基督教会史》,孙善玲等译,中国社会科学出版社1991年版,第26页。

经提到教会的层级,即"使徒、先知和教师"①,以及"监督"和"执事"②。地方上的教会,通常是由监督掌握大权,一些长老和执事辅助工作。③当然,这时候的教会,大致上是一种地方性的宗教团体,而不是一种统一的教会概念。

统一的教会传统诞生于对异端派别的斗争之中,尤其是诺斯替主义④和孟他努主义⑤。尽管这些异端教派并没有被大多数教徒接受,但是对于基督教信仰和教会组织却构成了相当大的威胁,基督徒们不得不进行更紧密的团结,形成有效的组织进行抵御。谴责孟他努主义的宗教会议,可能就是教会史上最初的宗教会议之一。到了2世纪后期,基督教会开始被称为"大公教会"。"大公"(Catholic)基本上类似于哲学上所说的"普遍的"之类的概念。同时开始形成强有力的主教制度、权威的圣经、教会权威、标准的信经等制度,而这些都是在同异端进行斗争的过程中催生的。⑥

到3世纪时,开始形成主教和神职等级。主教享有非常大的权力,各大城市的主教权力尤其突出,逐渐对其他主教产生优势地位,进而形成一种管辖权,其中尤以罗马主教最为突出。另一方面则形成了神职等级,有所谓的"大品"(major orders)和"小品"(minor orders)之分。⑦如此,信徒和神职人员的区分促成了一种独立的教士阶层的产生。

---

① *The Cambridge Medieval History*, Vol. 1, Cambridge, 1922, p. 144.
② 《腓立比书》,1:1。
③ 参见〔美〕威利斯顿·沃尔克:《基督教会史》,孙善玲等译,中国社会科学出版社1991年版,第52页。
④ 诺斯替主义(Gnosticism)兴起于1世纪,强调一种神秘的"真知"(gnosis),否认基督的神性,并且认为由于现世的不完善,创造它的人必然不是上帝,而是一种较低位级的造物主;得救并非来自信心,而是在于获得真知。
⑤ 孟他努主义(Montanism)出现于2世纪,认为最后的审判马上就要到来,基督将会再次降临,要求实行严格的禁欲主义。
⑥ 参见〔美〕G. F. 穆尔:《基督教简史》,郭舜平等译,商务印书馆2000年版,第59—61页。
⑦ 参见彭小瑜:《教会法研究》,商务印书馆2003年版,第145—148页。

二、教会与国家的关系

基督教诞生于古罗马帝国,就性质而言,教会共同体的独立性足以引起他人乃至政府的猜忌,因此最初在处理教会同国家的关系方面相当谨慎。试图陷害耶稣的法利赛人就故意以此试探,而耶稣说:"恺撒的物当归给恺撒,上帝的物当归给上帝。"① 罗马最初表现出的也并不是一种极端敌视的态度,彼拉多在众人面前试图替耶稣开脱,最后几乎是为了避免发生动乱才不得已处死他。②

实际上,罗马帝国的宗教政策一直比较宽松,各民族的宗教都得到了接纳,被供奉于万神殿。而基督教的一神论导致教众对其他原始宗教的蔑视,进而甚至公然违反国家法律,不担任公职、逃避兵役等等。之所以会遭迫害,一方面出于他人的误解以及基督徒自身对异教的不宽容(因为基督徒自成小团体,有游离于国家之外的倾向);另一方面则在于罗马皇帝的性格,很多时候是由于皇帝本人的原因实施了迫害或宽容的政策。但是当罗马帝国衰落时,组织严密的教会游离于国家之外的态度就不再被容忍了。在这个过程中,教会虽然屡次受到打击,但最终的结果表明,它不断获得了加强。到了君士坦丁的时候,终于发布了《米兰敕令》,保障基督教会的地位,进而使基督教成为国教。与此同时,教会逐渐处于皇权的监控之下。

蛮族入侵、罗马帝国崩溃之后,帝国的整个行政体系完全衰败了,但是教会体系却并没有遭到破坏,在许多地方,恰恰是通过教会的努力保持了一定的秩序。当然,现实的情况是,教会(教皇)在意大利受到伦巴底人的巨大威胁,生活在刀剑的阴影之下。

当时诸多蛮族国家中,唯有法兰克王国信奉正统的基督教,其他则几乎都信奉阿里乌派③。克洛维皈依正统基督教后,法兰克王国同基督教会开始发生密切的联系,在国家的支持之下,传教活动开展

---

① 《马太福音》,22:22。
② 《马太福音》,27:11—26。
③ 阿里乌主义(Arianism)盛行于4世纪,反对三位一体说,认为圣子低于圣父,在蛮族中广为流传。

迅速。而当矮子丕平成为握有实权的宫相后,开始谋划取代墨洛温王朝的统治,为此他不但需要世俗的实力、贵族的支持,更需要积极寻求教会在道义上的帮助。通过努力,教皇扎卡留斯同意丕平的要求,并且由卜尼法斯为他行了敷圣油礼,同时由教皇司提反二世为他加冕。① 而墨洛温王朝的最后一个国王则被赶进了修道院。当然,作为回报丕平也击败了伦巴底人,所征服的土地则成了教皇国。

由教士为国王行加冕礼,这一事件的重要性在当时还没有完全显现,当时国王处于强势地位,并未太注意到加冕礼的象征意义。但是此后不久,教会的野心就显现出来了,它通过伪造的文件宣称君士坦丁大帝曾经将罗马城及意大利或西部整个地区交付给罗马教皇。

800 年圣诞节,教皇利奥三世在圣彼得大教堂为查理曼加冕,也有人说,实际上并非利奥授予查理曼皇帝位,而是查理曼成就了利奥的三重冕。对于教会而言,这实际上是个不小的突破。因为从理论上讲,罗马帝国的正统仍然在拜占庭,根据罗马国家形式,教会仍然必须听命于帝国。查理曼的统治,实际上建立在法兰克王国的王权之上,查理曼没有太大的野心,同时也没有必要置拜占庭于不顾而采用一种带有篡权性质的方式得到罗马的皇位。在教皇为查理曼加冕使他成为"罗马帝国的皇帝"的过程中,教会得以从旧式的罗马帝国体制中解脱出来,不再(至少首先在理论上)受到皇权的辖制。尽管从一定意义上讲,查理曼成就了教皇,但同时查理曼无法获得类似君士坦丁对教会所享有的巨大权力了。教皇的胜利在于,通过这样的行动,打开了通往"上帝之城"的大门,教会从此不再依附于国家。

在查理曼治下,教会制度进一步得到巩固,发布了多种法令:承认罗马教皇在教会中的无上地位;确认其权威直接来自于基督而非教会会议;确定洗礼、圣餐以及袍服必须遵照罗马的规定及习惯——在此,"罗马"一词已经不再是以往的政治历史概念了,而是用来指

---

① 参见〔美〕G. F. 穆尔:《基督教简史》,郭舜平等译,商务印书馆 2000 年版,第 164—165 页。

称教皇的权威;①此外还确认主教任命教区神父的权力;后来又承认教会享有什一税。由于什一税,加之教众不断将土地赠与教会,教会财产大增,甚至在加洛林王朝早期的法国就已经有 1/3 的土地属于教会。

查理曼死后,帝国很快陷入分裂,三个孙子瓜分了国土。在这种情况下,国家力量衰落,在北方无力抵抗诺曼人的攻击,在南部则不能防御萨拉森人的劫掠,甚至罗马的圣彼得大教堂也曾经被萨拉森人劫掠一空,稍后东欧和意大利又遭到东来的匈奴人的蹂躏。社会陷入动荡之中,中央权力衰落,安全和秩序无法得到保障,于是封建主义逐渐兴起,通过分封土地换取军役,以保障安全。在封建主义制度下,地方主义盛行,占有大量土地的教会也就陷入了一种新的不安之中。一方面,地方上的主教权倾一时、独断专行;另一方面,许多教士、修道院因为占有了封建土地而不得不成为领主的封臣,进而就必须承担各种世俗性质的封建义务,导致教会及其成员的世俗化。

三、改革:克吕尼运动和希尔德布兰

(一) 克吕尼运动

西方世界的隐修主义首先来自于 6 世纪时努尔西亚的本笃(Benidict of Nursia),他在卡西诺山建立了第一座本笃派修道院,并制定了会规,此项会规嗣后流传开来成为众多修道院仿效的范本。本笃的会规规定修道院院长享有权威,但重大事件须同全体成员商议,次要事件须同其中年长者商议;修士个人不得拥有财产;同时还规定了作息时间,包括礼拜、体力劳动、读书等等。② 但是随着罗马帝国的崩溃,本笃派的修道院,甚至连同隐修主义自身都急剧地衰落了。

到了 10 世纪初,禁欲主义的隐修精神开始复苏,出现了对修道院进行改革的尝试。910 年,阿奎坦公爵虔诚者威廉在阿奎坦和勃

---

① See Walter Ullmann, *The Growth of Papal Government in the Middle Ages*, London, 1955, p.110.

② See F. A. Ogg, ed., *A Source Book of Mediaeval History*, New York, 1907, pp. 84 - 90.

艮第交界处的克吕尼建造了一所修道院,建立时所颁发的特许状如下:①

  对于一切明智之士而言,上帝之神意已然指明:富有者可以施舍那些易逝的财产,以期对永恒的奖赏有所助益……我,威廉,伯爵及公爵,经过深思熟虑,鉴于来日方长,为本人安全之考虑,故决定:从上帝赐予我的财产中取出部分以维护灵魂的安善乃是明智、且绝对必要之举。本人此举乃是真心希望,对于财运亨通的我,当命运最终带走一切之时,不致遭到将所有钱财用于身外之事的斥责,而能够为自己保留下这一部分而重获欣喜。我最好还是遵照基督的诫命周济穷人吧。故我的献礼是持久而非暂时的,以自己的开销供给一种僧侣团体。愿我能够因此而称义,因为我已接纳了我所认为的义人,他们毫不将此世界放在心上,而我则无法做到对所有的一切毫不动心。

  故此,让一切生活于此信仰之联合体、等待着基督仁恩的人,以及一切将要存活至世界末日的后人们都知晓:出于对上帝及我们的救世主耶稣基督的爱,我向神圣的使徒们——即彼得和保罗——移交处于本人支配下的财产——克吕尼镇,包括法庭和采邑,以及为圣母所建的圣玛丽教堂以及为使徒之长彼得所建的圣彼得教堂,同时包括一切附随之物,即村镇、礼拜堂、男女农奴、葡萄园、田地、草场、树林、河流及其渠道、磨坊,以及所有的来自或不来自耕作收入和赋税,总之所有的一切。上述种种位于马孔郡或其左近,均有界标划定边界。我将所有上述财产给予前述使徒——我,威廉,及夫人瑛琪尔玻佳——首先系出自对于上帝的爱;其次为吾主奥多陛下、吾之双亲及余夫妻二人之灵魂——以拯救我等身体和灵魂;又及,亦为将此财产遗赠与在下的爱娃;亦为我们的兄弟姐妹、甥侄、及所有男女亲属;又为大公宗教之精进与团结。最后,因余等基督徒系由爱及信之唯

---

① See F. A. Ogg, ed., *A Source Book of Mediaeval History*, New York, 1907, pp. 247 - 249.

一纽带联结在一起,故使此捐赠归于所有人——所有过去、现在和将来的坚信正教者。

　　此外,我捐赠上述财产,系出于如下认识:在克吕尼,为表达对使徒彼得和保罗的敬意,将要修建修道院一座,使僧侣们能够按照圣本笃的会规聚集、生活,并可一直占有、收益上述财产。不过,既然如此,那祈祷者的庄严居所就应当虔敬地时时充满誓愿和祷告之声,而那同上苍的交流则应建立于渴望和最诚挚的深情;因此也应当根据前述会规对上帝的祈祷和训道加以勤勉的指导,包括我和所有人在内。僧侣们、以及上述所有财产,由修道院院长贝尔诺掌管,由他依其学识能力,终生负责主持各项事宜。而在他身后,僧侣们可有权根据上帝的意愿和圣本笃颁布的会规自行选举院长——亦即,我们自己及任何其他权力者都不得对此纯粹的教会选举加以干涉。此外,每五年,前述僧侣应向罗马使徒之教会缴纳十先令灯火钱;同时享有使徒及罗马教皇之保护;僧侣亦应据其能力学识,以全部心灵的投入建设修会。

　　进而,在此生及后代之时,我们将会根据修会的条件,以最大的热情,每天都投入到慈善工作中去,帮助穷人、需要帮助者、陌生人以及朝圣者。在本文件中,我们高兴地加入以下内容:从此以后,此处聚居的僧侣们,将不再臣服于我们、或我们的亲属、或国王的权力、或任何其他世俗权力。同时,凭着上帝及所有的圣徒、以及那威严的审判日,我警告并劝诫:任何世俗君主、伯爵、主教、甚至是前述罗马教皇,都不得侵犯这些上帝之仆役的财产,或为任何移转、减少、交换、作为封土授予他人、及违反其意志设置任何高级教士之行为。

　　从这份特许状中我们可以看到,克吕尼修道院的一切财产都不得侵犯,并且不受其他权力的管辖,包括一切世俗以及主教的权力,而只是处于教皇的保护之下。如此克吕尼修道院就形成了一种自治的形态,在院长的领导下,克吕尼很快形成一种运动,向各地传播开去。进而有相当多的修道院自动投身到克吕尼门下自动接受其领导,于是克吕尼实际上形成了一种统一领导的修会体系,一种中央化的制度,这种制度及其理念在后来产生了巨大的影响。

克吕尼运动在俗世的另一种尝试是"上帝和平"(The Peace of God)运动。为了制止地方贵族之间无休止的私战,寻求和平的生活环境,"上帝和平"运动兴起。在阿奎坦、勃艮第这些中央权力极度衰落、私战不断的地方,自989年起,召开了一系列宗教会议,限制贵族间的私战,一般是规定在某些宗教节日以及一周中的特定日子不得进行战斗,当事者需要庄严地起誓保证。1040年之后,克吕尼修道院进行了进一步的推广,发展为"上帝休战"(Truce of God),规定从星期三早晨至星期一早晨纪念基督受难,暴力行为将会受到教会严惩。尽管此项运动并不完全成功,但其影响还是很大。

而在克吕尼修道院的背后,一种新型的教会共同体正在逐渐形成,准备进行改革甚至是斗争,需要等待的也许只是一位精力充沛、有着虔诚理想的教皇振臂一呼。①

(二) 希尔德布兰和教会的改革

由于处于帝国的首都,加上被认为是由彼得创立,罗马主教的地位最初就非常高,在蛮族入侵以及对阿里乌教派的斗争过程中,它的权威进一步增长。阿提拉劫掠意大利,包围罗马城时,利奥一世出城同匈奴人谈判,最终使罗马免遭灭顶之灾;在卡尔西顿公会议上利奥也颇有作为,抵制东部教会和皇帝的影响,使罗马主教获得了最高的地位,即"圣彼得的首席",于是形成了教皇制。在同皇帝的斗争中,教皇吉莱修斯一世在致皇帝阿纳斯塔修斯的信中说:②

> 尊敬的皇帝陛下,这个世界主要由二者来统治的,这就是教士的神权和王室的王权。在其中,教士的责任更为重大,在末日审判的时候,人君的行为也要由他们来向上帝交待……如果主教们承认你的皇位是通过神的安排而授予,并且遵守你的有关公共秩序的法律,以免妨碍你对于世俗事务的管理,那么平心而

---

① See *The Cambridge Medieval History*, Vol. 3, Cambridge, 1922, p. 457.
② R. Anderson & D. A. Bellenger, *Medieval Worlds: A Sourcebook*, London, 2003, pp. 60–61.

论,我来问你,难道你不应当服从负责管理神圣事务的人吗?……如是,神事活动就不应当遭到来自世俗界的侵犯,而"上帝的战士"不应涉足世俗事务,否则就不能再主持管理神事。如此,双方就都能够保持自己的卑谦,不致为对方的谄媚而蛊惑,而各人的职责也可以得到相应的恰当履行。

在此,我们能够清楚地看到将国家同教会分开的观念,这一点在罗马帝国的体制下很难找到立足之处。西方教会也为此一直处于斗争过程中,东部的教会在政治上无法采取这种立场,于是最终导致东西部教会的分裂,这次分裂在更大程度上是政治性而不是有关教义的争端。① 在前面我们也已经提到,在为查理曼加冕这一事件中,教会在政治上的收益非常可观。但是在封建主义的影响下,地方上的教士或僭夺权力,或依附于贵族,使罗马教皇的权威受到了削弱,同时也使教会神圣性受损。克吕尼运动的影响一方面在于一种中央化的修会体制,一方面则要排除世俗的影响,包括禁止圣职买卖以及坚持教士独身等。

在这一时期,罗马教皇陷入意大利贵族的争斗之中,威信降到最低点,于是就有了格里高利七世——即希尔德布兰的改革。

希尔德布兰是一位理想主义者,拥有坚定的信念和政治斗争所需要的才智,他并不是一位皓首穷经的教理学家,至于是不是克吕尼的修士尚且存疑②,而在担任教皇之前,他早就已经成为改革派的主将了。1073 年,当拉特兰宫正在举行亚历山大二世的葬礼的时候,人群突然欢呼着把希尔德布兰抬到圣彼得大教堂,拥立他为教皇,称格里高利七世。

格里高利七世很快提出自己的主张,1075 年他拟定了《教皇敕

---

① 参见〔美〕威利斯顿·沃尔克:《基督教会史》,孙善玲等译,中国社会科学出版社 1991 年版,第 155 页。

② 在同亨利四世互相指责、竞相处罚对方的时候,皇帝曾称其为"假修士",因为据称希尔德布兰仅仅是在修道院担任管事,而根本没有成为一名修士。See M. Deanesly, *A History of the Medieval Church 590—1500*, London, 1972, p.100.

令》(Dictatus Papae):①

1. 罗马教会是上帝以一己之力建立的。
2. 唯有罗马主教当被称为普世的。
3. 唯有他拥有罢黜和恢复主教职位的权力。
4. 他的使节——尽管品秩较低——在公会议上凌驾于所有主教,并且可以判罚罢黜其职。
5. 教皇有权在当事者不在场的情况下罢黜主教。
6. 诸教众不得与受到教皇绝罚者同处一屋。
7. 唯有他可以合法地根据时代的需要制定新法律、召集新的会议、任命教士团团长;并且,此外,分立富裕的主教区及合并贫穷的主教区。
8. 唯有他可以使用帝国的象征物。
9. 唯有教皇,诸君主当吻其足。
10. 唯有他的名字应当在各教堂中被称诵。
11. 教皇之称谓专属于他。
12. 他可以废黜皇帝。
13. 如有需要,他可以在各教区间调动主教。
14. 他有权按自己的喜好任命各堂教士。
15. 受他任命之人可以主持其他教堂的工作,但品秩不得降低;同时,此类人员不得从任何主教处接受任何更高级别的职位。
16. 没有他的命令,任何宗教会议都不得被称为普世。
17. 未经他的许可,一切宗教会议决议或书籍都不得被认作教规。
18. 任何人都无权撤销由他作出的处罚;只有他自己,可以撤销处罚决定。

---

① R. Anderson & D. A. Bellenger, *Medieval Worlds: A Sourcebook*, London, 2003, p. 67. See also F. A. Ogg, ed., *A Source Book of Mediaeval History*, New York, 1907, pp. 262 −264.

19. 没有人有权对他实施审判。
20. 对于已向教皇提出上诉的人,任何人都不得作出判罚。
21. 各教堂之重大事件须提交罗马教皇处理。
22. 罗马教会从未犯过错误,并且由圣经证明,将永无谬误。
23. 罗马教皇,只要其任职符合教规,即凭着圣彼得之圣德而成为圣徒;圣·恩诺丢,帕维亚主教,可以为证,众多教父亦表示同意。此条见于教皇圣·塞马乔之教令。
24. 由他的命令和同意,下级教士可以合法地提起控诉。
25. 他可以不经宗教会议罢黜或恢复主教的职位。
26. 任何人如不能同罗马教会保持一致,则不能被认为是天主教徒。
27. 教皇有权解除臣民对于不义的主人所作的效忠宣誓。

格里高利七世在致皇帝亨利四世的信中公开了这份《教皇敕令》,立即引起皇帝的反击,双方随即展开激烈的斗争,亨利宣布废黜格里高利,教皇则对皇帝施以绝罚。由于国内贵族发生反叛,亨利四世不得不向教皇屈服,于是有了著名的卡诺萨城堡的悔罪,皇帝在雪地里赤足站立了三天,祈求教皇的宽恕,这大概是中世纪王权在教权面前受到的最大的屈辱。格里高利宽恕了亨利,使他暂时获得喘息以平定国内的叛乱,而局势一旦好转,双方的冲突又立刻展开。

双方争议的焦点在于授职权(investiture)。在封建主义下,教职不仅仅意味着事奉上帝,同时伴随了大量的财产和世俗权力。授教职时,受封者需要接受权杖、指环和权标(regalia),权杖和指环象征教会的神权,而权标则意味着一种世俗权力。在格里高利引发这场争斗之前,主教们普遍地受封于皇帝,从皇帝那里接受权杖、指环和权标。如此造成的后果是,一方面教士们成为君主或贵族的封臣,承担各种封建义务,参与各种世俗活动;另一方面,一些主教倚仗皇帝或地方贵族的势力蔑视教皇权威、拒绝罗马的领导。而在当时,教育基本上限于教士阶层,帝国及各王国的管理工作往往由教士担任,于是授职权牵涉到整个教权和皇权的关系及其性质的问题,教皇和皇帝双方都意识到关系重大。

格里高利在1075年的兰顿宗教会议上罢黜了三名不服传召的主教,对亨利通过买卖圣职任命的五名教士处以绝罚,同时通过了第一份反对世俗授职权的教令。① 当时亨利四世正受困于国内的叛乱,不得已在卡诺萨向教皇低头,对于有关授职权的教令则不置一词,但是随后亨利解决了乱党,于是把矛头转向教皇。而教皇遭到意大利北部各主教的反对,发生了叛乱,1084年亨利翻越阿尔卑斯山包围并占领了罗马。教皇求助于南意的诺曼人,尽管驱逐了皇帝的军队,却使罗马城遭到了这些前海盗们的劫掠。格里高利七世随诺曼人撤退,一年之后在流亡中去世。亨利四世的儿子亨利五世即位后同样坚决主张世俗授职权,教皇帕斯卡尔二世同皇帝达成了协议,放弃了相当的权利,此举激起强烈的抗议,一直到1122年,教皇卡里克斯图斯二世同亨利五世达成了《沃尔姆斯协定》(Concordat of Worms):②

(a) 教皇卡里克斯图斯二世敕令

我,主教卡里克斯图斯,上帝万仆之仆,授予你,蒙受圣恩的罗马人的皇帝,权力以组织日耳曼境内属地的主教和修道院院长的选举,须在你的面前为之,且不得有圣职买卖,亦不得有任何暴力举动;若有相关争议发生,在大主教及诸副主教参议判断之下,由你决定,须得支持扶助你认为在理的一方。此外,当选者通过王权节杖将从你手中接受权标,不得有任何额外加重;如此,嗣后此人即向你承担应尽的义务。

在帝国其他区域(意大利和勃艮第)接受圣职者,亦须在六个月内,从你的手中如此接受权标,不得加以任何苛求,从此承担对你的义务;不过,明显属于罗马教会者不在其列。无论何种情况下,若你向我提出诉请,要求我的协助,我就会根据应尽之

---

① See *The Cambridge Medieval History*, Vol.5, Cambridge, 1929, pp.63–64.
② F. A. Ogg, ed., *A Source Book of Mediaeval History*, New York, 1907, pp.279–281.

义务施以援手。给予你,及在此次争端中站在、或曾经站在你一边者,真正的平安。

(b) 皇帝亨利五世敕令

谨以不可分割的圣三一之名,我,亨利,蒙受圣恩的罗马人的皇帝,为了对上帝、及神圣的罗马教会、及我主卡里克斯图斯教皇的爱,并为了拯救我的灵魂,向上帝、上帝的神圣使徒——彼得和保罗、及神圣的天主教会交还一切以指环和权杖授予的授职权;并且承认,在我的王国及帝国一切领域内,实行教会选举以及自由的圣职授予仪式。

所有在此次冲突之初至今,不论是在先父还是本人治下,遭到没收、现为我所占有的圣彼得的财产和权标,我一概归还神圣的罗马教会。至于当下不在我手中之物,我将真诚地协助使其获得归还。至于一切其他教会、诸君主及所有教俗民众在此次争斗中所丧失的财产,如在我手,即根据诸君主之商议,或依公道行奉还。同时,对于非属我控制下的财产,也将真诚地协助使其早获归还。

在此给予我主教皇卡里克斯图斯,神圣的罗马教会,以及所有站在、或曾经站在教会一边的人,真正的平安。对于神圣的罗马教会需要协助的事务,我将真诚地施以援手,若须向我提出诉请,则我亦会秉公而断。

在这份最终的协定中,教皇和皇帝达成了妥协。皇帝向教会归还财产,确认教会实行自主选举以决定担任圣职者,但允许皇帝驾临,而授予指环和权杖的仪式归教会所有;教皇则承认权标由皇帝授予,受封者需要向皇帝尽忠诚义务。在此,实际上对授职权进行了拆分,指环和权杖象征了精神性的领域,世俗权力不得干涉,而权标则代表了世俗权力,亦即各种封建权利,包括财产、管辖权等,同时受封者需要向皇帝承担世俗的封建义务。也就是说,教皇和皇帝在授职权方面互相限制。

(三) 改革的宪政意义

首先,我们注意到在罗马帝国的体制之下,教会是作为国家的一种内在部分而存在的,同其他政府机构一样,都要受到皇帝的控制。尽管教会已经开始形成一种带有自治性质的共同体,但绝对无法摆脱皇帝的控制。早期教会多次重大的宗教会议都是在皇帝的主持下召开的,而且很多时候皇帝还尚未受洗成为基督徒,从教会理论上讲,此时皇帝并不具备在宗教大会上的权力,但事实是,很多问题,甚至是一些有关于教义的问题,都不得不由皇帝最终裁断或者在皇帝的压力和影响之下才作出决议。

我们可以把君士坦丁大帝的罗马帝国视为一种政教合一的政体——当然,在这一时期,其他地方也并不存在政教分离的国家——而此后东部教会在拜占庭的统治之下仍然维持了这种趋势,因而同西部教会的分裂在这一点上也就不难理解了。拜占庭更多地吸取了东方传统(希腊、埃及以及波斯),皇帝同时也是宗教领袖,因而专制性质的制度牢不可破。

在西方,从利奥为查理曼加冕开始,教会就开始逐步脱离旧有的体制框架,寻求一种独立的地位,甚至不惜采取伪造文件的方法。教会和皇帝两方的理论家都试图解释"两剑说"以支持己方的论点。① 亨利四世也曾引用"两剑说"对抗格里高利七世,反对教皇涉足世俗事务,而同时也默认了教会在神事方面的权力。② 问题也许并不在于哪一方能够以此来压倒对方,而是在于,世俗方面的皇帝也正在不知不觉中远离旧的国家体制,实际上形成了教会与国家的分离。查理曼的理想是恢复罗马帝国的荣耀,但是在他加冕为罗马皇帝时,实际上即使在他本人来说,感觉也不可能同君士坦丁一样。查理曼最初所谋求的,也许只是东部皇帝承认他的同事身份,而在他身后帝国的轰然崩溃也进一步说明旧的帝国体制已经不可能实现了。

克吕尼运动意义重大,一方面团结教众、抵制种种世俗化的倾向,进而造就一种共同体的意识;另一方面则形成了一种中央化的管

---

① 《路加福音》,22:38:"他们说:'主啊。请看!这里有两把刀'。"耶稣说:"够了。"
② 参见彭小瑜:《教会法研究》,商务印书馆 2003 年版,第 206—209 页。

理体制,促使了教会同国家的分离。① 希尔德布兰的改革则在政治上进行了实践理想的尝试,对于《沃尔姆斯协定》的结果,若他泉下有知未必会觉得十分满意,但是教会的胜利还是显而易见的,证明了教会即使不是凌驾于国家之上,至少也是与其平起平坐。②

教会同国家的分离,形成了一种二元社会,在进一步的发展中,造成了两种法律体系、司法系统(管辖权)的分离,这种情况对于限制世俗王权具有极大的功效。政教合一的国家不存在权力相互限制的情况,世俗的王权往往形成压倒一切的势力,在这种情况下,自治团体衰微、市民社会无法形成③,近现代意义上的宪政传统也就没有产生的基础。另外,教会的改革还形成了一种近代意义上的国家形式,拥有一种独立、分层、公共的权威,有立法机关,存在行政管理和司法的等级制度,形成理性的法律体系。④ 因此,伯尔曼才称希尔德布兰的改革为"革命"。

四、教会宪制

自教皇制产生,一直到希尔德布兰的改革,教会形成了一种国家形式,同当时的各封建国家相比都更有效率、更接近现代的概念,或许只有诺曼人在英格兰和南意大利建立的国家才略微可以匹敌。

在改革之前,教会的权威一度衰落,地方上各级教会组织及教会官员基本上都受到皇帝、国王以及地方贵族的控制;但是改革取得的成果使教会的权威大增,尤其是教皇的权威。"基督教社会"已经倾向于一种自治性且伴随法律关系的共同体,于是形成了一种政府的管理机制,而教皇则处于权力层级的最高点,几乎拥有一种"王权"。

---

① 参见〔美〕哈罗德·J.伯尔曼:《法律与革命》,贺卫方等译,中国大百科全书出版社1993年版,第129—131页。

② 参见〔美〕威利斯顿·沃尔克:《基督教会史》,孙善玲等译,中国社会科学出版社1991年版,第270页。

③ 伯尔曼甚至将西欧城市和商业的发达(至少是部分)也归结到改革所引起的变化中。参见〔美〕哈罗德·J.伯尔曼:《法律与革命》,贺卫方等译,中国大百科全书出版社1993年版,第121—123页。

④ 同上书,第136—137页。

格里高利七世的《教皇敕令》中宣称只有教皇才有权享用帝国(皇帝)的象征物,最突出的表现就是王冠——教皇的三重冕;教皇在外在形式上同从前的皇帝已经没有太大的差别了。① 当然,教皇在即位时通常也要进行一种加冕仪式,但是这种仪式的性质同皇帝即位时的加冕礼并不相同。皇帝必须通过教士的加冕,象征着从上帝手中接过权力,这种加冕带有创设权力的性质,而教皇的加冕礼,基本上只是一种宣告,不具有创设的性质。

在11世纪晚期和12世纪,教会开始对其权力作出性质上的区分,即圣职权(Potestas ordinis)和统治权(Potestas regiminis,或称管辖权 potestas jutisdictionis)。圣职权是指教士在从事神事工作时的权力,比如主持洗礼和弥撒、主持圣餐、听取忏悔等;统治权则是指管理教会的权力,包括涉及的各种立法、行政及司法事务。教皇拥有最高的权力,这些权力来自于他的统治权,而不是圣职权。② 因此,对于教会的政府体系而言,教皇的地位实际上相当于国王。

在教会体制中,教皇身边还存在一个参事会性质的组织,类似于世俗王国的"御前会议"(Curia Regis),但比大多数的世俗国家组织更有效、分工更细致。这种教皇会议的核心部分是一个常设的议会机构,即枢机教士团(college of cardinals)。枢机教士团由3个等级组成:7名枢机主教(cardinal bishop)、25名枢机司祭(cardinal priest)以及若干枢机助祭(cardinal deacon),其中枢机主教起决定性的作用。枢机教士团最初承担的是主持圣事的职能,此后渐渐转变为一种政府职能。枢机教士团高于一切主教;审判枢机教士需要有36名证人宣誓作证。枢机教士团可以审判任何主教,拥有签署教皇法律的权力,③其最重要的职能是选举教皇。1059年,尼古拉二世主

---

① See Walter Ullmann, *The Growth of Papal Government in the Middle Ages*, London, 1955, p. 311.

② 参见〔美〕哈罗德·J. 伯尔曼:《法律与革命》,贺卫方等译,中国大百科全书出版社1993年版,第251页。

③ See Walter Ullmann, *The Growth of Papal Government in the Middle Ages*, London, 1955, p. 325.

持宗教会议通过了一道教令,规定教皇去世时,首先由枢机主教们选择继承人,然后与枢机教士团的其他成员商议,最后才由其他神职人员和教众投票。① 这道教令实际上排斥了地方贵族的影响。

枢机教士团成为教皇的参谋机构和议事机构,在某种程度上类似于罗马帝国的元老院。元老院曾经被称为"皇帝身体的一部分"(pars corporis imperatoris),而现在枢机教士团被称为"教皇身体的一部分"(pars corporis papae)。在枢机主教亨伯特起草的教皇利奥九世致君士坦丁堡牧首的信中提到:②

> 如同那不可移动的、使门旋转自如的铰链,彼得及其继承者对于整个教会也拥有自由的裁判权……因而他的教士就被称为枢机,因为,他们更接近于那万物赖以运动的铰链。

实际上,最后枢机教士团的会议取代了过去的宗教会议(synod),而成为教皇的内阁机构。

除了枢机教士团之外,教会内部还形成了一整套政府管理机构,以教皇驻地拉特兰宫为标志。首先是文秘署(papal chancery),负责起草、签署各种文件(包括颁布法律),以及司法程序赖以启动的令状,文秘署的首脑是署长(chancellor),教皇之玺也由他负责保管。文秘署是直接负责整体行政工作的机构,到了11世纪后期,还出现了一些专门负责起草重要的教皇答复的秘书人员。其次是财政署,由财政总监(chamberlain)负责管理,此外还包括大助祭(archdeacon)和大长老(archpresbyter)。在教皇空缺的情况下,他们可以在枢机教士团的协助下代行职责。后来还设置了内务总管(dapifer)和大司礼(marshal)、圣杯官(cup bearer)等等,属于享有特权的官员。③

---

① 参见〔美〕威利斯顿·沃尔克:《基督教会史》,孙善玲等译,中国社会科学出版社1991年版,第261—262页。
② Cornelius Will, *Acta et Scripta*, cap. xxxii, pp. 81.-82, cited from Walter Ullmann, *The Growth of Papal Government in the Middle Ages*, London, 1955, p.321.
③ See Walter Ullmann, *The Growth of Papal Government in the Middle Ages*, London, 1955, p.330.

另外，教会还设置了专门的法院负责处理各种案件。① 在地方上，教会设置了各级政府机构，从大主教区到主教区、助祭区一直到底层的平信徒，各种机制同中央类似，修道院也同样存在逐级管理的系统。

在教会的体制中，虽然教皇的权力非常大，但也受到种种制约。一方面有选举制度的限制：地方上各级教会和修道院也实行选举；另一方面，政府的部门分工，受到一种相对理性化的官僚体制的制约。此外，在教会外部还存在世俗权力的制约，按前文谈到的，实际上教权在限制世俗王权的同时，本身也受到王权的约束。按伯尔曼所说，教会在合理性的法律体制之下受到的限制形成了一种"法治国"（Rechtsstaat），而在外部受到世俗权威限制以及在内部受到的政府结构的限制则超越了法治国意义上的依法而治（rule by law），更接近于英国传统下的法治（rule of law）。②

五、公会议运动

在整个中世纪的历史中，教会始终同皇帝处于斗争状态，教会的权势在英诺森三世时达到顶峰，此后便进入逐步衰落的状态。到了法王腓力四世的时候，王权强大，以至于在 1309 年教廷被迫迁往阿维尼翁，从此处于法国的控制之下，一直到 1377 年。这段时间与圣经中所说的犹太人的巴比伦之囚相当，因而这段历史被称为"阿维尼翁之囚"。

1377 年教皇格里高利十一世将教廷迁回到罗马，次年去世。当时的枢机主教几乎都是法国人，希望回到阿维尼翁，而罗马民众则希望教廷留在罗马，枢机教士团迫于群众压力选举了一名意大利人为乌尔班六世，四个月后由于矛盾激化，枢机教士团否认此次选举的结果，另选教皇克莱芒七世，随即将教廷迁往阿维尼翁。于是出现了两

---

① 参见〔美〕哈罗德·J. 伯尔曼：《法律与革命》，贺卫方等译，中国大百科全书出版社 1993 年版，第 254 页。
② 同上书，第 259 页。

位教皇并存的局面,一位在罗马,一位在阿维尼翁。

　　教廷的分裂使得教会声誉大受影响,各地教众也都希望能够尽快结束这种令人难堪的分裂局面,于是许多人——尤其是巴黎大学的教师(包括校长热松和教师德埃里、涅姆等人)——提出召开教会公会议解决问题。于是在 1409 年召开了比萨公会议,枢机主教、各地的主教及各修道院院长、修会会长,以及神学、教会法学者和各国君主的代表都出席了会议。

　　会议宣布同时罢黜两位教皇并选举米兰大主教为教皇亚历山大五世。但是罗马的教皇格里高利十二世和阿维尼翁的本笃十三世都拒绝退位,于是出现了更糟糕的三位教皇并存的局面。① 不过,这次会议的意义不可谓不大。最初宗教会议的召开须由皇帝召集,此后则必须由教皇召集,而这次会议是由枢机主教们召开的;大会决议罢黜教皇,实际上又宣布了公会议的权力高于教皇。

　　1414 年在康斯坦茨再次召开公会议,此次大会盛况空前,各界僧俗代表均出席,皇帝西吉斯蒙德主持了大会。其间亚历山大五世的继承者约翰二十三世企图逃离、破坏会议的进程,被发现后随即遭到罢黜。会议宣布:②

　　　　本会议代表在世征战的天主教会,其权力直接来自基督,因此,凡会议决议,无论关于信仰问题、关于结束分裂问题,以及关于教会大小事务的改革问题,无论何人,不问职位尊卑高下,即便位尊至于教皇,均当一体服从。

　　康斯坦茨会议终于结束了教廷的分裂,1417 年选举出了唯一的教皇马丁五世,并且商定五年后再次召开会议。1431 年召开了巴塞尔会议,重申了康斯坦茨会议的宣言,坚持公会议的权力高于教皇;会上还对教会改革的问题作了处理,规定每十年举行一次公会议,反

---

① See M. Deanesly, *A History of the Medieval Church 590—1500*, London, 1972, pp. 234 – 235.
② 〔美〕鲁宾逊:《欧洲史选读》第 1 卷,第 511 页,转引自〔美〕威利斯顿·沃尔克:《基督教会史》,孙善玲等译,中国社会科学出版社 1991 年版,第 351 页。

对教皇授任圣职,对向罗马提起上诉进行限制,并且取消了大量向教廷支付的捐税,如此一来当然引起了教皇的嫉恨。此后由于东部教会迫于土耳其人的军事压力,试图同西方教会联合以寻求军事援助,双方的会议在当时引起极其巨大的反响,同时在会议中又承认教皇的权威,加上各国之间勾心斗角,导致巴塞尔会议的影响力不断衰落,最后终于宣告失败了。①

公会议运动所提出的公会议高于教皇的宣言,试图将教会在性质上从一种教皇的巨大权威转变为立宪政体,教廷仍然可以掌握一般的政府行政等权力,但必须受到公会议的极大限制,同时规定定期召开会议以保障各国家的利益。此项运动虽然失败了,但是其影响依然存在,一直持续到宗教改革的时候,而其对于近现代宪政的影响则亦可能存在于其中了。

六、小结

中世纪被称为信仰的时代,因此任何近现代的制度、思想都不可能完全同基督教和教会脱离干系。欧洲在中世纪形成的国家和教会分离的二元体系具有重大的意义,意味着世俗的权力并不带有至高无上的神性,不得不受到神法或自然法的约束。这一时期的神学家,最著名的包括奥古斯丁和阿奎那,其思想中都包含着世俗权力受限制以及某种限权的暗示。而在教会体制中所体现出来的官僚体制,一方面对教皇的权力构成了限制;另一方面也构建了一种现代的国家形式。至于公会议运动,尽管并没有获得成功,但至少是一种建立立宪体制的有益尝试,对后世也产生了相当的影响。

另外,不得不提到基督教教义中的一些因素。基督教的原罪论对于近现代的宪政体制也产生了有益的影响。人人生来有罪的这种性恶论,导致了对于政府性质理论的起点,政府乃是必要的恶,以及拥有权力的人必须受到限制的出发点都在于此。此外,基督徒在上

---

① 参见〔美〕威利斯顿·沃克:《基督教会史》,孙善玲等译,中国社会科学出版社1991年版,第352—355页。

帝面前人人平等,都需要接受最后的审判的教义,也含有一种个人主义的成分,也就是说,作为个体的人乃是上帝关注的对象,个人的价值非常高。这种个人主义传统,对于近现代宪政的形成也具有积极的意义。

最后,需要说明的是,在此我们关注的是教会对于近现代宪政的积极意义,而不可否认的是,教会体制在中世纪中后期倾向于专制主义,对人们有很强的思想压制,公会议运动实际上也并未获得成功。教会到了中世纪晚期对于宪政制度而言,可能类似于一种老旧的躯壳,新生事物久已孕育其中,但在诞生的那一刻,看起来却是从中破围而出,粉碎了旧制度。

第六节 中世纪城市与宪政

一、中世纪城市的兴起

中世纪欧洲大大小小的城市构成了一幅颇为有趣的景观,尽管当时的城市相比古代和现代而言都显得很小,城市中也存在阴暗面,但整个城市生活却并不乏味。① 对于当时的普通民众来说,城市的吸引力是显而易见的。对于学者而言,中世纪城市的兴起以及相关的种种问题也极富意味,相比世界其他各地,欧洲显示出了某种特殊性;马克斯·韦伯关于城市的论述更引起了关于城市问题的讨论。对于一种宪政的历史而言,往往涉及各种所谓的原因、起源以及动力等问题,其中中世纪欧洲的城市必定占有一席之地。

就中世纪而言,城市的兴起是一个新鲜的现象,甚至于被认为是一种革命,我们可以看到新兴的经济、政治以及社会的特征,市民、商人、自由平等以及社会制度的变化。② 但是由于中世纪早期的资料异常缺乏,城市的起源就显得模糊不清了。情况往往是,当我们从资

---

① See S. M. Brown, *Medieval Europe*, New York, pp. 276 – 277.
② 参见〔美〕汤普森:《中世纪经济社会史》下册,耿淡如译,商务印书馆1963年版,第407页。

料中发现关于城市的记载时,它已经表现为一种成熟的形式,而整个发展过程中所经历的变化已经湮没了。

于是学者们提出了种种假设,试图解释城市的起源。最初人们主张欧洲城市起源于古代罗马城市,但已经被认为无法说明问题,其他的一些说法有:

1. "马尔克起源说":认为中世纪城市是从古代日耳曼人的"马尔克"(mark)自由农村公社发展而来的。这种说法长期受到德国历史学家的赞同。自由公社对于城市共同体形成的影响确实可以成为一种解释,但其中也涉及太多模糊的问题,现在已经被认为不太具有说服力。

2. "加洛林王朝地方制度起源说":认为加洛林王朝存在的地方政府制度是一些中世纪城市的渊源,加洛林王朝崩溃后这种地方制度并没有完全被消灭,而是通过某种形式保存了下来并对城市的兴起产生了影响。

3. "军事要塞起源说":认为在欧洲各地存在为抵御入侵者或者出于其他军事目的建立的要塞,后来渐渐发展为城市。比如在德国东部为抵御匈牙利人建造的要塞,在英国为抵御丹麦人劫掠而设的堡垒等等。

4. "庄园起源说":认为中世纪城市起源于庄园制度,旧的庄园构成了新兴城市的核心。

5. "免除权(immunity)起源说":这种解释对于主教驻跸城市显得特别有力。当时主教们享有相当大的免除权,很可能适用于主教所在城市,以至于扩展到周边的乡村;当市民摆脱主教的束缚时就形成了自治共同体。

6. "市集(market)起源说":认为市集兴起后所获得的特别法权,得以排除封建领主的管辖,进而导致大量人口定居,形成城市。

7. "行会(gild)起源说":认为行会是中世纪城市的核心组织,尤其是大的商人行会导致了城市的兴起。

学者们的众多解释并非没有道理,但问题在于中世纪城市本身的多样性和复杂性。众所周知,在罗马时代,曾经存在过许多城市,一般的解释认为,罗马帝国的结构,尤其是它的经济生产方式,导致城市具有一种"消费性"的倾向;如果说,并非所有的罗马帝国城市都是消费性的,那么至少在其中心罗马城,消费性体现得非常明显。罗马城内尽管也有相当的商业以及手工业者存在,但本质上依赖于进口物品的消费,而不是从事生产。

罗马的贵族属于大地产者,这些大地产者在衣食无忧之后得以在城市里参与国家的政治生活,这就是罗马的典型理想。在帝国崩溃、蛮族入侵之后,城市里的大土地贵族往往退回到乡村的地产上去,而城市里剩余的一些小贵族由于仍然要承担赋税,也越来越多地选择离开城市,于是罗马的城市完全衰败了。① 当然,在意大利以及法国南部仍然保存了相当多的城市,但这只是因为这些城市同拜占庭存在贸易关系。②

中世纪城市的兴起,很大程度上是因为农村和农业的发展。10世纪时,欧洲的农村普遍开始发展,农业技术的改进,如三圃制的采用,普遍提高了生产力。在这种环境下,农村的生活开始好转,人口稳定增长,于是有剩余人口可以供给城市。在中世纪早期,中央权力衰落,地方上的民众希望保持生计的方式只能是依附于某个强有力的人物,安全是最重要的价值。但是当生活安定之后,人们自然也就不满于这种人身的束缚,开始寻求解放,城市便是一种很好的途径。

影响中世纪城市发展的因素非常多。有一些城市继承了相当多的古代遗产,比如意大利和法国南部的城市,以及一些地方行省的重要城市,如特里尔。许多蛮族国家也继承了一些罗马的政府制度,使城市得以残存,比如在加洛林王朝基础上发展起来的亚琛和法兰克福等。当然,我们也不能夸大这一时期城市的情况,毕竟整体上是大大衰落了。

对于城市而言,商业贸易始终是它的生命所在。比利时历史学家皮朗在论述中世纪城市时就强调了商业,尤其是远途贸易和市集

---

① See E. Ennen, *The Medieval Town*, New York, 1979, p.15.
② See L. Thorndike, *The History of Medieval Europe*, Cambridge, 1928, p.327.

对于城市兴起的巨大作用。的确如此,许多城市最初都是一些商栈、市集,逐渐吸引了众多的商人定居。许多新兴城市在古罗马城市或者是城堡的外围逐渐发展起来,最初"市民"往往被称为"堡民"。在各个通商口岸,河流沿岸,往往也产生了很多城市。

另外,不可否认教会以及宗教的作用。罗马帝国崩溃之后,有效的封建制度建立之前(哪怕是在此之后),教会往往进行了某种行政管理的工作;划分了主教区,派驻主教。同贵族退避乡间形成对比的是,主教通常是驻跸于大城市,科隆、美因兹、康布雷等地都发展成为重要的城市。市集最初通常是在一些宗教节日举办;而同商路相类似的是一些去往圣地(比如西班牙的孔波斯特拉)朝觐的路线沿线也发展出了许多商栈以及定居点,此后演变为城市。当然,教会对于城市和市民阶级一向怀着敌意,这也是需要指明的事实。

许多中世纪城市的兴起则有赖于特许,即授予特权(privilege)或者特许状(charter)。这种特许是皇帝、教皇或者地方领主授予的,目的在于换取城市在政治斗争中的支持;或者是城市民众通过购买或斗争得来的。此外,国王和领主也曾出于经济上的目的主动建立一些城市,或者主动向城市授予特许权利。这种情况出现的原因一方面在于逐利,另一方面可能兼有政治考虑(为了打击对手而吸引对方土地上的农奴),另外可能因为不断遭受的压力。①

中世纪的特性本就在于多样性,这一特点在城市表现得尤其突出,所以有史家说,任何试图为中世纪城市的形势作出单一定义的人就一定会违背中世纪的根本性质。②

二、中世纪城市及其政制的不同类型

中世纪城市的多样性使得我们不得不作一些分类,然后再进行讨论,否则就不免要陷入混乱和自相矛盾之中。

---

① 城市的兴起对于乡村的小农和农奴当然会产生巨大的吸引力,封建领主有时候在同城市的斗争中并不能保持优势,因此同城市妥协,或者主动提高封地内小农和农奴的待遇。
② See L. Thorndike, *The History of Medieval Europe*, Cambridge, 1928, p.371.

(一) 意大利和法国南部

第一个区域是意大利(尤其是北部)和法国南部的城市。另外，西班牙各城市，包括巴塞罗那以及阿拉贡王国各城市也基本上属于这个类型。

如果将意大利和法国南部的城市作为中世纪欧洲城市的典型肯定是不合适的，尽管确定其他任何地方的城市作为典型也总是要冒武断的风险；而将威尼斯作为意大利城市的典型则是肯定不符合实际的，威尼斯是非常特殊的，只有它从始至终没有受到过任何封建势力的控制。

首先，意大利和法国南部诸城市保留了较多的罗马遗产，城市的位置以及某些制度都受到了古罗马的影响。而这些城市得以逃过蛮族入侵后对城市文化的破坏，则有赖于它们同拜占庭的贸易关系。后来这种贸易得到了极大的发展，同时也造就了诸如威尼斯、热那亚、比萨以及普罗旺斯地区的繁荣，甚至形成垄断局面。

其次，意大利地区也应当注意区分三个区域，即北部的各城市、中部的教皇国以及南部的那不勒斯和西西里王国。北部的城市更能引起我们的兴趣；中部的教皇国尽管缺乏像北部那样的商业，但由于朝觐和宗教节日，形成了货币兑换的行业；而南部城市则相对不那么繁荣，一直处于较为强大的中央权力的控制之下。

最后，需要重点指出的是意大利(以及南法)特殊的社会状况。在意大利并没有建立起有效的封建制度，罗马帝国崩溃之后，处于某种真空状态。此后又经历了教皇和皇帝的斗争，在这个过程中，为了获得政治上的支持，教皇和皇帝都主动向各城市授予特权，而城市往往也作出选择。意大利的社会特点在于城市贵族。欧洲大多数地方的贵族都在乡村拥有地产，并且在乡村进行统治；而意大利的贵族出于自愿或者被迫①进入城市生活，最初仍然带有封建贵族的某些特

---

① See E. Ennen, *The Medieval Town*, New York, 1979, p.118.

点①,但随后出于利益驱动开始从事商业,渐渐导致商人和商业贵族的区分消失,形成了城市贵族的统治。这一点对于这一地区的政制有很大的影响。意大利的城市贵族所造成的问题是内部的动荡,贵族家族往往互相斗争,城市间也纷争不已②。

威尼斯的政体在意大利是比较特殊的,在697年产生了"总督"(doge),最初类似于日耳曼部落的王,终身任职,拥有比较大的权力,后来则渐渐演变为一种贵族政体。到13世纪末,威尼斯名义上的最高权力属于大议会(Great Council)或者称为一般会议(General Assembly),向民众开放;另外有两个委员会,一个是由40人组成,具有最高法院的性质,另一个就是议会(Senate);行政执行的权力则归总督,总督有自己的专家幕僚班子;此外还有一些特别的委员会,包括执行监察任务的十人委员会。按韦伯的说法,威尼斯的体制是由于经济上的需求而导致了某种战时性质,于是造就了一种专制暴政(tyranny)。

意大利其他城市则与威尼斯的情况相去甚远,试举热那亚为例。热那亚获得了皇帝的特许,得以从定居点发展为城市,建立起自己的城市共同体,拥有了自由。1099年热那亚成立了一种"共同组织"(Compagne),设6名"执政官"(consul),以稳定内部局势,城市的主教和民众为此都立下了誓言。这种政体任期短、更迭频繁,意大利其他城市的情况也基本相同。最后导致了"市政官"(podestà)的产生。

市政官是由本城选择的外城公民,以求杜绝涉及个人私利导致以权谋私的情况。市政官负责实施法律并且掌管军事权力,通常会附带自己的助理以及参谋班子,以至于后来市政官成为一种专门的职业,有一些人专门在各城市担任市政官。市政官通常是一名优秀的法学家,按韦伯的意见,这对于法典化进程和罗马法的复兴传播有

---

① 比如在威尼斯早期,工匠们必须有一定的时间为总督服务,就像在乡村的封建制度下农奴有规定的时间为领主的土地耕作一样。
② 有著名的基伯林和圭尔夫党争,后来在佛罗伦萨也有所延续,有所谓"黑白党争"。

很大的推动作用。

意大利各城市相继从执政官体制发展到市政官体制,稍后则传播到法国南部各城市。在此需要注意的是,这些体制通常也形成了一种"城市公社"(commune),关于这一点下文还要说明。

(二) 西北欧

第二个区域是西北欧,包括法国中部、北部、弗兰德斯以及英格兰。法国中部是一些肥沃的平原,历来属于农业区,因此这一地区的土地贵族势力较强。尽管这一地区的城市也得到了很大的发展,贸易、市集都颇为发达,但始终没有能够获得自治的地位,而是多少处于封建主的控制之下。这一地区可能从封建主那里获得一些特权,但并没有能够产生稳定独立的自治机构,因此这些城市可以被称为"享有特权的城市"(privileged towns),同南边的执政官政体以及北边的城市公社都不相同。

在法国北部,11 世纪起开始产生城市公社(commune),到 12 世纪时这种公社就已经广泛地兴起了。"公社"一词可以用来指称城市本身,也可以用来指城市的政府以及这种特定的政制。① 城市公社通常有一名市长(mayor),当然其权力同现在的市长是不能相比的,另外还有一种市议会(council),成员人数从十到上百不等。城市公社有时也被称为"共谋集团"(conspiracy),因为在公社建立的过程中,尽管往往以特许状作为标志,但整个过程充满了政治斗争的色彩。

在这一点上拉昂(Laon)成立公社的过程最具代表性:市民们趁拉昂主教滞留英国之机,向当地领主和其他教士购买了特许状;主教得知后勃然大怒,但由于市民们出价甚高,于是也就勉强同意了,市民们同样以金钱购得了法国国王的特许;国王巡游至拉昂时,主教出高价使国王宣布废除公社,嗣后则企图以重税从市民身上捞回这笔巨款,于是市民发动起义将主教杀死,虽然国王镇压了起义,但不久

---

① See *History of the Ancient & Medieval World*, Vol. 10: *Medieval Politics and Life*, New York, 1996, p. 1310.

还是不得不允许公社成立。

城市公社制度的基础在于一种"誓约结义"(sworn association),城市全体市民都必须立下誓言,宣誓忠于城市,承认公社的权威。每个城市都有自己的印玺,有钟楼——用来召集市民包围城市或者召开集会,有枷号和绞刑架执行自己的法律,也拥有自己的法庭,自己制定法律或者遵循自己的规范。关于公社体制,斯瓦松(Soissons)城市宪章中的表述后来广为流传,为众多城市的宪章所传抄:①

> 所有居住在城墙以内、或者城墙以外郊区之人,无论隶属于哪家庄园,均应对公社起誓;若有人拒绝,那么已然立下誓言的人们就应当没收其房屋和钱财。所有居住于公社边界范围内的人,均应竭尽所能互帮互助,并且不使任何外来者带走任何物品或者向任何成员征收税款。一旦钟声响起召集公社大会,凡缺席之人均需偿付12便士之罚金。公社成员若有作奸犯科,且拒绝在市长面前作出补偿的,即应由公社大众责罚之。

需要注意的是,即使在这一地区,也并非所有的城市都能够获得自治地位,如巴黎。

在弗兰德斯,由于几代弗兰德斯伯爵治理有方,加上一些地理优势,商业(尤其是纺织业)开始发达,于是发展出了许多城市。很多弗兰德斯城市的名称都同当地的产品存在联系,比如里尔(Lille)得名于"里耳线"(lisle),"细麻布"一词则得名于其产地康布雷(Cambrai)。

到了11世纪末,这些工商业中心开始不满于地方领主的统治,纷纷采取一些反抗行为,乃至于暴动;另外,12世纪时弗兰德斯伯爵新创设了相当多的城市,这些城市都获得了特许状。城市得以组织议会(council),其成员通常是上层阶级的人物,并且终身任职,负责管理城市的行政、司法以及其他一般事务。

此外,很多城市设有市政官(echevin),在一些地方任职期为一

---

① L. Thorndike, *The History of Medieval Europe*, Cambridge, 1928, p.362.

年,如根特、里尔、布鲁日等;而在另一些地方,主要是小城市,则可能是终身任职,比如在列日。市政官的人数并不确定,如1228年在根特,市政官分为三组,第一组负责法律事务和城市的管理,第二组具有某些有限的法律权力,第三组则只是一种咨询机构。弗兰德斯同样也存在某种"誓约结义"的组织,称为"誓约团"(juriti),但是其地位可能不像在法国北部城市那样具有统治性。

在英国,最初的情况并不如海峡那边繁荣,属于较为原始的农业社会,但很快城市就发展起来了,许多城市获得了国王的特许状,拥有征税以及其他一些的权力。当然,由于英国的中央权力在当时是最强大的,因此城市的司法权受到了王室司法体系的很大限制。在一份英王约翰于1201年颁布的特许状中就记载:①

……[威尔斯]系一自由市,故此其中所有的人,包括其后人,当永为自由市民;并且,可以如其一直以来的那样举办自由集市,同时可举办国王特别赠与的八天集市;并且,他们及其后人可以和平地、自由地和安宁地永远享有一切自由市和自由市民所享有的自由权利与自由惯例,以及属于此类市集的权利。还有,他们的货物和财产将受到王室的保护,禁止一切人等违反本特许状,侵扰其人及其后人,违者将受到处罚。……

英国的城市市民阶层在政治上最终得以进入独特的议会体制中,成为代表阶层之一。

总之,在这一地区,由于土地贵族基本生活在乡村,城市中的市民是由商人、手工业者等组成,尽管存在贫富差距导致的阶级划分,但不像意大利的城市那样容易发生内部的党争,因此也更容易形成较为纯粹的全体市民的公社共同体。

(三)德意志地区

在德意志地区,公社中占主导地位的制度是市议会(town council)。在意大利的城市中,早先也存在某种议会组织,但本来就并无

---

① R. Anderson & D. A. Bellenger, ed., *Medieval Worlds: A Sourcebook*, London, 2003, pp. 262–263.

多少实权,随后也就默默无闻,淹没在执政官制度和后来的市政官制度中了。德意志城市的市议会是否起源于意大利和法国南部城市的这种议会则并不清楚,因为当德意志地区出现市议会的时候,意大利地区已经进入到市政官制度的时期了,所以二者之间是否存在联系、存在怎样的联系值得怀疑。

在莱茵河上游地区,有相当数量的贵族参与了城市议会,很多城市的议会分为一般市民和骑士等级两个集团,比如在沃尔姆斯、斯特拉斯堡以及夏夫豪森(Schaffhausen)等地。在此可以观察到的城市议会,看起来好像是在 12 世纪末 13 世纪初迅猛然发展起来的,大量地出现于吕贝克、乌德勒支以及斯特拉斯堡等城市;到了 13 世纪中叶,大约有 150 个德意志城市都拥有了自己的议会。稍早一些,则是在南边的巴塞尔、康斯坦斯、苏黎世等地出现了城市议会。在莱茵河下游地区,城市议会的出现则相对要晚一些。

在科隆,13 世纪中叶出现了议会。其成员通常是每年改选,1305 年起规定议会人数为 15 人。此后又出现了一个人数较多的大议会,规定为 82 人,其职能是从中产生(并非选举)小议会的成员;大议会本身并没有管理和行政等权力,但在面临重大事项时,小议会可以临时召集大议会进行决断。此外还设有两名市长(burgomaster)。整个体制受到上层贵族的控制。

在东德意志,则以吕贝克和马格德堡为代表建立起城市议会系统,并很快扩展到受它们影响的子城市(daughter towns)。马格德堡大约是在 1244 年之后从市长体制转变为议会体制的,1261 年马格德堡的城市法规定了年度重组议会的制度。

城市议会是公社组织的最高机关,控制整个城市的管理工作,包括制定颁布法律、制定对外政策、掌控军队以及税收,还有最为重要的是管理城市的商业运作、市集、工业等。城市议会也总是试图寻求一种独立的管辖权,但成功与否则视其同地方领主的斗争结果而定,在德意志地区,并非总是城市一方获得成功的。

三、中世纪城市对于近现代宪政的影响

(一) 城市共同体的影响

中世纪城市兴起之后发展出了"公社"的概念和制度,关于公社起源的基础,更大程度上并不是建立于拥有很大势力的行会(gild),而是"誓约结义"——尽管这种运动通常是由行会领导的。在中世纪的城市中,行会占有重要的地位,在很多地方甚至行使相当大的管理权力。但是行会的问题在于,其性质是一种具有排他性的垄断集团,尤其是到了行会发展的晚期,我们甚至可以看到众多前途无望的学徒发动的针对行会上层阶级的起义。

行会一度在城市中占据的领导地位并不是由于它的广泛代表性——市民中往往只有一部分人可以加入行会,而是由于它对于商业的垄断(商人行会和手工业者的行会性质是有些不同的),而商业往往是城市的生命之源。公社建立的基础是一种全体市民的誓约结义。

誓约结义的城市公社开始出现,其典型代表在法国北部,而在意大利,城市公社则采用执政官的制度,发展出城邦国家的特征,至于弗兰德斯以及德意志地区誓约结义的情况也并不像法国北部那样占据主导地位。

中世纪早期的特征是公权力的私人化,领主、国王以及部分的教会成员往往并不具有某种"共同体"的意识,而是将公共管理看做私人控制的事务。城市中发生的全体市民的誓约结义,构成了一种自由人的联合,由此再通过某种机制(可能是民主的)对整个共同体进行管理,这种现象同封建主义是不同的,而更倾向于一种近现代国家的机制。这种"共同体"的意识和制度,对于一种可以实施于现代国家的"宪政"是很重要的。

(二) 市民的平等与自由

中世纪的特征之一是人的不平等,这种不平等不仅是事实上的,而且是法律上的,这正是整个封建制度得以建立的基础。城市中市民阶级的出现打破了这种不平等,并且开始追求自由的状态。商人

们的精神,或者是其行业需要,使他们追求平等自由的努力从来都没有停息过。

城市中的很多市民则来源于农奴,对于他们来说,城墙内外就是不同的世界;大多数的城市宪章(特许状)中都会载明农奴在城市中居住满一年零一天就可获得自由的身份,也就是所谓的"城市空气使人自由"。在此之前,尽管规定城市中的非自由人(新移民)需臣服于自己的领主,但证明其身份的举证责任却要由领主承担,而整个法律程序冗长繁琐,领主往往不堪其累。另外,即使证明了某人系领主之农奴,还必须证明这位领主是一位"好的、公正的"领主,如果有虐待农奴、随意加重封建役务之类的情况,领主则丧失其权利;如果这位领主本人尚且负担着向再上层领主的封建义务而没有完成,也无权主张对于逃亡农奴的权利。

城市中的市民,特别是在已经形成"誓约结义"的情况下,在法律上是平等的。当然,在事实上由于贫富差距自然会有不平等,这一点相比封建制度下法律上的不平等已经是大大地进步了。

城市形成了自己的法律体系,拥有自己的法庭,并且基本排斥其他人的管辖权,保护本城的市民,于是市民阶级的自由就进一步发展了起来。市民阶级的平等与自由同中世纪封建制度的精神是完全不同的,在这里我们可以发现近现代宪政所追求之理想的起源。

(三) 政治上的多样性

中世纪城市的多样性是很突出的,尽管我们可以作出大致的分类,进行一些类型的归纳,但绝不可能穷尽这些城市的不同形式。每个城市的宪章、政治体制、习惯法等等都很不相同,某一地区的大致分类之下往往都附带有相当的例外情况。

每个城市都由于地方特性的不同而采用不同的政治体制,我们可以看到各种体制在中世纪城市中的运作:意大利城市的贵族政治、总督、执政官;法国的城市公社、市长和市民会议;德意志地区的城市议会……我们也可以发现各种试图维持政治平衡的制度设计,从单一元首到多重元首,从直接选举到间接选举,等级代表,轮流任职,抽签与选举结合等等。

尽管很多制度并不成功，但这种普遍的政治试验却使得后人可以从中得到很多教益。更重要的是，这种政治上的多样性打破了单一的制度，使极权统治发生的可能性降低了很多。在世界的其他地方，我们是看不到如此繁荣的政治多样性的。

（四）城市宪章与立宪主义

中世纪城市的重要特征之一就是城市宪章的出现。市民们通过不懈的努力，即大笔金钱的赎买、和平请愿甚或是暴力起义，最终获得自己的宪章，明确规定城市和市民所享有的权利。市民们对于宪章极为珍视，通常会严密保管，或者干脆公之于众（比如刻在市政厅的墙上），许多现代的城市甚至还保存着流传数百年的宪章原件作为城市的象征。

我们在宪章中往往能够发现很多可以印证现代宪政原则的条文，比如：①

《拉昂宪章》第一条："未经法律的正当程序（due process of law），一切自由人或农奴都不受任何罪名之逮捕。"

第七条："若有偷盗者被捕，当将其押解至被捕获地；如果当地主人并未作出裁决，则由司法参事（jurat）作出裁断。"

《洛里斯（Lorris）宪章》第十六条："任何人若能提供担保，保证随传随到接受审判，就不得收监入狱。"

第十七条："所有市民都有权按其意愿出卖其财产；收取价款之后，亦有权自由地离开市场，不受任何侵扰，除非他在此过程中有犯罪行为。"

第十八条："任何人，只要在洛里斯居住满一年零一天，没有人对其主张权利，并且从未拒绝将涉及他的案件提交我们或者市政官（provost）的，就享有自由居住、不受任何侵扰的权利。"

这种以法律条文的形式规定市民所享有的基本权利的做法，带

---

① F. A. Ogg, ed., *A Source Book of Mediaeval History*, New York, 1907, pp. 327 – 330.

有强烈的"立宪"色彩；而这种从一部成文的宪章出发建立城市制度的做法也很容易同近现代的立宪运动联系起来。必须承认，中世纪城市颁布宪章的做法与后世的宪政运动有某种联系，可以被认为是渊源之一。当然，对于这一点也不能过分夸大，因为一方面城市宪章的产生往往有赖于国王、教会或者地方领主的特许；另一方面，城市宪章同城市制度以及市民阶级的关系也并不完全明确。

第七节 中世纪宪政发展的特点和意义

西方国家在近现代发展起来的宪政体系，本质是对涉及个人自由和权利的国家权力加以限制，在造就一种有效率的、理性的现代国家机制的同时，保持对于专断权力的警惕，而始终对个人的生活状态加以关注。西方宪政体系的重要特性，包括权力之间的分化制约、价值多元、对于个人主义的强调等等，在世界其他地区的社会并没有得到充分的发展，许多国家往往陷于专制主义循环往复的泥沼之中。

严格说来，专制体制和宪政体制如果没有预先设定的价值衡量标准，是无法进行比较判断的。这些先在的价值标准，往往被归结为"文化差异"，而所谓的文化差异，实际上无非就是长期的历史发展所积累的差异。要考察这些历史形成的差异，单纯研究近现代宪政体系的种种原则、制度以及思想是不足以达成充分合理的解释的。我们可以看到，在将近一千年的中世纪，西欧文明似乎处于某种落后的地位，但也正是在这个过程中孕育了近现代宪政的种种重要因素，以及价值取向的出发点。

首先，我们不难发现，在中世纪的欧洲，从来没有出现一种可以压倒一切反对力量的专断权力——类似于同时期的拜占庭和中国皇帝的那种权力。首先被注意到的就是教权和皇权的斗争。世俗权力和宗教权力的两分局面否定了一种政教合一的专制国家体制。利奥为查理曼加冕的事件具有重大的象征意义，然而对于这种意义的解释却并不统一，但不论是查理曼成全了教皇还是教皇暗中攫取了权力，至少原本较为孱弱的教权得以拥有同世俗皇权进行抗衡的资本。

双方都试图以"两剑说"作为限制对方权力的神圣基础,在整个中世纪这种斗争一直没有停止过。实际上,即使一方获得胜利,也无法——甚至不会想到要——建立一种绝对的权力,创设一个同上天或神存在神秘的和谐关系的世俗统治者。

在世俗界,封建主义使得一种统一的、绝对的中央权力无法诞生。罗马帝国的统治方式依赖于强大的中央权力,这一点后来在拜占庭发展出了专制的东方式君主。而在西欧,封建主义产生的背景在于中央权力的崩溃,公共权力发生私人化,即便是最强大的封建王权——如英格兰和诺曼人的南意大利及西西里——也受到了来自下属封臣的强有力的挑战。在封建主义最盛行的法国,国王的权力在很长时期内处于异常衰弱的地位,卡佩王朝多少有些篡位性质的上台也使得封臣们对国王具有些许同僚感。至于神圣罗马帝国,尽管一直保持了皇帝称号,但在很大程度上受到大领主的控制,皇位的传承也是通过选举的形式来完成的。或者我们可以认为,封建国家的性质同民族国家存在显著的差异,国王只是封建金字塔结构的最顶端者,而从来没有考虑过所谓在国内处于绝对地位的"主权"问题。

在不存在一种统治一切的专断权力的情况下,各种权力在相互斗争的过程中就可以发展出一些个人性质的自由和权利。我们可以发现,中世纪自由城市大发展的原因多少在于各种权力之间的斗争:教会同世俗国家的斗争、国王同封建领主之间的斗争以及不同的封建领主之间的斗争。在权力的缝隙之间,商人和市民们才有活动的空间。

其次,在一种存在多个权力中心的社会中,自然而然地就发展出了多元主义。各种力量在斗争的过程中并没有形成绝对的统治,因此斗争最终也就不得不意味着妥协。

中世纪确实是不稳定的,各种势力冲突不断,而且战乱频繁,但是——尽管对于底层的民众而言并没有太多美好的记忆——冲突最终的(或者在大多数情况下只是暂时的)解决往往并不是一方彻底压倒另一方、消灭另一方,而是一种妥协。我们可以看到各种订立于各种当事人之间的和约与协定。各种利益的追求者似乎都意识到不能通过消灭对方从而使自己安全自由地享受利益,各种利益处于某种并存的状态。尽管我们可以在中世纪的历史中发现种种偏狭和不宽容,但是也看到了更多的斗争后的妥协。

对于近现代的宪政体系而言,利益多元和妥协的精神非常重要。压倒一切并消灭同自己相悖的利益要求在有些时候显得更有效率,但是同时也就形成了一种专断权力的倾向,并且为自己创设了被消灭的可能性和合理性,如此就仍然会陷入一种神秘的循环中,而无法达成宪政的状态。

再次,我们可以很容易地从中世纪发现一种法治的传统。对于法律的尊重并非始于中世纪,无论是在罗马国家还是日耳曼部族中我们都可以看到。在漫长的中世纪,并不黑暗的一点是,法律的崇高地位没有受到削弱。当然,强权是永远存在的,但是,至少没有人胆敢公然以非法的形式为所欲为。

封建主义的契约性质本身就暗含了对法律的偏好,而将出席法庭确定为封臣的重要义务之一也是一个显著的特征。国王和领主们在勾心斗角的过程中无不指责对方违背法律,以此作为己方行动的合法基础。商人们自己发展出了一套法律,市民们将特许状及城市宪章奉为圭臬,教会的思想家们则反复强调上帝也通过永恒的法律进行统治。中世纪存在一种倾向:试图将一切问题(大多数是政治性的)纳入到法律的框架中来解决,而不是动辄兵戎相见或是付诸无所不用其极的阴谋。法律必然强调遵守某种形式和程序,强调法律而非个人的权威,所以我们才可以在中世纪看到"王在法下"的观念。

对于一种宪政体系而言,缺乏法治的因素是不可想象的,如果仅仅依靠一个独裁者去反对另一个独裁者而试图对权力加以限制是荒谬的,对于专断权力的限制必须依赖一种稳定的、一体遵行的规范,最高的权威不能置于某一个人的手中。

再再次,如果说中世纪就已经产生了个人主义可能并不太确切,但是至少可以确定的是,中世纪不存在一种国家主义的观念或体制。中世纪的国家同现代的民族国家有明显的区别,缺乏一种明确的地理疆界,也没有主权的观念。国家或多或少被视为一种私人的产业,人们在其中追逐各自的利益,国王、大小领主、市民、教士乃至农民和农奴都为了自己的利益进行各种活动。人们并没有一种异常强烈的"爱国主义"、一种为了国家可以牺牲一切的精神,相反,人们始终警惕着自己的利益是否处于某种莫名的威胁之下。

近现代的宪政主义,很大程度上乃是出于个人权利对于国家权力的警惕。我们可以看到,国家主义的发达很难避免极权主义的统治,近现代西方各国的宪政实践基本上都高举着个人权利的旗帜。限权、法治、共和之类的观念并不是(至少并不是直接)希望建设一种强大繁荣的国家。美国人民在寻求解放的过程中始终对国家权力的压迫耿耿于怀,起草的宪法也就充满了对国家的专断权力的警惕,因为在国家面前,个人很难有反抗的力量,因此国家是最值得警惕的。

中世纪的人们也许并没有意识到那么多,因为当时利维坦还没有显现出多少可怕的威力,但至少那时的人们对于自己的权利已经有了相当清晰的认识——尽管存在等级上的不平等,但对于等级的权利始终没有放弃过。

最后,我们需要注意的是,中世纪也并非天堂,并非宪政的天然褓襁。我们仍然可以看到专断的权力,看到专横跋扈的强盗男爵,看到宗教裁判所,以及中世纪后期开始兴起的绝对主义王权。对于历史不能作一种单面的解释,不能按照我们的既定观念去裁剪事实。我们所作的种种考察能够说明的是,西方社会能够发展出宪政主义,中世纪的实践是一个重要的理解渠道,在西欧中世纪的历史进程中,存在着许多其他社会所不具备的独特的因素,正是这些因素推动了近现代宪政的发展——或者说,在西欧中世纪社会的各因素中,反宪政的因素相对较少,由此才得以寻找到同其他社会不同的道路。

第四章

近代个人主义宪法思想

从中世纪到近代,是西方历史发展中一个极其关键的转折,也是近代宪法思想产生的重要历史时期。在1500年前后,西方世界发生了一系列重大事件,如文艺复兴、宗教改革、地理大发现、科学革命、民族国家形成等等。这些事件标志着西方近代社会的来临,近代宪法思想也在此基础上产生。在近代宪法思想的影响下,西方国家立宪运动此起彼伏,近代宪政制度也在这些国家相继奠定和巩固。

第一节 近代的来临与个人主义的诞生

一、从中世纪向近代的过渡

给历史分期,困难之处在于历史是缓慢连续发展的,并不存在一个年份可以将历史截然地分开。中世纪和近代两个历史时段的区分,也同样如此。我们认为,在1500年前后西方世界发生了一系列重大事件,这些事件的重大影响使西方历史发展呈现出质的变化,而这些质的变化标志着西方世界从中世纪向近代的过渡。这些事件包括地理大发现、文艺复兴、宗教改革、科学革命及民族国家诞生等。

(一)地理大发现

1492年哥伦布到达美洲,1498年达·伽玛绕过好望角找到通往东方的新路,1498年南美洲被欧洲人发现,1519年麦哲伦及其船队完成横渡太平洋与环球航行的壮举。这些事件标志着欧洲开始从偏处于世界的一个角落,向世界各地扩张。这些扩张使人类彼此的联系越来越紧密,并逐渐酿成了一个全球化的运动。在这一运动中,虽然充满着血与火的征服、肮脏的交易,但不可否认,随着全世界资源的利用、市场范围的扩大、分工的细化,欧洲(主要是西欧)的经济先于其他地区,开始了快速的成长。

(二) 文艺复兴与宗教改革

文艺复兴运动与宗教改革运动紧密相连,实际上,当时所谓的人文主义者也大多卷入其中。因此,有些学者将宗教改革作为文艺复兴运动的一部分。但二者仍是有区别的,文艺复兴运动在很大程度上是一场英才的运动,而宗教改革则牵涉千百万民众(是普通人的运动);而且,宗教改革将基督教世界分为旧教、新教两个世界,给西方世界未来的发展造成了更为深远的影响。下文将专门讨论文艺复兴与宗教改革对个人主义思想的贡献。

(三) 哥白尼革命与现代科学方法论的产生

近代西方科学革命的标志性事件,是1543年,在哥白尼去世之前,出版了他早已完成的《天体运行论》一书。该事件被称为"哥白尼革命",其革命意义在于:

第一,哥白尼对天体运行的认识,已不同于亚里士多德、托勒密持有的古天文学的权威观点。这一事件表明,文艺复兴运动已开始突破古希腊学者的研究框架以及自然人文一统的宇宙观。文艺复兴已不仅仅是"复兴古代文化",而是新的文化的创造。从此,自然科学的思维与古典自然哲学出现分离。

第二,它打破了教会宣称的"上帝将人类居住的地球作为宇宙的中心"的信条,揭示了地球仅是一颗围绕着太阳运转的普通行星。这一事件相当于自然科学向教廷发布的"独立宣言",自然科学的思维开始和神学分道扬镳。

哥白尼革命之所以能引发后来以伽利略、牛顿等人为代表的科学革命,其原因在于它奠定了现代科学方法。当然,所谓的现代科学方法是什么,不同的科学史研究者根据哥白尼革命,所总结出来的答案是不同的①：归纳主义者认为，现代科学方法是从经验事实（观察）推断理论；证伪主义者认为，现代科学方法是科学理论必须提供一个可以反驳（证伪）的研究框架；简单主义者认为，现代科学方法是建立一个比竞争对手更为简单、更为连贯和经济的理论；而拉卡托斯等人认为，现代科学方法就是进步的研究纲领（该纲领不仅能够预测其竞争对手真实地预测到的东西，而且还能预测到竞争对手未能预测到的东西）战胜退步的研究纲领。不管这个所谓的现代科学方法到底怎样，哥白尼革命开创了现代科学方法并引发后来的科学革命，是科学史研究者们所公认的。

（四）民族国家的诞生

1500年前后，在西欧封建社会的基础上，在战争的铁砧板上，民族国家开始慢慢成形。民族国家形成的标志性事件有：1469年，阿拉贡的斐迪南和卡斯蒂里亚的伊莎贝拉联姻，标志着一个共同体的诞生，该共同体于1492年逐走信奉伊斯兰教的摩尔人实现统一，并在伊比利亚半岛形成近代第一个民族国家即西班牙；1453年英法百年战争结束，两国民族感情觉醒，从此形成独立的民族主权国家。②民族主权国家与过去的城邦国家、世界帝国和中世纪封建制度有着根本不同的特点，它是欧洲政治现代化的载体，也是近代宪法思想发展的起点。因此，民族国家的出现是近代政治发展的起点，也是欧洲近代化的标志之一。

对近代宪法思想而言，民族国家具有以下几个方面的政治意义：

第一，政治的世俗性。民族主权国家政治的世俗性，首先体现在政教分离上。西方民族主权国家在形成过程中，政教逐渐分离。影响这一过程的，有教会否认皇帝和国王在精神事务上的权能的原因，

---

① 参见〔英〕拉卡托斯：《科学研究纲领方法论》第四章，兰征译，上海译文出版社1986年版。

② 在英法百年战争（1337—1453）之前，两国通行的是封建制度，英国国王作为诺曼底公爵的后代，同时占有诺曼底的土地，因此名义上又是法国国王的封臣。战争结束后，两国的领土疆域和两国国王的权力开始独立和自主。在法国，路易十一（1461—1483）及其后继者逐步巩固了王权，建立了近代主权国家；在英国，亨利七世（1485—1509）趁红白玫瑰战争中贵族实力大为削弱之际，加强了王权，奠定了近代国家的基础。

也有世俗政治权威反抗教皇的原因。当然,最后奠定西方民族国家政教分离基础的,还是马丁·路德和加尔文发起的宗教改革。这一改革支持了民族国家摆脱教会的精神控制,实际上也在民族主权国家的支持下获得宗教改革的胜利。民族主权国家的世俗性还体现在政治与道德的分离上。

在中世纪,道德与宗教是结合在一起的,政治与宗教的分离不仅是国家与教会事务的分离,实际上也是政治与道德分离。这一点,其实最早是由马基雅维里提出来的。他认为,判断君主行为正当的依据是,他是否能够成功地为国家带来和平和安宁,而不是道德上如何正确;个人方面的良好道德品质(如慷慨和仁慈),往往成为国家的恶行(挥霍和软弱),而个人方面的恶行(如残酷和不守信用),往往能给国家带来好的结果。政治与宗教、政治与道德分离的结果,奠定了现代政治的基本面貌。

第二,主权的形成。近现代立宪主义政治中所使用的主权概念,大致上有两种意义:第一种指一个民族国家相对于其他民族国家的地位,表明每个国家在其自身的地理范围之内拥有自主的管辖权;第二种指在每个国家之内存在着拥有最高政治地位和法律权威的权力实体,以及在这个最高权力之下的等级制结构。

这两种意义是密切相关的,一个国家如果存在着最高政治和法律权威,那就意味着最高权威实体在自己的领土范围内可以自由地实施统治。这一主张必然产生互不干涉原则,即一国无权干涉另一国的内部事务。15 至 16 世纪,西班牙、英国和法国以君主专制集权的形式,慢慢发展为民族主权国家;欧洲尤其是中欧和北欧,经过宗教战争(1562—1598)、三十年战争(1618—1648)的锤打,普遍确立了民族国家形式及其主权原则。1648 年签订的《威斯特伐利亚和约》①,确认了各国独立自主、互不干涉内部事务的原则,也确立了新

---

① 为结束三十年战争所造成的灾难,从 1644 年起,欧洲各国的使节在明斯特和奥斯纳布吕克两地开始谈判。终于在 1648 年 10 月 24 日,德意志皇帝分别和法国在明斯特签署了《明斯特和约》,与罗马和瑞典在奥斯纳布吕克签署了《奥斯纳布吕克和约》。因明斯特和奥斯纳布吕克这两座城市都在威斯特伐利亚境内,故两个和约统称《威斯特伐利亚和约》。这一条约的签署确定了欧洲近代初期的政治秩序,确立了主权国家的原则,并在世界历史上第一次以国际条约的方式来解决战争遗留问题,对后世政治及国际法有极大意义。

教的地位。

主权理论与实践的意义在于,一旦建立拥有主权的民族国家,就有可能在国内出现专制和暴政。这是因为,主权既然是国内最高的权力(在当时往往由君主掌握),必须得到服从,那么传统上用以制约君主权力的力量,如教会、贵族等,都不再起作用,这时君主就可能建立起专制政体。为了限制君主的绝对权力,理论家们重新解释了自然法,要用自然法和权力制衡制度来约束君主。因此,主权概念和主权国家是宪法思想产生的前提,没有主权,就没有君主专制,也就没有约束专制君主的必要,近代宪法思想也就不会产生。

第三,公民概念的产生。在中世纪的封建社会,没有公民的概念。每一个人都属于某个等级或团体,如封建贵族、城乡社区或商业行会等等。这些等级或团体,拥有集体的特权或封建的自由;个人只有作为种族、家族、党派或社团的一员才能意识到自由和权利。在民族国家形成以后,掌握主权的君主直接面对个人,贵族和市民渐渐地不再以等级或团体的身份,而是以个人的身份从事各种活动,等级团结和集体特权开始消失。由于主权理论始终未与人民主权的理念分开,对主权绝对性的强调与个人有权选择统治者的理论相融合,现代立宪政治中的公民概念(即以个人身份而不是等级或团体身份,参与政治、选择统治者)产生了。

二、个人主义思想的诞生

近代宪法思想之所以能在西方诞生,从思想来探究,主要是因为个人主义思想在1500年前后的西方,从文艺复兴、宗教改革开始发展,并在启蒙运动中成熟,逐渐成为占据主导性地位的哲学观念。近代宪法思想激起近代立宪运动,从而改变了西方世界的政治面貌,也使西方成为人类社会进入现代化的领跑者。

当然,在古代和中世纪,已经存在一些个人主义的因素,如晚期斯多葛派的一些个人主义思想、罗马法中所体现的个人主义精神、早期基督教所提倡的个人化的体验、中世纪契约性社会中个人的关系、中世纪城市市民中存在的个人主义意识等等。但具有这些因素,并非完整、系统的个人主义思想,因而不能为近代宪法思想奠定基础。只有在 1500 年前后,那些标志从中世纪向近代过渡的重大事件,特别是文艺复兴、宗教改革和启蒙运动等,才真正产生了个人主义的重要思想元素,从而奠定了个人主义在政治思想中的主流地位,并促成近代宪法思想的诞生。

(一) 文艺复兴运动与人的尊严①

古代希腊、罗马的文化,最吸引人之处在于以人而不是以神为中心。中世纪正好相反,强调以"神"为中心而非以"人"为中心,普遍地忽视人的欲望和人的精神。文艺复兴是古代艺术的复兴,也是人的复兴。在这个艺术灿烂辉煌的时代,文学、绘画、雕塑、音乐等领域着重表现的都是人体之美、人所具有的性灵、人的精神以及多姿多彩的人性,艺术家们以审美的眼光和创造的心灵来对待生活、对待人生和自然。

文艺复兴最早可以追溯到 13、14 世纪意大利的商业城市共和国,而 1453 年君士坦丁堡的陷落是文艺复兴运动中的标志性事件。当时,大批希腊学者携带古代文献逃避到意大利,为文艺复兴注入了强大的推动力量。再加上 15 世纪后期书籍印刷术的出现,也大大促进了文艺复兴文化的传播。由此,1500 年前后文艺复兴达到高潮。今天我们推崇的大批天才级人物都活跃在这一时期,如伊拉斯谟、达·芬奇、拉斐尔、米开朗基罗、马基雅维里等等。

15 世纪八九十年代,文艺复兴运动逐渐向北方扩散,一直持续到 17 世纪初,到莎士比亚时期前后终告结束。法国南部、今天的荷兰以及英国等地区,都卷入了文艺复兴的浪潮中。从影响范围来看,文艺复兴运动遍及医学、法学、文学、绘画、音乐等领域。

文艺复兴的主题是人的潜在能力和创造能力,肯定人的尊严、人的伟大,提倡个性解放和个人幸福。与地理大发现相对应,文艺复兴

---

① 关于文艺复兴对人的价值的颂扬,已经有大量的研究讨论过,本文此处只是作一个简单的总结。详细的探讨可参见〔瑞士〕雅各布·布克哈特:《意大利文艺复兴时期的文化》,何新译,商务印书馆 1979 年版。

被称为"人的发现"或者人文主义运动。在以下几方面,突出了人性或人的尊严:

1. 对中世纪以神为中心的禁欲主义文明提出了批评,认定中世纪是一个充满出世、禁欲与犯罪感的时代,是欧洲的黑暗时期。

2. 肯定人的现世生活,大胆地追求现世的幸福,追求美,追求艺术自由。彼得拉克(1303—1374)提出的"我自己是凡人,我只要求凡人的幸福",成了这个时代的宣言。

3. 崇尚享乐主义,赞美青春美丽、赞美人的身体,主张及时行乐,大胆追求感官的享受、个人欲望的满足和官能的快乐,以至于达到穷奢极欲的地步。

4. 在肯定人、关心人的同时,以人为本位,歌颂人的价值、人的尊严和伟大,以人为本性作为判断是非的准绳,并大力弘扬人的自由意志和个性自由的发展。

5. 追求个人才能全面充分地发展,大胆探索自然的奥秘,不懈地追求与无止境地创造。当时几乎每一个著名人物都做过长途旅行,都会说四五种语言,在好几个领域都能作出杰出贡献。

总之,文艺复兴时代的基本精神是强调人的价值、人的地位、人的尊严,这是一个人的觉醒、人性的张扬、人的主体性发展和创造性才能充分发挥的时代。

(二)宗教改革与人的自主

文艺复兴肯定了人的尊严,但这里的人,很大程度上是作为类别的人,还不是现代意义上的个体的、独立的甚至孤独的人。自主的个人的概念,在文艺复兴时代还不明显,到宗教改革时期,才彰显出来。

宗教改革是指由马丁·路德(1483—1546)及其后的加尔文(1509—1564)发动的一场反对罗马教廷、提倡个人直接与上帝交流、不需教会作为中介的改革运动。在基督教早期发展过程中,开始生发出一种人的自觉和个体的意识,在基督信徒之间虽然提倡一种普遍的兄弟之情,信徒也结成团体以对抗罗马帝国的迫害,但信徒之间、信徒与社团之间的关系,对每一个信徒的灵魂能否得救而言,不具有本质的意义。然而经奥古斯丁对基督教义的改造并经教会有意无意的歪曲后,教会与信徒之间的关系却变化了,教会成为上帝所指派的拯救人类的工具,一个人若不成为教会的一员则绝对不能得救。教会变成上帝与信徒个人之间的媒介,代表着基督徒们共有的价值。何者善、何者正确,不能由个人独自思考断定,而由宗教会议和教皇断定。

在马丁·路德看来,天主教宣扬的教会是赎罪的集体性中介是错误的,信徒只能凭信仰与上帝相通,领悟上帝的救赎之恩,从而获得拯救。圣经是信仰的唯一源泉,此外别无他物可以接近上帝。当面对上帝审判时,人的唯一源泉在于承认自己完全孤立无助,承认对他的谴告完全正当,然后依仗耶稣的劳功到达神恩的国度。路德坚持认为,教会无权要求在基督教社会里拥有特别的司法权和豁免权,因为一切强制的权力都是世俗的。基督徒都是平等的,教皇和主教只是信徒选举出来的奴仆,是管理或传播宗教的官吏,只有反复灌输上帝的道的职责,毫无世俗意义上的权威和权力。真正的教会是信徒无形的集会,真正的教会不在现实世界,只在教徒心中。因此,路德主张废止教会管理的宗教,代之以国家管理的宗教。

路德还坚持信仰的自由,认为信仰若不是自由地选择或表达出来的话,就没有什么价值。他说:"我有义务,不仅是说明真理,而且要用我的血和生命维护真理。我要自由地相信,而不要作任何权威的奴隶。"①

总之,路德的教义将个人的良心置于一切外在的权威之上,用自主性个人的虔诚代替了教会塑造的集体性虔诚,降低了教会组织在个人得救中的作用;同时认定个人可以直接与上帝沟通,每个人心中的上帝是他独立人格的支撑,从而塑造了一种全新的具有坚强信念的个人意识。这样,个人意志就具有了独立性与神圣性,近代个人主义的诞生就具备了哲学的与宗教的基础。

宗教改革的另一个领袖是加尔文,他对路德教义的重大修改在

---

① 转引自〔美〕罗伦培登:《这是我的立场》,陆中石、古乐人译,译林出版社1993年版,第94页。

于将路德犹豫不决的命定论彻底化。在加尔文看来,上帝不是为了人类而存在的,相反人类是为上帝而存在的;上帝是绝对自由的,不因人的行为而改变他的决定,得到上帝恩宠、获得永生的人,永远不会失去这一恩宠,而得不到的人也永远都不可能获得恩宠,注定要被罚入地狱。①

在加尔文的教义②中,人不可能改变自己注定的命运,无法依靠自己的力量改变自己,其他任何人、任何事都无法帮助自己:教士无法帮助他,因为上帝的选民只能用自己的心灵来理解上帝的旨意;圣事无法帮助他,因为圣事并非获得恩宠的手段,它只是荣耀上帝的手段;教会也无法帮助他,取不取得外在性的教会成员的资格与是否要接受末日审判无关;甚至上帝也无法帮助他。这样,每个人心里都会感到空前的孤独,每个人孤独地生存在世上,被预先决定是得到永生还是永罚。他必须独自一个人走在人生旅途中,去面对那个永恒的早已为他决定好的命运。孤独的个人,也是自主的个人。人必须选定自己的生活道路,行善功以荣耀上帝。孤独的人同上帝的内在联系是在深刻的精神隔绝中进行的,因此个人成了知识的来源,个人良知是判断的源泉,真理也因此成了人言人殊的独立见解。这些都是后来个人主义的基本组成部分。

总之,加尔文主义以命定论为基础的教义,把个人对精神的自我监察和意识的内在化推向极端,从而使个人越来越自我中心化。不过,路德、加尔文等人所提倡的自主的个人,仍属于宗教的个人主义。宗教个人主义转向世俗的、政治的个人主义只有一小步,而这是由笛卡尔及后来的启蒙运动完成的。

---

① 加尔文有一段原文如下:"我们说……神以他永恒不变的旨意决定要使谁得救使谁沉沦。我们说,对选民而言,这种旨意建立在慈悲之上而不考虑人的尊贵,相反,被他罚入地狱的人被排除于生命之外,这是出于神的不可理解的神秘旨意,虽然神是公正无私的,……许多人为了推翻预定而臆造种种空想,我在此就不谈了……因为[许多人]认为神之所以挑选这人或那人是根据神所预见到他们的优点。"转引自〔法〕加亚尔等:《欧洲史》,蔡鸿滨等译,海南出版社2002年版,第382页。

② 此处对加尔文教义的描述,参考了马克斯·韦伯的说法,参见〔德〕马克斯·韦伯著:《新教伦理与资本主义精神》,于晓、陈维纲等译,三联书店1987年版,第79页。

(三)启蒙运动:哲学个人主义与理性的时代

16世纪是宗教改革的世纪,新教主张,教皇会出错,宗教会议也会犯错。因此,决定真理不再是整体的事情,而成了个人的事。不同的个人得出不同的结论,显然是正常的事情。人成了加尔文所谓的彻底孤独的人,唯一的任务就是在尘世荣耀上帝,由此,一种入世的宗教个人主义基本形成。

17世纪是欧洲理性启蒙的时代,是在宗教改革基础上深入反思的一百年,个人主义从宗教领域渗透到世俗领域,宗教个人主义过渡到哲学个人主义,为政治个人主义的出现奠定了基础。这一切都是在启蒙运动中完成的,虽然启蒙运动的高潮发生在18世纪,但其思维方法和主题却是17世纪形成的。

就思维方法而言,17世纪形成了英国经验主义和大陆理性主义两个传统。前者认为认识源自经验,重感官知觉,重亲身经验;后者认为认识源自天赋观念,重心智推理。这两种方法论传统,并非绝对不相容,实际上,二者只是出发点和侧重点有所不同,或者可以说经验主义是理性主义的特殊表现:对于经验主义而言,重视经验必然重视自己的当下判断力,选择什么样的观测对象,用怎样的理论模式来概括经验,都离不开心智的推理;而理性主义的一些观念,也并非全部是天赋的。与中世纪的哲学甚至新教思想相比,经验主义和理性主义在以下两个方面是相同的:

第一,理性的世俗化。即二者都不再以神为本位,而是以人的体验、人的眼光,从世界本身去认识世界。这是17世纪相对于16世纪宗教改革的进步。

第二,理性的个人自觉。即二者都坚持运用人的独立思维,来寻求新的理论。如果新理论在他看来是正确的,他就绝不向权威低头。同时,他也不希望自己的理论只是靠本人的威望来强迫别人接受,而是希望根据一般公认的真理标准,得到人们的信服。

笛卡尔往往被视为近代哲学的鼻祖,是西欧进入自觉运用理智

第四章 近代个人主义宪法思想

阶段的标志,为欧洲的觉醒与宪法思想的诞生开启了道路。① 在笛卡尔看来,怀疑是求知的根本前提,"如果我想要在科学上建立起某种坚定可靠、经久不变的东西的话,我就非在我有生之日认真地把我历来信以为真的一切见解统统清除出去,再从根本上重新开始不可"②。因此,他提倡一种彻底的从个人出发的哲学思考方式,并认为哲学研究应该怀疑一切事物,用理性的尺度去怀疑和审视以往的一切知识;只有经过理性的怀疑和思考以后,没有问题的东西(清晰、判然的观念)才能纳入知识的范围,并由此建构整个理论体系。逻辑上说,怀疑必须要在某一处止住,这样才能产生积极结果。

这个让怀疑停止的点应该是无疑问的事实和无疑问的推理原则,是最简单最可靠的起点。这个无疑问的事实和无疑问的推理原则只能来自直觉,是"由明晰的和注意的心灵在理性之光下产生的那些无疑的概念",只能是"我思",即自己的思维。也就是说,当我们要怀疑所有的东西,把一切事物都想成虚假的时候,这个进行思维的"我"必然是某种确定可靠的东西;只有思维时,"我"才存在,若停止思维,"我"的存在便没有证据了。这就是笛卡尔的名言"我思故我在"的含义。③

"我思故我在"使人的认识基础因人而异:对每个人来讲,出发点是他自己的存在,而不是其他个人的存在,也不是社会的存在。如果由此建立的理论在自己看来是正确的,那就不应该向任何权威低头。可见,笛卡尔奠定了彻底的理性的权威和个人主义的基础。

---

① 达朗贝尔在《百科全书》中是这样称赞笛卡尔的:"他有着使哲学的基本路线发生变化的力量,那就是:丰富的想象力、极其理性的头脑、主要通过自己探索而不是通过书本所获得的知识、同广为流传的偏见进行战斗的巨大勇气,以及使他得以自由批评的独立性。"(转引自陈刚:《西方精神史》下卷,江苏人民出版社2000年版,第371页。)需要说明的是,笛卡尔自己虽然是一个奉行教会仪式的天主教徒,但他本人却与新教关系密切:他的思想承继了宗教个人主义,他本人受新教国家的保护,在新教国家荷兰住了20年(1629—1649)。可以说,没有宗教改革,就不会有笛卡尔主义。
② 〔法〕笛卡尔:《第一哲学沉思录》,庞景仁译,商务印书馆1986年版,第14页。
③ 至少在休谟和康德那里,哲学家们已经认识到,主体和客体属于不同的范畴,它们之间没有内在的关联,主体关于客体的知识并不能由于知识起点的可靠而得到保证,因为起点的可靠不能保证结果的可靠。

启蒙运动是理性的时代,要求运用理性对过去遗留的一切进行批判,而这正是笛卡尔主张的反映。重视和突出个人的理性独立判断力,强调个人的主体意识和个性意识,对一切不合时宜的陈规陋习和束缚人的理性与自由的东西进行批判,这是启蒙运动为近代宪法思想所奠定的重要基础。

与理性相关,启蒙运动还强调了以下观点,从而为后世思想发展提供了宝贵的遗产:

1. 进步的概念。启蒙学者大多相信人类持续进步的前景,强调进步的基础是人的理性,推动力是理性所能掌握的无限积累的知识。

2. 利益的概念。启蒙思想家肯定个人的权利和利益,强调人们追求私利是合理的或开明的,公共利益则是用理性指导与调和而实现的个人利益及其总和。

3. 自然主义。启蒙思想家将自然的概念奉为真善美的标准,认为自然的就是好的,反自然的就是恶的,自然的东西也是客观的,不为人的意志甚至神的意志而转移的。

4. 人道主义与世界主义。启蒙思想家推崇慈悲、虚心、温和和仁爱等人道主义精神,并站在整个世界和人类的立场,要求将人道主义遍及一切人,为全人类的幸福而献身。

第二节 近代宪法思想的初步形成

个人主义思想的诞生、个人独立主体地位的出现和个人权利意识的苏醒,对于近代宪法思想的产生方面,在西方历史乃至世界历史上都有着极其重要的意义。黑格尔将个人主义诞生这一进程描述为"理性的自觉过程",即"世界精神意识到自我在个人中的存在"。而梅因从法律变迁的角度,将这一进程描述为"从身份到契约的运动",即"个人自决的原则,把个人从家族和集团束缚的罗网中分离出来;或者,用最简单的话来说,即从集体走向个人的运动"[①]。

---

① 〔英〕梅因:《古代法》,沈景一译,商务印书馆1997年版,导言第18页。

第四章　近代个人主义宪法思想

如前所述,笛卡尔标志着哲学个人主义的真正诞生。当个人主义渗透到政治领域,就形成了政治个人主义。所谓政治个人主义,就是将作为整体的国家分解为最基本的单元要素(每个人),从作为组成要素的个人出发,运用人的理性来理解整体的政治社会,个体的权利和利益决定了整体的目标。那么,如何从个体的人出发来建构国家和社会?换言之,政治个人主义必须在理论上回答,如何从个人出发,建构政治社会并获得整体的正义与秩序。

这一工作是由霍布斯通过社会契约理论完成的,之后洛克对霍布斯的理论进行了改造,从而形成了近代宪法思想的基础。洛克也因此被视为近代宪法思想的创始人。但是洛克的理论,仍有内在的缺陷。近代宪法思想的真正产生,与启蒙运动中对有关个人与国家关系的政治哲学进一步发展有关。另外,英美法各国根据自己的民情进行了宪政实验,实验所获得的宝贵经验和教训,也是催生近代宪法思想产生的重要因素。近代宪法思想的产生,反过来也促进了各国不同的立宪运动和法律制度的改革。在19世纪,英法美等国家的宪法思想基本成熟。

一、霍布斯转折与政治个人主义的形成

在政治哲学史上,霍布斯代表了一个政治哲学的转折点。虽然如前所述,个人主义已有深刻的历史、文化、宗教与社会根源,但它作为一种政治哲学,却是由霍布斯首先系统阐述的。正如黑格尔所说:"霍布斯试图把维系国家统一的力量、国家权力的本性回溯到内在于我们自身的原则,亦即我们承认为我们自己所有的原则"[①]。虽然他的理论中如人性恶的自然状态、社会契约等概念并非自己的首创,但他以一个完整的体系、严密合乎逻辑的推理完成了政治哲学的一次重要转折。没有这一次转折,也就没有近代的立宪主义。

---

① 〔德〕黑格尔:《哲学史讲演录》第4卷,贺麟、王太庆译,商务印书馆1978年版,第157页。

（一）霍布斯理论的起点：性恶、理性的个人与自然状态

传统的政治哲学，以整体的政治社会为起点，假定人天生就是政治或社会的动物，政治社会优先于个人而存在。霍布斯的政治个人主义拒绝了这一假定，以孤立的、个体的人作为他研究的起点，并假定这样的人具有恶的本性（自私自利、残暴好斗、趋利避害），受自己内心无止境的欲望所驱使，同时还具有理性。[①]

在霍布斯看来，政治社会的建立必须建立在这样的人性基础上，以满足人的欲望为目的。因此，霍布斯判断政治好坏的标准，就根本而言，是人的欲望或者说快乐，而不再是古典哲学所强调的人性的完善。当然，霍布斯理论中的快乐，更多强调的是自我保全。

霍布斯将政治社会产生之前，没有公共权力为后盾、普遍存在着孤立自私的个人的状态，称为自然状态。处在"自然状态"中的个人，在身心两方面的能力都十分平等，而能力的平等使人们希望达到目标的平等。但是，自私的本性和无止境的欲望，很容易造成两个人想获取同样的东西、却不能同时享用的情形，如求利、求安全或求名誉，这就会引起竞争、猜疑和争夺荣誉。于是，人与人成了仇敌，像狼与狼一样争斗。在没有公共权力的情况下，人性的自私与争斗无限制膨胀，带来每个人对每个人的战争。这种战争状态使产业无法稳定，"最糟糕的是人们不断处于暴力死亡的恐惧和危险之中，人的生活孤独、贫困、卑污、残忍和短寿"[②]。时刻处于暴力死亡恐惧中的个人，最强烈、最根本的欲望显然是自我保全。

霍布斯由人的这种最强烈的欲望出发，来研究道德和政治社会

[①] 当然，这些看法也并非霍布斯首创。实际上早在伊璧鸠鲁学派的学说中就已将人看做是非政治的、非社会的动物，人的理性也在文艺复兴、宗教改革和笛卡尔那里被反复强调。人性恶的假定在基督教特别是新教中早已不新鲜，而且马基雅维里将人性恶的假定用到了政治中，他批评传统政治哲学把人类政治社会的目标（人类享受品德高尚的生活并建立一个致力于品德完善的社会）定得太高，同时批评传统学说将政治视作完善人的品德的工具，认为政治（如统一意大利）优先于道德，为了完成政治目标可以牺牲道德的善。尽管以上概念和看法并非霍布斯首创，但是他运用了一贯、严密的理论体系，重新阐述了这些概念，给后世政治哲学研究带来了深远的影响。因此，霍布斯的理论在政治哲学史中仍有转折性意义。

[②] 〔英〕霍布斯：《利维坦》，黎思复、黎廷弼译，商务印书馆1985年版，第95页。

的渊源。他认为,这种自我保全的最强烈的欲望,是人根本的和不可离弃的权利,是一切正义和道德的唯一根源。不存在什么绝对的或无条件的义务,义务只有在不至于危及自我保全的权利时,才具有约束力。或者说,只有自我保全的权利才是无条件的或绝对的。因此,人的权利(自然状态中的权利即自然权利)优先于义务①,政治社会的建立也应该以人的权利而不是义务为基础,其职能和界限应以人的权利为界限。

(二) 霍布斯的自然法与社会契约

人们对于自然状态中普遍存在的死亡状态感到恐惧,希望过一种舒适的生活,这就促使他们产生和平的愿望。理智于是提示人们,存在着一些简便易行的和平条件。这些条件具体包括:寻求和平、信守和平,以及利用一切可能的方法来保卫自己;让渡的权利必须与得到的权利相等;履行信约,顺应他人,平等让利,分配争议,秉公裁断等等。霍布斯将这些条件称为自然法(自然律),这些自然法类似于基督教的戒律,总的原则精简为一句话为"己所不欲,勿施于人"。

自然法是导致和平的条件,这些条件在人的内心是有约束力的;但在人们行动的时候,如果没有权力作为后盾或者权力不足,自然法就会成为一纸空文,人们的安全依旧无法保障,人类仍会陷入自然状态中。只有一条路可以满足人类和平的需求,那就是彼此都放弃自我管理的权利。大家放弃权利的行为是相互平等的和毫无保留的,放弃的权利被授予一人或由多人组成的一个集体来代表,大家都服从这个人或这个集体所代表的人格,统一在一个人格之中的一群人就被称为国家。

用霍布斯的原话说,国家就是"一大群人相互订立信约、每个人都对它的行为授权,以便使它能按其认为有利于大家的和平与

---

① 霍布斯的这一结论是不同于古典政治哲学中的义务优先论的。当然,从基督教神学中也可以推导出权利优先于义务,因为上帝创造和拥有这个世界,是只有权利而没有义务的。

共同防卫的方式运用全体的力量和手段的一个人格"①。承担这一人格的人被称为主权者,其余的人都是臣民;这样订立的信约(多数人以彼此同意的方式宣布一个主权者),就是社会契约。

实际上,霍布斯所说的社会契约,与其说是人们心甘情愿的一项契约,不如说是人们在暴力死亡的恐怖威胁下,个人对其他人投降、对权威屈服的一项投降协议,目的在于换取和平和安全。在霍布斯看来,产生国家的契约是臣民相互之间签订的,臣民们放弃自己权利的行为是自愿的、平等的、互利的,彼此之间没有卑贱高下之分。主权者与臣民最大的区别就是,主权者不在当初共同签约放弃权利的人群之中。主权者拥有全部权力而不受任何限制,因为国家主权是至高无上、不可分割、不可转让的,主权者的地位也是崇高的、不可侵犯的。臣民得不到君主的许可,就不能抛弃现存的政府,他们无权返回自然状态,重新选择主权者。臣民必须无条件地服从主权者,不能有任何借口去反对主权者,否则就是不义。虽然国家是人们用契约建立起来的,但它仍是道德至高权力的象征。因为在国家之前,没有所谓的善恶、正义或非正义的概念;国家是人的必然选择、唯一的出路,也就成了判断是非的唯一标准,是道德的基础。

霍布斯理想的制度是君主制,权力掌握在一个人手中。在他看来,这样公共利益和私人利益能够最和谐地融为一体,可以最大限度地消除内乱和无政府状态。虽然他也看到了君主专制的若干弊端,也不完全反对民主国家,也强调法律面前人人平等、法律没有禁止的领域人们可凭理性做有利于自己的事情,但是他仍然认为除君主集权专制外,其他制度都难以保障和平。

(三)霍布斯理论的意义

在霍布斯的理论中,社会契约将处于自然状态中的个人组织变为政治社会。这一理论,在政治哲学史上有着关键的转折意义,至少体现为以下几点:

第一,政治哲学从以整体为中心、以义务为中心,转向以个体为

---

① 〔英〕霍布斯:《利维坦》,黎思复、黎廷弼译,商务印书馆1985年版,第132页。

中心、以权利为中心

传统政治哲学认为,整体(政治社会)优先于个人而存在,个人只有在整体中并通过整体,才能发现自我并实现人性的完善,因此义务是道德、法律与国家的基础,个人有义务无条件地服从整体。霍布斯理论中的个人,在本质上是独立于整体(公民社会)的,自然状态存在于政治社会之先,整体是因个体的利益而出现,人的权利是道德、法律和国家的基础。从此,政治哲学中基本的政治事实不是整体的目标,而是个人的权利,整体(国家)的存在是因为个人,它的职能只在于保卫或维护个人的权利。人的权利优先于义务,政治社会的建立也应该以人的权利而不是义务为基础。以个人及其权利为中心,成为霍布斯之后西方主流政治哲学的观念。

第二,政治的目的从道德转向利益,政府从神圣转向世俗

在古典政治哲学中,政治服从于道德,政治的目的是完善人的灵魂、培养公民的德性。国家具有极强的道德和宗教功能,政府也具有一种超人的和神圣的权威。从马基雅维里开始并在霍布斯这里完成的观点是,道德应该服从于政治,政治的目的在于保护公民的权利、维护公民的利益。因此,公民的权利高于政治(政府),政治又高于道德。在道德和完善人的灵魂方面,政治能做的事情即使有也很少。因此,霍布斯完成了政府的性质从神圣不可侵犯向世俗、人为的机构转换。

第三,政治正当性的依据发生了变化

在古典政治哲学中,政治正当性的依据是以宇宙论为基础的伦理——宗教政治观,它给国家统治制度以一个宇宙论的(符合自然的秩序)或宗教的(符合上帝的旨意)神性根据。政治正义与否,关键看是否符合神性的根据,政府的合法性来自于某种超自然的力量。霍布斯之后,政治正当性的依据,不再是这些神性的根据,而是所谓社会契约,即以个体的自然权利为基础形成的社会协议。政治正义与否关键看社会契约的条件,政府的合法性来自于人民之中世俗力量的认可。因此,论证政府正当性与否,不在于向人民作神性根据的说教与道德感化,而是启蒙或宣传人的权利与社会契约。从这一点出发,社会契约理论获得了革命性的力量:政府一旦不符合社会契约

的条件,就失去了正当性。虽然霍布斯本人似乎并不主张革命,但从他的理论却可以推出这样的结论。

第四,重新定义自然状态和自然法的概念,完成了政治理论世俗化的进程

如前所述,自然状态、自然法在古代和中世纪的思想家们那里时已有论述。在霍布斯之前,一般将自然状态与蒙恩状态相对,指的是未受神的恩宠的状态;将自然法视为符合神的意旨的法或规则,是一种客观的法则和尺度,先于人类意志并独立于人类意志而存在。霍布斯以政治社会状态取代了蒙恩状态,认为自然状态存在于政治社会之前,为了纠正自然状态中的缺陷或不便,需要的不是神的恩宠而是正当的人类政府。自然法也不再是神的意旨,而是人的理性在自然状态中发现的一些导致和平的条件或原则,这些原则表现为一系列的权利(或倾向于是一系列的权利),是一系列起始于人类意志的主观诉求。这种主观诉求不依赖于任何先在的法律或义务,反而是法律或义务的源头。自然权利不再来源于超主体意志的自然法,而是来源于主体意志本身。

在霍布斯这里,自然法与国家法也有区别,它没有权力为后盾,只是道德律,而不是国家成立后建立的实体法。施特劳斯对霍布斯的自然法有一段非常精当的评价:"(霍布斯)试图保持自然法的观念但又要使它脱离人的完满性的观念:只有当自然法能从人们实际生活情况、从实际支配了所有人或多数时候多数人的最强大力量中推演出来时,它才可能是有效的。自然法的全盘基础一定不能在人的目的,而是得在其开端。自然法一定得从一切情感中最强烈者推演出来。"①

总之,霍布斯对自然状态和自然法的重新定义,使之彻底摆脱了神学的色彩,取消了上帝在世俗化国家中的地位,在理论上完成了政治世俗化的进程。虽然在现实中这一进程早已开始,在理论上也不断有思想家提出,但应该是霍布斯完成了这一理论工作。从此,民族

---

① 〔美〕列奥·施特劳斯:《自然权利与历史》,彭刚译,三联书店2003年版,第183页。

主权国家就以世俗层面的法治为特征。

二、洛克对霍布斯理论的改造

霍布斯的理论是近代立宪主义思想一个标志性的起点,而洛克在此基础上加以改造,初步奠定了近代西方立宪主义思想的基础。与霍布斯相比,洛克的理论在思想的深刻程度、分析的透彻程度、体系的严密程度等方面都有所不及。但是,洛克的理论是一种很容易理解的、平凡的哲学,中庸而实际,不违背常识,具有"普通人的理性",因而获得更多人的阅读和欣赏,并取得更大的影响力,对美国宪法的影响更是众所周知的事情。

(一)洛克对霍布斯理论的改造

洛克与霍布斯一样,从自然状态出发构建合理的政治社会。他同样认为,由于自然状态的不便人们才订立社会契约、组成社会和设立政府。因此,政府的目的仅在于保护个人利益,除此之外没有其他特殊利益;个人是第一位的,社会和国家是第二位的;个人是本源、是目的,而社会和国家是派生的、是手段。但在以下几个方面,洛克对霍布斯的理论进行了改造,从而发展了社会契约理论。

第一,自然状态。洛克接受霍布斯脱离宗教色彩的自然状态概念,但不同意霍布斯将自然状态定义为政治社会之前的状态,不同意他基于人性恶而将自然状态等同于战争状态,明确反对将自然状态和战争状态混为一谈。① 他接受了胡克尔(1553—1600)对人性的看法,即人的自然理性使人既爱自己也爱别人。

这一观点实际上类似于格劳秀斯对人类的理性和社会性的看法。从这样的人性观出发,洛克认为自然状态绝不是霍布斯所说的充满恶意、暴力和互相残杀的战争状态,而是人类自由、平等、和平的状态:在其中人们不必服从任何他人的意志,只需要按照他们自己认为合适的方式行动;人人具有理性,能够理解自然法,没有一个人享

---

① 参见〔英〕洛克:《政府论》下篇,叶启芳、瞿菊农译,商务印书馆1964年版,第14页。以下引述的洛克原文都来自该书,引述时只标明页码,不再一一加注释。

有多于其他人的权力。

因此,洛克的自然状态,充满和平、善意、互助和安全的和谐景象。不过,自然状态存在着重大的缺陷。如果有人侵害他人的生命、健康、自由或财产,则缺少明确的成文法作为判断是非、仲裁纠纷的共同尺度,缺少一个依法办事的共同裁判者,缺乏权力来支持公正的判决,使之得到执行。受害者只能自己惩罚侵害者,这样个人就充当了自己案件中的裁判者与执行者。人们会出于自私偏袒自己和朋友,过分惩罚别人,使惩罚不合理,从而引发混乱和无秩序,使得自然状态变得让人恐惧。

第二,自然法。霍布斯认为自然法仅仅是自我保存的条件,是人的理性所揭示的一些导致和平的原则。这些原则只是一种道德法,没有实际的约束力,人们往往不受自然法的约束而直接诉诸暴力,并不可避免地使人们进入战争状态。因此,霍布斯认为需要政府(尤其是专制君主)的权力来保证实施自然法。

与霍布斯不同,洛克认为,自然法不仅仅用来实现自我保存(保护生命),还用来保护健康、自由和财产。在洛克看来,对一切有理性的人来说,既然自然法根源于人类理性,没有公共权力为后盾也一样能够可以调节好人们之间的关系。自然法的执行权交给每一个人,"使每人都有权惩罚违反自然法的人,以制止违反自然法为度……根据冷静的理性和良心的指示,比照他所犯的罪行,对他施以惩处,尽量起到纠正和禁止的作用"(第7页)。

洛克承认,人人拥有自然法的裁判权和执行权确实不方便,这也是政府产生的原因。但是洛克反对霍布斯推崇的君主专制,他认为专制君主同样会出现君主"充当自己案件的裁判者"的情况,而且专制君主将人民置于自己的绝对权力之下,这种状况等同于战争状态,只会比自然状态更糟糕。

第三,自然权利。在霍布斯那里,自然权利比较抽象,实际上也就只有自我保存的权利。洛克将自然权利概念由抽象变为具体,包括生命权、自由权和财产权。生命权即生存权,也就是霍布斯一直强调的自我保存的权利。自由权,指的是每个人在遵守自然法情况下,可以做自己想做的一切事情,不受绝对的、任意的权力约束。他认为,出现政府以后,约束人们的不再是自然法,而是由社会建立的立法机关所制定、为社会一切成员共同遵守的长期有效的规则。明显地,洛克反对霍布斯所说的人可以放弃天赋自由而受制于专制君主。

洛克认为,财产权是生存权和自由权的基础,这是洛克所重点强调的自然权利的内容。为此他不惜花费大量的篇幅,来说明劳动最初确立了财产权,并成为维持人的生存权和自由权的基础。因此,洛克被称为西方思想史上最早论证私有财产权合法性的学者。① 他还描述了原始自然经济状况的发展历程,并得出结论说,如果没有共同的法官以其权威和力量来保护因货币的引进而得以扩大的所有权的话,人们就再也不能生活在一起了。

第四,社会契约的缔结过程。洛克从上述自然状态、自然权利和自然法的逻辑起点出发认为,为了避免这种自然状态的不便,保护人们的生命权、自由权和财产权,经所有人的一致同意,人与人之间签订契约组成一个政治社会(他称之为公民社会),人们放弃自然法的裁判权和执行权,把它交给社会;再由政治社会中的成员,依多数原则,成立一个服务于社会的信托机构即政府(统治者拥有最高统治权,拥有人们可以向其申诉的裁判权力),并向政府授权来保护公民的生命、自由和财产。

洛克的原话是:"人类天生都是自由、平等和独立的,如不得本人的同意,不能把任何人置于这种状态之外,使受制于另一个人的政治权力。任何人放弃其自然自由并受制于公民社会的种种限制的唯一的方法,是同其他人协议联合组成为一个共同体,以谋他们彼此间的舒适、安全和和平的生活,以便安稳地享受他们的财产并且有更大的保障来防止共同体以外任何人的侵犯。"(第 59 页)起初的人通过明示的同意形成社会,后代的人则通过默认的同意(财产或人身处于该领土范围内而没有提出异议)加入该社会。

关于社会契约缔结过程,洛克理论也是在霍布斯的基础上进行

---

① 参见李强:《自由主义》,中国社会科学出版社 1998 年版,第 56 页。

了发展。在洛克看来,应该区分社会和政府,实际上有两次缔约过程:首先是每个人经一致同意、相互缔约成立社会;再由社会与政府(经多数人同意建立起来的信托机构)之间缔约,授权政府行使原来自然法中的裁判权和执行权。① 霍布斯理论认为只有一次缔约过程,即人们相互缔约,同意放弃自己的自我保存权,接受外在于缔约人的主权者的保护。在缔约过程中,洛克主张交出去的是自然状态中人人持有的自然法的裁判权和执行权,而霍布斯主张交出去的是自我管理的权利。

第五,人民的权利与政府的权力。显然,洛克绝不同意霍布斯所说的,人民为换取主权者的保护而交出了全部的权利。他认为,在缔约过程中,人民放弃的只是一部分权利(自然法的裁判与执行权),并委托给政府用来为他们谋福利和保护他们的财产。人民依然保有最基本的权利,即生命、自由、财产权利,这些权利是不可转让、不可剥夺的,只能因自身的原因,在符合自然法的条件下受限制。②

社会契约既约束人民(人民不能自己去实施自然法的裁判权和执行权),也约束政府。如果政府不能服务于社会、滥用权力或者拥有权力的人玩忽职守,社会就有权、也有能力废除政府,由社会重新建立政府。"统治者如果不以法律而以意志为准则",则是暴政,人民有权反抗暴政。握有最高执行权的人如果玩忽职守,剥夺立法机关的自由或者侵犯人民的财产,政府将解体。立法机关变更或擅自

---

① 洛克原文中没有明确揭示是两次缔约过程,但从他的论述可以推断出这样的结论。如"当某些人基于每人的同意组成一个共同体时,他们就因此把这个共同体形成一个整体,具有作为一个整体而行动的权力,而这是只有经大多数人的同意和决定才能办到的"(第60页)。这里明确区分了经一致同意而成立共同体和经多数同意而行动的两个过程。以下段落更为明显:"只要一致同意联合成为一个政治社会,这一点就能办到,而这种同意,……开始组织并实际组成任何政治社会的,不过是一些能够服从大多数而进行结合并组成这种社会的自由人的同意。这样,而且只有这样,才会或才能创立世界上任何合法的政府。"(第61页)洛克还明确提到要把社会的解体和政府的解体区别开来,人民废除政府只是导致政治权威的更替,不会造成社会的解体,社会只解体于外来武力的入侵(第128页)。

② 16世纪加尔文主义者贝扎在《君主的权利》中,已经说明了国家契约论和公民不应完全放弃自由,因为这会使他们丧失对专横而邪恶统治的补救措施。这是洛克理论的先驱。

立法,违背人民的委托,都将导致政府解体。但"人民并不易于摆脱旧的组织形式",往往多数时候选择"宁愿忍受而不愿用反抗来为自己求公道",这保证了政府一定程度的稳定性①。

因此,洛克设计的政府是有限政府,它的权力只来自于人民的授权,政府的职能仅仅在于为人们提供安全、自由和财产的保障。个人在组成社会后,并未丧失自己的基本自然权利,这些自然权利作为个人保留权利被带入社会,构成今天所谓的人权。也就是说,一方面,政府的权力在外延上受个人天赋的、不可转让的自然权利的制约,在任何情况下都不得侵犯个人的自然权利;另一方面,政府在行使自身那些有限的权力时,也必须基于组成社会的人们的同意。以个人的同意作为政府权威的基础,包含着革命权的含义。一旦政府违反了授权时的契约,人们就有权起来革命,推翻政府。这一点已经可以在霍布斯的理论中合理地推导出,而在洛克的话中终于表达了出来,不过还是没有后来启蒙运动思想家们表达得那样明确。

第六,政治制度设计。与霍布斯推崇君主绝对专权的政体不同,洛克仔细地设计了政体模式和有效的运行机制,以体现和保障他所提出的社会契约的精神。他强调了法律的重要性,认为应在法律许可的范围内约束人民的人身、行动和他的全部财产。他还设计了分权的政治体系,将政府的权力分为立法权、执法权和对外权。他认为,立法权虽为国家的最高权力,但人民仍然有权罢免或更换立法机关;而且立法机关不能将制定法律的权力转让,在制定法律时也不能专断地侵犯一个人的生命、自由和财产,而必须"以颁布过的经常有效的法律并由有资格的著名法官来执行司法和判断臣民的权利"。政府的最高行政权(执行法律的权力)来源于立法权,必须和立法权分开,在发生"与公众有关的偶然事故和紧急事情"时,政府有为公众谋福利而自由裁处的权力(特权),但滥用这种权力可能会受到上

---

① 这一切也鲜明地体现在美洲殖民地《独立宣言》中,即殖民地"取消一切对英国王室效忠的义务",以及"为了慎重起见,成立多年的政府,是不应当由于轻微或短暂的原因而予以变更的"。

天的制约和大多数人的反抗。对外权可以和执行权联合在一起,但都从属于立法权。

(二)洛克理论中的难题

洛克在霍布斯政治个人主义理论基础上,进行了上述改造,从而发展了社会契约理论,标志着近代宪法思想的初步产生。但是,洛克的理论中,仍留下了许多难题没有解决。也就是说,用洛克的社会契约方式来创设社会和政府,存在以下难题:

1. 既然契约是经人们的同意而签订的,按照契约自由的原则,自然它也能因签约人的意志改变而废除,这样人们就不必服从政府。用休谟的意思来表达,就是人并没有任何信守契约或服从权威的内在本性,相反却倾向于不受限制。如此一来,就没有一个社会和政府能保持稳定,社会契约归于无效。

2. 即使在初始的契约中规定,人们一定要履行该契约、不可撤销该契约,以保证契约的稳定性,那也是无效的。因为在洛克的自然状态中,没有拥有权力的裁判者,也就是说没有外在权力强迫该契约执行,在此情况下作为自利的个人,没有人会去签一份不可执行的契约。这就是所谓的"用契约来创设强制履行契约的条件"的难题。

3. 即使初始的社会契约已经签订,签约者已将权力转交给主权者,主权者的权力传承仍将会出现问题,即签约者的后人为什么要服从主权者的后代。二者之间并没有任何契约,如果仅仅因这其中具有血缘关系就能保证契约的正当性的话,洛克就落到了他所抨击的菲尔麦(1588—1655)的水平(用亚当的嫡系后裔这一血统关系来论证英国国王的合法性)。

4. 从洛克理论来看,新建立的政府应该是刚刚获得人民同意的政府,因此也应该是最稳定的政府。但历史事实恰恰相反,新政府最缺乏信任和共识,而经过几代传承之后的国家往往是最稳定的国家;人民也通常认为自己有义务服从政府,而不管这个政府当初是通过何种方式(包括武力征服或王位篡夺)建立起来的。

上述难题,归结为一句话,就是社会契约还不能解决由个体结合为整体的问题。实际上,这些难题早已在洛克所反对的菲尔麦那里已经提出来了。菲尔麦认为,用契约来说明政府和政治义务的正当性(即为什么要服从政府)是不够的,因为契约可以随缔约人的意志而改变,人们就可以随时不服从政府。因此,必须寻找一种公民无法改变的关系来说明政府和政治义务的正当性,这种关系不是由公民创立的,因而也不能由他们来改变。菲尔麦找到的是自然关系,即父与子因不可改变的血缘关系形成的服从关系。

当然,菲尔麦用亚当的嫡系后代来证明英王王位的正当性,用来自人类始祖的父权传承来证明绝对君权,在洛克的攻击下确实显示出荒谬。但洛克自己提出的社会契约论,通过个人缔结社会契约来使人民自己承担义务,却依然没有解决论证政治义务正当性的难题。

第三节 近代宪法思想的发展

近代宪法思想虽然已经初步形成,但需要在政治哲学上进一步补充和完备。这些是在休谟、卢梭等人和美国国父们的共同努力下完成的。在近代宪法思想的指引下,英、法、美等国兴起了立宪运动的潮流,运动中的经验和教训也发展了宪法思想本身。

一、苏格兰学派与英国宪法思想

经过17世纪的动荡,1688年之后英国慢慢确立了渐进发展的宪政道路,君主的权力受到限制,纳税人代表所组成的国会下院权力逐渐扩大,责任内阁制缓慢形成,人民的生命、自由和财产权的法律保护越来越严格。在英国宪政实践的背景下,以大卫·休谟、亚当·斯密等学者为代表,根据他们对人类理性的认识,开始逐渐修正洛克等人的政治哲学,由此产生了英国的宪法思想。这些学者大多生活于苏格兰地区,因此也被称为苏格兰学派。

(一)苏格兰学派的主要宪法思想

从培根以来,英国哲学家就一直倾向于经验理性,洛克为经验主义的认识论作了奠基工作,休谟基本将其定型。苏格兰学派在宪法思想上的种种观点,都建立在经验理性的基础上。

苏格兰学派的经验理性观点受休谟的影响很深,尽管休谟的观点并没有为苏格兰学派的其他学者毫无保留地全部接受。休谟注重理性,但他对理性的理解与笛卡尔等人的有所不同,他总是对理性抱有一种怀疑的态度。休谟等苏格兰学者所代表的理性观,后来被哈耶克命名为演进理性观。

在休谟看来,社会科学与自然科学一样,其知识来源应该建立在经验和观察的基础上,在经验和观察过程中运用理性。但是,从经验的资料中获得的知识是不确定的,具有或然性,理性不可能为人类获得关于自然和人的心智方面绝对正确的知识。这是因为,一来在本质上,人的激情先于理性,本能先于反思,理性是情感的奴隶;①二来个人理性在理解自身运作的能力方面,有逻辑上的局限,它永远无法离开自身来检视自身的运作。休谟还将事实领域与价值领域分开,认为理性为人类提供事实领域的知识是不可靠的、或然性的,在价值领域就更不能提供有用的知识。

休谟将他的理性观运用到伦理和政治领域,得出了以下的结论。他认为,理性在人类道德的产生方面毫无作用,因为道德规则不是先天意义上的自然之物,不能凭借人的心灵去认识,也不能凭借人的理性发明出来。道德规则实际是一种特殊意义上的人为制品,是人类文化进化的结果。在文化进化过程中,那些有利于激励人们做出更有效努力的规则被保留,那些不能激励人们做出有效努力的规则就被其他规则所取代或淘汰。

在此基础上,休谟提出了有关正义的理念。他认为正义不是出自自然的美德,也不是建立在某种永恒的、不变的、具有普遍约束力的观念上,而是一种人为的美德。虽然正义是人为的,但并非是人类理性能够刻意设计出来的,而是在长期历史过程中为了应付人类环境和人的需要,逐步积累和沉淀下来的、适合于人类生存的人为措施

---

① 休谟的原文说:"人类行为的最终目的在任何情况下都不能用理性来解释,而应归结为人的情感的选择,这种情感的活动不依赖于理智的机能。"〔英〕大卫·休谟:《人性论》,关文运译,商务印书馆 1980 年版,第 453 页。

和设计。换言之,人类天生并不具有自然的正义感。正义的概念与原则只是为了社会生活的需要,人为达成的某些协议,是在长期历史演进和进化过程中筛选出来的结果。随着正义观念的出现,财产权、权利和义务的观念也随之出现。"我们的财产只是被社会法律、也就是被正义的法则所确认为可以恒常占有的那些财物。"①

基于对理性作用的上述看法,休谟对社会契约论大加批评。他认为政治中没有任何东西源于不证自明的前提,不能从某种先验的理论规范、从人类的理性出发寻找社会形成的机制,而应该从人追求功利的需要、自然倾向与习惯出发,解释社会的产生。社会不可能是契约的产物,因为对社会生活的种种好处的认识,不可能先于人的情感和意志,对共同体生活的好处的意识应该是社会形成以后才慢慢形成的,并由惯例和习俗而固化。

在休谟看来,政治社会应该是这样产生的:②

第一步,在没有政府的自然状态中,人们的生活感到极端不便。

第二步,有某个人针对某种具体紧迫的情况行使特殊权力(如对争议进行裁判或者以武力压制某种破坏行为等等),给人们带来了感觉得到的好处(如人身安全和裁判公正)。

第三步,在人们的默认下,此人频繁使用这种特殊权力,人们不断得到好处并慢慢形成习惯,此人也就慢慢地成为掌握特殊权力的首领。

第四步,有一小部分人协助该首领行使特殊权力,于是形成了政府,为大家提供安全保障。这样,政治社会从自然状态中产生了。

可见,在休谟这里,政府是从一系列共同经历的事件中逐渐演进出来的,政府是人类的创造物,但它的基础是人的自我利益和习惯,而不是任何契约。

在洛克理论中,社会的形成大致上有四步:第一,首先存在着一

---

① 〔英〕大卫·休谟:《人性论》,关文运译,商务印书馆1980年版,第531页。
② 关于休谟的理论及其对洛克社会契约理论的批评和改造,可参见罗比森:《休谟与宪政》,载〔美〕罗森鲍姆主编:《宪政的哲学之维》,郑戈、刘茂林译,三联书店2001年版,第56页。本文此处的写作,参考了罗比森的论述。

种自然状态,人们在其中面临许多不便,迫切需要得到安全保障;第二,人们一致同意缔结某种契约组成社会,并一致同意将在这种社会中遵守多数票规则;第三,人们通过第二次缔约,以多数同意原则组成某种形式的政府;第四,人们在政府的保护下获得安全保障,如果无法获得安全保障,就返回社会状态,重新尝试缔约以组建新的政府。

与洛克相比,休谟的政治社会去掉了洛克理论中的中间两步,只剩下两个步骤:第一,人们在自然状态中感到不便,为了共同利益和安全需要政府;第二,某个首领出现,为人们提供了共同利益和安全的保障,引发人们的服从并形成惯例,由此诞生了政治社会(政府)。在洛克看来,如果政府没有提供它所承诺的安全保障,就破坏了第二次所定的契约;契约被破坏,人们也就不必再恪守自己的承诺,不再有义务服从政府。而在休谟的理论中,没有所谓的缔约过程,就没有什么承诺,也无须回答承诺是否已被破坏的问题。在他看来,只要政府不能提供安全保障,人们也就不再有义务服从政府;而人们对政府的义务是否改变,直接取决于安全是否丧失。

总之,休谟接受了洛克理论中政府是人的创造物而非神的创造物(或某种宇宙秩序的产物)的结论,但认为政府根据一项契约而成立,即使在逻辑上做到了前后一致,也是在经验上无法观察到的,在理论上也会带来种种无法解决的难题。休谟将自己的政府理论建立在人的天性本能(感恩、怜悯、父母之爱)、自我利益和惯例基础上,避免了诉诸经验不能观察的东西,也避免了洛克理论中的难题,从而使政治思想中的观念革命从知识基础上得到了人们的尊重。

相比较而言,休谟的理论更符合实际的历史事实。因为在现实中,最初的国家肯定不会是经过深思熟虑、由契约而建立起来的。正像休谟强调的,社会契约的过程显然远远超出原始时代人的理解能力。后人评价休谟对政治哲学的贡献,就在于他重新构建了政治理论的哲学基础,将政治建立在经验主义的基础上,而不是建立在抽象的理性基础上。

在休谟的理论中,由于人类知识与理智具有局限性,社会不可能是人类刻意设计的结果,而应该是人的本性和利益所导致的结果,并经习惯而固化。这一理论,为后来的苏格兰学者所发展。他们认为,社会是人类共同行为的结果,但并非人们刻意设计和追求的结果,而是无数按自己的计划、追求各自目标的人,无意识、非意图行动的结果;社会秩序的形成,也是在个人丝毫不考虑公共利益的情况下,追求各自最大利益而无意识地造成的。在亚当·斯密看来,经济的发展、社会的繁荣绝非政府有意组织所能达到,而是追求自己利益的个人发挥其才智的结果;在市场制度中,每个人追求自己的利益就会导致社会利益的实现,个人只有在为他人利益服务的情况下才能实现自己的利益。

当然,从每一个人行动出发,并非一定能够达到社会性的秩序,在其中必须有一套适当的社会制度能将个人行动合成为社会秩序。这样的制度是复杂的、大范围的,不是有限的个人理性能够透彻认识和把握的。实际上个人也没有必要去透彻地把握,因为这样的制度已经包含在人类的传统中了。人类传统中所包含的制度,是在人类生存过程中不断试错、优胜劣汰的结果。在这一过程中,适于人类生存的制度被保留,不适合的已被淘汰。这种日益积累而艰难获得的制度,也是人类行动的非意图的结果。

因此,传统包含着超过了任何个人所能拥有的丰富经验,即使人们没有透彻地认识和把握它,也不会妨碍它有助于人们实现其目的。人类的发展,只能主要依靠习惯和不断积累的知识传统,在边际上不断进行改进。人类的进步不能靠推翻传统、完全依靠理性来重新设计和创造文明、创造一个完全合理的社会。不能对人类理性抱有这样高的期望,理性本身是与人类的文明一起成长的,理性无力跳出文明之外重新设计文明。因此,一切社会进步必须以传统为基础,在边际上改进的建设才是切实的文明建设。

由此,苏格兰学者虽然都信奉政治与经济自由的原则,但同时也特别注重传统与习俗,强调对现存权威的尊重,甚至部分学者希望保留社会的等级制度。这一点,在经历过法国大革命的柏克那里,表现得最为明显。他强调,国家在历史上和地理上乃是一个民族的载体,它体现了人的社会功能,并且它是世代沿袭的,这样就形成为一种值得人们尊敬的传统,其中包含着人类世世代代智慧的结晶。人们对于传统只能是满怀敬意地加以珍惜,小心翼翼地加以维护,绝不可动辄加以否定,乃至抛弃。

要纠正现实生活中必不可免的丑恶,唯一的办法就是求之于经历了漫长时间考验的传统智慧。这种传统本身也在不断地成长、演变,以使自己适应于新的环境和新的情况,并解决新的问题。因此,传统是人类最可宝贵的财富,是人类健全的进步和发展的唯一保证。① 柏克反对法国大革命的理由也在于,它摧毁了一切美好的传统,摧残了人的权利和法治的秩序,动摇了社会秩序和自由的基础。他断言,这样毁灭性地破坏传统,终将导致一种新的专制主义强权出现,因为在没有传统的情况下,只有专制强权才能维持社会免于全面的混乱和崩溃。

(二) 英国宪法思想的主要特点:以传统为纽带来联系个体与整体

以休谟为代表的苏格兰学者,一方面坚持了霍布斯、洛克等人提出的政治个人主义的主要观点,即政府是人的创造物、是为了人的利益而诞生的观点,否定了政府来源于上帝(或者宇宙秩序)的观点;另一方面,也从经验主义出发否认了霍布斯、洛克等人所持有的政府源自人的本质属性、可以经由某些固定的政治预设推演出来的观点。他们主张,政府来自于人类的需要,是从传统与习俗中缓慢演化而来的。后世英国的宪法思想,一直以个人主义为主要基础。但这种个人主义是经苏格兰学派用经验主义改造过的,而不再是霍布斯和洛克的个人主义。

苏格兰学派强调,个人应该尊重作为人类智慧结晶的传统与习俗,尊重现存权威,要求一切社会进步必须以传统为基础,在边际上进行改进,不能推翻整个传统重新设计文明。他们对传统的强调,实际上是以传统为纽带来联系个体与整体,解决洛克理论中纯粹的契约不可能形成社会、政治义务如何产生的难题。这是因为苏格兰学派所谓的"传统",既是个人主义的(它是人造物,是个人行动的结

---

① 参见〔英〕柏克:《法国革命论》,何兆武等译,商务印书馆1998年版,译序。

果),又有整体的要求(它并非单个人可以刻意追求的,作为人类文明的结晶和社会进步的基础,单个个人应该尊重和服从)。兼有两方面性质的传统,消除了纯粹的个人主义在构建近代宪法思想方面的难题。因此,英国宪法思想的特征,就是以传统为纽带来联系个体与整体,在坚持个人利益和权利的基础上,强调坚持和尊重传统,采用改良的而非革命的手段,逐步扩大个人的自由,限制政府的权力。这一特征,与下文即将分析的法国宪法思想相比较,有明显的区别。

二、卢梭与法国宪法思想

法国的启蒙运动,始终受到英国宪法思想的影响和英国宪政制度的启发,在孟德斯鸠和伏尔泰那里,光荣革命后的英国被看做是自由主义的天堂和立宪主义的楷模。不过,在卢梭那里情况有了变化,他不再信奉英国的宪法思想,而是提出了自己的社会契约理论,以意志来代替洛克理论中的理性[1],用公意为纽带来协调个体与整体的关系。在卢梭理论的影响下,并因法国自身的国情,最终爆发了法国大革命,在此基础上法国宪法思想得以形成和发展。卢梭的思想特别是其中的公意概念,对19世纪和20世纪上半叶法兰西共和国的宪政制度乃至全世界的宪法思想都产生了影响。

(一)卢梭的社会契约理论

卢梭对格劳秀斯、洛克等人的社会契约理论进行了改造,以公意的形式来协调个体与整体的冲突,从而奠定了法国宪法思想的基础。他的理论可以大致概括如下:

第一,社会契约的起点:不一样的自然状态

卢梭承认以前哲学家的观点,即公民社会不是自然的,而是约定的,是"自然状态中不利于人类生存的种种障碍,在阻力上已超过了每个个人在那种状态中为了自存所能运用的力量"[2],以至于人类要

---

[1] 卢梭声称,可以从感情、感觉和心灵中学到经验的教训,学到理性靠心智活动永远不能确立的真理,这也是唯一能为人类提供正确行动指导的真理。
[2] 〔法〕卢梭:《社会契约论》,何兆武译,商务印书馆1980年版,第22页。

改变生存方式,结成社会。但是他认为,前人所描述的社会产生之前的自然状态是不真实的,他们描述的自然状态中的人,具有理性和财产,但这实际上是公民社会中的人,因为价值、关系及制度都是在社会生活的交往中产生的。

卢梭声称,运用人类学知识特别是通过自省,能够获得关于人的自然状态的知识。自然状态中的人是绝对孤立的,人人平等而自由,服从于自爱心和怜悯心的本能,没有正义、非正义的观念,也没有贪婪、压迫、欲望和骄傲,保持着简朴、单纯和孤独的生活。

第二,社会契约过程:以公意来统一个体与整体

如何从孤立、平等、自由的个人出发,构建政治社会,使个人在保持自由的前提下承担服从政治社会的义务,以克服自然状态的不便,这是洛克等人的社会契约理论试图回答的问题。用卢梭自己的话来说,就是"要寻找出一种结合的形式,使它能以全体共同的力量来卫护和保障每个结合者的人身和财富,并且由于这一结合而使每一个与全体相结合的个人又只不过是在服从自己本人,并且仍然像以往一样地自由"①。

如前所述,洛克的理论难题在于签订契约出于个人的意志,个人随时可以撤销契约,这样任何一个政治社会都无法保持稳定。② 休谟的理论对此作了修正,要求个人服从传统所积累的智慧,尊重现存的权威。用卢梭的理论来看,休谟理论的最大问题在于干脆取消了人的自由意志。在卢梭看来,人具有自由意志,人的自由应该在法律(由传统智慧结晶而成)之内、受法律约束,但人还应有相对于法律本身的自由,作为人应有权修改传统形成的法律和制度形式。

因此,卢梭的社会契约理论不但要解决社会合作与个人自由之间的矛盾,而且必须解决上述两个问题:一是保证政治社会的稳定,克服洛克难题;二是保证人相对于法律(或传统)的自由意志。卢梭提出的解决方案是签订这样一种社会契约,将个人一切权利转让代

---

① 〔法〕卢梭:《社会契约论》,何兆武译,商务印书馆1980年版,第23页。
② 卢梭显然注意到了洛克的这一难题,有关内容可参见上书,第26—27、29页。

表公意的整个集体,即"我们每个人都以自身及其全部的力量共同置于公意的最高指导之下,并且我们在共同体中接纳每一个成员作为全体之不可分割的一部分"①。

具体来说,有以下几点:

首先,所谓公意,是每个人的共同利益,由每个人特殊利益(个别意志)中共享的部分构成。卢梭一再强调,公意不是众意,公意只着眼于公共的利益,而众意则是个别意志、私人利益的总和。卢梭认为,将各人个别意志正负相抵,剩下的总和就是公意。在卢梭看来,人们总是愿意自己幸福,而公意以公共利益为依归,因此永远正确。

其次,社会契约依公意而成立,主权者代表共同体全体成员的公意。当个人服从代表公意的社会契约(法律)时,个人服从的是本人共享的利益,因此,个人实现了自由意志;当代表公意的主权者创立制度或修改法律时,说明全体成员的公意相对于法律本身是自由的,同样体现了人的自由意志。用卢梭自己的话来说,就是"唯有服从人们自己为自己所规定的法律,才是自由"。由此,卢梭克服了休谟的难题。

再次,卢梭强调,在依公意形成社会契约以后,每个人将自己的一切权利全部转让给全体;任何人不服从公意,全体就要迫使他服从公意,或者说强迫他自由,受公意指导的政治体(即主权)对它的每个成员都有绝对的支配权力。因此,签订社会契约后的个人,必须服从公意。这就保证了政治社会的稳定性,从而克服了洛克的难题。

最后,卢梭还区分了主权者和政府。他认为,每个成员转让自己全部权利的对象,是主权者而不是政府。所谓每个成员将自身权利全部转让给主权者,无非表明各成员应平等地参与共同体。主权者代表公意所执行的职能纯粹是规范性的,其任务是在立法行动中达成道德共识。在立法过程中,人类往往能够超越特殊利益与偏见,致力于考虑普遍问题。因此,唯有立法,才可以真正说是公意的行动。政府是行政机构,致力于行政过程,行政行为只不过是特殊意志的行

---

① 〔法〕卢梭:《社会契约论》,何兆武译,商务印书馆1980年版,第24—25页。

为,因此政府必须受主权者的监督,执行主权者的立法。在此情况下,个人的自由并没有转让给政府,当主权者不满政府对其命令的执行时,它有权解散政府,以另一政府取代。

第三,人民主权

中世纪思想家那里已经有了人民主权的理论,但主要目的在于说明君主的权力来自人民而非上帝。这里的人民主权,实际上是自任为人民代表、接受人民权力转让的君主(在英国为国会)的主权。洛克的社会契约理论中,缔约人在缔约前已经拥有了财产权(财产权是自然权利的一部分),因此在第二次缔约组成政府时的人民主权,实际上是有产者主权。

在卢梭看来,自然状态中不存在财产权的概念(虽然已有财产),财产权是社会契约的对象而不是社会契约的前提。因此,缔结社会契约的人民应包括所有的人在内,换言之,没有财产的劳动者,其意志(利益)也包含在公意内。将所有的人视为人民,所有的人而不是洛克理论中的有财产的人,都有参与政治(缔结社会契约)的权利。这就是卢梭开创的真正的人民主权理论,它标志着现代民主理论的诞生。

在卢梭的人民主权理论看来,主权是共同体最高权力,必须由全体人民的公意决定,并以此作为立法的基础。因此,主权不可能转让给代表,这就否定了孟德斯鸠所总结的英国的经验:人民权力只限于选代表,除此之外不应与政府分享任何权力。① 公意不可分割,因而主权也不可分割,这就突破了传统的在各个阶级之间分割权力的混合政体理论。② 当然,卢梭并未否认政府机构的行政权力可以依各国情况不同,而采取不同的形式和分工方法。这种政府形式的不同,并不动摇全体人民公意构成的主权。

---

① 卢梭认为代表的观念"起源于那种使人类屈辱并使人这个名称丧失尊严的、既罪恶而又荒谬的政府制度",并嘲笑英国人民"只有在选举国会议员的期间,才是自由的"。参见〔法〕卢梭:《社会契约论》,何兆武译,商务印书馆1980年版,第125页。

② 卢梭的这一观念,影响到大革命前的三级会议,当时第三等级认为按第一、二、三共三个等级分组分别讨论,分割了"公共意志"。因此,三个等级应合厅议事,组建国民议会。

（二）卢梭理论的意义

第一,公意理论的意义:以公意来统一个体与整体

从自由意志的角度出发,以公意来统一个体与整体的要求,完全是卢梭的一项创举。洛克虽然以社会契约为社会的基础,但主要是把社会契约看做是限制现有政府权力的工具,他没有研究人类是靠怎样的过程,才获得了有效进行集体行为的能力。卢梭相信,政治生活有赖于整个社会的意愿和积极参与,公意理论就是试图解决促成有效的社会行动的困难。在卢梭的社会契约理论中,个人是自由的,只有保证个人自由的政治才是正义的,以此出发研究集体行为产生的根源,这是一种典型的个人主义的立场。要实现集体的行为、保证一定程度的秩序,政府就必须具有一定的强制能力,拥有迫使个人服从整体的权力。

怎样协调这二者,既保证政府的强制能力以实现群体行动,又能保持个人的权利与意志自由,卢梭的答案是:政府所做的事,必须也是社会每个成员想做的事(公意);政府的行为必须依照公意的指导,否则就不合法。因此,任何一个政府,都必须使其行动在某种程度上得到全民的支持。政治必须建立在公意的基础上,成为立宪主义的基本原则。在当代政治实践中,任何政治行动都要求有公意的基础,至少要能用公意解释得通。

当然,卢梭以他的天才和智慧,把握到了公意在政治中的重要性、强制性,但是对公意如何产生却语焉不详。他只是将社会契约诞生过程因而也是公意形成过程简单地描述为:"只是一瞬间,这一结合行为就产生了一个道德的与集体的共同体,以代替每个订约者的个人……共同体就以这同一个行为获得了它的统一性、它的公共大我、它的生命和它的意志。"① 对于这"一瞬间"②,研究者普遍认为跳跃实在太大;而对公意正确性、绝对性和强制性的着重强调,更被后世研究者指责为极权主义起源之一。

---

① 〔法〕卢梭:《社会契约论》,何兆武译,商务印书馆1980年版,第25页。
② 阿尔图塞认为卢梭论述社会契约行为时所谓的"一瞬间"有四大裂缝:契约第二方不明确,主权交换同义反复,契约承受方不在场,公益私利混淆不分。参见朱学勤:《道德理想国的覆灭》,上海三联书店1994年版,第84页。

现代社会哲学理论一般认为,有效的公意确有可能形成,条件是社会本身必须建立在多元群体(派系)的基础上,让各种群体都能发展,并有机会阐明自己的观点,以及和其他群体进行协商,找出大家都能接受的妥协方案。在现代立宪主义政体中,政党、社会团体和议会就是达成这一目标的基本机构。毁灭这些机构,拒绝所有那些表达公意的工具,要发现公意就只能求诸卢梭所谓的"神明"的立法者。

在此处,卢梭确有失误之处。他强调,要产生公意,国家之内必须消除派系,反对多元社会结构让特殊意志互相沟通,认为政党、团体表达特殊意志,对公意有害;公意无法委托给代理人,永远只能由未经组织的群众来表现,各个公民只应该表达自己的意见。卢梭持有的这一明确反对多元社会结构的立场,后来为极权主义者所利用,因此把他的思想称为极权主义的起源也不为过。

当然,就今天的立场看,被人利用也不能全怪卢梭的理论。相互竞争的理论那么多,哪一种理论被利用,哪些理论被抛弃,很大程度上不取决于理论本身,而取决于实际政治参与者的利益动机。

第二,人民主权的意义:相信普通人的理性

在卢梭之前及与其同时代的思想家们普遍持有一种贵族理性主义的观点。他们认为,在政府的行动中,重要的不是去发现人民需要什么,而是要发现什么对他们有利;只有少数人拥有智慧,能发现对人民真正有利的东西。普通人不知道什么东西对自己有利,也无法对人类生活的领域作出重要贡献,因此在生活中只需要服从少数人的智慧即可。实际上当时多数知识分子赞同的是君主开明专制,认为只要君主保证人民的人身和财产安全(君主的权力有所限制),人民就应该成为专制君主忠诚而驯服的臣民。

在卢梭看来,仅显示政府的行为在客观上正确还不够,政府权力的合法性必须是权力来自人民,个人则应该是这个政治社会负责而活跃的成员。卢梭显然更信任普通人的能力,认为他们能够有效地参与政治制度运作和政治生活过程。就这一点而言,卢梭超出了当时的政治哲学家,其理论成为现代人民主权理论的基础。19世纪西方国家的发展历程也证明,人民群众能够参与政治并通过理性协商形成指导政府行动的公意,因此人民主权原则是可行的,贵族理性主义是一种傲慢和无知。

在现代,人民主权理论成为立宪主义国家的最高原则,通过宪法成为现代政府的神圣原则。该原则在现代逐渐演变为人民对政治生活的积极参与(政治权利),国家对人权的保护和公共利益的维护,也就是说,人民主权原则最终体现在对人权的张扬和维护上。卢梭的贡献在于,将个人自由与作为生活基础的人民主权内在地联系起来,彻底的自由主义必须是民主的自由主义。因此,公意不但不排除个人自由,而且以保证个人自由权利为基本目的,这是每个公民共享的共同利益所在;自由比"在法律之内的自由"更彻底,要求公民相对于法律本身的自由,即法律必须反映每个公民共享的公意,公民在服从法律时就像服从自己的自由意志一样了。否则,法律就变成了王权、上帝或社会中的特殊利益的产物。

卢梭所提倡的人民主权,要求摒弃代理制度、由人民直接行使权力,不过,只要国家的疆域突破小城镇的范围,这一要求就无法实现了。后世的政治实践,尤其是美国的立宪主义实践,突破了卢梭的这一局限性,以普选产生的代表来代替人民行使权力,成为今天人民行使主权的制度形式。

(三)法国宪法思想的主要特征

卢梭的理论中,以公意为标准,来审视政府的合法性基础,认定凡不符合公意标准的政治制度与法律,都应该加以修正。这与苏格兰学派提倡的以传统为基础,以历代人们的智慧结晶来指导现实的政治活动,形成鲜明的对比。因此法国宪法思想的主要特征是,以公意为纽带来联结个体与整体:公意,是每个人的共同利益,由每个人特殊利益(个别意志)中共享的部分构成,政府的行为必须遵照公意的指导;而在有人不服从公意时,全体可以强迫他服从。

法国的宪法思想要求政治和法律制度必须服从公意的指导,倡言人民主权,高扬人权的旗帜,提倡立即废除所有束缚人的自由的制度,将人权扩展到一切人。表现在法国宪政实践上,就是高举人权的旗帜进行剧烈的社会变革,贵族(包括教会)的权力被立刻废除,在法律上人民立刻拥有了几乎一切权力,从而大大张扬了人性和人的权利。

三、美国建国与美国宪法思想

美国的诞生,是非常幸运和偶然的一件事。不但因为它有独特的地理环境,使其远隔于旧大陆,在海洋的另一边,有机会重新开始创造文明,而且它还拥有一大批与其人口规模不相称的杰出领导人。美洲的独立在时机方面也很幸运,不但在思想上全面承接了方兴未艾的启蒙运动的成果,在宗教方面基督教刚刚发展成为一种表达自由的宗教信仰,而且从国际政治来说,正值英法长期战争后,法国因战败而处心积虑地要复仇,愿意帮助美洲殖民地摆脱英国统治。

美国的诞生,为英法两国宪法思想相互融合的实践提供了一块良好的试验田,大大促进了近代宪法思想的发展。如前所述,英国宪法思想的特色在于以传统来实现个体与整体的协调,但是尊重传统往往导致英国当时的贵族寡头政治的延续、人权不能伸张和法律制度得不到应有的改革。法国宪法思想强调以公意来实现个体与整体的统一,要求以公意来审视和评判现有政府的组织和政治法律制度,实现和张扬人权,但其结果往往造成社会的动荡、秩序的缺乏。这两种宪法思想都有其合理之处,但都有缺点,正确之途在于将两种思想进行扬长避短地融合。

但是两种思想的融合,绝非想象得那么简单,必须在实践中进行试验和摸索,而能否实践还需要一系列的条件。当时,也许美国是唯一具有试验条件的地方。作为曾经的英国殖民地,美国继承了英国政治和法律制度的传统,在尊重传统方面美国国父们基本接受了英国的宪法思想。①

---

① 美国国父们除了明显地受休谟等苏格兰学者有关传统的思想影响外,布莱克斯通的影响也不可忽视。美国建国前后,布莱克斯通所著的《英国法释义》广泛流传。这本书主要说明的是英国的普通法和衡平法的遗产,在书中布莱克斯通一再教导说,良好的秩序产生于先例和惯例。制宪会议的代表半数以上是以布莱克斯通著作为生计的律师和法官,因此,布莱克斯通强调传统和惯例的思想也对他们产生强烈的影响。参见〔美〕卡尔文·伍达德:《威廉·布莱克斯通爵士与英美法理学》,载〔美〕肯尼思·W.汤普森编:《宪法的政治理论》,张志铭译,三联书店1997年版。

同时,作为没有等级制、封建制的殖民地,美国不存在封建压迫与宗教迫害(早期定居者都是为了逃避欧洲的封建与宗教迫害才抵达新大陆的),具有广泛的平等性,没有英国制度中存在的阶级、爵位或等级差别等历史包袱,可以在相对空白的基础上①重新创造宪政文明,而这很大程度上又符合了法国宪法思想的特征。因此,美国独立和制宪的过程,就是英法宪法思想融合的进程,最终诞生的是结合了英法两国宪法思想优点的美国宪法思想,实现了对英法两国宪法思想的超越。

(一) 美国革命与制宪时期不同政治理论的争论

众所周知,美国革命时期和立宪时期的领导人,在政治哲学理论方面没有太大的贡献。他们热衷的是以冷静、审慎、实用主义的态度来建设一种现实的、有效的宪政制度,而对抽象的政治思想和政治原则讨论得不多。因此,美国立宪主义对英法两国宪法思想的融合和超越,更多地表现在实践层面,即根据一个多世纪的美洲殖民地政治经验,将两种立宪主义哲学中适用的部分付诸实践。当然,有助于他们实践的,还有远至古希腊、古罗马以来欧洲人关于理想政体的理论。

不过,对于怎样融合英法两国不同的宪法思想,怎样创建美国的立宪主义制度,美国国父们的意见并不一致,他们为此进行了激烈的争论。后来的研究者将持有这些不同观点的人大体上分为两派,分别用激进派与保守派,或亲法派与亲英派,或州权派与联邦派等名称来指称。以托马斯·杰弗逊和汉密尔顿为代表的政治家的理论,大致上分别代表了上述两派的观点。

(1) 杰弗逊派的政治理论

以杰弗逊为代表的一派政治家,往往被人们描述为激进派(赞成更彻底的民主)、亲法派(更倾向于人民主权)或者州权派(更强调

---

① 杰弗逊的经典语言是:"我们得到了一处祭坛,在这里我们将写上我们意欲的东西","我们没有机会去查阅哪些发霉的历史纪录,也没有机会使用半野蛮的祖先的那些法律和制度。"(转引自〔美〕摩根:《制定者们失去的世界》,载〔美〕肯尼思·W.汤普森编:《宪法的政治理论》,张志铭译,三联书店 1997 年版)。这些不承认对过去有依赖的言论,是典型的法国启蒙思想家的语言。

州的主权),他们的政治观点更多地偏向于个体,将政府视为从个体的意志和权利出发,通过社会契约(人民的同意)构建而成的机构,更强调人权和公民对政治的参与。

大致上,这一派的观点主要有:

第一,接受洛克、卢梭等人的人民主权①和社会契约思想。这些思想包括:人生而平等自由,所有的权力属于人民,因此个人享有不可剥夺的天赋权利;政府是经社会契约而形成的,所拥有的权力只来自于人民的同意和转让,人民有权反抗有悖于人民利益的政府,并能够进行新的选择。显然,这是一种典型的个人主义的观点,更多地倾向于法国的启蒙思想。杰弗逊等人以此为美洲殖民地的独立作强有力的辩护。② 对于人民的反抗和暴力,接受英国传统的思想家一般都加以谴责,杰弗逊等人却认为人民的反抗是保证自由的良好方法,"自由之树必须用爱国者和暴君的血来浇灌"③。波士顿的希克鲍显得更偏向于卢梭的社会契约思想,《独立宣言》公布后不到一年他宣称:"我认为,公民自由不是指'依法行政',也不是指遵守宪章、权利法案和公约,而是指一种存在于全体人民的权力,人民可以在任何时候,以任何理由,或者根本没有理由,只是出于他们自己的主观意愿,就可以用该权力改变或废除任何以前存在的政府形态和性质,并代之以新的政府。"④

---

① 美国人的人民主权观念,基本上来自法国启蒙思想家。正如托克维尔在《论美国的民主》第十二版序(1848 年)中强调的"六十多年以来,我们昔日创制的人民主权原则,在美国正完全取得统治地位"。〔法〕托克维尔:《论美国的民主》上卷,董果良译,商务印书馆 1988 年版,第十二版序。

② 有不少研究者认为,《独立宣言》中所包含的理念更多地倾向于法国启蒙思想(也有人认为,《独立宣言》的起草者,在文字上故意讨好法国人,以吸引法国人帮助殖民地与英国作战),而在联邦宪法中的理念却更多地倾向于英国传统。这种看法有一定的道理,革命期间和制宪阶段的指导思想重点应该有所侧重。但应该注意的是,在这两个阶段英国和法国两个立宪主义传统都在发挥作用,只不过因美国自身实际政治原因而侧重点有所不同。

③ 转引自浦兴祖、洪涛主编:《西方政治学说史》,复旦大学出版社 1999 年版,第 306 页。

④ 转引自〔美〕爱德华·考文:《美国宪法的"高级法"背景》,强世功译,三联书店 1996 年版,第 92 页。

第二，强调公民对政治的参与。杰弗逊等人对人性保有卢梭式的乐观，认为人性向善，人民群众有自治的能力，能够有效地参与政治。同时，参与政治也可以开发公民个人的道德意识（公德心）和实现人的社会本性，并能防止国家蜕变为暴政。① 为此，杰弗逊建议把县划分为区的规模，以便每个公民都能参加当地的政治并亲自行动。他认为，这种对地方政治生活的直接参与，会引发公民对其所在共同体的热爱，培养公民的道德。

第三，更多地强调议会的权力和人权法案的重要性。在他们看来，主权者的公意必须通过多数投票表决来形成，议会是由人民自己选择的代表组成的民主协商机构，相对于行政机构更能反映民意，对人的自然权利的保护权应委托给立法机关，而不应委托给旨在制约多数统治的行政机构。因此，杰弗逊等人赞成加强议会的权力、限制行政权，强调议会权力应高于行政机构，行政部门应该服从议会。同时，杰弗逊等人赞成在宪法中包含人权法案②，明文确定人权和公民权利的完整目录，以保证人权不被政府侵害，这也是典型的法国立宪主义的内容。

第四，在国家体制中，更偏向于强调州和地方政府的权力，相信由州和地方政府来保障人权比联邦政府更为安全，坚持联邦和州及地方政府的纵向分权，防止一个过分强大的联邦政府出现，以此来确保个人权利不受统一联邦政府侵害。

（2）汉密尔顿派的政治理论

以汉密尔顿为首的一派，常被人们称为保守派（持有贵族政治的思想）、亲英派（更倾向于英国传统）或者联邦派（更强调联邦政府

---

① 杰弗逊说："每个政府如托付给统治者就会堕落……因而民众自身是政府的唯一可靠的受托者。而且，为了使他们更可靠，就必须提高他们的才智……""如果［人们］对公共事务变得漫不经心，那么你和我、国会和州议会以及法官和州长都将变成狼。"转引自〔美〕谢尔登：《杰斐逊先生的政治理论》，载〔美〕肯尼思·W.汤普森编：《宪法的政治理论》，张志铭译，三联书店1997年版。

② 杰弗逊告诉麦迪逊，他不满意遗漏了权利法案，"一项关于权利的法案意味着人有权反对人世间的所有政府"。转引自〔美〕拉特兰：《麦迪逊在制定宪法和权利法案中的作用》，载〔美〕肯尼思·W.汤普森编：《宪法的政治理论》，张志铭译，三联书店1997年版。

的权力)。他们的政治思想更倾向于整体,强调联邦整体的利益和权力,主张在美国建立一个强大的中央集权的联邦政府,不赞成普遍人权和公民参政。他们一般都推崇英国的政治体制,认为英国的政体模式既能抵制来自外部的腐败影响,又能平衡那些总是威胁政治稳定性并导致国内冲突的内部利益。

他们的主要观点有:

第一,不赞成社会契约理论和人民主权原则。汉密尔顿等人不赞成权利天赋和人民经社会契约创造政府的理论,反对所谓民众统治。在他看来,"民众的声音被说成是上帝的声音;可是这种格言是在一般的意义上被引证和信奉的,实际上它并不真实。民众好骚动而反复多变;他们难得作出正确的判断或决定"[①]。汉密尔顿等人实际上接受了休谟和柏克等人的观点,认为决定人权的是一个国家的历史和传统。他们对平民政治非常反感,认为政治必须要由精英阶层来领导和控制,不可能做到所有社会成员在地位、财产占有和政治权利方面的绝对平等,也不是所有的社会成员对政治都会有同样的兴趣和责任感。

第二,从整体的立场出发强调政府的重要性。他们往往从人性恶的立场出发,认定人的本性充满嫉妒和仇视,同时并非每个人都能认清整体的利益所在。因此,必须建立一个强有力的政府,由一部分出身名门且头脑清楚、有自制力、有判断力的少数人,在政府中决定整体的利益并指导政府的运行,以统一强大的联邦政府来制止人性的弱点,保证社会不受人性丑恶的损害。[②]

第三,更重视建立一个强大、独立和富有活力的行政部门。他们认为政府的力量是保障自由不可缺少的东西,建议模仿英国建立强

[①] 转引自〔美〕兰格:《亚历山大·汉密尔顿及其追随者:政治理论与政治遗产》,载〔美〕肯尼思·W.汤普森编:《宪法的政治理论》,张志铭译,三联书店1997年版。

[②] 这一立场来自于休谟,他声称:在设计政治体制和确定若干宪法性制约和控制手段时,每个人都应当被假定为一个恶人,在其所有的行为中除了追求私利就不会有其他目的。我们必须借助于这种私利统治他,并利用他的私利使他为了公众利益进行合作。转引自〔美〕摩根:《制定者们失去的世界》,载〔美〕肯尼思·W.汤普森编:《宪法的政治理论》,张志铭译,三联书店1997年版。

有力的行政部门(甚至一度建议采用君主立宪政体)。他们觉得先前的邦联政府之所以无所作为和软弱无力,原因在于没有一个统一的联邦政府和强大的行政权。他们还希望用参议院来制约人民直接选举产生的众议院,以防止他们所恐惧的"多数人的暴政"。

第四,不支持在宪法中写上人权法案,以成文法的形式来规定人权。他们认为传统的法律制度已经提供了足够的人权保护;他们也不支持对州权和地方政府权力的强调,认为联邦政府的权力才是保障公民自由和权利的有效途径。

(二) 美国的宪法思想及其创新

以上两种激烈交锋的政治理论,既是对英法两国宪法思想的继承,也是对美洲各殖民地不同政治试验结果的反映;两种思想的激烈冲突和碰撞,最终促成了人类第一部成文宪法和美国的诞生。在思想上,美国宪法思想是英法宪法思想融合的结果;在政治上,美国宪法思想是两派政治人物在制宪过程中相互妥协的产物。思想的融合和政治的妥协,体现在以下几个方面:

第一,自然权利(天赋权利)的概念、人民主权的原则(以人民意志即公意为主导组建政府)和社会契约的思想(政府的统治来自于被统治者的同意)得到原则上的确认,平等的人权和自由是政府唯一的合法基础,成了宪法的基本原则;但在实际政治过程中,通行的做法却是让那些在经济上能独立自主或拥有一定数量财产的人参与政治,认为只有这些人才可能对公共事业感兴趣,才会关心政治并具有责任感。

第二,超越了英国的历史经验,按法国思想家的愿望创造了成文宪法,以明确政府的权力和结构;①但与法国人不同的是,这一成文

---

① 在柏克这样典型的英国立宪主义哲学家看来,英国不需要一部宪法,因为它的历史以在政治理想和伦理价值上一种普遍合意的形式,提供了对自由的唯一真实的保障;决定人的权利的是一个国家的历史,而不是那些神圣的理念和精美的宣言,没有传统的支持,一部成文宪法不过是一纸空文,而有了那种传统,一部成文宪法就没有必要了。参见〔美〕卡尔文·伍达德:《威廉·布莱克斯通爵士与英美法理学》,载〔美〕肯尼思·W.汤普森编:《宪法的政治理论》,张志铭译,三联书店 1997 年版。

宪法更多地建立在英国的制度和习惯基础上，以及英国统治时期殖民地的习惯和先例的基础上，遵循经验的指引，而非完全建立在理想主义和革命言辞之上。①

第三，承认为了人民的福祉和各州的利益，联邦政府必须拥有强大的权力，但又普遍认为政府本质上是一种危险的社会机构，必须对政府权力加以控制和限制，否则公民的自由就会受到威胁。

第四，既承认人性善的一面，对人民有能力选举代表、构建符合公意的政府抱有信心，又承认人性的不可靠和人的认识能力的有限性，在制度层面上设定参议院议员、总统选举人团②以及联邦法院法官等职位不受多数民众直接选举的压力（不对大众的意愿作出直接的反应）等制度，以精英主义的态度来谋取公众的利益。

第五，为了控制政府权力，实现有限政府，在政府权力的横向安排上，以立法、司法和行政等明确的③、基于职能而进行的三权分立、相互控制，来取代英国宪政中的混合体制；同时宣告不得剥夺各州和人民的保留权力（利），在议会安排上也体现大州和小州的妥协，即各州在参议院的代表权平等，在众议院才实行按人口的比例代表制。

第六，在承认强大的联邦行政权对于克服国内外诸多危机、发展经济、促进公共福利方面的重要性的同时，又承认人权法案在确保公民基本权利不受侵犯方面的重要性，表现为强大的联邦政府建立后，很快以宪法修正案的形式将人权法案补充进联邦宪法。

综上所述，美国宪政在思想和制度上，是英法两国宪法思想的融合。但是，这并不意味着美国是对英法宪法思想的照搬，至少在以下

---

① 正如柯克所指出的："宪法不只是写在羊皮书上的条条。……宪法文件的成功来自长期确立的各种习惯、信念、制定法和利益，并且反映了人们中的优秀分子业已承认、至少是默认的一种政治秩序。"转引自〔美〕柯克：《保守主义传统》，载〔美〕肯尼思·W. 汤普森编：《宪法的政治理论》，张志铭译，三联书店1997年版。

② 参议院议员的选举在美国联邦宪法制定之初，不是由各州人民直接选举产生的，而是由各州议会选出的；总统也不是由人民直接选举产生的，而由各州人民选出的选举人团决定。在后来的美国宪政发展过程中，参议院议员改为人民直接选举，而选举人团的作用则有所削弱。

③ 将政治安排和权力划分明确化、成文化，是法国启蒙思想家的特征，英国思想家的特征是尊重传统形成的含混和不成文的安排。

几个方面,美国的宪法思想有自己的创新之处。

(1)联邦制。杰弗逊和汉密尔顿等人在思想上分别对州权(人权)和联邦权力的强调,再加上现实的考虑(原有的邦联体制不能满足现实的需要),最后促成了联邦制在美国的诞生。联邦制兼顾了联邦和州的利益和权力,既允许拥有一个强大的集权的联邦政府(但权力必须由成文宪法明确授予),又保留了州和人民的权力(利)(没有明确授予联邦政府、又未禁止州政府行使的权力或权利,由州和人民保留)。同时,联邦制突破了传统政治学中"大国必须实行君主制"、"共和制受地域范围限制"等传统政治学的结论,创造性地实现了"大范围的共和政体",既保证了人民在局部或地方水平上的对政治的参与,强调自治和个人权利保护,又在幅员辽阔的国家建立了强有力的中央权威,建立了一种牢固的联合以处理分裂问题,维系庞大的政治体。

(2)成文高级法。虽然西方政治哲学中一直具有自然法的传统,认定自然法高于世间法(实在法),但自然法毕竟只存在于人们的心中,具体内容难以确知。美国联邦宪法的制定,给成文的、确定的宪法以高级法的地位①:宪法高于政治权力(所有政府的一切权力都来自宪法)、高于立法机关制定的一切法律。在美国宪法实施过程中逐步确立的司法审查制度,更是为宪法高级法地位提供了强有力的制度保证。宪法按人民的意志(公意)制定(不同于宇宙秩序或上帝意志),满足了卢梭所提倡的人相对于法律的自由意志,又由复杂、艰难的修改程序,保证了休谟等人提倡的对传统的尊重。

(3)三权分立制度。虽然在英国的政治实践中,已在相当程度上实现行政权、立法权和司法权的三分格局,并由孟德斯鸠所总结。但真正在实践中彻底实现三权分立,却是由美国宪法开始的。在政治理论中,政府职能三分、权力分立与制衡从此代替了古典理论中混

---

① 当然,这也有美洲殖民地自身的经验。早期殖民者在建立殖民地、向母国政治当局争取政治自治权中就十分重视成文法(基本法、特许状或契约),并赋予其近乎神圣的地位。他们以成文法来争取权力,或用文字的方式将获得的权力和政治实践规定下来。

合政体的说法,成为描述宪政制度中分权原则的标准用语。

(4)政党竞争政治。在美国国父们心中,政党是结党营私的工具,宪政政治中不应该存在党争,因此联邦宪法根本未提及政党活动,竭力避免建立一个受政党控制的宪政。但国父们没有料到的是,在联邦政府建立后的几年内,有组织的政党就开始出现,并迅速渗透到联邦政府的各部门去。从现实情况来看,人们总是持有不同的政治见解。相同政治见解的人组织起来,与不同政治见解的组织竞争性地赢得人民的赞同并获得政权,由此就诞生了政党竞争政治。

政党竞争政治带来了两个深远的影响:一是确立了"忠诚的反对立场"的概念[①],即站在反对立场的政党可以向执政党提出挑战,同时又不会被斥责为异端或背叛;一是在发现公意、实现权力有秩序而又和平的交接过程中,政党可以发挥重大的作用。美国的两党政治正是在这样的基础上形成的,并为全世界宪政建设树立了榜样。

总之,作为后来者的美国,宪法思想因融合了英法立宪主义而取得更大的成就,并成为全世界立宪主义的楷模。《联邦党人文集》第十四篇是这样自我评价的:"这是美国的幸福,我们相信,这也是全人类的幸福,美国人民在追求一种新的和更为崇高的事业。他们完成了一次人类社会史上无可比拟的革命。他们建立了地球上尚无范例的政府组织。"[②]

第四节 19世纪宪法思想的完善及其影响

一、初兴的宪法思想的不足

如上所述,在苏格兰学派的努力下,英国宪法思想在政治哲学上得到了发展,但这并不意味着英国宪法思想的完善。在英国实际政

[①] 这一概念并非美国首先创造,在英国18世纪的政治中已慢慢出现了"国王陛下的忠诚反对派"的概念,即可以在保持对国王忠诚的同时,反对国王的主张或政策(或者国王所任命的首相这一派人所持的主张或采取的政策)。

[②] 〔美〕汉密尔顿等:《联邦党人文集》,程逢如等译,商务印书馆1980年版,第70页。

治中坚持的是政治寡头主义,不承认人民主权尤其是普通人参与政治的权力,也没有用理性主义的方法及时修正现有的不合时宜的法律制度。当时的英国,国会选举只是少数人的特权,政府行政与财政管理混乱不堪,卖官鬻爵现象严重,法律制度更是缺乏系统和一致,容易造成不法和不公正。这正是托马斯·潘恩在他的《常识》和《人权论》二文中对英国政治制度的批评,他将英国政体称为"羼杂着一些新的共和政体因素的两种古代暴政(君主政体暴政和贵族政治暴政)的肮脏残余"①。

在卢梭等人的努力下,法国宪法思想也有了发展,但也是不完善的。表现在法国宪政的实践过程中,由于消灭了传统形式、惯例和中间阶层,也就消灭了制约政府权力(不论是代表少数人还是多数人的政府)的一种可靠手段。现实中的主要表现是,政治经济和社会生活充满了剧烈的变化、不安全,经常诱发专制的复兴。法国的宪法思想要完善,就必须克服这些问题。

英法两国宪法思想的不足,可以通过相互借鉴而得到改进。美国宪法思想正是一开始就结合了英法宪法思想之长,从而很快成为全世界立宪主义的楷模。当然,美国的宪法思想有自己的问题。除了众所周知的奴隶制问题没有解决外,美国立宪主义更多的是一种实践,缺乏在理论层次上对美国立宪主义的实践经验的总结和把握。

二、19世纪立宪主义之成熟

19世纪的英国,从法国更多地引进"公意"的概念,确立人民主权(更普遍的选举权)、普及人权以及用理性主义精神改造现有的法律制度。19世纪的法国更多地向英国学习尊重传统,建立稳定的政治秩序,采用有效的手段来制约政府的强权,这种手段更多的是逐步培养中间阶层的力量。而美国,则在19世纪解决了奴隶制问题。上述三国宪法思想的完善,分别以约翰·密尔、贡斯当和托克维尔的思想和著作为标志。

---

① 〔英〕托马斯·潘恩:《潘恩选集》,马清槐等译,商务印书馆1981年版,第6页。

（一）邦雅曼·贡斯当（1767—1830）

贡斯当的思想，至少在以下几个方面，为法国近代立宪主义的完善做出了贡献。

第一，在坚持人民主权的前提下，强调不可侵犯的个人权利与私人空间。在贡斯当看来，人民主权的原则，亦即公意高于特殊意志的原则是不容置疑的。只有按人民主权原则建立起来的权力才是合法的权力，否则便是非法的暴力。"一个建立在人民主权基础上的社会，当然没有任何个人、任何阶级应当屈从于其他人的特殊意志。"①

但是，接受了苏格兰启蒙思想并亲眼见到法国大革命中的狂暴的贡斯当认识到，人民主权原则可能被误用来论证某种前所未有的暴政。他认为，多数的同意并不能使任何行为合法化，有些行为永远也不可能合法化。主权本质上必须是有限度的，这个限度就是个人的独立与存在。不论是民主的政府还是少数人控制的政府，都不应企图跨越个人权利所要求的界限；如果跨越界限，政治统治就会成为专制统治。

为此，贡斯当在赞成卢梭公意理论的基础上，指出卢梭主张社会的"每一个个体将自己的权利毫无保留地完全转让给共同体"犯了致命错误。民主是必要的，但企图通过民主方式来保证主权的绝对权力不侵害个人利益，只能是一种幻想；对个人的真正保护，不仅在于对人民主权的承认，而且在于对其范围的限制。

第二，区分古代人的自由和现代人的自由，即两种自由观。他认为，古代人的自由在于，亲自参与公共事务的辩论和决策，积极而持续地参与集体活动，以集体的方式直接行使完整主权的若干部分。但是古代人的自由要求个人对集体权威完全服从，不保证任何个人或私人权利不受侵犯，因此没有一个明确界定的私人领域。而现代人的自由指的是享有一系列受法律保障的、不受政府干预的个人权利，同时意味着公民权的淡化。现代公民不再直接参与政治事务的

---

① 〔法〕邦雅曼·贡斯当：《古代人的自由与现代人的自由》，阎克文等译，商务印书馆1999年版，第57页。

讨论与决策,而诉诸代议制作为既保障个人对政治的影响力,又维护个人其他生活方面的手段。现代人的自由相比古代人的自由而言,更注重个人生活领域,强调维持一个不受政治权力干预的私人空间,强调个人权利的不可侵犯性。

在贡斯当看来,这两种自由都有些问题。古代自由的危险在于社会生活的"过度政治化",而现代自由的危险在于"过度私人化"。因此,正确的做法是,学会将两种自由结合在一起,"一方面,制度必须尊重公民的个人权利,保障他们的独立,避免干扰他们的工作;另一方面,制度又必须尊重公民影响公共事务的神圣权利,号召公民以投票的方式参与行使权力,赋予他们表达意见的权利,并由此实行控制与监督"①。

第三,批评以拿破仑为代表的僭主政治,并以思想家特有的睿智和敏感,预言了极权主义政治的出现。在探讨人民主权理论可能导致与传统君主制迥然不同的新的独裁制度(即僭主政治)时,贡斯当认为,这种独裁制度的危害超过传统上所有形式的暴政与专制政治:在本质上它不具备任何合法性,是一种赤裸裸的以武力为后盾篡夺的权力;在权力行使上它不受任何制约(传统君主制受传统、中介组织如等级制度及教会组织制约);更重要的是,它的权力是全面的、无所不在的。

第四,既反对英国宪政中对人民主权的忽视,又抨击法国革命中的恐怖,提出了完善宪政的具体制度。他呼吁建立一个完善的宪政,认为宪法是从非法制度向合法制度过渡的政治工具,是确定分权、赋予政权以合法性及保障公民自由的手段。他确信吸收了英法两国立宪主义之长的宪政,不但能够保障公民参与政治的权利,而且能够保障公民的人身安全和思想自由,保障对所有权的尊重,避免任何独断专行。在具体宪政制度上,他推崇代议制度和政党政治。他认为代议制是十分必要的,一个国家可以凭借这种组织,安排少数个人去做

---

① 〔法〕邦雅曼·贡斯当:《古代人的自由与现代人的自由》,阎克文等译,商务印书馆 1999 年版,第 46 页。

国家(整体)自身不能或不愿做的事。他强调为了与王政派的反动作斗争,必须建立起牢固的政治集团即政党,并颇具先见地指出,当时的法国正进入一个政党时代。

贡斯当还非常推崇英国的内阁责任制。在这一制度下,王权与行政权分离,国王超脱于具体的政治,没有政治责任,只有内阁为自己的政策负责。当公共舆论对政府政策不满时,内阁总辞职,但国王的存在仍保证政府的延续。贡斯当认为,这一制度为制约和均衡权力提供了和谐的原则,在不必推翻政府的情况下,就能满足人民的要求。而且,执掌内阁的每个政党,都可以推行自己的统治方案。政党竞争与统治方案的竞争,可以表达不同的观点与利益,竞争形成的一定均势也有利于保证人民的自由,就像新教教派竞争均势导致宗教自由那样。

(二)托克维尔(1805—1859)

美国立宪主义不够成熟的标志之一是,还没有人能从理论上对美国的宪政实践作出完整、准确的总结。19世纪一个法国人——托克维尔,完成了这一任务。可以从以下三个方面,来说明托克维尔所总结的美国经验。

第一,肯定个人主义思想,承认民主制的优点和不可避免的发展趋势。他认为,美国以"最直接、最无限、最绝对的形式"实现了人民主权,在政治制度中出现了走向人人平等的趋势,即"民主"。在托克维尔的术语中,民主不仅是一个政治制度的范畴,甚至首先是社会、文化、习俗、家庭、婚姻,以至于知性活动方式、感性活动方式及基本心态结构等人类生活一切方面的普遍性范畴。

托克维尔断定,由美国发轫的民主制度代表了历史发展的潮流与趋势,欧洲传统的君主制将无法抵御民主制的冲击,不管特权阶层对民主制的抵抗多么顽强,民主制度终将胜利。因此,民主将在全世界范围内不可抗拒地普遍来临。托克维尔将民主制背后的哲学观念归结为个人主义,即一种依靠和相信自己的理性的精神。他把这种哲学观念的主要特征总结为:"摆脱一统的思想、习惯的束缚、家庭的清规、阶级的观点,甚至在一定程度上摆脱民族的偏见;只把传统视为一种习得的知识,把现存的事实视为创新和改进的有用学习材料;依靠自己的力量并全凭自己的实践去探索事物的原因;不拘手段去获得结果;不管形式去深入本质。"①

第二,强调个人主义作为宪法思想基础有不足之处,批评民主制的缺点。在托克维尔看来,以个人主义为基础的民主,虽然是社会发展的趋势,但也有严重的缺点,必须加以纠正。民主的缺陷至少有:多数的暴政,即政府在制定公共政策、进行集体行动时,不是用说服,而是将多数人的意见强加于人们的头脑中,强迫人们遵从和加入;公民道德的蜕化,由于人们普遍地对他人命运漠不关心,人的心灵之自由、伟大和统一,会逐渐被腐蚀,公民道德将因此蜕化,人们将不再追求人的优秀品质、公共美德及高尚的行为。

第三,提出克服民主的缺陷,完善宪政的措施。他认为,要克服民主的缺陷,就要在精神和制度两个方面着手,完善立宪主义,防止多数的暴政和纠正公民道德的蜕化。在精神方面,最重要的是正确理解的自利原则,即强调个人不仅着眼于眼前,而且更重要地应着眼于长远的利益来追求个人的利益,坚持这一原则,会使人变得有德、克制、温和与稳健,使人习惯于结社和合作,从而有利于社会的道德与繁荣;政府及其领导人有责任对于民主制下的公民进行道德教育,唤起和培育公共精神,树立他们对民主的信仰,克服公民道德的蜕化。在制度方面,他认为美国广泛存在的乡镇自治制度、结社和公共舆论,是值得借鉴的用以完善立宪主义的重要制度。

(三)约翰·密尔(1806—1873)

密尔代表了英国宪法思想的成熟,同时也是近代宪法向现代宪法思想过渡的标志性人物。他的思想,至少体现在以下几个方面。

第一,修正了功利主义理论,使其代替自然权利理论成为宪法思想的哲学基础。自然权利思想,是美国和法国革命及其宪政制度的

---

① 〔法〕托克维尔:《论美国的民主》,董果良译,商务印书馆1988年版,第518页。

思想基础,但是抽象的、没有经验基础的自然权利概念的理念让英国思想家们嗤之以鼻。边沁提出以功利主义来指导19世纪英国立宪主义改革,他认为,功利是感觉上的快乐和痛苦的计算,幸福是最大可能的快乐和最小可能的痛苦。因此,功利是衡量和检验个人一切行为对错的标准,最大多数人的最大幸福,是审查一切政治和法律制度的标准。

密尔对这一功利主义思想的基础进行了修正,他强调,快乐不仅有量的差别,而且有质的不同,应尽量追求质和量两方面的快乐生活。个人的快乐和幸福应以他人的快乐和幸福为前提,人们在追求自己快乐的同时,应当顾及一切社会成员的利益。政府的存在,不是为了最大限度实现公民偶然偏爱的那种快乐的量,而应有责任教育其公民追求高尚的快乐而不是低级的快乐。因此,好政府的标准之一是人民的美德和智慧被促进的程度。

第二,提出了比较完整的自由主义理论。他提出,在一个自由社会里,国家的职能不能仅仅是消极的,不能只靠放任主义来确保它的公民自由,而应该是积极的,为了最大多数人的最大幸福,立法应该成为创造机会和使机会均等的手段。因此,既要限制国家、保障个人的尊严和自由,又要发挥国家在促进经济发展和满足社会需要方面的职能。他强调社会专制(即社会上多数人不能容忍非传统的见解)与个性自由的重要性,划分了个人与社会的权利界限,即"任何人的行为,只有涉及他人的部分才须对社会负责。在仅涉及本人的那部分,他的独立性在权利上是绝对的"①。

第三,推崇代议制政府,完善立宪主义政治制度。他认为,代议制度不仅维护了个人权利,而且有助于人民本身的训练,可以提高人民的道德和智慧,有助于社会和人类进步。代议制度还可以保证人们的思想言论自由、个性自由、经济行为自由,产生与美德、智慧相应的最好的法律,以及具有最纯洁和最有效的司法、最开明的行政管理、最公平和最不繁琐的财政制度等等。

---

① 〔英〕约翰·密尔:《论自由》,程崇华译,商务印书馆1982年版,第10页。

三、19世纪宪法思想的内容

近代宪法思想在19世纪达到比较成熟的程度,在内容上主要包括以下几个方面:

1. 承认人民主权的原则,承认政府存在的必要性在于保障和促进人权,其合法性的唯一来源为人民的同意;但又承认整体的目标和利益,不是个人利益的简单汇总,承认政府为了整体的利益和目标,可以对个人行为进行一定程度的引导和必要的限制。

2. 承认人权至上,对政府的强权永远保持一份清醒和怀疑,认定个人权利的实现,主要取决于在政治制度上能否成功地限制和约束政府的权力,确保在绝大多数时候,政府在政治经济社会诸领域采取消极角色和不干预的态度;同时又承认人权的实现不能完全是消极意义的,政府有责任积极行动,干预社会和经济的运行,创造公民享受自由权利的物质和社会条件。

3. 在实际政治运行和社会生活中,承认普选原则和人的身份平等,遵循多数人决定的原则;但又必须防止多数在政治中的暴政和社会生活中的不宽容,确保个性自由,同时必须关注民主制度下公民道德衰落的问题,赋予政府一定程度上塑造公民道德的职能。

4. 在继承传统和设计未来时,既不要将传统神圣化,赞成以理性主义的态度进行政治和法律改革,促进人权的进步和社会的发展;但又反对过分的激进和暴力,强调秩序和对传统应有的尊敬,赞赏边际的改进。

5. 重视中间阶层(主要是各种社会团体和公共舆论)的作用,对上它代表个人,成为制约政府强权、保障个人权利的机制,对下则代表一定的整体力量,可以组织个人形成公意,并塑造公民美德。

四、近代宪法思想的影响

就西方政治制度早期(古希腊和古罗马时期)历史而言,虽然今天的人们可以从中找出种种宪政的要素,但在宪法思想上只能算是一些吉光片羽,只是近代宪法思想的重要养分和渊源。经中世纪封建主义的滋养,在文艺复兴和宗教改革等近代事件的影响下,近代哲学家霍布斯、洛克等人提出了自然权利和社会契约的概念,标志着近代宪法思想的初步成形。

在18世纪,英法美三国的宪法思想与立宪运动相互促动,从而使近代宪法思想得到进一步发展,形成三国各有本国特点的宪法思想,这些思想又影响了三国的立宪运动①。英法美三国的宪法思想及在宪法思想影响下的立宪运动也自有其优点和缺点。

英国宪法思想家更多地从经验主义立场出发,从普通法和国会制度的传统出发获得支持立宪的力量,以落实具体的人权,限制王权的专制;同时又强调尊重传统,以传统来稳定政治社会秩序。在这样的宪法思想影响下,英国立宪运动和宪政制度的优点是,人权能够在具体的政治和法律制度层面上得到落实,政治和社会秩序比较稳定。但缺点也很明显,由于英国传统中一直是贵族寡头政治,普通法又缺乏理性和条理,所以民主制不能很快确立,法律的弊端也难以消除。

法国不具备英国普通法和国会的传统,它的宪法思想更多地要发挥民族的意志力,从意志出发创造法国的宪政制度。法国宪法思想家认为由个人意志中共享部分形成的公意(共同利益),是指导政治制度建立和政府运行的唯一标准,政治权力受制于公意,服务于公意,从公意那里获得合法性的依据;同时,公意要求个人对整体的服从,这也部分满足了秩序和制度的要求。在法国宪法思想影响下的立宪运动特别是1789年的法国大革命,在推翻旧制度方面具有极强的号召力,使民主制度深入人心,并能比较快地在政治法律制度中贯彻民主精神。但缺点同样也很明显,公意这一概念过于抽象,难以落实到制度层面。以此作为口号虽有革命性但也显得夸张,在推翻旧制度时比较有力,但用来维持政治和社会秩序比较困难,容易为独裁者所冒用而实行假民主、真独裁。

---

① 有关国家立宪运动的详情,可以参见后述章节的论述。

作为英国殖民地的美国是幸运的,一方面继承了英国的政治法律传统,可以用传统的力量将人权落实到制度层面,保持政治和社会秩序稳定;另一方面又不存在等级制和贵族寡头政治,在比较普遍的身份平等基础上,建立了民主制度,重新设计宪政秩序。因此,美国宪法思想兼有英法两国宪法思想之长。它的缺点一是其特有的奴隶制问题;二是过于关注实践,缺少理论层次的总结,无法为将来宪政发展提供理论指导。

19世纪近代宪法思想达到了相对成熟和完善的地步,这是英法两国相互学习,以及立宪主义回应保守主义、社会主义、民族主义等思潮挑战的结果。在相对完善的宪法思想影响下,在各国的立宪运动推动下,19世纪的英、法、美三国的宪政制度得以进一步完善,近代宪政制度基本确立。这三个国家宪法思想的成熟及其实践中的成功,还表现为对欧洲其他国家的影响。欧洲各国相继制定了成文宪法,立宪运动席卷了欧洲大陆。如1809年瑞典宪法、1814年挪威宪法、1815年荷兰宪法、1831年比利时宪法、1848年瑞士宪法、1849年丹麦宪法、1861年意大利宪法、1867年奥地利宪法、1871年德国宪法,以及法国在1804年、1814年、1815年、1830年、1848年、1852年和1875年的多部宪法。此外,少数欧美两洲以外的国家,也制定了宪法,如1876年土耳其宪法、1889年日本宪法。

第五节 小 结

17世纪霍布斯提出政治个人主义理论,经洛克的改造形成了初步的近代宪法思想。在18世纪,英法两国政治哲学家们根据各自的国情,分别以传统和公意来协调个体与整体的矛盾,在以个人主义为主导的基础上,吸收了整体的要求。由此,在政治哲学上分别诞生了英国的立宪主义和法国的立宪主义。美国作为从母国取得独立的殖民地,分别接受了英法两国宪法思想的影响,并根据殖民地的经验,融合了两国的宪法思想,在实践中创造性地发展出美国的宪法思想,并就此成为全世界宪政的楷模。

但是上述三国的宪政，无论在理论上还是在实践中都不尽完善，经 19 世纪思想家和政治家们的进一步努力，尤其是贡斯当、托克维尔和密尔等人的贡献，才实现近代宪法思想的真正成熟。

当然，仅仅靠宪法思想，是无法实现宪政的。英、法、美之所以实现了宪政，还在于它们在近代宪法思想影响下爆发了此起彼伏的立宪运动。

第五章

社会民主主义宪法

第一节 《魏玛宪法》概述

社会民主主义是文艺复兴运动和启蒙运动的思想产物。有学者认为,"社会民主主义者"产生于1848年的欧洲革命。[①] 其主要立场乃是回应和纠治传统民主主义的一些缺陷,一般认为,传统的民主主义仅仅关心政治民主,较少关心社会平等问题;而社会民主主义则更多地从社会底层阶级的立场出发,关心社会平等,关心如何消除不公正的分配而带来的剥削问题。

社会民主主义的产生是欧洲当时社会状况的反映,当时欧洲的社会现实是,尽管资产阶级革命获得胜利,但小资产阶级和社会底层阶级并未获得民主,相反成了大资产阶级压迫的对象,他们没有参政的权利,无法用立法的手段保护自己的经济利益。他们虽是生产者,却不能享有与资产者平等的经济分配权利。正是在这种社会背景下,产生出一种主张整个社会实行民主制度的社会民主主义思潮,德国的拉萨尔派是较早自称为社会民主主义者的,他们认为"民主应该是一种社会民主"[②]。反映到社会民主主义的观念之中,就是对片面强调"自由至上"、漠视人类平等和社会公正的、主张对"自由放

---

① 参见〔德〕伯恩施坦:《什么是社会主义》,史集译,三联书店1963年版,第4页。
② 〔意〕马斯泰罗内:《欧洲民主史——从孟德斯鸠到凯尔逊》,黄华光译,社会科学文献出版社1990年版,第159页。

任"的古典自由主义的匡正。①

学者景祥在《民主社会主义的来源与发展》一文中指出,社会民主主义的主要立场,是把平等和公正放在与自由同等价值位置上。按照社会民主主义的观点,人不是抽象的,而处于一定具体社会境地。如果社会境地本身就是不平等的,那么自由竞争本身也是不公正的。因此,社会民主主义者主张,社会先要给予社会中每一个人以尽可能平等的地位和机会,然后再展开社会竞争。

在这种基础上,社会民主主义要求每个公民在政治方面享有普选权以获得政治民主;在经济方面要求劳资双方享有平等的分配决定权以实现经济民主;在社会方面要求各个社会阶层享有平等的社会地位以实现社会民主。总之,社会民主主义希望通过各种途径,逐步达到社会平等和社会公正,以维护人的自由的真实存在。② 因此,社会民主主义和自由主义具有某种程度的内在关联。

作为社会民主主义思潮的产物,社会民主主义宪法产生于20世纪初。社会民主主义宪法的产生具有深厚的历史社会背景。当时,西方国家正处于从自由资本主义时期过渡到垄断资本主义时期,经济上的垄断导致政治上权力的集中,进而导致阶级斗争和民族斗争日趋激烈。与此同时,妇女争取权利、底层群体争取平等的斗争也接连不断。第一次世界大战的爆发,在欧洲一些国家也引发了革命浪潮,为了回应这种深刻的社会变迁,西方国家逐渐开始改变其统治方式和统治策略,反映到立宪主义的理念上,就是社会民主主义宪法的产生。从1918年第一次世界大战结束到1928年的十年间,世界上产生了二十多部宪法。其中,社会民主主义宪法产生的标志性事件是德国《魏玛宪法》的制定。

众所周知,第一次世界大战德国以失败告终,这导致其国内阶级矛盾日趋尖锐,在俄国十月社会主义革命影响下,德国于1918年11

---

① 参见景祥:《民主社会主义的来源与发展》,http://rixinxuexihui.bokee.com/3843832.html。

② 同上。

月爆发了革命,推翻帝制,创立共和,并于 1919 年 8 月公布实施了《魏玛宪法》。这是西方历史上第一部社会民主主义宪法,代表着垄断资产阶级的利益,又具有浓厚的社会民主主义色彩。这部宪法对于现代立宪主义的发展产生了深远的影响,被视为资产阶级民主宪法的楷模。

从内容上看,这部宪法规定了联邦共和国的国家形式,赋予了联邦国会较大的立法权,但其立法权又受到了种种限制;同时,宪法赋予了总统以广泛的权力,甚至可以行使"独裁权"和"强制执行权"。另外,该宪法承认人民主权原则,第二编专门规定德国人民的基本权利和基本义务,几乎包罗了历来宪法和权利宣言中所有的原则,体现了较大程度的社会主义原则。最引人注目的是,《魏玛宪法》以专章规定了"经济生活",首次将公民权由政治领域扩展至经济领域,被学者们称为"经济宪法",实现了人权由自由权到社会权的转化,该项内容成为《魏玛宪法》的一大亮点,对现代立宪主义思想的形成影响深远。

《魏玛宪法》关于社会经济方面的开创性贡献并非无源之水,它也受到当时许多德国思想流派的影响。有学者曾经对此做过专门的研究。[①] 他们认为,德国战后最重要的社会政策思想来源于"进步主义者"。该团体出身于自由主义政党,长期从事福利制度研究,是社会政策协会及德国消除贫困与慈善联合会的组织者,德意志民主党是他们在国会中的代表。该组织成员克鲁姆克尔于 1918 年发表《救济事业:贫穷与济贫导论》一书,提出要建立一个系统性、预防性的救济体制,认为社会政策的目标就是通过教育,帮助人们学会如何用更好的方法使用有限的资源,改善自己的生活。进步主义者同时认为,在满足社会需求的同时,加强民主意识也是保障共和国的途径之一。

德国一个重要的组织"社会主义者"也对《魏玛宪法》的社会政策产生了重要的影响。它的主要思想反映在 1875 年的《哥达纲领》

[①] 参见孟钟捷:《试论魏玛共和国的社会政策》,载《大学》2004 年夏季号。该文对于德国社会政策的产生背景做了细致的研究。另外,对于该领域的权威研究还有:李工真:《魏玛时代社会福利政策的扩展与危机》,载《武汉大学学报》1997 年第 2 期;李工真:《德意志道路——现代化进程研究》,武汉大学出版社 1997 年版。

与1891年的《爱尔福特纲领》中。从"在野党"向"执政党"的角色转变,迫使当时的主要社会主义政党——社会民主党——提出更为明确的社会政策。1919年12月,隶属于社会民主党的"工人福利组织"成立。在其行动纲领中,该组织保证要通过将党员安置在日益发展的城市福利署的关键管理位置,来提升工人阶级的利益;动员工人阶级,向他们提供训练机会使之适应福利署的各种工作。当时已经有德国学者通过研究,提出了"公共福利有优先权"的论断。[①]

另外,德国自由工会的社会纲领,也较为具体地提出了一些社会经济政策。其主要内容包括:建立主管经济和社会外交政策的劳工部,同时保证职工和雇主在社会政策方面的共事;在省或邦建立工会作为职工代表参加的劳动协会,在20名职工以上的企业里建立工人委员会;通过新的组织法保证结社权(包括罢工权)和在法律上承认各种工会联合会;在立法中确认签订劳资集体合同;建立国家劳资调节局;统一确立劳动法;实行普遍的8小时工作日;建立国家劳动介绍所;工会参加经济政策的制定;减少消费品的间接税;建立全国性劳动保护和劳动保险;在食品方面扩大合作社和公益经济的生产;颁布国家住房法和建立国家住房局等等。

此外,农民联合会不时提醒新政权关注德国的农业问题,保护农民的社会权益。地方政府则警告中央政府,不要通过扩大社会政策的方式随意侵犯地方权力。[②] 当然,在当时的德国,还有一些其他的组织及其主张对《魏玛宪法》的社会政策产生一定的影响,这里不再赘述。

由此可见,社会民主主义宪法在德国产生并非偶然,而是长期社会争论探求的结果。《魏玛宪法》最终由于各种原因而停止施行,但不能由此否定这部宪法在宪法史中的地位。二战以后,由于法西斯制度的彻底失败,民主力量取得伟大胜利。西方国家从此恢复了资产阶级民主制度,重建了资产阶级政权,并掀起了更大规模的制宪高潮,西方宪法也在此基础之上进行了与时俱进的改革,获得了新的重大发展。

---

① 参见孟钟捷:《试论魏玛共和国的社会政策》,载《大学》2004年夏季号。
② 同上。

第二节 社会民主主义宪法的思想背景

从西方宪法思想史的视野来看,作为限制权力和保障人权的宪法,主要建立在自由主义理论基础之上。众所周知,近代宪法肇始于资产阶级革命,是资产阶级争取民主、自由的斗争的产物。但是,近代资产阶级革命的目标,主要在于争取自由权、财产权和平等权等消极权利。这和当时资产阶级对于自由的理解有很大关系。他们认为,自由就是摆脱专制政府的束缚和压制,每一个人凭借自身的努力便可以达致各自的福祉。国家对于社会的干预越小、越少,自由的深度和广度就越大。

这种对于国家角色的定位一般被称为消极国家理念。这意味着国家只要遵守消极之义务,像个守夜人一般,维持基本的社会秩序,解决基本的社会纠纷,便已胜任,显然,这是一种将自由和权力对立起来对待的古典自由主义理念。按照古典自由理论,权利与权力此消彼长、不能共存,要充分保障自由和权利,就必须严格限制政府权力。因此,在18世纪的人权哲学和人权立法里,很难看到当前宪法学里熟悉的一些积极权利的影子。如果对于不同时代的宪法特征作一个标识性认定的话,近代宪法无疑是一种消极宪法。这种宪法的价值核心是消极权利,其中主要体现为自由权,[①]消极宪法的最大理念是最大限度地限制政府权力,藉此来保障个人的权利与自由。这种消极宪法的思想基础是古典自由主义。

古典自由主义产生于17世纪后期的英国,是以理性主义和个人主义为基础、以社会契约论为方法论而建构起来的一种意识形态。这种思想的主要内容是主张自由权的神圣不可侵犯。这些自由权主

[①] 法国1789年公布的《人权宣言》中,就完全没有关于社会基本权利的规定,而全部是自由权之揭橥。在1793年颁布的法国宪法中,才有一些社会权利的萌芽。如第21条规定:每个社会都有给予其人民工作的义务以及当人民陷于不能工作时,社会都有给予人民生活的义务。同样,美国1789年公布的宪法第一至第十修正案,也仅仅局限于保障自由权方面。

要包括政治自由、财产自由和思想自由。其中,英国政治思想家洛克是系统地阐述自由主义原则的第一人,他被马克思称为"自由思想的始祖"。

洛克自由主义的思想渊源比较庞杂,它是古代城邦政治的自由公民理念、共和思想与法治精神、中世纪基督教个人得救的观念以及文艺复兴运动中强烈的人文主义和个人主义意识一脉相承的共同产物。在以自由权为价值核心的宪法思想的形成过程中,霍布斯和斯宾诺莎也作出过有价值的贡献。其中霍布斯的自然权利理论更是影响深远。自然权利理论从抽象的人性原则出发,以理性的视角强调了一个重要的事实,即自我保存是个人的自然权利,国家不得侵犯不得剥夺,并且个人对于国家在违反此种义务时拥有抵抗权。这些思想已经深刻地揭示了消极宪政的一些特征。

有学者曾就此指出:"作为理论上的一种基本立场的个人主义,霍布斯是可以追溯到的最初起源,尽管霍布斯的结论未必是自由主义的,但是他的基本前提却是高度的个人主义的。"[1]自由主义史学家莱恩更是高度评价了霍布斯,认为"人们广泛认同:霍布斯是近代个人主义的创始人,个人主义之父"[2]。当然,斯宾诺莎在自由主义思想史上也是功不可没的。他以个人自由为推崇目标,认为"自由比任何事物都更可贵"[3],斯宾诺莎一个特别重要的贡献就是充分论证了信仰自由和思想自由的重要性。

当然,论述近代自由主义宪法,最为关键的是分析洛克的自由思想与法治学说,它们对于近代立宪具有指导意义。美国1776年诞生的《独立宣言》和1787年的联邦宪法、1789年的《权利法案》先后以政治纲领形式和法律的形式,确立并阐述了洛克倡导的自由主义。1789年的法国《人权宣言》又使洛克的自由主义思想和孟德斯鸠的

---

[1] C. Macpherson, *The Political Theory of Possessive Individuallism: Hobbes to Locke*, Oxfoxd University Press, 1962, p.1.

[2] G. Rogers, A. Ryan, ed., *Perspectives on Thomas Hobbes*, Oxford: Clarendon Press, 1988, p.81.

[3] 〔荷〕斯宾诺莎:《神学政治论》,温锡增译,商务印书馆1982年版,第272页。

分权思想通过宪法广为传播,构成了近代西方立宪主义的主要特色。可以说,消极宪法理念成了近代立宪致力追求的主要目标,其中,消极自由是其主要价值,分权制衡是其主要手段。

19世纪以降,西方自由主义宪政中的理性主义,逐渐让位于功利主义。边沁提出的"最大多数人的最大幸福"成了各种福利国家政策的依据。萨拜因曾经指出:"随着时间的推移,开明政治改革愈来愈超出意识形态的领域,过渡到体制重建的领域。行政的现代化、法律程序的改进、法院的改组、卫生法规和工厂检查制度的创建,所有这些具有开明特征的改革,都不是以革命的热情而是靠艰苦的、从实际出发的研究,并且仔细地起草立法来实现,自由主义的理想是革命时代的后果……非常自然,它的哲学逐渐变成功利主义的,而不再是革命的了。"①

相对于古典自由主义从个人权利角度提出有限政府的观念,功利主义从个人功利的角度出发提出了最低限度国家的理念,强调国家在保障自由方面的积极责任。其中,边沁和密尔是功利主义观念的重要鼓吹者。他们在倡导最低限度的国家的同时,又在理论上证明了某种形式国家干预的合理性。按照这种功利主义的观点,凡是放任不足以确保最佳可能结果的时候,国家就有理由进行干预,来重新组建社会关系和制度秩序。政府行为和法律制度只有直接有助于最大多数人的最大幸福的时候才具有正当性。② 功利主义的法哲学立场主要体现为通过立法来实现功利目的,因此,国家重新成了政治的主导,它通过对参政、言论、出版、结社等手段的法制化来实现政府功能的重新定位,国家由此成了一个积极的角色,"超越了把宪法限制视为对自由的主要保障的自由主义思想阶段。把本来应用于开明专制所制定的政治概念,直接用于自由主义"③。

按照密尔的观点,无所事事的政府是不能增进人民的自由的,因

---

① 〔美〕萨拜因:《政治学说史》下册,刘山等译,商务印书馆1986年版,第743页。
② 参见潘伟杰:《现代政治的宪法基础》,华东师范大学出版社2001年版,第119页。
③ 〔美〕萨拜因:《政治学说史》下册,刘山等译,商务印书馆1986年版,第766页。

此,只有建设一个负责任的有效率的政府,才能够最大限度地促进人民的福祉。显然,这种功利主义思想在如何正确对待国家与自由的关系上,开辟了另外一条道路。

从知识背景来看,密尔继承了洛克以来的英国自由主义传统。他将洛克以降自由主义的重心,从对政治自由的关注过渡到对社会自由的关注。密尔的这种观点极大地拓宽了洛克和孟德斯鸠关于自由的理解范围。密尔认为:"生活中的事务最好是由那些具有直接利害关系的人自由地做,无论是法令还是政府官员,都不应当对其加以控制和干预,那些这样做的人或者其中的某些人,很可能要比政府更清楚采用什么手段可以达到他们的目的。"①

在此基础上,密尔提出著名的群己权界论:"第一,个人的行动只要不涉及自身以外什么人的利害,个人就不必向社会负责交代";"第二,关于对他人利益有害的行动,个人应当负责交代,并且还应当承担或者是社会的或者是法律的惩罚。"②密尔第一次提出了划定自由界限的基本原则,使自由主义的理念从政治自由、经济自由过渡到了社会自由,从而成为19世纪自由主义思想的典型代表,并"为现代形式自由主义的积极自由奠定了基础"③。

西方立宪主义的精神是自由主义的,因此,对自由主义的考察往往构成了立宪主义的理论线索。当密尔的自由主义渗透了功利主义以后,对于国家的定位与古典自由主义理论有了较大的差别。密尔指出,尽管放任主义是自由主义的一个基本原则,但是这个原则还是有限度的。这个限度就是"伟大的善"或者"伟大的利益",国家应当为实现此目的而积极为人民提供更多的机会。比如密尔认为,为了提高人民的美德和智慧,国家可以强迫人民完成义务教育;为了保护儿童,国家可以立法禁止使用童工;为了扶助穷人,国家可以通过《济贫法》提供救济等等。总而言之,密尔非常雄辩地提出了国家干

---

① 〔英〕约翰·密尔:《论自由》,商务印书馆1959年版,第102页。
② 同上。
③ 吴春华主编:《当代西方自由主义》,中国社会科学出版社2004年版,第36页。

涉的合理性和必要性。他的自由主义理论为积极宪政主义提供了强大的思想内核,并为社会民主主义宪法的产生奠定了理论基础。

"社会主义"思潮对于密尔也有较大的影响。"社会主义"是19世纪20年代在英国逐步传播的一种思潮,至20世纪40年代初盛行于欧洲,成为一种时髦的理论。但是,在《共产党宣言》发表之前,社会主义还没有明确的科学内容和坚实的阶级基础。然而,这种思潮对于密尔的政治哲学产生了较大的影响。密尔在社会主义思潮的影响下,提出了"有限度的社会主义"这一观点,他强调私有财产和竞争自由,提出实行合作与互助,企图调和资产阶级和无产阶级之间的矛盾,在坚持自由原则的条件下,密尔主张进行社会改革,实行企业国有化,普及教育,实行社会救济,建设福利国家①。可以说,"密尔有限度的社会主义是通往现代自由主义的桥梁"②,并对近代宪法向社会民主主义宪法的转变提供了理论基础。

值得指出的是,在政治哲学领域,还有很多学者从积极自由的角度论证了社会民主主义产生的必然性。众所周知,古典自由主义学者们持有的自由观总体上是一种消极自由观,而社会民主主义渊源于一种积极自由观念。这种积极自由观念既是自由主义修正的结果,也是社会主义思想影响的结果。按照黑格尔及其追随者的用法,积极自由就是个人要实现充分意义上的自由而拥有的自我实现的机会。积极自由观的政治内涵是,如果某些资源、能力或才能是有效达成自我实现所必需的,那么拥有这些资源就必须被当作是自由本身的构成部分。自由的首要意义在于拥有为了实现最优良的生活而采取行动的资源和机会。③ 当然,其他一些政治思想家的理论,对于社会民主主义宪法也产生过重要的影响,由于篇幅的缘故,笔者不再赘述。

---

① 福利国家与社会国家具有基本相同的含义,在某种程度上可以混用。社会国家主要是在德国使用的用语,而福利国家主要是英国使用的用语。
② 吴春华主编:《当代西方自由主义》,中国社会科学出版社2004年版,第39页。
③ 参见〔英〕格雷:《自由主义》,曹海军、刘训练译,吉林人民出版社2005年版,第82页。

第三节　社会民主主义宪法的确立

从19世纪末开始,随着资本主义政治经济的发展,资本主义国家阶级矛盾和冲突日益激化。在最早进行资产阶级革命和工业革命的英国和企图消除过分垄断而引起社会危机的美国,最先促进了自由主义从传统形式转向现代形式。立宪主义基础发生了显著的变化。随着社会贫富不均所产生的社会问题日趋严重,承认每一个国民应当拥有最起码的生活权利的思想也渐次出现。法国著名的早期社会主义者傅立叶在1808年首先提出人民应当享有工作权的见解。德国大哲学家费希特在1796年出版的名著《自然法的学理基础论》中认为,财产权是人民不可让渡的基本权利,作为其生活之资,必不可少。但国家也有义务在人民遭受不幸时,负起扶助其生活的责任。为了使人民可凭其工作而生存,教育是不可或缺的制度。由此,费希特主张人民应当拥有受教育权。①

在19世纪各国宪法里面,社会民主主义的观点,即国家应当履行积极义务以保障人民自由的实现,远没有获得实现。直到第一次世界大战结束以后,这些社会基本权利才被《魏玛宪法》吸收进去,从而开创了西方社会民主主义宪法的新范式。值得指出的是,《魏玛宪法》虽然在宪法史上具有转折意义,但是,这个判断只是相对于资本主义宪法发展史而言的。因为从社会主义宪法史来看,关注社会正义、强调社会权利的宪法思想则出现得更早,甚至对《魏玛宪法》也产生过不小的影响。

一、《魏玛宪法》及其影响

《魏玛宪法》在西方宪法史中具有里程碑式的意义。它第一次将社会权利写入了文本意义上的宪法,真正实现了近代宪法向现代

---

① 参见陈新民:《德国公法学基础理论》下册,山东人民出版社2001年版,第689页。

宪法的转变。如果仔细考察《魏玛宪法》产生的历史条件,不难发现这期间经历了一个非常复杂的过程。

众所周知,德国1918年11月的革命,埋葬了德意志帝国,同时也意味着1871年制定的德意志帝国宪法的废止。这样,制定一部新的宪法以代替1871年帝国宪法,就被提到了议事日程。当时社会民主党右派控制了临时政府,他们反对德国效仿俄国建立社会主义政权,极力将德国革命纳入到资产阶级民主的轨道之中,镇压要求建立苏维埃社会主义政权的革命运动,并于1919年1月19日选举出了由社会民主党右派控制的国会议会,着手制定新的德国宪法。

在制定宪法的过程中,为了摆脱人民群众对于制宪工作的监督,德国政府不敢在柏林举行国民议会,而是在远离革命中心的图林根的一座小城市魏玛举行国民议会。1919年2月6日,国民议会在魏玛开幕,2月10日国民议会先通过一项具有临时宪法性质的十条约法,宣布德国为共和国,德国历史上第一个资产阶级共和国成立,史称魏玛共和国。共和国成立以后,组建了以胡果为主席的宪法起草委员会,参考了德意志帝国时期的宪法以及美国、法国和瑞士等国的宪法,起草了一部宪法草案。但是,该部宪法草案由于主张加强联邦权力、缩小和限制各邦权利,受到各邦的反对,最终被国民议会否决。之后,宪法起草委员会重新起草了一部宪法草案,经过多次修改,终于在1919年7月31日被国民议会通过,史称《魏玛宪法》。①

1919年的《魏玛宪法》体现了国家积极干预社会经济文化生活、保障人民享有经济社会文化权利的社会民主主义宪法思想,开创了现代立宪主义的历史先河。它意味着自由主义宪政的主要理念从消极自由逐渐过渡到兼顾积极自由的阶段,国家的角色也从无为政府过渡到有所为有所不为的政府,并开始在宪法的框架下积极服务于人民的福祉。显然,这种社会民主主义色彩的新宪法,从积极的角度来看更有利于人的权利的全面保障,是人权的一大进步。从整体上

---

① 参见赵宝云:《西方五国宪法通论》,中国人民公安大学出版社1994年版,第349页。

看,社会民主主义的基本特征可以归纳为以下几点:

首先,国家对于经济生活干预加强。在自由竞争资本主义时期,消极自由成为宪法的主要价值,国家的角色也是消极的,被认为是"守夜人"。但是,随着垄断资本主义的出现,国家经济生活中出现了大量尖锐的矛盾,国家加强对经济生活的干预成为必要。因此,现代立宪国家往往或者直接授予立法机关以广泛的经济立法权,或者从一般立法权中直接引申出经济立法权,以实现对经济生活的干预。例如,《魏玛宪法》第7条至11条中规定的联邦立法权,就包含大量的经济内容。

其次,社会民主主义宪法往往强调对于社会经济权利的关注。由于垄断资本主义加深了劳资矛盾,扩大了贫富两极分化,从而使工人阶级争取生存权利的斗争普遍化和经常化。出于社会稳定和维持劳动力资源等需要,现代宪法大多对社会经济权利作了规定;国家直接承担起为公民提供生存条件的义务;《魏玛宪法》第五章就对公民的劳动权和物质帮助权等社会权利作了规定。

最后,私有财产权和契约自由也受到了必要的限制。《魏玛宪法》第153条规定:"所有权,受宪法之保障。其内容及限制,以法律规定之。"第152条对契约自由进行了限制:"经济关系,应依照法律规定,为契约自由之原则所支配。重利,应禁止之。法律行为之违反善良风俗者,视为无效。"不难发现,《魏玛宪法》关于社会基本权利的规定,显然要求国家采取积极之立场来促进这些权利的实现,这标志着以积极宪政为特征的社会民主主义宪法的诞生。

如果说近代立宪主义是以自由权为价值内核的话,那么社会民主主义宪法就是以自由权和社会权兼顾为基本价值内容,它的哲学基础就是自由主义关于积极自由的理论。社会基本权利的追求目的,集中在维护人类尊严的目标上,从一个"人"的角度和社会公正的角度,保证每一个人能够过上合乎人类尊严的生活。为保障个人自由,国家应积极采取措施建立某种社会福利制度及提供基本生存照顾,使个人免受社会上其他人的侵犯。①

荷兰学者范得文曾指出:社会基本权利之存在,是为了人类的真正自由及人类的尊严。国家不再只是保障及维护国务,而应是促使每个人可以拥有真正的自由,能在社会中发展其人格。② 奥地利学者克里涅克也认为,宪法肯定人民的社会权利,是为了全面地实践人类尊严,社会基本权利的重心并不在保障人民自由,而在于保障社会安全。由于人类尊严是最重要的价值,矫正个人自由可能产生弊害,因而必须确认社会基本权利存在。按照陈新民先生的介绍,对于社会基本权利的内容剖析最广泛、深入的是荷兰学者范得文。

范氏认为社会基本权利可以分为五大类:(1)工作权。这种权利由涉及工作权的社会经济层面的诸多附带权利组成,包括自由选择工作的权利;国家充分就业的政策;适当的工作环境和工作条件;罢工权等等。(2)经济参决权。它包括人民(工人)参与公司决策的参决权以及争取改善工作待遇及环境的劳动结社权。(3)生活保障权。这种权利包括社会保险权利,以及公民在年老、疾病和失业等情况下获得社会扶助的权利。(4)社会保健权。此权利是关于人民生理及心理健康的权利,主要在于保障人民可以获得充分的医疗照顾,儿童可以获得特殊的国家保健措施。(5)社会文化发展权。这是涉及人民精神文化层面的权利,比如受教育权、学术研究权利等等。③ 其实,社会基本权利也有一个发展的过程,并非一成不变,在社会生活之中经常会有一些新兴的权利形态出现,从而对于社会基本权利的划分提出挑战。另外,有些社会基本权利很难清晰分类,往往介于不同的权利种类之间。所以,严格的分类也是不可能的。

对于一个国家究竟应将哪些权利纳入到社会基本权利的范畴,有学者提出要考虑以下四个因素。④ 首先是一个国家的财力。社会基本权利实际上是要求国家在物质生活层面给予人民最起码的保

---

① 参见张千帆主编:《宪法学》,法律出版社2004年版,第220页。
② 参见陈新民:《德国公法学基础理论》下册,山东人民出版社2001年版,第690页。
③ 同上书,第691页。
④ 参见张千帆主编:《宪法学》,法律出版社2004年版,第221页。

障,只有在国家经济状况良好、国家财力充裕的情况下才有余力保障社会基本权利的实现。其次,对于社会权利的保障是否可能使人民沉溺于逸乐之中,使人民创造财富的效率降低。现在已经有人指出,西方有些国家过于优厚的社会福利政策,已经使一些人懒惰成性和勤勉心低落。再次,社会权利保障的程度和水平是否会削弱竞争机制。最后,采取过于广泛的社会权概念,是否会造成国家对基本权利保障的无力感。①

以上四点都是国家在考虑何种社会权利应当得到保障时予以参考的因素。由此可见,社会权利保障的范围是经常发生变化的。从现今的观点来看,《魏玛宪法》对于社会权利的保障是比较初步的,远远没有达到当前丰富多彩、无微不至的地步。

对于《魏玛宪法》的知识渊源,有学者曾经专门作过研究,并在美国宪法思想中找到了渊源。施泰因贝格经过考察指出,直到18世纪70年代,德国社会对美国事实上还是一无所知的,不过英国和其美洲殖民地开战以后,情况大为改观。在短短的几年之内,美国一下子成为德国政治报刊的头等报道对象。美国的自由平等思想和启蒙时代的哲学观念、道德律令完全一致,而后者又是受其熏陶的德国中产阶级上层人士在反对贵族争取公民法律平等和经济机会自由的斗争中所坚信不疑的。这样一来,美国就理所当然地取代英国被当作自由的母国。

"但是,美国观念对德国宪法结构的潜在冲击尚未转变为实实在在的宪法法律,宪法化的基本政治权利、人民主权、作为宪制自由根本原则的政府分权等观念还未进入德国政治思想。法国大革命以前,美国1787年宪法以及各州的宪法、人权法案在德国并未受到足够重视。直到1789年后,德国人对美国宪政的兴趣才突然被激发了,美洲和法国的革命事件被认为体现了一个相似的、放之四海而皆准的原则——哲学之胜利。"②

---

① 参见张千帆主编:《宪法学》,法律出版社2004年版,第222页。
② 〔美〕赫尔穆特·施泰因贝格:《美国宪政主义和德国宪法的发展》,载〔美〕路易斯·亨金等编:《宪法与权利》,郑戈、强世功译,三联书店1996年版,第255页。

施氏认为,在 1813 年至 1820 年德意志邦联形成时期,美国宪法思想不时被德国人提起。① 而且,1824 年,德国宪法学家罗伯特·冯·莫尔还发表了第一篇系统研究美国宪法的论著。此后关于美国宪政的资料日益增多。19 世纪 30 年代,有德国人将《联邦党人文集》译成德文。更值得一提的是,托克维尔所著《论美国的民主》于 1835 年出版,马上就有人动手翻译,翌年竟有两个译本面世,据说这本书"助长了德国人对美国民主、自由、自治、法治、生机勃勃的宪法制度的崇敬之情"②。从中不难看出,美国的立宪主义思想对于德国人宪法观念的形成有着重要的影响。

但是对于美国宪法与《魏玛宪法》之间的知识关系,施泰因贝格谨慎地指出:"美国宪法的观念和原则(以及其他国家的宪法思想)对魏玛宪法的真正的和直接的影响,却很难用文件证明。间接的影响,通过 1848—1949 年宪法原型,以及日益增多的交流、信息和交换意见,倒又卷土重来。"而且,"尽管从记录上看不出美国宪法观念在这种情形下对 1919 年宪法有什么明显的和直接的影响,但通过 1849 年宪法原则传来的间接影响还是清晰可辨的"③。

代表着《魏玛宪法》主要特征的那些社会基本权利,是否和美国宪法有知识上的渊源关系呢?这是一个重要的问题,它涉及对《魏玛宪法》在宪法史上的地位评价。对此,施泰因贝格认为,《魏玛宪法》中的基本权利条款不但包括传统的自由主义权利,还包括文化、社会、经济权利及制度保障和纲领性指导方针,目的是在法治原则下,建立民主、有秩序的自由以及社会正义诸原则。

但是,《魏玛宪法》中的自由主义权利来源于 1848 年的权利法案,而最为重要的社会基本权利则是魏玛国民议会及其中所代表的

---

① 据施氏考察,早在 1800 年,Friedrich Gentz 就发表了一篇论述美国革命的起源与原则并将其与法国革命比较的文章,其中分析了二者的根本不同点。约翰·昆西·亚当斯当时正在美国驻普鲁士大使任上,就将此文译出,并于同年在费城发表。
② 〔美〕赫尔穆特·施泰因贝格:《美国宪政主义和德国宪法的发展》,载〔美〕路易斯·亨金等编:《宪法与权利》,郑戈、强世功译,三联书店 1996 年版,第 256 页。
③ 同上书,第 268、269 页。

政治势力,还有俾斯麦以来社会经济发展的原创物。这些内容写入《魏玛宪法》之时,除了西方世界所共有的观念和原则以外,记载中看不出美国有什么特别影响。因此,可以说,《魏玛宪法》代表着社会民主主义宪法的一种独立源头,具有独特的历史地位。

二、罗斯福新政及其宪法意义

以国家干预和社会权为特征的社会民主主义宪法肇始于德国的《魏玛宪法》,自是无疑。但是由于希特勒上台,魏玛共和国解体,《魏玛宪法》及其宪政理念并没有发挥多大的作用。然而,它开创了在成文宪法中规定社会基本权利的先河,促进了积极权利的产生,证成了福利国家或者积极国家的合理性和必要性,对于以后西方国家宪法实践具有非常重要的影响。其中,以美国的罗斯福新政最为引人注目。罗斯福新政是在特定的历史背景下,通过对自由主义的重新阐发,再一次体现了社会民主主义宪法关于国家干预和积极权利的基本理念,在现代宪法史上具有独特的地位。

众所周知,1929年股票市场的崩溃,使美国陷入了历史上最大的经济和社会危机之中,到1932年,美国国民生产总值减少了1/3,物价下降了一半,有1500万美国人找不到工作。经济危机引发了政治危机,长期执政的共和党被赶下台,美国开始了民主党统治时期。正如美国一些学者指出的那样,经济和社会大萧条不可避免地迫使人们对于自由进行清算。经济危机将社会权提高到美国人对于自由讨论的前沿位置。[①] 可以说,由于经济危机,经济保障以及自由的社会政治条件开始被广泛讨论。

在这个特定的历史时期,罗斯福新政开始了。新政的实施与自由思想的重新定义紧密相关,又和扩大国家政府权力联系在一起。因此,在罗斯福新政进程中,主导自由讨论的命题不是政治权利问题,而是经济保障问题。有学者就此指出:"我们的民主发现自己处

[①] 参见〔美〕埃里克·方纳:《美国自由的故事》,王希译,商务印书馆2002年版,第281页。

于一个新的时代,在这个时代中最有力的口号不是政治自由,而是社会自由和工业自由。"①在美国各地,失业者举行游行示威,要求工作机会和公共救济,这种示威活动向政府传递出一个信息,表明公众在政府承担经济自由的责任问题上,态度开始了转变。② 于是在20世纪30年代,美国政府负担起了这个责任,以追求和保证更大自由的名义,开始为福利国家的形成奠定基础,美国宪政从此进入了一个崭新的历史时期。

其实,在20世纪30年代关于自由主义的讨论已经重新开始,当时美国出版了大量关于自由主义的书籍和论文。大多数人都认为,个人主义作为一种能够自圆其说的哲学已经过时,大萧条已经使自由的重新定义势在必行。在这种舆论氛围之下,甚至美国教会也开始放弃了长期以来对政府干预经济的反对,转而认为社会正义要求政府积极行动,保证人们能有持续的就业机会,保证所有美国人都有一种说得过去的生活和足够的经济安全感。③

总之,"自由放任主义已经死亡,现代国家已经开始对现代经济负起责来,同时也承担保证维系它的人民的生活标准的人物。"(李普特语)罗斯福入主白宫以后,在这种积极干预的理念之下,进行了大量的改革。他有意识地使用"自由主义"这个让美国人感到安全的理念,但是却巧妙地转化了这个名词的概念,将其从"一个关于弱政府和自由放任经济学的术语,转换成了一种对能动式的、具有社会意识的政府的信仰"④。罗斯福曾经宣称:"我们已经清楚地认识到这样的事实:真正的个人自由在没有经济安全和独立的情况下是不存在自由的";"贫困者不是自由者";"饥饿和失业的人是专政的要

---

① Francis L. Broderick, *Right Reverend New Deal: John A. Ryan*, New York: Macmillan, 1963, p. 195.
② See Lizabeth Cohen, *Making a New Deal: Industrial Workers in Chicago, 1919—1939*, Cambridge University Press, 1990, pp. 261–71; Leuchtenberg, *Roosevelt and the New Deal*, p. 24.
③ 参见〔美〕埃里克·方纳:《美国自由的故事》,王希译,商务印书馆2002年版,第283页。
④ 同上书,第290页。

素"①。于是,罗斯福提出并建立了一种范围广泛的政府保障,包括一份有酬的工作,一种还说得过去的生活、医疗、教育等方面的标准,以及对因年老、疾病、事故和失业而导致的困难提供适当的保障。

通过罗斯福新政的一系列制度,美国立宪主义理念开始了其内涵的扩展,将许多社会经济权利当作自由权的内容进行新的改造,这是一种社会民主主义的宪法理念。它将工作的权利和生活的权利与投票的权利等量齐观,作为重要的公民权的内容。罗斯福新政总体上受到当时美国媒体的关注,有一份杂志曾经这样评价新政,认为民主政府对于经济活动的参与扩展加大了自由的领域,而不是威胁了自由。②

值得注意的是,在罗斯福新政的过程中,作为美国宪法守护神的美国联邦最高法院最初对于这种新自由主义理念进行了阻挡。它以契约自由和尊重州权为由,否决了许多新政立法。到 1937 年,由于罗斯福高票连任以及他改组最高法院的计划(此计划遭到国会的否定),美国联邦最高法院的态度也发生了重大的变化,开始对政府干预经济的举措作出一种引人注目的捍卫态度。在许多判决之中,联邦法院肯定了政府在管理经济生活中的权力。联邦最高法院的许多宪法解释丰富了美国宪政的内涵,促进了美国宪法的现代化转向。

但是,值得指出的是,即便社会权在美国受到较大重视,但是在美国宪法中,我们看不到关于社会保障的宪法条款,这里面的原因比较复杂,很多学者见仁见智,提出了很多种的解释。著名学者桑斯坦对各种观点进行了疏理和评判。他指出,关于为何美国宪法缺乏社会和经济权利保障的问题,有四个可能的答案,即年代学、文化、制度和现实主义。③

---

① 转引自张千帆主编:《宪法学》,法律出版社 2004 年版,第 218 页。
② 参见〔美〕埃里克·方纳:《美国自由的故事》,王希译,商务印书馆 2002 年版,第 330 页。
③ 参见〔美〕卡斯·R. 桑斯坦:《为什么美国宪法缺乏社会和经济权利保障?》,傅蔚冈译,http://www.zisi.net/htm/wwzh/2005-04-05-13583.htm。本文关于此项问题的分析参考了该文的一些论证。

年代学的观点认为,美国宪法是世界上现存的最古老的宪法,在其被批准的时代,社会和经济保障并未引起关注,美国的国父们是按照英国传统来建构权利的。因此,没有人建议甚至没有人想建议《权利法案》的内容应当包含此类的保障。

制度的解释表明,在美国,宪法被视为一种实用主义的工具,面对社会经济权利的保障,美国人首先质疑的是,这种权利能否成为一种可执行宪法的合理组成部分?由于美国宪法包含着重要的司法审查制度,因此,当国家在不能保障这些社会权利的时候,法院能否进行干预呢?由此可见,美国法院之所以不愿意承认社会经济权利,部分是由于它相信施行和保护这些权利将会束缚司法的手脚。

文化的解释认为,社会主义从未在美国成为强势力量,也从来没有一个对于这些权利感兴趣的集团强大到足以获得这些权利的地步。

现实主义的解释认为,美国宪法很大程度上是一种普通法,建立在演绎推理的基础上。但是,1968年尼克松当选,任命了四个最高法院的法官,导致关键多数的大法官拒绝主张社会和经济权利成为宪法的一部分。对于上述这些原因,桑斯坦都进行了认真的辨析。笔者认为,单独强调任何一个因素的独特作用,都是很难充分解释这一问题的。

第四节 社会民主主义宪法的国际化

自《魏玛宪法》肇始,传统自由主义理念转向具有社会民主主义色彩的理念,社会基本权利作为一项积极权利写入宪法,构成了政府的作为义务,从而国家干预成了一种具有相对合理性的举动,福利国家正是在此基础上得以日渐成型,公民的自由也由此得到更为全面的保障。如果说近代宪政的核心在于自由的政治条件的话,那么现在宪法的内涵更为全面,涉及自由的政治、经济、社会文化等各个方面。这在宪法史上是一个重大的历史进步。

虽然《魏玛宪法》法的效力尚未获得承认,但是由于它高扬社会民主主义的宪法理念,宣示把实现社会权作为国家的政治义务,对于人类的自由和福祉具有重大的意义,对于立宪主义的演变也具有重大的理论价值。之后的许多国家在立宪过程中都关注到社会权的设定,特别是二战以后,这样的国家大大增加了。如1946年的法国宪法序文、1948年的意大利宪法第38条、印度宪法第38条等等。按照日本学者大须贺明的观点,对于社会权和自由权的共同关注,如同车子的两轮,"构成了20世纪宪法最基本的特征"[①]。

当然,有些国家虽然在宪法的正文里没有涉及社会权的保障问题,但是在实际的立法和司法中往往关注社会权利的保障,这些立法和宪法判例以及宪法解释无疑也拓宽了宪法的范围,实现了宪法的变迁。比如,正如前述,美国宪法就未以明文的形式对社会权加以保障,但是随着1929年开始的世界经济危机的来临,为了重建经济和社会,美国政府在关于新经济政策的各项立法当中,就广泛地包含着社会权的内容。因此,我们不能仅仅从宪法文本上看一部宪法是否保障了社会权利,是否实现了社会民主主义的转向。

二战以后,社会权利受到各国宪法的强调,很大程度上来源于社会权利从国内法走向国际法,成为一项国际法保障的基本权利。1945年制定的《联合国宪章》就在序言里明确宣称把促进人民生活水平的提高当作联合国的目的,其中第55条规定必须进一步提高生活水平,促进完全的雇佣,以推动经济与社会的进步与发展。最早使上述精神具体化的是1948年的《世界人权宣言》,该宣言虽然只是纲领性的规定,但是在其中所有类型的基本人权都受到了广泛的保障,因此具有划时代的意义。

《世界人权宣言》首先在第22条中规定了公民享有接受社会保障的权利,同时又在第25条规定所有的公民都享有保持和保障充分生活水准的权利。另外,该宣言还分别在第23条、第24条规定了劳动的权利,在第26条规定了教育的权利,在第27条规定了文化生活的权利。显然,《世界人权宣言》对于社会民主主义的宪法理念起到

[①] 〔日〕大须贺明:《生存权论》,林浩译,法律出版社2001年版,第5页。

了确认和宣示作用。之后,人权委员会努力起草国际人权公约。1950年,人权委员会将仅保护个人的公民权利和政治权利的公约草案提交第五届联合国大会审议。大会对草案进行审议之后,认为这一公约不全面,没有包括《世界人权宣言》的全部内容,未对经济、社会和文化权利予以保护,因此,要求人权委员会对草案进行补充和修正。

鉴于公民和政治权利与经济、社会和文化权利难以共用一套监督机构,人权委员会请求联合国大会重新考虑其决定。1952年,第六届联合国大会通过了由印度和黎巴嫩提出的起草两个公约以分别对公民和政治权利以及经济、社会和文化权利予以保障的倡议,决定由人权委员会起草两个人权公约。1966年,联合国大会通过了《国际人权公约》,该公约为《世界人权宣言》带来了实效性,进一步强化了人权特别是社会权的国际保障。

《国际人权公约》由三个部分组成,即关于经济、社会和文化等各种权利的A公约、关于公民权利和各种政治权利的B公约以及关于B公约的任择议定书。

在A公约中,社会权利受到广泛的保障。公约序言确认:"按照《世界人权宣言》,只有在创造了使人可以享有其经济、社会及文化权利,正如享有其公民和政治权利一样的条件的情况下,才能实现自由人类享有免于恐惧和匮乏的自由的理想。"公约规定,所有人都有自决权,他们凭这种权利自由决定他们的政治地位,并自由谋求他们的经济、社会和文化的发展;同时为他们自己的目的自由处置他们的天然财富和资源(第1条)。公约还规定,各缔约国应保障个人的下列权利:

工作的权利,包括人人应有机会凭其自由选择和接受的工作来谋生的权利;为充分实现这一权利,缔约各国应采取步骤,包括给予技术和职业的指导和训练,以及在保障个人基本政治和经济自由的条件下达到稳定的经济、社会和文化的发展和充分的生产就业的计划、政策和技术(第6条);

享受公正和良好的工作条件的权利,特别是无任何歧视地享受公平的工资和同值工作同酬的权利,妇女与男子同工同酬的权利,以及安全和卫生的工作条件,提级的同等机会及休息和带薪休假的权利(第7条);

组织和参加工会的权利,这项权利只受有关工会的规章的限制,对这一权利的行使,除法律所规定及在民主社会中为了国家安全或公共秩序的利益或为保护他人的权利和自由所需要的限制以外,不受任何限制,此外还有罢工权(第8条);

享受包括社会保险的社会保障的权利(第9条);

保护家庭,保障婚姻自由,对母亲提供产前产后的休假,并对有工作的母亲给予给薪休假或有适当社会保障福利金的休假,同时保护儿童和少年,不得因出身或其他条件而有任何歧视,不得雇用儿童和少年从事对其道德或健康有害,或对生命有危险的工作,或从事足以妨害其正常发育的工作(第10条);

获得相当的生活水准,包括足够的食物、衣着和住房,并能不断改进生活条件的权利,以及免于饥饿的权利(第11条);

享有能达到的最高体质和心理健康标准的权利(第12条);

受教育的权利,教育应鼓励人的个性和尊严的充分发展,加强对人权和基本自由的尊重,并应使所有人能有效地参加自由社会,促进各民族之间和各种族、人种或宗教团体之间的了解、容忍和友谊,促进联合国维护和平的各项活动,并免费接受初等教育,同时父母和法定监护人享有为他们的孩子选择非公立的但系符合于国家所可能规定或批准的最低教育标准的学校,并保证他们的孩子能按照他们自己的信仰接受宗教和道德教育的自由(第13、14条);

参加文化生活的权利,享受科学进步及其应用所产生的利益,以及对个人的任何科学、文学或艺术作品所产生的精神和物质的利益予以保护的权利(第15条)。

由于《魏玛宪法》的影响,罗斯福新政的成功,更加上诸多国际公约中的确认与宣示,以保障社会权和自由权兼顾的社会民主主义宪法得到大多数国家立宪实践的认可。虽然有些国家并不认同社会民主主义的理念,而是通过重新阐释自由主义,从而使宪法保持着一以贯之的价值内核。但是无论如何,将重视并确认社会权,重新承认国家干预的必要性和合理性,兼顾自由和权利实现的政治、经济、社会条件作为现代宪法的基本特征,似乎成了立宪主义的最新发展。这种发展表现在世界各国立宪实践中关于社会权的内容之中。

法国第四共和国宪法就在序言里面宣称:"对于全体人民,尤其对于孩童、母亲及老年劳动者,国家应当保障其健康、物质上之享用、休息及闲暇,凡因年龄、身体或精神状态、经济状况致不能劳动者,有向公众获得适当生活方法之权利。"

日本宪法第25条也规定:"任何国民,均有权享受健康经济文化之最低生活之权利。国家必须在生活的一切方面努力提高和增进社会福利、社会保障以及公共卫生事业。"

意大利宪法在第31条第1款中规定,国家"以经济措施和其他各项规定促进家庭之成立和属于家庭的各项任务之完成,对多子女家庭则予以特殊照顾";第32条第1款规定:"国家把健康作为基本人权和社会主要利益予以保护,保证贫穷者能够得到免费医疗";第36条第1款规定:"劳动者均有按其劳动之质与量的比例获得报酬之权利。而此种报酬,在任何情况下,均应足以保证其自身及其家庭过应得的宽裕生活";第38条第1款规定:"每个没有劳动能力和失去必要生活资料之公民,均有权获得社会之扶助和救济。一切劳动者,凡遇不幸、疾病、残废、年老和不由其做主的失业等情况时,均有权享受相当于生活需要的规定措施和保障"。

韩国宪法第19条规定:"国民之老弱、疾病或丧失工作能力而无力生活者,应依法受国家之扶助。"

爱尔兰宪法第45条规定:"国家应特别保护社会上之贫弱者之经济利益,对于鳏寡孤独及老弱残废者,应予必要之扶助。"

印度宪法第41条规定:"国民应在经济能力及经济发达之限度内,就劳动及教育之权利,及确保失业、老年、疾病或其不当匮乏者,请求公共扶助之权利,作成有效之规定。"

埃及宪法第34条规定:"国家应保护保险事业,人民于年老、生病、丧失劳动能力及失业时,均有权要求协助之。"①

由此可见,在许多国家或地区,无论经济发达与否,宪政历史长短与否,都倾向于承认和保障国民社会基本权利。显然,这种现象进一步证实了现代立宪主义的一个基本特征,即开始关注自由的整体含义,尊重人的尊严和价值,在保障消极自由的同时,关注社会公正和社会平等等。

第五节 社会民主主义宪法的基本特征

如果以 1919 年《魏玛宪法》作为社会民主主义宪法的起点来考察,不难发现,自兹肇始的现代宪法具有一些近代宪法前所未有的特征,或者在某些方面进一步强化了某些近代宪法的特征,或者在某些方面弥补了一些近代宪法的缺陷。但是,无论如何,作为西方资本主义宪法史中重要一环的社会民主主义宪法,是在资本主义框架内对近代宪法进行的一次超越。因此,两者之间存在着内在的价值关联。下面我们来考察一下社会民主主义宪法的一些显著特征。

一、福利国家之引入与社会权利之保障②

正如本章已经阐述的,社会民主主义宪法是在近代自由主义宪法产生了深刻的弊端,激发了尖锐的社会矛盾的背景下发轫的。因为过于强调消极权利和消极国家理念的近代宪法,往往将关注的焦点放在政治自由和经济自由之上,而罔顾自由实现的社会条件以及社会正义问题。由此自由丧失了基本的物质基础和保障,可能导致一种"吃不上饭的自由",或者"一无所有的自由"。因此,这种以消极权利为重要特征的近代宪法对于社会弱势群体来说,意味着失业的自由、饿死的自由等等。在这种缺乏基本物质保障的条件下,作为

---

① 杨海坤主编:《宪法基本权利新论》,北京大学出版社 2004 年版,第 284 页。
② 参见〔日〕杉原泰雄:《宪法的历史》,渠涛等译,社会科学文献出版社 2000 年版,第 114 页。

自由的核心的人的尊严尚不能保证,宪法的基本价值就更得不到体现了。

自《魏玛宪法》开始,国家对于经济自由权采取了积极的限制政策。以《魏玛宪法》为例:第151条第1款规定:"经济生活的秩序,以确保每个人过着真正的生活为目的,必须适用正义的原则。每个人经济上的自由在此界限内受到保障";第153条第1款规定:"所有权由宪法保障。其内容及界限由法律明确规定";第153条第3款规定:"所有权伴随着义务。其行使应该同时有助于公共福利";第156条第1款规定:"国家根据法律,准用有关公用征收的规定,可以给与补偿将适合社会化的私有经济企业变成公有"。现代立宪国家虽然在这些规定上有各种程度的差别,但是一般都设有对经济自由进行限制的条款。这些经济自由的内容包括所有权神圣原则、契约自由原则、意思自治原则等等,由于社会民主主义宪法的诞生而从神圣地位上跌落。

同时,为了保障所有人都能够过一种"人"一样的生活,社会民主主义宪法引进了许多社会权利,如生存权、受教育权、劳动权、对于弱势群体的保护、对于中小企业保护等等。总体而言,社会权的主体是一些在社会经济上出于弱势地位的人。社会民主主义宪法的形成,既是自由主义哲学的演变结果,也是弱势群体斗争的结果。

按照日本学者杉原泰雄的观点,这里面还有资产阶级追求稳定利润的因素。他认为,近代自由主义宪法向现代社会民主主义宪法的转向,实际上基于一种认识,即"为了资本主义体制的安定和追求依靠个别资本的安定利润"①。因为恶劣的劳动条件和生活条件,会导致健全劳动力的扩大再生产变得艰难,更有甚者,它可能导致以资本主义体制为赌注的阶级斗争,最终使资产阶级一无所获。因此,这些国家开始认真对待弱势群体的社会福利问题,社会权的保障成为宪法共识。

---

① 〔日〕杉原泰雄:《宪法的历史》,渠涛等译,社会科学文献出版社2000年版,第118页。

二、人权的内容和种类不断丰富

社会民主主义宪法对于近代立宪主义的重要超越,不仅在于它规定了传统人权的一些内容,比如人身自由、信仰自由、财产权等;更重要的还在于:

首先,它更注重在程序上保障权利和自由的实现以及预防对其的侵犯。在现代许多国家宪法中都规定了近代宪法的一些程序上的权利,但是,这些程序规定通过制宪修宪和宪法解释等活动,已经得到较大的强化,有些甚至已经日臻成熟,并成了程序宪政主义的一项重要特征。

其次,近代宪法中没有提及或者重点关注的文化教育权利也日益受到重视,这是培养人的尊严、提高人的生活工作能力,从而更大程度提升人的自由和理性的必然要求。这种权利主要包括受教育权、科学研究权、文学艺术创作权等等。另外,精神自由也得到加强。

再次,公民的受益权也得到增强。按照杉原泰雄的观点,所谓受益权就是受到裁判的权利、损失补偿请求权和请愿权以及国家赔偿请求权、刑事补偿请求权等等。[①]

最后,在现代宪法中,公民的平等权也受到重视。在近代宪法形成过程中,由于刚刚脱胎于封建社会,以及制宪者的历史局限性,在近代一些宪法文本中,有些还残留有男女不平等、阶层歧视或者种族歧视等不平等的规定。在现代宪法中,至少在文本上已将该问题予以解决,平等权成了宪法中的一项重要人权。

有些学者从人权发展的阶段论出发,认为到目前为止先后出现了三代人权概念。第一代人权是指18、19世纪资产阶级革命过程中形成的人权概念。这个时代的人权概念主要指公民的政治权利和人身权利,包括生命权、人身自由权、私有财产权、追求幸福权、反抗压迫权、选举权以及言论、出版、集会、结社等权利和自由。第一代人权

---

① 参见〔日〕杉原泰雄:《宪法的历史》,渠涛等译,社会科学文献出版社2000年版,第122页。

是建立在以资产阶级人性论为依托的天赋人权说的基础之上的。第二代人权概念主要是指社会、经济、文化权利,包括就业权、劳动权、受教育权、社会保障权、物质帮助权等等。第三代人权是指包括民族自决权、发展权在内的集体人权概念。① 按照这种观点,社会民主主义宪法的诞生,在宪法史上无疑具有里程碑式的意义。

三、立法国家转向行政国家

现代宪法乃至当代宪法发展的一个重要趋势就是行政权力的扩张。近代立宪主义的一个重要特征就是议会主导和三权分立,随着福利国家的出现和干预主义理念的兴起及不断强化,行政主导的局面逐渐形成,国家权力由议会独享或者三权分立逐渐转向行政权力主导,无疑,这是积极行政的必然产物。特别是伴随着委任立法的出现,行政机关出现了集立法、行政、司法三权于一身的趋势,开始在国家权力体系之中居于中心地位。相反,议会权力不断缩小,其权威和地位不断下降。②

可以说,近代宪法向现代宪法转向的一个重要特征就是"立法国家"逐渐向行政国家过渡。这种行政主导的局面在宪法中的表现就是:其一,法律的提案和审议都是以行政为中心。在立法过程中,由于行政机关掌握着制定法律案的大量资料和信息,在提出议案和审议议案方面明显比议会具有优势。其二,行政机关享有委任立法权。其三,国家元首或者政府首脑在遇到紧急需要时,享有发布或者停止执行宪法条款的命令权。其四,在采取议会内阁制的国家,多数党的执政党组阁,这导致议会实际上不大可能追究内阁的政治责任等等。

"行政国家"的出现在社会民主主义宪法中是不可避免的趋势。这是因为,现代宪法引入了福利国家观念,国家的角色由"消极国

---

① 参见富学哲:《从国际法看人权》,新华出版社1998年版,第6页。
② 参见许崇德、王振民:《由"议会主导"到"行政主导"》,载《清华大学学报》1997年第3期。

家"转换成"积极国家",国家从过去仅仅维护社会秩序转换成积极保障弱势群体的社会基本权利,维持公民基本的生存条件和人格尊严,积极介入社会生活和国民之间的相互关系。同时,一些发展中国家要发展经济,必然要强调效率,由此对于行政权力的依赖也就不可避免了。

四、违宪审查制度的建立及其普遍化

从近代立宪主义的经验来看,即使一个国家出台了一部设计良好、人权完善的宪法,依旧会出现权力专断的事件。人权和民主的价值仅仅由宪法自身保障显然是画饼充饥。因此,必须建立一整套违宪审查制度才能够真正实现宪法内容,保障人民的自由权利。在议会主导的国家,违宪审查可以监督议会立法是否违反宪法;在行政主导的国家,违宪审查更有必要进一步加强,以控制行政专断。

但是,在近代宪法实践中,除了美国以外,其他国家都没有真正引入违宪审查制度。有些国家宪法即使规定了宪法监督的主体,但是没有对于该项规定进行细致的制度设计,导致不能发挥宪法监督的作用。这是近代宪法的一个遗憾。

现代宪法在强调国家在社会经济生活中的积极角色的同时,也引入了违宪审查制度以监督国家权力的合宪性。从一些宪政较为成熟的国家来看,一般的倾向是承认法院作为解决纠纷的适格主体,即法院对于案件涉及的法律的合宪性以及法律本身的合宪性有裁决权。从世界各国主要违宪审查的主体来看,法院审查占绝大多数。它包括普通法院审查和宪法法院审查,当然还有一些其他主体,比如法国是以宪法委员会作为违宪审查主体。它们的具体特征及其运作在本书的其他章节有相关论述,此处不再详述。

对于违宪审查的普遍化的问题,原因很多。其要点在于,宪法之价值主要是确认人权保障与分权原则。近代立宪主义受到自然法思想的影响,往往喜欢在抽象的理念上界定宪法的作用,这就导致近代宪法的许多内容具有一定的宣告性,而且资产阶级革命成功初始,宪法的制定很大程度上在于确认政权的合法性与正当性,对于一些细

致的宪法制度尚无暇建立。

　　随着国家进入正常轨道,立法权和行政权对于人权的侵害开始出现,为保障人权、确立宪法权威,客观上要求在程序上建立宪法保障机制。因此,违宪审查的普遍化,"是要求扩充加强人权、民主主义、立宪主义运动的结果"①。从现代宪法产生的背景来看,它也是行政国家产生的必然要求。另外,违宪审查也有助于监督执政党的违宪行为,促进国家活动的法治化。

---

① 〔日〕杉原泰雄:《宪法的历史》,渠涛等译,社会科学文献出版社2000年版,第134页。

第六章
西方主要国家宪政实践

第一节 英国的宪政实践

英国是世界上最早发生资产阶级革命的国家,又是最早制定资本主义类型的宪法性法律的国家。它是近代宪法的发源地,随着近代英国殖民主义向外扩张、英联邦的建立和英国政治文化的广泛传播,英国政治制度的许多内容被其他国家效仿与借鉴,因此,英国宪法被西方学者誉为"近代宪法之母"[①]。

但英国至今尚未制定一部完整的宪法典,它是一个典型的不成文宪法国家,英国的宪法一般由成文的宪法性法律、不成文的宪法性惯例以及涉及宪法制度的判例三部分组成。宪法组成成分的复杂性体现出英国宪政制度的灵活性特点,统治阶级可以根据形势采用增删、修改、解释的方式满足需要。英国宪政制度的发展涉及君主制、议会制、内阁制、司法制、政党制、文官制、地方政府制度等许多方面。英国是个富于创造性的国家,在建设本国宪政制度过程中体现出一种原创的精神,体现了连续、渐进的特色,对本国社会历史产生了较积极的影响,使英国的宪政制度逐步走向法制化。

一、近代以前的英国"宪法"

关于英国的宪法制度,理论上有许多争论,其中关于英国宪法产

[①] 何勤华主编:《外国法制史》(第四版),法律出版社2006年版,第155页。

生的时间问题,历来有两种观点。英国及西方国家部分法学家认为,英国宪法应追溯到13世纪。理由是1215年颁布的《大宪章》(又称《自由大宪章》)被公认为英国宪法的最早渊源,《大宪章》的颁布标志着英国宪法的产生。①

另一种观点认为,英国宪法产生于资产阶级革命取得胜利后的17世纪,因为《大宪章》是在封建时代制定的,反映封建主阶级的意志,保护封建主阶级利益的法案,而资本主义性质的宪法只能是在资产阶级夺取政权后,由掌握国家政权的资产阶级制定,是资产阶级意志的反映和保护资产阶级利益的产物。②

本节以近代以前的英国"宪法"为标题,主要是因为:第一,英国是个较注重传统法文化的国家,英国资产阶级在革命胜利后曾长期沿用1215年《大宪章》,把《大宪章》的相关内容作为资本主义宪法原则直接运用,因此,英国宪法的发展具有很强的延续性。③ 英国及西方国家部分法学家认为,1215年颁布的《大宪章》是英国宪法的最早渊源,它的颁布标志着英国宪法的产生。第二,许多封建时代的宪法原则在资产阶级掌权后,由资产阶级根据时代需求,赋予它新的解释,这些规定在资本主义君主立宪制度下继续沿用,而在英国历史上曾制定过的一些著名的法律性文件,其中有些至今仍然是英国宪法的重要渊源,有些虽已失效,但曾为英国近代宪政制度的确定起过重要作用。

(一) 1215年《大宪章》

《大宪章》制定的历史背景,确实有些复杂。当时国王在与英国封建主的矛盾冲突中处于不利地位。英王约翰在对外的欧洲大陆战争中失败,最后丧失诺曼底;在国内,1209年他因任命坎特伯雷大主教得罪罗马教廷,教皇英纳森将其革出教门。不仅如此,英王在国内

---

① 参见何勤华主编:《英国法律发达史》,法律出版社1999年版,第73页。
② 参见赵宝云:《西方五国宪法通论》,中国人民公安大学出版社1994年版,第135—137页。
③ 〔德〕K.茨威科特、H.克茨:《比较法总论》,潘汉典等译,贵州人民出版社1992年版,第333—334页。

还面临着通货膨胀、财政匮乏等窘迫困境。为此,他在国内征收高额盾牌钱①,经常没收封臣的土地,使封建主、大贵族的利益受到严重威胁。

1215 年 6 月 15 日,英王约翰和大贵族相聚于泰晤士河畔的兰尼米德草地,贵族代表向他呈递了一份文件,英王迫于贵族、骑士和市民压力而签署了这份文件,即著名的《大宪章》。《大宪章》由序言和 63 条条文组成,涉及问题颇多,主要是重申王国贵族的封建权利和防止国王侵夺这些权利,并对国王的权力进行了一定的限制。主要内容有:

第一,教会的自由和权利不受侵犯(第 1 条);

第二,宣布了国王不可擅自征税的原则,强调除传统捐税贡赋外,任何赋税的征收都必须得到"全国人民的一致同意";

第三,应承认伦敦及其他城市拥有自由和习惯之权(第 13 条);

第四,赋予国民一定的权利,其中较为重要的有被协商权、享有人身自由的权利、监督国王与反抗政府暴政的权利等。

在诸多权利中,国民的监督权值得关注,《大宪章》第 61 条规定:"为保证《自由大宪章》的实行,应成立一个有 25 名男爵组成的常设委员会监督国王和大臣的行为。"②此条首次提出建立专门委员会以行使对王国政府的监督权,表明英国贵族希望借助一种常设机构,采用和平的而非公开叛变的方式获取政治上的成功,这对英国日后的政治生活有很大影响。③ 后人对《大宪章》的内容根据自己统治的需要进行了更为宽泛的解释,今天我们看到的许多条款所包含的法律意义已在很大程度上改变了。④

---

① 在封建英国,从亨利二世时起,国王便规定骑士以交纳盾牌钱来代替服兵役,国王用收到的钱再去招募士兵。

② 《大宪章》的部分内容可以参阅周一良等编:《世界通史资料选辑》(中古部分),商务印书馆 1974 年版,第 180—185 页。

③ 参见沈权、刘新成:《英国议会政治史》,南京大学出版社 1991 年版,第 19—20 页。

④ 参见〔英〕伊勒·伍德沃德:《英国简史》,王世训译,上海外语教育出版社 1990 年版,第 34 页。

从制定时间、内容、阶级实质看,《大宪章》是在封建时代的鼎盛时期颁布的,大多条款是重申国王的权限范围和贵族的封建权利,从本质上看它是一个典型的封建法和习惯法文献,①因此,《大宪章》不是资本主义性质的宪法文件,不能把《大宪章》产生的1215年看成是标志英国宪法产生的历史年代,真正资本主义性质的宪法只能是在资产阶级夺取政权后,由掌握国家政权的资产阶级制定。

英国与西方国家的一些学者将《大宪章》作为标志英国资本主义宪法产生的宪法性文件,这与英国在资产阶级革命以后曾长期沿用《大宪章》,把《大宪章》规定的有些内容作为资本主义宪法原则予以运用是直接相关的。资产阶级掌权后,为了限制王权的政治需要,赋予了包含一定限制王权内容的《大宪章》以符合资产阶级要求的解释和新的内容,如关于25名大贵族组成的委员会行使对国王的监督权,为英国资产阶级在资本主义君主立宪制度下建立以资产阶级为核心的议会制度,赋予议会以限制、监督王权提供了最早的法律依据。②

(二) 1628年《权利请愿书》

查理一世上台后,与约翰一样,依旧推行强行借债的政策,国内各方面的矛盾与斗争更加激烈。为解决财政问题,查理一世在1628年3月召开他在位期间的第三届议会,在会上,国王与议会相互退让妥协,一方面,议会批准了总数为30万的款项;另一方面,国王查理一世也接受了议会议员提出的《权利请愿书》(Petition of Right)。这是一部从都铎王朝(1485~1603)以来第一个对王权加以限制的文件,在英国的宪政史上居重要地位,为国会与查理一世斗争胜利的成果之一。③

《权利请愿书》全文共八条。其主要内容是:第一,重申《大宪章》对王权的限制,规定非经国会同意,国王不得强迫征收任何赋税。第二,列举了国王滥用权力的种种行为,规定非经国会同意,国

---

① 参见赵宝云:《西方五国宪法通论》,中国人民公安大学出版社1994年版,第137页。
② 参见阎照祥:《英国政治制度史》,人民出版社1999年版,第45页。
③ 参见北京大学法学百科全书编委会主编:《北京大学法学百科全书》(外国法制史部分),北京大学出版社2000年版,第646页。

王不得强制任何人交纳任何赐物、恩税、德税或类似的税收。第三，重申了《大宪章》对臣民权利的允诺，规定非依同级贵族之依法审判或经国法判决，任何自由人都不得被逮捕、拘禁、驱逐或剥夺其继承权和生命。

英王查理一世之所以接受《权利请愿书》，目的仅在于以此换取他急需的补助金，在议会批准了补助金之后，他立即抛弃了《权利请愿书》中的规定，当议会在关于征收吨税和磅税等方面仍坚持国王享有征税权的期限仅为一年并提出抗议时，查尔斯在盛怒下解散了国会，英国从此进入了无国会的国王专制统治时期，这种情形一直延续到资产阶级革命以后。在恢复召开议会以后，议会重新对《权利请愿书》进行解释，赋予其新的时代内涵，并将其作为宪法渊源之一，沿用至今。

二、英国宪法产生与发展过程中较为重要的宪法性文件

英国资产阶级革命与法国、美国资产阶级革命不同，受政治、经济、宗教等诸多因素的影响，采用资产阶级与新贵族相互联合的方式，以宗教改革为主要手段，采取自上而下的革命模式，这必然造成英国资产阶级革命具有渐进性、保守性与妥协性的特点。从1640年革命开始到1688年光荣革命取得胜利，实际上是复辟与反复辟相互斗争、相互妥协的过程，这种斗争与妥协最终导致英国近代君主立宪制政体的建立，而这一政体的形成与确立实际上也是资产阶级与贵族相妥协的结果，是具有浓厚不彻底性的英国资产阶级革命在国家制度方面的一个体现。

在英国宪政制度建设的过程中，较为重要的宪法性文件有1679年《人身保护法》及相关法案、1689年《权利法案》及相关法案、1701年《王位继承法》、有关议会的法律和有关选举的法律等。

1660年斯图亚特王朝复辟后，国王查理二世对资产阶级实行镇压与妥协两手政策，而资产阶级为了自身利益的需要，一方面必须与国王及封建贵族实行妥协与联合，以阻止人民群众兴起后对资产阶级利益的冲击；另一方面又需要对国王任意逮捕与监禁资产阶级的专横行为进行限制,在此种背景下,1679年资产阶级在议会中制定了《人身保护法》(Habeas Corpus)。

《人身保护法》全文共20条,主要内容涉及对被拘禁者申请"人身保护令"有关事项的规定。该法规定:(1)除叛国罪及遇战争和其他紧急状态外,若没有法院签发的写明理由的逮捕证,不得逮捕和羁押任何人;(2)任何已被逮捕的臣民及其亲友,均有权向法院申请发给"人身保护令状",要求拘禁机关在20天内将在押人移送法院;(3)法院应尽快审核逮捕理由,若认为理由不成立,则应立即释放被捕者,若确定逮捕理由成立,则法院应决定保释或继续拘押,以待审判;(4)不得以同一罪名再度拘押已准予保释的人犯;(5)任何英国的臣民不得被送往苏格兰、爱尔兰或海外领地进行监禁。

从内容上看,《人身保护法》并没有规定任何实体权利,但它通过对王权和封建司法机关的专横加以限制,逐渐建立起资本主义的司法制度,规定由专门的司法机关依司法程序进行司法审判活动,来达到维护资产阶级在司法活动中的基本人身权利的目的。① 从颁布到光荣革命后,该法一直受到重视并被利用与解释。它不仅对维护资产阶级司法审判活动中的人身权利起到一定的作用,更为重要的是,它为英国后来逐渐建立资本主义的司法审判制度提供了法律基础和根据。因此,许多历史学家与法学家认为《人身保护法》是保障人权与英国宪法的奠基石。

1688年宫廷政变后,资产阶级虽然迎接信奉新教的荷兰执政威廉三世到英国执政,其妻玛丽(詹姆士二世的长女)为女王,但资产阶级无意将全部国家权力交由国王行使。英国资产阶级与封建地主为了将英国的权力控制在自己的权限之内,就需要确立议会至上原则,用议会权力来遏制王权。于是,资产阶级便制定出以限制王权、确立议会至上、实行君主立宪制度为基本内容的《权利法案》。1689年12月16日,《权利法案》经英王和女王共同签署生效。

《权利法案》共有13个条款,较为重要的是第1、3、4、6、9条,约

---

① 参见何勤华主编:《英国法律发达史》,法律出版社1999年版,第84页。

800字,内容大致如下:①(1)第1条规定:凡未经国会同意,以国王权威停止法律或停止法律实施之僭越权力,为非法权力。(2)第2条规定:近来以国王权威擅自废除法律或法律实施之僭越权力,为非法权力。(3)第3条规定:设立审理宗教事务之钦差法庭之指令,以及一切其他同类指令与法庭,皆为非法而有害;第10条规定:不应滥施酷刑,不应要求过多的保释金,也不应强收过分的罚款;第12条规定:在定罪前,特定人所作的一切让与及罚款、罚金的承诺都属非法无效。(4)第4条规定:凡未经议会允许,借口国王特权,为国王征税或供国王使用而征收金钱,超出议会准许的时间或方式者皆为非法。(5)第6条规定:非经议会同意,平时在本王国内招募或维持常备军,皆属非法。(6)第9条规定:议员在议会内有演说自由、辩论或议事自由,议员不应在议会之外任何法庭或任何地方受到弹劾或讯问。

从内容上可以看出,该法各条款限制王权的作用是显而易见的,其中关于国王无权废止法律的规定,保证了议会的立法权;不得征税的规定,保证了议会在财政上对国王的监督与限制;不得征集和维持常备军的规定,则彻底剥夺了国王建立独裁统治所必需的武器;不得终止议员自由发表言论的规定,则意味着国王不能再带领卫队搜查逮捕议员了;而不得设宗教法庭,在司法权上对国王权力作了限制。

由此可见,该法实际体现了国王的权力应受议会牵制的宗旨,明确了议会高于王权的原则。因此,1689年《权利法案》的制定,标志着君主立宪制在英国的确立,是奠定君主立宪制政体的重要宪法性法律之一。

1694年议会又通过了《三年法案》,规定国王不可以长期不开议会,从而使议会能够成为一个常设性的立法机构,这样一来,英国历史上常见的"无议会时期"、"长期议会"和"短期议会"等现象一去不复返了。

为了进一步控制王权,下院在1689年3月通过了《拨款法案》,

---

① 参见周一良等主编:《世界通史资料选辑》(近代部分)上册,商务印书馆1972年版,第28—29页。

授予国王每年 120 万镑的税款,并规定其中 60 万镑用于宫廷和非军事性开支,其余用作海、陆军开支。议会为了控制威廉三世组织对法战争所需的资金,又于 1697 年通过了《年金法案》,规定自翌年起,每年拨出固定款项作为宫廷开支,长期不变。①

光荣革命后,流亡在外的前任国王詹姆士二世一直伺机卷土重来。为了巩固新建的君主立宪制度,英国资产阶级不仅需要通过《权利法案》控制在位的英王行使权力的活动,更加需要通过制定关于王位继承的法律,保证后继的国王仍为资产阶级所控制。1696 年底玛丽女王病故,威廉三世无子嗣,关于王位继承问题引起广泛关注,经过反复讨论,议会于 1701 年 1 月通过了《王位继承法》。

《王位继承法》由序言和四条内容组成。序言明确规定:本法是为防止在威廉国王之后主权落入信奉天主教者手中,杜绝英国回复到专制主义统治的可能性而制定的。除序言外,《王位继承法法》的内容主要包括两个方面:(1) 规定了王位继承的顺序和继承的条件,排除了信奉天主教者继承王位的可能性。(2) 进一步限制王权,重申了一切非经国会批准由国王颁布的法律一律无效;对国会众议院提的弹劾案,国王无权赦免;凡在王室担任官职和领取薪俸者,不得同时担任议会下院议员;同时为了防止外国人染指英国政权,规定凡非出生于英国的人均不得担任议会议员及其他官职;此外还规定非经议会两院同意解除职务,法官得终身任职,从而保障了司法的独立性。

《王位继承法》的制定,将王位的继承问题与王权的行使范围,明确置于法律的规制之下,这为在英国建立资产阶级议会民主制度,实行以议会为中心的君主立宪制度,又增加了一个宪法依据。之后,历代英王的交替,大多源于《王位继承法》及此后的 1707 年关于合并英格兰与苏格兰、1800 年关于合并大不列颠与爱尔兰的《联合条例》(Act of Union) 的规定。② 之后,英国于 1937 年颁布了《摄政

---

① See C. Stephenson and F. George Marcham, ed., *Sources of English Constitutional History, A Selection of Documents from A. D. 600 to the Present*, Harper & Row, 1937, p.610.

② See E. C. S. Wade and A. W. Bradley, *Constitutional and Administrative Law*, Longman Group Limited, 1985, p.230.

法》，规定国王达到 18 周岁为成人，并明确规定若未满 18 周岁的人必须继承王位的，从其继承之日起至 21 周岁，由有第二顺位王位继承资格者担任摄政，这种摄政无须经过特别批准程序而自动产生。①

英国议会两院一直存在对抗，1909 年自由党控制的议会下议院提出一项财政预算案，该项预算案在议会下议院获得通过，但却被上议院否决了。这一事件激化了议会两院间的对抗，为了解决上述问题，1911 年 8 月 18 日，议会下议院通过了 1911 年《议会法》。

该法共有八条，主要内容是进一步削弱与限制议会上议院的权力，其中第 1 条与第 2 条是最主要的部分。第 1 条规定：某项议案是否属于财政案的范围，由下议院议长裁定，凡财政议案必由下议院提出并通过，上议院无权否决，只能拖延一个月，若上议院在一个月内未提出修正案且又未通过原案，则该案可直接送交国王批准公布为法律；第 2 条规定：对于下议院通过的一般议案，上议院可行使否决权，但如果下议院在两年内连续三次通过，而上议院连续三次否决之后，则该议案不需再提交上议院表决，可呈请国王批准公布为法律。这一规定明显削弱了国会上议院的立法权，上议院失去了对下议院通过的一切议案的否决权，只有延搁权，即对财政案可拖延一个月，对非财政案可拖延两年，所以 1911 年《议会法》被称为"议会延搁法"。

尤为重要的是，这个法案在序言中明确公布：该法案"想要用一个建立在群众基础上而不是世袭基础上的第二院去代替现在所有的上议院"②，这样就将上、下两院之间的关系第一次用成文法的形式确定下来，上院成为"第二院"，而下院自然就是第一院。由此可以看出，英国议会虽然实行两院制，但上议院的权力很小，比日本参议院的权力还小，恩格斯曾指出，上议院愈来愈成为英国退休的政界人物的养老院。

1949 年《议会法》进一步限制了上议院的权力，把上议院对一般议案拖延两年的期限缩短为一年，原因是 1947 年工党操纵的议会下

---

① 转引自何勤华主编：《英国法律发达史》，法律出版社 1999 年版，第 89 页。
② 〔英〕埃弗尔·詹宁斯：《英国议会》，蓬勃译，商务印书馆 1959 年版，第 426 页。

议院通过了《钢铁国有化法》,如果上议院依 1911 年《议会法》的规定行使延搁权,该法案两年以后才可生效,但在两年以后,提出该法案的议会下议院将任期届满解散,这样该法案将无法生效。因此为了使该法案顺利通过,工党便在议会下议院提出修改 1911 年《议会法》,将上议院延搁权的时间缩短为一年,而且该法还规定财政议案只能由下院提出,上院不得对它进行修改和否定,这样上院失去了对财政议案的任何权力,下院牢牢控制了财政上的立法权,这标志着下院的权力已经无可怀疑地高于上院。①

1911 年《议会法》与 1949 年《议会法》,旨在扩大下议院的权力,削弱上议院的权力。在英国实行的责任内阁制度下,内阁首相由下议院多数党的领袖担任,内阁成员大多也是下议院多数党的议员,因此,下议院权力的扩大,就是以首相为核心的内阁权力的扩大,这样将会导致政府对议会的控制,这是英国资产阶级为适应资本主义发展的需要,为逐步扩大行政权而采取的一种措施。

英国制定的第一部规定选举制度的成文宪法性法律,是 1918 年的《人民代表法》(Representation of the People Act),该法的制定背景可以追溯到 19 世纪英国资产阶级争取选举权斗争的兴起与英国议会制度的改革。

在 1832 年议会改革选举之前,不仅广大国民的选举权没有保障,而且关于选区的划分、议员比例分配等方面也存在许多混乱与不合理的地方,这种状况引起了广大国民的强烈不满。1832 年的《议会改革法》一方面对下议院议席作了重新分配,增加了新兴工业城镇议员的名额;另一方面对选民的财产资格作了重新限制。

1832 年改革法被称为"第一道旨在系统检修议会的代表性的立法"②。工厂主成为 1832 年改革的主要受益者,但是浴血奋斗的工人阶级在 1832 年之后仍然两手空空,他们被迫继续斗争。③ 于是,

---

① 参见王晓民主编:《英国议会》,华夏出版社 2002 年版,第 42 页。
② A. Adonis, *Parliament Today*, Manchester University Press, 1990, p.1.
③ 参见蒋劲松:《议会之母》,中国民主法制出版社 1998 年版,第 82 页。

1837年英国无产阶级掀起了规模空前的要求普选权的宪章运动,列宁称之为"世界上第一次广泛的、真正群众性的、政治上已经成型的无产阶级的革命运动"①。经过无产阶级与广大人民群众的斗争,英国资产阶级被迫在1867年和1884年对议会选举制度进行了两次改革。在此基础上,1918年英国颁布了历史上第一个成文的议会选举法——《人民代表法》。

1918年《人民代表法》篇幅很长,由5章47条构成,该法的主要内容有:(1)选举权。该法第一章规定了享有选举权的几种具体情形。(2)选民登记。该法第二章详细规定了选民登记制度的相关内容,选举人每年登记两次,即春季登记与秋季登记。(3)选举方式及费用。该法规定全国各地的投票选举应在同一天进行,各选区接受提名的日期也应一致。被提名的候选人,应在投票前规定的日期内,交纳150镑的竞选保证金,这实际上限制了劳动人民竞选。(4)议员名额的重新分配。

该法规定国会议员选举区分为三类,即选举市、选举郡、大学选举区,各选区每7万人推选一名议员。按照该规定,全部议员选举区所选的议员总数为770名,比该法公布时增加了约100名。同时该法规定,居民人口不到5万的郡和城市不再享有推派议员的权利。1918年《人民代表法》颁行后,选民的人数由原来的800万人增加到2100万人,约有一半的居民获得了选举资格。

作为对1918年《人民代表法》的修改与补充,1928年7月2日英国议会通过了英国第二部成文选举法,即1928年《人民代表法》,又称《男女平等法》。该法删除了1918年《人民代表法》中关于妇女选举权资格的规定,实行男女选举权平等的选举制度,规定凡年满21岁的妇女,并符合居住期限、住所资格等其他条件者,均享有选举权;大学选区内的妇女,享有复数投票权。② 该法的颁布,不仅使选

---

① 《列宁选集》第3卷,人民出版社1995年版,第792页。
② See C. Cook & J. Stevenson, *The Longman Handbook of Modern British History, 1714—1987*, Longman Group Limited, 1988, p.69.

民人数(特别是女性选民总数)增加了约 500 万人,这彻底冲垮了中世纪选举制设置的财产、性别两道篱笆,基本实现了人民普选权。①

二战以后,为适应世界范围内兴起的民主潮流与英国国内形势发展的需要,1948 年英国又实施了新的《人民代表法》。这部法律统一了参加全国选举与地方选举的选民资格,规定参加议会议员选举的选举人应具有三个条件,即取得投票资格之日为某一选区的居民、是联合王国公民或爱尔兰共和国公民并且在选举日年满 21 岁。同时根据"一人一票,一票一价"的选举原则,废除了 1918 年与 1928 年《人民代表法》规定的复数投票制度。

之后,1969 年《人民代表法》降低了年龄限制,将选民年龄资格由年满 21 岁降为年满 18 岁。1981 年和 1983 年又颁布了两部新的《人民代表法》,对当选议员的资格作了更加严格的限制,同时明确规定外国人和其他英联邦成员国的居民都不能参加投票选举。

经过 19 世纪开始的历次选举制度改革,英国制定了一系列有关选举的宪法性法律文件,确立了平等、民主与秘密的选举制度,使选举制度逐渐走向进步与完善。

除此之外,英国较为重要的宪法性法律还有涉及内阁职责的 1937 年《内阁大臣法》、规范英国与自治领关系的 1931 年《威斯敏斯特条例》、1972 年的《国家豁免法》等等。

三、英国的宪政制度

(一)国王

英国历史上最早的国王是由选举产生的。盎格鲁—撒克逊人入侵并统治不列颠岛后,贤人会议(Witenagemot)从同一王族中选举出了国王。② 1066 年诺曼入侵后,建立了一种等级森严的封建制度,并确立了王位继承制。自从 1215 年《大宪章》颁布以来,英国步入了

---

① 参见蒋劲松:《议会之母》,中国民主法制出版社 1998 年版,第 85 页。
② 参见吴大英、沈蕴芳:《西方国家政府制度比较研究》,社会科学文献出版社 1995 年版,第 190 页。

一个用法律约束王权的重要历史时期,之后随着议会制度的逐渐形成,国王的权力不时受到议会的冲击,英国进入了等级君主制时期。但 15 世纪都铎王朝(House of Tudor)统治时期,英国又转为君主专制统治,国王的权力得到了加强,"王在议会"的宪法原则逐步从萌芽走向发展。

"王在议会"原则形成之前,绝大多数人都认为议会是由教士、贵族与平民三个等级组成的两院制机构,从爱德华三世到亨利七世的两百多年时间中,在大多数情形下,王权的地位常常凌驾于议会之上,所以国王和议会还是两个彼此分离的政治实体,当时"王在议会"应理解为"君临议会"。

从 16 世纪二三十年代起,特别是从亨利八世进行宗教改革以来,都铎王朝历代君主都不否认"王在议会"的政治现实与必要性。[1] 在各种政治文件中,较早明确表述国王与两院三位一体共同组成议会的法案是 1534 年的《限制任教职者制服首年年俸法案》,其中规定由现届议会中的最高统治者国王、教俗两界贵族和平民共同行使权力。这实际上表明英国立法权属于议会中三位一体的国王和上、下两院,亨利八世形象地说:"朕在任何时候都不如在议会时具有更高的为王身份,在这里,朕如首脑,你们(指两院议员)如同躯干四肢,我们连在一起,组成国家。"

至此,"王在议会"的原则正式确立,约翰·福特斯丘在《英国法律赞》中将此原则当作判断英国政体特征的最重要的论点之一,并说明凭借此原则即可以看出中古晚期英、法两国君主制的主要区别。但应当注意的是,都铎年间的"王在议会"的含义,主要是就宪法意义和国王的实际立法作用来说的,却并非意味着国王可以任意或随时参加议会的辩论和立法活动,国王前往议院也主要是履行一些形式上的职能,如主持议会召开与闭幕仪式,并在闭幕会议上允准或否决议会呈递的法案;又如,玛丽女王在 1554 年 10 月议会开会时前往议会作正式的礼节性的访问,同时表示赞同一项关于恢复枢机主教的议案。

---

[1] 参见阎照祥:《英国政治制度史》,人民出版社 1999 年版,第 115 页。

都铎年代中形成的国王不在会期之时驾临议会的宪法惯例,不论在当时或是之后,对于保持两院议员活动的相对独立性和行为自由,都具有重要意义,这种做法还为以后英国"国王不能为非"的宪法惯例,直至"虚君制"的形成提供了先决条件。

17世纪上半叶,詹姆斯一世与查理一世都主张君权神授,试图摆脱议会对王权的控制,之后资产阶级革命爆发后,正式确立了君主立宪制的政体形式,明确解决了国王与议会的关系,从此,国王作为英国宪政体制的一个环节始终存在,但英王的权限早已今非昔比了。现在,国王只是统而不治的虚位君主,"国王不能为非"的宪法惯例的形成更加明确了国王在形式上的作用。正像恩格斯所指出的:"主权实际上已经等于零。"①那些必须由英王亲自行使的权力,也都是形式上的批准而已。在英国,关于王位的继承、国王的权力及行使方面的法案很多,由于篇幅有限,这里仅介绍英王"统而不治"与"国王不能为非"两大宪法惯例及英王在英国宪政体制中的现实作用。

第一,国王"统而不治、王位形同虚设"的宪法惯例。该宪法惯例是在1689年《权利法案》颁布后,确立议会权力至上,议会对王权进行限制的原则之后逐渐形成的,议会享有最高立法权,国王不经议会同意不可以立法、征税、维持常备军、开设宗教法庭,在这种背景下,王权受到很大限制,国王失去了对议会立法权的控制。随着内阁和首相地位的日益上升,国王享有的行政权也逐渐被削弱,国王成了没有任何实质权力的名义上的最高统治者。

在名义上,英王的权力很大,相当于专制制度下的皇帝,英王是英国的象征,是国家元首,是一切权力的源泉,英国的立法、行政、司法大权都是由英王授予的。尽管英王的权力从形式上看十分强大,但在实际上却非常微弱。

(1)就对议会的权力来看,议会制定的法律虽然在形式上需要由英王批准,但自从1707年安妮女王拒绝批准英格兰国民军法案之

---

① 恩格斯:《英国状况·英国宪法》,载《马克思恩格斯全集》第1卷,人民出版社1965年版,第682页。

后,二百八十多年以来没有发生过议会通过的法案不被批准的情况,①多年积累的习惯在英国人心目中已形成一种概念,如果英王不批准议会通过的法案,就是一种违宪活动。也就是说,立法权完全归于议会而不属于英王。② 至于召集、解散议会的权力更是仅有虚名,议会开幕、闭会的讲演词,英王只是例行公事宣读一下,内阁首相若呈请解散议会,英王只能照例表示同意。

(2)就对内阁的权力而言,首相及各部大臣虽然都由英王任命,但首相人选限于在下议院中多数党领袖,仅在个别特殊情形下才发生由英王选择裁量的事例。其他一切政务活动,均由内阁安排决定,英王只能听从安排。

(3)在司法机关权力问题上,自从1701年《王位继承法》颁布后明确规定"非经国会解除职务,法官得终身任职",司法的独立性得以保障,司法权归属于法院而不属于英王。

因此,英王形式上的权力与实际上的权力相差很大,许多学者经常以"统而不治"、"形同虚设"来形容,君主虽是君主立宪制国家机器的一个组成部分,但他仅是不起决定性作用的装饰性零件。③

第二,"国王不能为非"的宪法惯例。国王"统而不治"的宪法惯例形成之后,又逐渐形成了与之对应的"国王不能为非"的宪法惯例,明确规定了国王对国家政治决策不负责任。

"国王不能为非"是指国王永远没有错误,国家政策中出现的一切错误,都不可以归责于国王,国王永远不对国家的任何政治决策负政治责任。形成该项宪法惯例的原因在于立法权由议会掌握,国王仅在名义上签署与公布,行政权由内阁掌握,国王在行政方面的事务大多由内阁安排与控制,特别是责任内阁制形成之后,凡不经内阁副署的行为均无效,而一经内阁副署的行为,其责任即由内阁承担,不能推给国王。

---

① 参见吴大英、沈蕴芳:《西方国家政府制度比较研究》,社会科学文献出版社1995年版,第193页。
② 参见许崇德主编:《宪法学》(外国部分),高等教育出版社1996年版,第15页。
③ 参见何勤华主编:《英国法律发达史》,法律出版社1999年版,第95页。

"国王不能为非"的宪法惯例的实质是对王权的进一步限制,是资产阶级议会与内阁控制王权的体现,议会与内阁在政治活动中,会依据此项宪法惯例,排斥国王参与政治活动,干预议会的立法权与内阁的行政权,从而将国王隔离于资本主义国家政治活动之外。因为参与政治活动必然难免出错,那么只有置身局外,才可以永远保持不犯错误、没有错误的政治形象。

在国王"统而不治"与"国王不能为非"的宪法惯例下,英王在政治上没有决定性的作用,那么他是否还有存在的必要呢?从富于尊严的层面上说,国王的作用是不可限量的,在英国,如果没有国王,现行英国政制就有缺失并难以存在的风险,国王是社会的首领,是道德的领路人。例如,维多利亚女王和乔治三世国王的德行已深入人心,是良好社会道德形成的楷模。① 议会、内阁、法院是否可以代替英王?当然不能,原因在于:

(1)英王的存在体现了英国政治传统的延续。② 17世纪的资产阶级革命保留了君主,这是资产阶级与新贵族相互妥协的结果,随着君主立宪制政体的确立,君主的存在在英国已成为一个广为接受的事实,英国是个有着悠久历史、比较保守的国家,这种保守的民族特性决定了它不会轻易抛弃形成已久的制度。

(2)英王在政治生活中行使一定的职权,起一定的政治作用。英王在国际与国内进行的政治活动虽然大都是礼仪与象征性的,但都是近现代各个国家必须进行的,若让议会与内阁人员来行使,势必大大增加立法、行政部门人员的工作压力,降低其工作效率。从任期和实际作用角度来看,英王是终身制的国家元首,英国近代多数君主在位时间都比同期首相的任期长,他在长期的政治活动中积累了丰富的政治统治经验,可以通过咨询、鼓励、忠告等形式,对政府的政治活动提供建议与参考,在一定程度上影响议会与内阁的活动。③

---

① 参见〔英〕沃尔特·白芝浩:《英国宪法》,夏彦才译,商务印书馆2005年版,第102页。
② 参见何勤华主编:《英国法律发达史》,法律出版社1999年版,第95页。
③ 参见蒋劲松:《议会之母》,中国民主法制出版社1998年版,第148页。

如维多利亚女王,在位长达64年,其间经历了20届内阁共11位首相,漫长的在位时间让她积累了丰富的经验,对一些外交事务和国内重要政治问题常常有独特而深刻的见解,因此,她经常在内阁更替过程中,对新任首相及时地提出一些合理化的建议,从而保证政府政策的连续性。所以,格莱斯顿认为,君主平时对于她的国务员们商讨与处置方面的影响,总的说来,无疑是很大的,这使政府的行动,臻于永久和巩固,并给国家带来很多利益。

(3) 英王是国家统一和民族团结的象征,可以凭借其威望和号召力加强全国人民的团结,激励忠君爱国的热情,保障英国长期稳定发展。① 在"国王不能为非"的宪法惯例下,英王是不介入任何政治权力之争的不偏不倚的中立者,因此,全国人民忠于"不徇私利"、"没有党派偏见"的国王则是理所当然的,这样可以借助英王来加强团结,激发爱国情绪,从而维护英国政治制度的稳定性与连续性。

(二) 议会

有关英国议会的产生,学术界的观点颇不一致,英国宪政史论著中较典型的观点有1265年"西门议会说"与1295年"模范议会说",还有一些学者对英国议会产生的时间不作硬性划分,但注重揭示其产生的历史渊源和时代契机,承认它是个包括若干历史事件的渐进性发展过程。② 我国学者一般采用苏联史学的观点,将1215年《大宪章》的制定、1265年"西门会议"与1295年"模范议会"的召开,当作英国议会从起源到形成的三大界标。

在议会的发展过程中,议会两院制的形成也是个见仁见智的问题,一般将议会中贵族和平民分开议事当作两院制形成的标志。1332年贵族与平民首次分院议事,之后又重新合并,1341年议会又因故分两院议事,两院制开始形成。1343年,议会档案首次详细记载了两院议事的情况,贵族、僧侣组成的部分称议会的贵族院(上议

---

① 参见赵宝云:《西方五国宪法通论》,中国人民公安大学出版社1994年版,第164页。
② 参见阎照祥:《英国政治制度史》,人民出版社1999年版,第86页。

院),骑士、平民组成的部分称为议会的平民院(下议院)。在英国议会发展的历程中,贵族院与平民院的力量对比呈现此消彼涨的趋势,经过长期的积累,逐渐形成一套有关议会的召开、会期、人数的议会会议制度和议会职权的不成文的宪法惯例。

第一,有关议会会议制度。国王有权召集新一届的议会,国王的这一特权来自习惯法,而不是由成文法规定的。英国议会每年召开两次会议,第1个会期从1月底或2月初开始,到7月底或8月初结束;第2个会期从10月底或11月初开始,到12月圣诞节前闭会。议会由两院组成。

贵族院共有1100多名议员,其中700多名是世袭贵族,300多名是终身贵族,还有26名大主教与主教、21名现任与前任大法官。开会的法定人数仅为3人,通过议案的法定人数也只有30多人,开会期间为每周开会3天,每天开会不超过3小时,每年开会累计140天左右。贵族院在名义上是英国的最高法院,同时作为上诉终审法院执行司法事宜。贵族院还拥有立法权,但它的权力根据1911年《议会法》与1949年《议会法》的规定受到很大的限制与削弱。

平民院议员有600多人,开会的法定人数为40多人,每周开会4天,从下午2点半到10点半,星期五则从上午11点到下午4点,若遇有时间紧迫的重要议案,会议有时要通宵达旦进行,每年开会在175~200天。而且,根据不成文的惯例,平民院开会议席只有364个,而议员总数却有600多人,所以,如果全体议员都参加,那么有些人就要坐在旁听席上。平民院拥有立法权、财政权与监督权。

19世纪中叶,大部分法案都由平民院提出,进入20世纪后,由于政府行政权的增强,许多法案则由政府提出,"所有重要议案以及大部分实际通过的其他议案都是由政府提出的,普通议员的权力受到了严格的限制"①。财政权是通过审议财政法案实现的,这在1911年《议会法》中有详细的规定。监督权的行使可以通过多种方式,如

---

① 转引自杨柏华、明轩:《资本主义国家政治制度》,世界知识出版社1981年版,第145页。

质询、倒阁、行政专员监督等,其中最为重要的是倒阁权,这是英国议会制度的一大特色。

第二,倒阁权的行使。乔治一世任英王期间,对政治事务不感兴趣,曾七次返回汉诺威。在此期间,辉格党领袖罗伯特·沃波尔(Robert Walpole)任首相领导内阁,推行和平外交政策。到 18 世纪 30 年代中期,辉格党发生内讧,议会中反对派势力迅速发展起来,其中最强大的一派是代表金融家和大商人利益的辉格党团体,他们迫切要求进行对外战争以夺取新的原料产地与商品市场。面对强大的压力,沃波尔不得不作出让步。1739 年英国对西班牙宣战,但很快即惨遭失败,反对派借此攻击沃波尔。

1742 年 2 月,沃波尔遭到议会多次否决后被迫辞职,从而形成一条不成文的宪法惯例,即当内阁失去平民院的支持时,须全体辞职,内阁向议会负连带责任,这被称为议会的倒阁权。后来,倒阁权通常表现为否决或修改政府提出的重要法案,通过政府所反对的法案,或者直接通过对政府的不信任案,在这些情况下,内阁要么总辞职,要么由首相呈请英王解散平民院提前进行大选,如大选后执政党在平民院仍占多数,内阁可继续留任,反之则必须辞职。

(三) 内阁

1. 内阁的形成及责任内阁制的确立

内阁的英文为 Cabinet,原意为"内室"或"密议室"。英国是内阁制度的发源地,内阁的发展主要发生在"光荣革命"后。"光荣革命"建立了立宪君主制,议会与国王和政府大臣的关系发生重要变化,这为内阁制的萌芽提供了政治前提。第一代立宪君主威廉三世独断专行,喜欢在没有内阁顾问的情形下亲自决断政事,在他 1690 年率军征伐爱尔兰时,玛丽女王便建立了一个由 9 个人组成的内阁,协助自己处理政务。之后不久,玛丽即感觉到内阁揽权过重,自己成为次要角色,经常抱怨"自己确信从无一人总是正直诚恳的"。1695 年威廉三世归来,间或亲自主持内阁会议。据统计,从 1695 年 10 月至 1697 年 10 月,共召开了 110 次内阁会议,其中 53 次是没有国王参加的小型内阁会议,小型会议通常商讨一些次要的专门性问题,如领事任命人选、更换货币等事宜。

内阁全体会议总在王宫召开,出席人员约10人左右,包括大法官、2名国务大臣、宫廷总管大臣、侍卫大臣、掌玺大臣、海军大臣、爱尔兰总督、坎特伯雷大主教等。① 在威廉统治初期,内阁成员的组成采用辉格党和托利党的混合形式,他企图用扶弱抑强的手段来加强自己的势力,后来由于托利党人不支持对外战争,以至于在政府中消极怠工贻误战机,1694年,威廉正式任命由辉格党单独组成第一个一党内阁。

威廉的这一做法得到19世纪的自由党人的称赞。麦考莱称1694年内阁为"近代第一例",即第一个在下议院拥有该党多数议席的一党内阁。② 苏联著名史学家塔塔里诺娃在其著作《英国史纲》中指出:从17世纪末起在英国出现了一党内阁,根据哪一个党在议会中拥有多数而轮流执政。③ 此时的内阁制度还只处于萌芽状态,在国王权力较大、王权可以根据个人喜恶任免阁员的时代,还不会出现两党制度下的责任内阁制。

1714年乔治一世在位期间,绝大部分时间都居住在自己的德国汉诺威领地,经常不理朝政,④常由财政大臣主持内阁会议,出现了首相一职。1721年,当时的辉格党在议会下院选举中获多数席位,为了使内阁与议会能相互配合,乔治一世便任命辉格党的领袖罗伯特·沃波尔领导内阁,从此开创了由下院多数党领袖担任首相的惯例。沃波尔本人也成为英国历史上任职最久的"首相"。

为了巩固自己的地位,保持内阁行动的一致,沃波尔建立了小内阁(Inner Cabinet),并亲自主持会议,与会人数在3~17人之间,沃波尔在会议上拥有绝对权威。18世纪30年代中期,议会中反对派势

---

① See E. N. Williams, ed. , *The Eighteenth Century Constitution*, *Documents and Commentary*, Cambridge University Press, 1977, p. 111.
② 参见阎照祥:《英国政治制度史》,人民出版社1999年版,第214页。
③ 参见〔苏〕塔塔里诺娃:《英国史纲》,何清新译,三联书店1962年版,第207、219页。
④ 参见洪永珊:《英国议会史话》,商务印书馆1984年版,第17页。

力迅速崛起,其中代表金融家与大商人利益的辉格党团体迫切要求进行对外战争以掠夺新的原料产地与商品市场。面对反对派的压力,沃波尔于1739年对西班牙宣战,但很快即遭失败,反对派借此攻击沃波尔,1742年沃波尔在新选出的下院中未取得多数信任而被迫辞职,首创了内阁向下议院负责的宪法惯例。沃波尔遭到议会否决而自动辞职被当作英国内阁形成的标志性事件。

1783年,托利党领袖小威廉·皮特出任首相,次年即不获下议院支持,面对险恶局面,皮特并不按惯例辞职,而是依靠国王的支持,别出心裁地在1784年3月25日解散了议会,宣布进行大选,结果政府取胜,一百多名反对派议员落选,换上了支持皮特的人,这样又开创了当得不到下议院支持时,首相可以解散议会重新选举的新的先例①,并成为一项重要的宪法原则,但如果新选出的下议院仍对内阁投不信任票,内阁必须集体辞职。经过长时间的演变与发展,英国的责任内阁制得以正式确立。

但是,有的学者认为皮特解散议会重新大选并获得成功并不标志着责任内阁制在英国的确立,原因是这种做法在英国历史上仅仅是第一次,所以它是一项宪法惯例的创立而非确立,因为从此时起直到第一次议会改革,又经过多次大选和内阁换届,其中没有一届内阁是因此而建立或因此而倒台的。② 我国一些学者认为,1868年大选中失败的保守党迪斯雷利辞职,获胜的自由党组成以格莱斯顿为首相的新内阁,标志着责任内阁制的确立。③

内阁制度形成之后,一直未得到法律的正式承认,直到1900年"内阁"才第一次见于议会布告,1937年《国王大臣法》才使内阁的名称有了法律依据,④第一次使首相和内阁的地位合法化。该法令规定了首相与阁员的薪金,而在此之前,首相一直只领取他担任的财

---

① 参见沈汉、刘新成:《英国议会政治史》,南京大学出版社1991年版,第261页。
② 参见阎照祥:《英国政治制度史》,人民出版社1999年版,第226页。
③ 参见孙建飞:《英国政宪制度与主要政宪研究》,中国审计出版社1995年版,第18页。
④ 参见龚祥瑞:《英国行政机构和文官制度》,人民出版社1983年版,第23页。

政大臣职务或其他政府职务的薪金。①

2. 首相主持内阁事务及自行组阁

《权利法案》虽然确立了议会至上的宪法原则,但握有国家最高权力的议会,并不直接处理各项行政事务。国家最高行政事务的处理权,最初由王室领导下的枢密院行使,枢密院在都铎王朝初年由亨利七世改造为国家最主要的政府机构,负责处理国家行政事务。到了17世纪末,由于革命与复辟所带来的政局动荡,出现了两种现象:一是在革命期间枢密院被撤销,被主要掌管行政事务的国务会议取代;二是在复辟时期国王为扩大、巩固王权有意拉拢政府官员和议员,使他们进入枢密院,结果导致该机构迅速膨胀,最多时竟达一百多人。因此,1688年查理二世在位期间,内阁会议逐渐形成。

最初内阁会议由国王主持,到了乔治一世在位期间,由于他对英国政务不感兴趣,于是议会于1717年正式作出决议,国王无须出席内阁会议并主持内阁政务。在国王退出内阁后,一般由财政大臣主持内阁会议。1721年,乔治一世任命当时的财政大臣罗伯特·沃波尔领导内阁,罗伯特·沃波尔成为内阁的实际领导者。至此,首相主持内阁事务、领导内阁的宪法惯例正式形成了,而1721年的内阁也被认为是英国历史上第一个正式的内阁。同时根据罗伯特·沃波尔当时担任财政大臣的情形,逐渐形成了内阁首相一般总是兼任财政大臣的宪法惯例。

首相主持内阁政务的宪法惯例形成之初,首相只有主持内阁会议、领导内阁工作的权力,他无权挑选内阁大臣,组成自己的内阁班底。1834年罗伯特·皮尔任出首相。在他之前,由于国内矛盾的激化,政府出现了不稳定的现象,同一年中就有三位首相下台。罗伯特·皮尔上台后,深深体会到要保持政府的稳定,必须有一批能与首相通力合作的内阁组成人员。

皮尔的要求得到了英王的许可,从此首相可自行挑选政府大臣,

---

① 参见〔英〕马里欧特:《现代英国,1885—1945年》,姚曾译,商务印书馆1963年版,第560页。

由英王按首相的意见加以任命,首相自行组阁的宪法惯例由此形成。后来,首相的人事任免权逐渐扩大,政府大臣、主教、高级法官、枢密院顾问、皇家的和法定的委员会成员等在形式上虽然均由英王任命,但实际上都是根据首相的建议而确定的,首相拥有实际的决定权,其他驻外使节、殖民总督及一些高级文官,实际上也由首相决定。而首相对于不听从其指挥的内阁成员或其他政府大臣,可以各种借口免去他们的职务。

3. 责任内阁制的完备

19 世纪以来,随着议会至上原则的确立和虚君制的出现,英国资产阶级内阁制有了长足的发展,责任内阁制原则增加了许多新的内容,这时的内阁制不仅保留了过去形成的某些原则和宪法惯例,如首相主持内阁、政府失去下议院信任后必须辞职或重新选举等,还形成了若干新原则。

第一,首相与内阁需要从下议院多数党中挑选,并依靠其多数优势以保证执政党政策与法令的顺利进行。这意味着不仅首相与内阁应从多数党产生,而且执政党必须依靠它在下议院中的优势力量去行使权力,否则政府提出的法令和政策就无法在下议院通过和成为法令,更不用说贯彻执行了,这一原则被称为责任内阁制的"多数原则"。反对党领袖詹姆斯·格拉姆曾用这样一句话概括议会"多数原则"的重要性:"拥有下院多数事事可行;没有下院多数一事无成。"①

第二,所有阁员对政府集体负责,并与首相共进退。这就要求内阁所有成员必须维持内阁的集体形象,注意保持执行本党政策的一致性,而且首相的失败即意味着整个执政党的失败,所有阁员必须同首相一起辞职。

第三,议会改革前,内阁的组成与倒台和议会的召开与解散的时间不一致,如在 1715 年至 1783 年间英国实行《七年法案》时,共进行

---

① A. H. Birch, *Representative and Responsible Government*, *An Essay on the British Constitution*, University of Toronto Press, 1969, pp. 131 – 132.

了10次大选,内阁首相却换了19次,其中任期最长者21年,短者仅有2天,没有一届是在大选后立即辞职的,不少内阁所取得的大选胜利都发生在组阁之后。1868年11月底,自由党在大选获胜后,保守党领袖迪斯雷利未等到议会召开就离去,12月9日,以格莱斯顿为首的自由党内阁组建起来,政府在大选失败后必须立即辞职的宪法惯例至此形成。1868年内阁的交替不仅创立了政党在大选失败后必须立即辞职的先例,还为英国内阁制的发展划上了一个句号。①至此,首相与君主、内阁与议会等多项关系已基本固定,责任内阁制的各项重要原则已初具规模。

四、近代英国宪法的基本原则

对于英国宪法的原则,戴雪在《英宪精义》中作了详尽的论述。他认为,英国宪法有三项基本原则:正式的法律规则和非正式的宪法惯例之间的密切联系;国会在立法方面的最高权力;法治原则。第一项原则实际上阐述了宪法渊源的多样性,重点论证了惯例之所以成为宪法渊源的必要性,这在本文中已有详细论述。后两项原则经后人继承与补充,现已发展为英国宪法的四大基本原则。

（一）立法权由议会享有,实行议会至上原则

从"王在议会"宪制原则的介绍可以看出,该原则不仅造成当时王权的有限性,而且还促成了"议会至上"宪法精神的萌芽。都铎时期的议会至上原则有两层含义:一是由于国王和两院三位一体地共同组成议会,所以国家最高权力应由三者共享;二是在议会中,三者地位高低不同,权力大小不等,国王始终处于主导地位,拥有最多的权力与特权。此时的议会至上原则还处于萌芽阶段,直到"光荣革命"后才正式确立此原则。

在政治与法律实践中,所谓"议会主权"即国会在立法方面拥有最高权力,这种最高的权力是与生俱来的,无需任何人、任何机关的授权,甚至也不需要宪法的授权;任何人、任何机关不得宣布国会通

---

① 参见阎照祥:《英国政治制度史》,人民出版社1999年版,第314页。

过的法律无效,也不得维持国会宣布废除的法律,即无权限制国会立法权;在法律实施过程中,法院无权以任何理由拒绝适用国会通过的法律,只有国会自身才有权修改和废止原有法律。

19世纪中后期的宪政论著,如格雷伯爵的《代议制政府》、巴奇霍特的《英国宪政》和戴赛的《宪法原理讲演导言》等,一致指出:英国政治制度最突出的特点是议会至上,甚至说英国下议院除不能把男人变成女人或把女人变成男人之外几乎无所不能。著名学者爱德华·柯克爵士有过这样的评价:"关于议会的权力和管辖范围,在通过法案来制订法律方面,是非常卓越和绝对的,所以无论是对人或对事,都不能限制在任何界限之内。关于这个最高权力机关,下面的话是说得很对的:就年代看,它是个稀奇动物;就地位看,它是至尊无上;就权限看,它是无所不包含的。"①另一位英国宪法专家J. A. R. 马里奥特则认为:"从任何一个观点来看,英国的议会是最独特的、最有权力的机构,也是最老、裁决权最广,它的权力是无限的。"②

与议会至高无上的权力相比,地位崇高的君主仅有被咨询权、鼓励权和警告权三种很小的权力。维多利亚女王在位期间,起初对议会独断专行的做法非常不满,后来也只好慢慢适应议会这种类似违宪的漠视君主地位的做法,她的前后态度的转变博得了资产阶级政治家和学者的称颂,温斯顿·丘吉尔就夸奖她树立了君主制的新典范,以后一直是各代国王的行动准则。自从"光荣革命"后确立议会主权原则以来,英国国会不仅在立法方面树立了议会至高无上的权威,而且还拥有对政府行政行为的监督权和理论上由上议院行使最高司法权。

议会至上原则确立后,资产阶级利用它制定了一系列的法律,促进了资本主义的快速发展。但19世纪末以后,议会的权威受到政府的严重挑战,议会在国家政治生活中的作用发生重大变化。从原来

---

① 转引自〔美〕埃弗尔·詹宁斯:《英国议会》,蓬勃译,商务印书馆1959年版,第1页。
② 转引自胡康大:《英国的政治制度》,社会科学文献出版社1993年版,第42页。

议会的主要职能——立法权来看,过去,议会讨论、通过并批准政府的财政补助金,并且下议院起着审查和批评政府活动的作用,而现在,这些职能虽然仍由议会行使,但议员只可在议会开会时的每周五提出私法案,而一切财政法案等重要法案都必须由政府提出,议会对财政法案只能在细节上作些修改。由于政府规模的扩大,行政管理范围的扩张,委任立法的增多,英国近代时期最重要的宪法原则——议会主权原则归于消逝。

(二)行政权由内阁掌握,实行责任内阁制

关于责任内阁制的确立,在前文中已有详尽的论述。

在英国,内阁是政府的代名词。所谓"责任内阁制"即内阁必须集体向国会下议院负责,这是议会主权原则的体现。其具体内容包括:内阁必须由下议院多数党组成,首相和内阁成员都必须是下议院议员;首相通常是下议院多数党首脑;内阁成员彼此负责,并就其副署的行政行为向英王负责;内阁向国会负连带责任,如果下议院对内阁投不信任票,内阁必须集体辞职,或者通过呈请英王要求解散下议院,进行重新选举;如果新选出的下议院仍对内阁投不信任票,内阁必须辞职。

19世纪以来,内阁的行政权呈现不断增长的趋势。马克思曾指出:对行政权力的领导是维持议会制度所必需的支柱。到了近代,市民的利益要求越来越强烈地反映出来,资产阶级的经济地位和政治地位都增长了。随着工业化的发展,社会问题和阶级矛盾大量暴露出来,要求国家尤其是行政机构在行使其职能时发挥更积极的作用,需要有较健全的各种行政机构,因此,行政权适应社会经济发展的需要有所加强。[①]

第一,行政管理范围扩大。在议会至上的19世纪初,政府的职能主要局限于外事活动与维持治安,后来,随着议会地位的下降,政府的行政管理范围逐渐扩大,涉及财政、货币、各工业部门等有关国家经济命脉的重要领域,还包括医疗卫生、教育、科研等社会服务部

---

① 参见沈汉、刘新成:《英国议会政治史》,南京大学出版社1991年版,第402页。

门。政府管理范围的扩大,势必要扩大政府规模,强化行政权力。

第二,内阁与政府的规模逐渐扩大。英国成为"世界工厂"后,内政外交事务日益增多,政府机构规模也不断扩大。例如,1830年格雷内阁共有13名阁员,1841年皮尔内阁共有14名阁员,1874年迪斯雷利内阁减至12人,但1905年坎贝尔·班纳曼内阁又增加到18人,之后一般均在20名左右浮动。① 政府内阁大臣官员的增加意味着中央政府部门的增多,到20世纪初,归属内阁管辖的中央部一级行政机构就达20多个。

第三,委任立法增多。议会虽是英国的立法机关,但随着政府地位的提高,议会授权行政机关制定的各种行政管理法规逐渐增多,如1974年议会仅仅通过58个公法案,而行政机关制定通过的行政管理法规却有2213件。②

第四,内阁逐渐支配、控制议会。内阁对议会立法工作全面进行支配。内阁依仗其在议会的多数票优势,一再更改议会工作日程表,使议案和辩论尽量集中于"国家中心问题"即内阁事务,政府运用这种方法可以确保大部分政府所提的法案能顺利通过。

据有关材料统计,在1900年前后,内阁已合法地占用了下议院4/5的议事时间,这种趋势导致了许多议员提出的私议案无法列入议事日程;20世纪初,每年平均只有10~15件私议案能在议会通过,而政府议案在议会每次会期中平均有97%的议案能获得通过。③ 对此,美国宪政学家罗威尔评论说:英国"下院解决时间问题的办法,是把大部分时间划给政府,由它去随意使用,把剩下的时间划给议员个人,让他们去争夺"④。

(三) 三权分立原则

相对于美国,英国不是典型的三权分立国家,立法、行政、司法之

---

① See I. Jennings, *The Cabinet Government*, Methuen, 1968, p.534.
② 参见王名扬:《英国行政法》,中国政法大学出版社1987年版,第109页。
③ 参见吴大英、沈蕴芳:《西方国家政府制度比较研究》,社会科学文献出版社1995年版,第261页。
④ 〔英〕罗威尔:《英国政府·中央政府之部》,秋水译,上海人民出版社1959年版,第305页。

间的分权与制衡不是十分严格,三者之间的关系比较复杂。但英国宪法仍体现了资产阶级宪法的共同特征,即三权分立。

首先,议会拥有制定、修改与废除法律的权力,拥有财政权和对政府工作进行监督的权力,上议院与下议院各司其职,相互制约。1911年《议会法》颁行前,上下两院的立法权大致相当,所有法案需经上、下两院通过才能生效。1911年以后,下议院成为立法的主体,上议院的立法权受到极大限制,失去了对下议院通过的法案的否决权,只享有延搁权。

其次,行政权由内阁行使,但必须向国会负责,接受国会的监督。后来,随着内阁权力的扩张,内阁逐渐控制、支配国会。

再次,司法权由法院享有。从1679年《人身保护法》颁布以来,英国逐渐走上了司法独立的道路,法官独立行使审判权,除经证实有不端正行为外,得终身任职。但在理论上,上议院仍是最高司法机关。不过,上议院只审理内容涉及对全国有普遍重大意义的上诉案件,且审理案件采用独特的方式,不阅卷,只听取双方律师关于案情的陈述,据此以上议院决议的形式作出裁决。

最后,英王虽然"统而不治,形同虚设",但其象征性权力的存在,在某种程序上也构成了对国会与内阁的制约。如国会的任何议案在形式上须呈请英王批准;内阁首相虽由下议院多数党领袖担任,但需英王的正式任命等等。

(四) 法治原则

法治原则是资产阶级宪法广泛采纳的基本原则,它强调法律面前人人平等,任何人都不能享有超越法律的特权;政府也必须在法律明确规定的范围内活动,不得滥用权力侵犯个人的权利与自由。最早而又最完整地阐述法治原则的是戴雪。他在1885年写的《英宪精义》一书中将法治原则归纳为以下几方面的含义:[①]

第一,主张法治是以绝对的或超越的法治反对政府专断的、自由裁量的、毫无限制的特权。

---

① 参见何勤华主编:《外国法制史》(第四版),法律出版社2006年版,第159页。

第二,认为法律面前人人平等。具体表现为非经法院的合法审判,不得剥夺任何人的生命、自由与财产;英国人不分等级受制于同一法律体系和同一法院管辖,即一律受普通法与普通法院管辖。

第三,对于英国人来说,宪法不是一切法律规范的渊源,而是个人权利与自由的结果,因此英国公民所拥有的自由权利并不体现在成文宪法之中,而是一种"自然权利",既不由任何法律所赋予,也不能随意被剥夺,当公民自由受到侵犯时,应根据习惯法在法院寻求保护,而不能依靠形式上的宪法寻求保护。

戴雪的法治原则是在19世纪提出的,它体现了法治的中心思想——消灭特权,在法律面前人人平等。随着时代的前进,戴雪的法治原则得到不断的修正与完善,发展成为现代意义的法治原则。

五、近代英国宪政的特点

英国被誉为"近代宪法之母"。英国宪法是英国几百年历史发展的结果,也是英国几百年文化和制度堆积的结果,说到各国宪政制度,必先谈及英国宪法,这不仅仅因为它产生最早,更由于其鲜明的特点与独树一帜的风格。

(一)英国宪法具有极强的延续性、渐进性和适应性

从地理环境上看,不列颠是个岛国,偏离欧洲大陆,气候温和,适于发展农牧业,相对独立的自然条件有助于该国居民形成稳健、审视的岛国心态,[①]而且,英国自诺曼征服以来从无外来入侵者改变社会发展进程,除了17世纪内战外再无革命,这些因素导致英国在政治制度上非常保守[②],宪政制度在发展过程中呈现出延续、渐进、改良主义的特色。

在英国,无论是成文的宪法性法律,还是不成文的宪法惯例与判例,都是经过相当长时期的积累逐渐定型与完善的。例如,英国的君

---

① See R. Lennard, *Rural England*, Oxford, 1959, p.220.
② See G. E. Mingay, *English Landed Society in the 18th Century*, London, 1963, p.124.

主制是目前西方各国最古老的,17世纪的革命虽然曾使其一度中断,但随即而来的斯图亚特王朝的复辟又续上了这一长链。① 又如,18世纪形成的内阁得不到下议院支持须集体辞职和内阁有权解散下议院要求重新选举的宪法惯例,至今仍是责任内阁制的重要内容之一。现今,内阁行使权力仍大多数以枢密院令的形式颁布,英王仍是形式上的最高统治者,上议院仍拥有最高司法裁决权,法院在名义上仍代表国王行使审判权。

正因为英国宪法延续性的特点,新的宪法原则和精神的发展并不是彻底否认旧的宪法渊源,而是对旧的渊源的继承与充实,使其能够顺应社会政治经济发展的要求。

英国宪法文化渐进性的发展特点也十分突出,许多国家机构及相关制度的形成、发展经历了漫长的过程,如《议会选举法》于1406年颁布,后来经过四百多年的一点一滴的变化,逐渐由极不合理的选举制度改造成不分性别与财产资格的成年公民普遍选举制,为此,西欧历史学家哈勒维说:英国是供宪政考古的博物馆,这里积聚了以往岁月的陈物遗迹。当然,历史是不断向前发展的,这就要求对原有的宪法渊源注入新的活力,使其具有适应性。② 这主要通过两种途径来完成,一是对原有宪法渊源进行符合时代发展特点的解释;二是制定新的法律规范,逐渐形成新的宪法惯例与判例,以适应时代发展的需要。

延续性、渐进性与适应性相结合,使英国宪法在几百年的形成、发展、完善过程中不断丰富、创新,这种延续性与适应性相结合的特点,是英国固有的保守性与注重现实的混合的民族特性的反映。英国宪法被誉为"自由之衣",它是英国历经几百年的磨难自然生长的,虽然十分破旧,但却非常合身。

(二) 英国宪法在形式上主要表现为不成文宪法

英国没有成文的宪法典,宪法在形式上主要分散于成文的宪法

---

① 参见阎照祥:《英国政治制度史》,人民出版社1999年版,第1页。
② 参见何勤华主编:《英国法律发达史》,法律出版社1999年版,第153页。

性法律、不成文的宪法惯例与判例之中,其中,不成文的宪法惯例与判例是英国宪法的主要渊源。具体而言,英国的宪法渊源有议会制定的宪法性法律,如 1215 年《大宪章》、1701 年《王位继承法》、1911 年与 1949 年《议会法》及 1832 年、1918 年、1948 年《选举法》等等;有宪法惯例,如国王"统而不治,形同虚设"、"国王不能为非"、责任内阁制、首相主持内阁事务与自行组阁的宪法惯例等等;①有宪法判例,关于公民的各项自由权利及保障这些权利的司法程序大都体现在不同时期的宪法判例之中。

由于英国宪法不成文性的特点,历史上一些历史学家曾一度怀疑英国宪法的存在。即使 20 世纪以来随着议会制定的法律与委任立法的增多,成文性宪法法律也逐渐增多,在渊源中有比重日益升高的趋势,但由于受宪法传统的影响,制定成文的宪法典是不太可能的,所以英国宪法在形式上的不成文特点会一直保持下去。

（三）英国宪法在内容上具有不确定性

从理论上说,涉及国家根本政治、经济制度及公民基本权利义务等方面的宪法,内容应该是明确的。但英国没有一部成文的宪法典,其宪法渊源又不断随着社会发展而变化,这势必造成其内容的不确定性。例如,英国宪法中比较重要的一项制度——责任内阁制,由于是通过宪法惯例逐渐形成的,长期以来没有得到成文法规的明确规定,一直到 1937 年的《国王大臣法》才首次在成文法规中出现"内阁"一词,至于内阁的活动原则与权力范围,从来就没有制定法加以确定,它的活动原则随社会发展逐渐充实、完善,其权力范围则由于国家对经济活动干预的加强而不断扩大,即使到现在,内阁的许多权力仍是在枢密院的名义下实行的。除内阁外,关于议会制度、政党制度等领域,也都有许多不具体、不确定的地方。

（四）英国宪法是柔性宪法

在当今世界上,绝大多数国家的宪法都是刚性宪法,刚性宪法的

---

① 参见赵宝云:《西方五国宪法通论》,中国人民公安大学出版社 1994 年版,第 140—145 页。

修改程序比一般法律更为繁琐与严格,效力高于一般法律。而柔性宪法的修正程序与一般法律相同,其效力也与一般法律一样,只是所调整的社会关系有所不同而已。刚性宪法与柔性宪法是因各国不同的历史背景而形成的,各有自己的优点。刚性宪法作为国家的根本法,规定特别的修改程序,有利于保持稳定;柔性宪法则容易随外界环境的变化作出适当的修改与完善,使宪法更能适应社会发展的需求,所以,英国著名的宪法学家布莱斯(J. Bryce)把刚性宪法比作"固体",把柔性宪法比作"液体",各有优点。①

英国宪法作为柔性宪法是由其特殊的历史背景形成的,我们判断一项英国法律是否属于宪法性法律,既不能从制定、修改形式上判断,也不能从效力上判断,而需要看其内容是否调整带有根本性的社会关系,如国家的基本政治、经济制度,国家机关的组织与活动原则,臣民的权利与义务等等。

第二节 美国的宪政实践

一、早期州宪的制定②

历史学家多将1763年作为英国与北美十三个殖民地关系史上的一个分水岭。在此之前,双方相安无事,各得其所。而此后,随着

---

① 转引自龚祥瑞:《比较宪法与行政法》,法律出版社1985年版,第40页。
② 这里的"州",即英文中的"state"一词。在本文中,其实应翻译成"国家"更为确切。因为当十三个殖民地宣布独立之时,尚未产生统一的美利坚国家,只有十三个存在于现今美国领土之上的独立国家,即"state";即使在邦联时期,根据《邦联条例》的规定,美利坚合众国仍只是一个"为了建立共同防务、保障自由及相互间的共同福利"而组成的一个松散的联盟,各个"state"仍"保留其主权、自由和独立",因此,每一个"state"仍然是各自拥有独立地位的主权国家;直到1787年美国宪法生效,联邦制共和国成立之后,"state"才丧失了主权国家的地位,此时,方可称其为"州"。因此,真正从本意上说,在独立之后至美国宪法生效之前这段时间内产生的"state constitutions"实为"国家宪法",而非"州宪"。不过习惯上,我们通常仍将独立后至美国联邦宪法生效前的十三个"states"翻译为"州",并相应地将"state constitutions"翻译为"州宪"。笔者在本节中也采用了这种约定俗成的译法。关于"state"一词含义的演变,参见褚乐平:《〈美国宪法〉批准史探》,载《美国研究》2003年第1期。

英国对殖民地一系列新政策的出台,双方斗争逐渐升级,终至兵戎相见。在这一过程中,殖民地内产生了一些革命组织,它们日益强大,不断侵蚀原有殖民地政府的权力,并在独立战争爆发前后成为殖民地的实际统治者。

不过,革命者认为这样的机构终非正式的政府,所以希望建立正式的新政府取而代之。为此,各殖民地展开了一系列的制宪运动。在1776至1777年间,除了康涅狄格和罗得岛两地之外①,其他的十一个殖民地大都制定出了宪法,并据此成立新政府。

(一) 早期州宪的制定经过

第一部宪法诞生于新罕布什尔。1775年12月27日,州议会任命了一个委员会起草宪法。仅仅九天之后,即1776年1月5日,州议会便投票通过了宪法。该宪法的制定,本意"绝不是为了脱离大不列颠",而是在殖民地总督和部分参事会成员离开殖民地,导致殖民地政府瓦解的情况下,"为了保持和平与良好的社会秩序,以及维护殖民地居民的人身和财产安全"。新政府存续时间限定在"目前与英国发生冲突这一段不幸和不自然的时期内"②,因此,这只是一部临时宪法。1784年,完全以马萨诸塞宪法为模版的第二部宪法取代了上述临时宪法。

和新罕布什尔一样,南卡罗来纳的宪法也是临时性的。1776年2月8日,南卡罗来纳州议会任命了一个委员会来讨论制定宪法的问题;2月11日,成立了宪法起草委员会;3月4日,草案拟就。此后两周,省议会逐条讨论了草案。3月26日,州议会通过了宪法。和新罕布什尔1776年的宪法一样,该宪法也是临时性的,只在与英国冲突期间方才有效。1778年3月19日,该临时宪法被一部永久

---

① 康涅狄格和罗得岛两地由于原本就享有高度的自治,因此仍然保留了殖民地时期的特许状,只是删除了其中所有提到英王权威的地方,并在用语上,以"州"代替"殖民地"。两个州分别到1818年和1842年才分别用宪法替代了原来的特许状。

② Constitution of New Hampshire (1776), in Robert I. Vexler, *Chronology And Documentary Handbook Of The State Of New Hampshire*, Oceana Publications, Dobbs Ferry, New York, 1978, p.57.

性宪法取代。

最早的一部永久性宪法,制定于弗吉尼亚。1776年5月15日,弗吉尼亚州议会任命了一个委员会起草《权利宣言》和宪法。5月27日,由乔治·梅森(George Mason)起草、且经过起草委员会审核的《权利宣言》草案在州议会上二读。此后几天,大会反复讨论该草案。同年6月12日,在三读之后,该草案以无记名投票方式通过。委员会接着立即忙于宪法的起草。6月29日,大会正式采纳了该宪法草案。第二天,帕特里克·亨利便被选为弗吉尼亚的第一任州长。①

新泽西宪法的生效时间仅仅比弗吉尼亚宪法迟了两天。1776年6月21日,新泽西州议会以54票对3票通过了大陆会议同年5月15日的建议,随即起草宪法。从6月27日到7月2日,州议会对宪法草案进行了热烈的讨论。7月2日,草案得以通过。1777年9月20日,新泽西议会对此宪法进行了修改,将宪法中"殖民地"(colony、colonies)的字样替换成"国家"(state、states)。②

新泽西之后,特拉华也迅速制定出了宪法。在1776年春天,特拉华的殖民地议会仍没有被革命的州议会所取代。"直到6月15日,当它要求所有的公职人员从那天起,不再以英王的名义,而是以纽卡斯尔(Newcastle)、肯特(Kent)和苏塞克斯(Sussex)县政府的名义,继续在特拉华行使职权时,它才在事实上创建了一个向共和主义过渡的政府。"③1776年7月27日,议会决定选举一个制宪会议来制定宪法。9月2日,制宪会议选出一个委员会来起草《权利宣言》,几天后,又选出一个委员会来起草宪法。9月11日,制宪会议通过了《权利宣言》。9月20日,大会接受了对宪法草案的修改意见。第二天,宪法便开始生效了。

---

① See Ellen Lloyd Trover, *Chronology And Documentary Handbook Of The State Of Virginia*, Oceana Publications, Dobbs Ferry, New York, 1979, p.13.
② See *Constitution of Delaware*, http://www.yale.edu/lawweb/avalon/states/de02.htm, note 2.
③ Willi Paul Adams, *The First American Constitutions: Republican Ideology and the Making of the State Constitutions in the Revolutionary Era*, translated by Rita and Robert Kimber, the University of North Carolina Press, Chapel Hill, p.74.

宾夕法尼亚像特拉华一样,在 1776 年春天仍然保留着殖民地时期的议会。5 月 20 日,超过 4000 名费城居民举行集会,认为应该召集一个州议会来重组政府。选举这个大会的组织工作由费城及各县的检查委员会(committee of inspection)来担任。现存议会则保持到新政府完全成立时为止。1776 年 6 月,在费城检查委员会的发动下,108 名各县的检查委员会代表齐聚一处,举行了为期一周的大会。他们的主要任务是为选举一个制宪会议做准备工作。7 月 15 日,新选出的 96 人制宪会议开始进行商议。7 月 25 日,《权利宣言》的第一稿被提交给会议;8 月 19 日,宪法草案拟就,在接下来的一个月内,会议几乎每天都对其进行讨论。同年 9 月 27 日,大会同意了《权利宣言》和宪法的最后版本。第二天,两者均被通过并立即生效。

和宾夕法尼亚等州宪法一样,马里兰的宪法中也包含了《权利宣言》。1776 年 7 月 3 日,马里兰州议会决定选举出一个新的大会来制定宪法,建立一个新政府。8 月 14 日,新选举出的 53 名"马里兰自由人代表大会"(Convention of the Delegates of the Freemen of Maryland)成员首次碰面。11 月 3 日,该大会通过了《权利宣言》;11 月 11 日,通过了宪法。

继马里兰之后,北卡罗来纳也制定出了自己的宪法。1776 年 4 月 13 日,北卡罗来纳地方代表大会任命了一个委员会起草宪法。5 月 11 日,代表大会通过了组成一部临时宪法的决议。相较于新罕布什尔、南卡罗来纳和新泽西,北卡罗来纳选择了一种更具有临时意味的解决方式。它的宪法主要是为整个殖民地建立一个安全委员会。"从 1776 年 5 月中旬到 11 月中旬这关键性的几个月中,当其他殖民地的议会正在开会,达成重大决定并颁布宪法之时,北卡罗来纳却显得特立独行,正被一个仅有 13 人组成的安全委员会统治着。"①1776 年 8 月,安全委员会宣布将在 10 月 15 日举行选举,选举出来的代表不仅要通过法律,还将起草宪法。同年 11 月 12 日,新的代表大会召开。在一个月内,起草委员会就准备好了宪法和《权利宣言》的草

---

① Willi Paul Adams, *The First American Constitutions:Republican Ideology and the Making of the State Constitutions in the Revolutionary Era*, translated by Rita and Robert Kimber, the University of North Carolina Press, Chapel Hill, p.82.

案。12月17日,大会通过了《权利宣言》。第二天,宪法草案也被大会投票通过了。①

佐治亚像北卡罗来纳一样,开始时采用了一种过渡性的安排。1776年8月,当独立的消息传到萨瓦纳(Savannah)后,安全委员会便开始安排选举新的代表大会。同年10月初,新的代表大会在萨瓦纳召开。除了具有普通立法职能外,它还担负着制定一部永久宪法的任务。1777年2月5日,新宪法通过。

佐治亚宪法通过之后一个多月,纽约也完成了自己的制宪活动。1776年7月9日,新选出的代表大会召开。8月1日,它任命了一个委员会为起草宪法作准备。但是由于危急的军事形势,直到1777年的3月,草案才出台。此后,大会几乎花了一个月时间每天对其进行讨论,并作了重大修改。1777年4月20日,在仅有一票反对的情况下,草案被通过。

马萨诸塞的宪法尽管姗姗来迟——至1780年才面世,但其制宪方式却奠定了美国目前制宪程序的基础。1776年1月底,当新罕布什尔已经公布了其临时宪法时,马萨诸塞州议会向整个殖民地发布了一份公告,反对制定新宪法。然而同年5月1日,议会又放弃了作为其合法性基础的1691年宪章,转而支持制定宪法。

6月,议会下院任命了一个委员会起草宪法。该委员会由每县一名代表组成。同时,下院决定寻求各镇会议的特别授权。9月17日,下院发出通知,要求各镇同意下述计划:议会两院将起草一部宪法,印发给居民详读和审查,并且只就该草案进行一次投票。结果在各镇总共97份答复中,有23份表示反对上述方案,于是,该计划流产。反对者最主要的理由是,立法机关在任何情况下都没有起草和通过宪法的权力。②

---

① See Robert I. Vexler, *Chronology And Documentary Handbook Of The State Of North Carolina*, Oceana Publications, Dobbs Ferry, New York, 1978, p.12.

② See Willi Paul Adams, *The First American Constitutions: Republican Ideology and the Making of the State Constitutions in the Revolutionary Era*, translated by Rita and Robert Kimber, the University of North Carolina Press, Chapel Hill, p.88.

1777年1月底,负责评价各镇答复的委员会向殖民地议会进言,认为应当选出一个特别的制宪会议来制定宪法。5月,议会采纳了该意见,并建议各镇在下次大选时,在普通代表权之外,还将制宪权也一并授予代表们。1777年6月,得到特别授权的新代表们召开会议。6月17日,两院共同任命了一个宪法起草委员会。1778年2月,草案拟就。3月,各镇对宪法草案进行表决。大约近一年之后,议会才正式宣布该草案未获通过。

下院代表决定再次立宪,并问各镇是否真的需要一部新宪法,以及在下一次大选中,是否愿意授权代表召集一次目的仅在于制定一部新宪法的"国家大会"(state convention)。1779年4月,上述意见获得通过。6月21日,议会宣布进行制宪大会的选举。9月1日,制宪大会召开。"这是西方历史上第一次真正的制宪大会,由专为制宪目的而选出的代表组成。"①它任命了一个31人的起草委员会。

草案面世后,代表们从1779年10月28号开始辩论,直到1780年3月2日才对宪法的内容达成一致意见。接下来,议会印刷了1800份副本,交给各镇审议。选民被邀请出席城镇大会对宪法提出修改或反对意见,并逐条表决。制宪会议在6月7日重新开会时,发现要对各种各样差别极大的回复和修改建议进行评估,根本就是一个不可能的任务。因此,它未经统计票数就简单地宣布草案已经获得2/3多数的赞成。② 1780年10月25日,新宪法开始生效。

(二) 早期州宪的影响

美国早期州宪是近代世界史上最早的一批成文宪法。不管是第一部临时性的州宪——新罕布什尔宪法,还是第一部永久性的州宪——弗吉尼亚宪法,生效时间都比1787年美国宪法早13年,即使是革命期间最迟颁布的马萨诸塞州宪,生效时间也比1787年宪法早了9年。

---

① Willi Paul Adams, *The First American Constitutions: Republican Ideology and the Making of the State Constitutions in the Revolutionary Era*, translated by Rita and Robert Kimber, the University of North Carolina Press, Chapel Hill, p. 88.

② Ibid., p. 93.

早期州宪证明了启蒙运动的自由主义思想可以运用于实践。天赋人权、社会契约、人民主权、自由和平等、宗教自由、思想自由、言论自由、权力分立等原则不再是思想家们的空谈,而可以在实际生活中得以施行。尽管早期州宪大多立于革命初期,立宪者也都比较年轻,但是他们都有在殖民地议会、地方会议或大陆会议从政的经历,同时又对殖民地和英国政治制度有深刻了解,并熟悉各种政治学说,且在制宪时充分考虑到了各地的具体情况,因此这些宪法基本上适应了当时社会的需要。① 其中,纽约宪法沿用了 45 年,弗吉尼亚、新泽西、马里兰宪法运行了半个世纪以上,而马萨诸塞 1780 年宪法至今有效。

早期州宪是人类历史上第一次依据近代天赋人权、人民主权、权力分立等学说而制定的宪法,其对人民权利的重视和保护,受到高度赞誉。麦迪逊对此曾热情洋溢地写道:"世界上再没有比在美洲建立自由政府的方式更能激起人们的尊敬的了。自由的人们讨论政府的形式,选择他们信任的人去决定这种形式,并赋予其法律效力,这还是自创世纪以来的头一遭。"②美国历史学家哈第对于州宪也是不吝赞美之词,他认为:"各州政府在当时的世界上,是最先进和最自由的。制定于 1776 及随后几年的早期州宪,对于人民大众的福祉具有至关重要的作用。"③

当然,这些宪法并非完美无缺。批评州宪的火力,主要集中在议会权力过于强大这一问题上。由于议会权力对于行政和司法部门的入侵,有些历史学家甚至认为,早期州宪对权力分立理论的承认仅仅停留在口头上。④ 托克维尔则指出,各州"民主制度的存在受到两大

---

① 参见张定河:《美国政治制度的起源与演变》,中国社会科学出版社 1998 年版,第 23 页。
② Leonard W. Levy, Kenneth L. Karst, *Encyclopedia of the American Constitution*, second edition, Vol. II, Macmillan Reference USA, New York, p. 540.
③ Jack Hardy, *The First American Revolution*, New York International Publishers, p. 122.
④ See Gordon S. Wood, *The Creation of American Republic, 1776—1787*, W. W. Norton & Company, New York. London, p. 153.

危险的威胁",其中之一就是"政府的所有其他权力都向立法权靠拢"①。

尽管如此,早期州宪在美国宪政史上的地位仍是不容忽视的。它们对于十几年之后美国联邦宪法的制定,有着不可低估的影响。著名学者马克斯·法仑德在其经典著作《美国宪法的制定》一书中强调,"宪法的制定者们对这部宪法许多特有规定是借助于各州宪法,这件事是早已经承认的了","不管制宪会议的成员们学识有多么丰富,不管他们谈论起古代和现代的政府来,学问是多么渊博,但到了具体问题之时,他们几乎完全依赖他们自己所见所行之事。他们依赖在州宪及邦联条例之下他们自身的经验"②。

《联邦党人文集》一书是对法仑德上述一段话的很好诠释。在这本为联邦宪法辩护的伟大著作中,随处可见联邦党人引用州宪的例子来为自己的观点服务的情形。譬如在第四十七篇谈到政府权力不能绝对分立时,作者逐一简要地分析了 11 部早期州宪的情况;第四十八篇则特别举了弗吉尼亚和宾夕法尼亚两个州的例子来说明,"只在书面上划分各部门的法定范围,不足以防止导致政府所有权力残暴地集中在同一些人手中的那种侵犯"③;第五十一篇在谈到如何设计联邦政府的内部结构时指出,应当吸取州宪中议会权力过于集中的教训,使联邦政府各部门之间相互制衡,等等。

1787 年美国宪法的内容,则直接证明了早期州宪对它产生的典范作用。联邦政府的分权原则、国会两院制度、参议员的替换制度、法官终身任职制度等,无不取法于早期州宪。此外,1787 年美国宪法的头十条修正案即《权利法案》,也是以弗吉尼亚和马萨诸塞《权

---

① 〔法〕托克维尔:《论美国的民主》上卷,董果良译,商务印书馆 1988 年版,第 174 页。
② 〔美〕马克斯·法仑德:《美国宪法的制定》,董成美译,中国人民大学出版社 1987 年版,第 123—124 页。
③ 〔美〕汉密尔顿等:《联邦党人文集》,程逢如等译,商务印书馆 1997 年版,第 256 页。

利宣言》为蓝本的。①

正因为如此,维利·保罗·亚当斯才说:"1787 年制宪时深思熟虑的结果,并不是像一些美国人以及崇尚英国式自由的欧洲哲学家所希望和期待的那样,采纳了英国的宪政模式。总统的职位,以及它的四年短暂任期,基本上是以州长为模板,而不是君主;联邦参议员与州参议员的相同之处,也多于他们与英国上院议员之间;另外,联邦政府三个部门之间的分立,也是英国所未曾有过的一种形式。本质上,1787 年联邦宪法的基本结构是某一现存州宪的扩大版。"②

早期州宪的影响,还波及了一些欧洲国家。欧洲人对美国革命的了解,主要通过下述方式:各种著作、报纸、杂志的介绍;读书俱乐部(reading clubs)或者共济会支部(masonic lodges)的讨论会;从美国返回欧洲的军官和士兵的描述;在欧洲的一些美国人的宣传③,如约翰·亚当斯曾经提供马萨诸塞 1780 年宪法的文本给范·德·坎普(Van der Kemp)出版④。经由这些渠道,关于美国革命的大量信息——其中自然少不了各州制宪这么重大的事件——被传入欧洲。

在荷兰,1787 年爱国运动危机发生时,出版了美国早期州宪的文本。在比利时,有一些活跃的刊物,经常发表一些有关美国事务的正反两面观点。其中一家政治性刊物的创始人阿比·费勒(Abbe Feller),是法国革命最著名的敌人,同样也反对美国革命。他拒绝刊登马萨诸塞 1780 年宪法的行为,使得美国州宪广为人知,且对 1789 年的比利时革命产生影响。另外,1790 年曾经短暂地存在过的民主党在指出自己所要达到的目标时,提到了美国的一些州宪。

---

① 参见赵凤岚:《有关美国"权利法案"的几个问题》,载《南开学报》1997 年第 4 期,第 52 页。

② Willi Paul Adams, *The First American Constitutions: Republican Ideology and the Making of the State Constitutions in the Revolutionary Era*, translated by Rita and Robert Kimber, the University of North Carolina Press, Chapel Hill, p. 4.

③ See R. R. Palmer, *The Age of the Democratic Revolution: A Political History of Europe and America, 1760—1800*, Princeton University Press, 1959, p. 242.

④ Ibid., p. 252.

在瑞士，人们阅读法语著作，并从中获得一些关于美国州宪的信息。一个研究瑞士宪政史的现代权威人物强调，由于美国革命的影响，以书面宪法的正式制定作为公法和政治组织之基础的思想，第一次在瑞士出现了。

在俄国，亚历山大·拉迪什切夫(Alexander Radishchev)在其著作《彼得堡到莫斯科之旅》(Voyage from Petersburg to Moscow)中，引证了好几部美国州宪，作为出版自由的论据。①

在欧洲国家中，法国对美国早期州宪的关注，可谓最为强烈。《英美事务》(Affaires de l'Angleterre et de l'Amérique)，一份受到法国政府支持的刊物，自1776年就开始介绍有关独立战争的情况、美国革命领导人的作品、《独立宣言》以及各种其他的文献——包括好几个州的宪法。② 从1776到1786年间，美国早期州宪至少在法国出版了五次。③ 而且，通过对州宪的翻译，法国人把"制宪会议"(convention)这个词也引入了法语之中。④

在法国大革命期间，国民议会为了更好地号召群众，推动革命，决定仿照北美各州的做法，宣布一个《权利宣言》，作为施政纲领，也作为法国制宪的前奏。⑤ 1789年8月26日，国民议会通过并公布了《人权与公民权利宣言》，即《人权宣言》。由于该宣言的起草者拉法耶特(Marquis de Lafayette)曾经参加过独立战争，熟悉北美情况，且他在起草宣言的时候又受到杰斐逊的帮助，因此，《人权宣言》在内容上有不少和北美各州的《权利宣言》相似之处。对于早期州宪的政府结构，法国人则进行了更为细致和热烈的讨论⑥，而美国早期州宪，也成为法国人在1791年制定宪法时的参考对象。

---

① See R. R. Palmer, *The Age of the Democratic Revolution: A Political History of Europe and America, 1760—1800*, Princeton University Press, 1959, pp. 263 – 266.
② Ibid., p.249.
③ Ibid., p.263.
④ Ibid., p.266.
⑤ 参见何勤华主编：《法国法律发达史》，法律出版社2001年版，第119页。
⑥ See R. R. Palmer, *The Age of the Democratic Revolution: A Political History of Europe and America, 1760—1800*, Princeton University Press, 1959, pp. 267 – 282.

二、邦联条例的制定

在革命的开始阶段,邦联问题并不怎么受重视。可以说,"在1774—1775年的政治词汇中,'联合'(union)一词仍然意味着各殖民地在抗英政策方面的一致,以及避免出现不利于抗英斗争的种种猜忌行为"①。早期的大陆会议更注重协调各殖民地之间的关系,把关注的焦点集中在如何消除导致殖民地之间冲突的因素,特别是大陆会议代表名额的分配以及如何在各殖民地之间分摊战争费用的问题,而不是大陆会议与殖民地之间的权力分配。因此,第一次大陆会议在解决了表决权问题后,便忽视了对北美联合之正式结构的思考。至于盖洛伊(Galloway)计划所提出的某种形式的殖民地联合,仍未跨出英国权力体系框架之外,不过是朝向和解的一个步骤罢了,并非邦联方案。

(一) 最初的邦联方案

1775年夏季,一些代表开始较为认真地思考邦联的问题。本杰明·富兰克林(Benjamin Franklin)第一个提出了邦联草案,成为其中的先行者。7月21日,他向大陆会议提出了一份草案,名为《邦联及永久联合条例》(Articles of Confederation and Perpetual Union)②。在富兰克林之后,康涅狄格的西拉斯·迪恩(Silas Deane)也提出了一个邦联方案③。

富兰克林和迪恩的方案都首先关注如何消除殖民地之间的不和谐因素,特别是解决表决权问题。富兰克林意图推翻第一次大陆会议确定的、每个殖民地平等地享有一票表决权的方式,其草案的第6

---

① Jack N. Rakove, *The Beginnings of National Politics*: *An Interpretive History of the Continental Congress*, the Johns Hopkins University Press, p. 136.

② See Willi Paul Adams, *The First American Constitutions*: *Republican Ideology and the Making of the State Constitutions in the Revolutionary Era*, translated by Rita and Robert Kimber, the University of North Carolina Press, Chapel Hill, p. 279.

③ 迪恩方案提出的具体日期不详,据 Jack N. Rakove 推测,很可能是在1775年7月底或8月初。See Jack N. Rakove, *The Beginnings of National Politics*: *An Interpretive History of the Continental Congress*, the Johns Hopkins University Press, p. 137.

和第 7 条提议,表决权和邦联费用的分担均采用同样的原则,即根据各殖民地居民中享有投票权的 16 至 60 岁男性的人数比例,来决定各殖民地在邦联中所享有的表决权份额及应承担费用的多少。这种方式明显对大殖民地有利。

为了平息小殖民地的不满,富兰克林同时还建议,将战争费用列入邦联费用之中,由各殖民地按照上述原则分摊;而且,每一个国会代表都是以个人名义投票,不是代表所属殖民地。① 迪恩则建议,以每 25000 人选一个代表的比例,从各殖民地中选出国会代表,通过法案时,只需得到所有代表的简单多数即可,但在决定战争与和平等重大问题时,不仅需要多数代表的同意,还需要多数殖民地的同意。

在邦联和殖民地之间的权限划分问题上,富兰克林和迪恩的方案都作了较为简洁的规定。富兰克林草案的 13 个条款中有 4 条,迪恩草案的 16 个条款中有 7 条②,都直接涉及这方面的内容。

富兰克林建议,各殖民地在其领土范围内,享有当时已拥有的各种权力,包括修改现存的特许状。在中央,则有一个国会,每年召开一次。国会享有较为广泛的权力,可以决定战争与和平、与外国结盟、接受和任命外交大使、在西部建立新的殖民地等事项,并裁决各殖民地之间的纠纷。此外,国会还控制着军事力量,并将建立通行于所有殖民地的邮政和货币体系。但是,富兰克林草案中没有独立行政机构的位置。当国会休会时,一个拥有 12 名成员的执行委员会将行使广泛的权力,如制定外交政策、任命公职人员,甚至制定提交给国会的立法议案。

迪恩没有不厌其烦地列举国会享有的各种权力,他主张各个殖民地保持其内部政策和立法方面的现有模式,但是未经国会同意,各殖民地不得个别地同敌人进行谈判,也不得就任何战争费用和商品征收关税。国会虽然有权裁决殖民地之间的纠纷,但仅在它们自己

---

① See Jack N. Rakove, *The Beginnings of National Politics: An Interpretive History of the Continental Congress*, the Johns Hopkins University Press, p. 143.
② Ibid., p. 144.

的和解努力失败之后才能够介入。①

在富兰克林和迪恩方案之后,1776年3月初,《宾夕法尼亚晚邮报》(Pennsylvania Evening Post)上刊登了第三个邦联方案。② 该方案的大部分内容与前述两个方案相似,规定国会在抵抗政策方面享有专断的权力,包括制定外交政策、决定战争与和平问题,以及指挥军队。同时,它还规定国会不得干涉各殖民地内部政策的制定。与富兰克林方案不同的是,它没有授予国会创立新殖民地、管制商业和金融的权力,而且规定国会不得直接向各个殖民地征税。

由于邦联意味着一个独立于英国主权之外的政府,所以在与英国和解的希望完全落空之前,大陆会议不可能采纳任何邦联方案。甚至,曾有代表要求大陆会议的日志中不记载富兰克林方案,因为他们担心该方案将关闭与英国人和解的大门。③ 结果,上述三个方案都仅停留在纸面上,未能付诸实施。

(二)《邦联条例》的制定及生效

1776年6月7日,理查德·亨利·李(Richard Henry Lee)在提出独立动议时,还建议大陆会议着手准备一个邦联的计划,建立一个美洲联盟。6月12日,大陆会议成立了一个起草《邦联条例》的委员会,由每州选派一名代表组成,共13人。7月12日,该委员会向大陆会议递交了《邦联条例》的草案。由于宾夕法尼亚的约翰·迪金森(John Dickinson)在委员会中发挥了特别突出的作用,因此,该草案也被称为《迪金森草案》。不过,自7月4日以后,迪金森就再也没有出席大陆会议。

大陆会议收到草案之后,随即就其内容进行了激烈的辩论。焦点议题主要有三个:邦联国会中的表决权如何分配、邦联费用如何在各州中分摊以及西部领土问题。

---

① See Jack N. Rakove, *The Beginnings of National Politics: An Interpretive History of the Continental Congress*, the Johns Hopkins University Press, p. 144.

② Ibid., p. 145.

③ See Richard B. Morris, *The Forging of the Union, 1781—1789*, Harper & Row, New York, 1987, p. 81.

最初的争论发生在 1776 年 7、8 月间。刚开始进行辩论时,有不少代表还乐观地预言整个过程将很快结束,未曾料到,迅速完结的却是他们的乐观情绪。在表决权问题上,草案延续了大陆会议的做法,规定在邦联中每个州平等地享有一票表决权。大州的代表对此提出了质疑。他们认为,小州的重要性无法和大州相提并论,否则将显得极为荒谬,因此主张根据各州人口比例来决定表决权的分配,以便为自己在邦联中争得更大的发言权。小州的代表则担心,如果各州的投票权不平等,那么它们将成为大州的附庸,因而坚决支持草案中的规定。

在费用分摊问题上,草案规定以各州人口数量为标准,人口越多,负担越重。这激起了蓄奴州与非蓄奴州之间的对抗。前者认为,奴隶近似于农场里的动物,因此计算人口时只能根据白人的数量,奴隶应当被排除在外;后者则恰恰相反,认为奴隶是有生产力的工人,他们与北方的自由农及工匠一样,为创造一州财富作出了同样多的贡献,因而应当把奴隶计入人口总数之中。

虽然就草案中关于上述两个问题的规定,存在强烈的反对意见,但在这次争论中,它们并没有被改动。

第三个争议很大的问题是草案中授权国会控制西部土地的规定。有好几个州,它们原先的殖民地宪章中并没有规定其西部边界的范围。于是,它们都宣称自己的领土延至密西西比河,意图将来售地以获利。新罕布什尔、罗得岛、新泽西、宾夕法尼亚、特拉华和马里兰这些"无地"的州则建议,国会作为邦联的代表成为阿巴拉契亚山(Appalachians)以西土地的所有人。这样,邦联可以通过出售西部邦联土地来解决很大一部分财政负担。此外,来自"无地"州的投机商从印第安人手中购买了土地,却没有考虑那些声称对该土地拥有主权的州的意见。于是,代表这些投机商的说客起劲地支持邦联控制西部土地,因为他们预测国会不会宣布他们先前的购买行为无效。由此,双方爆发了激烈的争论。

在这三个问题上,各方都坚持己见,互不谦让和妥协,因此根本无法达成一致意见。有不少代表都表示,自己的要求若得不到满足,将拒绝加入邦联。詹姆斯·威尔森(James Wilson)警告说,如果弗吉尼亚坚持它对西部领土的要求,宾夕法尼亚决不会加入邦联。弗吉尼亚代表则回应,那些要求是不可违背的,他们的居民绝不会在做出牺牲的情况下接受邦联。托马斯·林奇(Thomas Lynch)代表南部的许多州作了发言,他威胁道,倘若对奴隶是不是财产这一问题进行辩论,那么邦联也就走到了终点。约翰·威瑟斯布(John Witherspoon)在反对讨论比例代表制时,也表现出类似的强硬态度。①

由于各方僵持不下,加上对其他事情的关注,在1776年8月20日以后,大陆会议暂停了对邦联问题的进一步审议。1777年4月底,当大陆会议重新对邦联草案进行辩论时,上述三个问题仍然显得非常棘手,相关讨论再次停滞不前。不过,在邦联与各州之间的权力划分问题上,草案却发生了关键性的变化。促成这一变化的主要人物是来自北卡罗来纳的托马斯·伯克(Thomas Burke)。

在《迪金森草案》中,原本规定各州在不违反《邦联条例》的情况下,保留制定和支配其内部政策方面唯一且专有的权力。伯克认为,未来的邦联很可能根据该规定侵蚀原本属于各州的权力,而凭借自己的喜好无限地扩大权力。因此,他针对《迪金森草案》提出了一个修改意见,主张除了条例中特别列举并由各州联合行使的权力之外,所有主权均归各州独立拥有。伯克的意见被会议采纳,并最终转化为《邦联条例》中的第2条:"各州保留其主权、自由和独立,以及其他一切非由本条例所明文规定授予合众国国会的权力、司法权和权利。"

5月初,伯克提出了第二个议案。他主张将国会改为两院制,包括一个大委员会(General Council),其成员以个人的名义投票,以及一个州委员会(Council of State),由每个州派一名代表组成。所有议案都先交给大委员会,三读通过后,再转呈州委员会。州委员会一次表决通过后,该议案即对整个合众国生效。虽然伯克希望通过这一

---

① See Jack N. Rakove, *The Beginnings of National Politics: An Interpretive History of the Continental Congress*, the Johns Hopkins University Press, p. 159.

措施对国会权力施加更多的限制,并解决久拖不下的表决权问题,但是由于大部分代表的反对,伯克的这个提议并没有获得会议的支持。

伯克的两个议案之后,大陆会议对邦联的讨论再次偃旗息鼓。最大的绊脚石仍然是代表权、费用分摊和西部土地这三个问题。由于看不到在这些问题上达成妥协的希望,大陆会议将注意力转移到那些更为急迫的事情上。但在私下里,许多代表都对再一次的耽搁感到焦虑。他们意识到,不管最终提出什么样的方案,总会有人表示反对,不可能完全满足每一个州的意愿。在这种情况下,建立一个有缺陷的邦联,胜过什么都没有,僵局不能无限期地持续下去。

邦联问题的解决,最终还是服务于抵抗英国的需要。1777年,纽约和费城相继失守,大陆会议转移到宾夕法尼亚的约克(York)。危急的形势迫使大陆会议于10月初恢复对邦联问题的讨论。而财政上面临的严峻通货膨胀问题和外交上与外国结盟的需要,则加快了邦联问题解决的速度。

作出重新开始辩论的决定后,大陆会议仅用10天时间就解决了长期制约邦联建立的那些问题。表决权问题和西部领土问题各自用了一天的时间进行辩论。10月7日,大陆会议否决了根据人口多少或者对国库贡献大小来分配表决权的三项动议,重申每州只有一票表决权。10月15日,西部领土问题也被类似地解决了。会议否决了允许邦联确定西部边界并支配西部土地的提议。根据会议记录,就此问题的最后一次投票中,只有马里兰的代表以及单独的一位新泽西代表支持由邦联来控制西部土地,尽管还有其他州宣称对这些土地拥有权利。①

如何在各州中分摊费用的问题较为麻烦一些。辩论了五天之后,大陆会议以微弱多数通过决定,根据各州所拥有的土地及其上的建筑物和装修物的价值,来分配各州的份额。新英格兰的四个州对此愤恨不已,因为它们由于面积广大,将承担较重的责任,而南部各

---

① See Jack N. Rakove, *The Beginnings of National Politics: An Interpretive History of the Continental Congress*, the Johns Hopkins University Press, p.179.

州却不必为占它们财富 1/3 的奴隶付出代价。①

　　解决了这三个令人头痛的问题后,剩下的事情就好办多了。10月 21 日至 11 月 7 日,大陆会议对邦联草案的剩余部分再次进行商议,并作了部分修订。11 月 10 日,大陆会议又任命了一个委员会,对作为额外条款而递交上来的各种建议进行斟酌,并通过了对州权的四项限制。11 月 15 日,草案终于被大陆会议通过,定名为《邦联合永久联合条例》,简称《邦联条例》。

　　之后,《邦联条例》提交给各州议会批准。宣称对西部土地拥有所有权的州,如弗吉尼亚、纽约、北卡罗来纳和康涅狄格,很快批准了该条例。而持相反意见的那些州,如马里兰、特拉华和新泽西则迟迟不予批准。② 1779 年 1 月,经过说服工作,特拉华和新泽西批准了该条例,但马里兰的态度仍然非常坚决。

　　由于需要得到所有 13 个州的批准,《邦联条例》才能生效,因此大陆会议通过决议,呼吁各州将其在阿勒格尼以西土地的权利一概转让给邦联。在这种情况下,纽约和弗吉尼亚不得不作出让步,分别于 1780 年和 1781 年放弃了对西部土地的权利要求。这之后,马里兰才于 1781 年 3 月 1 日最后一个批准条例,《邦联条例》得以生效。"同一天,大陆会议的名称终止,改为'合众国国会'(The United States in Congress Assembled)。"③此时,距离条例草案的提出已经过了将近五年。

三、1787 年美国宪法的制定

　　由于《邦联条例》制定于独立战争期间,且其生效之际战争仍未结束,因此不可避免地,邦联自始就带有联合抵抗英国的浓重权宜色彩。独立战争胜利后,原先维系各州团结的纽带日趋松弛,邦联的缺

---

① See Richard B. Morris, *The Forging of the Union, 1781—1789*, Harper & Row, New York, 1987, p. 87.
② 参见张定河:《美国〈邦联条例〉的制定及其历史作用》,载《山东师大学报》(社会科学版)1998 年第 1 期。
③ 王希:《原则与妥协:美国宪法的精神与实践》,北京大学出版社 2000 年版,第 76—77 页。

陷也逐渐暴露了出来。它的弱点,归结为一句话,就是缺少必要的权力。邦联政府没有集中的行政权,没有征税权和商业管理权,也没有统一的司法机关①,这不仅使其本身的运作步履维艰,更使得它缺乏足够的权威来处理各州之间的繁杂纠纷。

1786年9月,在五个州参加的州际商业贸易政策协调会,即安纳波利斯会议上,通过了由汉密尔顿起草的一份报告,建议所有13州于次年5月在费城召开一个新的会议,对《邦联条例》进行修正和补充,使其能够适应邦联面临的各种紧急情况。随后,绝大多数州都对此作出了积极的响应,同意派遣代表出席该会议。这便是后来的制宪会议。

1787年5月25日至9月17日,制宪会议在费城召开。整个会议分为三个阶段:从5月25日至6月19日,会议代表针对《邦联条例》的缺陷提出修改性意见,并最终形成宪法草案;从6月19日至7月26日,会议代表对宪法草案进行辩论并形成妥协性方案;8月6日至9月17日,大会针对报告进行辩论,作了一些修正后交付五人委员会(约翰逊博士、亚历山大·汉密尔顿、古维纳·莫里斯、詹姆斯·麦迪逊及鲁弗斯·金)作文字的润色,并于9月17日经过出席会议的绝大多数代表签署后,大会无限期休会。其中,从7月26日至8月6日,会议休会十天以便细节委员会起草报告。

1787年5月25日,在七个州的代表到达费城后,制宪会议着手组织工作。当日,在罗伯特·莫里斯为代表的宾夕法尼亚州代表团提议下,大会全票选举乔治·华盛顿为会议主席,随后根据华盛顿的建议选举威廉·杰克逊少校为秘书。在休会两天后,大会确定了会议的程序问题:所有问题的表决以州为单位,每州一票,实行多数表决制;会议代表言论自由,不受干扰;会议秘密举行。②

会议组织工作完毕后,一直表现积极的弗吉尼亚州代表团在5

---

① 参见李昌道:《美国宪法史稿》,法律出版社1986年版,第53—56页。
② 参见〔美〕马克斯·法伦德:《美国宪法的制定》,董成美译,中国人民大学出版社1987年版,第36—39页。

月29日提出了弗吉尼亚方案,其主要内容是:政府由行政、立法、司法三机关组成;立法机关由上下两院组成,下院成员由人民直接选举,上院由下院在州议会提出的候选人中选出,州在两院的代表数与各州自由民或纳税额成正比;联邦国家立法机关享有原邦联国会的权力,并拥有处理各州无力处理的案件的权力、否决州法律和强制州执行法律的权力;行政首长由立法机关选出,他与一部分中央司法官组成修正委员会,以制约立法权;设立由立法机关选出的联邦中央司法机关和必要的联邦地方司法机关,并管辖涉及中央或州际的有关案件、海上案件和外国人案件。

弗吉尼亚方案着重削弱州权,试图建立强大的中央政权,但采取的比例代表制严重削弱了小州在未来国家中的影响力。为此,6月15日,以威廉·佩特森为代表的新泽西等小州代表团提出了新泽西方案,其主要内容为:扩大国会的权力,增加赋税和商业管理权;确立各州的平等代表权;建立由邦联会议选出的数人组成中央行政机构,联邦最高法庭由中央行政机构任命,两者的权力类似于弗州方案;中央政府和中央议会的条约或一切立法案是最高法律,各州法院应予以执行,这也是该案在制宪会议上最重要的贡献。①

如果说各与会代表在参加会议之前毫无头绪,但在古维纳·莫里斯提案确立的联邦主权独立性和崇高性原则②及对弗州方案讨论后,代表们已完全接受了更为激进的弗州方案所确立的基调。

自6月19日开始,制宪会议集中对弗州方案进行细致的讨论,问题集中在以下几个方面:

第一,关于立法机构。在两院选举办法上,激进的民主派主张国会两院都由人民直接选举,但大多数州或出于对民选力量的不信任,或出于对州权的担忧,并不赞成。经过妥协决定众议员由民众直接

---

① 参见李子欣编著:《美国宪法》,中正书局1970年版,第82页。
② 莫里斯的提案主要是确立全国政府的权力基础和来源,借以明确制宪会议的任务不再是修补旧的《邦联条例》,而是为了建立一个强有力的、具有统一主权的中央政府,并制定一部宪法。参见王希:《原则与妥协:美国宪法的精神与实践》,北京大学出版社2000年版,第89—90页。

选出,参议员则由各州议会选出。在两院的代表权上,大州主张按人口比例分配,不愿与小州平等分享;而小州则担心受到大州的多数票控制会损及小州利益,主张平等分配两院席位。双方互不相让,最后交由十一人委员会审议,该委员会提出了康涅狄格方案:参议院的席位由各州平均分配,众议院的席位则按人口比例分配,同时对奴隶人口按 3/5 比例折算;作为妥协的一部分,各州上交联邦的税收也按人口比例计算。

第二,关于行政机构。关于正副总统的选举办法,代表们提出许多主张,如由议会选举、由民众直接选出、由人民选举的选举人选出或由全国立法机关抽签决定。鉴于邦联政府权力的软弱及对君主滥权的恐怖记忆,制宪会议接受了中北部一群小州提出的选举团方案,即由各州议会任命等同于两院议员数量的总统选举人,然后由他们投票选举出正副总统(至少一人是本州以外的),得票多者为总统。到 7 月 26 日,宪法草案的细节委员会对总统的权力概括为:对国会议案的否决权(国会 2/3 的多数票可以反否决)、对行政官员的任命权、武装力量的指挥权等。

第三,关于司法机构。在联邦主义者如愿建立了强大的中央政府后,如何划分中央与州的权力、发生纠纷时如何裁断也就成了马上要解决的问题。弗案关于司法机构的提议遭到了州权派的反对;各州作为中央在地方执行法律的代理,地方法院自然对其违宪或其制定的违反中央立法的法律不予承认,而中央司法机关也没有能力对各州法律一一审核。妥协的结果是宪法的原则应在各州任何一级法院得到尊重,且应建立联邦最高法院,其可以接受州法院的上诉并有最终处理权,而联邦地方法院建立与否由国会决定。

至此,大会对弗案提出了 23 条修正意见。在上述几个问题达成妥协后,大会休会,由五人委员会写出宪法草稿。8 月 6 日至 9 月 10 日,大会对草案进行了再讨论和修改。此后,又有若干对新宪法的反对提议,但宪法的内容已基本定局。1787 年 9 月 17 日,在富兰克林致辞后,除个别人拒绝签字或早已退出大会外,39 名代表正式签署,美国宪法已然完成。宪法签署后,送交各州批准。基于宪法第 7 条的规定,宪法必须由九州批准始得生效。为适应迫切的压力和解决当时的危机,制宪会议确定由各州普选的大会批准。

宪法的批准也经历了联邦主义者和州权主义者的激烈争论,包括宪法中人权法案的缺失和各州自治权的抑制。经过近十个月的辩论,以麦迪逊、汉密尔顿和约翰·杰伊为代表的联邦党人通过积极的宣传、争辩和有力的回击、澄清,宪法草案得以在各州逐步被批准。

特拉华州是批准宪法的第一州,其议会于当年 11 月 10 日通过了选举制宪会议代表的决议。12 月 3 日,制宪会议召开并顺利通过宪法。此后,12 月 12 日,宾夕法尼亚联邦党人利用策略积极跟进,也通过了宪法;同月 18 日,新泽西也通过了宪法。

宪法的批准在马萨诸塞州和纽约州都遇到了较大的困难。马萨诸塞州制宪会议于 1788 年 1 月 9 日在波士顿召开,不少代表反对批准宪法,预测性的结果也对通过宪法相当不利。为此,联邦党人积极活动,通过提出支持大会主席竞选副总统及追加《权利法案》等承诺,使得宪法以相近票数勉强通过。在纽约州,上至州长克林顿、下至大地主和律师都极力反对,最后慑于联邦党人汉密尔顿、约翰·杰伊的影响和将纽约脱离的威胁,才以 3 票优势于 1788 年 7 月 26 日批准宪法。至此,宪法已得到十一州批准,邦联国会正式宣布宪法生效,并组织安排国会、总统的选举。

北卡罗来纳州和罗德岛州批准较晚。由于新的联邦国家的稳定和经济发展等原因,罗德岛州的普洛否腾等市还以脱离相威胁,最终于 1789 年 11 月 21 日和 1790 年 5 月 29 日两州分别批准通过了宪法。至此,北美十三州全部批准新宪法。

四、美国宪法的发展

1787 年美国宪法从制定到现今,一直适用了两百多年,具有超强的稳定性。不过,美国宪法也非一成不变,通过修正案、解释、判例等多种方式,它表现出了极强的适应性,能顺应时代的变化而变化。总之,美国宪法较其面世之初,在联邦制、三权分立制和公民权利保护三个方面,均发生了很大的变化。

（一）联邦制的变迁

1787年美国宪法确立了联邦制的国家结构。宪法对联邦享有的权力——列举表明，而对州享有的权力，则采取概括保留方式。尽管如此，联邦与各州之间的权力该如何划分，两百多年来各方却一直争论不止，从而使这一问题成为美国宪法面临的主要问题之一。

联邦权威高于各州抑或州权至上，这在制宪时便是纠缠不休的话题。建国之后，联邦主义者和反联邦主义者仍在这一问题上经常争吵。前者主张对宪法"从宽解释"，意图不断扩张联邦中央的权力；后者主张对宪法"从严解释"，强调州权至上。双方针锋相对，互不相让，在一系列问题上进行了激烈辩论。由于此时联邦政府受到联邦主义者的控制，州权派势力受到了一定程度的压制，联邦权力得以扩大。国家银行的设置、1789年的《司法法案》，都是联邦主义者的胜利果实。

不过，最高法院对切斯霍姆诉佐治亚州政府一案[①]的判决，使所有的联邦法院都充斥着控诉各州的案件，从而引致各州的强烈抗议。州权派随即向国会提议制定修正案，反对各州成为被控对象。该修正案规定："在普通法或衡平法上，凡他州公民或外国公民控诉合众国任何一州之案件，不得由合众国法院受理。"[②]此即美国宪法第11条修正案。

此后，最高法院通过麦卡洛克诉马里兰州（1819年）一案，宣布联邦除了享有宪法明确列举的权力之外，还具有从中引申出来的"默示权力"；通过吉本斯诉奥格登一案，把联邦管理州及商业的权力，扩大为不仅指贸易，而且也包括航运在内，从而进一步扩大了联邦的权力。

虽然如此，在南北战争之前，"州具有主权"、"联邦宪法是各主

[①] 切斯霍姆是英国债权人在北美的财产管理人，1793年他向联邦最高法院控告曾没收其委托人财产的佐治亚州政府。佐治亚州政府拒绝出庭，并对最高法院的诉讼管辖权提出异议。但最高法院最后仍判决原告胜诉，由此引起了对各州政府诉讼的浪潮。详见李昌道：《美国宪法史稿》，法律出版社1986年版，第138页。

[②] 何勤华主编：《美国法律发达史》，上海人民出版社1998年版，第65页。

权州之间的契约"等理论,仍为许多州,特别是南部各州所信仰。这时的联邦制,一般被称为"双层联邦主义"或"分离联邦主义"。①

南北战争的爆发,使美国的联邦制面临着生死存亡的考验。南方奴隶主引用上述"州主权论",强调联邦只是各州的代理人,作为被代理人的各州随时可以撤销代理,脱离联邦。以此为据,南方奴隶主逐步走上了分裂的道路。

1860年12月24日,南卡罗来纳第一个宣布脱离联邦。1861年2月1日,阿拉巴马州、佐治亚州、佛罗里达州、密西西比州、路易斯安那州亦宣布退出联邦。2月4日,这些州在阿拉巴马州的蒙哥马利集会,组成一个邦联,名为南部同盟,并通过一部临时宪法,成立国会,选举正、副总统,公开宣称奴隶制度的合法性。不久,弗吉尼亚、北卡罗来纳、阿肯色和田纳西州也相继脱离联邦,加入南部同盟。

不过,随着北方的军事胜利,州权至上的种种理论和实践伴随着奴隶制度一起灭亡了。经过战火的洗礼,联邦的主权地位得以完全确立,无可动摇。美国变成了一个真正具有统一主权的国家。州的权威虽未被彻底取消,但处于从属于联邦的位置。联邦在没收财产、课税、货币管理、资助经济建设和管理关税等方面的权力有了扩张。② 宪法第13、14、15修正案,更是扩大了联邦政府保护公民,特别是黑人权利的权力。

到了19世纪末,美国从自由资本主义向垄断资本主义过渡,无序竞争所导致的垄断及由此带来的贫富分化等社会问题的出现,使得联邦政府加强了对经济的干预。1890年7月,国会通过了世界历史上第一部反托拉斯立法,即著名的《谢尔曼法》(全名为《保护贸易及商业以免非法限制及垄断法案》)。虽然该法在初期没有发挥什么作用,甚至成为政府反对劳工罢工权的工具,但其对美国宪法的意义在于,它扩大了联邦政府的内政权,使联邦政府得以管理托拉斯为

---

① 参见杨幼炯:《各国政府与政治——美国政府与政治》,台湾中华书局1972年版,第43页。

② 参见王希:《原则与妥协:美国宪法的精神与实践》,北京大学出版社2000年版,第266页。

名，运用法律手段进行干预，将一向被认为属于各州内政权范围的商业行为，置于自己的控制和管理之下。此后，类似的联邦管制法不断增多，到一战前，已不下 20 种。通过这些法律，联邦的权力不断地扩张。

1929 年，美国爆发了严重的经济危机。在一片萧条之中，民主党人富兰克林·罗斯福当选为总统。罗斯福以凯恩斯理论为基础，制订了大量应对危机的政策，史称"新政"。新政府向国会特别会议提出了一系列法案，由民主党控制的国会积极配合，仅在头三个月内就迅速通过了七十多项法律，如《紧急银行法》、《农业调整法》、《全国产业复兴法》等等，内容涉及金融、农业、工业、劳动等经济、社会生活的不同方面。

新政强调联邦政府在组织和管理社会方面的积极作用，进一步扩张了联邦中央的权力，使联邦政府具有直接影响和控制全国经济发展的能力，并担负起重大的社会救济福利职责。联邦政府权力的扩大，又突出表现在总统身上。在新政时期，罗斯福一改以往过去仅由总统建议、国会立法的做法，而是通过自己的班子起草制定各种法律，然后交由国会批准。对这些草案，国会没作太多讨论，大多迅速予以通过。这使得总统也享有了变相的立法权。此后的联邦制，被称为"合作联邦主义"或"新联邦主义"。

第二次世界大战以后，杜鲁门的"公平施政"、肯尼迪的"新边疆"和约翰逊"伟大社会"政策实施的结果，是联邦对社会经济生活的干预和管制空前加强，从罗斯福新政开始的"合作联邦主义"进一步巩固。从约翰逊的"伟大社会"计划开始，联邦的管制活动扩大到对教育、医疗、民权、环境和消费者保护等传统上属于各州主管的事务。①

联邦权力的扩张，逐渐引起了公众的不满。尼克松在竞选总统时，公开允诺要消减联邦中央的政治经济大权，还之于地方。1969 年 8 月 8 日，他正式提出新联邦主义的口号，声称要扭转中央过分集

---

① 参见韩铁、李存训、刘绪贻：《战后美国史：1945—1986》，人民出版社 1989 年版，第 527 页。

权的趋势,把权力归还给各州。20世纪80年代以来,联邦的权力受到了更多的限制。由于联邦预算赤字的上升,不论是自由主义者还是保守主义者、共和党人还是民主党人,都声称联邦的权力过大。因此,卡特政府和里根政府都进一步缩小了联邦的作用范围,联邦政府的集权化倾向受到一定程度的遏制。

(二) 三权分立制度的变迁

三权分立是美国宪法规定的重要制度,总统掌行政,国会执立法,法院主司法,三足鼎立。不过,宪法对此的规定比较原则和概括。两百多年来,这一制度在实际运行过程中随着时代的演进,不断地发生变化。三权分立制度的演变,实际上就是总统、国会和联邦最高法院三者之间相互关系的变化过程。在三者之中,法院是最为"消极"的一方,它既无军权又无财权,只是被动地应对当事人的诉讼。因此,法院与总统、国会两个部门之间的关系相对简单,不似总统与国会之间经常发生直接的冲突。因此,三权分立制度的变迁,主要体现为立法与行政二者之间关系的发展变化。

纵观美国宪政史,这种变迁的过程大致可以分为三个时期。① 建国后至内战,为权力平衡时期。在此期间内,三权分立制度的实施比较稳定,其运作基本未脱离宪法所规定的框架。总统与国会之间长期保持着合作关系,总统很少动用立法否决权,国会也不甚为难总统。值得指出的是,联邦最高法院的地位在这一时期得到了很大提升。

尽管1787年美国宪法确立了三权分立制度,但是在建国初期,联邦最高法院的地位却远不如总统和国会。宪法既未明确规定联邦最高法院的地位高于各州法院,也未授予它立法审查权。由于最高法院缺乏足够的尊严,大法官一职也不是那么很体面而令人向往。在华盛顿任命的六名大法官中,有两人因此不到任。② 在最初的十

---

① 参见张定河:《美国政治制度的起源与流变》,中国社会科学出版社1998年版,第122—131页。
② 参见任东来等:《美国宪政历程:影响美国的25个司法大案》,中国法制出版社2004年版,前言第4页。

年里,最高法院仅就一个重要的案子,即 1793 年的奇赫姆诉佐治亚案(Chisholm v. Georgia)作出了判决,而此判决很快又被第 11 条宪法修正案推翻了。

甚至,联邦最高法院连一个像样的办公场所都没有。它开始是在纽约的皇家证券交易所里办公,当政府所在地迁往华盛顿后,它又"被挤进参议院会议厅下面地下室中一间有损尊严的屋子里",以至于有人说,"一个陌生人,在国会大厦黑暗的通道上转上一个星期,恐怕也无法找到这个管理着美利坚共和国司法机构的偏僻角落"①。这种窘境,形象地刻画出联邦最高法院当时的软弱地位。

不过,1803 年的马伯里诉麦迪逊一案改变了这一切。该案奠定了美国违宪审查制度的基础,使联邦最高法院成为解释宪法的最终权威。由此,最高法院可以判定总统的行政行为以及国会的法律是否合乎宪法,并有权对总统和国会的违宪行为进行制裁。凭借这一权力,最高法院真正成为可以对抗总统和国会的一支重要力量。美国的三权分立制度也因此显得更为均衡。

三权分立制度演进的第二个时期,从内战结束到 1900 年。在此期间,权力的天平向国会倾斜,国会在三个部门中占据了主导地位。内战结束之后,约翰逊总统与国会在南方重建问题上出现了矛盾。总统否决了国会提出的自由民局法案和公民权利法案,引起了后者的不满。不久,国会相继重新通过了两个法案。1867 年,国会又通过了重建法案,全面推翻约翰逊的重建计划,宣布南部重建按照国会规定的条件重新开始。

约翰逊为了阻止国会重建法案的实施,任命了一批对国会计划持反对态度的官员,以取代赞成国会计划者。国会对此进行反击,通过了军队指挥法和官员任期法,在相当程度上限制了总统的行政任免权。约翰逊虽然提出抗议,认为这些法案破坏了三权分立原则,但无济于事(直到 1926 年,最高法院才在迈尔斯诉合众国一案中宣布

---

① 〔美〕伯纳德·施瓦茨:《美国法律史》,王军等译,中国政法大学出版社 1990 年版,第 38 页。

官员任期法违宪)。1868年3月,国会甚至提出了对约翰逊的罢免案,试图弹劾他。最后虽因一票之差而未果,但约翰逊在剩下的任期内再也不敢有意与国会作对,国会的权威由此得以确立。

继约翰逊之后的几任总统,如加菲尔德、阿瑟、哈里森和麦金莱,都试图改变总统与国会之间权力失衡的局面,但都没有成功。

从20世纪开始直到现在,美国三权分立制度的演变进入第三个时期。在这一时期,总统的权力不断扩张,在三个部门中占据主导地位,相应地,国会的力量逐步衰弱。

在进步时期,西奥多·罗斯福总统利用职权,主动发挥政府功能,干预经济,调节各集团之间的利益,将总统的权力范围扩大到对全国的安全、繁荣和幸福负责。他的继任者塔夫特不仅是美国历史上第一个起草法案并将其送往国会的总统,而且还对联邦预算的制定过程进行改革,要求所有预算估计都必须先经他过目批准。

威尔逊执政后,在"新自由"的口号下,大力鼓吹行政领导立法的理论。在行动上,他经常与两院议员接触,以赢得他们的支持,并常指使那些支持行政部门的议员正式向国会提出议案。此外,为了加强总统职权,约翰逊还在政府机构方面设置了不少重要的委员会,如联邦储备委员会、联邦贸易委员会等等。

经过西奥多·罗斯福、塔夫特和威尔逊的努力,总统一职"不再仅仅是一个执行立法部门命令的执行者,而开始成为真正的国家领导人、国家的象征和国家权力的集中代表"①。

到新政时期,总统的权力进一步加强。为了解决严重的经济危机,富兰克林·罗斯福在首次就职演说中,便要求国会赋予其"向非常状况开战的广泛行政权力,就像在实际遭受外部敌人入侵时所应授予"②他的大权。而国会也满足了这一要求,通过一批法律,授予罗斯福所需要的权力。例如,《紧急银行法》授予罗斯福相当广泛的

---

① 王希:《原则与妥协:美国宪法的精神与实践》,北京大学出版社2000年版,第384页。

② 《罗斯福选集》,关在汉编译,商务印书馆1982年版,第18页。

任意权管理金融和银行业;《全国工业复兴法》授予总统管理全国经济的权力,并将许多原属国会的立法权转移到总统手中。而且,在新政时期,罗斯福通过自己的班子起草制定各种法律,然后交由国会批准,使得总统也享有了变相的立法权。

总统权力的增强,引起了联邦最高法院中保守派的忧虑。他们担心,如果立法权被过多地转移或交予行政部门,那么,美国宪法中确立的权力分立与制衡制度将被打破,从而危及自由。因此,最高法院从 1935 年 1 月起,用一年左右的时间,在十个与新政有关的案件中,作出了对罗斯福政府不利的判决,相继宣布《全国工业复兴法》、《农业调整法》等十几部新政法律违宪,并予以撤销。而在此前的 140 年中,最高法院所宣布废止的法律也不过 60 项。

最高法院反对新政的判决,引起了罗斯福的极度不满。在对司法部长卡明斯的一次谈话中,他表示,总要想个办法解决掉这批老家伙(指反对新政的最高法院大法官)。① 1936 年再度当选总统,使得罗斯福更有信心,也有了机会将自己的想法付诸实践。1937 年 2 月 5 日,他向国会提交了一份法案,要求改组联邦最高法院和联邦司法系统。根据该项改组计划,最高法院的法官在满 70 岁后 6 个月之内还没有退休的话,总统有权加派一名法官,使最高法院的法官人数最多达到 15 人(原为 9 人)。无疑,罗斯福想及早替换掉当时最高法院中的 6 名年满 70 的大法官,使新政得以顺利实施。

上述计划刚一提出,立即遭到了各方抨击。美国商会等领头的"宪政委员会"、前总统胡佛、国会两院等,均对改组计划进行猛烈抨击,认为这是胁迫最高法院改变判决,将严重侵犯司法独立,损害美国的宪政制度。因此,在一片反对声中,罗斯福的改组方案未获通过。

尽管如此,由于最高法院中的中立派法官休斯和罗伯茨逐渐倒向支持新政的自由派,且年龄最大、也是最保守的范德文特大法官于 1937 年 5 月退休,被自由派法官替代,自由派在最高法院中占据了

---

① 参见李昌道:《美国宪法史稿》,法律出版社 1986 年版,第 267 页。

主导地位。因此,最高法院在随后一连串有关新政的判决中,一反以往立场,改为支持新政,以前被宣布违宪的几项法律的内容,也一一体现在新的法律中。这种转变,巩固了罗斯福的权力。

二战结束后,美国开始了与共产主义世界的冷战。在此背景之下,总统的权力得以继续扩张。这在外交权方面表现得特别明显。整个冷战时期,总统在外交上成了可以行使特权的"帝王般"的总统,远远地把国会甩在了后面。①

总统权力的膨胀,到尼克松时期达到了登峰造极的地步。他滥用国家安全的名义,建立自己的监察系统,对政治敌手和激进组织进行打击,导致"水门事件"的爆发,并因此而无奈辞职。

尼克松丑闻事件引起国会对总统权力的警惕和反思。在事件爆发后,国会相继通过了几部限制总统权力的法律,如1972年的《凯斯法》、1973年的《战争权力法》、1974年的《预算和拦截控制法》、1976年的《国家紧急状态法》等。联邦最高法院在1972年的美国诉联邦地区法院案中,也对行政部门的权力作出了限制性的判决。

这些法律、判决的通过,以及尼克松在国会弹劾压力下的辞职,说明此时总统权力虽然在三权分立体制中占据着主导地位,但仍然受到国会和法院的限制,不能肆无忌惮地使用。尽管如此,以总统权力为核心的三权分立制度并未受到根本的改变,到目前为止还是如此。

(三) 公民权利的演变

自由与权利,是美国宪法的最核心价值。宪法制定的根本目的,是为了保障公民的自由与权利。不过,由于时代条件的限制,美国公民权利的演变却走过了一条十分曲折,乃至夹杂着暴力和血腥的道路。美国宪法制定之后,在这条路上所迈出的第一步,便是《权利法案》的制定。

---

① 参见孙仲:《论美国总统与国会外交决策权的消长》,载《浙江大学学报》(人文社会科学版)2000年第2期,第30页。

与多数早期州宪不同,1787年美国宪法在面世之初,没有《权利法案》。在制宪会议上,弗吉尼亚《权利法案》的起草人乔治·梅森曾提议任命一个委员会,为宪法拟定一个《权利法案》,但遭到康涅狄格代表罗杰·谢尔曼的反对。后者指出,各州宪法中已经有了《权利法案》,联邦宪法实无重复规定的必要。最后,会议对此问题进行表决,结果以十票对零票否决了该提议。

然而,在联邦宪法的批准过程中,《权利法案》又一次成为争辩的议题。联邦党人认为,既然联邦政府只拥有列举的权力,那么,在宪法中再清点它所不能做的事情,有画蛇添足之嫌。[1]

反联邦党人则对宪法缺乏《权利法案》表示强烈不满。帕特里克·亨利和理查德·亨利·李认为,若没有《权利法案》的保障,人民在其权利受到联邦政府侵犯时,将无力进行反抗,这是对自由的威胁。杰斐逊因为担任邦联驻法国公使而未出席制宪会议,他在制宪会议结束后,立即提出了《权利法案》的问题。在致麦迪逊的一封信中,他表示,无法接受一部没有《权利法案》的宪法。[2] 于是,他鼓励各州将增加《权利法案》作为批准联邦宪法的前提条件。

此时,联邦党人意识到,若不作适当的让步,宪法的批准将无法实现。为了促使宪法顺利通过,纽约、弗吉尼亚等七个州的联邦党人向选民保证,一旦宪法被批准,新国会成立,将在宪法中补充《权利法案》的内容。

因此,当第一届国会于1789年4月开始时,制定《权利法案》成为其首要议题。6月8日,麦迪逊在参考各州《权利法案》,并吸取反联邦党人部分建议的基础上,向众议院提出了他起草的《权利法案》,其主要内容涉及人身自由、诉讼程序保障和联邦分权等内容。

---

[1] See Alfred H. Kelly, Winfred A. Harbison, Herman Belz, *The American Constitution: Its Origins and Development*, Vol. I, W. W. Norton & Company, New York. London, p.118.

[2] 参见王希:《原则与妥协:美国宪法的精神与实践》,北京大学出版社2000年版,第131页。

国会在辩论过程中,删除了麦迪逊草案中的四条内容①,然后于 9 月,将其余条款以宪法修正案的方式提交各州批准。结果,其中的十条得到十个州的批准。每位众院议员应代表五万选民,以及竞选期间议员的薪俸不得改变这两条修正案未获通过。

1791 年 12 月 15 日,被批准的十条修正案正式成为联邦宪法的一部分,即美国宪法的第一至第十条修正案,也称《权利法案》。

《权利法案》的制定和生效,虽然使得美国宪法在公民权利的保障方面取得了重要的进展,但它仍然没有解决美国宪法遗留下来的一个重要问题,即奴隶制问题。在内战之前,广大黑人奴隶虽具有人的一切生理属性,却一直被当做奴隶主的财产看待,只能以权利客体,而不是权利主体的地位存在。正如联邦最高法院在 1857 年斯科特诉桑弗特一案中所公开宣称的那样,黑奴不是美国公民。②

内战进行一年多后,林肯为了扭转北部失利的战局,赢得战争的胜利,发表了著名的《解放宣言》。尽管在纯法理意义上,《解放宣言》与宪法对奴隶制的保护相悖,侵犯了奴隶主的私有财产权,但就人类自由史而言,它却是我们无法忽视的一个亮点。

《解放宣言》的发表,使北方掀起了废奴运动的高潮。纽约、伊利诺伊、马萨诸塞等十余州人民都向国会提出请愿书,要求国会通过宪法修正案,废除奴隶制。1863 年 12 月,美国反奴隶协会通过决议,向国会请愿,要求修改宪法,以便在合众国范围内永远废除奴隶制。

在此背景下,1864 年 1 月,密苏里州参议员约翰·亨德森提出议案,建议制定一条在合众国内禁止奴隶制的宪法修正案。几周后,参议员萨姆纳又提出一项内容相似但语气更为强烈的议案。国会司法委员会主席莱曼·特朗布尔报告审议提案结果时,提出了另一议案以代替上述两案。其后,国会对该议案进行了表决,最终获得通

---

① 参见〔美〕伯纳德·施瓦茨:《美国法律史》,王军等译,中国政法大学出版社 1990 年版,第 35 页。
② 有关该案的详情,可参见任东来等:《美国宪政历程:影响美国的 25 个司法大案》,中国法制出版社 2004 年版,第 85—121 页。

过,是为美国宪法第 13 条修正案。1865 年 12 月 18 日,该修正案在经过法定多数州批准后,正式生效。它有两款:第一,"合众国境内或合众国管辖范围内,不准有奴役或劳役存在,但用以惩罚犯罪的不在此限";第二,"国会有权为实施本条而制定适当的法律"①。

1866 年 1 月 5 日,为了进一步保护黑人的权利,共和党人向参议院提出了《公民权利法案》。其主要内容是宣布所有在美国出生的人(印第安人除外),只要不受任何外国法律的管辖,都是美国联邦的公民;所有美国公民,无论其肤色、种族,在每一州及领地上,都享有同样的权利。经过激烈讨论,该法案于同年 3 月 14 日获得国会两院通过。

但在 3 月 27 日,约翰逊以民权问题属于州权范围联邦无权干涉为由,否决了该法案。约翰逊的否决激起了共和党人的强烈不满。于是激进派在国会内积极活动,争取到了 2/3 的多数票,重新通过该法案,使其于 1866 年 4 月 9 日成为正式法律。

随后,为了防止南方民主党人的反扑,将联邦对公民权利的保护永久化,共和党人决定通过一条新的宪法修正案,把 1866 年《公民权利法案》的基本内容用宪法形式固定下来。1866 年 6 月,国会通过了新的修正案,即美国宪法的第 14 条修正案。1868 年 7 月,该修正案得到法定多数州的批准而正式成为联邦宪法的组成部分。它不仅"对公民权利平等提供了明示的宪法保障",更实现了"公民权利联邦化",因此有学者称其为"划时代的条款"②。

1866 年大选之后,共和党人认识到了黑人选举权的重要性。③

---

① 〔美〕卡尔威因、帕尔德森:《美国宪法释义》,徐卫东、吴新平译,华夏出版社 1989 年版,第 352 页。
② 〔美〕伯纳德·施瓦茨:《美国法律史》,王军等译,中国政法大学出版社 1990 年版,第 105 页。
③ 1868 年总统大选中,共和党候选人格兰特得到的选民票的多数票只有 30 万(当年的总投票人数是 570 万),而当年共有约 50 万黑人参加了总统选举的投票。也就是说,如果减去黑人选票,格兰特很可能无法当选。而与此同时,有 20 多个州的黑人因为各州的政治歧视没有参加投票。参见王希:《原则与妥协:美国宪法的精神与实践》,北京大学出版社 2000 年版,第 304 页。

为了使黑人享有平等的选举权,争取黑人选票,共和党控制下的国会于 1869 年 2 月通过了第 15 条宪法修正案,宣布联邦或任何一州不得以种族、肤色或曾为奴隶为由,拒绝或剥夺合众国公民的选举权。这样,原先属于各州事务的联邦选举权问题,也受到联邦管辖了。

1870 年 5 月至 1872 年 6 月间,共和党控制下的国会又连续通过了五个专门用于实施第 14、15 条宪法修正案的法令,以保障公民特别是黑人的公民权和政治权。1875 年 2 月,国会通过了《1875 年公民权利法案》,规定任何人不得在公共场合和设施对其他公民进行种族歧视,进一步强化对黑人权利的法律保护。

然而,黑人所享受的权利,书面上的要远远多于实际生活中。利用识字测验、人头税、《祖父条款》①等措施,南方各州想方设法地剥夺黑人的投票权。而联邦最高法院在 1883 年的民权案以及 1896 年的普莱西诉弗格森案中所作的判决,更是助长了种族歧视的气焰。在前一个案件的判决中,最高法院宣布《1875 年公民权利法案》违宪;后一个案件则确立了"隔离但平等"原则。这些都使得对黑人权利的保护看起来就像是一句口号。

在 19 世纪末,除了黑人之外,华人也成为种族歧视的受害者。从 1870 年起,大规模的反华排华事件相继在西部各州发生,继而影响到了国会立法。1882 年,国会在加利福尼亚等州的压力下通过了《排华法案》,禁止中国劳工在此后十年内进入美国,并宣布在美华人不得归化成为美国公民。此后,国会又通过了《司格特法》(1888 年)、《格利法》(1892 年)、《麦考瑞法》(1893 年)等排华法律。1902 年的新排华法案,则干脆全面禁止了所有类型的中国移民。直到二战期间(1943 年),因为中美结盟,禁止华人归化为美国公民的法律才被取消。

一战,特别是俄国十月革命爆发之后,出于国际国内形势的考

---

① 《祖父条款》规定:凡是曾在 1867 年以前参加过投票者,其本人或子孙均得免受财产、纳税及文化等方面的选举资格限制。由于南部黑人实际上无人曾在此前参加过投票,因而这一条款大大限制和剥夺了他们的选举权。直到 1915 年,联邦最高法院才宣布这一条款违宪。参见李昌道:《美国宪法史稿》,法律出版社 1986 年版,第 208 页注释③。

虑,美国国内掀起了一场打击左派激进势力的风潮。1917年的《惩治间谍法》和1918年的《反煽动叛乱法》,都将矛头对准了社会主义组织。自1919年7月至1920年5月,联邦政府司法部对美国社会主义党、工人党和激进工会的总部进行了一系列突然袭击式的搜查,逮捕了数千名涉嫌激进运动或组织的人物。被逮捕的人中,有的未经任何司法程序,就被司法部以异己分子的名义强行驱逐,送往俄国。与此同时,各州也通过了不同形式的新闻限制法,对激进言论进行控制。

不过,当左派激进者的权利受到打击之时,美国妇女的权利却得到了扩张。1919年6月,国会提出了第19条宪法修正案,规定"合众国或各州不得因为性别而否定或剥夺合众国公民的投票权"①。据此,在建国将近一百五十年后,占人口半数的妇女获得了与男子平等的选举权。

新政时期,联邦在扩张其经济管理权力的同时,也以第14条宪法修正案为重要工具,加强了对公民自由和权利的保护力度。通过斯特龙伯格诉加利福尼亚州(1931年)、鲍威尔诉阿拉巴马州(1932年)以及波尔柯诉康涅狄格州(1937年)等案件,联邦最高法院逐渐确立了一个重要原则,即它有权通过第14条宪法修正案来审查各州管理公民权利的法律,从而开启了将《权利法案》中所保护的公民权利纳入该修正案管辖范围的历史进程,使联邦政府更好地扮演了公民权利保护者的角色。不过,这一原则对保护公民权利的巨大意义,似乎在二战之后才得以彰显。而联邦政府在二战之中对日裔美国人权利的处理上,却成为美国宪政史中的污点之一。

1941年珍珠港事件爆发之后两个半月,罗斯福总统下达命令,授权美国陆军部部长确定国内某些地区为"战区",并可以对生活在战区之内的人加以任何必要的限制。根据该命令以及国会随后通过的一项法律,美国军方将十一万左右的日裔美国人关入了集中营,其

---

① 〔美〕卡尔威因、帕尔德森:《美国宪法释义》,徐卫东、吴新平译,华夏出版社1989年版,第354页。

中有 7 万为美国公民,直到战争结束,他们才被解除禁闭。在此过程中,没有任何一级法院对其中的任何一人作出过是否有罪的判决。联邦最高法院在相关案件的判决上,也站在了总统和国会一边,认定总统和国会对军方的授权合乎宪法。

二战结束后,冷战和朝鲜战争继而展开。受此影响,美国掀起了反共狂潮,并因此通过了一系列限制公民权利的法律法规。如杜鲁门总统签署命令发起的"忠诚计划"(1947 年);国会通过的《霍布斯法》(1946 年)、《塔夫脱—哈特莱法》(1947 年)、《蒙特—尼克松法》(1948 年)、《麦卡伦法》(1950 年)、《布朗纳尔—巴特莱法》(1954 年)等。对于这些法律法规,联邦最高法院采取了容忍和支持的态度,不从宪法原则的角度进行质疑,从而助长了麦卡锡主义的滋长蔓延。

不过,对于民权保护来说,冷战带来的并非尽是不利影响。为了在与共产主义世界斗争时树立强大的道德形象,美国在此间强调了对于种族歧视问题的关注。1946 年,杜鲁门任命了一个民权状况调查委员会,对国内的民权状况进行调查。1948 年,他在给国会的咨文中,敦促国会尽早建立一个管理民权的委员会,以处理种族问题。联邦最高法院在一系列关涉黑人权利案件上的判决,更是逐渐冲破了各州法律所设立的种族主义藩篱。其中举世闻名的布朗诉托皮卡教育委员会一案,更是推翻了普莱西诉弗格森案中确立的"隔离但平等"原则。

然而,心灵上的隔膜远比法律上的隔离更难以消除。布朗案判决后,立即遭到了南方各州大多数白人居民的强烈反对。南方各州政府也对布朗案的判决进行了大规模的抵制。阿肯色州州长甚至公然派出州民兵阻止小石城中央中学执行法院有关取消隔离的命令。直到艾森豪威尔总统动用联邦军队进行干涉,该校的首批黑人学生才得以入学。南方的抵制,使得布朗案的判决在实际执行上打了折扣。到 1964 年,南方 11 个州中只有 2% 的黑人学生真正进入黑白合校的学校学习。

为了维护自己的宪法权利,美国黑人在著名领袖马丁·路德·

金带领下,开展了一场声势浩大的民权运动。他们利用静坐、"自由乘客"、选民登记以及向华盛顿进军等非暴力方式,向美国政府施加了强大的压力。20世纪60年代中期,黑人运动甚至从非暴力行动走向城市造反。迫于此,美国国会先后在1960、1964、1965和1968年通过了四个民权法案。其中的后三个被统称为"第二次解放黑奴宣言",从法律上彻底废除种族歧视和隔离制度。

在民权运动的影响下,国会还分别于1960年和1962年通过了宪法第23、24条修正案。前者授予哥伦比亚特区居民——其中绝大部分是黑人——参与联邦总统选举的权利;后者则规定在联邦选举中,公民的投票权不得因未交人头税和其他税为由而被否认或剥夺。1965年,国会还通过了《选举权法》,以彻底消除南部各州对黑人选民设置的种种歧视性选举资格限制,如识字测验等。此外,政府还发起了"肯定性行动"计划①,对少数民族和妇女等在历史上受到全社会歧视的群体进行补偿性地辅助和支持。

这一时期的联邦最高法院,在厄尔·艾伦的带领下,积极借用民权运动在美国营造的政治气氛,扩大和深化了公民权利的范围。在言论自由、隐私权、刑事犯罪拘留程序等公民权利问题上,联邦最高法院作出了一系列有进步意义的判决,改变了美国传统的权利观念和规范。通过最高法院的努力,从1961年到1969年间,几乎所有《权利法案》下的刑事犯罪程序都被纳入到第14条宪法修正案的保护之下。因此,这几年时间被称为"《权利法案》的联邦化时代"②。

1968年,当民权运动因为马丁·路德·金和司法部长肯尼迪相继遇刺身亡而逐渐步入低谷之时,学生反战运动正走向高潮。在示威中,学生提出,政府征兵的最低年龄是18周岁,低于法定的参选年

---

① 即在就业、就学、接受政府贷款、分发奖学金或助学金,以及分配政府商业合同时,在竞争者能力和资格同等的情况下,少数民族和妇女有被优先录用或得到政府合同的权利。参见王希:《多元文化主义的起源、实践与局限性》,载《美国研究》2000年第2期,第58—59页。

② 王希:《原则与妥协:美国宪法的精神与实践》,北京大学出版社2000年版,第543—550页。

龄3岁,许多青年被迫到越南打仗,却因没有选举权而无法通过政治渠道反对政府的决策,因此他们的被征形同受奴役。为了回应这种说法,美国国会于1971年3月提出了第26条宪法修正案,将美国公民的参选年龄降至18周岁。当年6月30日,该修正案生效。

纵观美国宪政演变过程,可以发现,其中有两个比较清晰的趋势:一为中央权力的形成和扩张。从大陆会议到邦联,再到联邦,以及"双层联邦主义"向"新联邦主义"的发展,是一个中央政府从无到有,且其权力不断强化的过程。二为公民权利的逐渐扩大。《权利法案》的制定和"联邦化"、黑人地位的改善以及选举权的扩大等,都体现了这一趋势。

第三节 法国的宪政实践

法国是大陆法系国家中制定宪法最早、颁布宪法最多的西方资本主义国家。1789年7月14日,法国爆发了资产阶级大革命,并于同年8月26日颁布了《人权宣言》,这是法国历史上第一个宪法性文件,它拉开了近代法国宪法活动的序篇。之后,从1791年法国制定出第一部完整的宪法以来,至今法国已先后制定11部宪法(不包括4部宪法修正案),它们是1791年、1793年、1795年、1799年(该宪法于1802年、1804年、1815年三次修正)、1814年、1830年、1848年、1852年(该宪法于1870年修正)、1875年、1946年与1958年宪法。这还不包括未获通过的吉伦特派宪法草案、1946年5月被公民投票否决掉的第一部宪法草案以及从未公布过的伪维希宪法。

法国颁布宪法数量之多,变动之频繁,在欧美各国宪法史上是绝无仅有的,光在1789—1870年间就制定过8部宪法,平均10年左右就有一部新宪法。莫里斯·德朗德尔写道:从1789年至1871年法国可以说是世界上唯一的宪法实验场。81年中,它实行过多种多样的政治体制,这在任何其他民族的历史上是找不到的。两百年内,平均每16年即产生一部宪法,也就是说平均每一代人一生中要经历3次以上的宪法危机,这种历史现象与美国革命一锤定音,两百多年来以 1787 年制定的宪法一以贯之形成强烈反差,同样也与英国革命一次定向,没有一部成文宪法却能保持两百年宪政体制不变构成鲜明对比。① 而且,法国宪法的演变是通过暴力革命进行的②,在新旧势力难以妥协、阶级斗争异常激烈的情形下,作为国家根本法的宪法也就不可能和平产生与演变,大多数宪法都是革命的产物。③

法国已颁布的宪法不仅数量多,而且类别也极为复杂。④ 从宪法的制定主体来分析,大多数属于资产阶级制定的宪法,也有封建主制定的宪法(如 1814 年宪法),还有封建君主与资产阶级代表经过争夺与妥协后制定的宪法(如 1830 年宪法);从宪法所确立的国家制度来分析,大多数是实行资产阶级共和制的宪法,也有实行封建帝制的宪法(如 1814 年宪法)与君主立宪制度的宪法(如 1791 年宪法)。这些宪法由于制定主体和所保护的阶级利益不同,呈现出不同的特色。

一、人权宣言

(一)《人权宣言》的制定背景

18 世纪 80 年代,法国国内各种矛盾激化,国王路易十六为了暂时平息各阶层的不满,同时也为了借以解决国内财政危机,被迫在凡尔赛宫召开 1614 年以来未曾召开的三级会议⑤。1789 年 5 月 5 日,由贵族、僧侣和资产阶级三级代表参加的三级会议召开。在出席这

---

① 参见朱学勤:《道德理想国的覆灭:从卢梭到罗伯斯庇尔》,上海三联书店 1994 年版,第 183 页。

② 参见张建新:《法国大革命与近代法国宪政运动》,载《湛江师范学院学报》(哲社版)1997 年第 1 期。

③ 参见〔法〕托克维尔:《旧制度与大革命》,冯棠译,商务印书馆 1992 年版,第 233 页。

④ 参见赵宝云:《西方五国宪法通论》,中国人民公安大学出版社 1994 年版,第 199 页。

⑤ 三级会议从 14 世纪初开始召开,初期国王政府通过这一机关取得市民和中小贵族的支持,反对大贵族,加强国家的统一。它的召开是法国等级代表君主制形成的主要标志。

次三级会议的1139名代表中,资产阶级代表有600名。①

会议召开过程中,各级代表在关于表决方法的问题上产生严重分歧,第三等级代表反对第一等级贵族代表要求按传统的等级投票的表决方法,主张应按照人头投票,第三等级代表与特权等级代表的冲突使会议陷入僵局。

6月27日,在资产阶级代表西哀耶斯的倡议下,第三等级单独组成国民议会。国民议会内部存在宫廷派、温和派(王政派)和国民派三个不同的政治派别,虽然组成人员和所持观点不同,但他们的目标基本上是一致的。②

7月9日,资产阶级代表又指出,国民议会首先要制定一部能保障国民基本权利的宪法,而不是研究国王关心的征税问题,国民议会应改名为制宪议会。制宪议会开始后,资产阶级代表穆尼埃提出,在宪法正文之前,应有一个确认公民基本人身权利的宣言。制宪议会接受了穆尼埃的建议,把制定关于确认公民基本人身权利的宣言作为制定宪法的首项专门议题。

与此同时,7月14日,巴黎群众攻占了象征旧制度的巴士底狱,这是法国资产阶级革命开始的标志。在革命取得初步胜利但仍有艰巨任务有待于完成的情况下,为了更好地号召群众,推动革命,国民议会也确认有必要仿照北美独立战争时期的做法,宣布一个权利宣言,作为施政纲领,也作为法国制定宪法的前奏。在这种背景下,制宪议会委托西哀耶斯、穆尼埃、米拉波等资产阶级代表,起草关于确认公民基本人身权利的宣言。8月26日,制宪会议通过了《人权和公民权宣言》(简称《人权宣言》)。

(二)《人权宣言》的主要内容

《人权宣言》以18世纪启蒙思想家的"天赋人权"、"主权在民"、"三权分立"以及其他法治思想为基础,并借鉴了北美《独立宣言》的

---

① 参见〔法〕皮埃尔·米盖尔:《法国史》,蔡鸿宾译,商务印书馆1985年版,第266页。
② 参见〔法〕米涅:《法国革命史:从1789到1814年》,北京编译社译,商务印书馆1977年版,第56页。

内容,全文由序言和17个条文组成,虽不足2000字,看似简单,但所包含的内容却十分丰富,其核心是规定人民权利及其保障,并从保障人权出发,同时涉及国家政权和法治方面的一些基本原则。

1. 关于人权

人权是《人权宣言》的核心内容,宣言强调人权是自然的、天赋的、人人平等具有的、不可剥夺的东西。关于人权的理论集中反映在《人权宣言》的序言部分以及第1条、第2条、第7条、第11条和第17条。

宣言序言主要说明了颁布《人权宣言》的目的:"不知人权、忽视人权或轻蔑人权,是造成公众不幸和政府腐败的唯一原因,所以,决定把自然的、不可让与的和神圣的人权阐明于庄严的宣言之中,以便本宣言可以经常呈现在社会各个成员之前,使他们不断想到他们的权利和义务。"[①]

第1条中写道:"在权利方面,人民生来是而且始终是自由的,在权利方面是平等的。"这实际上明确了人权是自然的、天赋的、不可剥夺的东西。关于资产阶级人权的内容与范围,《人权宣言》也作了具体的论述,第2条规定:"一切政治结合的目的都在于保存自然的、不可消灭的人权,这些权利是自由、财产权、安全和反抗压迫。"第7条规定:"除非在法律所规定的情况下并按照法律所规定的手续,任何人都不受控告、逮捕或拘留。"第11条规定:"自由交流思想和意见是最宝贵的人权之一,除了在法律规定的情况下滥用自由应负责任外,都可以自由地发表言论、写作和出版。"

《人权宣言》在阐明了平等、自由等权利之后,特别在最后一条即第17条宣布:"财产权神圣不可侵犯,除非是合法认定的公共需要所显然必需并以公平的预先赔偿为条件,任何人的财产权都不得被剥夺。"

从这些条文可以看出,《人权宣言》所确定的人权范围是比较广

[①] 吴绪、杨人梗:《十八世纪末法国资产阶级革命》(世界史资料丛刊,近代史部分),北京商务印书馆1989年版,第45页。

泛的,涉及平等权、人身自由、言论自由、财产权及宗教信仰自由等各个方面。① 不仅如此,在革命过程中,资产阶级将《人权宣言》雕刻在石板上,置于立法议会内和其他公共场所,传播与学习《人权宣言》中有关人权的内容成为革命过程中的重要内容。②

2. 关于国家政权

《人权宣言》在第3条和第16条中,明确提出了"主权在民"、"三权分立"等国家学说。第3条规定:"整个主权的本原根本上存在于国民之中,任何团体、任何个人都不得行使不是明确地来自国民的权力。"第16条规定:"任何社会,如果权利无保障或分权未确立,就没有宪法可言。"这两条为资产阶级掌握国家权力,建立资产阶级掌权的三权分立的资本主义国家制度,提出了理论依据。

3. 关于法治原则

法国资产阶级认为,人权需要法律来维护,所以《人权宣言》中关于法治原则的规定也是相当丰富的,主要体现在第5—10条中。

第5条规定:"法律只有权禁止有害社会的行动。凡未经法律禁止的行为即不受妨碍,而且任何人都不得被迫从事未经法律规定的行为。"第6条规定:"法律是公共意志的体现,一切公民在法律面前一律平等。"第7条规定:"除非在法律规定的情况下并按照法律所指示的手续,任何人都不受控告、逮捕或拘留。"第8条规定:"法律只应规定确实和显然必须的刑罚,而且除非根据在违法行为之前已经制定和公布的且是合法施行的法律之外,任何人都不受处罚。"第9条规定:"任何人在其未被宣告为犯罪以前应被推定为无罪。"第10条规定:"意见的发表只要不扰乱法律所规定的公共秩序,任何人都不得因其意见、甚至宗教的意见而遭受干涉。"这些就是"法无明文规定不为罪"、"法律面前人人平等"、"罪刑法定"、"法不溯及既往"、"无罪推定"等法律原则的体现。这些原则较彻底地否定

---

① 参见何勤华主编:《法国法律发达史》,法律出版社2001年版,第120页。
② 参见〔法〕索布尔:《法国大革命论选》,王养冲译,华东师范大学出版社1984年版,第195页。

了封建的司法制度,在当时具有很大的号召力,有一定的进步意义。①

(三)《人权宣言》的历史地位

《人权宣言》的发表,是法国乃至欧洲历史上的一件大事,它虽然只是一个宪法性文件,但它促进了法国革命,对法国宪法和法制的发展起到了先导作用。

第一,法国历次宪法都将宣言确立的人权思想作为序言或重新宣布,或确认和扩充它所宣布的人权。例如,1791年宪法就将其全文载入;1793年宪法对其作了进一步修改与充实之后,再次载入该宪法之中;甚至在《人权宣言》产生两百多年的今天,法国在其现行宪法中,仍对《人权宣言》确立的宪法原则作了肯定,法国1958年宪法序言中写道:"法国人民庄严宣告,他们热爱1789年的《人权和公民权宣言》所规定的并由1946年宪法序言所确认和补充的人权和国家主权的原则。"可见,《人权宣言》一直延续影响至法国现代的宪政与法律制度。

第二,《人权宣言》作为法国资产阶级革命高潮中制定的一部具有宪法性质的政治纲领,吸收了法国启蒙思想家的天赋人权、主权在民、三权分立等资产阶级国家学说,用以对抗"主权在君"、"君主集权"等封建君主集权思想,这对于推动资产阶级革命的进程,使法国尽快结束封建制度具有重要作用。

第三,《人权宣言》中体现的法治原则,是对封建司法专横行为的直接否定,"罪刑法定"、"法律面前人人平等"等原则为以后制定的资产阶级民法典、刑法典提供了法律依据。

总之,《人权宣言》是法国资产阶级革命的一面旗帜,开创了一个崭新的时代,被西方著作称为"新制度的诞生证书",经典地阐明了近代资本主义宪政的基本原则和框架,并以人类的名义提出了具有普遍意义的人权观念,从而超越了美国《独立宣言》;宣言成为法国大革命的最好象征,极大地推动了大革命的进程,也鼓舞了欧洲及

---

① 参见何勤华主编:《法国法律发达史》,法律出版社2001年版,第122页。

全世界人民的反封建斗争。①

《人权宣言》还影响了其他国家。由于法国是欧洲大陆最早爆发资产阶级革命的国家,所以《人权宣言》所体现的资产阶级人权思想迅速传到欧洲其他国家,并被许多国家采纳吸收,成为这些国家制定本国资产阶级革命政治纲领的依据。因此,《人权宣言》虽然是近代法国的第一个宪法性文件,但它的影响覆盖面很大,是国际性的,对法国乃至对整个世界的人权、公民权、权力分立等观念和法治的发展都具有重大影响。②

与此同时,也应当看到《人权宣言》在人权理论上具有一定的局限性,将人权说成是天赋的、生来即有的理论与马克思主义的人权观是截然不同的。按照马克思主义人权观,人是社会关系的产物,人的权利也只能是社会关系的产物,人的权利不是天赋的,而是由社会的经济政治条件决定的,即"权利决不能超出社会的经济结构以及由经济结构制约的社会的文化发展"③。在目前资本主义私有制条件下,人权是平等的观点是无法实现的。

二、资产阶级革命期间的宪法

(一) 1791 年宪法

《人权宣言》发表后,法国国民议会即开始着手起草宪法,并很快于 1789 年 9 月产生了一部宪法草案。宪法草案经过两年的讨论、修改,并经议会内部各政治派别(主要是三大派别:贵族派、宪政派与民主派)反复讨价还价之后,于 1791 年 8 月 5 日提交议会代表讨论。同年 9 月 3 日宪法条文获得通过,然后交由国王路易十六签署。出逃未遂的路易十六被迫伪善地表示同意接受宪法草案。9 月 14 日,路易十六来到议会会议厅,宣誓效忠宪法,并签署批准了宪法。

1791 年宪法由两个相对独立的部分组成。第一部分是以 1789

---

① 参见北京大学法学百科全书编委会主编:《北京大学法学百科全书》(外国法制史部分),北京大学出版社 2000 年版,第 657 页。
② 参见何勤华主编:《外国法制史》(第四版),法律出版社 2006 年版,第 233 页。
③ 《马克思恩格斯选集》第 3 卷,人民出版社 1995 年版,第 305 页。

年 8 月通过的《人权宣言》,作为整个宪法的总序言;第二部分是 1791 年 9 月通过的宪法正文部分,正文篇幅冗长,约 30000 字,由 8 篇组成,其中第三篇"国家权力"是宪法内容的核心部分,约占全宪篇幅的 2/3。1791 年宪法的主要内容有以下几个方面:

第一,确立了三权分立的君主立宪政体。1791 年宪法关于权力分立的设计,主要来源于孟德斯鸠的学说。宪法第三篇第 3 条规定:"立法权委托给由人民自由选出的暂时性的代表所组成的国民议会,由它协同国王的批准按照下面所定的方式行使之。"第三篇第 4 条规定:"政府是君主制;行政权委托给国王,在他的统辖之下,由部长和其他负责官员按照下面所定的方式行使之。"第三篇第 5 条规定:"司法权委托给由人民按时选出的审判官行使之。"这些规定确立了立法权、行政权、司法权由不同的机关行使的三权分立的政治体制,三权之间存在一定的制衡。

首先,立法权虽属于法国的最高权力机关即国民议会,但国民议会制定的法令必须提呈国王,国王对于法令可以拒绝同意,凡被国王拒绝同意的法令不得由本届议会再行提呈国王,由此可见,国王拥有否决权。孟德斯鸠曾说过:"行政权必须拥有废除立法权的决议的权力(否决权),否则立法权就会攫取任何权利,消灭其他一切权力。"①制宪会议的起草者们采用了孟德斯鸠的观点,代表王政派的穆尼埃强调:"为了保证行政权力不受任何立法权力的任何侵犯,最好的办法是使其成为立法机构的一个组成部分,因此,应规定议员们的决议成为法律之前,必经国王批准。"②米拉波也特别指出,从国王和人民结成联盟的立宪角度出发,国王否决权是绝对必要的。穆尼埃与米拉波所提出的否决权是一种绝对的否决权。而以拉法耶特、巴纳夫、孔多塞为首的立宪派受美国模式的影响,主张给国王暂时的

---

① 〔法〕孟德斯鸠:《论法的精神》上册,张雁深译,商务印书馆 1961 年版,第 163 页。
② 〔苏〕沃尔金:《十八世纪法国社会思想的发展》,杨穆、金颖译,商务印书馆 1983 年版,第 420 页。

否决权①。可见,两个派别在国王拥有否决权的观点上是一致的。

其次,行政权虽属于国王,但要受到以下几方面的限制:行政权受到宪法的限制,国王隶属于宪法,并要宣誓效忠宪法与国民;行政权受法律的限制,"行政权不得制定任何法律"②,"即使是暂时性的法律只得发出符合法律的公告以便命令或号召法律的施行"③;行政权受副属的限制,"国王的任何命令如未经国王签字及部长或部的负责人副属者,均不得付诸执行";同时,王室的经费也由立法议会决定,并由国王任命的经费管理人掌管。

再次,对于司法权所施加的限制,排除了如同美国从制约平衡理论中产生出来的对法律进行司法审查的任何可能性。以往常常使国王头痛的高等法院的阻挠,对于议会已不复存在。④ "司法权的次要地位和立法权的绝对代表性,这是法国公法中两项永不变更的原则。"⑤

第二,确立了国民主权原则与代议制。宪法第三篇第 1 条规定:"主权是统一的,不可分割的,不可剥夺的和不可移动的;主权属于国民,任何一部分人民或任何个人皆不得擅自行使之。"这明确确立了国民主权原则。第三篇第 2 条规定:"一切权力只能来自国民,国民只得通过代表行使其权力,法国的宪政是代议制,代表就是立法议会和国王。"这在宪法上明确了代议制的基本原则。

第三,确立了一院制的国民议会。宪法规定,国民立法议会由常设的一院制组成,任期两年,国王不得解散议会。议员共 745 人,通

---

① 根据美国 1787 年宪法第 1 条第 5 款的规定,总统可以通过否决权影响立法。国会通过的法案,总统有权否决,在形式上有两种形式:一种是直接否决,但两院如果以 2/3 多数重新通过被总统否决的法案,该法案就自行生效;另一种是"衣袋否决",即法案在递交总统后的 10 日内未予签署,而国会已届满休会,则法案便自行失效。

② 洪波:《法国政治制度的变迁——从大革命到第五共和国》,中国社会科学出版社 1993 年版,第 222—223 页。

③ 吴绪、杨人梗:《十八世纪末法国资产阶级革命》(世界史资料丛刊,近代史部分),商务印书馆 1989 年版,第 56—57 页。

④ 参见〔法〕勒费弗尔:《法国革命史》,顾良等译,商务印书馆 1989 年版,第 136—137 页。

⑤ 同上书,第 136 页。

过间接选举的方式产生,首先选举产生出议员选举人,然后再由选举人组成选举会议,选出国民议会议员,但不是所有的人都享有选举权,宪法把公民划分为积极公民与消极公民,规定只有积极公民才享有选举权,这样就把广大劳动人民排斥在选举权之外。

第四,赋予国王较大的权力。宪法保留了国王,实行君主立宪制,规定:"在法国,没有比法律权力更高的权力,国王只能根据法律来治理国家,并且只能根据法律才得要求服从。"在把国王置于法律之下的基础上,宪法赋予国王较大的权力。"最高行政权专属于国王,国王是王国全部行政权的最高首脑,受托负责监视秩序和公共安宁的维持。国王是陆军与海军的最高首长,受托担负注视王国的外部安全及维持王国的权利和属地的责任。国王在任命官员方面拥有很大权力,人民政府部长之权专属于国王,大使及其他政治谈判人员、陆军大将与海军上将等均由国王任命。"此外,国王还拥有暂时否决权:"立法议会的法令应提呈国王,国王对于法令得拒绝同意。"国王对法令的拒绝同意,是将该项法令推迟四年生效执行的延搁否决权。

1791年宪法是法国第一部资产阶级宪法、第一部君主立宪制宪法,也是欧洲大陆第一部成文宪法。它从宪法上结束了法国的封建专制统治,废除了一切封建制度,取消了一切特权,建立了君主立宪政体。从基本内容可以看出,这部宪法在一定程度上体现了孟德斯鸠的"三权分立"和"君主立宪思想",具有了资产阶级宪法的基本结构与特征,为法国近代宪政制度奠定了基础,在法国宪政史上具有重要地位,虽然实施不到一年,但它的许多条文在以后的宪法中仍可找到。

同时必须看到,这部宪法是在法国资产阶级革命初期制定的,是资产阶级与封建贵族妥协的产物,带有很大的妥协性,如将公民划分为"积极公民"与"消极公民",剥夺了广大人民群众的政治权利;实行有财产资格限制的两级选举制,排斥直接民主制度;保留了一个拥有全部行政权与暂时否决权的国王等,这些规定同法国革命的发展是不相适应的。而且,1791年宪法确立的孟德斯鸠的三权分立学说带有很大的极端性,因为孟德斯鸠的学说假定政府各部门之间有一定程度的自然和谐,而即使在最平静的政治体系中,这种自然和谐也很少见,所以,在法国大革命的混乱中这种政府制度成功的可能性就微乎其微了。[①]

(二) 1793年宪法

1791年宪法颁布后,法国革命在尖锐、复杂的斗争中前进。1792年8月10日,巴黎人民第二次举行武装起义,推翻了国王,结束了君主立宪派的统治,把革命推向了新的高潮。1792年8月11日,由于原来的国民议会宣告解散,制宪会议决定召开由普选产生的新议会——国民公会。1792年9月21日,国民公会宣布废除1791年宪法,废除王权,建立共和国,史称法兰西第一共和国。

法兰西共和国成立后,把制定实行资产阶级共和制度的新宪法的工作,提到了国民公会的议事日程上来。初期的国民公会内部,有以布黑索、罗兰为首的资产阶级右派(又称吉伦特派)、中间派(又称沼泽派)和以罗伯斯庇尔、马拉、丹东为首的资产阶级左派(又称雅各宾派),他们对于制定何种宪法分歧很大。最初,吉伦特派占有优势,控制了国民公会和1792年10月11日成立的宪法委员会。但宪法委员会起草的宪法草案遭到雅各宾派的反对,被国民公会否决,这部体现孟德斯鸠分权主义理论的宪法在国民公会中成了众矢之的,有些人更攻击这种想法是一种"幻想",并号召人们"采取一些更有利的原则"[②]。

之后,雅各宾派执掌政权,由埃罗·德·塞舍尔等五人组成的宪法委员会仅花了六天时间就起草出了宪法草案,同时,由罗伯斯庇尔为这部宪法重新写了一个《人权宣言》。1793年6月24日,国民公会通过了这部宪法,7月交由公民表决并获得通过,这就是法国1793年宪法,又称法兰西第一共和国宪法或雅各宾派宪法。

[①] 参见〔英〕M. J. C. 维尔:《宪政与分权》,苏力译,三联书店1997年版,第176—177页。

[②] 高毅:《法兰西风格——大革命的政治文化》,浙江人民出版社1991年版,第98页。

1793年宪法分两部分,由35条宪法序言与124条宪法正文组成,共10000多字,与1791年宪法相比,在内容上有较大的变化。

1. 序言部分

新的《人权宣言》与旧的《人权宣言》相比,在条数上由原来的17条增至35条,增加、修改了一些内容。

第一,在国家制度上,规定"主权属于人民,它是统一的而不可分割的"。同时,删去了旧《人权宣言》中体现的孟德斯鸠的分权思想,并吸收卢梭的"权力不可分割"理论。

第二,强调民主精神与平等原则,强调"社会的目的就是共同的幸福。政府是为了保障人们享受其自然的和不动摇的权利而设立的"(第1条)。将平等置于人的基本权利的首位,规定平等、自由、安全和财产是人的自然和不可动摇的权利,而旧《人权宣言》将自由置于人权的首位。

第三,更加突出人民反抗压迫的起义权,规定请愿权在任何情况下不得受禁止、停止或限制,反抗压迫是人权的必然结果(第33条)。"当政府违反人民的权利时,对于人民而言,起义就是最神圣的权利和最不可缺少的义务。"(第35条)

第四,宣布"人的身体是不可让与的财产,法律不承认仆人身份"(第18条)。

第五,肯定了工作权、救济权与受教育权,公民有享受公共救助及提供救助的义务(第21条),公民有享受教育的权利(第22条),公民有享受社会保障的权利(第23条)。

第六,对所有权问题首次作了法律界定,第16条规定:"所有权就是各个公民有随意享受和处分其财产、收入、劳动成果和实业成果的权利。"这一规定为1804年拿破仑民法典吸收,成为保护资产阶级私有财产的一项最基本的法律原则。

2. 正文部分

1793年宪法正文部分有以下特点:

第一,宪法第1条规定法兰西共和国是统一不可分割的,从法律上宣布了1791年宪法确立的君主立宪政体的终结。

第二,突出了人民主权与普选权。宪法明确用卢梭提出的"人民主权"取代1791年宪法确认的"国民主权",明确宣布主权属于人民,规定"主权的人民包括法国公民的全体"。宪法所规定的公民资格已无公开的财产资格限制,取消了旧宪法的积极公民与消极公民的划分,规定以全体男性公民的直接普选权代替1791年宪法确认的有财产资格限制的两极选举制,同时规定由人民直接选任代表,并通过人民委托的选举人选举行政与司法官员,由人民议定宪法。宪法还专列"人民的主权"一项①,规定"主权的人民包括法国公民的全体"(第7条);"人民委托选举人选举行政官、公共仲裁人、刑事审判官和大理院的审判官"(第9条);"人民议定法律"(第100条)。

第三,在国家政权组织方面,删去了孟德斯鸠的三权分立理论,按卢梭的主权不可分割的思想设置。宪法规定由普选产生的任期一年的一院制的立法议会是最高立法机关,执行会议由其产生并接受其领导,执行会议负责指导并监督全部行政事务,执行机关从属于立法机关。

这种行政权从属于立法权的做法,源于卢梭的思想:"人们所能有的最好的体制,似乎莫过于能把行政权与立法权结合在一起的体制了。"②1793年宪法不仅规定中央行政机关执行会议由立法议会选出,而且还规定:"它只有在执行法律和立法议会的法令时才有所行动。"雅各宾专政时期的国民公会既是唯一的立法机关,又是最高的权力机关,集国家各种权力于一身,从而导致了国民公众专政。③ 同时,宪法规定设立大理院为最高审判机关,但大理院不审查案件的实质内容,只对违反程序和显然违背法律的行为作出裁判,因此,它只是上诉法院。大理院的审判员也由选举产生。

第四,宪法明确了权利的范围。宪法规定:"保障全体人民的平

---

① 参见李平沤:《主权在民 Vs"朕即国家":解读卢梭〈社会契约论〉》,山东人民出版社2001年版,第117页。
② 参见〔法〕勒费弗尔:《法国革命史》,顾良等译,商务印书馆1989年版,第139页。
③ 参见高毅:《法兰西风格——大革命的政治文化》,浙江人民出版社1991年版,第98—99页。

等、自由、安全、财产、公债、信教自由、普通教育、公共救助、无限的出版自由、请愿权、结成人民团体的权利并享有一切的人权。"在宪法正文中明确规定这些权利并强调保障人权,是1793年宪法区别于1791年宪法的一个显著特点。

从1793年宪法的内容可以看出,它与1791年宪法有很大的不同,这是法国资产阶级革命不同时期社会局势的鲜明反映,有学者称1791年宪法与1793年宪法体现了孟德斯鸠的自由主义权力分立与卢梭的民主主义权力集中、立宪民主主义与绝对民主主义、市民民主主义与社会民主主义的对比。[①] 1793年宪法是在资产阶级革命达到高潮时,由资产阶级中的激进派雅各宾派主持制定的,它是当时世界上最进步、最民主的宪法。

然而,鉴于法国当时国内外阶级斗争极其严峻的形势,制定宪法的国民公会宣布在"和平恢复以后"再具体实施这部宪法,但是就在宪法通过的第二年7月27日,雅各宾派专政失败,罗伯斯庇尔等人也被送上了断头台,1793年宪法最终成为一部只完成制定工作却未交付实施的宪法文件。尽管如此,这部宪法在法国宪法史上仍占有极为重要的历史地位,宪法中的某些民主内容在19世纪上半期法国无产阶级争取民主权利的斗争中起到了一定的激励作用。

三、拿破仑时期的宪政立法

(一)拿破仑上台前法国大资产阶级制定的1795年宪法

1794年7月27日,代表法国大资产阶级利益的热月党人发动了"热月政变",推翻了代表小资产阶级利益的雅各宾派的统治,热月党人为了巩固与加强大资产阶级的专政,迫切要求制定一部能反映大资产阶级利益的新宪法。在热月反动时期,资产阶级痛定思痛,认识到革命议会专制的严重危害,西哀耶斯经过深刻反省,一改自己以往坚持的"主权不可分割"的观点,开始积极倡导孟德斯鸠主义的

---

① 参见何勤华主编:《法国法律发达史》,法律出版社2001年版,第130页。

复归。①于是,1795年8月22日,由热月党人把持的国民公会通过并由公民表决通过的宪法开始实施。该部宪法切实贯彻了分权的原则。因为1795年宪法是在法国第一共和国三年制定的,历史上又称为"共和国三年宪法"。

1795年宪法也由序言和正文组成。相对独立并标有题目的宪法序言名为《人和公民的权利和义务宣言》,共30条,与1793年宪法相比较,删除了许多关于公民的权利和自由的条文,同时增加了许多公民必须履行的义务条款。宪法正文篇幅冗长,共377条,所规定的国家机构体制,在立法权、行政权与选举权上较有特色:

第一,在立法权上,宪法规定,立法权属于由两院组成的立法团,上院为元老院,下院为五百人院,下院的主要职权是行使提出法案和讨论法案的立法权,上院的主要职权是对下院提出的法案进行修改、审定批准或否决。

第二,在行政权上,宪法规定由立法团两院联合选出的五名督政官行使,各督政官轮流担任主席,每任为期三个月,掌握签署权和国玺,督政府成员必须年满40岁,每年改选1/5。②督政府有全面、自主的督政权,有权任免政府官员,统帅武装力量,处理外交事务,掌管财政等各项行政大权。

第三,在选举权上,宪法对选举权资格恢复了选举人的年龄和财产资格限制,取消了1793年宪法所规定的普选权,这一规定将广大平民又排斥在选举权之外。在这一点上,与1793年宪法相比,1795年宪法倒退了许多。

1795年宪法颁布后,热月党人选出了督政府,开始了督政府的统治。

(二) 1799年宪法

根据1795年宪法组成的督政府执政后,对内统治不得人心,对外战争又遭受一系列失败,在这种形势下,法国大资产阶级需要一个

---

① 参见〔英〕M. J. C.维尔:《宪政与分权》,苏力译,三联书店1997年版,第124页。
② 参见〔法〕米涅:《法国革命史》,北京编译社译,商务印书馆1977年版,第282页。

新的有能力的代理人来巩固大资产阶级专政。在这种背景下,1799年11月9日(法国新历雾月18日),拿破仑·波拿巴发动了军事政变,将督政府赶下台,次日又解散了元老院和五百人院,随后成立了以拿破仑、西哀耶斯、罗歇·迪科三人组成的执政府,开始了拿破仑执政府在法国的统治,波澜壮阔的法国大革命也被雾月政变画上了句号。①

拿破仑上台后,立即授意西哀耶斯主持制定新的宪法,西哀耶斯等人在短短几天内就制定出一部宪法草案。这部草案体现了拿破仑的个人意志。1799年12月24日,草案提交公民表决通过,并于次日生效。因该宪法公布于法兰西第一共和国八年,所以又称"共和国八年宪法"或"拿破仑宪法"。

1799年宪法共7章95条,重申了在法国废除封建君主专制制度,实行共和制度。但实际上仍实行个人专政,为大资产阶级寡头的个人独裁统治披上了宪法的外衣,这主要体现在以下几个方面:

第一,宪法规定,国家最高行政权属于排名有先后顺序的三个执政,执政任期10年(第一次任命的第三执政任期为5年),三名执政可以连选连任。为了以根本法的形式确立拿破仑的最高统治地位,宪法第39条规定,拿破仑是第一执政,第一执政拥有很大的行政权力。宪法第41条规定的第一执政的权力有:"公布法律,并可随意任免参政院成员、各部部长、大使和其他高级外交官员、陆海军军官、地方行政人员和驻在法院的政府专员。"第二、第三执政只是第一执政的顾问,没有明确的法定权力。

第二,立法权属于受第一执政控制的议会。议会由四院组成,分别是参政院、评议院、立法院、元老院。② 参政院设议员40名,全部由第一执政任命;评议院由100名议员组成,由法定选民间接选举产生,任期5年,每年改选1/5;立法院设议员300名,由法定选民间接

---

① 参见吕一民:《法国通史》,上海社会科学院出版社2002年版,第137—338页;〔法〕米涅:《法国革命史》,北京编译社译,商务印书馆1977年版,第332—334页。
② 在法国议会制度发展史上,不仅多次出现过一院制和两院制,而且还出现过英美所没有的多院制形式,这是法国议会制度区别于英美的一个特点。

选举产生,任期 5 年,每年改选 1/5;元老院最初设议员 60 名,以后逐年增加 2 名,增至 80 名为止,议员由第一执政与参政院协商后任命,元老院议员为终身制。

在立法过程中,四院的职能各不相同。参政院根据第一执政的提议和授意草拟法律草案,是政府制定法律草案的咨询机关;评议院讨论法律草案,并表明赞成或反对,但没有修改权;立法院不经辩论即直接投票表决法案,也没有修改法案的权力;元老院并不参与直接的立法工作,仅审查立法院表决通过的立法案是否违宪,最后将经审查合宪的法律呈送第一执政公布,元老院的会议是不公开的。

第三,在司法权的设置上体现了司法不独立的特色。三位执政可以任命法官,但不能撤换,法官名义上是终身职,实际上是国家公务员的一部分,政府在每个法庭派一名专员监督法官。① 当一个人同另一个人进行民事诉讼或一个人被控告为刑事犯而不涉及政治问题的时候,拿破仑要求法庭不带政治偏见去审理案件。拿破仑十分重视司法权的有效行使,他说:"在任何时候,当有人交由法官审判的时候,不管他是属于哪一个党派,均应依法处断。"② 但当问题涉及消灭政敌的时候,拿破仑从来都没有受任何关于司法独立和遵守法律程序等想法的束缚。③

第四,在选举权问题上,宪法确立了间接选举制度。宪法规定年满 21 岁的男性法国公民皆有选举权,取消了 1795 年宪法根据财产确定公民选举资格的规定。但 1799 年宪法并没有确立普选制,而采取了间接选举制,分郡、县、全国层层选举。不过,间接选举的结果一般并无权威性。因为元老院的人选掌握在第一执政手中,第一执政可通过元老院来控制评议院、立法院的组成人员,加上参政院本身即由第一执政任命,这样四院基本上都在第一执政的控制之内。

---

① 参见张芝联主编:《法国通史》,辽宁大学出版社 2000 年版,第 269 页。
② 转引自〔苏〕叶·维·塔尔列:《拿破仑传》,任田升、陈国雄译,商务印书馆 1976 年版,第 77—78 页。
③ 参见〔法〕勒费弗尔:《拿破仑时代》上卷,河北师大外语系、中山大学《拿破仑时代》翻译组译,商务印书馆 1978 年版,第 90 页。

1799年宪法赋予拿破仑的个人权力,比实行君主立宪制度的1791年宪法授予国王路易十六的权力还要大,其实质是确立了拿破仑独裁为主要特征的集权体制,而这个集权的基础是"新贵名流",是在革命中获得利益、地产的资产阶级,这同督政府时代的社会基础是相类似的。①

拿破仑通过宪法掌握了一切大权,对此,当时有人戏称四院为"无害的玩具,可供受过良好教育的儿童玩耍,而一切大事都让波拿巴一人去操心"②。宪法的这一特点,为拿破仑后来随意修改宪法,增加个人权力,实行个人军事独裁统治留下了隐患。

(三) 拿破仑宪法的修改

拿破仑在个人独裁地位逐渐巩固后,授意议会于1802年和1804年,先后对1799年宪法作了两次修改,进一步扩大了拿破仑的独裁权力。之后,拿破仑在1815年的"百日王朝"期间,又对该宪法作了某些修改,从而形成了1799年宪法的第三个宪法修正案。有的学者将这三个修正案分别称为1802年宪法、1804年宪法、1815年宪法。

为了长期实行个人独裁统治,拿破仑在1802年5月6日授意由其控制的元老院,先把拿破仑的第一执政的任期改为20年,两个月后又进行了一次所谓公民投票表决,宣布法国人民任命拿破仑为终身第一执政,并建造他的和平塑像,以便向后世子孙证明全国人民对第一执政的感戴。

在此基础上,拿破仑修改了1799年宪法,同年8月4日,1799年宪法修正案通过。1802年宪法修正案在内容上主要是进一步扩大拿破仑的个人权力,明确规定拿破仑为法国终身第一执政,有权任命他的后继人,有权指定第二执政、第三执政、元老院和最高法院的候选人,有权单独批准和约,有权否决法院的判决等。

1804年5月18日,法兰西帝国(史称法兰西第一帝国)正式宣

---

① 参见冯泉:《略论法国大革命后期政体的演变及其原因》,载《世界通史》1997年第4期。
② 〔苏〕柳勃林斯卡娅等:《法国史纲》,北京编译社译,三联书店1978年版,第396页。

告成立。当天,为了使帝制有一个合法的根基,元老院颁布了《共和国十二年元老院整体建议案》,对1802年宪法作了若干修改,有的学者称之为1804年宪法。其主要内容是宣布法国为帝国,由拿破仑作世袭的"法兰西人的皇帝"。接着拿破仑以法兰西帝国皇帝的名义,册封了一批亲王、元帅和带有爵位的新贵族。

拿破仑建立的第一帝国公开向外扩张,经过长期的征战,国内矛盾十分尖锐,拿破仑曾露骨地宣称:"只要我活着,我将是法国的主人,是法国的主宰。"[①]1814年,欧洲第六次反法同盟终于打败了第一帝国,第一帝国宣告结束,1815年复辟的波旁王朝不得人心,拿破仑又东山再起,重登帝位,但这次统治仅维持近一百天,史称"百日王朝"。在百日王朝期间,拿破仑政权又临时颁布了《帝国宪法补充法案》,对1804年宪法稍作修改,设立了贵族院等机构,并略微扩大了议会的权力。随着"百日王朝"被推翻,1815年宪法也被废弃了。

四、20世纪中叶以前法国宪法的变迁

从拿破仑"百日王朝"失败至20世纪中叶以前,法国宪法变动十分频繁,其主要原因是法国资产阶级的统治还不巩固,政治制度的各个方面尚未最终确立,资产阶级的经济力量也不够强大,这一时期颁布的宪法既有由封建君主制定的钦定宪法(如1814年宪法),又有由封建君主与资产阶级代表经过争夺和妥协之后制定的协约宪法(如1830年宪法),还有由资产阶级制定的民定宪法(如1848年、1875年宪法),体现了不同政治集团的不同利益。

(一)1814年宪法

1814年4月,拿破仑因军事上的失败而被迫退位,波旁王朝复辟。波旁王朝复辟后,路易十八看到法国封建制度已基本上全部被摧毁,资本主义生产关系已取得决定性胜利,要完全恢复革命前的封建君主专制制度已不可能,所以路易十八不得不和大资产阶级妥协,

---

[①] 转引自〔英〕霍兰·罗斯:《拿破仑一世传》,广东外国语学院英语系《拿破仑一世传》翻译小组译,商务印书馆1977年版,第247页。

签发了1814年"钦定宪法"。1814年宪法主要是效仿英国实行的君主立宪制模式制定的,主要特点体现在以下几个方面:

第一,宪法首先肯定了公民权利平等和保障人权。这是路易十八作出妥协让步的重要方面。宪法第1条规定公民在法律面前平等,第3条规定就任公职的机会平等,第8条规定公民拥有出版自由,第9条规定所有权不可侵犯及信仰宗教自由。

第二,宪法确立了国王拥有极大权力的君主立宪制政体。宪法规定法国实行君主立宪制度,同时赋予国王较大的权力,国王既是国家最高元首、武装部队总司令,又是行政首脑,有权宣布战争和缔结和约、盟约及通商条约,并有权任命贵族院和众议院议长,有权宣布解散议会众议院,有权与议会分享立法权,有创制和颁布法律的权力。

第三,宪法规定了两院制的议会和国王一同行使立法权。宪法规定议会由贵族院和众议院组成,立法权在国王参与之下由议会两院行使,法律的创制权和颁布权都属于国王;贵族院由国王召集,并由国王指定的议员组成,他们是终身的或是世袭的;审议非公开进行,必要时有权对犯大反逆罪及国家公共安全罪的政府阁僚进行审判;①众议院只能讨论国王提交的法律草案,无修改权。议会两院尤其是众议院形同虚设,作用微乎其微。

第四,对选举权和被选举权资格作了严格限制。宪法规定只有年满30岁、交纳300法郎以上直接税的人才有选举权,年满40岁、交纳1000法郎以上直接税的人才有被选举权。根据这一规定,在当时3000万法国居民中,约有9.5万人享有选举权,约有1.9万人享有被选举权。② 这实际上决定了要想当选为众议院议员必须是维护封建制度的有产者。

1814年宪法一直实施至1830年七月革命后,被七月王朝宪法所取代。这部宪法虽然赋予君主极大的权力,但也有一定的影响作

---

① 参见何勤华主编:《法国法律发达史》,法律出版社2001年版,第140页。
② 参见姜世林等编:《世界宪法大全》,中国广播电视出版社1989年版,第750页。

用,即对在宪法中要求确定君权极为广泛的普鲁士、德意志等国的宪法有一定的影响。

(二) 1830年七月王朝宪法

1824年9月,路易十八死后,由其弟阿多瓦伯爵继任法国王位,称查理十世。查理十世更加明目张胆地实行一系列复辟倒退政策,企图恢复旧的专制制度。查理十世的倒行逆施不仅引起了广大人民群众的不满,而且使资产阶级对查理十世的反动面目有了进一步的认识。

1830年7月27日至28日,巴黎群众进行革命,推翻了波旁王朝的反动统治,但革命果实很快被资产阶级篡夺,为维护资产阶级的利益,议会两院将奥尔良公爵路易·菲力普安置在王位上,建立起实行君主立宪制的七月王朝。七月王朝废除了1814年波旁王朝宪法,颁布了一部新宪法,史称"七月王朝宪法"或"1830年宪法"。

1830年宪法是一部由议会两院决议、国王同意的协定宪法。这部宪法在内容上有以下特点:

第一,删去了1814年宪法开头关于国王给法国公民恩赐的宪法序言。

第二,限制王权,扩大了众议院的权力。宪法规定法律的提案权属于国王与两院,但法案的通过权属于议会两院,取消了国王对议会通过的法案的延搁权。在法律实施上,规定国王无权以国王命令的方式来中止法律的实施。贵族院在本质上并无大的变化,只是规定国王无权增设世袭的贵族院议员,取消了贵族特权和贵族称号的世袭制。

第三,在选举制度上,继续维持1814年宪法众议院的选举方式,但资格要件相对缓和,规定年满25岁、缴纳直接税200法郎以上的成年男子有选举权,年满30岁、缴纳500法郎以上直接税的成年男子有被选举权。这一规定使全国的法定选民由9.5万人增加到24万人,但广大的平民仍不能获得选举资格。

第四,改变了国王的即位方式,国王需经众议院举行遵守宪法的宣誓仪式后方可即位,并恢复法国大革命时期的三色旗为国旗。

1830宪法从内容上看是一部体现改良主义特色的宪法,①对缓和当时国内尖锐的矛盾有一定的积极作用,它一直实施到1848年,被法兰西第二共和国宪法所取代。

(三) 1848年宪法

1848年是欧洲资产阶级民主革命之年,法国于2月爆发了革命,推翻了路易·菲力普的七月王朝,建立了由资产阶级共和派控制的临时政府,之后,宣布实行共和制度,建立了法兰西第二共和国。1848年4月23日法国进行了制宪议会选举,选举了880名制宪议会议员,着手制定新的宪法。1848年11月4日,制宪议会制定的宪法获得通过,这就是1848年宪法,又称"法兰西第二共和国宪法"。

1848年法国宪法共12章176条,从内容上看,是19世纪中叶欧洲大陆较民主的一部宪法。该宪法具有以下特点:

首先,首次将"博爱"载入宪法之中,将其与"自由、平等"并列。在这之后,法国制定的各部宪法都将"博爱"载入其中,"博爱"被称为1848年宪法精神。

其次,宪法赋予公民一些新的权利,第一次明确规定公民有从业自由、免费初级教育、社会救济、劳资平等等权利,同时宣布废除奴隶制度,废除政治犯死刑制度。

最后,规定立法权属于一院制的立法议会,行政权属于总统。立法议会设议员750名,议员由年满21岁的成年男子直接投票选举产生,任期3年,被选举为议员的资格为年满25岁的有选举权者。立法议会有立法、宣战、媾和、批准条约等权力。行政权属于总统,任期4年,为防止个人专权,总统不可以连任。总统也是通过直接选举产生。同时设副总统一人,由国民议会根据总统提名选出。总统是国家元首,统揽行政、军事等大权,总统有权任命官吏和部长,统帅一切武装力量,有权签订条约和宣布战争,以及行使部分罪行的赦免权。在议会与总统的关系上,实行分权原则,总统无权解散议会,不对议会负责,议会也不能罢免总统。

---

① 参见何勤华主编:《法国法律发达史》,法律出版社2001年版,第145页。

1848年宪法是一部较民主的宪法,它所确立的政治体制,明显地由模仿英国的内阁制转向模仿美国的总统制。① 宪法颁行之后,资产阶级临时政府于同年12月10日举行的总统大选中,选举拿破仑·波拿巴的侄子路易·波拿巴担任总统,他是法国历史上第一位总统。由于1848年宪法仍赋予总统很大的权力,这种"具有王权的一切特性"的总统大权被路易·波拿巴充分利用,最终导致4年后军事政变的发生,并推翻了第二共和国政权,体现资产阶级民主自由精神的1848年宪法也被废止。

(四)1852年第二帝国宪法及其修改

路易·波拿巴当选为总统后,并不满足于做一个任期有限制的共和国总统。1848年宪法明确规定,总统的任期为4年,且不得连选连任。按照这一规定,路易·波拿巴的总统任期到1852年即期满,野心勃勃的他在巩固了独裁统治地位之后,指使其亲信在1851年7月提出修改宪法,取消宪法禁止总统连任的规定,但修宪提议被国民议会否决。

于是路易·波拿巴在1851年12月1日发动"雾月十八日政变",解散了反对他的国民议会。在发动军事政变的当日,路易·波拿巴即指使其亲信以1799年宪法为蓝本,制定一部新宪法。其亲信在1852年1月14日仅用了几个小时就制定出了一部新的宪法,提交公民进行所谓"公民表决"后,于1852年1月15日正式公布施行,史称1852年宪法。

1852年宪法正文部分共8章58条,主要内容如下:

第一,名义上保留了共和制政体,但实际上却实行君主专制制度,赋予了总统极大的权力。宪法第2条规定:法兰西共和国大总统路易·波拿巴为国家元首,任期10年。这实际上意味着由路易·波拿巴一人行使国家最高统治权。总统享有的权力十分广泛,主要有独立创议法律的权力,批准和公布法律权;任命一切官员,发布为执

---

① 参见赵宝云:《西方五国宪法通论》,中国人民公安大学出版社1994年版,第233页。

行法令所必需的规章和法令,统帅陆海军,宣战、媾和、缔结条约权,宣布戒严等行政权力;特赦权、司法权等等。这实际上将立法权、行政权、司法权集于总统一人,为路易·波拿巴的专制独裁提供了法律依托。

第二,在立法机构的设置上,设立立法院、元老院和参政院。元老院负责维护宪法和法律的执行,元老院议员由总统任命,任职终身,元老院议员薪金十分丰厚,这使他们没有丝毫批评或反对现行行政权的想法,他们是这一统治的既得利益者。[①] 立法院对法律草案进行讨论与表决,但无提议权。参政院在总统的指导下起草法律草案,呈交给总统批准,其成员由总统任命。这些立法机构完全听命于总统一人,只是一些形同虚设的没有实际作用的机构,宪法第14条明确规定:"各部部长、立法院议员、元老院议员、参政院成员、陆海军军官、法官与公务人员应宣誓如下:我宣誓服从宪法和效忠大总统。"这在宪法中肯定了总统至高无上的地位。

1852年宪法为路易·波拿巴进行独裁统治、复辟帝制铺平了道路。在宪法颁布仅仅10个月之后,路易·波拿巴即着手建立帝制,并进行了所谓的全民投票表决,投票结果是780万票支持实行帝制,25万票反对,200万票弃权[②],这样,法国由共和制改为帝制,路易·波拿巴由法兰西共和国总统变为法兰西帝国皇帝,称号为拿破仑三世,法国由此进入第二帝国时期,所以1852年宪法又被称为法国第二帝国宪法。列宁曾指出,法国1852年宪法是以一种特别丑恶的形式恢复了君主制。

路易·波拿巴的专权统治引起法国国内社会矛盾与阶级矛盾日益尖锐,为了维护专制统治,路易·波拿巴在1870年5月对宪法进行了部分修改,适当限制了王权,相应提高了立法机构的地位与作用,规定政府应直接对议会负责,不再对皇帝个人负责;同时还规定,

---

① 参见〔法〕皮埃尔·米盖尔:《法国史》,蔡鸿宾译,商务印书馆1985年版,第380页。

② 参见〔法〕多米尼克·弗雷米:《法国历届总统小史》,时波译,新华出版社1986年版,第29页。

凡涉及课税的法律应先经过立法院通过,元老院的权限受到限制,只拥有单纯的立法监督权,皇帝每年任命的元老院议员总数不能超过20人。但是,这些修宪措施并未使1852年宪法发生实质性变化,路易·波拿巴也并未从困境中摆脱出来,于是,他希望借助战争转移国内人民的视线,维护岌岌可危的第二帝国。然而,1870年普法战争中法军遭到惨败,路易·波拿巴本人也被俘。战争的失败激化了法国的国内矛盾,人民群众在1870年9月4日爆发了起义,要求废除帝制,恢复共和制,第二帝国就此宣告结束,第二帝国宪法也寿终正寝。

(五)1875年第三共和国宪法

1870年推翻帝制后建立起来的以梯也尔为首的资产阶级临时政府,依然推行对内镇压、对外卖国的政策,在这种情况下,法国无产阶级于1871年3月18日举行起义,并于3月28日成立了巴黎公社,这是由无产阶级掌权的新国家,是无产阶级专政在历史上的第一次勇敢尝试。

巴黎公社成立后,颁布了一系列法令,但由于巴黎公社缺乏无产阶级政党的领导,脱离占人口大多数的农民,内部发生分裂,在敌我力量悬殊的情况下,最后遭到资产阶级的镇压。之后,资产阶级内部的保皇派曾一度企图恢复君主制,但后来由于保皇派内部矛盾和广大群众强烈要求实行共和,保皇派才放弃恢复帝制的企图。

在各方压力下,1873年成立了宪法起草委员会,开始起草新宪法的工作。1875年1月30日,国民议会以353票对352票勉强通过了一项关于共和国总统任命方法及任期的决定,将实行"共和国制度"的内容写入当选总统的条文之中,从而以间接的方式确立了法国为共和制国家。

同年2月至7月,国民议会先后通过了《参议院组织法》、《政权组织法》、《政权机关相互关系法》三个宪法性法律文件,这三个宪法性法律文件构成了1875年法国宪法,又称"法兰西第三共和国宪法",实行六十余年,是法国历史上实施时间最长的一部宪法。①

1875年宪法不是一部统一而完整的法典,它是法国历史上唯一的一部没有完整宪法典的宪法②,而且,它没有规定公民权利,主要规定有关国家机构的内容。

第一,《参议院组织法》规定,参议院与众议院共同行使创议并制定法律之权,但财政法案应事先在众议院提出并通过,然后转交参议院表决通过。参议院有权否决众议院通过的议案。参议院可以组成最高法院,审理危害国家安全的案件,审判共和国总统及部长犯罪的有关案件。

第二,《政权组织法》规定立法权由众议院和参议院两院行使。众议院议员600名,③由直接选举的方式产生;参议院议员为300名,其中75名由终身议员担任,其余225名由间接选举产生。共和国总统由参议院与众议院联合组成的国民议会依绝对多数票选出,任期7年,可连选连任。该法在肯定共和制的同时,还赋予了总统过大的权力,④即总统有与参众两院共创立法议案的立法权;有权公布两院通过的法律,监督并保证其施行;有统帅武装权;有任命全体文武官员权;特赦权;有权在征得参议院同意后提前解散众议院等等。

该法还首次规定了法国实行责任内阁制的基本原则。该法第3条规定,总统的权力必须通过内阁行使,总统的每项命令须由各部部长一人副署。第6条规定,各部部长就政府的一般政策对两院负连带责任。

第三,《政权机关相互关系法》详细规定了两项内容。一是参众两院召开会议的时间及相关事宜。二是对总统行使权力作了一定的限制,规定总统缔结并批准条约应通知参众两院;非经参众两院同

---

① 参见北京大学法学百科全书编委会主编:《北京大学法学百科全书》(外国法制史部分),北京大学出版社2000年版,第185页。
② 参见何勤华主编:《外国法制史》(第四版),法律出版社2006年版,第236页。
③ 参见曹沛霖、徐宗士主编:《比较政府体制》,复旦大学出版社1993年版,第177页。
④ 参见洪波:《法国政治制度变迁——从大革命到第五共和国》,中国社会科学出版社1992年版,第96页。

意,总统不得宣战。同时该法还对参众两院议员在行使权力时的人身保障作了较为详细的规定,即议员在执行职务时不得因发表意见或表决而被控诉。

1875年宪法既有进步之处,也有守旧落后的地方,宪法规定的参议院可组成最高法院审判总统,总统应通过内阁行使权力,议员在行使权力时人身受保障等内容,体现了法国资本主义宪法的进一步完善。但是由于这部宪法是在镇压无产阶级专政的巴黎公社后制定的,所以它既未规定类似1789年《人权宣言》的内容,也无公民权利的设定和权利保障的规定,宪法没有主权的规定,宪法也不再由公民投票批准,这在法国历次宪法中是十分少见的。

同时,宪法在规定国家机构上并不十分完善,也未专门规定司法权。造成这种现象的原因是统治阶级中君主派与共和派僵持不下,是两个派别相互妥协的结果。不过,正因为结构上的不完备和内容上的不完整,所以修改起来比较容易,实施的时间也较长。除了1884年8月14日、12月9日作了两次修正外①,1875年宪法一直实施到1940年5月德国入侵法国,长达65年之久。

五、1946年法国宪法

二战后,法国在1946年10月制定颁布了一部新的宪法,史称"第四共和国宪法"。这是一部实行资本主义议会内阁制度的宪法,它一直实施到1958年9月,被法兰西第五共和国宪法所取代。

(一)1946年宪法制定的历史背景

1944年法国人民将德国法西斯侵略军赶出法国,法国本土获得解放,同年8月,戴高乐将军从国外回到巴黎,组成有法国共产党参加的战后法国临时政府,戴高乐任临时政府首脑。10月21日,法国就是否应制定新宪法举行了公民投票,结果有96.4%的选民赞成起

---

① 修正的主要内容是明确规定禁止修改政府的共和国政体,规定凡曾统治过法国的家庭的成员不得当选为共和国总统,废除了部分参议员的终身制,确立了《马赛曲》为法国国歌,7月14日为法国国庆日等等。

草新的宪法。

根据公民投票情况,法国临时政府在 1944 年底选举产生了由 586 人组成的制宪会议①,它主要由共产党、人民党、社会党三大党联合组成,并被授权制定新宪法。制宪会议经过长时间的讨论,最后才形成了一部综合上述三党制宪方案的妥协性的宪法草案,该宪法草案于 1946 年 4 月 19 日在制宪会议内部获得通过,史称"四月宪法草案"。

"四月宪法草案"从总体上看,较多地反映了社会党制宪主张,赋予议会以较大的权力。这个确立议会优先地位的宪法草案受到了戴高乐的强烈反对。"四月宪法草案"在 1946 年 5 月 5 日提交国民表决时,以 1 058 435 票反对,9 454 034 票赞成,被国民否决。②第一届制宪会议宣告解散。

在这种情况下,1946 年 6 月 2 日,临时政府选举出第二届制宪会议。第二届制宪会议在较短的时间内又起草了一个宪法草案,该草案在总统权力问题上虽然较"四月宪法草案"的规定略有增加,但总统仍缺乏实际的政治权力,所以草案仍遭到戴高乐的反对。不过,在 1946 年 10 月 13 日举行的公民投票中,该宪法草案获得通过,同年 10 月 27 日签署公布,这就是"法兰西第四共和国宪法"。宪法在从起草到通过的一年多的时间内,法国举行了五次选举,而没有发生严重的混乱,这反映了这一时期法国各政党力量对比关系的明显稳定。③

根据 1946 年宪法,法国于 1946 年 11 月 10 日选出了第一届国民议会,并在 1947 年 1 月选出了第四共和国总统,同时建立了各种国家机构,第四共和国的体制正式运转。

---

① 历史上称这届制宪会议为第一届制宪会议,以区别于 1946 年成立的制宪会议。
② 参见〔法〕夏普萨尔、朗斯洛:《1940 年以来的法国政治生活》,全康译,上海译文出版社 1981 年版,第 113 页。
③ 参见〔美〕布莱克、赫尔姆赖克:《二十世纪欧洲史》下册,黄嘉德等译,人民出版社 1984 年版,第 982 页。

(二) 1946年宪法的主要内容

1946年宪法在结构上由序言和正文两部分构成。序言仍以《人权宣言》为基本内容,重申了尊重1789年《人权宣言》中所阐明的人和公民的各项权利和自由,并特别规定,法国放弃以征服为目的的战争,为了国际和平,愿意对主权作出必要的限制。宪法正文部分共12篇106条,详细规定了国家的基本宪法原则及国家机构的具体设置。其内容主要有以下几个方面:

第一,对国家主权的性质与宪法的基本原则作了规定。宪法宣布法兰西为不可分割的、非宗教的、民主的和社会的共和国(第1条)。[①] 共和国的原则为"民有、民治、民享"的政府(第2条)。法国国家主权属于法国全体国民,国民通过议会行使国家主权。

第二,实行两院制的议会制度。议会实行两院制。一院是国民议会,由约600名议员组成,直接选举产生,任期5年,期满全部改选;另一院是参议院,由约250名至320名议员组成,[②]间接选举产生,任期10年,每3年改选一半。两院的权力是不平等的,国民议会的权力明显大于参议院的权力。

宪法规定,国民议会有权修改宪法,通过法律,决定国家财政预算,批准对外宣战,认可总统批准的国际条约,同共和国一起选举总统,由国民议会议长主持两院的联席会议等。在国民议会与政府的关系上,宪法规定,总统提出总理名单及总理任命部长都需要经国民议会投票信任通过;政府的施政纲领必须得到国民议会过半数议员的批准;唯有国民议会有倒阁权,若国民议会以过半数通过了对政府的不信任案或否决了政府的信任案,则政府必须辞职。

参议院的权力比过去大大削弱了,只是一个提出意见的机构,被称为"思考议会"。参议院的主要职责是对国民议会一读通过的法律草案提出修改意见,并对该法律草案表示赞同或反对,如参议院不赞同国民议会通过的法律草案,则国民议会可以通过二读程序来坚

---

① 参见何勤华主编:《法国法律发达史》,法律出版社2001年版,第149页。
② 同上书,第150页。

持通过法律。参议院的权力较小还体现在参议院与政府的关系上,参议院无权过问选任总理和部长的工作,无倒阁权,其议长也无权主持两院的联席会议。由此可见,议会的两院制是表面上的两院制,而实际上却是一院制。

第三,明确规定由内阁行使行政权。在总统问题上,总统由议会两院联席会议选举产生,任期7年,它只是名义上的国家元首,它发布每项命令均需有政府有关部长的副署。总统对政府行为不承担政治责任。总统没有法律倡议权、制定法律权、统帅军队权、任免权,而且无权否决议会通过的议案。宪法起草委员会总报告人、人民共和党人皮埃尔·科斯特-弗洛雷曾说过:在理论上限制共和国总统职权的同时,我们只赋予总统具有实质性内容的权限。

宪法规定,行政首脑为内阁总理,总理和各部部长组成国务会议,确保法律的执行。内阁总理形式上由总统任命,但事先必须得到国民议会议员绝对多数的信任。内阁实行责任内阁制,对国民议会负责,当国民议会对内阁作出不信任决议时,内阁须集体辞职,同时宪法也规定,内阁也可以解散国民议会,但条件十分严格。

第四,宪法规定由最高司法会议行使司法权。法官由最高司法会议提名,由总统任命,实行终身制。

第五,确立了违宪审查制。从1902年开始,法国比较立法协会的会长拉尔诺德发起了一场旨在建立模仿美国式司法审查制的运动,引起了广泛的争论,[①]虽然当时遭到许多人的反对,但从此以后,需要效仿美国在法国建立违宪审查制的理念在法国广为流传,1946年制宪会议的代表们深受这种思想的影响,在法国正式确立了违宪审查制。宪法规定设立宪法委员会,作为违宪审查机关,宪法委员会主要是在法律公布期间,根据总统和参议院议长的共同要求,审查国民议会通过的法律是否与宪法相抵触,而且在法律制定过程中,宪法委员会还起到了调整两院意见的作用。

---

① 参见〔美〕路易斯·亨金等:《宪政与权利》,郑戈等译,三联书店1996年版,第33—34页。

第六,1946年宪法还专篇规定了"法兰西联邦"。宪法规定法兰西联邦由法国本土、海外领域和殖民地构成,并规定法兰西联邦设立的公共机关是联邦总统、联邦最高委员会和联邦议会。法国总统也是法兰西总统;联邦总统、法国政府代表及各成员国代表组成的法兰西联邦最高委员会,负责处理法兰西联邦的一般性事务;联邦议会成员一半来自法国议会,另一半来自各海外领地和殖民地。这些规定反映了法国人要求帝国统一和实行中央集权的愿望。

(三) 1946年宪法的修改

1946年宪法实施后,由于宪法中规定的议会优于内阁,国民议会很容易行使倒阁权,这极易造成内阁不稳定。而且战后初期,欧洲正处于重组时期,法国内部通货膨胀严重,工人罢工运动不断,法国殖民地附属国的民族解放运动也空前高涨,这些都加剧了法国政局的不稳定。从根据1946年宪法组成的第一届正式政府成立(1947年1月22日)算起,到1950年7月,短短3年多中,政府就更换了8届,这种政局不稳的局面迫切要求修改宪法。

1954年12月7日,1946年宪法第一次修改被通过。1958年,法国着手对1946年宪法进行第二次修改,但阿尔及利亚事变突然发生,6月1日戴高乐接管了政府,第四共和国及其宪法体制也走到了尽头。

六、1958年法国宪法

(一) 1958年宪法的制定背景

1958年5月29日,第四共和国总统科蒂向议会发出咨文,吁请戴高乐担任政府总理。6月1日,戴高乐在议会同意他所提出的条件的前提下接管政府。同日,国民议会通过决议,授权戴高乐政府解决阿尔及利亚及本土问题。

6月3日,国民议会又通过了授予政府修改宪法的全权法案,其主要内容是授权戴高乐六个月的全权,以颁布法令的方式处理国内和国际事务,同时规定由政府制定修改宪法草案,无须提交议会批准。该法案还规定了修宪活动的五项原则,即立法权和行政权来源于普选及普选产生的机关、立法权与行政权必须分立、政府必须对议会负责、司法权必须独立、宪法应使共和国同它合作的各族人民之间的关系正常化。

东山再起的戴高乐上台执政后,在着手迅速处理阿尔及利亚事件的同时,大刀阔斧地开始制定新宪法的工作,先是成立了由国民议员17人、参议员10人及政府任命的12名社会知名人士组成的宪法咨询委员会,①接着在1958年夏天成立了由司法大臣米歇尔·德勃雷、乔治·蓬皮杜等人组成的制宪小组,在戴高乐本人直接领导和监督之下,开始秘密起草宪法。

1958年7月16日,宪法起草完毕,然后送交内阁会议讨论,经过一些修改和补充后,内阁会议在7月29日通过了宪法草案。9月28日,在法国本土和海外领地的法国公民同时举行投票表决,表决结果是在法国本土,赞成票占登记选民的66.4%,赞成票占有效投票的79.2%;在海外投票表决中,除西非的几内亚外,都投了赞成票,公民投票获得成功。

1958年10月5日,经国民投票表决批准的新宪法公布生效实施,史称"法兰西第五共和国宪法",又称1958年宪法或戴高乐宪法,这是法国现行宪法。

(二) 1958年宪法的主要内容②

1958年宪法由序言和15章组成,共92条。③ 宪法序言十分简单,重新确认了1789年《人权宣言》规定的原则,未像以往几部宪法那样具体规定关于人权的内容。正文部分与1946年宪法相比,呈现出许多新的特点。

1. 扩大和加强了总统的权力

法国1958年宪法的突出特点之一即是加强了总统的权力。该

---

① 参见〔美〕布莱克、赫尔姆赖克:《二十世纪欧洲史》下册,黄嘉德等译,人民出版社1984年版,第992页。
② 参见《中外宪法选编》,人民出版社1982年版,第114—138页。
③ 具体条款可参见芮正皋:《法国宪法与"双头政治"》,梅逊出版社1987年版,第206—232页。

宪法在结构上紧接第一章"主权"之后,就规定"共和国总统问题",将其列为宪法的第二章,这已从形式上说明了总统在整个国家机构中的地位。总统是国家的元首,由选举团选举产生,任期7年,可以连选连任。总统监督宪法的遵守,他通过自己的仲裁保证公共权力机构的正常活动和国家的持续性,他是国家独立、领土完整和遵守共同体协定与条约的保证人。

总统的权力主要包括以下10个方面:(1)任免总理,并根据总理的提名任免政府的其他成员以组成政府,同时,总统有权任免其他有关文武官员;(2)签署和公布法律;(3)主持内阁会议,并签署内阁会议通过的法令和命令;(4)有权在征询总理和议会两院议长意见后宣布解散国民议会;(5)外交权,有权派遣驻外使节,并接受外国使节;(6)军事权,总统是军队的统帅,主持最高国防会议与国防委员会会议;(7)司法权,总统有赦免权,总统还是司法机关独立的保障者,同时,总统担任最高司法委员会主席;(8)向国民发表咨文,向议会发表咨文,有权将有关法案直接提交国民表决;(9)在紧急状态下,根据形势采取必要的措施,行使"非常权力";(10)修改宪法提议权。

从上述规定可以看出,总统的权力遍及立法、行政、司法、军事各个领域,较以前大为增强,虽然宪法在第19条规定,"总统的部分命令须由总理或部长副署",形式上限制了总统的权力,但由于总理、部长的人选本身由总统决定,因此这种限制的作用十分有限。

2. 缩小了议会的权力

法兰西第五共和国宪法总的精神十分明确,就是要改变第三、第四共和国确立的议会掌握国家大权的体制。法国自1875年第三共和国以来,议会权力很大,属于典型的议会制国家。第五共和国宪法实行以后,仍采用两院制,上院为参议院,下院为国民议会。① 虽然议会制度在形式上仍被保留,但议会在国家机构体系中的地位却明显下降了,总统权力大幅上升,法国不再是典型的议会制国家,而是

---

① 参见许崇德主编:《宪法学》(外国部分),高等教育出版社1996年版,第120页。

一个兼有议会制和总统制两种特色的国家了。议会权力的缩小主要体现在以下几个方面：

第一，1958年宪法在规定议会行使立法权的同时，对议会的立法权作了限制。首先，宪法第34条具体规定了议会立法的主要项目范围。在形式上看，议会的立法事项好像很多，但实际上，在作了这样的列举之后，对于不属于列举范围的事项，议会就不能管辖了。而且，对国防、地方自治、教育、劳动、工会、社会保障等方面，议会只能制定一般基本原则的法律，这在事实上限制了议会的立法范围。其次，宪法第38条规定，政府可以要求议会授权政府制定法令，政府法令具有与议会法律同样的法律效力，这使议会对有关问题的立法权转移到政府手中。再次，总统可以不经议会同意，直接将由其提出的立法案提交公民表决，总统还可行使"非常立法权"进行立法。最后，宪法第48条规定，在讨论立法草案时，议会要优先讨论政府法案，这有利于政府法案在议会的顺利通过。

第二，宪法赋予议会监督权的同时，也对议会的权力作了多项限制。监督权主要表现在议会对政府的质询权与弹劾权，其中，国民议会对政府的弹劾权受限制最多。宪法第49条详细规定了国民议会提出不信任案时所受的限制，主要有"不信任案"须至少有国民议会1/10的议员签署，"不信任案"提出后只有经48小时后才能表决，表决实行特殊计票方法，即只统计对"不信任案"的赞成票，弃权票作支持政府的选票，只有获得组成国民议会的议员过半数票的赞成才能通过"不信任案"，如果签署的"不信任案"被否决，那些签署人在同一会期中，不得再提出"不信任案"。

有这么多的限制，"不信任案"往往很难获得通过，这一规定有利于保持内阁的稳定。例如，在1958—1979年期间，国民议会正式向政府提出过24次"不信任案"，但只有1962年对蓬皮杜政府的"不信任案"表决后成立，蓬皮杜政府被迫辞职，其他诸次均未成立。① 此外，议会的财政权也被缩小，议会的会期也受到了宪法的明

---

① 参见吴国庆：《法国政府机构与公务员制度》，人民出版社1982年版，第62页。

确限制。①

3. 稳定了政府和总理的地位

根据宪法第8条规定,总理由总统提名并加以任命,不需征求议会同意,政府其他成员也由总统提名、任命,总理和政府其他成员的免除程序同于任命程序,政府不设副总理、副部长。

如上文所述,议会对政府提出"不信任案",法律作了种种限制。在政府与议会的关系上,实行"不相容原则"。宪法第23条规定:政府成员的职务,同行使议会的委托权、任何全国性职业代表的职务以及任何公职或者职业性活动是不相容的。即政府成员不得兼任议员,议员也不得兼任政府成员。以往允许议员兼任政府部长,于是一些议员为当上部长寻找机会不断向内阁发难,从而造成内阁换届频繁。宪法的这一规定避免了政府不断更替现象的再次发生,有利于保持内阁的稳定。

对于政府首脑即总理的主要职权,宪法作了详细的规定:(1)向总统提出建议任命的国务部长、部长、部长级代表、国务秘书等政府成员名单,经总统任命后组成政府,同时可任命除由总统任命范围以外的政府高级文职人员;(2)领导政府的政务活动;(3)掌管武装力量,对国防负责;(4)保证法律的执行;(5)提出立法议案和修宪倡议,参与立法活动;(6)将议会通过的法律提交宪法委员会审查是否违宪;(7)在与议会的关系方面拥有许多权力,如总理有权要求议会召开特别会议,议会两院在讨论法案中若出现意见不一致时,总理有权要求两院组成人数相等的混合委员会等等。

4. 完善了宪法委员会制度

第四共和国宪法已规定设立宪法委员会,第五共和国宪法则对其进一步完善。宪法委员会由9名经任命方式产生的有任期限制的委员和若干名无须任命的当然的终身委员组成。9名委员任期9年,不得连任,其中3名由总统任命,3名由国民议会议长任命,3名由参议院议长任命,每年更新1/3,而且不得兼职。宪法委员会的当

---

① 转引自何勤华:《法国法律发达史》,法律出版社2001年版,第159页。

然终身委员是共和国各前任总统。宪法委员会主席由总统任命,当赞成票与反对票同数时,主席有决定性的投票权。

宪法委员会的主要职责有:(1)监督选举;(2)保证和监督宪法的实施;(3)接受总统咨询,总统行使"非常权力"前,应正式向宪法委员会咨询,总统作出必要措施时也应征询宪法委员会的意见。

可见,宪法委员会制度已进一步完善,议会成员经常运用手中的权力,在宪法委员会提起宪法官司,宪法委员会的判例法已成为法律和政治体制的重要因素。[①]

5. 专门规定了"政党地位"

在英国、美国的宪法中一般不规定有关"政党"的内容,有关政党的立法都包括在结社自由之中。法国是一个多党制国家,在第四共和国时期参加选举活动的较大的政党有三十多个,在国民议会中占有席位的政党就有十几个。多党制降低了议会的议事效率,使法案不能迅速通过,不能作出各种决定来适应国际国内形势的需要,甚至使议会十分混乱,造成法国政局动荡不安。

戴高乐本人十分厌恶政党政治,在他上台之后,为了缓和与其他政党的关系,同时使政党控制在资产阶级统治允许的范围内,他要求在宪法中明确确立政党的法律地位。宪法第4条规定:"各政党和政治团体,协助选举表达意见,它们可以自由地组织并进行活动。""它们必须遵守国家主权原则和民主原则。"这两句主要是针对法国共产党,因为戴高乐认为共产党是国际性的,并不尊重国家主权,而且实行阶级专政。宪法明确规定政党地位对法国的政党政治和政治稳定都有一定的积极意义。

(三) 1958年宪法的修订与完善

1958年宪法是法国历史上最稳定的宪法之一,它所确立的半总统制、半议会制的体制,对于结束法国政局的长期动荡、稳定国家经济和文化起了很大的作用,而且它所确立的宪法体制在当时宪政史

---

① 参见〔美〕路易斯·亨金等:《宪政与权利》,郑戈等译,三联书店1996年版,第48页。

上也具有鲜明的特点,丰富了宪法体制的理论。

法国学者戈德肖认为:经验表明,像1787年以来的美国那样,法国终于找到了一部同它的气质,它的政治道德以及同现代世界发展相适应的宪法。它的许多规定给法国带来了一种较为稳定的政治体制,虽然在1960年、1962年、1963年、1974年、1976年、1992年、1993年、2000年作了几次修改,但宪法总的原则不变,至今仍在使用。

第四节 德国的宪政实践

德国制定宪法的历史,始于1815年德意志邦联成立,终于1990年10月3日德国重新统一之后,前后共有一百八十余年的历史。

一、德国宪法的历史渊源

(一)19世纪前期德意志帝国成立以前的立宪活动

1813年至1814年进行的第六次反法联盟,拿破仑一世被打败,法国从德意志民族所属的各邦国中退出。根据1814年10月至1815年6月召开的维也纳会议决定,德意志邦联成立,由此拉开了德国制定宪法的历史。

邦联本身是一个松散的政治联盟,既无邦联中央政府,也未建立起邦联的武装力量,本身不能制定统一的宪法。在邦联内,南部邦国因在地理位置上与法国毗邻,受法国资产阶级革命影响较深,一些邦国以当时法国的宪法为蓝本(大多以1814年法国路易十八的钦定宪法为蓝本),制定出了本邦国的邦宪法。如萨克森-魏玛在1816年,巴伐利亚在1818年,巴登在1818年,拜伦在1818年,符腾堡在1819年,黑森-达姆斯塔特在1820年都分别制定了本邦国的邦宪法。[①]与南部邦国相比,德意志北部各邦的制宪工作相对较晚,不伦瑞克在1832年、汉诺威在1833年分别颁布了宪法,这些宪法大多借鉴了比

---

① 参见〔日〕佐藤功:《比较政治制度》,刘庆林、张光博译,法律出版社1984年版,第84页。

利时的 1813 年协约宪法。①

南部邦国的钦定宪法与北部邦国的协约宪法,虽然具有近代宪法的因素,但它们归根结底是与旧的君主主义相妥协而存在的,这些宪法的国民主权、民主主义的基础从一开始就很薄弱。② 就对近代德国政治生活的影响而言,最重要的要推 1849 年法兰克福宪法、1850 年普鲁士宪法与 1867 年北德意志联邦宪法。

(二) 法兰克福宪法

1848 年 3 月,德国爆发了资产阶级革命,革命从奥地利维也纳人民举行起义展开,几乎波及了德意志邦联的各个邦国,资产阶级利用这种革命形势,提出了制定一部全德宪法的要求。在这种形势下,1848 年 3 月在法兰克福召开了由 574 人组成的预备会议。③ 5 月 18 日,德意志国民议会在法兰克福的圣保罗(Paulus Kirche)教堂召开,着手制定全德宪法。

在制定宪法的过程中,国民议会的议员们首先在关于德意志公民的基本权利方面取得了一致意见,并且仿照法国的做法,先单独通过了一项规定国民权利的宣言,即 1848 年 12 月 21 日通过的《根本权利宣言》,将之作为以后宪法的一部分。《根本权利宣言》规定了人身自由与法律平等、公民不受任意逮捕、经济生活自由、迁徙自由、公民财产神圣不可侵犯、出版自由、宗教信仰自由等公民的基本权利和司法独立的原则。④ 国民议会在颁布《根本权利宣言》后,经过三个多月的争夺与协商,于 1849 年 3 月 27 日以 267 票对 263 票通过,并在次日颁布了《德意志帝国宪法》,这部宪法又被称为"法兰克福宪法"。

该宪法共 7 章 197 条,其中第六章是《根本权利宣言》的内容,详细规定了自由权利,其他各章则规定了国家政治制度各个方面的内容。

---

① 转引自何勤华主编:《德国法律发达史》,法律出版社 2000 年版,第 118 页。
② 参见〔日〕佐藤功:《比较政治制度》,刘庆林、张光博译,法律出版社 1984 年版,第 85 页。
③ 参见〔德〕迪科尔·拉夫:《德意志史·从古老帝国到第二共和国》,波恩 Inter Ationes 1987 年版,第 85 页。
④ 参见〔美〕科佩尔·S. 平森:《德国近现代史:它的历史和文化》上册,范德一译,商务印书馆 1987 年版,第 90 页。

根据宪法规定，在前德意志邦联的领土上建立统一的德意志帝国；在德意志帝国内，各邦享有一定的内政自主权，但军事权与外交权属于德意志帝国中央政府；在德意志帝国内实行统一的关税、贸易、币制、度量衡制度，以此保持帝国各邦之间的经济联系。

关于国家制度，宪法规定德意志帝国实行君主立宪制，帝国皇帝由帝国国会从各邦国的国王中选出，帝国皇帝有很大的权力，皇帝虽然由议会选出，但不对国会负责，皇帝有权解散国会、搁置国会通过的法律草案，皇帝对外代表德意志各邦，统帅帝国的武装力量，有权代表德国宣战与媾和。

关于立法机关，宪法规定，帝国国会是帝国最高立法机关。帝国国会实行两院制，分为上院与下院，上院为联邦院，设议员176名，其中88名由各邦政府任命，另外88名由联邦立法机构任命，联邦院议员任期6年；下院为人民院，其代表按人口比例选出，每5万名居民选出1名代表，议员任期3年。在特殊情况下，国会有权征收直接税，而政府的预算案应首先提交下院审查。

帝国设立的最高司法机关是帝国的法院，帝国法院有权裁决帝国内各邦之间、各邦政府与帝国政府之间发生的争端。受美国宪法模式的影响，该部宪法的另一大特色是规定了一个对公共权力行使的合宪性进行广泛司法审查的制度，宪法规定由帝国最高法院对有关宪法的原始的、基本的、专门的问题进行管辖。

根据宪法规定，帝国最高法院的管辖范围十分广泛，不仅受理与联邦政府、各邦政府、政府机构设置与成员组成有关的案件，而且还特别受理公民控告废除各成员邦宪法或对其进行不合宪的修改的案件，控告司法上不予受理的案件，控告联邦宪法所保证的个人权利被侵犯的案件。① 这一规定被许多学者称为德国现代宪法法院的最初模型。②

---

① 参见〔美〕路易斯·亨金等：《宪政与权利》，郑戈等译，三联书店1996年版，第262页。

② 参见刘兆兴：《德国联邦宪法法院总论》，法律出版社1998年版，第16页。

由于法兰克福宪法最终未能实施,所以它所确立的违宪审查制度也未能付诸实施,后来直到1871年,德意志的许多邦宪法均明文宣布所有适当公布的法律及王室敕令均具有法定的约束力,这就排斥了司法审查制度在德国存在的合法性。①

法兰克福宪法颁布后,由于宪法第六章具有某些资产阶级民主色彩,所以该宪法虽经过国民议会(制宪会议)通过,但在提交各邦政府表决时,遭到许多邦国封建君主的强烈反对。首先是普鲁士国王拒绝国会根据宪法送给他的德意志帝国皇帝的王冠,接着奥地利国王将本邦派出的制宪代表从法兰克福召回,根本不承认宪法。

由于普鲁士、奥地利两大邦国以敌视的态度带头不接受法兰克福宪法,巴伐利亚、汉诺威等其他邦国的封建君主也紧跟其后,拒绝接受这部宪法。之后,虽然人民群众在各邦国相继开展了声势浩大的护宪运动,但因为出席法兰克福制宪会议的制宪代表对封建君主的退让与投降,最终导致了护宪运动的失败。法兰克福宪法作为第一部全德意志宪法,最终未能付诸实施。

这部宪法虽然没有实施,但在德国宪法史上仍有一定的积极影响。首先,它所制定的《根本权利宣言》的内容为以后的《魏玛宪法》和波恩基本法奠定了基础。其次,宪法确立的邦与邦、邦与中央政府的关系为后来的1867年北德意志联邦宪法与1871年德意志帝国宪法的制定提供了参考。② 再次,1849年3月法兰克福宪法虽然未能得到各邦的批准与执行,但1848年发生的资产阶级革命、1849年德国出现的制宪运动及之后的护宪运动,却在一定程度上冲击了封建专制制度,促进了资本主义制宪运动在德国的进一步发展。③

---

① 例如,1850年普鲁士宪法、1852年奥尔登宪法、1857年绍姆堡—利珀宪法、1867年利珀宪法中均有类似的规定。虽然学术界开展了是否参考美国的宪法模式的理论讨论,但当时大部分学者的观点及法院在司法实践中均否认法院有权对制定法的合宪性进行审查。
② 参见何勤华主编:《德国法律发达史》,法律出版社2000年版,第123页。
③ 参见赵宝云:《西方五国宪法通论》,中国人民公安大学出版社1994年版,第340页。

（三）普鲁士宪法

在德意志邦联各邦国制定宪法时，普鲁士作为邦联中最有实力的君主国，在斯坦因改革后，其近代化道路在各邦中一直处于领先地位，德意志的自由主义者们都希望普鲁士能尽快实施立宪制，但由于封建贵族的反对，立宪活动被搁置，普鲁士的制宪活动一直拖延到30年之后才进行。虽然与南部邦联相比，普鲁士邦宪法的订立时间较迟，但由于德国的统一是通过普鲁士王朝的对外战争实现的，而且普鲁士是统一后的德国的盟主，所以1850年制定的普鲁士邦宪法，对德国统一后制定全德宪法的影响最为深远。

1848年初，受法国二月革命的影响，德国爆发了三月革命。为了瓦解革命，国王威廉四世被迫采用制定宪法、许诺改革的方法来拉拢资产阶级。在此种背景下，1848年12月5日，普鲁士国王颁布了一部钦赐宪法。这部宪法在提交1849年8月召开的国民议会讨论通过后，于1850年正式公布实施。

1850年普鲁士宪法由111条正文与8条"制定经过规定"共计9章119条组成，在体制上仿照了1813年的比利时宪法，但在内容上，比利时宪法是以国民主权原则为前提并具有强烈的自由主义倾向的君主制宪法，而普鲁士宪法则比较保守。

普鲁士宪法规定，普鲁士实行君主立宪制，国王是行政首脑和军队总司令。宪法赋予国王很大的权力，实质上确立了君权中心主义，其权力具体包括：宣战与缔结和约的权力；决定国会的召开与解散的权力；任免大臣权等等。内阁大臣对国王负责而不对议会负责。

立法权由国王和两院共同行使，所有法律需要国王与两院的同意。国王有权拒绝国会两院通过的任何法令，并可以直接颁布具有法律效力的命令。关于提出法律案问题，宪法第64条规定："国王与两院一样都有提出法律的权力，凡经国王或任何一院否决的法律草案，不得在同一会议上重新提出。"

行政权由国会行使，国会实行两院制，由上院和下院两部分组成。上院由国王任命的终身或世袭的议员组成；下院共433名议员，通过选举产生。根据选举法的规定，只有有产者才有议员选举权，而有产者内部又按纳税额的多少被分为不同等级,各个等级享受不同的权利,这样规定的目的在于保证容克地主(容克是德文 Junker 的音译,是指近代德国资产阶级化的农村贵族地主阶级)和大资产阶级在下院议员中占绝对优势。国会在形式上拥有立法权,但实际上很难得以执行,因为宪法并没有赋予国会否决国王颁布的具有法律效力的命令权,而国王却拥有立法否决权,宪法也没有确立下院的优越地位。

国王、上院、下院产生冲突时如何解决法律也没有规定。这种宪法"漏洞"为普鲁士军国主义的发展留下了隐患,后来俾斯麦将这一宪法条文理解为既然宪法上没有哪一条说明当三者意见不一致时该由哪一方面作出让步,而此时国家存在的实际需要是决定性因素,那么为满足国家统治的需要,凡是宪法上没有明确限制的地方,国王就具有无限的权力。①

在司法权上,宪法虽然规定普鲁士实行"司法独立原则"和法官终身制,但同时又规定,高级法官由国王直接任命,低级法官则以国王的名义任命,而且法官所作出的一切判决,都必须以国王的名义宣告和执行。

宪法第二章还详细规定了普鲁士人的权利与义务。在肯定普鲁士人的身份及公民权在宪法及法律规定条件下取得、行使、丧失的基础上,宪法详细列举了公民在法律面前人人平等、人身自由、住宅不受侵犯、接受审判的权利、罪刑法定的原则、所有权不受侵犯等基本权利。同时,宪法还规定了普鲁士实行普遍义务兵役制。

就这部宪法的阶级实质而言,它反映了容克地主与大资产阶级的利益,维护了以国王为首的封建势力的中心地位,具有浓厚的君主专制色彩。由于普鲁士邦在日后德国统一中居盟主地位,该宪法对德意志帝国建立后制定全德统一的宪法具有重大影响,在 1871 年德国统一全德宪法制定以后,该宪法仍作为普鲁士的邦宪法而继续在

---

① 参见〔美〕科佩尔·S.平森:《德国近现代史:它的历史和文化》上册,范德一译,商务印书馆 1987 年版,第 148 页。

该邦生效,直到 1919 年才停止执行。同时,该宪法对日本近代宪政活动也产生了很大的影响,1889 年明治宪法从形式到内容都可以说是 1850 年普鲁士宪法的翻版,只是在公民权利问题上,明治宪法的内容较普鲁士宪法大为减少,更加保守。

(四)北德意志联邦宪法

19 世纪 50 年代以后,德国的经济有了迅速全面的发展,经济的发展使德国的统一问题更加突出。普鲁士邦凭借在"德意志关税同盟"中的中心地位,政治地位逐渐提升,尤其在俾斯麦上台后,力主用权力,即铁与血而不是自由主义来加快全德的统一。① 1864 年对丹麦战争的胜利和 1866 年对奥地利战争的胜利,巩固了普鲁士在德意志北部与中部的霸主地位,并将奥地利挤出了德意志联邦,至此,1815 年建立的德意志邦联宣布解散。在此种背景下,1866 年 8 月成立了以普鲁士为主导的"北德意志联邦"。较之 1815 年建立的德意志邦联,北德意志联邦的版图缩小了,但内部的联系却更加紧密了,这为日后全德的统一奠定了比较稳固的政治基础。

北德意志联邦成立后,于 1867 年 4 月制定了《北德意志联邦宪法》。该宪法由俾斯麦一手主持起草制定,就其内容来看,实际上是为即将到来的统一国家的建立作准备,因而具有过渡性质。宪法着意创立一种德意志的立宪君主政体,在确保君主专制的统治优势的前提下,一定程度上满足了资产阶级的愿望,建立起容克地主与资产阶级的政治联盟。

宪法规定北德意志联邦的行政权归联邦主席团,普鲁士国王掌握主席团的大权,同时担任联邦元首,国王有权代表整个联邦决定战争与和平,并拥有最高军事统帅权,签署颁布法律权与任免权。普鲁士首相兼任联邦首相,仅对国会负责,不受议会控制。国家立法机关由国家议院和联邦议院组成,国家议院的议员由各邦根据普选的方式选举产生,联邦议会的成员则由各邦按其地位的重要性来分配。

---

① 参见〔美〕科佩尔·S. 平森:《德国近现代史:它的历史和文化》上册,范德一译,商务印书馆 1987 年版,第 182 页。

为保证普鲁士的优势地位,在43个议席中,普鲁士占17个议席。在联邦内部,各邦虽然在形式上保持独立,但实质上普鲁士拥有绝对的霸主地位。

《北德意志联邦宪法》虽然因为北德意志联邦的解体而很快失去效力,但它的许多内容直接为之后《德意志帝国宪法》的制定提供了重要的参考。

二、1871年《德意志帝国宪法》

(一) 1871年宪法制定的历史背景

北德意志联邦成立三年后,于1870年发动了第三次王朝战争,即普鲁士对法国的战争。最后,德军在色当战役中大获全胜。战胜法国后,南部已宣布独立的四个邦国在1870年底宣布加入北德意志联邦,至此,俾斯麦依靠"铁血政策"完成了德国政治上的统一。1871年1月18日,俾斯麦宣告统一的"德意志帝国"诞生,普鲁士国王威廉一世成为德意志帝国皇帝,俾斯麦被任命为德意志帝国宰相。

德意志帝国成立后,很快即开始进行宪法的制定工作,以1867年《北德意志联邦宪法》为蓝本,稍作修改,于1871年4月20日由俾斯麦正式公布。这部宪法从内容上看是对德意志联邦宪法的全盘因袭,它的制定过程由俾斯麦一手操纵,因此,恩格斯称这部宪法是按照俾斯麦的身段裁剪的,许多学者将这部宪法称为"俾斯麦宪法"[①]。

(二) 1871年宪法的主要内容和特点

《德意志帝国宪法》共14章78条,其主要内容与特点是:

第一,宪法规定了德国是个联邦中央拥有很大权力的联邦制国家。德意志联邦由22个邦、3个"自由城市"和1个直辖区组成。联邦中央拥有极大的权力,各邦之间的地位很不平等。宪法规定帝国法律高于各邦法律,并列举了帝国立法权的范围,具体包括:军事、外交、海关与贸易、度量衡与货币制度、迁居、出版、交通运输、邮政电报、刑法、民法、诉讼法等。各邦的权力很小,仅保留了教育、卫生、地

---

① 转引自何勤华主编:《德国法律发达史》,法律出版社2000年版,第128页。

方行政等权力。因此,德意志各邦实际上已成为联邦政府的地方自治单位,失去了原有的独立性。这些规定肯定了德国统一的事实,有利于促进资本主义在德国的发展。

第二,帝国政权组织形式是君主立宪制,由普鲁士掌握最高行政权,同时赋予皇帝与宰相极大的权力。宪法第 11 条规定帝国皇帝由普鲁士国王担任,从而肯定了普鲁士在帝国中的盟主地位。宪法赋予皇帝广泛的权力,皇帝是帝国行政的最高首领,有权召集联邦议会,根据联邦议会的要求解散帝国议会。皇帝是帝国军队的最高统帅,帝国的军队在平时及战时受皇帝指挥,皇帝有权宣布国内任何地方处于戒严状态,而且,他还可以帝国的名义宣战、媾和、结盟、缔约、派遣驻外使节等等。

宰相是皇帝之下的最高行政长官,由皇帝任命并对皇帝负责。宪法规定:"宰相由普鲁士宰相担任,依照皇帝的旨意并以皇帝的名义主持帝国政府,只对帝国负责,议会不能提出对宰相的信任或不信任的决议案。"根据宪法规定,宰相除负责行政事务外,还参与立法,帝国宰相是联邦参议会的主席,直接参与和监督议会的立法工作。在皇帝公布帝国法律时,必须要由宰相副署。可见,宰相在帝国国家机构中占有特殊的地位,起着连接皇帝与联邦议会的中介作用,是帝国的实际领导者。从 1871 年德意志帝国建立直至 1890 年,帝国宰相一直由普鲁士宰相俾斯麦担任。直到 1918 年对宪法进行修改确立了议会责任制后,这种非民主的宰相产生制度才最终消亡。

第三,宪法规定帝国立法权由联邦议会与帝国议会两院来行使,在两者职权问题上,实行联邦议会权力地位优先的原则。

联邦议会共设议员 58 名,由帝国各邦君主和自由市的参议院从本邦(或自由市)的高级官员中任命,其中普鲁士占 17 席,其他各邦依其大小不同,分别占 1 至 6 席不等。① 这一规定保证了普鲁士在

---

① 美国哈佛大学前校长罗威尔曾形象地将德国 1871 年宪法规定的联邦制比作由 1 头狮子(普鲁士)、6 只狐狸(巴伐利亚等 6 个邦国)、20 只老鼠(指其余小邦及自由市)组成的联邦制。转引自赵宝云:《西方五国宪法通论》,中国人民公安大学出版社 1994 年版,第 343 页。

联邦议会中的绝对优势地位。对于宪法修正案,普鲁士有否决权,因为根据宪法78条的规定,有关修改宪法的议案,只要有14票反对,就不能通过。

联邦议会的职权十分广泛,有权提出与通过法案,批准与否决帝国议会通过的法案,颁布为执行帝国法律所必要的行政法令,决定帝国的财政预算与决算。而且,经皇帝同意,联邦议会还可解散帝国议会。此外,宪法还规定,皇帝对外宣战、缔约时必须经联邦议会同意。联邦议会作为最高司法审级,有权裁决各邦之间的争端。该部宪法没有确定法院审理争议案及各邦之间的行政争议案制度,对于这些争议,宪法规定由联邦议会负责进行政治协调与管辖。在该部宪法体制下,帝国最高法院对法律、法规是否违宪的审查范围十分有限。

帝国议会议员直接由选民选举产生,宪法第20条规定:"帝国议会由秘密投票的普遍的和直接选举产生。"根据1869年选举法的规定,妇女、25岁以下男子、受救济的穷人和现役军人,均无选举权。与联邦议会享有广泛的权力相比,帝国议会只是一个无足轻重的部门。[①] 它作为立法机关的一部分,立法权受到很大限制,所有法案必须经联邦议会通过,并经皇帝批准方能生效,而且对于帝国议会享有的有限的权力通过的法案、预算审议案、决算案、条约等,联邦议会均有权否决。帝国议会也不享有行政监督权,因为首相并不向帝国议会负责,而只对皇帝负责。此外,帝国议会议员不得领取任何薪俸或报酬(第32条)。这种状况一直持续到1900年比洛任德意志帝国宰相时才有所改良。由此可见,德国资产阶级在统一后的国家机构中只在形式上获得了很小一部分权力。

第四,宪法还专章规定了帝国的军事制度,把普鲁士的军事法律施行于全国。宪法规定:"在本宪法公布之后,在全帝国内应立刻全部采用普鲁士的军事立法。""帝国的全部军事力量组成为统一的军队,在平时和战时受皇帝的指挥。"因此从本质上看,德意志帝国是

[①] 参见赵宝云:《西方五国宪法通论》,中国人民公安大学出版社1994年版,第344页。

个"混杂着封建残余的军事专制制度的国家"①。这些规定使普鲁士的军国主义制度很快推行于德意志各邦,建立起容克地主与资产阶级专政的军事帝国,这为日后军国主义的建立提供了宪法依据。

作为德国历史上第一部制定通过并正式实施的统一宪法,1871年《德意志帝国宪法》对于巩固德国的政治统一无疑具有重要的时代意义,这部包含了大量传统封建残余的、由容克地主与资产阶级相妥协制定的较保守的宪法一直沿用到1919年初,直到《魏玛宪法》产生后才被废止。

三、《魏玛宪法》

(一)《魏玛宪法》制定的历史背景

《魏玛宪法》是在比较特殊的历史条件下制定出来的。1918年11月德国爆发了资产阶级民主革命,推翻了德国的封建君主制度,帝国议会内的社会民主党议会党团主席艾伯特,在德国军队的总司令兴登堡的支持下,出任临时政府首相,组成临时政府,临时政府成立后即开始着手制定宪法。1918年2月6日,新选出的国民议会在德国小城魏玛召开。之所以在魏玛而不是在柏林召开,一是因为柏林是普鲁士邦的中心,象征普鲁士霸权,魏玛则是象征德国古典人文主义传统的城市;二是因为当时由于社会矛盾的激化,柏林是工人运动的中心,在魏玛召开可以使新选出的国民议会在起草宪法的过程中避免受到工人运动的冲击。

国民议会的一项重要任务就是制定和通过共和国宪法。本着确立议会制民主共和国、加强联邦中央权力的原则,国民议会提出了宪法草案。宪法草案提出后,经过反复讨论和修改,于1919年7月由国民议会对其进行表决,最终以262票对75票获得通过,同年8月11日公布,8月14日生效。这部宪法正式命名为《德意志共和国宪法》,习惯上称为《魏玛宪法》。

---

① 《马克思恩格斯全集》第19卷,人民出版社1963年版,第32页。

(二)《魏玛宪法》的主要内容

《魏玛宪法》由序言、正文两编及结尾"过渡规定及终结规定"组成,共181条,译成中文近两万字[①],是当时最长的一部宪法。该部宪法第一编规定联邦的组织及职责,第二编规定德国人民的基本权利与义务。该部宪法的主要内容和特点有:

第一,宣布德国国家结构形式仍然采用联邦制,由18个邦组成。在联邦与各邦权力的划分上,赋予联邦中央极大的权限。联邦中央不仅拥有立法权,而且还拥有各邦享有的其他一些权力,有学者认为《魏玛宪法》是一部在内容上体现中央集权主义的宪法。[②] 宪法把立法权分为联邦专有、联邦与各邦共有两部分。根据宪法第6条规定,有关外交、殖民制度、国籍及移民、兵役、货币制度、关税制度、邮政制度问题的立法权,为联邦所专有,各邦对此无权立法。宪法第7条详细列举了联邦与各邦共有的立法事项,包括民法、刑法、诉讼法及刑罚执行、劳动法、出版和结社制度、商业保险、度量衡制度等,对于这些共有事项,联邦有优先立法权。

为解决联邦法律和各邦法律之间的矛盾与冲突,宪法第13条规定:"联邦得废止各邦法律。若出现各邦法律与联邦法律发生疑义或冲突时,联邦与各邦的中央主管官署得依照联邦法律之详细规定,请联邦最高法院判决之。"这实际上规定联邦法律高于各邦法律,各邦法律不得和联邦法律相抵触。

第二,规定德国实行共和政体,共和国依照资产阶级分权的原则组织政府,总统被赋予广泛的权力。

宪法第一编第1条规定:德意志联邦为共和政体,国权出自人民。这一规定参考了美国宪法与瑞士宪法的相关内容。规定德国实行共和政体,并将主权在民的资产阶级宪法原则载入宪法之中,这在

---

① 《魏玛宪法》条文详见戴学正等编:《中外宪法选编》下册,华夏出版社1994年版,第184—214页。
② 转引自何勤华主编:《德国法律发达史》,法律出版社2000年版,第138页。

德国宪法史上尚属首次。①

根据宪法规定,立法机关是联邦议会,由联邦国会和联邦参政会组成。联邦国会议员按比例代表制由年满20岁的德国公民以普遍、直接、平等、秘密投票的方式选举产生,任期4年;联邦参政会由各邦政府的代表组成,是代表德意志各邦参加联邦的立法机关。各邦在联邦参政会中的议员人数,按各邦人口比例选出,每邦至少有1人,人口最多的邦也不得超过议员总数的2/5,这一规定大大改变了以前普鲁士邦在联邦立法机关中的绝对优势。宪法第63条更加具体地规定:在联邦参政会中,各邦以其政府之人员为代表,但普鲁士代表人数的一半可按其邦法律由普鲁士地方行政机关任命。这一规定被称为"反普鲁士条款",客观上有效地控制了普鲁士的投票权。②该宪法就立法过程中的立法提案权、法律通过权、法律公布权等问题作了比较复杂的规定。

行政权由联邦总统与政府行使。联邦总统由选民直接选举产生,任期7年,可连选连任。宪法赋予总统的权力很大,总统对外代表国家,以国家名义与他国缔结同盟和条约,接受使节,宣战媾和;对内任免文武官员,统帅军队,掌握联邦一切国防军的最高命令权,同时总统还有公布法律权、立法权、提前召开与解散国会的权力。

总统权力很大尤其体现在宪法第48条的条文中。宪法第48条赋予总统"强制执行权"和"独裁权"。强制执行权是指总统可以使用武力强制各邦遵守联邦宪法和法律;"独裁权"是指总统可以使用武力来恢复"公共秩序和安宁",临时停止宪法规定的某些公民权利。这在一定程度上因袭了1871年帝国宪法规定的皇帝独裁权,为统治阶级公开使用暴力镇压人民、取消民主制度、建立独裁政权提供了法律依据。这一规定对德国现代政治的发展产生了很大的负面影响,在1920—1932年期间,总统根据此条规定颁布的紧急命令多达

---

① 参见〔日〕佐藤功:《比较政治制度》,刘庆林、张光博译,法律出版社1984年版,第138页。

② 同上。

233次。① 后来希特勒纳粹党正是利用宪法的这一规定来策划与建立法西斯专政的。

联邦政府由总理和各部部长组成,由总统任免,对国会负责。由于德国联邦国会内多党林立,没有一个占绝对多数席位的政党,所以总统在各政党领袖商讨决定总理人选时,往往因各党互不相让而决定由多党联合组阁。这种状况导致内阁极不稳定,从 1919—1933 年期间,内阁重组就多达 20 次。② 当国会对政府成员不信任时,不论何人均应立即辞职。联邦政府主持日常行政工作,有权提出法案和颁布行政法规,总统发表的有关命令与决定须经联邦总理或有关部长副署后方能生效,总理或有关部长通过副署承担政治责任。

在司法权问题上,设立联邦法院与各邦法院共同行使审判权。按司法独立原则,宪法规定,法官由总统任命,地位独立,并任职终身。《魏玛宪法》的一大特色是在司法制度设置上具有独特性,没有规定由一个机关集中统一行使宪法审判权,而是根据宪法争议问题的种类将其分属于不同的机关处理。

宪法第 13 条第 1 款规定:"联邦法律得废止各邦法律。"为了支持和确保联邦的这种最高权威,宪法 13 条第 2 款规定:"各邦法律与联邦法律发生疑义或存在冲突时,可以由联邦或邦主管当局申请提交联邦最高法院作出司法裁决。"宪法第 15 条规定:"联邦政府认为各邦政府执行联邦法律不正确的,可要求邦政府纠正,对此发生争议的,由国事法院审理。"宪法第 19 条规定:"国事法院审理邦内发生宪法性争议而该邦无管辖法院审理的案件、各邦之间及各邦与联邦之间发生的公法上的争议案件,国事法院的判决由联邦总统以命令执行。"1921 年,依据宪法,通过了《国事法院法》,规定了国事法院的组织和程序问题。

由此可见,国事法院与联邦最高法院的分工比较具体,对于联邦最高机关之间的宪法争议案件、私人基本权利被剥夺的案件、邦和联

---

① 参见张金鉴:《欧洲各国政府》,三民书局 1976 年版,第 268 页。
② 同上书,第 269 页。

邦的法律是否与联邦宪法相抵触的案件，国事法院均无管辖权，此时的国事法院并未起到宪法法院的作用。① 后来，联邦最高法院第五民事审判庭于 1925 年 11 月 4 日通过判例正式确立了法院具有违宪审查的权力。

该判决认为，《魏玛宪法》第 102 条已明确确认了法官独立并且只服从法律的原则，但是当法官所适用的联邦法律和《魏玛宪法》相抵触或邦法律与联邦法律相抵触时，服从法律原则并不排除法官对该项法律效力不予承认和对其不予适用的职权，相反，应当认为法官具有认定联邦法律是否合宪的权力，这项规定确立了德国联邦法院具有维护宪法权威的作用。但是，随着《魏玛宪法》体制的崩溃，《魏玛宪法》所确立的司法审查制度还未全面实施就完全被抛弃了。②

第三，宪法对公民的基本权利和义务作了全面、详尽的规定。宪法正文第二编为"德国人民的基本权利及基本义务"，篇幅较长，在内容上几乎涵盖了美国宪法中的《权利法案》、法国宪法中的《人权宣言》的内容，并且增加了所谓"社会主义"的新条文，民主色彩较浓厚。

宪法规定的公民权利概括起来主要有：公民在法律面前一律平等；男女平等；废除因出生和阶级带来的不平等待遇；公民有迁徙自由；人身、住宅、通讯不受侵犯的自由；请愿、结社、和平集会的自由；发表意见的自由等等。就公民义务而言，公民有依法为国家服兵役的义务、有依法为国家负担公共费用的义务、有担任名誉职务的义务等。与其他包括公民基本权利的法案相比，《魏玛宪法》增加了公民在经济、文化、劳动、保障等各个方面新的权利。③

第四，宪法对社会经济生活作了专门的规定，因而有"经济宪法"之称。宪法规定了公民的工作权利与经济权利，规定公民的经营工商业自由、契约自由、财产所有权、财产继承权等受法律保护，同

---

① 参见何勤华：《德国法律发达史》，法律出版社 2000 年版，第 164 页。
② 参见莫纪宏：《宪法审判制度概要》，中国人民公安大学出版社 1998 年版，第 5 页。
③ 参见何勤华主编：《德国法律发达史》，法律出版社 2000 年版，第 141 页。

时规定了某些"保护劳工的政策",即国家保护劳动力,国家提供机会和条件使劳动者就业,并建立社会保险制度,对失业者进行救济,这是在当时德国特定的历史条件下,统治阶级用来笼络人心、稳定政权的一种有效手段。

与资本主义由自由竞争向国家垄断的发展相一致,宪法在规定"经济自由"、"工商业自由"、"所有权受宪法保护"、"契约自由"的同时,已不再强调"私有财产神圣不可侵犯",而是根据"社会化"的原则,对私有制进行一定的限制。宪法第153条规定:"所有权为义务,其行使应同时增进公民福利。"第154条规定:"国家可以依法征收继承财产。"第156条规定:"联邦政府在征得议会同意并给予赔偿后,可将某些私人企业收归公有。"

根据社会民主主义的思想,宪法规定了"劳工会议制度"和"经济会议制度"。前者确认了工人和企业主"共同管理企业",由双方代表组成劳工会议制定工资劳动条件及生产力方面经济发展的规章;后者确定了工人、工会、重要的职业团体代表和企业主的代表按经济区组成经济会议和联邦经济会议,审议和提出重大的经济法草案。实际上,这种规定只是蒙蔽欺骗广大民众的一种摆设,不可能付诸实施。

从《魏玛宪法》的内容可以看出,这是一部表面具有民主色彩的宪法,规定了广泛的公民基本权利《魏玛宪法》的颁行标志着世界现代宪法史的开端,对二战后德国宪法和其他国家的宪法制定工作具有重大的历史意义与借鉴作用。然而,《魏玛宪法》中规定的公民的基本权利由于缺乏有效的保障,很快就被法西斯势力践踏了。

四、波恩基本法的制定与修改

第二次世界大战结束后,德国分为美、英、法三国占领的西占区和苏联占领的东占区,西占区与东占区最后形成两个并存的国家政权,即在德国西部建立了德意志联邦共和国(简称联邦德国),在德国东部建立了德意志民主共和国(简称民主德国)。联邦德国与民主德国的法律制度由于受各自占领国的政治、法律制度的影响而走上了不同的演变道路。

（一）波恩基本法的制定

1948年7月1日，美、英、法三国驻德国的军事首脑与西占区各州的总理在法兰克福会晤，讨论军事首脑们提出的所谓"法兰克福文件"。"法兰克福文件"中最为重要的是盟国授权各州政府于1948年9月1日前召开国民议会，制定一部具有联邦性质的民主宪法，并将宪法交国民投票通过。同年7月8日至10日，各州主要领导人召开协商会议，一致同意成立一个议会委员会而反对召开国民议会，制定"基本法"而不是宪法，并反对进行公民投票。

于是，1948年9月1日，德国西占区11个州议会选出的65名制宪代表，在波恩召开德国西占区制宪会议，选举康拉德·阿登纳为制宪会议主席，开始了起草宪法的工作。1949年3月，德国西占区制宪会议起草了一份基本法草案。经过两次大的修改以后，同年5月8日，在德国宣布投降4周年之际，制宪会议以53票对12票，在三读后表决通过了《德意志联邦共和国基本法》。5月23日该法公布并正式生效。法律起草者考虑到未来德国统一的需要，未使用"宪法"的名词，而称之为"基本法"。

在"基本法"通过不久，议会委员会又作出了一个重要决定，即把联邦德国的首都设在波恩，因此，德意志联邦共和国又被称为"波恩共和国"，《德意志联邦共和国基本法》又被称为"波恩基本法"。

（二）波恩基本法的主要内容

波恩基本法由序言和正文11章共146条组成，篇幅冗长，约是《魏玛宪法》的两倍，主要有以下内容：

1. 波恩基本法重视公民基本权利的规定。基本法在第一章中就明确规定了公民的基本权利。它规定公民在政治、经济、文化方面享有广泛的权利。从内容上看，这些权利大多是对《魏玛宪法》中相关内容的继承。当然，鉴于以往的深刻历史教训，基本法中有关公民基本权利的规定也有自己的特色。

基本法强调人格尊严和人权应受保护，其第1条规定："人的尊严是不可侵犯的,尊重和保护人的尊严是一切国家权力机构的义务。德意志人民为此确认不可侵犯和不可转让的人权是所有人类社会、世界和平和正义的基础。下列基本权利具有直接的法律效力,国家各部门均受其制约。"同时,基本法还规定国际法的基本规则是联邦法律的组成部分,直接为联邦境内的居民创设权利与义务,而且,当公民的权利受到公共权力的侵犯时,根据第19条的规定,公民可通过司法途径提起诉讼。

2. 德国国家结构仍采用联邦制。基本法继承采用了联邦制,联邦制的结构形式成为宪法制定过程中的一个主要分歧点。① 波恩基本法所确立的联邦制具有以下特点:(1)明确规定了联邦制是基本法的中心原则,不得任意修改。(2)在联邦与州的关系上,各州重新取得本州的行政管理权和组织管理文化教育等项权力,并把保持各州一定程度的独立地位作为联邦原则予以确认。基本法第30条规定:"如果基本法没有其他规定或特许,国家权力的行使和国家任务的完成,是各州的职责。"与此同时,基本法仍旧规定联邦权力高于各州权力,各州宪法必须符合基本法的原则。(3)在立法权上,基本法正式区分了联邦的专属立法事项、联邦和州共同立法事项、由联邦发布原则规定的事项与州的立法事项。(4)在财政上明确了联邦与州的关系,联邦与州在预算方面是自主的和相互独立的,各州及地方在财政方面拥有很大的自主权与独立权。

从表面上看,基本法所确立的联邦与州的关系大多是平等的,但在实际运作中,德国仍是一个中央集权程度较高的联邦制国家。由于工业社会必然产生的集中化趋势,州的政治职能已降低到仅仅在某种程度上限制整个国家权力的地步。②

3. 按照资产阶级三权分立原则组织政府,大幅度削弱联邦总统权力,提高联邦总理地位,实行"建设性不信任案"制度,并建立独具

---

① 参见〔德〕库特·宗特海默尔:《联邦德国政府与政治》,孙克武等译,复旦大学出版社1985年版,第24页。
② 同上书,第171页。

特色的宪法法院制度。

(1) 德国的立法机关是议会,由联邦议院和联邦参议院组成

联邦议院由普选产生的议员组成,任期4年;联邦参议院是各州在联邦设立的联合机构,成员由各州政府负责推选和罢免。联邦议院在立法上的主要职能是制定联邦法律,选举和撤换总理,监督行政及参与选举联邦总统、选举联邦法官等等。

联邦参议院的职能主要是参与联邦立法和行政管理,同时拥有立法创议权和审议权。除修改基本法须得到联邦参议院2/3以上多数票外,凡联邦政府提出的法律草案在提交联邦议院正式审议前,须先征求联邦参议院的同意;凡联邦议院通过的涉及各州行政、领土、交通和税收等问题的联邦性的法律,必须转交联邦参议院审议,只有审议通过才可提交总统签署颁布。

(2) 行政权由联邦总统与联邦政府共同行使,联邦总统权力受到很大削弱,联邦总理地位得到提高,同时实行"建设性不信任案"制度

削弱联邦总统的权力是波恩基本法较之《魏玛宪法》变化较大的地方之一。鉴于深刻的历史教训,联邦总统不再由人民选举产生,改由联邦大会不经讨论选举产生,总统任期5年,只能连任1次。按照基本法的规定,总统对外代表国家,对内根据其他政府机关的决定行事。但总统的权力受到大副削减。

例如,总统虽有权审查和公布联邦法律,但只能签署由两院通过的法律,并且还须得到联邦总理和有关联邦部长的副署才能生效;总统虽有权提名联邦总理和任免联邦总理和联邦部长,但他的提名须经联邦议院表决通过,总统本人无权决定总理人选,而且他也只能任命由联邦总理推荐的部长和免去被联邦总理撤换的部长。

基本法还规定了对总统的弹劾与罢免制度,即总统故意违反了本法或其他联邦法律时,联邦议院或联邦参议院可以向联邦宪法法院提出弹劾,联邦宪法法院可以宣告总统丧失职权或以临时性的命令暂时停止其职权(第61条)。

联邦政府由联邦总理和各部部长组成。联邦总理由总统提名,

由联邦议院选举产生,一般由联邦议院多数党领袖担任。总理作为行政首脑,在国家行政管理中的地位显著提高。首先,他有权提名任免联邦各部部长,决定政府工作人员的组成。其次,他负责制定政府的一般政治方针,并对政府各部工作向议会负责,承担政治责任。再次,因为联邦总理由联邦议院选举产生,所以,如果联邦议院通过不信任案或不通过政府所提出的信任案,总理必须辞职,其他阁员的职位也相应终止。

因此,有学者认为联邦德国总理的职权介于美国总统与英国首相之间,他比美国总统的权力小,但比英国首相的权力大。为了确保政府的稳定,基本法同时确立了"建设性不信任案投票制度"。基本法第67条规定:"联邦议院只能以大多数议员选出继任者并请求联邦总统将联邦总理免职来表示对联邦总理的不信任。"也就是说,若联邦议院不能选出一名新总理并组织新政府,以原总理为代表的内阁政府就继续执政,从而避免了政府的频繁更换,保持了政局的稳定。

(3) 确立了颇具特色的司法体制,增设联邦宪法法院

基本法在司法体制上的主要特色是形式上没有统一的审判权,不同的法院各自主管确定的司法范围。基本法规定,设立联邦宪法法院,以加强宪法的实施。联邦宪法法院的管辖权十分广泛,对法律法规的审查分为抽象的法律法规审查与具体的法律法规审查。[①]

其具体职能包括:一是就基本法规定的联邦最高机关的权利范围、议事规则等作出解释;二是就联邦其他法律、州的各项法律是否符合基本法作出裁决;三是对联邦与各州之间发生的有关权力和义务的分歧作出裁决;四是对联邦与州之间、州与州之间以及州内发生的有关公法的其他争执进行裁决。对于公民个人的基本权利,基本法并没有规定当公民个人认为其基本权利被公共权力机构侵犯时可以直接诉诸于联邦宪法法院的内容。

---

① 参见刘兆兴:《德国联邦宪法法院总论》,法律出版社1998年版,第184页。

1951年4月《联邦宪法法院法》正式公布。① 这部法律是德国联邦宪法法院建立的具体法律依据,它具体规定了联邦宪法法院的组织与管辖权、审理程序等诸多方面的内容,对公民的宪法控诉权也有相关规定,并且具体规定了审理宪法诉讼案件的具体程序。该法律被多次修改,至今仍是规范联邦宪法法院的主要法律。同年5月又制定了《联邦宪法法院所在地法》,将卡尔斯鲁厄定为联邦宪法法院的所在地。6月1日,联邦宪法法院正式成立,并于9月开始运行。1969年修改基本法时,公民的宪法控诉权被明确规定到基本法中,这样,当公民认为自己的基本权利受到公权力的侵害时,就可以向联邦宪法法院提出诉讼。

据统计,至1990年,联邦宪法法院共受理公民的宪法控诉案件78449件,成为保障公民基本权利免受国家公权力不法侵害的有效途径。尽管从联邦宪法法院的审理裁决结果来看,民众的获胜比例仅占2.25%②,但这些获胜的案件在德国社会有着十分重要的作用,民众可以通过行使宪法控诉权表达自己的心声,对滥用国家公权力的行为进行质疑,从而在一定程度上监督国家公权力的行使,维持宪法秩序。

除了受理公民控诉案件外,联邦宪法法院主要是对法律法规进行审查,其中被联邦宪法法院宣告为无效的最多的是有关社会政策方面的规范,其次是财政政策,之后是法律政策③,通过公民个人、相对人和一般法院的移送,由联邦宪法法院进行司法审查,维护基本法在整个法律程序中的最高权威,确保基本法所确立的体制的正常运转,同时也使立法机关受到基本法的约束,民众了解、遵守基本法的法律的意识也大大提高。④

---

① 关于《联邦宪法法院法》的具体内容可参见莫纪宏:《宪法审判制度概要》,中国人民公安大学出版社1998年版,第163—195页。

② 参见宋冰编:《读本:美国与德国的司法制度及司法程序》,中国政法大学出版社1998年版,第573页。

③ 同上书,第572页。

④ 参见何勤华主编:《德国法律发达史》,法律出版社2000年版,第175页。

对于各州的宪法审判权,则由按照各州的宪法所组成的州宪法法院行使,联邦宪法法院的宪法审判权与各州的宪法法院的宪法审判权是两种各自独立并存的审判权,原则上,这两种审判权互不相关,没有隶属关系。①

几十年的司法实践证明,德国联邦宪法法院与各州宪法法院已成为德国政治体制中的重要因素。与其他西方国家相比,德意志联邦共和国是一个具有最广泛司法审查权的国家,西方许多评论家都认为,宪法法院是联邦德国整个政治制度中一个十分值得研究的问题。②

4. 基本法规定了政党的法律地位。西方国家一般都把政党笼统地看做是结社现象,从未在宪法中就政党的法律地位作出规定。二战期间,希特勒通过组织纳粹党来篡夺国家权力,实行一党独裁专制,给德国人民造成了巨大的战争灾难,因此,基本法首次就政党的法律地位作了宪法规定。

基本法第21条第1款规定:"政党参与形成人民的政治意志,它们的建立是自由的,它们的内部组织必须符合民主原则,它们的经费来源必须公开报告。"第2款规定:"凡由于政党的宗旨或党员的行为,企图损害和废除自由民主的基本秩序,或企图危及德意志联邦共和国的存在的政党,都是违反宪法的,由联邦宪法法院对是否违宪的问题作出裁决。"第3款规定:"联邦应制定专门的政党法,规定政党的详细细则。"据此,1967年7月24日,德国正式颁布了《关于政党的法律》,就政党的概念、任务、地位、组织原则、党员权利、经费来源等问题作了规定,为德国政党的规范化与法制化奠定了基础。

5. 基本法确认了限制本国国家主权,承认国际法的法律效力优于国内法的原则。二战使人们认识到适当限制国家主权,遵守国际法是完全必要的,因此,基本法第24条第1款规定:"联邦可以通过

---

① 参见刘兆兴:《德国联邦宪法法院总论》,法律出版社1998年版,第30页。
② 参见曹沛霖、徐宗士主编:《比较政府体制》,复旦大学出版社1993年版,第384页。

立法将一些主权移交各国政府间机构。"第 2 款规定:"为维护和平,联邦可以加入共同集体安全体系,同意对它的主权进行某种限制,以便保证欧洲和世界各国间和平的和持久的秩序。"关于承认国际法的法律效力优于国内法,宪法第 25 条规定:"国际公法的一般规则是联邦法律的组成部分,它们的地位优先于各项法律,并直接产生联邦领土上的居民的权利和义务。"

(三)波恩基本法的修改

波恩基本法自从 1949 年实施以来,联邦德国经济实力的增强和国际政治地位的提升,以及欧洲乃至整个世界政治格局的不断变化,客观上对基本法提出了修改的要求。基本法第 79 条明确规定了一些不得修改的内容,如联邦制、保障人权等内容,同时规定了修改宪法的程序,即只要经过联邦议院和联邦参议院各以 2/3 的多数票通过,即可视修正案成立,无须再提交公民投票复决。到 1990 年,基本法已被修改了三十多次,修订、增补、删除的条款达一百多处。[①] 据统计,20 世纪 50 年代修改了 10 次,60 年代修改了 16 次,70 年代修改了 8 次,80 年代修改了 1 次,[②] 其中比较重要的是 1954 年、1956 年、1968 年和 1976 年的修改。

五、德意志民主共和国宪法

二战后,在东战区成立了德意志民主共和国,这是一个社会主义性质的国家,因此它所制定的宪法也属于社会主义性质的宪法。民主德国先后于 1949 年、1968 年制定并实施了两部社会主义类型的宪法。1990 年 10 月 3 日德国统一后,民主德国的法律制度全部失效,被联邦德国的基本法所取代。

(一)1949 年宪法

1949 年 3 月,由德国东占区人民选举产生的人民委员会拟定了宪法草案,5 月 30 日经德国第三届人民代表大会通过后,于同年 10

[①] 参见曾广载:《西方国家宪法和政府》,湖北教育出版社 1989 年版,第 522 页。
[②] 参见吕耀坤:《德国政治制度》,时事出版社 1999 年版,第 31 页。

月7日正式生效。1949年民主德国宪法全称是《德意志民主共和国宪法》，它是作为适用于全德国的正式宪法提出并通过的，由前言和144条正文组成。1955年曾对这部宪法作了一次较大的修改。这部宪法是一部受苏维埃体制影响的人民民主主义宪法，从总体上看是一部社会主义类型的宪法①，只是由于德国存在着不同于二战后东欧各国的特殊情形才使这部宪法有一些特殊的内容。②

这部宪法首先规定，德国是不可分割的民主共和国，由德国各州（包括西部11州）组成，强调民主共和国的一切法律和决定原则上应在全德各州执行。关于国家权力问题，宪法明确规定：国家的一切权力来自于人民，国家权力必须服务于人民幸福、自由、和平及民主的发展。国家权力由与劳动人民和其他劳动者组成联盟的工人阶级行使，由人民普选产生的民主共和国人民议院和地方人民议会是国家的权力机关。在国家机构的组织原则上，宪法确定了"议行合一"的制度，具体规定了人民议院、总统、政府、法院、检察院的职权。宪法规定，经济生活制度必须符合社会主义的原则，一切重要的生产资料归人民所有，归全民所有的生产资料，应使用于保证提高人民的生活基础和社会福利。

宪法赋予人民多方面的民主权利，具体包括平等权、劳动权、受教育权、休息权、年老享受物质保障权等。宪法还规定公民有言论自由、集会自由、罢工自由、选举权与被选举权等。同时，宪法规定了公民的许多义务，如不得参加以镇压某一国人民为目的的军事行动，与各国人民保持友好关系，对国家政权负责，保卫德意志民主共和国和劳动人民的成果等。宪法规定民主德国的国旗为黑、红、金黄三色旗，中央为德意志民主共和国国徽。

(二) 1968年宪法

1968年宪法是民主德国的第二部宪法，1968年4月8日正式生

---

① 参见〔日〕佐藤功：《比较政治制度》，刘庆林、张光博译，法律出版社1984年版，第269页。

② 参见吴家麟主编：《宪法学》，群众出版社1986年版，第65页。

效。该部宪法由前言和正文共108条组成,与1949年宪法相比,具有以下特点:宪法只适用于德意志民主共和国,同时明确提出了希望在民主和社会主义基础上逐步使两个德国接近,直至实现最后的统一。宪法规定,国家经济的基础是生产资料的社会主义所有制。宪法专章规定了公民基本权利与义务,以及有关工会等社团问题,它所规定的公民的基本权利较之以前更为广泛。宪法在第44条中对工会的法律地位作了专门规定:"工会独立,任何人不得限制或阻挠其活动。"该部宪法所规定的国家结构与体制同1949年宪法相比也有所变化,如将人民议院的议员人数由400名增至500名,议员任期也由4年延长到5年。此外,宪法增设国务委员会,作为人民议院的机关,执行宪法与人民议院法律和决议赋予它的任务等等。

1974年民主德国修改并重新颁布了该宪法,其中最有特色的修改内容是在宪法中规定:"永远地矢志不渝地和社会主义的苏维埃共和国结盟。"它宣布德意志民主共和国是"社会主义大家庭的不可分割的组成部分"。

六、两德统一后宪法制度的发展

(一)德国的重新统一与统一后德国的宪政制度

德国在重新统一前夕,对于怎样实施统一曾有一定的争论,最后通过在1990年5月至9月的4个月内签订了3个有关条约后,采用东德加入西德的方式,于1990年10月3日实现重新统一。

1990年5月18日,民主德国与联邦德国两国政府正式签订了第一个国家条约,规定了建立统一的货币即联邦德国马克及两德统一后的有关经济制度、社会联盟等事项,为德国的统一作了经济生活方面的必要准备。8月31日,民主德国与联邦德国两国政府又正式签署了第二个国家条约,就统一后的具体事项作了详细的规定。该条约明确规定,1990年10月3日为德国重新统一日,10月3日为国庆日。条约还详细规定了统一后使用的国名、国旗、国歌、政府机构、领土范围及法律等。

通过这两个条约,德国统一的内部条件已准备就绪。1990年9

月12日,两个德国与苏、美、英、法四国联合举行关于德国统一问题的"2+4"会议,最终达成了关于两个德国实行统一的协议,签订了《最终解决德国问题的条约》。该条约明确规定,统一后的德国拥有内政和外交事务的完全主权,并有结盟的自由。同时规定,苏联驻民主德国的军队在1994年底前撤离,美、英、法三个占领国放弃占领国的权利与责任,从而为德国统一扫清了外部障碍。

统一后的德国虽然在政治法律制度上基本沿用了原联邦德国的制度,但由于民主德国的加入,必然要求进行一定的调整,主要表现在以下几个方面:

第一,关于国家的组成。统一后的德国领土包括联邦德国与民主德国的领土及整个柏林,统一后的德国仍实行联邦制,原民主德国地区恢复1952年前的5个州的建置,东、西柏林合并后组成一个州,这样总共包括16个州。

第二,关于国名、国旗与首都。1990年8月签发的第二个条约中规定,统一后的德国仍采用原西德的"联邦德国"的国名,即"德意志联邦共和国",使用联邦德国的黑、红、金三色旗与国歌,首都在柏林,但议会及政府所在地问题待德国统一实现后再作决定。

第三,关于统一后的临时宪法与法律。第二个国家条约中规定:"本条约双方政府建议统一后的德国的立法团体,在两年之内着手研究因德国统一而出现的关于修改与补充基本法的问题。""在实现德国的统一和自由后适用于整个德国人民的本基本法,在德国人民以自决方式通过的宪法生效之日起失效。"这条明确规定了在两德统一后,以《德意志联邦共和国基本法》为临时宪法适用于全德境内。但这种修改并没有明确将来应是修改基本法还是制定新宪法,这对于统一后的德国制度的发展确实是件憾事。① 同时,条约还规定了原联邦德国的其他法律立即在全德实施,由联邦德国参与签订的欧共体法律、条约同时适用于原民主德国地区。

第四,关于统一后的国家机关,第二个国家条约中规定,联邦德

---

① 参见何勤华主编:《德国法律发达史》,法律出版社2000年版,第181页。

国的总统为统一后德国的总统。统一后德国的议会仍由联邦议院与联邦参议院组成。联邦议院的选举仍为每4年1次,但议员人数增加了,超过了原来的656人;联邦参议院议员的选派与表决并未发生变化,但为适应统一后的需要,对各州参加联邦参议院的人数作了调整,议员人数由原来的45人增加到68人,而且,原来每州至少有3票,居民人数超过200万的州有4票,超过600万的州有5票,现在增加了一条规定,即人口超过700万的州有6票。

(二)德国统一后基本法的修改

统一后德国国内形势发生了重大变化,为适应社会政治形势发展的实际需要,对基本法进行修改十分必要。德国政府在1992年7月14日对基本法作了德国统一以后的首次修改,主要解决航空组织法律形态的问题。1992年12月21日,为了批准《欧洲联盟条约》,专门进行商讨,同年6月26日一致通过草案,该日同时正式通过了对基本法问题的一些修改事项,增设1条,标题为"欧洲条款",规定德意志联邦共和国致力于实现一个具有民主的、法治精神的统一的欧洲,并规定,居住在德国但出生于欧盟成员国的外国人享有德国的地方选举权。

1993年5月26日,就庇护权问题对基本法进行了修改,限制援用庇护权的范围,加重申请者在庇护审查过程中的证明责任,规定原则上以支付实物以确保申请庇护者的生计,并防止滥领救济款项。① 这种做法不仅可以防止大量的外国人涌入德国,而且又协调了德国与欧盟其他国家有关法律的适用,但也有些学者认为这种做法从本质上说体现了庇护权的倒退。

1993年12月20日修改了关于联邦铁道民营化的相关内容。1994年8月30日修改了有关联邦邮政、电信电话制度民营化的内容,将邮政由联邦专属的行政事务转向实行邮政民营化。

1994年10月27日,根据联合宪法委员会报告书的内容,对基

---

① 参见吕耀坤:《德国政治制度》,时事出版社1999年版,第33页。

本法作了较大的修改,修改的条款有二十多条①,涉及男女平等、环境保护、联邦与州的立法权限划分、法律适用的过渡条款等诸多事项。

这些对基本法过渡性与探索性的修改,使基本法能根据时局的变化而不断自我更新,从而满足了统一后德国政治统治的需要。

第五节 日本的宪政实践

日本制定资本主义宪法的历史与西方资本主义国家相比时间较晚,直到19世纪中叶之后才开始,数量也不多,只有两部宪法。日本历史上第一部成文宪法即"明治宪法",准确地说是《大日本帝国宪法》,诞生于1889年(明治二十二年),它是亚洲最早的成文宪法②。这部宪法以1871年《德意志帝国宪法》为蓝本,确立了天皇专制制度,是以天皇的名义恩赐给日本臣民的"钦定宪法"。

第二次世界大战结束后,美国以盟军的名义占领了日本。在美军占领控制日本期间,在盟军最高统帅麦克阿瑟的亲自主持下,盟军司令部政治局拟定并起草了宪法草案(即"麦克阿瑟宪法草案"),在该草案的基础上形成了"政府宪法修改草案纲要",交由国民讨论通过之后,同年11月3日,以《日本国宪法》的形式正式颁布,于1947年5月3日开始实施,这是日本的现行宪法。

一、日本宪法的产生与发展

(一) 明治宪法

1. 明治宪法产生的历史背景

资产阶级立宪运动之所以能于19世纪70年代在日本出现,既有日本国内资本主义因素日趋成熟的主导原因,也有受国际资本主

---

① 参见吴信华:《德国基本法最新修正》,载《月旦法学杂志》1995年第2期。
② 参见蒋立峰:《日本天皇列传》,东方出版社1991年版,第42页。

义宪政制度影响的外部原因。①

第一,明治宪法产生的内因。自由民权运动的蓬勃发展和许多私拟宪法草案的公开发表是明治宪法产生的内因。明治维新之前,欧美资产阶级自由、民主的政治思想已开始在日本传播,与当时日本社会渐已形成的要求承认公卿、诸侯、武士等参政的所谓公议思想相结合,至明治维新后,兴起了一场声势浩大的自由民主运动。

1874年,由板垣退助、江藤新平、后藤象二郎等起草的《设立民选议院建议书》揭开了这场代表日本近代成长时期民众运动的序幕,他们在建议书中要求建立议会,限制官僚专政,主张从人民中选举代表组成公议立法机关。自由民权运动在日本经历了长期、深入的发展,据资料统计,仅在江户时代,就曾发生过六千多次,这使自由民权运动的指导思想——资产阶级天赋人权的观念深入人心,人们根据共同的利益和要求组织起来产生了许多新的党派,如爱国公党、立志社、爱国社等。通过党派领导和推动自由民权运动,自由民权运动迅速波及全国。

与此同时,到1880年为止,植木枝盛起草的《日本国国宪案》、千叶卓三郎起草的《日本帝国宪法》等四十多部私拟宪法草案公开发表。这些宪法草案立足于西欧的自由主义、民主主义,提倡英国式的立宪君主制、议院内阁制,其中的许多观点,因其流传范围广而对政府的统治构成了一定的威胁。不仅自由民权论者起草了多部宪法,就连作为明治政府参议的大隈重信在天皇征询有关立宪的意见时,也强烈主张制定以英国式议院内阁制和政党政治为内容的宪法,并尽快开设国会。

在此背景下,为了缓和社会矛盾,明治政府不得不于1875年4月发布《渐次建立立宪政体之诏书》,宣布设立元老院以广立法之源,召开地方官会议以广公议,设置大审院以加强法制,渐次建立国家的立宪政体。1876年天皇在给元老院议长炽仁亲王的敕语中,要

---

① 参见赵宝云:《西方五国宪法通论》,中国人民公安大学出版社1994年版,第283页。

求"制定与我国建国以来的基本特色最相适应的宪法",并起草了《日本国国宪》(1876年、1878年、1880年)。但该法因立宪主义色彩太浓,被认为不符合日本国体而未被采纳。1881年10月,天皇再次颁发诏书,许诺1890开设国会,颁行宪法。

第二,明治宪法产生的外因。为了废除不平等条约和与欧美国家确立对等关系,亟须整顿并建立西欧的法律制度。就日本受到的国际影响来说,19世纪50年代美国首先用坚船利炮打开了日本国门,在武力压力下,日本被迫和美、英、法、俄、意等国缔结了一系列不平等条约,日本被剥夺了关税自主权,沦为西方列强侵犯掠夺的对象。明治维新后,随着日本国力的逐渐强大,修改和废除不平等条约成为明治政府的首要任务。

对此,西方资本主义列强提出了修约的条件:第一是承认基督教在日本的信仰自由,日本在1873年取消了禁止基督教传教的规定;第二是日本必须采用西方的政治法律制度,必须明文规定修改、编纂法典,开设国会、制定宪法、实行宪政制度,并通过公报将宪法广泛宣传到各家各户,成为一个法制国家,否则便不与日本商谈修约。外部因素促使日本当局认识到整顿法律、学习引入西欧法律制度的紧迫性,这是明治宪法产生的外部动力。

2. 明治宪法的制定过程

面对国内外形势,1882年3月,天皇派遣以伊藤博文为首的宪法调查团出访欧洲考察各国宪政。经考察,伊藤博文认为,英、美、法的宪法偏于自由激进,与日本国情不符,而"军权赫赫"的普鲁士邦宪法在肯定了君主至高无上的前提下,建立起大资产阶级与容克地主相妥协的政治体制,这种做法与日本国内封建主义色彩很浓厚,天皇地位神圣不可侵犯的国情十分相似。于是,伊藤博文重点对1850年《普鲁士邦法》和1871年《德意志帝国宪法》仔细研究,并期望以之为蓝本来制定日本宪法。

1885年12月,为适应将要开设国会的新局面,明治政府宣布取消太政官制,实行内阁制,内阁直属天皇并对天皇负责,并任命伊藤博文为首任内阁总理大臣,组成第一届内阁。伊藤博文就职后,颁布了《政纲五章》,从五个方面对中央政府机构进行了调整与整顿,严整了纲纪,确立了唯才是举的录用方法,为实行宪政体制作了制度与人员上的准备。

1886年天皇责成伊藤博文、井上毅等人开始秘密起草宪法,在完成草案后,又成立了以伊藤博文为议长的枢密院,正式颁布了这部名为《大日本帝国宪法》的"钦定宪法",1890年由日本帝国议会正式通过并决定在同年的11月29日开始生效。

值得注意的是,在二战后确定新宪法《日本国宪法》的题目时,删除了"大"字,据说是因为厌恶"大日本"这种东洋式的措辞,而之所以删去"帝国"二字,则是因为容易与"帝国主义"不愉快地联想起来,所以,在一般教科书与专著中,经常提到的是明治宪法,只有在日本六法全书中仍然使用《大日本帝国宪法》。①

3. 明治宪法的内容特点

明治宪法是以1871年《德意志帝国宪法》为蓝本而制定的一部钦定宪法,在结构上由7章共76条组成,7章的名称依次为"天皇"、"臣民权利义务"、"帝国议会"、"国务大臣及枢密顾问"、"司法"、"会计"与"补则"。这部宪法深受德意志帝国宪法及各邦宪法的影响。对此,甚至有日本学者断言,这部宪法只有3条(第1条、第31条、第71条)是独创的,其余有46条和普鲁士及德意志其他各邦宪法相同。② 这种说法虽然有些夸张,但说明了明治宪法与德国近代宪法的继承性。明治宪法的内容特征主要体现在以下几个方面:

第一,以"天皇主权论"为立宪的基本原则,确立了天皇专制制度。宪法第一章共17条,就天皇的地位、皇位继承、天皇的权力等问题作了详细的规定。关于天皇的地位,宪法第1条规定:"大日本帝国由万世一系之天皇统治之。"第3条规定:"天皇神圣不可侵犯。"第4条规定:"天皇为国家元首,总揽统治权。"宪法规定天皇享有广泛的权力,涉及立法权、行政权、司法权、军事统帅各个方面。宪法第

---

① 参见宋长军:《日本国宪法研究》,时事出版社1997年版,第27页。
② 参见田嵩主编:《外国法制史》,北京大学出版社2000年版,第176页。

5条规定:"天皇以帝国议会之协赞,行使立法权。"第8条规定:"在帝国议会闭会期间,因保持公共安全之需要,有权发布代替法律的敕令。"第10条规定:"决定行政各部之管制、任免文武官员。"第11条规定:"统帅陆海军及拟订常备军的编制。"第16条规定:"发表大赦、特赦、减刑命令。"这些规定表明天皇拥有国家主权并具有最高权威,这是日本固有的神权天皇制在宪法中的明文体现。①

第二,宪法在确立天皇总揽统治权的基础上建立了资产阶级三权分立的政治体制。明治宪法仿照西方近代资产阶级宪法,规定国家统治权由立法、行政、司法三权组成,分别由议会、内阁与法院享有,但明治宪法在"天皇主权论"的立宪原则指导下,在第4条明确规定:"天皇为国家元首,总揽统治权。"根据这条规定,议会、内阁、法院享有的一切权力最终都集中于天皇,天皇权力包括立法、行政、司法、军事各个方面,"议会协赞天皇"(第5条)、"内阁辅弼天皇"(第55条)、"法院以天皇名义,依法律行使之"(第57条)、"军部直属天皇",以此来巩固天皇的统治地位。

帝国议会由贵族院和众议院两院组成,贵族院议员有皇族贵族及天皇敕选的少数重臣组成,众议院议员则由选民直接选举产生。议会每年召集一次例会,会期三个月,必要时可根据天皇敕令来延长会期或举行议会临时会议。在形式上,议会也非最高立法机关,宪法第5条表明天皇有立法权,而议会只能在天皇行使立法权时起协助或赞同的作用。此外,天皇还拥有颁布独立于法律之外的范围广泛的独立命令权和在紧急场合无须议会干预的单独发布关于法律、预算等方面的紧急命令权(第8条)。这说明天皇有权不经过议会发布具有法律效力的敕令。

内阁由国务大臣组成,宪法第55条规定:"国务大臣辅弼天皇,负其责任。"也就是说,天皇颁布法律或敕令时,有关国务大臣应作副署,并通过副署而承担责任。如果首相或有关国务大臣拒绝副署而天皇不允许他(他们)这样做,则内阁应辞职。从这条规定可以看

---

① 参见何勤华主编:《外国法制史》,法律出版社1997年版,第422页。

出,内阁是从属于天皇的行政机关,内阁对天皇负责而不对议会负责,而且有关皇室与军队的事务不在大臣的辅弼范围之内。天皇代表政府对外享有宣战、媾和与缔约权,对内享有任免内阁首相、内阁大臣及其他文武官员的权力,并有决定行政各部之官制权及官员供给权、宣布与实行戒严命令权、荣典授予权等等。

宪法规定法院行使司法权,法院以天皇的名义依法律行使权力,法官除受刑法之宣告或惩戒处分外,不得被免职。在法院的设置上,设立普通法院、行政法院和特别法院。在法院审理制度上,确立了审判公开的司法原则。宪法同时规定,天皇有权越过法院直接宣布实行大赦、特赦、减刑与复决。

在军事方面,宪法规定天皇拥有独立的统帅权。天皇统帅陆海军,确定陆海军编制及常备兵员。根据兵政分离的原则,在天皇行使军事统帅权的机构上,天皇是通过直属于天皇本人领导的军部(包括参谋本部、海军司令部、内阁中的陆军省和海军省四个机关)来行使权力的,军部既不受议会控制,也不受内阁制约,虽然内阁中有两个省在军部之中,但军部并不受内阁的管理与指挥。宪法规定,凡有关军事行动的事宜,均由军部直接报告天皇决定,这就使军部与内阁成为法律地位平行、互不隶属的两个并列的机关,从而形成了军部独立于内阁之外行使军权的现象,日本学者称之为"二重内阁"。因此,在明治宪法建立的制度下,军部成为既脱离内阁,又不受议会监督的"二重内阁"。

明治宪法建立的日本帝国,是一个封建的军事帝国,它是后来日本成为军国主义的制度根源之一。历史已经证明,军部在日本国家机构中地位之特殊、权力之巨大,促使掌握军部大权的军阀头目往往并不满足于脱离内阁独操军权,而是要得陇望蜀地到内阁去担任内阁首相,以实现用军权全面控制政府,推行对外扩张侵略的军国主义国策。①

---

① 参见赵宝云:《西方五国宪法通论》,中国人民公安大学出版社1994年版,第292页。

第三,宪法规定了臣民有限的自由权利。宪法在第二章"臣民权利义务"中,详细列举了臣民的主要权利。具体包括居住与迁徙自由、信教自由、言论与集会自由、结社与出版自由、通信自由、人身自由(臣民非经法律许可,不受逮捕、拘禁、审问、处罚)、私有财产受保护(不得侵入或搜索其住所)等等自由与权利。尽管受当时的国内国际环境的影响,这部宪法不得不参照英美法等国的宪法,采纳某些民主主义因素,但作为近代宪法基本原理的国民主权、基本人权原则并未在其中得到体现,①而伴随着昭和以后军国主义势力的日益强大,明治宪法中仅存的一点自由主义、民主主义因素也遭到扼杀。

宪法列举的臣民的权利内容很多,但这些权利的范围不仅十分狭隘而且有许多缺陷。(1)宪法未使用资本主义国家宪法通用的"公民"一词,而使用"臣民"。因为在"天皇主权"的宪政制度下,天皇与国民是君主与臣民的关系,臣民必须服从天皇,臣民的权利是天皇对臣服他的臣民的恩赐,所以,为了巩固天皇的地位,明治宪法未使用"国民"、"公民"而使用"臣民"。(2)明治宪法关于臣民的权利设定范围非常狭隘,极为有限。宪法规定的自由权利与近代西方国家相比带有很大的不彻底性。例如,宪法规定臣民享有宗教信仰自由,但又将皇室信仰的神道定为国教并强迫臣民参拜神社。(3)明治宪法规定的臣民的权利的具体实施缺乏法律保障。宪法第二章第 31 条规定:"本章所列各项条规,在战时或国家变故之际,并不妨碍天皇大权之施行。"这条规定很容易导致天皇借口战争或国家事变,任意取消臣民的各项权利与自由,从而为日本军国主义的兴起埋下了隐患。

4. 明治宪法的历史地位

首先,明治宪法是日本历史上第一部宪法,也是亚洲最早的一部成文宪法,它是日本明治维新的产物和积极学习西方法律以谋求独立自强的结果。它对于日本摆脱西方列强的控制,走上独立自主的道路,进一步打破封建制度,创建日本近代政治制度与法律体系具有

---

① 参见许崇德主编:《中国宪法》,中国人民大学出版社 1996 年版,第 260 页。

重要作用。其次,明治宪法的制定,提高了日本的国际地位,使欧美列强开始重新认识不断发展的日本。对此,当时的美国驻日公使在一份给本国的报告中说:"宪法是这个贤明、自由的政府取得进步的最好证明。这种进步不是一时的试验,也不是这个充满活力的东洋政治体制模仿西方文明的装饰品,而是对日本过去历史的坚定、永远的胜利。这个胜利向各国宣告了日本新时代的到来。"①

但是,在明治宪法中,天皇仍是一个握有各种统治大权的实权君主,为维护天皇至高无上的统治权,宪法所确立的三权分立制度最终也受制于天皇,同时宪法规定的臣民权利不仅十分有限,而且毫无保障,天皇可以战争或国家事变任意取消之。宪法还规定了军部独立于内阁之外享有军权,不受议会与内阁的控制与制约,实行"二重内阁制"。"天皇主权"的立宪原则和"二重内阁制"既是日本封建军国主义残余的体现,也为日本日后走上军国主义道路,发动法西斯侵略战争提供了宪法依据。

明治宪法规定天皇是明治宪法存在的基础,天皇的权力是基于天照之神之神敕,是广阔无边、无制约的,国家的立法、司法、军事等机关均应在天皇名义下进行集权活动。田中次郎在《日本宪法全书》中说:"天皇为统治权之主体非为机关,故天皇意见所发表而立法、司法、行政之三大纲与其他一切关于国家措施之政令从之而定,此我宪法之精神而明载于宪法。"②穗积八束、上杉慎吉等知名学者均拥护天皇主权的观点。但美浓部达吉等人则主张国家法人说,认为国家作为法人是权利义务的总体,天皇只是作为国家机关之一行使宪法规定的行为,应抑制天皇无限制地行使权限,强化与国民关系密切的众议院的权限。

在明治宪法的统治下,内阁作为天皇的政府,对议会一直以超然的君临形式推行政治。帝国议会成立后,众议院以民权各政党为中

---

① 转引自〔日〕真田芳宪:《日本的法律继受与法律文化变迁》,华夏、赵立新译,中国政法大学出版社 2005 年版,第 119 页。
② 〔日〕田中次郎:《日本宪法全书》,范迪吉、李思慎译,上海群学社 1905 年版,第 18 页。

心,与政府展开抗争。为此,内阁逐渐加强了与政党的联合,1898年诞生了最初的政党内阁——加藤高明内阁,以加强对帝国议会抗争的联合力量。

随着日本经济的发展,在围绕经济、政治,特别是世界市场的争夺中,日本国内爆发了来自左右两翼的革新运动。政府对左翼思想和运动进行了严厉的镇压,左翼势力所提倡的政治革新与民主运动无法在日本顺利推行,而右翼倡导的全体主义、军国主义,与军队势力相勾结,力量迅速发展,军部以统帅权独立为借口,直接参与政治,至1940年成立大政翼赞会止,日本帝国议会实际已处于名存实亡的境地,明治宪法确立的政治体制也彻底瓦解。①

(二)《日本国宪法》的制定

1.《日本国宪法》产生的历史背景

日本现行宪法是在日本在二战中惨败的历史环境中制定的,在构成日本现行宪法产生的复杂历史背景中,主要包括国内、国外两种因素。

第一,日本接受《波茨坦公告》,美国军队单独占领日本。1945年8月15日,日本向盟军宣布接受《波茨坦公告》,无条件投降。根据《波茨坦公告》的规定:(1)日本政治的根本原理应该实行以天皇主权向人民主权的转换;(2)日本的政治体制必须贯彻彻底的和平主义精神;(3)日本的政权形式应根据日本国民所表明的自由意志确定。

根据《波茨坦公告》的规定,日本投降之后,日本领土应由同盟军军队共同占领。当时英、法等同盟军中的大国因在二战中大伤元气,一时无力派兵占领日本,中国则忙于国内战争,也无法分身派兵前往日本,苏联因力量有限只派了少数军队进驻日本北方四岛,在这种特殊的历史背景下,美国依靠其强大的军事实力,以盟军名义,取得了单独占领日本的特殊地位,美国远东军总司令道格拉斯·麦克阿瑟将军任盟军总司令,开始对日本进行全面控制。

---

① 参见宋长军:《日本国宪法研究》,时事出版社1997年版,第31页。

第六章 西方主要国家宪政实践

为了便于对日本的控制,美国于1945年8月28日成立盟军总部,之后又设立参谋本部负责军事,同时,设置民政局、法务局、经济科学局、民间通讯局等机构,对日本社会生活的各个方面进行管理与控制①,由美国控制的盟军总部成为日本的实际最高政府。

为了削弱天皇的地位,加强盟军对日本的统治,1946年1月1日,日本天皇裕仁在占领当局的授意下,发表了所谓《人间宣言》②,亲口否认了明治以来一直被奉为天经地义的"天皇是神"的神话,这就从根本上否定了日本军国主义在意识形态上的重要依据,这是美国占领当局实施其占领政策的重要一步。

在美国对日本全面占领与控制之后,美国政府决定把日本改造为其全球战略目标的东方堡垒。于是便着手对日本进行以"非军事化"与废除封建制度,实行"政治民主化"为主要内容的改革。而要实现这两项目标,必须对以"军国主义"和以"天皇主权论"为立宪基本原则的明治宪法进行全面修改,废除旧宪法和颁布新宪法成为美国实现战后在远东战略目标政策中必须解决的问题。

第二,日本国内人民民主运动的兴起。日本军国主义的侵略罪行不仅使中国人民和远东各国人民遭受了巨大的损失,日本本国人民也蒙受了沉重的战争灾难。日本无条件投降的残酷事实使日本举国上下受到了巨大的震撼,维护天皇专制主义制度的封建势力和拥护法西斯侵略战争的军国主义分子受到日本人民的敌视,饱受战争困苦的广大日本人民强烈要求实现国内和平,国内人民民主运动空前高涨,他们希望按照《波茨坦公告》等国际协议,彻底废除军国主义制度,废除天皇专制制度,从而实现日本的国内和平与非军事化,同时,依照新的政治组织原则,实现日本的政治民主化,最终建立一

---

① 转引自赵宝云:《西方五国宪法通论》,中国人民公安大学出版社1994年版,第294页。

② 即日本天皇裕仁于1946年元旦发表的长篇诏书之一节,习惯称为《人间宣言》,内容为:朕与尔等国民同在,常欲利害与共、休戚相关。朕与尔等国民之间的纽带始终依相互信赖与敬爱结成,而非单纯依神话及传说而生,且非基于以天皇为现人神,以日本国民优越于其他民族,进而持有统治世界之命运的架空观念。

个非军事化与政治民主化的日本。于是,在战后改革的过程中,许多进步政党与团体纷纷提出了修改宪法的要求,这就构成了《日本国宪法》制定的群众基础。

可见,美国占领军进行统治的实际需要和日本人民的自身需求构成了日本宪法产生的外在推力和内在动力。人们依据战后日本宪法是在美军占领日本的情况下,由美军直接插手制定的,所以称之为"占领宪法";又根据战后日本宪法是在人们要求铲除军国主义制度,主张建立国内和平与不保持武装力量的情况下制定的,称其为"和平宪法"。①

2.《日本国宪法》的制定过程

《日本国宪法》的制定过程,按照客观历史的发展,可分为两个阶段。第一阶段为1945年8月15至1946年2月13日。这一阶段的特点是由日本政府独自进行草案的制作,具体表现为《宪法修改纲要》的发表。第二阶段为1946年2月13日至1946年11月3日。这一阶段的表现形式是日本政府接受"麦克阿瑟宪法"。

第一,《宪法修改纲要》的出台。根据《波茨坦公告》的精神,"日本政府将排除所有阻止日本国民复兴及强化民主主义倾向的一切障碍,以确立言论、宗教、思想的自由和对基本人权的尊重"。为达到上述目标,1945年10月4日,盟军总司令麦克阿瑟向日本东久迩稔彦内阁作出了有必要修改宪法的指示。10月5日,东久迩稔彦首相因反对修改宪法,率领内阁集体辞职。10月9日,币原喜重郎内阁成立。

10月11日,麦克阿瑟再次发出指令,命令日本立即修改宪法。迫于压力,币原喜重郎政府在10月25日成立了以松本丞治国务大臣任委员长的"宪法问题调查委员会",开始了修订宪法的工作,并于1946年1月底制定出了"松本宪法草案",经修改后以《宪法修改纲要》的形式准备于2月8日提交占领当局。该草案并未对明治宪

――――――

① 参见赵宝云:《西方五国宪法通论》,中国人民公安大学出版社1994年版,第296页。

法作实质性的修改,天皇仍总揽统治权,控制立法、行政、司法,统帅军队,议会仍只是一种陪衬,内阁仍只起到辅弼天皇的作用,因此,这部草案遭到盟军总部的反对。

第二,"麦克阿瑟宪法"的制定与通过。在驳回日本政府组织起草的"松本宪法草案"之后,麦克阿瑟亲自指令盟军总部民政局,直接组织人员起草宪法草案。麦克阿瑟根据美国全球战略的需要,起草了制定宪法必须遵守的三项原则:(1)天皇的职务及权能依据宪法行使,根据宪法规定,天皇对国民的基本意志负责;(2)放弃一切战争,不保留军队,否认国家的交战权;(3)废除日本的封建制度。在这三项原则的指导下,盟军总部民政局成立的宪法起草委员会,于1946年2月13日将起草的"麦克阿瑟宪法草案"交给日本政府。

尽管对草案十分不满,但迫于当时的压力,币原喜重郎政府只好以"麦克阿瑟宪法草案"为蓝本修改宪法,据说币原喜重郎在修宪时"多次流下眼泪"①。美军司令部之所以急于制定宪法,是由当时的主客观原因共同造成的。客观上,预定2月26日开始活动的远东委员会(由联合国11个国家代表组成的占领日本的最高机关)的部分国家强烈要求废止天皇制;主观上,美国总司令部认为如果废除天皇制,日本政府定会难以接受,因为日本的传统观念认为:"大日本帝国万世一系之天皇统治之。自开国以来,既以不文之宪法确定其统治者又按宪法发布之敕语,国家统治大权,由朕承之以传之子孙"②,所以总司令部希望以保留天皇制为条件,迫使日本政府接受放弃战争和军备的规定。

之后,在"麦克阿瑟宪法草案"的基础上,经过盟军总部官员与日本政府官员的联合修订,在1946年3月6日形成了《日本宪法修改草案纲要》,于4月17日正式公布,交由国民讨论和国会审议。两院在讨论过程中,作了一些修正之后,同年11月3日,最终以《日本

---

① 杨栋梁:《日本历届首相小传》,新华出版社1987年版,第196页。
② 〔日〕仁和邵义:《日本宪法详解》,预备立宪公会事务所译,中华书局1908年版,第1页。

国宪法》的形式正式通过并颁布,并于1947年5月3日开始正式实施,这是日本的现行宪法。

《日本国宪法》在结构上由序言和11章正文组成,共103条,宪法条文采用口语体的形式。11章正文的标题依次为"天皇"、"放弃战争"、"国民的权利和义务"、"国会"、"内阁"、"司法"、"财政"、"地方自治"、"修订"、"最高法规"、"补则"。与明治宪法相比,《日本国宪法》在内容上有很大进步,确立了《日本国宪法》的三大基本原理:国民主权、和平主义与基本人权,规定日本采用西方的三权分立原则和责任内阁制来建立日本的政治体制。

二、日本的宪政体制

(一) 象征天皇制的确立

宪法确立了"主权属于国民"的立法原则,否定了国家的一切权力属于天皇。宪法在第一章中详细规定了天皇在国家中的地位、天皇国事行为的性质及天皇行使权力的范围。

宪法第1条规定:"天皇是日本国的象征,是日本国民统一的象征,其地位以主权所属的日本国民之意志为依据。"① 这一规定表明天皇在国家中的权力地位已发生了重大变化,由掌握最高统治权的统帅转变为仅仅作为国家存在的象征的君主。这一规定同时也确立了国民主权原则,彻底摈弃了明治宪法确立的以天皇为中心、国家主权属于天皇的政治体制。

关于天皇国事行为的性质,宪法第3条规定:"天皇有关国事的一切行为,必须有内阁的建议与承认,由内阁负其责任。"第4条规定:"天皇仅实行宪法所定关于国事之行为,并无关于国政之权能。"这表明天皇只能依内阁的决定执行有关国事行为,否认了天皇拥有的独立于内阁之外的统治实权。

宪法第6条与第7条详细列举了天皇行使权力的范围,大都属

---

① 〔日〕宫泽俊义著,芦部信喜补订:《日本国宪法精解》,董璠舆译,中国民主法制出版社1990年版,第41页。

于象征性与礼仪性的,具体包括:根据国会的提名任命内阁总理大臣,根据内阁的提名任命最高法院长官法官以及认证国务大臣和法律规定的其他官员的任免;公告举行国会议员总选举;公布宪法修正案、法律及条约;召集国会,宣布解散众议院;认证大赦、特赦、减免刑等司法问题;授予荣典等。

从以上规定可以看出,与《明治宪法》确立的天皇主权、天皇作为统治权总揽者的地位源自万世一系的血统、天皇神圣不可侵犯的原则相比,《日本国宪法》下的天皇仅是日本国民整体的象征。所谓象征,即意味着抽象、无形、非感觉的东西根据具体、有形、感觉的东西发生具象化的作用,如鸽子象征和平、王冠象征王位等。天皇对内是"日本国民整体的象征",对外则是日本国的象征。有学者认为,实际上,《日本国宪法》第1条规定的象征天皇制的着眼点,不在于说明天皇的"象征作用",而在于强调天皇不具有作为国家象征作用以外的作用。

在《日本国宪法》下的天皇制遵循以下基本原则:第一,天皇不是统治权的总揽者,统治权(主权)的总揽者是日本国民,即立法、行政、司法权不再是天皇的权限,而分别属于各个国家机关;第二,《日本国宪法》的天皇虽然也和明治宪法的天皇一样采用世袭制,但作为世袭根据的不再是来自万世一系之皇统,而是来自日本国民的总体意志;第三,根据天皇发表的《人间宣言》,《日本国宪法》不承认天皇的神格性,天皇不是神而是人。

既然天皇不具有什么实体意义,那么《日本国宪法》为什么没有废除天皇制?这与日本这个民族的信仰息息相关,日本的天皇最初是祭祀活动的主持者,天皇自古即以受命于天的身份居于国民与天地中,日本人一直将天皇看做一种近乎"神"的存在。虽然二战后天皇发表了《人间宣言》,亲口否认了自己的神格性,但作为这一思想的残余不会轻易退出历史的舞台。

人们对天皇的崇拜与服从,导致了日本社会向两个方向发展:一方面是吸收借鉴西方的议会制民主主义;另一方面是保留以象征形式存在的天皇制。天皇是日本人的精神支柱,是日本人生活、工作的中心,在二战中日本政府宣布投降所提出的唯一条件是"不包括有损于主权统治者天皇大权的要求",并要求对这种谅解是否正确给予明确指示。提出这一要求的重要原因即在于日本政府对全体国民许诺"维护国体"①,这是日本这个国家固有的法律文化。

法律文化作为现代社会思想的一部分,在现代社会科学中占据十分重要的位置,日本天皇制的存在即是一个国家法律文化在政治体制中的鲜明体现。在这种法律文化指导下,占领军政府也认识到若废除天皇制,日本政府将会难以接受,所以美军总司令部即以保留天皇制为条件,迫使日本政府接受放弃战争和军备的规定。

(二) 三权分立与议会内阁制

宪法确立了资产阶级三权分立原则与责任内阁制。根据《日本国宪法》,立法权、行政权、司法权分别由国会、内阁、法院行使,三者之间相互牵制。

国会在法律地位上是国民的代表机关,"代表"国民行使国家权力,它行使的职权是最高的国家权力,它是国家唯一的立法机关(第41条)。国会由众议院和参议院组成,议员都由普选产生,任何人都不能同时为两院议员。② 国会参众两院的主要权能包括以下几项:

第一,法律制定权。法律制定权是参众两院作为国家最高权力机关的重要标志之一。宪法第59条规定:"法律案除本宪法有特别规定者外,经两议院通过时即成法律,业经众议院通过而由参议院作相异决议的法律案,如在众议院由出席议员2/3以上多数再行通过时,即成法律。"在国会立法权的设置上,实行国会中心立法原则与国会单独立法原则,明治宪法承认天皇发布的紧急敕令和独立命令制度,《日本国宪法》一概予以排斥。值得注意的是,内阁总理大臣有权向国会提出内阁法律案、预算案及其他议案。由于内阁地位的日益提升,内阁提出法案占重要法案的比例相当大,议员提出的议案

---

① 〔日〕宫泽俊义著,芦部信喜补订:《日本国宪法精解》,董璠舆译,中国民主法制出版社1990年版,第2页。

② 参见〔日〕仁和邵义:《日本宪法详解》,预备立宪公会事务所译,中华书局1908年版,第80页。

通过率在30%左右,而内阁提出的议案则高达95%以上。① 宪法同时规定,法律案由两议院通过即可,不受其他国家机关的干预。

第二,修改宪法的提议权。宪法第96条规定:本宪法的修订,必须经各议院总议员2/3以上赞成,由国会提议,向国民提出并经其承认。

第三,监督财政权。宪法专门设立"财政"一章,将财政置于国会的监督之下。宪法第84条规定:"在以国会为中心的财政主义下,规定租税法律主义。"宪法第91条规定:"国会拥有决算的审议权,在国会审议之前,根据独立组织的会计检察院进行检查及由内阁向国会和国民实行财政报告义务。"

第四,内阁总理大臣的提名权。宪法第67条规定:"内阁总理大臣由国民议会根据国会决议提名。"

第五,条约的承认权。宪法73条将条约的缔结权赋予内阁,但必须事先或根据情况事后经国会承认。同时,国会还拥有倒阁权、质询权、调查国政权等权力。

宪法第65条规定:"行政权属于内阁。"

第一,内阁的组成。内阁依法律规定由其首长内阁总理大臣及其他国务大臣组成。内阁总理大臣及其他国务大臣,必须是非现役军人(第66条),这一规定是基于远东委员会的强烈要求和占领军总部的指令,经贵族院审议而通过的。内阁总理大臣由国会议员根据国会决议提名产生,由天皇任命,国务大臣由内阁总理大臣任命并经天皇认证。

第二,在国会与政府的关系上采取议会内阁制。内阁行使行政权,对国会负连带责任。宪法第69条规定:"内阁在众议院通过不信任案或信任案被否决时,10日内若不解散众议院,内阁必须总辞职。"这一规定体现了内阁受国会监督、对国会负责的原则。在内阁总理大臣缺位时,内阁必须总辞职(第70条),由内阁总理大臣预先

---

① 参见宋长军:《日本国宪法研究》,时事出版社1997年版,第138页。

指定的国务大臣临时代理内阁总理大臣职务①。在战后内阁总辞职的原因中,有美国总司令部的自由指令、战后大选、首相患病、金权疑惑、禅让、舆论的批判等种种原因。

第三,内阁总理大臣实为内阁首长,拥有很大的权力。主要包括:(1)国务大臣的任免权。(2)对起诉国务大臣的同意权。在职国务大臣非经内阁总理大臣同意不得被起诉,但此项规定并不妨碍公诉的权利(第75条)。(3)代表权。内阁总理大臣代表内阁向国会提出议案,就一般国务及外交关系向国会报告并指挥监督行政各部。(4)法律及政令的连署权。宪法第74条规定:"法律及政令须由主管国务大臣署名,内阁总理大臣连署。本条法律的执行并政令的制定和执行,直接由行政各部进行。"这明确了执行责任与制定责任在国务大臣,最终责任在内阁代表者内阁总理大臣。(5)议院的出席及发言权。宪法第63条规定:"内阁总理大臣及其他国务大臣,不论在两议院有议席与否,不论何时为对议院发言得出席议院,又为答辩或说明被请出席时,即出席。"这使内阁与国会的意思能相互沟通,保持连带性。②

宪法明确将司法权归属于普通法院的最高法院和下级法院。宪法第79条规定:"一切司法权属于最高法院及由法律规定设置的下级法院。"③宪法明确规定了司法方面的基本制度,具体包括:

第一,法院的组织系统与审级制度。宪法规定设有最高法院和下级法院。下级法院有简易法院、家庭法院、地方法院、高等法院四种,案件一般按地方法院—高等法院—最高法院的顺序逐级上诉,实行三级审理制度。

第二,最高法院的设置与职权。最高法院院长由天皇根据内阁的提名任命,其他法官则由内阁任命,受到罢免控诉的法官由国会议

---

① 产生这一制度的原因是大平正芳总理大臣在内阁不信任案成立后,解散众议院临近大选之际(两院同时),因劳累过度入院死亡。
② 参见宋长军:《日本国宪法研究》,时事出版社1997年版,第203页。
③ 〔日〕宫泽俊义著,芦部信喜补订:《日本国宪法精解》,董璠舆译,中国民主法制出版社1990年版,第516页。

员组成弹劾法院进行审理。最高法院是拥有上告和上诉裁判权的最高终审法院。宪法规定,允许向最高法院上告的案件只限于违反宪法、判例,以及对判决明显违背法令等情形。除此之外,最高法院还拥有规则制定权、下级法院法官的提名权、对下级法院及法官的司法行政监督权等等。

第三,严格规定了司法权的界限。宪法在确立司法权属于各级法院、法院独立审判的基本原则上,承认了司法权中的一些例外情况:宪法明文规定属于其他国家机关自律权的行为司法机关不予干涉,如各议院有权独自进行有关议员资格的诉讼的裁判。宪法、法律将一定范围的行为委以立法权、行政权的自由裁量时,只要它是裁量权范围的行为,即直接关系国家根本利益的具有高度政治性的统治行为,法院不涉及司法权。当法官违反职责时,则由根据国会设置的弹劾法院对法官进行弹劾裁判。宪法中这样的司法权的例外规定还有很多,在这里不一一列举。

明治宪法规定司法权属于天皇,"司法权以天皇之名依法律行之于裁判所"①。法院是以"天皇名义"行使司法权,而《日本国宪法》的司法权名副其实属于法院,但是在权力分立制的现代国家中与制定当初的形态已经发生了很大的变化。由普通法院进行司法审查存在一些弊端:

首先,尽管普通法院可以受理受害人的申诉,国民的利益可因申诉而获补救,但一个不容忽视的问题是,这种做法不能保障国会的国民最高权力机关的地位,普通法院难以胜任政治理论性很强的违宪审查工作。

其次,伴随着政党地位的上升,政党逐渐成为对国民意志形成起重要作用的主导角色,产生了"政党国家"的现象,传统的议会与政府的关系演变成执政党与在野党的对抗关系,一些政治性很强的敏感问题被抛弃在司法审查之外。

---

① 〔日〕田中次郎:《日本宪法全书》,范迪吉、李思慎译,上海群学社1905年版,第142页。

针对统治行为是否应成为司法审查的例外,有两种截然对立的观点:一是自治说,该学说主张应对统治行为进行司法审查,法院为避免混乱应采取自治;另一种是内在制约说,该学说认为由于统治行为是高度的政治性行为,法院无政治责任,应"委以对主权者的国民负政治责任的政府、国会等政治部门的判断,最终委以国民的政治判断"。这两大学说的对立是目前日本普通法院面临的最严峻的问题。

在美国,统治行为被称作政治行为,美国学者一直认为解释法律是法官的职责,是法律性功能,而制造法律是立法机关的事情,是政治性功能,对"法律功能"与"政治功能"应当作严格的划分,政治与法律的功能必须严格划分开来。受美国这种宪法理论的影响,日本许多学者也持此种观点,实质上,这是一个宪法监督权的范围问题,无论宪法监督如何司法化,它最终必然会带有一定的政治色彩,会涉及决策性判决,间接介入政治斗争的范畴。

从目前日本国内学者的观点来看,相当一部分学者主张由最高法院行使司法监督权①,但这种做法有一定的弊端,即不能保证国会最高权力机关的地位,普通法官也确实很难胜任政治性很强的违宪审查工作;另外一些学者主张设立特设机关,选择专业性较强、权威性较高的法官担任审理工作,这种机关在政治地位和司法权限上的双重职能使它具有议会与司法共同的优点,而具体与抽象、事先与事后的审查方式相结合,会使这种审查较全面与完备,但这种观点也存在缺陷,即将案件仅限于违宪审查的范围,使起诉的范围过于狭窄,将大部分案件排除在司法审查权的范围之外。到目前为止,这个问题在日本尚无定论。

(三)政党与选举制度

1. 政党政治

政党是现代世界各国普遍存在着的一种社会政治现象,政党斗争是各阶级政治斗争的最严密、最完整与最明显的特征。在日本,垄

---

① 参见冷罗生:《日本现代审判制度》,中国政法大学出版社 2003 年版,第 28 页。

断资产阶级与财团操纵选举活动,控制议会立法,掌握政府权力,一般是通过政党来实现的。

日本是个多党制国家,日本政党政治的发展经历了以下几个发展时期:

第一,二战前后日本政党的兴起与演变。明治维新以后自由民权运动初期的1874年,日本开始出现政党的雏形即"爱国公党"、"爱国社"等政治团体,之后在1881年10月和1882年4月,相继成立了以板垣退助为首的"自由党"和以大隈重信为首的"立宪改进党"。"立宪改进党"后来与"中国进步党"等合并,改称为"进步党",1898年6月又与"自由党"合并成立"宪政党",组成以大隈重信为首的大隈内阁,这个内阁被称为日本政治史上最初的政党内阁。

之后,又产生了"政权会"、"民政党",这两个政党分别以三井和三菱两大财团为背景,成为日本当时两个最大的资产阶级保守党。随后,日本又相继出现了"社会民主党"、"日本平民党"、"日本社会党"、"日本共产党"等,但在明治宪法确立的天皇主权政治体制下,这些政党都没有合法存在的法律基础。① 1940年日本法西斯势力建立了"新政治体制",解散了所有政党、团体等组织,集中成立了由军部与右翼集团控制的法西斯政治团体"大政翼赞会"。

二战结束后,《日本国宪法》未对政党作专门的规定,但规定国民有结社自由。战后初期,代表各阶层利益的政党先后成立,既有代表保守集团利益的自由党、进步党,又有体现"革新"精神的社会党与共产党,这些政党经过不断的重组与分化,到1955年前,只剩下自由党、社会党、日本共产党与民主党。

第二,"五五体制"的形成。1948年3月至10月,民主党、社会党、国民协同党组成"保守政党和革新政党联合"的芦田均内阁,之后是民主党与自由党两大保守政党轮流执政。1955年10月,日本社会党左右两派实现了统一。11月,两大保守政党民主党与自由党合并为自由民主党,简称自民党。从此,尽管日本实行多党制,实际

---

① 参见许崇德主编:《宪法学》(外国部分),高等教育出版社1996年版,第270页。

上却形成自民党一党执政的局面。1955年至1960年,日本政坛上主要是执政的自民党与在野的社会党的两极对立,这种状况被称为"五五体制"。"五五体制"形成之后,日本政界结束了多党分立状况,开始进入以自民党和社会党为代表的保守、革新两大政党对立的时代。

第三,"五五体制"的瓦解与新政党制度的发展方向。"五五体制"形成之后,至1993年为止,38年来保守党一直维持安定的长期政权,但随着细日护熙出任多党联合内阁首相,"五五体制"宣告瓦解。经历了两年多的日本联合政府之后,日本自民党重返政坛,现在的日本政党,由于政策的不断调整,原来执政党与在野党泾渭分明的格局已逐渐改变,由于各政党之间政策的接近,各政党之间的政策界线已变得模糊。

从日本政党的演变历史可以看出,实行两党制或"稳健的多党制"是日本的基本政治制度。① 例如,"五五体制"中的自民党与社会党,它们一个是执政党,一个是反对党,在政府选举时交错更迭,推行日本基本的政治制度,日本的其他各党派分别集中在自民党与社会党这两面旗帜下,为保障日本政治稳定、发展日本经济发挥着重要的作用。

在日本这个多元化的社会中,随着社会的发展,必然会产生其他持不同政治观点的派别,在现在的日本国会中占有席位的主要是自由民主党、社会党(现名为社民党)、新进党、民主党、日本共产党、先驱新党六大政党,在这种多党林立的政治格局中,采取"稳健的多党制"是目前资产阶级政治统治的最佳选择。

2. 选举制度

选举制度是国家政治制度的重要组成部分,包括有关选举的基本原则、物质、程序、方法等。日本的选举制度先后经历了三个发展阶段。

第一阶段是限制选举时期。1889年日本制定了众议院议员选

---

① 参见宋长军:《日本国宪法研究》,时事出版社1997年版,第120页。

举法,这是日本历史上首次实行的国民选举制。该法规定,凡年满25岁的男子,拥有本府县户籍,在本府县内居住1年以上,并交纳直接国税15元以上者,具有选民资格。之后,1900年对该法进行了修改,纳税条件被废止,选举区实行一人一区的小选举区制,采取记名投票制。

第二阶段是男子普遍选举时期。1925年后根据修改后的选举法,日本实现了男子普遍选举制。

第三阶段即完全实现普通选举的新时期。日本接受了《波茨坦公告》后,宣布无条件投降,在《日本国宪法》精神的指导下,日本实现了普遍选举,其中具有重大意义的是根据1945年修改了的选举法实现了妇女的参政权,并且将地方选举连同国会议员选举一并纳入公职选举法的范畴,这些内容具体体现在1947年《地方自治法》与1950年的《公职选举法》中,并逐渐确立了普遍、平等、直接、秘密四项选举的基本原则。

现在,日本的选举制度已十分完备,关于选举活动的组织机构、选区划分、选民登记、代表候选人的提出、投票与选举结果的确立,都有详细的规定。同时,选举法还对竞选活动进行了一定的限制,如设置选举事务所的限制、限制和选举有关的特殊身份人员参加竞选活动等,这些措施保证了选举活动顺利、有序地进行。

三、日本宪法的基本原理

(一)国民主权

国民主权即"主权在民",是作为封建社会"君权神授"思想的对立物提出的,这一观点由法国著名启蒙思想家卢梭首先提出。国民参加政治,主要表现在以下两个方面:一是表明政治意志;二是决定政治意志,即选举、罢免政治制度的担当者。这一宪法原则与象征天皇制的确立是密切相关的,天皇的地位是基于主权之所在国民的总体意志而确定的,天皇的神格性被彻底否定,天皇行使的仅是形式的、礼仪性的国事行为,而不具有国政之权能。①

《日本国宪法》确立了"主权属于国民"的立法原则,主要体现在以下宪法条文中:

(1)宪法序言中明确确立了"主权属于国民"的立法原则。"兹宣布主权属于国民,并确定本宪法,国政依据国民的庄严委托,其权威来自国民,且其权力由国民代表行使,其福利由国民享受,本宪法即以此原理为依据。"这一规定实际上是对资产阶级"民有、民治、民享"思想的生搬硬套,试图将其作为"国民主权"宪法原则的理论依据。

(2)宪法规定了国民行使国家主权的基本制度。即日本国民通过正式选举出的国家最高权力机关——国会来行使国家主权。国会是最高国家权力机关,是国家唯一的立法机关,在国会与其他国家机关的相互关系上,国会也处于优势地位。宪法规定由内阁行使行政权,同时规定内阁须对国会负连带责任,内阁总理大臣经国会议决在国会议员中提名,最高法院长官法官由内阁提名,这样,国会就直接操纵了内阁的组成,并通过内阁而间接操纵最高法院的组成。

(3)宪法还规定了一些国民直接行使主权的制度。例如,国民在众议院选举过程中,可以用直接投票的形式对最高法院的法官进行国民审查,罢免不称职的和违法的最高法院法官(第79条);国民有权用直接投票的方式,决定是否批准国会通过的宪法修正案(第96条)及决定是否同意制定通过只适用特别地区的特别法律。

(二)基本人权

基本人权又称人权或基本权,在宪法、人权宣言中作为被保障的诸权利的总称使用。

《日本国宪法》扩大了公民的自由与权利,强调对人权的保障。

第一,与明治宪法相比,《日本国宪法》规定的"国民的权利和义务"是全宪法各章中条文最多的一章,共31条,篇幅也最长,约占全

---

① 〔日〕宫泽俊义著,芦部信喜补订:《日本国宪法精解》,董璠舆译,中国民主法制出版社1990年版,第68页。

宪法内容的1/4。

第二,《日本国宪法》规定的国民的自由权利范围十分广泛。具体包括:

(1) 平等权。宪法14条规定:"一切国民在法律面前一律平等。"

(2) 社会、经济上的基本权利。如财产权,宪法29条规定:"财产权不得侵犯,财产权的内容应符合公共福利";又如生存权,宪法第25条规定:"国民均享有最低限度的健康与文化生活的权利。"生存权的法律性质从上述规定来看具有直接对国家课以应确保国民的生存这一政治的、道德的义务。实质上,人权首先是作为道德权利而存在的,人权的内在精神为人道、法治、大同。① 资本主义私有制决定了日本社会失业、贫困等社会问题随着贫富差距的日益扩大越来越严重,生存权问题仍是个尖锐问题,如何保障人们基本的生存权利,将生存权制度进一步具体化与充实化,在今天仍是宪法研究的重点。此外,宪法还规定公民享有一些社会经济方面的权利,如劳动权、受教育权、获得国家赔偿权等等。

(3) 人身权。宪法第31—40条详细列举了国民在司法活动中享有的权利,具体包括非经法定程序不得剥夺任何人的生命、自由或科以其他刑罚(第31条);无司法机关签发的拘捕证,对任何人不得逮捕(第33条);无司法机关的搜查令状,不得侵入住所、搜查物品或没收财产(第35条)等。

(4) 自由权。日本国民有言论、出版、集会、结社、宗教信仰自由权。不仅如此,国民的思想和良心的自由也不得侵犯。

(5) 参政权。宪法增加了有关参政权的内容,如"选举和罢免公务员是国民固有的权利"(第15条),为要求制定、修订和废止有关法律而举行和平请愿的权利(第16条)。

第三,强调对国民基本人权的保障,对国民基本人权限制的法律条款很少。《日本国宪法》许多条文都规定了国民的基本人权是不

---

① 参见夏勇:《人权概念起源》,载《社会科学院通讯》第25期第3版。

可侵犯的。宪法第 11 条规定:"国民所享有一切基本人权不受妨碍。本宪法对于国民所保障之基本人权,应赋予现在及将来之国民作为不可侵犯之永久权利。"宪法第 13 条规定:"一切国民均以个人而受尊重。对于生命、自由及幸福追求之国民权利,在不违反公共福利之范围内,须在立法及其他国政上予以最大之尊重。"宪法第 97 条又规定:"本宪法对日本国民所保障的基本人权,是人类为争取自由经过多年努力的结果,这种权利已于过去几经考验,被确信为现在及将来国民之不可侵犯之永久权利。"

《日本国宪法》所确立的基本人权体现了人权是人"与生俱来"的权利。在这个定义上,人权保障的理念的前提是个人主义的原理。个人主义要求尊重人权,从此产生国民主义及其他的民主主义诸原理,个人主义是民主主义的源泉。[①] 由于人权也受到经济生活等各方面因素的制约,所以,宪法中的人权无法囊括人权的全部内容;而由于基本人权的行使具有社会性,所以基本人权不可能是绝对的、无限制的权利。它的行使不得阻碍公共福利,有些权利的承认本身是以特定权利的限制为前提的。

基本人权的实施必须有一定的保障措施,日本在政治生活中主要通过以下几种形式保障基本人权:第一,在不违反公共福利的范围内,基本人权必须在立法及其他国政上予以最大的尊重;第二,对于和国家有特殊关系者,可适用特别关系论原则;[②]第三,宪法人权的规定也应以某种形式适用私人之间的人权保障。日本学术界对人权在私人间的相互关系主要有直接适用论与间接适用论。直接适用论以人权规定是社会生活的基本价值秩序为根据,认为可以在私人间直接适用;间接适用论则以法律概括的条款,特别是私法的一般条款为媒介,认为可以间接适用。

(三)和平主义

《日本国宪法》确立了和平主义的宪法基本原理,宣布放弃战

[①] 参见〔日〕真田芳宪:《日本的法律继受与法律文化变迁》,华夏、赵立新译,中国政法大学出版社 2005 年版,第 30—31 页。

[②] 参见宋长军:《日本国宪法研究》,时事出版社 1997 年版,第 70 页。

争。概括起来,包括三个方面:第一,放弃包括自卫战争在内的一切战争及武力行使与武力威胁;第二,为了彻底贯彻实施此目的,不再保持战斗力,包括自卫权;第三,否认国家的交战权。《日本国宪法》的和平主义原理,不是在相互主义的前提下,而是单方面承认不保持战斗力和否认交战权,而且这一原理的核心是宣布国际协调主义,提倡和平的生存权。

《日本国宪法》在序言中规定:"日本国民决定杜绝因政府之行为而延之战祸,日本国民期望永久和平,深切认识支配人类相互关系之崇高理想。"不仅如此,宪法还以专章对"放弃战争"作了具体规定,宪法第9条第1款规定:"日本国民诚实希望以正义与秩序为基础之世界和平,永远放弃作为国家主权发动之战争与武力威胁、武力行使解决国际纠纷之手段……并放弃自卫战争在内的一切战争。"为了达到前款规定的目标,第9条第2款规定日本不保持陆海空军及其他战争力量,并否认交战权。同时,宪法中没有关于军队建设的规定,只在第66条第2款规定:"内阁总理大臣和其他国务大臣必须为文职人员。"

日本用宪法的形式规定放弃战争是由特殊的历史背景决定的,日本从1868年明治维新后到二战结束的1945年,七十多年中一直实行穷兵黩武的军国主义政策,发动了一系列对外侵略战争,不仅给中国、朝鲜、东南亚等亚洲各国人民带来了无穷灾难,也让日本人民饱受战争之苦,而且还危及西方资本主义国家在亚洲的利益。

二战结束后,在日本国内广大日本人民群众强烈要求和平主义的呼声下,在世界各国人民一致谴责法西斯侵略战争的国际舆论压力下,控制日本的美国从其战后全球战略的目标出发,指令日本在宪法中写上放弃国家交战权,不保持战争力量的内容,日本政府迫于无奈只好同意将这些内容写入宪法。

四、日本宪法的历史地位

(一)《日本国宪法》的历史地位

《日本国宪法》确立了"民主、和平与人权"的三大基本原理,它的制定反映了大部分日本国民热爱和平、要求民主的愿望。据《每日新闻社》的舆论调查,对政府提出的新宪法草案赞成天皇制的占85%,反对的占13%,不表态的占2%;认为有必要放弃战争者占70%,认为不必要者占28%;支持国民的权利义务者占65%,主张修改者占33%;支持国会两院制者占79%,否定的占17%,从而表明《日本国宪法》的基本理念得到当时日本国民的强烈支持。①

它的颁布实施对于肃清封建主义与军国主义的影响,否定天皇专制的制度具有重大意义。《日本国宪法》在政治体制上确立了三权分立的基本原则和责任内阁制,并以此为依据对日本政体进行了大刀阔斧的改革,这为二战后日本进行政治体制改革奠定了坚实的基础,开创了日本现代政治变革与法制建设的新时代。

但是,同时也应看到,由于《日本国宪法》产生的特殊的历史背景,这部宪法并不十分完善,条文中前后矛盾的地方很多,如宪法中多处出现的"国家"、"国"、"国权"等概念很不明确。而且,虽然宪法第9条否认日本作为独立国家应有自卫权的制定有特殊的历史背景,是肃清军国主义,彻底消除战争和实现和平的有效措施,但这与《联合国宪章》第51条确认的自卫权是国家固有的权利相矛盾。日本作为独立的国家应有自卫权,但这种自卫的武装力量必须有一定的限度。

(二)日本宪法的实施与修宪斗争

现行宪法颁布以来,尽管实际进行修宪的工作一次也没有,但宪法实施的五十多年中,关于修宪与护宪的斗争从未终止。以宪法第9条规定的和平主义宪法原理为例,1950年初,麦克阿瑟在"新年致辞"中根据变化了的国际形势,试图重新组装日本的军事力量,他在致辞中指出,绝不能把宪法第9条的规定,解释为否定日本有自卫权。

之后,日本最高法院根据麦克阿瑟的发言作出解释,认为宪法第9条并未剥夺日本的自卫权。根据最高法院的解释,日本打着建立

---

① 参见宋长军:《日本国宪法研究》,时事出版社1997年版,第39页。

"防卫力量"的口号,逐渐发展与壮大自己的武装力量。朝鲜战争爆发后,1950 年 7 月麦克阿瑟指示日本政府可以成立维持"社会治安"的警察预备队,于是,当时的吉田茂首相下令成立了日本"国家警察预备队",日本军队的雏形开始形成。

在 1951 年《旧金山和约》和《日美安全条约》签订之后,1952 年盟国结束了对日本的全面控制,日本获得了政治、外交的自主权,"国家警察预备队"也改名为"保安队",同时兵力扩充至 11000 人。朝鲜停战后,根据美国远东战略政策的变化,更为了使日本建立起来的武装力量合法化,日本制定了一系列有关武装力量的法律。

1954 年 6 月日本颁布了《防卫厅设置法》、《自卫队法》,将保安厅改为防卫厅,并着手建立正式军队——防卫队。随后日本又将"保安队"改成"陆上自卫队",警备队改为海上自卫队,同时新成立了航空自卫队,从而建立起了包括陆、海、空自卫队在内的正式军队。

自卫队建立后,日本国内的一些右翼势力,妄想借自卫队已经建立起来的既成事实,借口现行宪法是"强压宪法",企图重新颁布一部"自主宪法",从而使自卫队的建立合宪化。右翼分子的做法激起了广大日本人民的强烈反对,引起了宪法颁布后的首次修宪与护宪的论争。在人民群众的支持下,社会党等反对修宪的日本各界人士和力量,在 1954 年 1 月 15 日成立了"拥护宪法国民联合会",开展了反对修改宪法的活动,最终获得了胜利。

1957 年侵华战犯岸信介就任首相后,更加煽动修改宪法,并成立了"宪法调查会",在国会中大肆宣扬修改宪法。但按宪法的规定:修改宪法的议案,要获得国会两院 2/3 以上多数票赞成才能成立。修宪议案最终因无法达到法定的票数而只好作罢。60 年代初,右翼势力又企图乘修改《日美安全保障条约》之际,掀起修宪高潮,但又一次遭到失败。

进入 80 年代后,修宪与护宪的斗争仍在继续。1980 年 11 月,日本社会党、公明党、共产党以及日本工会总评议会,联合召开了"保卫和平宪法国民大会",发表了《阻止修改宪法宣言》。与此同时,自民党成立的"宪法调查会"也在不断活动,并于 1981 年 10 月召开了修改宪法讨论会。

1990年8月海湾危机爆发后,围绕日本是否要派兵参加维护和平部队又引起了修宪与护宪的论争。海湾战争爆发后不久,日本政府即向国会提出《联合国和平合作法案》,该法案中规定日本将创设一支以陆、海、空三军自卫队联合组成的"联合国和平合作队",参加联合国维持和平活动,企图用此种手段使日本向海外派兵合宪化。但该法案最终未能获得通过,日本也未达到向海湾派兵的目的。

海湾战争结束后,日本政府在1991年4月24日正式决定向海湾派遣日本海上自卫队扫雷舰队,并与4月26日正式派遣扫雷舰队开往海湾。自此,日本不能向海外派兵的禁区终于被打破了。1992年6月,日本国会正式通过了《联合国维持和平活动合作法案》。1996年4月17日,日本与美国又签署发布了《日美安全联合宣言》,对1950年签订、1960年修订的《日美安全保障条约》依新的形势作了调整,即今后日本自卫队可与美军共同行动,从而使日本从原来的"专守防卫"走向"集体防卫",将和平条款篡改得面目全非。

自从1950年日本自卫队建立后,伴随着日本经济在六七十年代的快速发展,日本军事力量的发展速度也非常惊人。1990年日本军费预算已高达297亿美元,位居美、苏之后的世界第三位,1946年《日本国宪法》中确立的和平主义原则早已被抛弃殆尽了。

总之,随着时间的推移,主张修宪的方式与内容发生了一定的变化,从"全面修宪"转向"部分修宪",从"明文修宪"转向"解释修宪"。① 虽然至今日本宪法未经过全面、明文的修改,但在宪法的实际运行过程中,许多原则、内容早已发生了变化,现在及将来日本围绕修宪与护宪的斗争将继续下去,这是日本政府新动向的直接体现,并将影响日本政局的变化。

---

① 参见何勤华主编:《外国法制史》(第四版),法律出版社2006年版,第331页。

第七章

西方宪法原则与宪法制度及其现代化

第一节 概 述

一、宪法基本原则界说

法律原则,是法律的基础性真理、原理,是为其他法律要素提供基础或本源的综合性原理或出发点。① 宪法原则也不例外。尽管对宪法基本原则概念的解释以及宪法有哪些基本原则这些问题,学术界历来有多种不同的看法,② 但一般来说,它是指人们在制定和实施宪法过程中必须遵循的准则,是贯穿立宪和行宪的基本精神。它一般具有普遍性、特殊性、最高性和抽象性等基本特征。③

探讨宪法基本原则极为重要。由于宪法基本原则是宪法中的深层次内容,只有把握了宪法的基本原则,才能真正把握宪法的本质和精髓,从而准确理解宪法规则和概念。

研究宪法基本原则的必要性在于:第一,宪法的规则往往比较具体,具有滞后性的特点,缺乏必要的灵活性和张力,而宪法作为一国

---

① 参见周永坤:《法理学》,法律出版社2001年版,第209页。
② 参见杨海坤主编:《跨入新世纪的中国宪法学》上,中国人事出版社2001年版,第92—126页。
③ 参见周叶中主编:《宪法》,高等教育出版社2000年版,第128页。

的根本法应当具有一定的抽象性和灵活性,基本原则可以弥补具体规则的缺陷。"由于社会变迁过分快速,立法机关也经常借一般性条款来立法。而且由于法官负有论证其裁判理由的义务,这些因素都使得一个纯粹的规则模式不适用于宪法乃至一切法领域。原则层次的衡量是任何的法学工作不可缺少的部分。排除了原则层次,就等于拒绝了正义。"[①]

第二,基本原则同样具有适用的价值。国外宪政史表明,宪法适用机关运用基本原则处理案件,是适用宪法的重要形式,特别是在当今社会发展迅速,而宪法规则又难以适应新形势的情况下,更是如此。

第三,宪法的基本原则可以统领宪法始终,使宪法各种具体规则在基本原则的统一下,形成一个有机的整体,消除或者缓解它们之间的冲突,并对不同的宪法价值作出适当的平衡。

第四,宪法基本原则可以为宪法制度提供指导思想。宪法制度是根据宪法原则设定的,是基本原则的载体,没有宪法基本原则的指导,宪法制度可能会杂乱无章,或者没有方向。

二、确立宪法基本原则的标准

本章确立了四个基本原则,即人民主权原则、法治原则、分权制衡原则和人权保障原则。为此,需要作以下几点说明:

1. 讨论这四个基本原则主要立基于英国、美国、法国、德国和日本等五个宪政发达国家的宪法规范,但又不限于宪法文本。

考察各国宪法的规定后可发现,各国宪法对基本原则集中规定的明晰度不同。英国是不成文宪法国家,宪法原则主要通过司法判决和学者概括相结合的方法进行归纳。美国宪法制定较早,没有专门条款集中规定宪法的基本原则。法国宪法有所规定,主要在《人权宣言》、1946年宪法和1958年宪法确立的原则和规则中,但比较

[①] 颜厥安:《法律与实践理性》,台北允晨文化实业股份有限公司1998年版,第74页。

分散和不稳定。《德国基本法》相对较集中、明确,如第20条规定,"德国联邦共和国是一个民主、社会联邦国家"。"所有国家权力来自人民。人民通过选举、投票以及具体的立法、行政权力和司法机关行使"。第28条第1项规定:各州的宪法秩序必须符合联邦基本法所定之共和、民主及社会法治国原则。第79条第3款无条件地禁止对这些原则和其他的基础性原则①进行修正。可见,《德国基本法》将人民主权与民主、联邦制、国家的社会责任、代议制政府和分权一起作为宪法核心予以保障。

就某个基本原则来说,各国宪法规定的明确程度也不同。就法治原则而言,美国、德国、日本宪法中没有明确规定这一原则。在美国,这一原则很大程度上体现在宪法制定者的论著中,这些论著实际上是宪法的更深层次的理论基础,宪法只不过是这些理论的体现而已。在《德国基本法》和日本宪法中,法治原则通常被作为其他原则的根基。因此,如果只局限于宪法文本来确立西方发达国家宪法的基本原则,显然不能真正掌握宪法的精髓。

基于上述分析,探讨宪法文本必须通过其产生的时代背景加以解读。如分权制衡原则,这些国家的宪法中未必使用了分权制衡的字眼。要理解这一原则,就必须深刻把握宪法文本结构的安排。各国宪法都在宪法结构上把主要的国家机关加以分开并分别规定了相应的权力。另外,虽然名称统称为分权,但英国、美国、法国、德国和日本具体实现的制度各不相同。这与各国特定的国情是分不开的。可见,揭示和发掘出深藏在宪法文本和制宪背景中隐含的宪法原则,正是宪法研究者必须要做的一项重要工作。

2. 四个基本原则反映了这些国家的司宪实践。后文分析将表明,这些国家的司宪实践对四个基本原则的确立起了重大的作用。换言之,司宪机关对宪法的具体适用过程,往往也是把这些静态的原则实证化、技术化、动态化的过程,并通过司宪解释将宪法文本没有明确规定的原则揭示出来。日本和美国法治原则的宪法实践就充分

---

① 包含在第1条中和第20条中的其他条款。

表明了这一点。总之,研究国外宪法原则,只看宪法文本还不够,必须认真解读宪法判决。遗憾的是,由于篇幅所限,无法充分展示出各国对这些原则的具体司宪情况。

3. 以这四个原则作为基本原则也参考了国外的研究成果。

国外学者认为,对宪法制度最深层次的理解得采用哲学格言的形式,这些哲学格言对宪法制度中占主导地位的原则和原理起着决定作用。由于宪法制度中的哲学基础具有多样化和抽象性特点,国内法学学者往往不了解它们或者轻视它们。在这方面要取得准确的定义或者结论往往非常困难或不可能,因为哲学、宪法原理和原则具有高度的主观性、臆测性和争议性。然而,对不同国家宪法原则和原理的比较,极有可能在其相似点和不同点方面抓住本质的东西。[①] 根据 Francois Venter 的看法,对宪法基本原则的理解极为困难,但又是可能的。这说明研究宪法原则需要有信心,同时又要对其难度有足够的认识。

虽然 Francois Venter 没有在此处明确提出宪法的基本原则和原理是哪些内容,但从他的专著的结构来看,它包括了五大部分:比较方法的考虑因素、宪法的至上性、宪法权利、民主和分权、在 2000 年对宪法的比较。如果我们对此作一些引申和变通,可以说该学者实际上是暗示了宪法的基本原则和原理主要包括法治、人权保障、人民主权和分权制衡原则。

4. 确立四个基本原则,主要侧重于这几个国家宪法的共性和国际标准。这四个基本原则是从宪法精神的共性出发作出的选择。尽管每个原则表现出来的具体内涵和外延不同,如英国的议会主权本来不具有共性,而是一个具有英国特色的宪法原则,但是从发展的视野来考察,英国的议会主权正在被人民主权所取代。这就从不同中找到了相同之处,这是共性。荷兰学者指出:"对于每一个国家来说,宪法也面临着一个体现国际政治法律标准的问题,以及'各文明

[①] See Francois Venter, *Constitutional Comparison: Japan, Germany, Canada and South Africa as Constitutional States*, Kluwer Law International 2000, p.44.

国家所承认的一般的法律原则'。"①

5. 研究问题坚持了辩证的观点,用动态的考察方法,只有这样才能抓住问题的关键,找到共性的东西。在这四个基本原则中,最突出的是人民主权原则。虽然说英国的基本原则是议会主权而不是人民主权,但通过考察英国的选举制度改革、人权立法发展、英国加入欧盟等这些重大事件,我们发现,英国的议会主权正在向人民主权演变。从法国来看也是如此。虽然人民主权思想的集大成者卢梭是法国人,但法国宪法中确立的是国民主权(有人翻译成国家主权)。为此,必须指出这是历史造成的差异。然而当今时代,由于法国人权保障的加强、违宪审查制度的确立并发挥作用、宪法至上的地位有了机制和体制的保障,法国的国民主权与人民主权所要具备的要素已不存在根本差别了。从这个意义上说,法国宪法的国民主权原则就是人民主权原则。

6. 确立四个基本原则还具有展望和评判的意味。所谓展望,是想通过阐明这四个基本原则的含义,找到世界各国宪法发展中的共性。它们不只是这五个国家宪法的基本原则,同时也是人类治理社会取得的共同财富,是政治文明的重要成果。所谓评判是指,这些基本原则已经得到广泛的认同,但一些国家宪法中没有明确确立它们的地位,这表明宪法具有不完善之处,将来应当通过修宪把这些基本原则明确写入宪法,以便完善宪法,推动宪政的发展。再者,从实践来看,这几个原则得到较好实现的也主要是几个发达的宪政国家,所以这对其他许多发展中国家同样具有借鉴和评判的意义。

7. 基本原则的排序。关于四个宪法基本原则的排序,限于笔者陋见,很少发现有专门探讨这一问题的文章。② 学者们排序的依据

---

① 〔荷〕亨利·范·马尔塞文、格尔·范·德·唐:《成文宪法的比较研究》,陈云生译,华夏出版社1987年版,第371页。

② 有的学者指出,宪法原则如人民主权、自治(self-government)、法治、有限的和划分的政府权力、人权。See Meryll Dean, *Japanese Legal system*, 2nd ed., Cavendish Publishing Limited 2002, p.473.但这里所说的几个原则是否具有先后逻辑顺序关系或者轻重之分作者没有论述。

不尽相同,有的主要依据本国的宪法文本,有的根据研究的体会,而有的可能根据司宪实践。

英国是不成文宪法国家,很难说哪些属于宪法基本原则。英国宪法学家戴雪认为,法治和分权是英国宪法的核心特征。[1] 学者们一般还认为,议会主权也是英国宪法的基本原则。

美国宪法规定的政府架构所确立的宪法原则可以概括为五个:法治;政府立法、行政和司法机关之间的分权;这些机关之间的制衡制度;联邦制度,或者在全国性政府和州之间的权力划分;个人权利。[2] 这里没有讲人民主权,而是将法治放在第一位,将个人权利放在最后。

据德国官方文件介绍,《德国基本法》的宪法秩序是:基本权利、民主秩序、法治、社会国、联邦秩序等。[3] 这里把基本权利放在首位,显然与《德国基本法》开头规定了基本权利有关。

日本现行宪法框架的三个支柱是人民主权、和平主义和基本人权保护,它们都建立在尊重法治原则和通过最高法院运用司法审查加以保障的基础上。这里把基本人权放在最后,把人民主权放在第一位。

上述几例可以给我们某些启发。从基本原则排序来说,在将人民主权独立作为基本原则的情况下,将其置于第一位也许是合乎逻辑的。在没有将人民主权作为基本原则时,将基本人权保障原则放在第一位可能更妥当。

笔者认为,按照逻辑关系来说,这四个基本原则的最佳顺序是:人民主权、法治、分权和基本人权保障。理由如下:首先,人民主权所阐明的是国家权力的终极来源在于人民,它是实行法治原则和分权

---

[1] See De Smith, Harry Street and Rodney Brazier, *Constitutional and Administrative law*, 5th ed., Penguin Books 1985, p.30.

[2] See Otis H. Stephens, Jr., John M. Scheb II, *American Constitutional Law*, 3rd ed., Thomson West 2003, p.8.

[3] See *Basic Law for the Federal Republic of Germany*, the Press and Information Office of the Federal Republic of Germany 1998, pp.15-26.

原则的前提和根源之所在。换言之,人民主权原则解决了人民和政府之间的关系,即政府权力来源于人民、服务于人民,接受人民监督,其宗旨在于实现人民当家作主。其次,实现人民主权的体制和机制有很多,但必须与法治和分权制度紧密结合,即必须在国家制度上建立可行的法治机制和体制才能实现人民当家作主。再次,所有这一切都是为了实现保障人权的最终目的。人民主权原则归根到底要通过个人的集合体来实现,而到底如何实现,很大程度上取决于人权的要求;法治和分权都是为了制约政府权力的滥用,以更好地实现人权。可见,人民主权和个人权利原则分别从源头和终极目的两个不同方向决定了法治和分权的内容、性质和形式。

这四个基本原则反映了人民和政府之间的关系、政府机关相互之间的关系、公民相互关系、人民整体和个人之间的关系、国家和公民之间的关系。这四个基本原则的内容、形式及其组合配备的情况决定了一国的宪法特色,也决定了一国是不是真正的宪政国家。

8. 对一国特色原则的处理。由于篇幅所限,笔者没有对每个国家自己特有的宪法原则加以研究,如英国的君主特权原则、美国和德国的联邦制、日本的和平主义、德国的社会国和政党国等。

9. 由于基本原则比较抽象,内涵往往易变,所以它的实现离不开具体制度作为载体。本章在阐明基本原则相关内容的同时,也一并对体现和落实基本原则的具体相关制度内容加以介绍,从而实现原则和制度的一体化。

第二节 人民主权原则

一、概述

(一) 人民主权概念解说

人民主权原则,又称为国民主权或主权在民原则。不同的学者对主权有不同的具体主张。法国法学家让·博丹(Jean Bodin)反对封建领主割据状态,赞同建立在神权基础上的君主主权;英国资产阶级思想家霍布斯从坚持集权专制出发,主张君主主权,但反对君权神授;洛克提出议会主权,反对君主主权;卢梭发展了资产阶级主权理论,系统阐述了人民主权学说。西方主权思想经历了君主主权、国民主权、国家主权和人民主权几个不同的阶段。

关于"国民主权"与"人民主权"的区别,日本宪法学者杉原泰雄的研究极为深入。① 他将主权界定为国家权力本身,认为君主主权、"国民主权"与"人民主权"三种原理的差异,在于从法的观点着眼,其国内主权的归属截然不同。他以法国为对象,探讨了"国民主权"与"人民主权"的异同,进而寻求主权原理的发展趋势。依据杉原的见解,随着生产力的发展,以及阶级关系的变动,由"国民主权"朝向"人民主权"演进,乃历史的必然。② 可见,由国民主权发展到人民主权是宪法本身发展的结果。

杉原的考察是立足于特定的法国历史。但在当代,有的国家宪法使用人民主权,有的使用国民主权,二者并没有类似法国这种特定的区别,所以,除非作特别说明,通常把人民主权和国民主权等同使用。再者,考虑到国内学界和不少国家宪法使用"人民主权"这一概念,本章主要采用人民主权。而我国台湾地区学者主要采用国民主权的概念,所以本章引用台湾地区学者使用的国民主权与我们常用的人民主权基本作为等同概念运用。

关于人民主权的解释,国内许多学者一般解释为:国家的权力属

---

① 参见〔日〕杉原泰雄:《国民主权と国民代表制》,有斐阁1983年版,第59页以下;〔日〕长谷部恭男:《权力への怀疑》,日本评论社1993年版,第82—84页。

② 上述内容参见许志雄:《主权论的历史轨迹》,载《月旦法学杂志》1997年第1期,第26—27页。需要指出的是,有的学者与上述观点相反,提出了主权由人民主权发展到国民主权学说,认为现在多以国民主权为主。二战后,宪政思潮产生极大变化,其中民主国家纷纷对立法权予以削弱及限制,致议会主权论之基础发生动摇,代之以国民主权说。所谓"国民主权"与前述及之人民主权,在词意上并无不同,唯昔时之人民主权说仅奠基民主国家之形成,而为议会主权说之跳板,对人权并未真正产生保障,反而议会主权说受到滥用,而为更多蹂躏人权之事实提供了合法性基础。前时期的"人民主权说",可谓系形骸化的人民主权,而二战后的国民主权说,则因有更多表达民意管道——基本人权保障及违宪审查制,使得"国民主权说"具有实质主权的意义。现代立宪主义,已经将该说视为通说。参见郑昆山:《从国民主权法理论释字第三二八号解释》,载台湾《法学论丛》第173期,第44页。

于人民,为人民所有,来源于人民。① 但是这个解释稍显简单。我国台湾学者的概述更为宽泛。在国家法学上,所谓"主权属于国民全体",在意义上包含三个层次:第一,人民拥有制定宪法的权力,乃是国家产生的原始权力,不可用法律甚至以宪法加以限制;第二,国家权力的来源,渊源于人民的制宪权力;第三,国家的主权及领土范围,应该受国际法原理或条约的拘束及限制。②

(二)人民主权原则在宪法中的确立形式

人民主权原则和其他宪法基本原则都经历了一个发展过程,即从政治文件确认为政治原则到少数国家宪法确立为宪法基本原则,最后到多数国家确立为宪法基本原则。

1776年美国《独立宣言》中宣布,"政府的正当权力得自被统治者的同意";1789年法国《人权宣言》宣称,"整个国家主权的本源寄托于国民,任何团体任何个人都不得行使主权所未明白授予的权力"。这是政治文件的确认。1791年,法国第一部宪法将《人权宣言》作为宪法序言,从而使这一原则转化为宪法基本原则。此后,许多国家宪法也对人民主权原则作了规定。宪法体现这一基本原则的表现形式有以下几种:

1. 明确规定人民主权原则。意大利1947年宪法规定,主权属于人民,由人民在宪法规定的方式及其范围内行使。菲律宾宪法规定,菲律宾主权属于人民,政府的一切权力来源于人民。

2. 通过规定人民行使权力的形式体现人民主权。这包括两种形式:其一是间接的代议制形式;其二,直接形式。直接形式主要用创制权、复决权等表现出来。

3. 通过规定公民某些权利和自由体现人民主权。

上述几种形式在《斯里兰卡民主社会主义共和国宪法》中得到集中体现。该宪法第3条规定,在斯里兰卡,主权属于人民并不可剥

---

① 参见胡锦光、韩大元:《中国宪法》,法律出版社2004年版,第61页。
② 参见郑昆山:《从国民主权法理论释字第三二八号解释》,载台湾《法学论丛》第173期,第40页。

夺。主权包括政府权力、基本权利和成人选举权。第4条规定,人民以下列方式行使和享有主权:(1)人民的立法权由人民通过公民投票选出的人民代表组成的议会行使;(2)包括国防在内的人民的执行权由人民选举的共和国总统行使;(3)人民的司法权由议会通过根据宪法或法律设置、建立或承认的法院、法庭和机构行使,但是涉及议会和议员特权、豁免权和权力的人民司法权由议会根据法律直接行使;(4)宪法颁布和承认的基本权利应受一切政府机关的尊重、保障和促进,除依照本宪法规定的方式和范围外,不得予以剥夺、限制或否定;(5)凡年满18周岁、符合宪法规定的选民资格并列入选民登记名册的公民,均有资格在共和国总统选举、议会议员选举和公民投票中行使选举权。

(三)人民主权原则的构成要素

关于人民主权的构成要素,学者们有不同的论述。有的学者概括为四个要素:民主制度与代议政府体制,政党政治与专家参与决定之民主正当性问题,言论自由、传媒自由与集会结社自由的保障,宪法的捍卫——违宪审查制度;[1]有的学者总结出国民主权或人民主权的六个方面内容:人民拥有制宪权、参政权的行使、国民表达意见管道的确保、确立违宪审查制度、民意导向之法律制定、国际法优先原则。[2] 上述内容反映了人民主权的共性,但具体到各国,内涵则各不相同。

二、英国

英国学术著作很少提到人民主权,长期以来人们普遍认同议会主权是英国宪法的一项基本原则。但这并不意味着人民主权不可能成为英国宪法的原则。经过多年的宪法制度改革,英国的议会主权正在走向人民主权。

---

[1] 参见蔡宗珍:《国民主权与宪政国家之理论结构》,载《月旦法学杂志》1997年第1期,第35—37页。
[2] 参见郑昆山:《从国民主权法理论释字第三二八号解释》,载台湾《法学论丛》第173期,第45—46页。

第七章 西方宪法原则与宪法制度及其现代化

(一) 议会主权的出现及其含义

议会主权原则的核心在英国宪法学术领域中最具有争议性,有时甚至是司法争论的中心问题之一。① 这一原则并非一开始就在英国获得坚定的支持。特别是早在17世纪,某些司法法官就对法院是否要无条件服从议会法律产生过怀疑。

在 Bonham 案件②中,主审官柯克说,普通法能"控制议会的法律,而且有时候宣判它们根本无效:因为当一部议会法律与普通的权利和理性相冲突时,或者相矛盾时,或者不可能被执行时,普通法就得对其加以控制,而且判定这样的法律无效"③。但是,柯克撰写其法理概要时,观点明显地趋向保守,他接受了下列观点:议会拥有一种"超级的和广泛的"管辖权,它不可能被"限制在……任何限度内"④。这表明他接受了议会至上的观念,这种转变在17世纪末期通过革命而处于不受怀疑的地位。⑤

从历史渊源来说,议会主权是随着国王特权的降低而出现的。从1688年以来,议会对君主的至上性确立。从那时起,君主特权继续存在或被废除或被剥夺,这些都取决于议会的决定。因此,议会主权或至上性就成了英国"政治机制中占主导地位的特征"⑥。

有关议会主权原则的定义很多,最具有影响的看法是由戴雪教授提供的。在1885年作品中,他把威斯敏斯特议会描述为具有"制

---

① 这一争论既由欧盟成员资格的含义所引起,也更通常性地是由于在某些方面存在诸如基本权利的有效保护与主权理论不相容这样的看法而产生。关于这一争论的第一个方面,可参见 P. P. Craig, *The Sovereignty of the United Kingdom Parliament After Factoratame*, 11 *Y. B. Eur. L.* 221 (1991);关于争论的另一个方面,可参见 Geoffrey Marshall, *Parliamentary Sovereignty: The new Horizons*, 1997 *Pub. L.* 1; Richard Mullender, *Parliamentary Sovereignty, the Constitution and the Judiciary*, 49 *N. Ir. Legal Q.* 138 (1998)。

② See 77 Eng. Rep. 646 (K. B. 1610).

③ Ibid., at 652.

④ Sir Edward Coke, *The Fourth Part of the Institutes of the Laws of England: Concerning the Jurisdiction of the Courts*, London, W. Clarke & Sons, 1817, p. 36.

⑤ See Jeffrey Goldsworthy, *The Sovereignty of Parliamentary*, Oxford University Press, 1999, pp. 142 - 220.

⑥ A. V. Dicey, *Introduction to the Study of the Law of the Constitution*, 10th ed., London: Macmillan, 1959, p. 39.

定或者不制定任何法律的权利",还说"英国的法律从不认为任何人或者机构有权推翻或者取消"议会的立法。① 虽然戴雪的很多作品受到许多当代英国评论家的批评,但 Jeffrey Goldsworthy 断定:戴雪的定义仍然"基本有效"②。

根据戴雪的解释,议会主权原则是指,在英国宪法之下,议会有权制定或不制定任何法律;再者,英国法律不承认任何人或机构有权推翻或废除议会的立法。从积极意义上看,该原则可以被描述为:议会的任何法律或者一部法律的某一部分,即议会制定的一部新法律、废除或修正现行有效的法律,都得被法院所遵守。而从消极意义来看,该原则可以这样表达:在英国宪法之下,没有任何人或者机构可以制定规则推翻议会制定的法律,或对议会制定的法律有所减损,或者(换言之)在这些规则与议会法律相违背时不能得到法院的实施。③

从上述描述可以推断出以下三个基本规则:第一,议会是最高的法律制定机关,可以对任何事项进行立法;第二,议会不受其先辈的约束或者约束其继承人;第三,没有任何人或者包括法院在内的机构可以追问议会法律的有效性。

议会主权只有在两种情况下才不存在:第一,在议会决定,或在全民公决中根据人民的权威,废除其权威,并将剩余权力置于一部由司法机关裁判的书面宪法之下;第二,在司法机关自身经历了一个态度发生"革命"的情况下,并接受了议会不再是主权性立法机关以及法官将自己的忠诚归于某个替代的东西,或不同的主权权力时。意指,议会主权至上也有其相对性,并非完全绝对的,这为它转变为人民主权提供了可能性。

(二) 议会主权向人民主权的转变

随着英国各项制度的改革发展,议会主权正在向人民主权转变。

---

① See A. V. Dicey, *Introduction to the Study of the Law of the Constitution*, E. C. S Wade ed., 9th ed., 1956, p.40.

② Jeffrey Goldsworthy, *The Sovereignty of Parliament*, Oxford University Press, 1999, note 15, at 11.

③ See A. V. Dicey, *Introduction to the Study of the Law of the Constitution*, 10th ed., London: Macmillan, 1959, p.39.

1. 议会主权依赖的基础发生了变化

传统的议会至上(不像宪法至上那样)既不起源于也不依赖于内含的人民合意的思想,这对英国宪法理论产生了强烈的影响。戴雪说:法院不会注意选民的意志。法官只知道议会法律中表达出来的人民意志,而且法院不能容忍下列现象:把通过或者继续存在的法律看做与选民意志相抵触,并以之为依据对法律的有效性进行质疑。

但是这种思想在 21 世纪初发生了变化,现在英国议会至上原则依赖于更多样化的基础。当然这种变化是渐进性的而非革命性的。① 尤其它是通过逐步演变的选举参政权改革而获得效力的。在 1832 年之前,英国普选投票权是以财产资格为条件的,并且只达到成年人数量的 5%。1832 年通过的《格里特改革法》(Great reform Act)②推动了长达一个世纪根本改革时期的到来。③ 最为深远的变化发生在 1918 年④,居住地(与财产资格相反)成为组织原则,而且由于"主张妇女参政的那些妇女"的努力,30 岁以上的妇女取得了投票权。⑤

上述改革表明,在英国出现了代议制和参与式民主,二者共同成为英国主要的宪法和政治理论原则。选举改革的过程对议会主权继续存在的环境起到了根本的改变作用,它把这一原则转变为现代民主约束议会的体制性工具。现在人们普遍承认,英国政府理论是建立在人民主权理念之上的。从当代思想来看,这种说法的重要含义是:议会至上的原则扎根于同样的基本政治哲学,它承认政府的合法

---

① 对英国宪法变化的象征性标志的讨论可参见 Lord Irvine of Lairg, *Constitutional Change in the United Kingdom: British Solutions to Universal Problems*, National Heritage Lecture at the U. S. Supreme Court(May 11,1998)。

② 1832 年《改革法》(Reform Act of 1832),2&3 Will. 4, c.65, §§I,IV(Eng.)。

③ 其他立法于 1867 年和 1884 年颁布,这些法律进一步拓宽了选举人的范围。有关内容可参见 1884 年《人民代表法》, 48&49 Vict., c. 3(Eng.);1867 年《人民代表法》, 30&31 Vict., c.102(Eng.)。

④ 这些变化通过 1918 年的《人民代表法》而发生效力,7&8 Geo. 5, c.64(Eng.)。

⑤ 1928 年,通过赋予年满 21 岁的妇女以投票权而扩展了选举权。有关内容可参见 1928 年《平等投票法》(Equal Franchise Act of 1928),18&19 Geo. 5, c.12(Eng.)。

性基础在于人民的批准。① 显然,这种思想是传统议会至上时代所没有的。

2. 英国在人权保障方式上发生了变化

(1) 政治和法律的控制机制对保障人权都发挥了作用

英国传统对基本权利采取消极的态度。人权被建立在合法性原则的基础上,即公民有做他喜欢做的事情的自由,任何对个人自由的干预必须获得法律正当性的证明。② 因此,英国人权制度的主要焦点是立法过程,公民自由存在于议会法律中。这是自我纠正式的民主观念。根据这一观念,个人权利的保护是通过部长责任制和议会审查制来使其具有效力的。其中心在于政治的而非法律的责任。

莱特(Wrigh)勋爵评论说,因为"议会是至上的",在英国宪法中就"没有受保障的或者绝对的权利。因此,英国自由的保护在于人民具有良好的意识以及演化多年的代议责任制政府制度"③。换言之,英国把保护人权的任务置于议会立法,而非对议会立法进行审查的司法保护上。

虽然英国在传统上强调对政府实行政治控制而非法律控制,但这并不意味着它追求前者而排斥后者。长期以来,英国法官承认,虽然英国坚持的民主观特点是把选举产生的立法机关制定的法律置于司法审查之上,但议会要"为奠基于普通法原则和传统的欧洲自由民主而立法"④。因此,法院都是以基础良好的假定来看待议会所有的立法,即议会想要制定的立法与这些人权自由等原则相一致。

---

① 在这方面,英国宪法理论引导一些评论者建议,民主原则是在议会主权原则之前,也因此在议会主权原则之上。See T. R. S. Allan, *Law, Liberty, and Justice: The Legal Foundations of British Constitutionalism*, 1993; Lord Irvine of Lairg, Judges and Decision-Makers: The Theory and Practice of Wednesbury Review, 1996 Pub. L. 59.

② The locus classicus of this approach is, of course, the decision in *Entick v. Carrington*, 95 Eng. Rep. 807 (K. B. 1765). 在该案中,侵犯个人被看做是违法的,因为没有什么法律条款允许对他们的侵害,结果"国家必要性"的辩解被拒绝。

③ *Liversidge v. Anderson*, 1942 A. C. 206, 260 – 61 (1941) (appeal taken from Eng. C. A.).

④ Ibid.. See also Lord Steyn, Incorporation and Devolution: A Few Reflections on the Changing Scene, 1998 Eur. Hum. Rts. L. Rev. 153, 154 – 55.

第七章 西方宪法原则与宪法制度及其现代化

通过这些解释方法,司法机关可以对一系列的基本规范给以更高级的保护,这些规范包括:接近法院①,司法审查②,以及正当程序的权利③。结果,虽然英国法院不能立法,④但它们可以经常通过解释的方法,将那些似乎与基本权利不一致的立法纳入与基本权利一致的轨道内。法治以及它所建立的价值基础构成了宪法环境下的基本部分,在其范围内,英国的立法至上原则才得以存在。

尤其是,它产生了一个解释性的框架,这种框架偏向于支持基本权利,而且也可以改变支持议会法律可信度的环境。⑤ 再者,长期以来,英国法院也愿意在许多背景下考虑《欧洲人权公约》。⑥ 比如,《欧洲人权公约》常常被引用来对模糊性立法进行解构,⑦并且在普

---

① See *Regina v. Sec'y of State for the Home Dep't, ex parte Leech*, 1994 Q. B. 198 (Eng. C. A. 1993); *Regina v. Lord Chancellor, ex parte Witham*, 1998 Q. B. 575 (1997). 对司法和解释的程序的讨论可参见 Mark Elliott, Reconciling Constitutional Rights and Constitutional Orthodoxy, 56 *Cambridge L. J.* 474 (1997).

② See *Anisminic Ltd. v. Foreign Comp. Comm'n*, [1969] 2 A. C. 147 (1968) (appeal taken from Eng. C. A.). 在该案中,通过解释方法,贵族院使对行政行为的司法审查得以实现。

③ 司法审查法保护更广泛领域的正当程序的权利,作为使立法有效的司法解释的一个后果而获得生效,这是建立在如下假定的基础上的:议会希望基本的正义和合理性标准受到那些被赋予权力机关的尊重。对作为司法审查基础的"修正越权原则"的详细的讨论可参见 Mark Elliott, *The Constitutional Foundations of Judicial Review* (forthcoming 2001); Mark Elliott, The Ultra Vires Doctrine in a Constitutional Setting: Still the Central Principle of Administrative Law, 58 *Cambridge L. J.* 129 (1999); Christopher Forsyth, ed., *Judicial Review and the Constitution*, 2000。

④ 除非与生效的欧盟法不相容。See *Regina v. Sec'y of State for Transp., ex parte Factortame Ltd.*, [1991] 1 A. C. 603 (1990) (appeal taken from Eng. C. A.).

⑤ T. R. S. Allan 撰写了很多论文广泛地讨论了议会主权和法治的关系。See T. R. S. Allan, *Law, Liberty, and Justice: The Legal Foundations of British Constitutionalism* 1993, note 64,45; T. R. S. Allan, Legislative Supremacy and the Rule of Law: Democracy and Constitutionalism, 44 *Cambridge L. J.* 111 (1985); T. R. S. Allan, Parliamentary Sovereignty: Law, Politics, and Revolution, 113 *L. Q. Rev.* 443 (1997).

⑥ See 573 Parl. Deb., H. L. (5th ser.) (1996) 1465 - 67 (remarks of Lord Bingham); Murray Hunt, *Using Human Rights Law in English Courts* 207 - 61 (1997); Francesca Klug, Keir Starmer, Incorporation Through the Back Door? 1997 *Pub. L.* 223, 224 - 25.

⑦ See *Regina v. Sec'y of State for the Home Dep't, ex parte Brind*, [1991] 1 A. C. 696 (1991) (appeal taken from Eng. C. A.).

通法"没有坚定扎根的时候可以影响其发展。"①

（2）1998年《人权法》制定带来的变化

《人权法》②颁布于1998年，并于2000年10月2日实施。它将公共权力置于尊重基本人权这一新的义务之下，③并要求政府提请议会注意新的立法草案可能对公民自由的危害。④ 最为根本的是，这部法律要求法院尽可能按照与人权相容的方法来解释议会的立法。⑤ 在无法做到这一点时，可以发布一份"不相容的声明"，⑥这可以导致冲突性立法通过"快速路径"的程序得到修正。⑦ 因为这种声明可能产生相当大的政治压力，支持对国内法进行矫正，也因为获得这种声明的当事人如果不能在国内获得立即救济，他可以在欧洲人权法院获得救济。

结果，虽然英国法院无权推翻与人权不相容的立法，但是它们发布不相容声明的权力是实质性的，极有可能导致有缺陷立法的修正。在此实质意义上，《人权法》确实引进了有限的宪法审查制度，这种制度可以与议会主权理论完全共存。⑧ 如果这项制度再向前迈进一步，真正的违宪审查就出现了。

---

① *Attorney-Gen. v. British Broad. Corp.*, 1981 A. C. 303, 352 (appeal taken from Eng. C. A.) (Fraser, L. J.). See also *Rantzen v. Mirror Group Newspapers* (1986) Ltd., 1994 Q. B. 670 (Eng. C. A. 1993); *Derbyshire County Council v. Times Newspapers Ltd.*, 1992 Q. B. 770 (Eng. C. A. 1992).

② 1998年《人权法》, c. 42 (Eng.). See *Rights Brought Home: The Human Rights Bill*, 1997, Cm. 3782, http://www.official-documents.co.uk/document/hoffice/rights/rights.htm; Lord Irvine of Lairg, The Development of Human Rights in Britain Under an Incorporated Convention on Human Rights, 1998 *Pub. L.* 221.

③ 详见1998年《人权法》第6条第1款。原文是："It is unlawful for a public authority to act in a way which is incompatible with a Convention right."

④ 《人权法》第19条要求政府或者制定"书面声明"与公约权利"相容"，或者注意到无权作出这样的声明。

⑤ 《人权法》第3条。

⑥ 《人权法》第4条。

⑦ 《人权法》第10条。

⑧ 保留立法机关在减弱人权方面的最后权能的方法也为其他许多普通法国家所喜好。例如，1990年《新西兰人权法》要求按照与基本人权相一致的原则解释立法，但是保留了立法机关有最后限制这些完好权利的权力。同样，《加拿大自由和权利宪章》第33条第1款规定，允许通过立法克减人权，如果这种克减是清晰可见的。See Canada Act, 1982, c. 11, sched. B, pt. I, § 33(1) (Eng.).

综上,英国传统的议会主权发生了变化:第一,理论基础发生了变化。传统的议会立法至上与人民主权没有任何关系,但现在开始接受这种关系了。第二,公民和国家之间的关系发生了变化。随着选举参政权的改革,民主基础逐步扩展,国家对选民(人民)的依赖性增强。第三,随着人权保障的加强,传统的议会立法至上有所动摇。这表明过去传统的实证主义理论基础有所改变,重视人权的价值理念有所提升。这些都表明,议会主权正在走向人民主权。

三、美国

(一) 人民主权原则的确认

美国宪法并未明确使用人民主权或者主权在民的字样,宪法专著中一般也很少将人民主权原则作为宪法的基本原则。[①] 但美国宪法处处体现了主权在民的思想。早在《独立宣言》中就明确规定,为了保障天赋人权,"人们才在他们之间建立政府,而政府的正当权力来自被统治者的同意"。这肯定了人民是主权者,主权属于人民,政府权力来自人民。《独立宣言》还规定,"人民有权利改变或者废除政府,以建立新的政府"。这是当时政治文件对人民主权思想的确认。

美国宪法序言规定:"我们美利坚合众国人民,为建立更完善的联邦,树立正义,保障国内安宁,提供共同防务,促进公共福利,并使我们自己和后代得享自由的幸福,特为美利坚合众国制定本宪法。"这可以说是人民主权原则的宪法依据。

人民主权对美国极其重要。托克维尔指出:"人民之对美国政界的统治,犹如上帝之统治宇宙。人民是一切事物的原因和结果,凡事皆出于人民,并用于人民。"[②]阿克曼称它是宪法变革的原动力。[③]

[①] 有学者将宪法规定的政府架构建立的宪法原则概括为五个:(1)法治;(2)政府立法、行政和司法机关之间的分权;(3)这些机关之间的制衡制度;(4)联邦制度,或在全国性政府和州之间的权力划分;(5)个人权利。See Otis H. Stephens, Jr., John M. Scheb II, *American Constitutional Law*, 3rd ed., Thomson West 2003, p.8.

[②] 〔法〕托克维尔:《论美国的民主》上卷,董果良译,商务印书馆1988年版,第64页。

[③] 参见〔美〕布鲁斯·阿克曼:《我们人民:宪法变革的原动力》,孙文凯译,法律出版社2003年版。

人民主权原则还得到司法判例的确认。最高法院法官萨缪尔·蔡斯(Samuel Chase)在1798年的 *Calder v. Bull* 案件中明确阐明了宪法作为高级法律秩序,先于和优于立法机关的权力的地位。① 蔡斯法官说:"我不能支持州立法机关的全能性,或者它是绝对不受控制的。"② 这说明美国坚持宪法至上,而这恰恰是人民主权原则的派生物。③ 最高法院首席法官马歇尔(Mashall)在1821年明确指出:"人民制定了宪法,人民也能废除它。宪法是人民意志的创造物,只能根据人民的意愿而存在。"④

(二)人民主权原则的特点、内容和相关制度

1. 作为共和制组成部分的人民主权原则核心内容是强调权力制约和保障权利。

人民主权最初只是作为共和制的组成部分出现的,是作为与民主严格区分的一种体制。

在一个共和国中,人民既拥有主权又是被统治者。就这一点而言,这种共和也是民主的。但是,立宪者们则对共和与民主作了严格的界分。他们认为,民主意味着直接民选的政府,所有决策由人民在大会中投票作出;而共和的含义则是代议制政府(representative government)。⑤ 实现共和原则的基本内容就是人民主权和代议制。1787年,立宪者们所信奉的乃是一般性"共和"原则——人民主权和代议制政府。⑥

制宪会议的代表们支持(至少在原则上如此)人民主权的思想,同时也受到代议制政府目标的约束。他们接受了抽象意义上的人民主权概念,但是并不相信每个政策问题都要服从多数规则。可见,美

---

① 3 U.S. (3Dall.)386(1798).
② Ibid., at 387 – 388(emphasis omitted).
③ 宪法至上只是人民主权的一种可能的派生物,这种说法参见 Lord Irvine of Lairg, Sovereignty in Comparative Perspective: Constitutionalism in Britain and America, *New York University Law Review*, Volume 76, April 2001, Number 1, p.9.
④ *Cohens v. Virginia*, 19 U.S. (6Wheat.)264,389(1821).
⑤ 参见〔美〕路易斯·亨金:《宪政·民主·对外事务》,邓正来译,三联书店1996年版,第13—14页。
⑥ 同上书,第33页。

国的人民主权一开始与民主有很大区别。它对多数民主有一种不信任,它坚持代议民主制,强调有限政府、权力制衡和保障权利。

2. 从人民主权的主体来看,它强调人民的决定性作用,人民的范围由小到大。

人民主权经历了由共和制到民主制的发展过程,今天也是民主制的组成内容。

(1) 作为共和制的组成部分,人民主权最初的基本内容是指立宪者的看法。在他们看来,与在古罗马一样,共和意味着最高权力掌握在人民手中、权力的渊源是人民,政府由人民建立并且向人民负责。①

(2) 当时的人民并非指所有的人,而是指少数精英分子。对于立宪者而言,民选政府并不意味着政府由所有人选举产生,尽管宪法仍以"我们人民"自称。直接或者间接地参加选举各州政府的代表以及其后联邦政府的代表的人数,也没有比5%的人多多少。这样,尽管共和意味着尊奉人民主权和被统治者的同意,但事实上,有主权的人民和能表示同意的被统治者只占人口的一小部分。共和尊奉代议制和责任政府,但只有一些个别"代表"是由选民直接选举的,立宪者们的共和乃是部分且微弱的代表、间接选举,从而亦是负有微弱的责任和微弱的说明责任,进而事实上没有公民参与。②

(3) 随着共和与民主之间的融合统一,作为少数精英分子享有的人民主权逐步扩大到所有的人。"立宪者们当年所认定的民主与共和之间的根本区别已然不复存在:民主现在也被看做代议制,而我们当下的民主则是一种代议制民主(a representative democracy)。"作为美国政府二百年来原则的基础的人民主权和代议制政府,已经变成现实。③

3. 今天的人民主权强调人民权利的广泛性和参与性。

伴随着共和与民主之间界限的模糊以及二者原始差别的消失,

---

① 参见〔美〕路易斯·亨金:《宪政·民主·对外事务》,邓正来译,三联书店1996年版,第12页。
② 同上书,第15—16、20页。
③ 同上书,第18页。

人民主权原则既包含了原始的与共和相适应的代议制政府的含义，也包含了民主的含义。换言之，它在美国，很大程度上变成了二者的结合，即代议制民主，内容更加丰富。

投票权是代议制民主的基本要素。所谓代议制，是指在定期的竞争性选举中选举产生出的代表作出政策决定的政体形式。由于民主建立在政治平等原则的基础上，一种真正的民主必须包括普遍选举，即所有守法的成年公民都有投票的权利。当然，如果受到操纵或者受到欺骗性影响，选举就没有任何意义了。如果像某些国家那样，个人是受强迫投票的，这种选举也没有意义。这样，理想的做法是，投票权涉及自愿性参与自由的和公正的选举。

从宪法观点来看，投票属于公民拥有的最重要的权利。正如最高法院在 Yick Wo v. Hopkins (1886) 案件中承认的那样，投票权是"一种基本的政治权利，因为（它是）各种权利中最具保存力的"。像言论自由一样，作为这个国家确保立宪民主持续性运作的一种方法，投票具有重要的机制性作用。当然，投票决不能给自由提供充足的保障。毕竟，它可能培养出多数人专政，而这正是制宪之父需要防止出现的。①

美国宪法制定以来，已经对选举条款作了多次修正，以使之更符合人民主权的真正内涵。可见，在今天，人民主权意味着普选权的扩大，人民的参与、沟通和咨询。

此外，美国宪法和修正案也多处确认了公民的权利和自由，从而使人民主权原则在个体公民身上得到体现。

4. 在美国各州宪法中，人民主权原则有真正可以实现的两种具体体制和机制，一种是由公民动议的公民投票，另一种是选举产生的宪法会议定期举行会议。②

---

① 参见〔美〕路易斯·亨金：《宪政·民主·对外事务》，邓正来译，三联书店1996年版，第18页。
② See John Pyke, Globalisation—the Bane of Popular Sovereignty, in Charles Sampford, Tom Round, *Beyond The Republic: Meeting the Global Challenges to Constitutionalism*, The Federation Press 2001, pp. 208 – 209.

第七章　西方宪法原则与宪法制度及其现代化

5. 违宪审查制度被看做是人民主权的重要形式,因为是它维护了宪法至上,防止了作为人民化身的宪法受到任意侵犯。

四、法国①

(一)国民主权的概念

在法国,有三个基本原则一直在引导着法国宪法思想,即国民主权思想、分权思想、政教分离思想(没有提到公民自由条款)。国民主权概念起源于卢梭的《社会契约论》。虽然卢梭把主权看做是人民的属性,但是法国的宪法实践则把主权归属于国家,②因为它不可能被分割给个人,而是构成唯一的和不可分的概念。

法国的理论和实践将人民主权和国民主权加以区分来运用,③但主要是从法国宪法发展历史视野考察的。考虑到在当代民主政治发展情况下,由于法国的国民主权原则内含了人权保障、违宪审查制度、接受国际条约制约,它与人民主权没有什么实质性区别,因此本

---

① 本部分主要参阅 Andrew West, et al., *The French Legal System: An Introduction*, Fourmat Publishing 1992; Walter Cairns, Robert McKeon, *Introduction to French Law*, Cavendish Publishing Limited 1995.

② 在法国,认为人民主权和国民(家)主权之间的区别是:人民主权包含普选和投票权的含义;而国民(家)主权是一个自由概念,包含了有代表性的选举制度和被代表的权利。See Brice Dickson, *Introduction to French Law*, Pitman Publishing 1988, p.41. 可见,在法国,国民主权被看做是代议制,换言之,国民主权长期成为议会主权。现在,这种情况有了很大改变。

③ 日本学者杉原认为,法国的"国民主权"的主体既非君主或其他特权阶级,亦非一般民众,而是资产阶级。法国大革命后制定的1791年宪法,采行"国民主权"原理。依此原理,主权属于抽象的国民(nation)全体,唯国民本身无法行使主权,必须由代表以国民的名义行使。可见,"国民主权"与代表制合为一体。代表的产生方式,概依宪法规定,未必需要经过选举。例如,1791年宪法明确规定,选举产生的议员与世袭的君主皆为代表,共同行使立法权。议员代表全体国民,其言论及表决不受原选举区民意向的拘束。选举权非选举人的固有权利,而是公务;并且采行限制选举原则,选举人的范围依纳税额定之。反之,在"人民主权"原理下,每个市民(社会构成员)皆享有主权;参政权乃市民各自固有的权利,充做主权的行使方法。这一原理值基于卢梭的思想,强调国政应取决于人民的一般意思(总意志=法律)。市民皆可参加法律的制定,同时以此为前提,市民有服从法律的义务。法国1793年宪法注重直接民主制度,堪称采行"人民主权"原理的典型例子。"人民主权"以直接民主作为原则,唯在社会规模庞大、运作困难时,可以变通采用命令委任、罢免、立法期契约等方式。参见许志雄:《主权论的历史轨迹》,载《月旦法学杂志》1997年第1期,第26—27页。

书在国民主权原则与人民主权原则之间不作严格的区分。

（二）人民主权原则及相关制度

法国宪法人民主权经历了不断发展的过程。1958年宪法第3条在国民代表事项和国民主权如何被表达方面对传统的国民主权原则作了相当大的改变。宪法以下列形式表达人民主权原则的丰富内容。

1. 以民主性体现出来

第五共和国宪法明确宣布了国家机构的民主性质,规定法国是一个民主共和国(第2条),国家机关必须一贯尊重民主原则,其方法是确保每一种投票方法都采取普遍性的投票(第3条)。民主原则的其他表达方式是,赋予人民通过全民公决的方式对某些争端进行投票(第11条和第89条),以及宪法序言保障的公民自由。

2. 通过国家主权的形式表达出来

在法国,人民主权因操作上不便,而代之以国家主权。国家主权包含在第3条中,即国家主权属于人民,由人民通过其代表和通过国民投票的方法行使国家主权。任何一部分人或者任何个人都不得擅自行使国家主权。当时的国家主权代表主要是议会。自1962年引进总统的直接普遍选举以来,总统也是国家主权的代表,因此现在有了双重国民代表,这个代表由议会和总统有效地共同分享。

3. 以人民本身行使主权形式表现出来

在宪法中,人民被当做一种宪法机关。人民必须履行下列功能:任命行使政治权力的人,直接参与某些政治决定,通过政党和其他团体参加政治生活。

（1）任命官员。在这方面,法国经过了一个不断发展的过程。

其一,由于主权存在于作为整体的国民之中,投票可能不是被看做每个个人享有的权利,而是作为被赋予那些有能力适当行使这种权力的人的权能。这样,1791年宪法在公民和其他人之间作出区分。前者指参与某项活动(通过最低适量的纳税)并被看做是具有能力投票(积极公民),后者则不能参加投票(消极公民)。当然,这种区分随着民主化而消失,但是国民的理念仍然具有基本的理想的

第七章 西方宪法原则与宪法制度及其现代化

重要性。

其二,人民作为投票人参与这一过程,宪法对他们参加这种活动的方式进行调整。1958年宪法第3条规定,依照宪法规定的条件,选举可以是直接的或者是间接的。它必须是普遍的、平等的和秘密的。凡享有公民权利和政治权利的法国成年男女国民,依照法律规定的条件,都是选举人。具体来说:(A)法国的选举受普遍选举的约束。对这一原则仅有的几种限制是:年龄,因为只有那些达到或者超过18岁的人才能投票;国籍限制,因为外国人通常被排除在参与选举之外;公民的行为,因为已经实施了刑事犯罪行为的人可能被剥夺选举权。(B)投票权由每个公民在平等的和个人的基础上行使,这种权利是秘密的,而且不服从任何强制,这意味着人民是自由投票或者免于投票约束。

其三,第五共和国的选举制度呈现不稳定特点。原来总统不是由选民直接投票选举的,而是由选举团选举。1962年这种制度被放弃。至于选举国民议会,在20世纪80年代发生了一系列的变化。在1958—1986年之间,国家采用了两轮名单制度,在此之下,要求选举人为候选人名单而不是为个人投票。在第一轮投票中,如果候选人名单不能获得绝对多数通过,一周后就得在至少获得12.5%投票的名单中举行第二轮投票;第二轮中,获得最高数量投票的名单上的候选人当选。这种制度在1986年被代之以比例代表制。不过,在1988年中右派重掌政权时,两轮名单投票制又再次被采用。

其四,人民只能在他们做过选举登记的投票站投票。居住在海外的法国人也被赋予投票权,他们可以在遵守某些条件的前提下在其选择的选区进行投票。

(2)直接参与:公民投票。宪法规定了人民直接参与某些决策的过程,但这种方法只能在宪法下列条款规定的情况下适用:

1958年宪法第11条规定,总统可以将任何涉及公共权力组织的法律草案,包括批准没有违反宪法但可能影响这些制度运行功能的条约,提交公民投票。据此规定,曾经举行过几次公民投票,如1992年9月20日批准《马斯特里赫特条约》。

第 53 条规定,涉及法国领土的转让、交换或合并问题得经过有利害关系人民的同意。这种同意一般采用投票的形式。

第 89 条规定,宪法的任何部分不得修正,除非获得公民投票批准。这个规定也在许多场合适用过,如 1974 年 10 月 29 日的宪法赋予 60 位参议员和 60 名国民议会在宪法委员会面前提出挑战的权利。

(3)参与政党。宪法承认了政党的存在。第 4 条规定,政党协助表达投票意见,可以自由地形成并开展活动,只遵守国家主权原则和民主原则。政党制度在 1988 年 3 月 11 日的《组织法》中得到强化,该法涉及政党的财政透明度。该法不仅赋予政党以法人地位,享有法人的所有权利和义务,而且也授权议会给它们提供财政帮助。①

4. 人民主权的间接表达途径

1958 年宪法对国民意志表达的方式作了重要的变更,首先它引进了公民投票,国民由此直接表达自己的意志而不必受到议会的干涉,其次通过对议会可以立法的领域进行限制,把原来由议会行使的立法权分为议会和政府共同行使。这里对间接表达途径作一介绍。

(1)人民主权原则总是与个人自由理念结合在一起。人民主权是以人民代表通过的法律表现出来,这些法律是普遍意志的表现形式。《人权宣言》第 4 条规定,个人自由的界限只能由议会的法律加以确定。

(2)传统上议会代表国民,并表达其意志。议会议员是国民的代表,在议会通过的法律中表达国民的意志。这样,议员必须独立行为。因此,议员在行使权能的时候并不代表选举他的那些选民,或者私人的利益,而是代表全体国民的利益。因此,1958 年宪法第 27 条规定,在某个具体争议中,任何由选民指令其代表如何投票的强制性行为都是非法的。

(3)从立法功能上看,早期只有议会被看做是国民代表,且被认

---

① See Walter Cairns, Robert Mckeon, *Introduction to French Law*, Cavendish Publishing Limited, 1995, pp. 101、102、106 – 108.

为是获得授权通过法律以表达普遍意志。议会的立法权优越于政府发布法规以实施议会法律的权力,法规服从于议会的法律。第五共和国宪法将议会的权能限制在诸多领域中(第 34 条),其他的事项被看做是属于政府权能范围(第 37 条),它可以制定自治性法规。

5. 通过建立宪法委员会表现出来

法国的人民主权还特别表现在建立专门的宪法委员会来维护、保障宪法,从而使人民化身的宪法得到维护,这无疑是保障人民主权的实现方式。宪法第七章专设了"宪法委员会",对其组成、职权职责和活动程序等作了规定。

6. 法国的人民主权承认对主权的限制

国家主权原则在以下情况下也是适格的:其一,序言中的条款允许为了实现和平而对主权进行限制;其二,1992 年 6 月 25 日宪法修正案规定,允许为了实现经济和货币的一体化而将某些权力转移给欧洲联盟。另外,宪法第 55 条还规定了条约的效力,依法批准任何的条约或者协定,自公布后即具有高于各种法律的权威,但每一个协定或者条约以对方(缔约国)予以适用为限。这也是对主权的限制。

7. 在法国人观念中,国民主权还意指单一制国家

单一制国民主权对欧盟政治发展起着防范的作用,因为它并不乐意将主权由国家转到欧盟。这在 1976 年一个案件中(根据宪法第 54 条)得到体现。这一案件涉及将普遍选举产生欧洲议会议员选举原则的做法引进法国是否合宪的问题。在该案中,宪法委员会采取了保守的立场,认为,由于国民主权是单一的并且不能划分,转移主权是不可能的;以诸多事实为基础,宪法委员会认为,无论如何不可能发生主权转移问题。2005 年,法国公民对《欧盟宪法草案》的拒绝,也反映了法国人这种非常强烈的国家主权观念。

五、德国

人民主权是《德国基本法》确认的原则之一。实现人民主权原则的主要内容和制度如下:

1. 人民主权原则和其他原则紧密结合在一起并受到特别的保

障。《德国基本法》第20条第1款规定:"德国联邦共和国是一个民主、社会联邦国家。"第2款规定:"所有国家权力来自人民。人民通过选举、投票以及具体的立法、行政权力和司法机关行使。"这是人民主权原则及其实现途径的主要宪法依据。这一原则受到《德国基本法》的特别保障。该法第79条第3款无条件地禁止对这些原则和其他的基础性原则①进行修正。综上,人民主权与民主、联邦制、国家的社会责任、代议制政府和分权一起被作为宪法核心受到保障。

2. 德国的人民主权原则并不排斥少数派,而是非常重视对少数派的保护。对少数人的保护特别反映在每个政党都有公平的机会变为多数党这一原则上。更重要的是,保护少数人的方法是通过对基本权利加以实施实现的。②

3. 人民主权主要通过间接的代议制实现。《德国基本法》第38条第1款规定:德国联邦议会的代表是通过普遍的、直接的、自由的、平等的和秘密的选举产生的。他们是全体人民的代表,不受命令和指示的约束,只服从他们的良心。

《德国基本法》第20条第1款将德国界定为一个民主国家。虽然第20条第2款规定,所有的国家权力来源于人民,但它继续宣布,这种权力通过选举和投票的方式得到行使。因此,《德国基本法》确立了一种议会民主制。其主要的代议机关是直接选举的议会机关——德国议会。一旦被选举出来,这些代表只受他们的良心约束,不受来自选民或者他们所属的政党的指令或指导约束。根据联邦宪法法院的观点,甚至一个只是协商性的民意测验也是不可接受的,因为它们可能创造某种程度的实际压力,代表机关可能感到被迫遵守这些表达出来的要求。③ 这说明,德国非常注意维护作为全体人民代表的议员的独立意愿。

4.《德国基本法》也赋予了人民直接的立法权,即第29条规定,

---

① 包含在第1条和第20条中的其他条款。
② See Sabine Michalowski, Lorna Woods, *German Constitutional Law: the Protection of Civil Liberties*, Ashgate Publishing Company, 1999, p.17.
③ BVerfGE8.104(1958).

对州界进行变更时,需要举行公民投票。但是,该条从未适用过。

5. 由于德国是代议制民主,人民主权只能通过政党得以实现。政党的主要任务是参与人民政治意志的形成并在立法机关中代表人民。《德国基本法》第21条允许自由建立政党并确保它们免遭国家侵害。如果适合成为政党,其结果就是,可以从《德国基本法》第21条第1款中授予的权利中受益。公民的相关结社必须参与到政治观点形成的过程中,而且其目的是在联邦议会或州议会中代表人民。但是,一种没有被组织起来的推动这些目标的结社将不能被承认为政党。①

6. 人民主权的部分争议带来的合法性挑战。包含在《德国基本法》第20条第1款中的民主原则,由于德国是欧盟成员国而受到削弱。根据第20条第2款规定,国家权力(主权)只能由人民的直接合法性而行使。将权力转移到欧盟打断了合法性的链条,因为将权力由国家议会或者地区议会转移到欧盟,实际上是被迫转移到了部长委员会中,这并不能从人民那里获得直接的合法性。欧盟不能有效地弥补这种鸿沟,甚至有了一个民主选举的欧洲议会也不例外,因为其立法功能很差。②

7. 人民主权还涉及国家和国际法的关系问题,规定了主权的限制和遵守国际法的义务。《德国基本法》第24条规定了加入集体安全体系:(1)联邦可以通过立法将一些主权移交各国政府间机构;(2)为了维护和平,联邦可以加入共同集体安全体系,在这样做的同时它将同意对它的主权进行某种限制,以便建立和保证欧洲和世界各国间和平的和持久的秩序;(3)为解决各国之间的争端,联邦将服从有关普遍的、广泛的和强制性的国际仲裁的协定。

第25条规定,国际公法的一般规则是联邦法律的组成部分。它们的地位优于法律,并直接创设联邦境内居民的权利和义务。至于国际法条约有关联邦德国之政治关系加以规范者,则依据第59条第2项

---

① BVerfG NVwZ1996,54;BverwG NVwZ1997.66.
② See Nigel G. Foster, Satish Sule, *German Legal System and Laws*, Oxford University Press 2002, p.71.

所规定,由立法团体的同意或共同参与而转换为联邦法律;另外,行政协定则需要由内国法的参与与主管机关的转换为国内法方具有法规范的效力。①

六、日本②

明治宪法中没有人民主权原则,1947年宪法正式确立人民主权原则。

1. 宪法序言中规定了人民主权原则。序言规定,日本人民,通过正式选出的国会代表而行动,为了日本人民及其子孙,确保各国人民合作之成果及全国人民获得自由之惠泽,决心根绝因政府行为而再度酿成战祸,兹宣布主权属于人民,并制定宪法。政府依赖人民的严肃信托,其权威来自人民,其权力由人民代表,其福利由人民享有。这是人类的普遍原理,宪法即以此原理为根据。

2. 人民主权原则在正文中的体现。首先,体现在宪法第1条附属性条款中"天皇是国家的标志,是人民团结的象征,其地位,以主权所属的人民的意志为依据。"其次,宪法规定,天皇不具参与国政的机能(第4条)。他实际的功能,只是形式的宣读及举行内阁或国会所决定的事项(第6、7条),而且他所有的国事行为,都必须得到内阁的建议与承认(第3条)。在人民承认国会、国会承认内阁、内阁承认天皇的公式下,更能显现贯穿日本国宪法的人民主权原理。

3. 宪法规定了一系列可以运作的人民主权政体结构和体制机制:(1)与人民主权不可分割的基本人权(宪法第三章)。(2)选举和罢免公务员是国民享有的固有的权利(第15条)。第15条第1项

---

① 参见郑昆山:《从国民主权法理论释字第三二八号解释》,载台湾《法学论丛》第173期,第46页。
② 本部分主要参阅 John M. Maki, The Constitution of Japan: Pacism, Popular Sovereignty, and Fundamental Human Rights, in Percey R. Luney, Jr., Kazuyuki Takahashi (ed.), *Japanese Constitutional Law*, University of Tokyo Press 1993, pp. 44 – 46; Meryll Dean, *Japanese Legal system*, 2nd ed., Cavendish Publishing Limited 2002, pp. 449,452; Francois Venter, *Constitutional Comparison: Japan, Germany, Canada and South Africa as Constitutional States*, Kluwer Law International 2000, pp. 204 – 206.

第七章 西方宪法原则与宪法制度及其现代化

确保间接民主参与权。"'公务员'这个词语包括了议会成员、国务大臣、地方立法机关成员、地方长官(governors)、市长、法官和所有其他国家的和地方的公务员。"[1]此外,宪法还规定了三类人员由选民直接选举或者罢免,即国会两院议员[2],所有地方公共团体的首脑以及议会议员[3]。(3) 普遍的成人选举权;秘密投票和对投票不承担责任(第15条)。(4) 和平请愿权(第16条)。(5) 国会作为"最高国家权力机关"(第41条)。(6) 内阁议会负责制(第66条)。(7) 国民对最高法院法官的审查(第79条)。(8) 宪法规定了在两种情况下,国民可通过复决的方式实现直接参与立法。一是国会制定只适用于某个地方团体的特别法,它要求该团体多数投票人批准该法律(第95条);另一种情况是,国会提出宪法修正案,要求多数国民投票通过(第96条)。[4]

4. 日本宪法确立的违宪审查制度使得作为人民意志体现的宪法得以维护。

第三节 法治原则

一、概述[5]

(一) 法治原则的确立

法治在宪法中占有重要的地位。在没有法律统治的地方,就没有宪法。[6] 在所有宪法概念中,法治是最具有主观性并附加价值的概念。

---

[1] H. Hata, G. Nakagawa, *Constitutional Law of Japan*, The Hague 1997, p.157.
[2] 第43条第1款规定,两院应当由选举产生的作为所有人民代表的议员组成。
[3] 第93条第2款规定,所有地方公共团体的主要行政长官、议会议员以及法律规定的其他地方官员,应当由该地方选举区范围内的人民直接投票选举。
[4] H. Hata, G. Nakagawa, *Constitutional Law of Japan*, Kluwer Law International 1997, pp.157-8.
[5] 本部分主要参阅 Hilaire Barnett, *Constitutional and Administrative Law*, 2nd ed., Cavendish Publishing Limited, 1999; Maria Luisa Fernandez Esteban, *The Rule of Law in the European Constitution*, Kluwer Law International 1999。
[6] See Aristotle, *The Politics*, 1962, Sinclair, TA(trans), London: Penguin, bk iv1292a31.

法治原则是现代国家中奠基性的法律原则之一。但是,很难在其他欧洲语言中发现与英语"法治"的对应词。比如"Règne de la Loi",这个词通常被看做是"法治"的同义词,①它不仅包含了颁布的法律,也包括了奠基于个人司法保护的各种起源的法律规则。而法语中的"le principe de la legalité"、"la suprématie de la règle de droit"或"le règne souverain de la loi"以及德语中的"der Rechtsstaat"等都是不完备的翻译。在美国,完美的表达则是"法律之下的政府"以及广义的"正当的法律程序"。

总之,就欧洲法律文化来说,有三种不同概念表达这一概念:普通法中的法治(the rule of law)概念,大陆的法治国(Rechsstaat)概念和法治(Règne de la Loi)。

法治原则不仅在国内宪法中得到承认,而且在国际法和区域法中也得到承认。《欧洲共同体条约》第164条确认了这一原则。另外,法院反复陈述:"欧洲经济共同体是一个奠基于法治原则的共同体。"②1950年《欧洲人权和基本自由保护公约》也承认法治概念。其前言中规定,欧洲各国政府为具有共同思想和具有共同的政治传统、理想、自由与法治遗产的政府。1948年《联合国普遍人权宣言》宣布:为使人类不致因迫不得已铤而走险以对抗专横与压迫,人权应当受到法治的保护。

(二)法治的构成要素

法治理论为法律奠定了根本要求,或者作为一种程序设计使权力受到法律的约束。法治的本质在于法律对人的主权性和至上性。它认为,不管在社会中的级别和地位如何,每个人都要服从法律。就公民来说,法治既是命令性的,它要求按照法律的规定行事;也是对公民的保护,因为它要求政府根据法律行为。法治构成了整个宪法的基础,而且在某种意义上说,所有的宪法都与法治有关。

---

① See R. C. van Caenegem, *Judges, Legislators and Professors: Chapters in European Legal History*, Cambridge University Press 1987, p.4.
② Case 294/83, *Les Verts v. European Parliament* [1986] ECR1339.

不同的文件和学者对法治的构成要素有不同的归纳。

1. 国际范围的法治

在国际层面上,国际法学家委员会发布的《德里宣言》肯定法治以及它在推动公民和政治权利保护方面的价值,同时也与社会和经济权利的发展和保护具有联系。

国际法学家委员会在1959年开会,为了"阐明和总结出一个超国家的法治概念"①。1959年《德里宣言》规定:法治是一个能动的概念,法学家主要对其扩张和实施性负有责任,它不仅被用来保护和发展社会中个人的公民和政治权利,而且也被用来建立社会的、经济的、教育的和文化的条件,以便于使个人的合法的愿望和尊严能够在此条件下实现。

该委员会报告第1条规定:在一个自由的社会中,根据法治,立法机关的功能是,为保证人作为一个人的尊严创造条件并维护之。这种尊严不仅要求承认其公民的和政治的权利,而且也要创造个性得以充分发展所需的社会的、经济的、教育的和文化的条件。②

总之,1959年国际法学家会议通过的《德里宣言》,将法治概括为三条原则:一是立法机关的职能在于创设和维护使每个人保持"人类尊严"的各种条件;二是不仅要为制止行政权的滥用提供法律保障,而且要使政府能有效地维护法律秩序,借以保证人们具有充分的社会和经济条件;三是司法独立和律师自由是实施法治原则必不可少的条件。

2. 德国学者的概述

我国台湾学者将德国公法学界的法治研究成果概括为:第一,形式意义上的法治国家,即只要在形式上符合法定形式与程序即可称之。第二,实质意义上的法治国家,即要求国家应该实现正义。国家

---

① N. S. Marsh, The rule of law as a supranational concept, in A. G. Guest, *Oxford Essays in Jurisprudence*, Oxford University Press, 1961, p. 240; *The declaration of Delhi*, 2 Journal of the International Commission of Jurists 7, 1959.

② Cited in Executive Action and the Rule of Law(A Report on the Proceeding of the International Congress of Jurists), December 1962.

必须保障人民基本权利,法律亦不得侵犯人民权利。换句话说,此一实质意义的法律内容之正当性,也受到检验与挑战。第三,法治是与人治相对的概念。此一原则的目的主要有三:其一,建立秩序,使社会免于无政府的混乱争斗状态;其二,由于法乃事先公布生效,所以人民可以合理地期待安排自己的生活秩序;其三,防止政府的权力滥用。

为了满足以上目的,法治包含五大要素:引导性、实效性、稳定性、法律权威的至高性和公正司法。上述五项法治的要素,乃是抽象原则,具体落实在制度上,一般的法治国通常有以下的特征:国家机关均受宪法拘束,行政与司法受法律拘束(即宪法拘束、依法行政、依法审判);公权力行为应受司法审查;诉讼权之保障;法律溯及既往之限制。①

3. 我国台湾学者看法

台湾学者认为,西方国家的法治概念包含八个要素:基本人权的保护;宪法至上和独立的司法审查制度;分权;依法行政和依法作出判决;对期待利益的保护;比例原则;独立的司法机关;合法性原则。②

4. 其他一些看法

20 世纪 60 年代,美国自然法学家富勒提出一般性或普遍性、公开性、不溯及既往、明确性、不矛盾或避免矛盾、有遵守可能、稳定性、官方行为与已公布的规则的一致性等八项原则。1981 年,一些法国学者认为,应从三方面对法治进行分析:一是法律秩序观念在社会中实现的情况;二是国家受法律约束的状况;三是现行法律内容的科学论证和技术完善水平。

5. 本书的主要观点

法治即法的统治,是指按照良法把国家事务法律化、制度化,并严格依法进行管理的一种治国理论、制度体系和运行状态。它是人

---

① 参见《基本权利与法治国原则》,http://www.ncku.edu.tw/~law/hsu/net_teach/comp/basicmenu.htm.

② See Tzong-li Hsu, The Rule of Law in Taiwan-A Misplanted Western System of Rule of Law In Taiwan? in *Constitutionalism*, *Universalism and Democracy*, Chinese Society of Constitutional Law 1999, pp. 163–164.

治的对称。其核心内容是:法律必须是良法,依法治理国家,法律面前人人平等,反对任何组织和个人享有法律之外的特权。

其主要要素包括以下几方面:第一,宪法具有至高无上的地位,其他任何法律法规不能与之相抵触,一切国家机关、组织和个人都必须以之为根本的活动准则;第二,法律面前人人平等;第三,未经正当法律程序不得剥夺任何人的权利和自由;第四,各国家机关的职权由宪法法律授予,其权力必须依法行使;第五,司法独立和违宪审查制度。

当然,各个国家对法治要素的具体认定往往是通过司法判例逐步形成的,而且在不同的时代,其具体内容不完全相同。

各国宪法对法治的表达形式主要有两种:第一,在宪法中使用了法治的字眼。通常是在宪法序言或宪法条文中明确宣布为法治国家。《葡萄牙共和国宪法》规定:"制宪会议庄严宣布:……确保法治在民主国家中的最高地位。"第二,宪法中没有使用法治一语,但在具体条文中规定了法治的一系列具体原则、规则等要素。

二、英国[①]

英国是近代宪法的起源国家,其宪法法治原则在世界上的影响极为深远。其法治概念经历了长期的发展过程,含义不断变化并逐步深化。

(一) 英国法治概念的历史演变

1. 英国法治概念首先强调国王服从普通法和议会法的约束。英国法治概念起源于英国人民对绝对君主制度的胜利。它意指法官要服从普通法约束而不受王室命令的约束。[②] 普通法至上的概念渊源于布拉克顿的话语:"国王绝对不能在人之下,但必须在神和法律

---

① 本部分主要参阅 Maria Luisa Fernandez Esteban, *The Rule of Law in the European Constitution*, Kluwer Law International 1999。

② See P. Stein, *Legal Institutions: The Development of Dispute Settlements*, Butterworths 1984, p.80.

之下,因为法律造就了国王。"① 这句话包含了下列思想:中世纪所有权威源自法律并受法律限制。

在普通法反对日益扩张的皇权的斗争中,爱德华·柯克先生强调,在纯粹的意义上,尽可能少依赖习惯,更多地依赖法官对不成文法和历史悠久的法律进行提炼加工。法治的一个基本要素是司法独立。柯克把普通法重新申明为一组连贯的独立的原则,这在保障适用法律的法官独立方面起了关键的作用。② 这个理念是在富勒案件中由爱德华·柯克完成的,③在该案中,他反对国王要求判决案件,主张应当由法官断案。

1608年,柯克和"所有的英格兰法官以及财务署的贵族们"都面临着挑战,詹姆斯一世在汉普顿法院拒绝接受下列理念:由于法官只是他的代理人,他被赋予亲自断案的权力。由柯克在该案和其他案件中阐明的原则是:法院审判不仅仅是一个仪式,也是一个听取争论、考虑证据的实质性过程。④ 因此,主张法院审判应当由专业法官来担任,国王不能干预法院对案件的审理。

2. 英国的法治概念曾经认为,议会的法律受制于普通法。在著名的1610年邦哈姆(Bonham)⑤案件中,柯克和其他法官认为,一部试图赋予北美政治学家团体处罚权的议会法是无效的。柯克宣布:在我们的书中,许多案件表明,普通法对议会的法律进行控制,而且有时候判决它们完全无效:因为当一部议会法律违反普通的公正和理性时,或者与之相冲突,或不可能被执行,普通法将要对其加以约

---

① Bracton, *On the Law and Customs of England*, S. Thorne(ed.), Vol.2, Harvard University Press 1968, p.33. As cited by E. García de Enterria, *La Lengua de los Derechos: La Formación del Derecho Público Europeo tras la Revolución Francesa*, Alianza Universidad 1994.

② See G. Q. Walker, *The Rule of Law: Foundation of Constitutional Democracy*, Melbourne University Press 1988, p.114.

③ See (1607)12 Co. Re 41; 77 E.R. 1322. As cited by G. Q. Walker, *The Rule of Law: Foundation of Constitutional Democracy*, Melbourne University Press 1988.

④ Ibid., p.115.

⑤ 8 Co. Re 113b; 77 E.R. 646, reference by G. Q. Walker, *The Rule of Law: Foundation of Constitutional Democracy*, Melbourne University Press 1988.

束控制,并判定这样的法律无效。① 可见,柯克曾经认为,议会的法律并非至高无上,而是受普通法的制约。

3. 英国的法治概念最后是以对议会法律至上(主权)的平衡作为特征。在英国,法官最后接受了议会正式颁布的法律,而且只有议会能改变法律。普通的律师支持议会对抗君主,这引起了1688年的光荣革命;事实上,他们不得不接受议会至上的结果。② 在18世纪,布莱克斯通第一次陈述了议会主权原则。③ 自此,法治被看做是英国宪法的基本原则,它弥补了议会主权这一绝对原则的不足。

(二) 英国学者关于法治要素的看法

1. 戴雪的看法

对法治概念的传统描述加以发展的是戴雪,④他把法治定义为,通过司法认可的普通法对臣民权利的保障,这必须被理解为是对绝对化的议会主权的平衡。根据戴雪的看法,对议会无限权力的唯一的限制来自实践而不是宪法:内部限制的事实在于,议会成员通常并非无理性观点的人,而外部限制的可能性在于公众不会遵守野蛮的法律。⑤ 戴雪的命题是,议会在改变法律或制定新法律方面具有假设性的无限权力,但这并不会对法治构成威胁,因为法律授予的权力受到法官对法令解释的约束。⑥

根据戴雪的看法,法治有三个主要内容:⑦第一,作为反对专制权力的影响,法治意指一般法具有绝对的至上性和主导性,它排斥专

---

① 8 Co. Re 113b, 118a; 77 E. R. 646, 652, reference by G. Q. Walker, ibid., 118.
② See P. Stein, *Legal Institutions*: *The Development of Dispute Settlements*, Butterworths 1984, p. 90.
③ See G. Jones(ed.), *The Sovereignty of the Law*: *Selections from Blackstone*, *Commentaries on the Laws of England*, London 1973.
④ See A. V. Dicey, *Introduction to the Study of the Law of the Constitution*, Macmillan 1960.
⑤ See G. Q. Walker, *The Rule of Law*: *Foundation of Constitutional Democracy*, Melbourne University Press 1988, p. 146.
⑥ See A. V. Dicey, *Introduction to the Study of the Law of the Constitution*, Macmillan 1996, p. 413.
⑦ See G. Q. Walker, *The Rule of Law*: *Foundation of Constitutional Democracy*, Melbourne University Press 1988, p. 202.

制、特权甚至政府职责上的广泛自由裁量权力。第二,它是指法律面前的平等,或所有阶层的人都平等地服从由普通法院实施的国内一般法。第三,法治表达了这样的事实:宪法只是本国法律的结果,也就是说,英国宪法产生于法院通常形式的判决,而不是来自对一般原则的宣布,是来自法院对本国日积月累习惯法的承认。换言之,可以将这三个原则表达为:法无明文规定不为罪;所有的臣民要服从一般法;由一般的普通法院决定公民的宪法权利。

戴雪的理论受到诸多批评。① 而在批判其法治观念的过程中,法治思想得到了发展。

2. 韦德的看法

英国法治的现代定义之一是由 H. W. R. 韦德提出的。② 根据韦德的观点,法治的特征在于它具有下面四个原则:

第一,合法性原则。它要求政府做出某个行为时必须得到法律的批准,证明它具有正当性基础,而不管该行为是否错误或者侵犯了某人的自由。政府权力的每个行为,也就是影响个人法律义务或自由的每个行为,必须显示出有严格的法律依据。

第二,政府必须在得到公认的限制自由裁量权的规则和原则之下行为。相应地,法治的一个必要组成部分是存在一套防范自由裁量权滥用的规则制度。

第三,对政府行为合法性的争议要由完全独立于行政部门的法官进行裁判。

第四,法律应当在政府和公民之间保持公正。法治需要的是,政府不应当拥有不必要的特权或者不遵守普通法律的例外特权。

3. 其他学者的看法

也有学者指出,法治概念具有开放性的结构:它使自己有很大的解释余地。人们至少可以说,法治概念通常被用来指:其一,政治家和官员行使的权力必须具有合法的基础,它们必须建立在法律授权

---

① E. g., P. De Visscher, *La Constitution Anglaise et le Règne de la Loi*, Institut Belge des Science Administrative 1946.

② See H. W. R. Wade, *Administrative Law*, Clarendon Press 1988, p.23.

的基础之上;其二,法律必须符合某些最低的正义标准,既包括实体的,也包括程序的。

这样,影响个人自由的法律应当有理由做到明确和可以预见;在法律赋予广泛自由裁量权的地方,就应该有适当的防范措施防止其滥用;同样情况同样对待,不公正的歧视不能获得法律的批准;一个人除非被提供在无偏见的裁判所面前有公正的听证机会,否则不应被剥夺自由、地位或者任何其他实质性的利益等等。①

(三) 英国宪法法治原则的体现

1. 1215年《大宪章》

《大宪章》第39条、第40条被看做是法治的重要内容之一,即罪行法定及近代人权的雏形:凡自由民除经依法判决或遵照国内法律之规定外,不得加以扣留、监禁、没收其财产、褫夺其法律保护权或加以放逐、伤害、搜查或逮捕(第39条);国王不得对任何人滥用、拒绝或延搁权利或赏罚(第40条)。② 这是以限制统治者对人身权利侵害的方式体现法治原则的。

2. 1628年《权利请愿书》

它是直接针对查理一世任意监禁公民和无议会授权征税两项滥用权力行为,请求国王在没有议会法同意的情况下,不得强迫任何人缴纳税款;任何人不因拒付而受到侵犯;任何人不得被国王随意监禁或拘留等。

3. 1640年《人身保护法》、1641年《大抗议书》、1679年《人身保护法》修正案、1688年《权利宣言》、1689年《权利法案》

这些宪法性法律都确认不能任意拘禁、逮捕公民,拘捕公民要说明理由,并尽快审判,以最大限度地保障公民的自由。司法独立于君主的原则也得以确认。

其他保证司法独立的制度性努力包括:1641年,各种特别法院和"一个由强制实施一项政策的政客组成的,而不是一个由运用法

---

① See De Smith, Harry Street and Rodney Brazier, *Constitutional and Administrative law*, 5th ed., Penguin Books 1985, p.30.

② 参见郑永流:《法治四章》,中国政法大学出版社2002年版,第5—6页。

律的法官组成的"星座法院被废除；这些法院对地方治安法院的监督权转移到普通法院手中；枢密院也不再行使国内司法管辖权。特别是1660年《威斯敏斯特议会宣言》规定，议会不得干预日常行政，也不得干涉司法机构的活动。其他体现法治原则的内容有：拒绝自认犯罪的特权；作证不利于己的人当面对质的权利；由陪审团审视的权利等。①

4. 1701年《王位继承法》

该法的目的是限制王位继承并确保臣民权利与自由。它规定了王位继承的顺序和条件，以确保英国王位不得传给天主教徒，有利于信奉新教的新兴资产阶级对国王施加影响。此外还规定：凡非出生于英国的人，不得担任议会议员及其他官职，不得接受国王所赐财产，以防止政权、财权落入外国人之手；凡在王室担任官职和领取俸禄者，不得同时担任议会下议院议员，以确保权力分立；非经议会同意，法官不得解除职务，从而使司法得以独立；国王不能赦免为议会下院所弹劾的官员，以便议会能独立主事；国家的一切法律，须经议会同意和国王批准，国王及官吏得依法行事，法律至上原则再次被确认。该法进一步巩固了英国自由法治在17世纪所取得的成果，并在制度上使之更加完善。②

5. 1972年《欧共体法》

1973年英国根据《欧共体法》加入欧共体，给英国宪法带来了根本性变化。③ 该法确立的欧共体法律在宪法意义上优于英国的议会立法等国内法，已被司法实践所认可。它在某种程度上承认了欧共体法的至上地位，实际上确立了欧共体法的最高宪法地位。

6. 1998年《人权法》

该法第3条规定，应尽可能将对基本法和附属法的解释和效力与公约规定的权利保持一致。④ 这实际上确立了《欧洲人权公约》高

---

① 参见郑永流：《法治四章》，中国政法大学出版社2002年版，第15—16页。
② 同上书，第28—29页。
③ 参见何勤华主编：《英国法律发达史》，法律出版社1999年版，第141页。
④ 参见《英国1998年人权法案》，梁淑英译，《环球法律评论》2002年秋季号，第378页。

于国内立法的原则,扩大了司法机关对国内议会立法的审查权力,使《欧洲人权公约》成为事实上的最高宪法,从而可以制约国内的议会立法。法治的一个特征是存在一个最高法,《人权法》无疑改变了以往国内无最高效力成文法的状况,当然它离成文宪法仍然具有一定的距离。

需要指出的是,试图给英国法治提供一个令人满意的定义极为困难,因为英国的法治首先要依靠议会制定法律,其次要依靠法院的具体判决。①

三、美国

(一) 法治原则的地位

美国宪法中并未使用法治这一词语,但人们普遍认为法治是美国宪法的基本原则。戴雪认为在美国有法治存在。他写道:"美国联邦各州的宪法包含在书面文件之中,并且包含权利宣言。但是美国的政治家,对宪法所宣布的权利的法律安全,在提供保障手段方面表现出无可比拟的技巧。因此美国和英国一样,法治是一个显著的特点。"②

我国学者王名扬先生也指出,法治原则,美国一般称为法律最高原则。因为法治最基本的思想是法律最高,人类进行社会生活必须建立一个秩序,否则社会生活不可能存在。社会秩序的建立由法律确定,不是由统治者的意志决定。统治者必须根据法律行使权力,法律是最高的权威,统治者也在法律统治之下。法治和法律最高是同义语,和人治的意思相反。③ 可见,法治是美国宪法的基本原则。

(二) 宪法之父的法治理想

根据美国学者的看法,构成 1787 年宪法基础的政治哲学是具有革命性的。它将古典法治和有限政府的共和理念及 18 世纪个人自

---

① See D. C. M. Yardley, *Introduction to British Constitutional Law*, 6th ed., Butterworths 1984, p. 73.
② A. V. Dicey, *Introduction to the Law of the Constitution*, 1915, pp. 195-196.
③ 参见王名扬:《美国行政法》上,中国法制出版社 1995 年版,第 112 页。

由和人民主权的共和政体结合在一起。宪法中叙述的宪法之父的架构是建立在五个基本原则基础之上的:(1)法治;(2)政府的立法、行政和司法机关之间的分权;(3)在这些机关之间的制衡制度;(4)联邦制度,或者在全国性政府和州之间的权力划分;(5)个人权利。可见,法治是立宪者承认的一项原则。

对于法治的地位和含义,宪法之父认为,宪法是法治的化身。其理想是,政府和社会可以被法律调整,而不服从变化多端的统治者的随心所欲。宪法依赖于这种信念:掌权的人不应当超越法律之上。甚至人民选举的代表机关即立法机关,也应当被包含在至上的宪法中的原则和限制所约束。政府服从法律,这被宪法之父看做是保护公民生命、自由和财产权利的手段。

作为法治原则的补充,还必须这样理解:宪法给政府行为施加了限制。而私人行为在宪法范围之外。个人不受宪法的约束,除非他们是政府的官员或者根据政府的权力行事的个人。然而,私人行为要服从民法和刑法的约束。除了对政府施加宪法限制之外,法治还要求,被他人冤枉的公民有机会通过法院寻求正义。它还意味着,违反社会规则构成犯罪的人要在法院接受审判,对其罪行负责。①

(三)法治原则的具体要素

王名扬先生将美国法治原则要素归纳为三个方面:基本权利、正当的法律程序、保障权威的机构。② 这些无疑概括了美国宪法法治原则的精髓。

综合国内外学者的观点和美国司法判例,我们将美国法治原则的构成要素概括为以下五个方面:③

1. 宪法采用了最高法的概念。宪法第 6 条规定了宪法的最高

---

① See Otis H. Stephens, Jr., John M. Scheb II, *American Constitutional Law*, 3rd ed., Thomson West 2003, pp. 7 - 8.

② 参见王名扬:《美国行政法》上,中国法制出版社 1995 年版,第 114—116 页。

③ 本部分主要参阅 Noriho Urabe, Rule of Law and Due Process: A Comparative View of the United States and Japan, in Percey R. Luney, Kazuyuki Takahashi (ed.), *Japanese Constitutional Law*, University of Tokyo Press 1993.

地位,这暗示了宪法承认法治原则。第 6 条第 2 款规定:"本宪法和依本宪法所制定的合众国的法律,以及根据合众国的权力已缔结或将缔结的一切条约,都是全国的最高法律;每个州的法官都应受其约束,即使州的宪法和法律中有与之相抵触的内容。"该条确认了宪法是其他法律、条约的依据,实际上确认了宪法的根本法地位。

2. 宪法确立了它的约束对象。宪法第 6 条第 3 款规定:"上述参议员和众议员,各州州议会议员,以及合众国和各州所有行政和司法官员,应宣誓或作代誓宣言拥护本宪法;但决不得以宗教信仰作为担任合众国属下任何官职或公职的必要资格。"这表明宪法是以约束国家权力为主要任务的。这就指明了宪法的主要指向。

3. 宪法体现法治原则的第三种方法是公民的基本权利条款。1787 年宪法中只有有限的权利自由条款,如第 1 条第 9 款规定,联邦政府除非在叛乱或入侵时应公共安全要求,不得中止获得释放人身的法院令状的权利,且不得通过仅针对个人实行事后惩罚的法律。宪法正文的权利条款太少,而且未设专章规定权利自由。

为了使美国人民能接受宪法,不得不在 1791 年批准的宪法修正案中采纳了 10 条修正案即《权利法案》,后来又陆续通过了其他修正案,目前共有 27 条修正案。这些权利构成法治的重要因素,而且直接决定了实证的最高法与具有价值内涵的最高法之间的区别。换言之,这些基本权利是所有国家机关特别是立法机关都不能违反的。

4. 宪法第 5 条修正案规定了正当的法律程序要求。作为英美法系宪法原则的法治在 1215 年《大宪章》中就奠定了基础,其第 39 条"除了该国的法律"这个词被解读为"没有正当的法律程序"。法治和正当程序被紧密结合在英美法系中。美国宪法第 5 条修正案规定:不按照正当的法律程序不得剥夺任何人的生命、自由和财产。宪法第 14 条修正案把正当法律程序扩张到限制州政府的权力。正当法律程序是美国表达法治原则的一大特色,对世界上其他国家的立宪产生了重大影响。

5. 宪法中法治的第五种表达是对司法权的规定。宪法第 3 条第 1 款对司法权作了规定,即合众国的司法权属于最高法院和国会不时规定和设立的下级法院。这就确立了司法机关居于与国会和政府同等重要的地位。

第 3 条还规定了对法官的任职和报酬保障,规定了司法权的适用范围、最高法院的管辖权等。宪法虽然没有规定法院可以对法律的审查权,但规定的适用范围中确立了法院对宪法、法律案件争端的管辖权,这为 1803 年马伯里诉麦迪逊案建立违宪司法审查制度打下了基础。

总之,正如学者概括的:个人权利保护、正当的法律程序以及司法审查是美国法治的核心。①

四、法国

（一）词语和思想来源

整个 18 世纪,英国的法治传统,特别是洛克的贡献,影响了欧洲大陆的启蒙思想。法治(the Règne de la Loi)概念的出现就是其中的一个影响后果,这一概念是随着法国革命发生而出现的。由国民议会颁布的法令是所有国家权力唯一有效的合法性来源,结果,从法国革命发生时起,在其法律制度中,法令的中心地位代表了法治概念的基本思想。可见,法治概念的产生,是对公权力合法性问题上古代政体作出的革命性选择。

早在大革命时期,法治思想和原则一直受到重视。"法律至上"的原则被确立下来。当时的法国高等法院和议会都倡导宪法至上的思想。1753 年高等法院的《大抗议书》提出了君主的意志要服从法律。1763 年的《抗议书》明确宣布:"王国中最重要的和最神圣的宪法"不仅规定国王的权力受到一定的限制,而且还规定法院有协同君主的立法权,国王和法院都得感谢这些凭此使国王

---

① See Noriho Urabe, Rule of Law and Due Process: A Comparative View of the United States and Japan, in Percey R. Luney, Kazuyuki Takahashi (ed.), *Japanese Constitutional Law*, University of Tokyo Press 1999, p.179.

第七章　西方宪法原则与宪法制度及其现代化

成为国王的不可抹杀的法律。1753年5月法国议会告诉路易十五:"如果臣民必须服从国王,那么,国王必须服从法律。"《人权宣言》则是法治的经典文件。此外,1791年宪法也确立了一系列的法治原则内容。①

狄骥则主张国家是一个法治国家。国家受"法"约束首先意味着,"法"允许作为立法者的国家制定某些法律,并禁止它制定另一些法律。国家必须遵守它所制定的法律,只要该法律未被废除。国家可以修改或取消某项法律;但只要该法律存在,国家限制行为、行政行为和司法行为都必须在该法律范围之内,而正因为这一点,国家才是"法治国家"。②

(二) 大革命时期以来《人权宣言》中法治原则的构成要素

法治概念意指,自国王以下的所有公共机构做出的每一个行为,都是根据法律规定的要求行使公共权力的行为,都得根据法律确定的程序和条件而行使。③ 法治包含下列内容。

1. 法治概念决定了"政府要根据法律成立",政府是由书面或者正式的规范加以规定的。有史以来第一次,它意味着,整个国家机器得服从由代表人民意志的国民议会颁布的抽象法律规范。法律是反对人的主观意志的根据。只有使国家行为服从抽象的和普遍的法令法律,自由才能获得保障。④

2. 法治被设定为一种政府体制,在该体制下,国家行为不得专横,而是建立在预先制定的规则的基础上,这些规则是号召人民参与制定并颁布的。在规范体系内部,国民议会制定的法律居于主导地位。法律成了自由社会中行使合法权力的唯一文件。这种理念被浓

---

① 参见程燎原、江山:《法治与政治权威》,清华大学出版社2001年版,第137—142页。

② 参见〔法〕莱昂·狄骥:《宪法学教程》,王文利等译,辽海出版社、春风文艺出版社1999年版,第27、29页。

③ See E. García de Enterria, *La Lengua de los Derechos: La Formación del Derecho Público Europeo tras la Revolución Francesa*, Aliarza Universidad 1994, p. 129.

④ See E. Forsthoff, Die Umbildung des Verfassungsgesetzes, in *Rechtsstaat in Wandel*, C. H. Beck, München 1976, S. 131.

缩在1789年《人权宣言》第5条中,即法律只能禁止对社会有害的行为。法律没有禁止的事项不得受到禁止,任何人不得被强迫做法律没有规定的事项。

第6条规定,法律是普遍意志的表达。每个公民都有权亲自参加或者通过他的代表参加国家管理。对所有人实行同样对待,无论保护或者处罚。在法律面前,所有的公民都是平等的,他们有平等的资格获得尊严和参与公共职位和职业,只根据他们的能力,除了他们的德行和才能以外不得有任何区别。

第7条规定,任何动议、发布、执行或者令人执行专断命令者应受处罚。但是,根据法律而被传唤或被扣押的公民应当立即服从,抗拒则构成犯罪。

这些规定表明在国民议会和受委任的机关之间存在等级上的根本不同。国民议会被宪法宣布为国家的代表,而国家其他组成部分只被看做是国民议会颁布的法律的适用机关。根据这个理念,国家的每个代理人必须宣布忠诚于法律并进行宣誓,这就约束其只运用法律赋予其行使的为了实现特定任务的权力。公共机关的责任只是这种忠诚行为的推理。《人权宣言》第15条规定,社会有权要求机关报告其工作管理情况。

3. 法治概念另一个基本含义是,法律适于充当调整公民权利特别是自由和财产的唯一的合法性的工具。① 这体现在《人权宣言》的下列条款中:

第4条,自由就是指有权从事不伤害其他任何人的行为。因此,各人自然权利的行使,只以保证社会上其他成员能享有同样权利为限制。此等限制只能由法律规定。

第7条,除非在法律规定的情况下,并按照法律要求的手续,不得控告、逮捕或拘留任何人。

第8条,法律只应规定确实需要和显然不可少的刑罚,而且除非

---

① See E. Forsthoff, Die Umbildung des Verfassungsgesetzes, in *Rechtsstaat in Wandel*, C. H. Beck, München 1976, S. 114.

根据在犯法前已经制定和公布的且系依法施行的法律以外,不得处罚任何人。

第17条,财产是神圣不可侵犯的权利,除非当合法认定的公共需要所显然必需时,且在公平而预先赔偿的条件下,任何人的财产不得受到剥夺。

法治概念以这种方式指称权利,因为法律只代表可以调整个人权利的那些文件。因此,法律只是把这个社会中个人自由共存结合起来的合法性文件,而且它是连接那些被先前权利宣言承认为根本权利的唯一适当的方法,具有先在的、自然的特征。

4. 法治概念也意指法律受到限制。《人权宣言》规定了某些对法律的限制。这样,无论法律如何被看做是公意的表达方式,法律自身都受到宣言的约束。对法律这个特征的描述表现在《人权宣言》第5条,即"法律仅有权禁止有害于社会的行为。凡未经法律禁止的行为即不得受到妨碍,而且任何人都不得被迫从事法律所未规定的行为",而且特别在涉及犯罪行为的管制上得到确立,以及第8条,即"法律只应规定确实需要和显然不可少的刑罚,而且除非根据在犯法前已经制定和公布的且系依法施行的法律以外,不得处罚任何人"。法律也受宪法限制这个事实代表了第一次世界大战之后欧洲未来宪法审查的种子。①

综上,在《人权宣言》中,法治意味着法律对政府的限制,对权利的保障,也意味着宪法对法律的约束。

（三）1958年现行宪法中法治原则的构成要素

由于《人权宣言》为1958年宪法所确认,上述法治原则的要素也属于1958年宪法所承认的法治原则的基本内容。此外,1958年宪法中下列内容也是法治原则必不可少的组成部分。

1. 规定了宪法的最高效力和地位,它是其他法律法规的制定依

---

① 在法国,对法令进行司法审查的演变的回顾可参看 J. C. Venezia, La Loi, le Juge et la Constitution, in J. Boulouis(ed.), L' Europe et le Droit. Mélanges en Hommages à Jean Boulouis, Dalloz 1991, p.505。

据,其他法律法规不得与之相抵触。第37、46、54、62等条规定表明,法律法规和条约等均不得与宪法相抵触。

2. 明确了宪法的约束对象。第二章规定了总统的职责权限,第三章对政府、第四章对议会、第五章对议会和政府之间的关系、第七章对宪法委员会、第八章对司法机关、第九章对最高法院等进行规定,这些表明宪法约束所有的国家机关。

3. 规定了专门的宪法保障机构:总统和宪法法院。第5条规定,共和国总统监督遵守宪法。他通过自己的仲裁,保证公共权力机构的正常活动和国家的持续性。第七章设立了宪法委员会作为专门处理宪法争议的机关。

4. 确认了公民的基本权利和自由。除了宪法文本规定部分自由权利外,序言中的《人权宣言》也是其组成部分。这将在下文关于基本人权原则部分进行分析。

5. 确认了分权原则。这将在分权原则部分进行分析。

6. 确认了法律面前人人平等原则。第2条规定,法兰西保证所有公民,不分出身、种族或者宗教,在法律面前一律平等。共和国的口号是:自由、平等、博爱。而平等是直接与法治相一致的,因为法治意味着在法律面前人人平等。

五、德国[①]

(一) 法治思想发展阶段和法治国原则的基本内涵

德国的法治思想主要以法治国的术语表现出来。德国法治国概念经历了警察国时期、自由法治国家时期、社会法治国家时期三个时期。每个时期都具有不同的内容。[②]

---

① 本部分主要参阅 Werner F. Ebke, Matthew W. Finkin, *Introduction to German Law*, Kluwer Law International 1996. Josef Thesing(ed.), *The Rule of Law*, Konrad Adenaucer Stiftung, 1997.

② 参见《法治国原则》,http://www.lawformosa.com/lawdata/noun_6.php.

第七章 西方宪法原则与宪法制度及其现代化

法治国思想发展迄今,一般认为,它应具备的基本内涵有:①

1. 宪法最高性原则:形式法治国时期,对立法机关无限制,国会可以制定内容与宪法冲突甚至取代宪法的法律,造成"宪法破弃"(Verfassungsdurchbrechung),以致宪法最高性未能确立。实质法治国则要求立法应受到宪法的拘束,宪法是最高位阶的法律规范,法律不得抵触宪法。

2. 基本权利尊重原则:法治国思想产生的最主要目的在于防止国家对人民自由、财产的无限制侵犯,要求一个不受国家恣意干涉的"自由活动空间"。

3. 权力分立原则:为避免统治者的专断与滥权,致侵害人民基本权利,法治国原则要求将完整、集中的统治权分为若干部分,由不同机关分别行使,并相互制衡。权力分立原则是法治国原则的组织的、形式的要素。

4. 法拘束性原则:法治国思想主张国事应由法律来治理,亦即以"法"作为国家权力运作的基础,并以之界定其行为的规范。行政权及司法权的行使,均须受到法律的拘束,此即"依法行政"与"依法审判"原则。

5. 禁止过度原则:法治国思想并不否定国家基于公共利益的需求,对人民的自由权利予以"必要"的限制。但其所要达成的目的与所采取的限制手段间,必须求得调和,避免轻重失衡。此种调和的标准,即为禁止过度原则,亦称"比例原则"(Verhaltnismaβigkeitsgrundsatz)。

6. 法院保障原则:法治国要求应建立独立的司法制度,亦即当国家行为侵害人民自由权利时,须有独立的法院依法定程序,提供广泛而有效的法律救济途径,否则基本权利的保障将沦为空谈。具体而言,须由独立法院进行审判,须依法定程序进行审判,须提供广泛而有效的救济途径。

---

① 参见《法治国原则》,http://www.lawformosa.com/lawdata/noun_6.php。类似的英文资料可参见 Francois Venter, *Constitutional Comparison: Japan, Germany, Canada and South Africa as Constitutional States*, Kluwer Law international 2000, p.49。

7. 赔偿体系原则：早期"国家无责任论"的思想，因与法治国家保障人权的基本要求不符，如今已遭扬弃，转而朝向建立国家责任体系发展。例如，就国家的违法行为而言，除确立国家赔偿制度外，在学说及实务上发展出了"类似征收的侵害"与"结果除去请求权"等。

（二）《德国基本法》中体现法治原则的制度和规范要素

1. 法治原则的地位。我国台湾学者认为，现行《德国基本法》内的法治国概念是个具有"包容性"的实质意义法治国概念。① 因为，1949 年《德国基本法》可说是一个由法学者大量参与制定，具有浓厚法律技术性质的宪法，与以往德国其他宪法例不同的是，它将法治国的用语和概念完全地引入基本法之中。例如《德国基本法》第 28 条第 1 项规定：各邦的宪法秩序必须符合联邦基本法所定之共和、民主及社会法治国原则。因此，法治国的概念与用语已在宪法中出现。②

但根据一些国外学者的看法，法治国概念只是个潜在的原则。《德国基本法》并没有明确规定。"法治（Rechtsstaatsprinzip）是德国联邦共和国宪法制度的根本部分。行政和司法机关受到立法约束。立法机关受宪法拘束。尽管第 20 条没有明确提到法治，但第 28 条则潜在地提到该原则，它规定：'州宪法秩序应当服从基本法含义范围内的，由法治拘束的共和的、民主的和社会国原则。'"③

2. 《德国基本法》第 20 条第 3 项规定：行政与司法权受到法律与法（这里的"法"在有的英语文本中被译为"正义"）的拘束。

自 19 世纪以来，合宪性和法治已经被紧密地结合在一起了。通过将上面引用的条款吸纳进来，在德国宪法史上，基本法第一次规

---

① 参见陈新民：《法治国家论》，学林文化事业有限公司 2001 年版，第 109 页。

② 对于《德国基本法》第 28 条，国内翻译文本中并未出现"法治国"的概念。如国内学者翻译为：各州的宪法秩序必须符合本基本法意义范围内的，建立在法治基础上的共和、民主和社会合作政府的原则。参见姜士林等主编：《世界宪法全书》，青岛出版社 1997 年版，第 794 页。国外英文资料认为，《德国基本法》第 20 条没有明确使用"法治"，而第 28 条潜在地提到"法治国"概念。See Werner F. Ebke, Matthew W. Finkin, *Introduction to German Law*, Kluwer Law International 1996, p. 47.

③ Werner F. Ebke, Matthew W. Finkin, *Introduction to German Law*, Kluwer Law International 1996, p. 47.

第七章 西方宪法原则与宪法制度及其现代化

定,宪法应当高于法律。任何由政府颁布的法律都不得与宪法相冲突。其中一个结果是,行政机关(政府、行政管理)和司法机关(适用法律的机关)也受宪法的约束。

《德国基本法》第 1 条明确规定,立法机关、行政机关和司法机关应当受那些基本权利拘束,它们与其他权利共同形成宪法的核心。根据第 79 条第 3 项规定,这些条款不能被修改,即使宪法修正案也不例外。宪法的至上性,以及宪法规制整个法律秩序的事实形成法治原则得以构成的基石。①

3.《德国基本法》第 1 条第 1 项规定:所有国家权力必须尊重及维护人类尊严;第 3 项规定:基本人权条款可视同现行法来拘束所有国家权力。由此可见,法律并非拘束国家权力的唯一法源,而渊源于自然法所谓的人性尊严与正义等高位阶的法,乃是"超法律的法,并已形成法治国家的最高法源"②。

4. 法律的确定性和禁止溯及性立法。③ 法律的确定性是由法治原则推断出来的最重要的要求之一。一项授予个人权益(如许可、社会利益或者补助金)的行政决定不能被事后加以修改或者取消,甚至在行政部门可能有理由相信它的早期决定在法律上是不完善的情况下。

追溯效力性的立法只在有限的范围内被禁止。这些规则是在那些直接起源于法治原则的最重要的立法限制规定中。④《德国基本法》第 103 条第 2 款包含了一个条款,禁止根据现行法律确认为犯罪的规定对该法律出台之前的行为进行处罚。换言之,是否构成犯罪

---

① See Wolfgang Horn, The Fundamental Characteristics of the Rule of Law as Laid Down in the Basic Law, in Josef Thesing(ed.), *The Rule of Law*, Konrad Adenaucer Stiftung, 1997, pp. 38 – 39.
② 陈新民:《法治国家论》,学林文化事业有限公司 2001 年版,第 109 页。
③ 本标题下内容参见 Werner F. Ebke, Matthew W. Finkin, *Introduction to German Law*, Kluwer Law International 1996, pp. 47 – 48.
④ See Volkmar Götz, Bundesverfassungsgericht und Vertrauensschutz, in *Bundesverfassungsgericht und Grundgesetz, Festgabe aus Anlass des 25-jährigen Bestehens des Bundesverfassungerichts*, vol. 2, at 421(1976).

以及对其行为实施处罚的措施只能在该行为实施之前的法律中作出规定。

关于追溯效力的立法,基本法未包含明确的条款。联邦宪法法院给出的指南①是以《德国基本法》中包含的一般法治原则为基础而引申出来的推论。联邦宪法法院认为,一部施加追溯效力的法律总体上不合宪,其极少的例外情况是,某人期待新的法规有追溯效力,即新法规在追溯性法律生效时具有效力。②

5. 法治和政府。③ 对政府来说,法治原则最好被横向和纵向基础上的权力分立和划分表达出来。根据洛克和孟德斯鸠的看法,制衡的条款是现代宪政主义的工具。④

政府的每个部门被要求在其管辖范围内行使其机制性权能。它是民主类型宪法的一项基本原则。决定国家的重要事务⑤和根本的公共政策是人民选出的议会的重要职责,只要议会在宪法范围内行使职权即可。议会的法案超过所有其他国家机关的法案。行政机关受宪法、制定法和正义约束(《德国基本法》第20条第3款)。

现代法治国家的趋势是,国家受法律统治,国家编织越来越密集的网对行政机关进行法律控制:⑥(1) 宪法和法律对每一个行政行为具有约束力(第20条第3款);(2) 委任立法只能在受到限制的情况下得到行使(第80条);(3) 针对个人的行政行为只能建立在法律的基础上;(4) 法律必须为受到基本权利保护的领域受到侵犯提

---

① BVerfGE13,261.

② See Volkmar Götz, Legislative and Executive Power under the Constitutional Requirements Entailed in the Principle of the Rule of Law, in Christian Starck ed., *New Challenges to the German Basic Law*, 1991, p. 145.

③ 本标题下内容参看 Werner F. Ebke, Matthew W. Finkin, *Introduction to German Law*, Kluwer Law International 1996, pp. 48 – 49.

④ See Konard Hesse, *Grundzüge des Verfassungsrechts der Bundesrepublik Deutschland*, 15th ed., 1985, p. 74.

⑤ See Klaus Stern, *Das Staatsrecht der Bundesrepublik Deutschland*, vol. 1, 2nd ed., 1984, at 956.

⑥ See Ulrich Karpen, The Rule of Law, in Ulrich Karpen (ed.) *The Constitution of the Federal Republic of Germany: Essays on the Basic Rights and Principles of the Basic Law with a Translation of Basic Law*, 1988, p. 176.

供处理的可能性;(5)国家行为不得太大,侵入基本权利(或公共利益)必须与侵入的理由成比例;①(6)所有政府机关的行为必须是"透明的"、对公众开放的,权利受到影响的每一个公民必须被提供政府实施该行为的理由;②(7)行使国家权力是永久性功能,原则上应当由被赋予公共服务成员担任,他们的地位、服务和忠诚受到公法的拘束(第33条第4款)。

6.《德国基本法》第93条及100条赋予联邦宪法法院执司宪法审查,更强化了国家法治的功能,使得德国的法治国概念已经提升到宪法层次,已远非传统形式主义法治国的格局所能比拟。

7. 法治不仅是基本法规定的规范性原则,还在实践中得到具体运用,根据宪法法院的判决认定,法治原则包含下列要素:③多数规则的民主原则;选举法原则;分权;反抗的权利;法律的确定性;行政管理的合法化;司法独立;基本人权,特别是平等的格言;合法裁判的权利;免受任意逮捕的保护;没有法律规定不受处罚;不允许追溯性的刑事立法;获得法院听证的权利。

当然,上述这些列举并非穷尽性的。

六、日本④

(一)法治是日本宪法基本原则的理由

日本明治宪法中并不包括通常所说的"法治"的基本要素,而1947年宪法文本中也没有明确地规定法治原则,这显然是不适当的。但是,法治对整个宪法来说则是根本。所以,从理论和实践来

---

① BVerfGE23, 133; 38, 368.
② See Philip Kunig, *Das Rechtsstaatsprinzip*, 1986, p.198.
③ See Werner Birkenmaier, Rechtsstaat—The Rule of Law in the Federal Republic of Germany, in Josef Thesing(ed.), *The Rule of Law*, Konrad Adenaucer Stiftung, 1997, pp. 61 –62.
④ 本部分主要参考 Meryll Dean, *Japanese Legal system*, 2nd ed., Cavendish Publishing Limited, 2002; Noriho Urabe, Rule of Law and Due Process: A Comparative View of the United States and Japan, in Percey R. Luney, Kazuyuki Takahashi (ed.), *Japanese Constitutional Law*, University of Tokyo Press 1993。

看,法治都被作为宪法原则来看待,而且认为其他原则都受到法治原则的影响和决定:现行宪法框架的三个支柱,即人民主权、和平主义和基本人权保护,都是建立在尊重法治原则和通过最高法院运用司法审查加以保障的基础上。

尽管宪法并未明确提到法治,但很清楚,法律和政府之间的关系可以预见被奠定在上述基础上。① 这也得到如下事实证明,基本人权受到保护以对抗政府滥用自由裁量权,而且通过运用第81条规定的司法审查得以实现,这代表了"具有法治含义的最普遍地典型性的机制"②。

(二) 法治被纳入宪法中的方法

日本宪法没有明确的法治条款。但是通常认为,可以用三个具体方法作为判断"法治"是否被融入具体的宪法中:第一,对个人人权的彻底保障;第二,在法律程序和内容方面的合法性,它在美国被称为正当的法律程序,而在英国则被叫作自然正义;第三,尊重司法机关,这是通过限制国家运作的形式给予法治的机制性表达。③ 如果以此为标准,法治肯定被纳入日本宪法中,并作为基本原则而存在。日本宪法纳入法治原则的方法有以下几种:

1. 第一种方法是采用最高法的概念

宪法第十章名为"最高法",这暗示实行法治。第98条规定:

---

① 该宪法中的许多特征都支持这个观点。首先,被命名为"最高法"的第十章是法治概念的一贯的表达方式。第97条肯定了人权的历史先例及它们的不可侵犯性;第98条明确规定,宪法是最高法;第99条迫使那些行使权力的人尊重和支持宪法。其次,第三章的人权保障不受任何国会法限制,它是高级法的证据。另一个特征是司法权受到重视的方式。

② M. Ito, The Rule of law: Constitutional Developments, in A. T. von Mehren (ed.), *Law in Japan*, Harvard University Press, 1963. See also K. Hashimoto, The Rule of Law: Some Aspects of Judicial Review of Administrative Action, in A. T. von Mehren (ed.), *idem*; K. Takayanagi, Opinion on Some Constitutional Problems—The Rule of Law, in Henderson (ed.), 1968, n17; Noriho Urabe, *Rule of Law and Due Process: A Comparative View of the United States and Japan*, in Percey R. Luney, Kazuyuki Takahashi (ed.), *Japanese Constitutional Law*, University of Tokoyo Press 1993, n16.

③ See Meryll Dean, *Japanese Legal system*, 2nd ed., Cavendish Publishing Limited 2002, p.468.

第七章　西方宪法原则与宪法制度及其现代化

"法律、法令、帝国命令或其他政府法令,或者其中的一部分,如果与这些条款相反,则不可能具有法律效力或有效性。"该条可能只被看做是对"刚性宪法"自然属性的陈述,也就是说,宪法只是国内法体系中最高层次的法。如果这样的话,最高法只具有实证法观念而没有表达法治。

日本宪法不限于此。第十章第97条肯定了基本人权的永久性和不可侵犯性。这意味着,基本人权是日本最高的法律。因此,宪法中最高法的概念不仅被理解为法律实证的和形式主义的概念,而是被作为具有保护基本人权实质性内容的概念。也是因为这个原因,宪法中的最高法被看做是法治的表达。换言之,日本宪法不仅是实证法意义上的最高法,而且包含了丰富的和高位的价值理念,因而符合真正的法治原则精神。

第十章三个条款(第97—99条)是对"法治"首尾一致的表达。第97条确认了人权的永久性、不可侵犯性和历史起源。事实上,该条被置于最高法这一章的首位,这使人权保障更清楚地成为宪法的核心。第97条的人权是"法治"的核心。第98条明确规定宪法的至上性,这是建立在法律至上性地位的理念基础上,所有违反高级法的国家权力行为都将是相抵触且无效的,所有的国家行为都必须符合宪法。第99条宣布,所有行使国家权力的人都有尊重和支持宪法的义务。这也是英美宪政主义和法治而非人治的直白的表达。

2. 宪法吸纳法治的第二种方法是,宪法第三章对基本人权的保障

保护个人权利和自由是法治的核心,无条件保护人民权利的宪法第三章当然被看做是法治的直接表达。根据1947年宪法,甚至人民代表机关的国会也不能限制人民的基本权利,这是高级法的一种表达。换言之,人民的基本权利约束立法权。这是1947年宪法与明治宪法最重要的区别。

宪法第三章规定了人权保障。它充分反映了"法治"在内容上和形式上保障人权的要求。受保障的大多数人权,并没有同时规定

允许法律限制的条件。在大多数情况下,人权受到绝对保护。宪法文本并不必然意味着人权不受任何限制。

3. 宪法第31条要求遵循正当的法律程序,这是宪法吸纳法治的第三种方法

作为英美法系宪法原则的法治在1215年的《大宪章》中就奠定了基础,其第39条中的"除了该国法律"这个词被解读为"没有正当的法律程序"。法治和正当程序被紧密结合在英美法系中。至于日本宪法第31条是否含有美国宪法第5和第14条修正案中正当程序条款同样的意思,则存在不同的看法,因为那些正当程序条款既涉及程序又涉及实质内容。但几乎获得一致认可的是:第31条至少要求,在限制人民权利和自由时,必须有"程序上的正当过程"。从这个观点来看,第31条也被认为是对法治的表达。

4. 宪法中法治的第四种表达是,宪法第76条将所有司法权赋予最高法院和低级法院

在明治宪法中,司法机关被看做是独立的,但司法机关不能处理行政案件。1947年宪法赋予一般法院对行政案例具有管辖权,扩大了司法机关的权力,并禁止设立任何特别法院,如行政法院。行政部门可以行使裁判权但没有最终的司法权。同时,规定必须有某些方法被提供给当事人,以向法院申请对行政机关作出的决定进行审查。换言之,行政行为服从普通法院的司法审查,司法机关对行政机关来说具有至上性,这是一个宪法原则。新宪法使英国和美国宪政主义的"法治"得以机制化。在法院组织法中,现在的司法权不再被限制在民事和刑事程序中,而是扩展到各种法律案件和争端中,包括行政法。

5. 宪法第81条建立了司法审查制度

该条规定,最高法院为有权决定一切法律、命令、规则以及处分是否符合宪法的终审法院。日本司法审查制度维护了宪法的至上地位,是对美国法治的一种表达,并支持美国法治原则。

第四节　宪法分权制衡原则

一、概述

（一）权力分立原则的传统含义

分权制衡原则是启蒙思想家们提出的思想，它在资产阶级革命取得胜利后写入宪法。它立基于以悲观的态度怀疑权力行使者的性格。早在1784年，孟德斯鸠在其《论法的精神》中指出："一切有权力的人都容易滥用权力，这是万古不变的一条经验。有权力的人们使用权力一直到遇到有界限的地方才休止。"[①]为了避免权力被滥用和误用，不仅要将权力划分开，使它们互有归属，还要让划分开的权力处在一种互相制衡的状态。学者们对分权原则有诸多不同的看法：

1. 孟德斯鸠及其追随者的看法

第一，有三种主要类型的政府功能：立法、执行和司法。第二，一个国家有（或应当有）三个主要的政府部门：立法机关、行政机关和司法机关。第三，将不止一种功能集中于政府的任何个人或者机关之中都会对个人自由造成威胁。例如，行政机关不应当被赋予制定法律或者对违反法律的主张进行裁判的权力，而应该将其限制在制定和适用政策及一般性管理的行政功能上。

当然，一种刚性的功能分离可能十分不便。在赞同分权原则观点的许多国家，制定规则的权力被赋予行政机关，因为将这些权力全都寄希望于立法机关行使显然是不现实的。因此，上文陈述的第三个假定既是极端的又是教条主义的，它不可能为该理论的所有支持者逐字接受。[②]

2. 马歇尔的看法[③]

在马歇尔看来，分权包含了一组"重叠的思想"，它通过下列内

[①] 〔法〕孟德斯鸠：《论法的精神》，张雁深译，台湾商务印书馆1998年版，第153页。
[②] See De Smith, Harry Street and Rodney Brazier, *Constitutional and Administrative law*, 5th ed., Penguin Books 1985, pp.31-32.
[③] See G. Marshall, *Constitutional Theory*, Oxford: Clarendon 1971, p.97.

容加以识别:第一,"立法"、"行政"、"司法"概念的区分;第二,在政府一个部门的成员与另一个部门的成员之间,占有职位在法律上不相容;第三,某个政府部门与另一政府部门作出的行为相分离、豁免或者独立于另一部门的干涉;第四,政府一个部门受到另一部门行为的制衡和制约;第五,一个部门和另一部门合作,但并不对另一部门承担责任。

3. 通常的看法

尽管学者们看法多样,但一般认为,分权原则的基本含义包括两个基本方面:第一,国家有三个基本的机关即立法、行政和司法机关,三个机关分别行使国家三个方面的主要权力即立法权、行政权和司法审判权。这就是所谓的分权。换言之,分权理论讲的是,有三个主要的政府职能:制定法律(立法的)、执行①法律(实施性的)以及解释法律(司法性的);这些权力由不同的人或机构行使。第二,三个机关之间也存在一定的制衡关系。权力制约原则是指国家机关权力的各部分之间相互监督、彼此牵制,以保障公民权利的原则。

(二) 权力分立制的现代变形

在不同时期、不同背景下,权力分立原则以不同的形式表现出来。② 权力分立制度的内涵也随时代与国家的不同而有所不同。日本学者将权力分立制度在现代的变化概括为三个方面:

1. 由于20世纪积极国家与社会国家要求,行政活动的任务飞速增加,行政权异常强大;作为法的执行机关的行政机关,在形成与决定国家基本政策时,事实上扮演中心角色的"行政国家"现象愈益显著。

2. 作为连接公民与议会之组织的政党,愈益发达;在形成国家意思时,由政党扮演事实上主导角色的"政党国家"现象产生;传统上议会与政府的关系,功能地变化为政府执政党与在野党的对抗关

---

① 严格地说,政府的执行功能是一个剩余性的功能,即涵盖了其他两个部门没有包含的功能。

② 近来最充分的分析可参见 M. J. C. Vile, *Constitutionalism and the Separation of Powers*, 1967。

第七章 西方宪法原则与宪法制度及其现代化

系。其结果是,传统议会内阁制的各种特征,像政府对议会的连带责任及由国会立法与监督行政诸原则等所具有的政治意义大为变化;规范与现象未必一致。

3. 由法院执掌的违宪审查制已渐建立,司法权能控制议会与政府活动的"司法国家"现象,也愈益发展。①

我国学者也有人对分权制衡原则发生的变化作了新的概括。②

二、英国③

(一)分权在英国的重要性

分权,连同法治和议会主权,像一条红线贯穿英国宪法始终并发挥作用。对于国家组织和宪政来说,它是根本的原则,规定了不同机构之间权力的适当分配,以及对这些权力的限制。在宪法构成中,这个概念起着重要的作用。④

1. 有助于维护司法权的地位。分权不是英国宪法的一个绝对的、也不是占主导地位的特征。然而,它是一个深深扎根于宪法传统

---

① 参见〔日〕芦部信喜:《宪法》,李鸿喜译,月旦出版公司1995年版,第255—257页。其他学者概括为:权力分立观具有三个方面的变化:立法概念的变化;"行政国家"的状况;"司法国家"、"裁判国家"的状况——违宪立法审查制度的普遍化倾向。参见〔日〕杉原泰雄:《宪法的历史——比较宪法学新论》,吕昶、瞿涛译,社会科学文献出版社2000年版,第128—131页。

② 参见戚渊:《也论法治》,中国法学会宪法学研究会2001年年会论文。

③ 本部分主要参考 De Smith, Harry Street and Rodney Brazier, *Cconstitutional and Administrative law*, 5th ed., Penguin Books 1985; Hilaire Barnett, *Constitutional and Administrative Law*, 2nd ed., Cavendish Publishing Limited 1999; Raymond Youngs, *English, German and French Comparative Law*, Cavendish Publishing Limited 1998; Alex Carroll, *Constitutional and Administrative Law* (Revised ed.), Financial Times Professional limited 1998。

④ 需要指出的是,在英国,对分权的功效看法不一。也许这部分是因为该原则很难取得一个被普遍接受的核心内容,而且因为某些宪法没有依赖这一原则而照样适当地存在。虽然这一原则是由法国政治哲学家孟德斯鸠总结为著名的公式,而且他把这一原则建立在18世纪早期英国宪法分析的基础上,但当今负有名声的学者中没有人认为这一原则是现代英国宪法的中心特点。See De Smith, Harry Street and Rodney Brazier, *Constitutional and Administrative law*, 5th ed., Penguin Books 1985, p.31. 尽管如此,我们仍然可以发现英国存在一定程度的分权和制衡,并且在实际生活中发挥作用。

和思想的概念。分权概念给司法机关提供了一种维护其独立的机制。①

2. 分权与法治和议会主权相互作用。司法独立保证了行政机关被控制在议会赋予的法律权限范围内,由此自然地支持了法治和主权。

3. 有助于司法保障人权。现代宪政国家奉行人权保障原则,而人权保障依赖于建立一套独立的司法保障制度。由于英国实行议会至上原则,这就使得分权有利于维护司法独立,进而发挥保障人权的作用。1998年英国的《人权法》提高了司法机关的地位,使得它在保障人权中的地位有所提高。

(二) 英国分权制衡原则的具体内容

在英国宪法中,无论是分权还是权力制衡,都从没有像理论上设计的那样执行过。从立法、行政和司法权这三种权力被各自分配给不同的机关来说,从来没有严格的分权;这些机关之间的制衡也从未像理论设计的那样。英国公共机制的发展主要是经验性的。② 可见,英国的分权不是理论设想的那样,而主要是英国本国实践的结果。

1. 英国三机关权力配置或分权情况

(1) 行政机关。行政机关负责编制政策并负责执行。从形式上说,国王是行政机关的首脑。首相、内阁和其他部长是最主要的组成部分,被选为议会成员。③ 文职人员、地方机关、警察和武装力量组成了行政机关。

(2) 立法机关。议会中的女王是英国的最高立法机关。换言之,议会由女王、贵族院和众议院组成。所有议案④必须由每个议院

---

① See C. R. Munro, *Studies in Constitutional Law*, London: Butterworths 1987, pp. 210 -11.

② See O. Hood Phillips, P. Jackson, *Constitutional and Administrative Law*, 7th ed., London: Sweet & Maxwell 1987, p. 29.

③ 有些部长则产生于非选举的上议院。

④ 议会法律规定的例外情况除外。

通过并得到国王的同意。

议会是两院制的,每一院都具有立法功能。两院权力不相同,每一院在保证政府责任方面都发挥作用。贵族院的资格不是通过选举获得的,而是通过继承获得权利资格或根据1958年《非世袭贵族法》规定被任命的。贵族院不对选民负责,这经常引起争论,甚至还在改革的讨论中。

(3) 司法机关。司法机关对发生在国家机关、国家和个人之间以及个人相互之间冲突的案件具有管辖权。司法机关既独立于议会又独立于行政机关。司法独立的特征最具重要性,它既与政府依法行使职权相关,也与保护公民自由对抗行政机关有关。

需要指出的是,英国的三机关人员和其权力并非截然分明,而是相互交叉的。

2. 三机关人员和功能的交叉①

(1) 主要人员上的交叉。其一,在立法和司法权能方面,上议院议长指挥该院。兼任上议院议长的大法官既是部长又是司法机关的领导,而且还是行使立法权力的上议院的活跃成员。上议院高级法官既是法官又是立法者,他们同样可以参加上议院的司法和立法工作。其二,行政机关和立法机关之间的人员是混合兼任的。首相和多数部长都是众议院成员(1975年《部长和其他人员的薪水法》在部长薪水单上将议员的数量限制在95名)。其三,女王既是立法机关的组成部分,也是行政机关的组成部分,还是国家对内对外的象征。

然而,也存在限制。公务员和司法机关的成员不具有担任众议院议员的资格。而且根据惯例,贵族院中非法律专业的议员不能执行司法功能。

(2) 主要功能上的交叉。其一,根据定义,兼任上议院议长的大法官和其他司法官员行使立法和司法功能。他是上议院的议长(立法性的),但当他在法院工作时,则是一个高级的贵族院法官(司法

---

① 本部分主要参阅 Alex Carroll, *Constitutional and Administrative law* (Revised ed.), Financial Times Professional Limited 1998, pp. 29–30.

性的)。在行政机关的名义下,大法官又是某个重要政府部门的首脑[司法部长(行政性的)],特别是他要对法院的管理和法律援助项目负责(因而使他对于公共支出及公务中的"金钱的价值"作出决定)。他的权威可以扩展到所有的非专业的和领薪水的治安法官、兼任民事和刑事案件的法官和助理法官(王室法院法官)。巡回法院和高等法院法官由国王根据首相的建议加以任命。

其二,政府部长指挥中央政府部门的活动,而且可提出主张,通过众议院中的多数,他可以对众议院的时间表、事务和立法产量行使控制性影响(90%的政府议案得到国王的同意)。

其三,政府部长可能获得委任的立法权和行政权,政府以法规的形式进行立法,而法规则包含在根据授权或者"母法"("Parent" Act)(委任的或者附属性立法)的权力发布的法令性文件和行政命令中。

其四,对行政机关的司法控制权没有被限制在上议院大法官的活动范围内,因为增长快速的行政裁判所,以及质询过程都在很大程度上行使准司法权。法院管辖解决争端性案件的权力也被赋予部长和其他非司法机构。而议会有时把立法权授予行政机关成员(委员会中的国王、部长)。

3. 英国宪法机关和权力也存在一定的制衡

(1)对行政的制约,至少表现在以下五个方面:第一,集体及个人部长责任制惯例、议会使政府辞职的惯例性权力,即议会可以通过不信任案的方法迫使政府辞职。第二,由政府部长运用的法定权力和特权性权力要服从法院的监督管辖。对基于没有合法的权力或来源(越权),或公然滥用程序的公正要求,而作出的行为和决定,当事人可以申请司法审查。这是司法权对行政权的制约。第三,政府必须使自己服从定期的选举。这是选民对行政权的制约。第四,上议院保留有对延长议会任期(1911年《议会法》第2条第1款)议案的否决权。这是防止政府利用众议院中的多数颁布立法推迟下一次选举,以便使现行政府能在位掌权。这是上议院对政府的制约。第五,要受到立宪君主制含义的制度制约,君主在法律上仍有可能运用王室特权对正在作出违宪行为的政府进行处理。

（2）对议会的制约。英国奉行议会至上，但这并不表明不受任何限制。第一，议会虽然有立法权，但在政治意义上，这种权力不是统一的整体，而是由各种政治利益冲突的集合体组成的。它是作为缓和矛盾的力量在起作用，因为如果没有政党之间在"幕后"某种程度的合作和妥协，议会就不能有效地发挥功能。第二，众议院的组成从根本上说是由选民决定的。这是选民对众议院的制约。第三，根据 1991 年对 R v. Secretary of State for Transport, ex parte Factortame Ltd.（No.2）（1991）1AC603 案件作出的判决，在议会法律与欧盟法不一致的情况下，英国法院会拒绝适用该议会法。这是司法权对立法权的制约。第四，议会法律要受到司法机关的解释。其假定是，司法机关解释法律只是决定和适用议会意志的事情。但是，实际上司法"创新"的事例很多，特别是在立法措辞散漫或者立法模糊时。

（3）对司法的制约。司法权也非绝对权，它也受到其他权力的制约。第一，司法判决可以由立法加以修正或者通过立法推翻判决而使之无效。第二，解除法官的最终权力保留在议会，因为这只能经过两院同意才能做到。

总之，分权制衡仍然是英国一项重要的原则。

三、美国

（一）分权制衡的思想渊源

詹姆斯·麦迪逊和其他代表非常熟悉孟德斯鸠关于分权的主张，并知道在革命战争过程中及之后，新的各州宪法都建立在分权基础上。然而，宪法之父同样知道，在多数州，对行政和司法机关来说，立法机关显然占有优势。由宪法之父创立的制衡制度要确保国会在整个国家的行政和司法中不占有优势地位。因为，他们相信，议会可能被君主控制或者被充满激情但任期短暂的多数人所左右。议会给自由和财产只能提供不充分的安全。只有把政府（立法机关、行政机关和司法机关）三个基本的功能分给分离的、协调的部门，权力才能得到适当的分散，从而避免集权腐败。

美国宪法的分权原则实际上包括了分权和制衡两个方面的含

义。采用分权原则主要考虑到两个方面的原因:第一,将行政执法机关从立法功能中分离出来可以提高政府的效率;第二个原因是正如麦迪逊所言,可以防止专制。①

(二) 分权

联邦宪法前三条可以称为国家机关和权力配置性条款,它们定义了国会(第1条)、行政(第2条)和司法机关(第3条)的结构和权力。这三条典型地体现了分权原则。

1. 国会实行两院制。宪法第1条规定,这里授予的所有立法权力应被赋予合众国的国会,它由参议院和众议院组成,继而分别规定了两院的组成与选举方式、成员的资格与会议程序。宪法第1条第8款还对授予国会行使立法权力的事项范围作了详细规定。

2. 行政权。宪法第2条规定,执法权力应被赋予美利坚合众国总统,任期4年,继而规定了正副总统的候选人资格、薪金与选举方式。总统的"执法权力"并未像第1条对国会那样得到详细规定。

该条第2款规定了总统的主要权力:"总统应作为合众国海陆军及各州武装部队的总司令";"他有权在参议员的建议与同意下,在参议员到会2/3多数赞成时缔结条约,并在参议院建议与同意下任命大使、其他公使和领事、最高法院的法官和所有其他……由法律建立的合众国官员";"他应不时地给国会提供关于联邦状况的信息,并建议它们考虑他所认为必要与便利的措施……他应谨慎诚实地执行法律,并委任所有的合众国官员。"

3. 宪法第3条规定了司法权力:"合众国的司法权力应被赋予一个最高法院,以及随时由国会建立的下级法院。""最高与下级法院的法官们应在行为端正期间内担任职务,并且在指定日期领取他们的公务报酬,这种报酬在他们的连续任职期间不得减少。"

该条第2款定义了联邦司法管辖权:"司法权力应扩展到所有起因于本宪法及合众国法律或……条约的案件、……合众国作为诉讼方

---

① See John H. Garvey, T. Alexander Aleinikoff, *Modern Constitutional Theory*: A Reader, 2nd ed., West Publishing Co. 1991, p.178.

的争议、两个或两个以上州之间的争议、一州公民和另一州之间的争议、不同州公民之间的争议",继而分别规定了最高法院的原始管辖权与上诉管辖权。然而,宪法并未明确规定法院具有解释宪法的权力。

(三) 制衡

虽然美国是世界上典型的三权分立国家,但是绝对的分立并不存在。① 严格地说,宪法建立的不是按字面意义理解的"分权"政府,而是"共享权力的分立机构"。联邦宪法谨慎地设计了三大权力机构之间相互依赖与制约关系。宪法包括了许多"预防性的措施"。

1. 在人事权方面,国会可通过弹劾其他机构的政府官员达到制衡。宪法第1条第2款、第3款规定:"众议院应有全权(提议)弹劾",参议院应有全权审理弹劾。当合众国总统受到起诉时,〔最高法院的〕首席大法官应主持〔审理程序〕。并且除非到会者有2/3赞同,无人能被定罪。第2条第4款又规定:如果被确定犯有叛国、行贿受贿或其他重罪或不端行为,正副总统和所有合众国公共官员可经弹劾而被撤职。总统能被国会弹劾。②

2. 总统行使人事权受到制衡。总统有权任命包括联邦法官在内的"高级"政府官员。宪法第2条第2款规定:"国会如认为合适,可以通过法律把下级官员的任命权授予总统一人或内阁部门的领导"。但是,总统任命法官、大使和其他政府高级官员,必须获得参议院的同意,其任命方才有效。

就法官来说,总统和参议院被赋予任命联邦法官的共享权力,总统任命联邦法官,但该任命必须得到参议院的批准,③而且这些任命是终身的。国会有权建立低级联邦法院并决定它们的管辖权,甚至还可以对最高法院的上诉审查权进行调整。但是,宪法禁止国会享

---

① Alex Carroll, *Constitutional and Administrative law* (Revised ed.), Financial Times Professional Limited 1998, p.29.

② 但是对总统的弹劾很少得以启动。约翰逊总统在1868年被弹劾,但通过投票得以避免;针对尼克松总统的弹劾程序开始后,他在1974年水门丑闻发生后通过辞职使这件事得以停止,参见 Philip Kurland, *Watergate and the Constitution*, 1978.

③ 由林登·约翰逊总统选择的首席法官福塔斯(Fortas)法官,以及由尼克松总统连续提名到最高法院填补空缺的 Haynsworth 和 Carswell 两个法官都被参议院拒绝了。

有降低在任法官薪水的权力。免除司法机关成员的唯一方法是需要经过非常烦琐的弹劾程序，而且要求提供法官实施了"重罪"或不端行为的证据。

3. 在立法上，总统可以对国会法案行使否决权。宪法第1条第7款规定："每项法案必须在众议院与参议院获得通过，并在成为法律之前，送交合众国总统；如果他赞成，即应签署之，但若不赞成，则应连同否决意见一并退回提议的那一院……如果在重新考虑之后，此院2/3成员同意通过该法案，它应连同否决意见移交另一院。在受到类似重新考虑之后，如果此院2/3成员同意，该法案才成为法律。"也就是说，总统有权对议会通过的法律具有否决权，但是国会能够在两院以2/3以上多数推翻总统的否决。

4. 总统有统帅权，但议会有权宣布战争、招募和为军队及海军提供财政支持的权力，并制定特别的规则对武装力量进行管理。总统被赋予召集国会召开特别紧急会议的权力，但必须不断向议会报告"联盟国家"的情况。

5. 制衡制度的一个重要特征是，在总统、参众国会两院议员之间有长短不同的任期。众议员代表每2年进行一次选举；参议员服务6年任期；而总统则任期4年。

6. 宪法文本对司法机关制约和平衡其他部门的方法没有给出任何具体的指示。在1803年马伯里诉麦迪逊案件中，最高法院主张其具有审查国会法律的权力，并认为在法律与宪法相违背的情况下，有宣布该法无效的权力。七年后，在 Fletch v. Peck (1810) 案件中，法院将这项权力延伸到对州法律是否合宪进行审查。

当然，法院能决定法律和行政行为的合宪性，但法官没有被有效地赋予总体上异于司法职位的权力；联邦法官不能由行政机关免除，但可以被国会弹劾。

总之，分权制衡是美国宪法的重要原则，尽管宪法对三机关之间的分权和制衡作了规定，但仍有不明晰的地方，三机关之间的权力纠纷不可避免。而处理这些纠纷、保证这项原则实施的任务是由法院特别是联邦最高法院来完成的。联邦最高法院曾经处理过不少案件，对三权之间的关系进行确认和裁决。如国会立法否决权就是一例。

关于总统的行政否决权,宪法有明文规定(联邦宪法第1条第7款),但宪法未规定国会可否行使立法否决权。国会行使立法否决权,理论上既有争议,在法律上也涉及是否违宪问题。最高法院最初一直尽量回避这一问题,如1976年的柏克莱一案(Buckley v. Valeo)。该案的争点之一是公务员的资格问题。

1971年国会制定了《联邦选举竞选法》,其后又于1974年加以修正。依该法规定,政府应成立"联邦选举委员会",置委员八人,其中两人由总统任命,两人由参众两院幕僚人员兼任,无表决权,其余四人由参议院及众议院议长指定,名义上则由总统任命。法律赋予该委员会制定办法细则等行政命令权,同时委员会可行使一部分准司法权。

最高法院经审理后认为,公务员的任命权属于总统。依照联邦宪法第2条第2款任命条款的规定,总统任命公务员有两种方式:第一种为高级公务员如各部部长、最高法院法官、大使、公使及其他公务员,其任命须先由总统提名,再经参议院同意;第二种为次第一种的公务员,以法律授权总统、法院或各部门首长任命之。

法院又认为,依照宪法第2条规定,行政权专属于总统,总统为了有效执行行政权,而不能不授权各级公务员办理行政工作,因而只有依法任命的公务员才能行使行政权。联邦选举委员会的工作,包括有关选举法规的制定,乃是行政权的行使,由委员会的委员负责执行,但委员中只有两人符合宪法规定的任命条款,即由总统提名,再经参议院同意任命,其余六人既非基于总统的提名而任命,也非基于法律的授权,由各部首长或法院所任命,违反了宪法任命条款的规定,应为非法律上所称的公务员,从而不得行使行政权。

法院同时指出,基于三权分立互相制衡的原则,立法权不得侵犯行政权,行政部门也不得行使立法权,为制宪人士的中心思想,也为宪法的重要部分,最高法院一向不敢违背此一原则,在 Springer v. Philippine Islands 一案中,法院就曾确定立法机关不得对行政机关行使立法任命权。最后,最高法院判决:由未经正式法定程序所委派的人员执行行政工作是违宪的。

本案最高法院竭力在公务员的资格问题上作法理与逻辑的解剖,以否定国会的"立法任命",但回避了一个更重要的问题,即国会的"立法否决权"究竟是否违宪。

直到1983年,最高法院才对立法否决权问题表示明确的态度。1983年发生了查德控告移民局一案。在该案中,东印度人查德持有英国护照,他在1966年以合法的学生签证进入美国,有效期至1972年6月,但届期后查德并未离开美国。移民归化局根据《移民及国籍法》规定,拟于1974年11月听取其申辩理由后遣送其回国。查德聘请律师提出申请,主张一旦被遣送回国,他将遭受极大的艰困,要求免于遣回。移民法官经审理后认为,查德在美国继续居住已满七年以上,在此期间行为良好,如予遣送回国,将遭受极大的艰困,其要求免于遣回,符合移民法的有关规定,乃决定免于遣送回国,并通过检察长将此项决定送交国会,以备国会行使或不行使立法否决权。

移民局发给查德准予暂缓遣送的命令,自1974年6月25日起,为期一年半,即至1975年12月24日为止,届时如国会没有采取否决的行动,则查德就可合法地取得永久居留权。但到了1975年12月12日,众议院司法委员会下的移民、公民及国际法小组的召集人提案作成决议,反对给予六个人的永久居留权,其中包括查德在内。决议案的草案并未在会前分送其他的众议院议员,仅凭主席的说明,认为此六人的要求不合规定,不能免于遣回。此项立法否决,既不需送请参议院同意,也不必经总统的批准,通过之后,立即生效。

由于检察长的建议被众议院否决,移民局乃又通知查德要遣送其回国,查德乃提起诉讼于上诉法院,主张众议院无权命令其离境。上诉法院认为查德的主张有理由,于是命令检察长停止执行遣送回国的命令,并判决《移民及国籍法》有关立法否决的规定违反了宪法分权的规定。最高法院支持了上诉法院的判决,表示了明确而坚定的立场。

最高法院的主要理由是:法律案的成立,必须经两院一致通过,并送请总统同意,总统如果不同意,可以行使否决权,此一设计,旨在防止立法部门滥事立法,妨害了政策的执行,制宪先贤们对此十分重视。因此,两院一致通过及总统同意二者,可说是美国宪法的重要原则。任何一院的决定,未经送请总统同意,应不具备法律的效果,除非宪法本身有明示的规定。本案《移民及国籍法》规定,经众议院或参议院一院即可作成决议,命令移民局及检察长改变该法的决定,实质上乃变更了法律的规定,是立法权的行使。法律的制定既经两院一致通过及总统的同意,法律的变更,自也须经同样的程序,因此,国会的任何一院单独行使立法性的权力是违宪的。

四、法国[①]

(一) 分权的理论基础

在法国,分权原则是由孟德斯鸠在1748年《论法的精神》中加以详细阐述的。他将国家分成三种功能:"创制法律的功能,执行公共决定的功能,以及对犯罪进行审判、对个人之间争端进行裁决的功能。"通常认为,法国是根据分权原则组织起来的。法国的分权同样包含了狭义的权力分立和制衡两个方面内容。

(二) 分权

法国现行宪法即1958年宪法承认分权原则,设立了不同的国家机关,有基本的权力配置。

1. 国会的权力

自1875年以来,法国实行两院制国会制度。1958年宪法第24条确认了这一制度。第45条规定,参议院可以延期议案的颁布,但不能在最后期限阻碍它颁布。在两院不能采纳某议案时,总理可以组织一个委员会,由来自两院相同数量的议员组成,并提出该议案的妥协草案。如果该草案仍然得不到批准,政府可将该议案(以原来的形式或修正案的形式)提交国民议会,由其作出最后决定。

1958年宪法减少了议会的权力,增加了政府权力。最明显的特征是:立法机关的权能被有效地在议会和政府之间进行分配,议会的

---

① 本部分主要参阅 Raymond Youngs, *English, German and French Comparative Law*, Cavendish Publishing Limited 1998; Andrew West, Yvon Desdevises, Alain Fenet, Dominique Gaurier, Marie-Clet Heussaff, *The French Legal System: An Introduction*, Fourmat Publishing 1992.

立法权主要被限制在宪法第34条列举的范围内,其基本功能是:在其权能范围内通过法律;通过不信任案推翻政府。需要注意的是,欧盟法律对国家立法的至上性也有所影响,具有减少议会权力的效果。

2. 政府的行政权

1958年宪法第20条规定,政府决定和实施国家的政策。它由共和国总统任命的总理领导。第37条规定,总理被赋予以法规的形式就那些不属于宪法第34条授予议会行使的专门事项的领域制定法律的权力。

在第三共和国期间,政府日益行使广泛的立法权,其方法是以法规的形式而不是以议会法律的形式实现的。1946年第四共和国宪法试图阻止这种做法,第13条规定,"只有上议院才能制定法律,并且不得委任该项权利"。但是,实践证明这个条款无法实施,因为权力弱小的政府无法应对各种复杂的形势发展。1953年政府寻求行政法院支持,从而获得制定实施性法规的权力。行政法院潜在地支持了这种做法,但是又对此进行了限制,限制的方法是声明:根据共和国传统,某些事项如个人自由的基本原则只能由议会立法进行规定。实践中扩大政府立法权的这种做法在1958年宪法中得到明确确认,而且政府立法权有了进一步的扩展。

3. 法院的司法权力

在法国,宪法对国家机关之间关系的组织安排受政治历史的影响很大。从传统来看,共和国一直对司法机关的权力保持警惕。这种不信任深深扎根于旧政体下议会滥用其地位并对政治进行干预;司法机关很容易被怀疑为追求法官型的政府。结果,在整个共和国历史上,司法机关都处于弱势地位。司法机关这种从属性地位也在1958年宪法中得到反映,宪法第64条表明,司法机关并非生来就独立于其他机关,而"共和国总统是司法机关独立的保护者。"

4. 分权的特点和限制

(1) 在司法和行政权能之间存在刚性的区分。根据1790年8月16—24日的法律第二篇第3条规定:司法功能是明显与行政权能分离的。法官不得以任何手段干预行政部门的运作或者要求行政管理者就它们的权能在法院受审,否则应受到处罚。

在法国宪法史上,司法和行政机关之间的刚性分权规则一直得到坚定地实施。直到今天,行政管理仍只服从由普通法院管辖转移来的独立的司法制度控制,即行政机关只受行政法院的监督和控制。普通的司法机关只管辖民事和刑事案件。

(2) 根据宪法规定,行政机关和议会之间必须分离,部长不得担任议员。但法国实行总理责任制,内阁要向议会负责。行政机关和立法机关之间具有密切的联系。政府的立法权能更大:它不只是获得授权,它还享有宪法授予的立法权,因为宪法对议会和政府之间的立法权作了正式的划分。①

(3) 总统权力兼具多种性质。在法国,分权原则情况极为复杂,也确实非常微妙。有时国家要以一致的声音做出行为,这种必要性要求在权力之间加强合作,并对分权进行限制;有时要求其中某一机构对争议性问题作出最后的决断。在第五共和国中,共和国总统的角色使得其地位更加模糊,因为总统具有监督宪法实施的作用,这意味着他的功能跨越所有三种权力:行政[(总统主持部长委员会会议)并签署它们的命令];立法机关(如发布议会法律);司法机关(总统任命司法机关的成员,并负责对他们晋升和惩戒)。换言之,他是部长会议的主席(行政性的),颁布议会的立法(立法性的),对掌管法官的机构成员加以任命(司法性的)。

(三) 制衡

1. 议会和政府之间的相互制衡

(1) 议会制衡政府。宪法第 20 条规定,政府要对议会负责;第 49 条第 2 款规定,国民议会 1/10 的议员可以对政府提出不信任案;②第 50 条规定,一旦不信任案获得通过,总理应向共和国总统提

---

① 详见 1958 年宪法第 34 和 37 条。
② 该款规定,国民议会可以通过一项不信任案追究政府的责任。此项动议至少有国民议会议员 1/10 的人签署才能受理。此项不信任案提出后经过 48 小时后才可以进行表决。只统计对不信任案的赞成票,不信任案只有获得组成国民议会的议员过半数票才能通过。如果不信任案被否决,这些签署人在同一会期中不得再提出不信任案,但下款规定的情况不在此限。

出政府总辞;第49条第3款使政府能够在没有议会明确投票的情况下通过法律。①

(2) 政府制衡议会。政府对议会负责表明它受到议会的制衡,但从实际情况看,政府在很大程度上控制了议会。宪法第48条规定,政府决定议会事务的次序。第41条规定,如果政府认为议会超越了第34条规定的议会制定法律的范畴,它有挑战议会讨论该项议案的权利;如果议会拒绝这种挑战,该事项将由宪法委员会解决。

2. 总统和政府之间的制衡

(1) 总统制衡政府总理和部长。宪法第8条规定,总统任命总理。总统接受总理的辞职。现在一般也承认,没有得到总统的信任,总理不能在位掌权。总统可以根据总理的建议任免政府成员。实践中,总理要与总统协商,产生建议任命的部长名单。

总统参与政府制定法规的权力。他主持部长委员会会议(第9条)并签署委员会法令(ordinances and decrees)(第13条)。这一权能在传统上被看做是形式性的,但是在左右共治(cohabitation)期间,密特朗总统拒绝签署他不同意的希拉克总理内阁的法令,他的这种行为正是基于宪法第5条赋予他作为共和国机构正常运作的保证人的规定。

总统具有特别权力的领域是外交关系和国防。根据宪法第52条规定,只有在遵循国会批准的情况下,总统才可以处理和批准条约(第53条)。重要的国际协定要向总统报告,次重要性的协定则由政府加以处置。在国防事务上,总统的权力则由他居于武装力量的总司令和国防委员会主席的地位所证实(第15条)。再者,根据1964年1月14日法令,法国的核力量在总统的控制之下。在第五共和国期间,国防事务被看做是总统的特权,总理基本上是执行总统的政策,虽然宪法第21条提到了总理对国防承担责任。

---

① 该款规定,经内阁会议审议后,总理可以就一项文本的表决向国民议会承担政府责任。在这种情况下,除非在其后24小时内提出的不信任案根据前款规定的条件通过,否则该文本应视为已经通过。

(2) 政府总理和部长制衡总统。总统职位的特征是,他对在行使权力过程中作出的下列行为不承担法律上的责任(特别是不对国会承担责任):任命总理、请求公民投票、行使宪法第 16 条规定的紧急状态权、提交宪法委员会作出决定的事项或解散国民议会的决定。这种责任缺失在 1958 年宪法第 68 条得到确认。这就决定了在通常情况下,总统行使权力必须要有总理以及(通常是)合适的部长副署,这是为了防止只行使权力而无人承担责任的现象发生。这实际上要求总理和部长对总统行使权力进行相应的制约。只有在宪法第 19 条的情况下例外。①

3. 总统和议会之间的制衡

(1) 总统制衡议会。第一,解散议会。总统拥有的最大武器是,在 5 年任期结束前解散国民议会。根据 1958 年宪法第 12 条规定,行使这种权力只需要总统与总理、两院议长作简单的商量即可;议会选举必须在解散后 20~40 天内举行。这项权力的行使几乎没有什么限制,例外的情形是:在危机发生时,总统进行干预并直接根据宪法第 16 条规定进行立法时,不得解散国民议会。另外,不得在前一次解散的 12 个月内发布解散令。解散权力属于总统,这一事实说明,他是政治游戏中的关键性操作者。在第五共和国期间,这项权力被多次运用。

第二,监督立法。在立法过程中,总统无权直接动议立法,提出议案的权力属于总理、众议院议员和参议院议员(第 39 条)。由议会两院通过的法律必须在 15 天内由总统发布。在公布之前,总统可以将法律提交宪法委员会。而且,他可以在 15 天内要求议会再对该法律或者其中的条款进行审查。

(2) 议会制衡总统。第一,对总统弹劾案进行审理。宪法第 67 条规定,众议院和参议院以同样数量选举的议会成员可组成高级法庭,对总统弹劾案进行审理。第 68 条规定,除非犯有叛国罪,共和国

---

① 第 19 条规定,共和国总统所签署的法案,除第 8 条第 1 款、第 11 条、第 12 条、第 16 条、第 18 条、第 54 条、第 56 条和第 61 条所规定者外,应由总理副署,并且如果情况需要,应由责任部长副署。

总统不应对履行职责所采取的行动负责。只有根据两院在公开表决中获得成员的绝对多数,他才能受到指控。他应被高级法庭审判。第二,对总统行使紧急状态权力进行监督。宪法第 16 条第 1 项规定,当共和国制度、国家独立、领土完整或国际义务的履行,遭受严重且急迫的威胁,致使宪法上公权力无法正常运作时,共和国总统经正式咨询总理、国会两院议长及宪法委员会主席后,得采取应付此一情势的紧急措施。根据该条第 4 项规定,国会应自动集会,且国民议会在总统行使紧急权力期间不得解散(第 5 项),而这都是为了使国会在紧急处分权运作时,依然能够发挥制衡以及监督行政权的功用。

4. 总统权力受人民的制约

(1) 选举总统。由于总统是直接选举产生的,他得对选民负责,其方法是:或者在连续 7 年①的总统选举(假定他再次担任)时,或者通过公民投票的形式将某项事务交给公民投票。戴高乐将军在 1969 年从总统职位上辞职,其原因是他关于改革参议院和行政区域的建议在 1969 年 4 月 27 日的公民投票中被拒绝。

(2) 通过投票决定总统的施政措施。总统可以召集公民投票(宪法第 11 条),对影响公共权力组织或者批准某些特别重要条约的议案进行表决。虽然从原则上说,召集公民投票的动议或由政府或由两院共同行使,但在实践中,总统有必要的政治权力决定召集公民投票。在第五共和国期间(到 1992 年),共有六次公民投票,其中的四次是在戴高乐总统在位期间进行的。

5. 总统和司法机关之间的制衡

1958 年宪法也涉及总统和司法机关之间的关系。

(1) 总统对司法的制衡。第一,总统是司法独立的保护者,是最高司法委员会的主席,委员会成员由总统任命(宪法第 65 条第 2 款),同时总统还对司法机关成员的任命、提升和惩罚负责。第二,这种影响延伸到行政法院系统,最高行政法院法官也由总统任命。第三,总统还有任命宪法委员会成员的权力。宪法第 56 条规定,宪

---

① 2000 年修宪将总统任期由 7 年改为 5 年,但不涉及现任总统的任期。

法委员会的成员为9人,任期9年,不得连任。宪法委员会每3年改选1/3。总统、国民议会议长和参议院议长各任命3人。除上述9名成员外,历届前任共和国总统为宪法委员会当然成员,他们可以任职到去世为止。宪法委员会主席由总统任命。

（2）司法制衡总统。第一,总统对他的叛国行为负责,那时他将受到由议员组成的法院的审判(宪法第68条)。第二,宪法委员会在法国权力制衡中发挥独特的作用。它在解决总统、内阁和议会等国家机关权力争端中发挥了重要的作用,对总统行使权力也形成一定的制约。第三,宪法第58条规定,宪法委员会监督共和国总统选举,审查争议事项并公布投票结果。第四,对总统行为进行审查。总统在根据第16条行使紧急状态权力之前,宪法委员会应对其行使权力的必要性提出建议。虽然这种建议不具有法律约束力,但它们具有权威性,对总统行动具有显著影响。另外,第7条还授权宪法委员会决定总统职能是否受到障碍,并作出明确通告;如果总统职位因此出现空缺,那么新的总统选举必须在缺位开始或确定不能行使职权公告日起20日至35日内举行。

（四）法国的双头制

尽管宪法确立了上述分权制衡体制,但是,实践中的权力运作并非完全按照宪法上的规定那样实施。这特别表现在总统和总理之间的关系上。从实际情况来看,总统和总理在多数政权时期①和共治时期②,权力的关系情况并不完全一样。总体来看,在多数政权时

---

① 指当总统与内阁同属同一党派,且该政党在国会拥有多数席位时,即为多数政权制。
② 又称"竞和政权",指共和国总统与政治立场取向不同的国会多数派共存相处的状态。在法国第五共和历史上,出现过三次左右共治的局面。分别是:1986年法国国民议会改选,右派联盟取得多数席位,属于左派的总统密特朗因此不得不任命右派的希拉克出任总理。二人试图达妥协以避免政治危机,密特朗可能将国内事物保留给希拉克,另外希拉克也由一开始积极意图参与外交和国防事务的态度转变为逐渐在该领域事务上采取较低的姿态。1993年右派阵营在国民改选中取得多数席位,密特朗任命右派的巴拉杜为总理,第二次左右共治。右派在国民议会选举中大获全胜,使总理有高度的民意,密特朗总统声誉受到影响,加上年事已高不会再连任,也采取了较温和的态度,使本次共治较和谐。1997年左派联盟经两个回合的国民议会选举,获得压倒性胜利,使右派总统希拉克任命左派乔斯班为总理,第三次左右共治。

期,总统处于权力中心,总统决策,而总理基本上处于执行地位。宪法上确立的总统和总理之间的关系没有严格按照宪法的规定体现出来。

但是,到了共治时期,由于总统和总理不属于一个政党,总统与总理的职权原则上要回归到宪法行使,因此在多数政权制时期原本由总统所独享的权力,到了左右共治时期却受到限缩,因为国会拥有强大民意支持,而总理也拥有国会多数的优势。而只有在此时,法国宪法的规定才真正处于宪政状态。① 双头政治正是这种情况的反映。

双头制是指位居国家元首的总统和政府首脑的总理分属两个不同的政党,两种不同党派的行政领导共同相处(共治)的一种政权体制状态。

1958年宪法是按照戴高乐设计安排的。经过1962年修改,宪法将共和国总统改为公民直接选举,使原来的总统权力更大,形成"君主式"的"绝对总统制"。1958年宪法立法本意是维持"责任内阁制"精神,即总统不负政治责任,而由总理及内阁对国会负责。但宪法同时又将行政权分由总统与总理掌管,容许总统享有违反"责任内阁制"基本原则的个人权限。这种总统独裁的情形到1986年3月16日才结束。

1986年3月16日国会进行选举,国民议会社会党多数转变成右派多数。构成总统享有"君主式"权力要件之一的"拥有国会多数"一旦不再存在,宪法的"总统实权制"便失去了依据。总统变成了"虚名","双头政治"的体制开始存在。一个左派总统和一个右派总理共处,原先"总统主政、总理执行"的构想不再存在。双方只能根据宪法原来的规定行事。经过三个不同阶段的"左右共治"的考验,法国的体制得以稳定,这得益于双方共同遵守宪法。

法国宪法学者杜弗杰(Maurice Duverger)认为,一个左派总统与右派多数共存的局面,这才使法国第五共和宪法获得适用的机会。

---

① 参见杨媖芳:《法国第五共和与我国宪政体制之比较——总统、内阁与国会三者间权力互动关系之探讨》,http://etd.lib.nsysu.edu.tw/ETD-db/ETD-search/getfile? URN = etd-0709101-120813 & filename = etd-0709101-120813.pdf.

第七章　西方宪法原则与宪法制度及其现代化

换言之,这部宪法逢上"双头政治"才能发挥它的妙用,也不啻说,左右双头互相钳制,始能突显民主宪政精神。①

五、德国

(一)分权原则的确认

在1949年《德国基本法》中,分权不像民主、共和、法治、社会国和联邦制那样被明确地作为基本原则。而分权通常被作为法治的构成要素。② 当然,也有学者认为,分权是德国联邦共和国的基本原则之一。③ 不仅如此,它在《德国基本法》中还有明确的宪法依据,且受到特别的保障,同时也获得宪法法院的认可。

《德国基本法》特别是第20条明显涉及分权,其中规定:所有的国家权力来自人民。人民通过选举、投票以及通过立法机关、行政机关和司法机关等特别的机关行使权力。另外,立法机关要服从宪法秩序,行政机关和司法机关要服从法令和法律。因此,分权潜在地包含在《德国基本法》中。分权原则被认为在德国宪法中极其重要,《德国基本法》第79条第3款④绝对禁止以任何方式修改基本法以影响某项宪法原则。这自然包括了分权原则。

1957年宪法法院解释:⑤第2条第2款没有提供一个绝对的分权保障,而是提供了制衡(Gewaltenverschränkungen und balancierungen)以及控制和协调。然而法院说,第92条把司法权非常彻底地分

---

① 参见芮正皋:《法国宪法与"双头政治"》,梅逊出版社1987年版,第44页。
② 有的书上只列举了上述五个原则,而将分权作为法治的组成部分,认为分权是德国法律和政治制度的重要特征。See Michalowski, Sabine, *German Constitutional Law: The Protection of Civil Liberties*, Sabine Michalowski and Lorna Woods 1999, pp.17, 26. 官方文件认为《德国基本法》的宪法秩序有基本权利、民主秩序、法治、社会国、联邦制,而将分权作为法治的组成部分。See *Basic Law for the Federal Republic of Germany*, the Press and Information Office of the Federal Republic of Germany 1998, pp.15 – 26.
③ See Werner F. Ebke, Matthew W. Finkin, *Introduction to German Law*, Kluwer Law International, 1996, p.46.
④ 凡是本宪法的修正影响到将联邦划分为州、州参与立法的原则以及第1、20条中所确立的基本原则内容的都不得允许。
⑤ BVerfGE 7,188.

离出来,因为当法院被赋权控制立法和行政行为时,政府权力的其他分支就没有资格改变司法决定。

德国的分权原则同样包括了狭义的分权和制衡两个方面。

(二) 分权

根据《德国基本法》规定,三权分立情况如下:

1. 议会两院

《德国基本法》第 50 条规定,各州应通过联邦参议院参与联邦的立法和行政。联邦立法机关采用两院制,联邦众议院代表全民,任期 4 年;联邦参议院代表各州。联邦众议院主要任务是制定法律并选举联邦总理。第 76 条规定了立法议案的提出程序。第 77、78 条规定了两院审理和通过法律议案的程序。

2. 政府

执法机关采用双元首脑制度,即分立的联邦总统和联邦内阁。

(1) 联邦总统。《德国基本法》第 59 条规定了总统在国际关系中的权力:联邦总统应在国际关系中代表联邦,和外国缔结条约,任命与接受使节;对于调节联邦的政治关系或有关联邦立法事务的条约,应以联邦法律的形式,获得在特定情形下具有立法权能机关的同意或者参与。

第 60 条第 1 款规定,除非法律另行规定,联邦总统应任命与罢免联邦法官、联邦公务人员、现役和退役官员。

(2) 联邦内阁。《德国基本法》第 62 条规定,联邦内阁应由联邦总理和联邦部长组成。第 67 条规定了内阁的权力:联邦总理应确定普遍的政策纲领,并对此负责。联邦总理应根据其所采纳并得到联邦总统批准的程序规则,处理联邦内阁的事务。

第 68 条规定,在立法紧急状态下,内阁的法律议案可以直接成为法律。第 80 条规定了联邦内阁可以在立法授权范围内颁布法令的权力。

总理的中心地位主要源于《德国基本法》第 64 条第 1 款和第 65 条:第 64 条第 1 款规定了总理的内阁组成,部长是通过总理在其权限范围内的提名由联邦总统任免的;第 65 条赋予总理自由制定政府政策指南的权力。

总理主要地位的宪法性标志表现为:第 67 条规定,政府的改变可以由德国议会针对总理提出的不信任投票而引起;第 86 条则规定,总理可以请求德国议会进行信任投票。①

对行政机关进行立法控制的限度要接受宪法法院的审查。法院作出过两个判决②,对立法机关和行政机关之间的民主权能的界限作出过清晰的划分。法院把德国宪法描述为要求立法权根据国家的需要制定法律,同时又禁止立法权干预那些由宪法委托给行政机关的权力。③

3. 司法机关

德国法院是行使司法权的机关。《德国基本法》第 92 条规定,司法权力应被授予法官;司法权由联邦宪法法院、基本法规定的联邦法院以及各州法院行使。《德国基本法》还规定,宪法法院是宪政争议的最终裁决者。

《德国基本法》建立了 5 套平行的法院系统:普通法院、行政法院、社会法院、劳动法院、财政法院。每个系统又根据等级,分成联邦、各州与地方法院。地方法院是初审法院,各州法院是上诉法院,联邦法院是最高法院。《德国基本法》第 95 条规定,对于普通、行政、财政、劳动和社会领域的管辖权,联邦应建立联邦法院、联邦行政法院、联邦财政法院、联邦劳动法院和联邦社会法院,分别作为其最高法院。

另外,议会议员不能同时兼任法官或者公务员,公务员的职位和高级法官的职位是不相容的。《德国基本法》第 137 条规定,联邦、州以及社团(地方权力部门)的公务员、士兵和法官竞选的可能性受到法令的限制。

---

① 某些进一步的相关条款包括第 39 条第 3 款、第 58 条、第 69 条和第 115b 条。
② BVerfGE49,89 涉及核电站的许可,而 BverfGE68,1 涉及美国在德国核导弹的部署。
③ See H. Steinberger, Political Representation in Germany, in P. Kirchhof, D. P. Kommers(ed.), *Germany and its Basic Law*, Baden-Baden: Nomos, 1993, pp. 144 – 150.

(三) 制衡

德国宪法机关和功能的分权不是一种严格的制度。正如联邦宪法法院指出的:①"在联邦领域,分权原则没有以纯粹的形式得到实现。因为权力之间存在不可确定的联系和制衡。《基本法》的宪法结构并不鼓励一种绝对的分权,而是相互控制、约束和缓和。"②

1. 议会和政府之间的相互制衡

(1) 行政机关受立法机关控制,因为行政机关受法律约束(《德国基本法》第 20 条第 3 款)。联邦国会选举产生联邦政府,并有权决定政府预算、能够启动对政府活动的调查等等。

(2) 行政机关也能通过提出议案的权利影响立法机关。《德国基本法》第 63、64 条规定了联邦总理和联邦部长的提名和选举方式:在联邦总统提名下,联邦总理由联邦众议院选出,并由总统任命;在联邦总理提议下,联邦总统对部长加以任命和解职。

《德国基本法》使议会撤换总理和总统解散议会都变得困难:第 67 条规定,要撤换内阁,众议院不仅要有不信任表决,而且必须先选出总理的继任者。第 68 条规定,如联邦总理要求信任投票的动议未得联邦议院大多数议员的同意,联邦总统得根据联邦总理的建议,在 21 天内解散联邦议院。但只要联邦议院以多数票选出另一联邦总理时,议院解散权即告失效。

2. 议会和司法机关之间的相互制衡

(1) 司法机关受到立法机关的控制,因为部分联邦法官是由立法机关选举出来的。《德国基本法》第 20 条第 3 款规定,司法机关受法律约束。立法权的首要性体现在行政合法性(Gesetzmäβigkeit)要求的术语中,对司法机关的约束则体现在立法的约束力中(第 20 条第 3 款),法律对于其他形式的实体法具有优先性。③《德国基本法》规定了对法院的制衡措施。第 98 条第 2 款规定,如果联邦法官

---

① BVerfGE34,52(1972).
② Ibid., at 59.
③ BVerfGE67,1 at 22.

以官方或非官方形式,违反《德国基本法》或一州的宪政秩序原则,那么在众议院提议下,联邦宪法法院可以其 2/3 多数,裁决将其调职或命令其退休。在故意违反的情况下,可以将其撤职。

(2)司法机关通过宪法审查的方法控制立法机关。《德国基本法》第 20 条第 3 款规定,立法机关受宪法约束,联邦宪法法院有权审查立法是否与宪法条款及原则相一致。

3. 政府和司法机关之间的相互制衡

行政机关通过任命法官对司法机关施加影响,而法院通过司法审查控制行政机关,这种审查几乎可以涉及所有的国家行为。

4. 议会和宪法法院对总统的制衡

《德国基本法》第 61 条规定了对总统的弹劾程序:联邦众议院或者参议院可因联邦总统故意违反基本法或其他联邦法律,在联邦宪法法院弹劾联邦总统。

(四)德国的分权和制衡的不彻底性

德国的分权和制衡不像美国那样彻底,在德国,有些机关之间相互融合的现象比较普遍。第一,行政机关和立法机关之间存在密切的关系,因为政府的成员通常也是议会的议员。第二,由行政机关行使委任立法权的现象更是普遍。联邦总统也有某些正式的行政和立法权能。第三,议会议员不能同时兼任法官或者公务员,公务员的职位和高级法官的职位是不相容的。《德国基本法》第 137 条规定,联邦、州以及社团(地方权力部门)的公务员、士兵和法官竞选的可能性受到法令的限制。但事实并非如此。

六、日本[①]

(一)分权制衡原则的宪法地位

在日本,一般只提到宪法的三个原则即和平主义、人民主权和基

[①] 本部分主要参阅 Hiroyuki Hata, Go Nakagawa, *Constitutional Law of Japan*, Kluwer Law International 1997;Carl F. Goodman, *The Rule of Law in Japan*:*A Comparative Analysis*, Kluwer Law International 2003;赵宝云:《西方五国宪法通论》,中国人民公安大学 1994 年版。

本人权保障是宪法的基础。① 看起来,似乎没有把分权制衡作为宪法的基本原则。其原因可能是日本采纳的是议会民主制度。而"分权似乎并不适用于议会民主制度的行政和立法机关,因为在这两个部门之间没有真正的分立,确实,一个机关的成员也是另外一个机关的成员,这些成员作为每一个部门的成员行使权力(这样,内阁的成员也是议会被选举的成员,他们对立法进行投票,然后他们也要对议会通过的法律的事实承担责任)"②。

日本采用议会民主制显然是受到英国的影响。事实证明,虽然日本宪法主要是由美国人起草的,但是宪法文本和机制都告诉我们,日本宪法更多的内容来自英国而不是美国。英国宪法中的许多规则可以在日本宪法中找到。③

尽管如此,不少人认为日本政府的结构是建立在权力分立原理和原则基础之上的。他们说:"日本的国家政府是根据分权原理组成的"④。日本学者坚持认为存在一个"'实践性的'分权原则"⑤。这说明,学者所坚持的分权原则是着眼于实践情况,而非宪法文本是否有明确的规定,即分权原则具有事实原则的性质。然而,分权原则作为宪法原则并非只是事实性的,实际上它也具有宪法依据。日本宪法第41、65和76条非常清楚地体现了机关和功能分离意图的体制和机制。

(二) 分权内容

1. 立法权属于国会,国会拥有制定法律权和修改宪法的创议

---

① See John M. Maki, The Constitution of Japan: Pacism, Popular Sovereignty, and Fundamental Human Rights, in Percey R. Luney, Jr., Kazuyuki Takahashi (ed.), *Japanese Constitutional Law*, University of Tokyo Press 1993, p. 39.

② Carl F. Goodman, *The Rule of Law in Japan: A Comparative Analysis*, Kluwer Law International 2003, p. 35.

③ See Meryll Dean, *Japanese Legal system*, 2nd ed., Cavendish Publishing Limited 2002, p. 469.

④ Hiroyuki Hata, Go Nakagawa and Takehisa Nakagawa, *Japanese Constitutional Law*, Kluwer Law International 2001, partII, section1.

⑤ Carl F. Goodman, *The Rule of Law in Japan: A Comparative Analysis*, Kluwer Law International 2003, p. 36.

权。1946年日本宪法第41条规定,国会是国家唯一的立法机关。第59条规定,除宪法有特别规定者外,法律案经两议院通过后即成为法律。第96条规定,修改宪法的创议权属于国会。

2. 行政权属于内阁。宪法第65条规定,行政权属于内阁。第66条规定,内阁行使行政权,对国会负连带责任。

根据宪法的规定,日本的行政和立法机关之间的机构和功能有明显的分离。但实际上,在人员方面,只有一部分人员存在分离。

3. 司法权被专门赋予法院,其独立性受到宪法第76条的保障。[①] 第76条规定,一切司法权属于最高法院及由法律规定设置的下级法院。行政机关不得施行作为终审的判决。所有法官依良心独立行使职权,只受宪法及法律的约束。第77条规定,最高法院有权就有关诉讼程序、律师、法院内部纪律以及司法事务处理等事项制定规则。第81条规定,最高法院为有权决定一切法律、命令、规则及审判和处分是否符合宪法的终审法院。

(三) 制衡的体制内容

1. 国会和内阁之间的相互制衡

(1) 国会对内阁的制约主要表现在三个方面。第一,国会掌握内阁首脑的决定权。第67条规定,内阁总理大臣经国会议决在国会议员中提名。第二,国会众议院可以对内阁提出"不信任案",迫使内阁总辞职。第69条规定,内阁在众议院通过不信任案或信任案被否决时,如10日内不解散众议院必须总辞职。第三,国会对政府的缔约活动、国政活动、支付财政的情况具有监督权。第73条规定,内阁代表日本与外国缔结条约时,要在事前或事后获得国会的承认批准。第62条规定,国会两院有权进行国政调查,并有权要求内阁成员为此提供证言及记录。第86、87条规定,内阁编制的年度财政预算,必须经国会审议通过后方可施行;内阁支付财政预备费,必须于事后取得国会的承认。

(2) 内阁对国会的制衡。内阁对国会的制约主要表现在,宪法

---

① See Hiroshi Oda, *Japanese Law*, London 1992, pp.41-2.

第 7、69 条规定,内阁可提请天皇解散众议院。

2. 国会和法院之间的相互制衡

(1) 国会对法院的制约手段主要是弹劾法官。宪法第 64 条规定,国会可设立弹劾法院,审判受到罢免控诉的法官,并在审判后作出相应的裁决。国会设立的弹劾法院,由国会参众两院各派 7 名议员组成。

(2) 法院对国会也有一定的制约权,主要通过行使违宪司法审查权,对国会立法活动进行监督和制约。第 98 条规定宪法是最高法律,任何与之相抵触的法律都是无效的。第 81 条规定,最高法院是最后救济法院,它被授予对法律、命令、法规或者官方行为的合宪性进行审查的权力。第 99 条规定了宪法的至上性以及任何政府行为都不得豁免于合宪性审查,所有的议员都有义务尊重和支持宪法。

3. 内阁和法院之间的相互制衡

(1) 内阁对法院有一定的制约权,内阁掌握高级法官的提名权或任命权。第 79、80 条及其他条款规定,最高法院首席法官由内阁提名;最高法院的其他 14 名法官,由内阁任命(天皇任命);高等法院院长由最高法院提名,内阁任命(天皇任命)。

(2) 法院对内阁也具有制约权,主要通过行使违宪司法审查权和行政审判,审查内阁制定颁布的法令和法规。第 98 条规定宪法是最高法律,任何与之相抵触的命令和政府行为都是无效的。第 81 条规定,最高法院是最后救济法院,它被授予对命令、法规或者官方行为的合宪性进行审查的权力。第 99 条规定,任何政府行为都不得豁免于合宪性审查,所有公共官员包括天皇、国务部长都有义务尊重和支持宪法。

第五节 人权保障原则

一、概述

(一) 人权理论的历史发展

人权是指作为一个人应该享有的权利。近代意义的人权是资产

第七章 西方宪法原则与宪法制度及其现代化

阶级在反对"君权神授"过程中提出来的。其主要代表人物有霍布斯、洛克和卢梭。

近代最早产生人权思想的是英国。英国的人权思想对法国和美国产生了巨大影响。美国的《权利法案》和法国的《人权宣言》实际上都是建立在英国的传统和经验的基础上。① 现代意义的公民权利宣言产生于18世纪后期,那时美国和法国发生了革命。这两个国家的理论家和政治家们都从洛克的作品中借来了思想,洛克在1688—1689年不流血革命之后写的《政府论(两篇)》(*Two Treatises of Civil Government*)中提到了自然权利的内容。18世纪中期,布莱克斯通撰写了《论个人基本权利主体》,②对美国法律和宪法产生了很大的影响。③

(二)基本人权原则在宪法中的确立和发展

1.确立和发展

最早将资产阶级人权理论予以规范化的是被马克思誉为世界历史上第一个人权宣言的美国《独立宣言》。它宣布:"我们认为这些真理是不言而喻的:人人生而平等,他们都从他们的'造物主'那边被赋予了某些不可转让的权利,其中包括生命权、自由权和追求幸福的权利。为了保障这些权利,所以在人们中间成立政府。"1776年美国《独立宣言》和1791年《权利法案》④特别规定了对诸如宗教自由、言论自由、出版自由、和平集会等基本权利的保护,而且在不经过正当程序的前提下不得剥夺生命、自由或财产。

法国1789年《人权宣言》宣称:"在权利方面,人们生来是并且始终是自由平等的";"任何政治结合的目的都在于保存人的自然的和不可动摇的权利。这些权利就是自由、财产、安全和反抗压迫"。它还规定:"凡权利无保障的……地方,就没有宪法。"同时也规定了

---

① 参见〔英〕W. Ivor. 詹宁斯:《法与宪法》,龚祥瑞、侯健译,三联书店1997年版,第180页。
② *Commentaries on the Laws of England*, vol. 1.
③ See H. G. Hanbury, *The Vinerian Chair and Legal Education*, 1958, chIII.
④ 最先的8个修正案适用于联邦的权利,而第14条修正案则适用于州。

具体人权内容,如"自由传达思想和意见是人类最宝贵的权利之一"、"财产是神圣不可侵犯的权利"等等。

之后,其他国家也都在宪法中确立了基本人权原则或具体人权。人权保障原则还在一些国际文件如《人权普遍宣言》中得到确认,它是由联合国大会在1948年采纳的。1966年联合国大会批准的《公民权利和政治权利国际公约》和《经济、社会和文化权利国际公约》是对《人权普遍宣言》的具体落实。

2. 共同点

尽管各国宪法对人权立宪模式不同,但各国立宪对人权保障的确立具有以下共同点:

(1) 表现形式基本相同。主要有下列四种情况:第一,既明确规定基本人权原则,又以公民基本权利的形式规定基本人权的具体内容。多数国家采用此类形式。第二,不明文规定基本人权原则,只规定公民的基本权利。如美国宪法及补充的权利法案;比利时宪法只在第二章"比利时国籍及国民的权利"中规定了国民的具体权利;丹麦、荷兰宪法也是如此。第三,原则上确认基本人权,但对公民基本权利的内容规定较少。例如,法国1958年宪法宣布"热爱1789年的《人权宣言》所规定的,并由1946年宪法序言所确认和补充的人权和国家主权的原则",但却只对公民的选举权作了规定。采用这种方式的国家较少。第四,在一些国家宪法中,实际上既确认了基本人权原则,也规定了基本权利,还规定了人权,将宪法基本权利和人权分开规定。如吉尔吉斯宪法分为"人的权利和自由"、"公民的权利和义务";马来西亚宪法分为"基本自由权"、"公民资格"。

(2) 存在一些基本的分类。我国台湾学者将人民自由权利概括为平等权、自由权、参政权、受益权。① 许庆雄教授根据德国公法学者耶凌涅克的理论和新形势的发展将人权体系分为五大部分:(A)

---

① 参见陈志华:《中华民国宪法》,三民书局1997年版,第48页。类似的分法可参见曾繁康:《比较宪法》,三民书局1993年版,第49页。采用这种分类的还有张世荧:《中华民国宪法与宪政》,五南图书出版公司1999年版,第42页。

人权保障的三个一般原则:平等原则、尊重个人尊严人格原则、人权永不可侵原则;(B)自由权:精神自由、人身自由和经济自由;(C)社会权:生存权、环境权、学习权、工作权、劳工基本权;(D)受益权:裁判请求权、国家赔偿请求权、请愿权、刑事补偿请求权;(E)参政权:公职的选举、罢免权。①

李鸿禧教授关于基本人权的旧谱和新系,大体与之类似。② 日本也有学者持此看法,芦部信喜将日本宪法上的人权分为概括的基本权、法律上平等、自由权、受益权(国务请求权)、参政权、社会权六类。概括的基本权和法律上平等是法秩序的基本原则,是人权总则的权利。③

(3)人权原则依赖于具有操作性的违宪审查制度。没有可行的违宪审查制度,人权就是一句空话。是否具有可行的违宪审查制度保障人权,是真假宪政国家的试金石。在这一点上,几个发达国家都有自己的长处,但也有不足。如何取长补短,共同推动人权保障工作的发展,也是各国面临的共同任务。以下主要介绍五个宪政国家宪法基本人权原则的内容。

二、英国④

(一)英国人权保障的思想渊源

英国是现代人权保护原则的发源地。从历史上说,英国法已经拒绝了广泛界定的个人权利。戴雪声称,人身保护令状(writ of habeas corpus)是价值"百部"的权利法案。⑤

---

① 参见许庆雄:《宪法入门》,元照出版公司2000年版,第38页。
② 参见李鸿禧:《李鸿禧宪法教程》,元照出版公司1999年版,第47—66页。
③ 参见〔日〕芦部信喜:《宪法》,李鸿禧译,月旦出版社1995年版,第101页。其他一些学者也有这种看法,参见〔日〕阿部照哉、池田政章、初宿正典、户松秀典编著:《宪法》下,周宗宪译,元照出版公司2001年版。该书第三章"概括的基本权"包括个人的尊严和法之下的平等。
④ 本部分主要参阅 D. C. M. Yardley, *Introduction to British Constitutional Law*, London Butterworths 1984.
⑤ See John Marston, Richard Ward, *Cases and Commentary on Constitutional and Administrative Law*, 2nd ed., Pitman Publishing 1993, p.5.

虽然英国拒绝运用成文宪法对个人权利进行界定,但其有基本权利的思想渊源。1215年的《大宪章》引入了法定诉讼程序和陪审团审理案件的概念;1689年《权利法案》承认言论自由、选举权、申诉权、不得受到残酷的惩罚等个人权利和自由,并将国王的多数权力限制在议会允许范围内,如未经议会同意,国王不得实施和废除法律、收税、在和平时期招募和保持常备军;18世纪和19世纪初,潘恩(Thomas Paine)、洛克(John Locke)和穆勒(J. S. Mill)等英国思想家提出了许多被视为法治的中心思想——自由的哲学、新闻自由的概念。

(二)英国的公民权利

英国是不成文宪法国家,这使得对英国宪法权利的列举和概括比较困难。学者和官方的列举也不尽相同。

1. 学者的列举[①]

在英国,只能选择某些法律或者宪章作为最重要的具有宪法意义的文件。它们发挥着类似宪法的功能,包括1215年《大宪章》、1628年《权利请愿书》、1689年《权利法案》等,这些文件都在洛克的著作出版之前存在。这些文件都不是现代意义上的法律,因为它们只是君主接受议会或他的人民提出的某些要求的文件。但是,它们总是被看做具有法律效力。尽管后两个文件主要涉及议会在君主面前的自由,而不是每个公民的个人自由,而且《大宪章》主要保护贵族的特权,但是从中可以发现一般的原则,这是英国的法律精神。[②]

从上述文件以及议会代议制特征可以推出许多基本自由,就后者来说,代议制并不表明选民允许议会行使任意的立法权,除非它这样做主要是为了保护和保障大众的合法利益和自由。因为可以假定,基本上所有的公民有权按照自己的喜好自由地做事或者行为,只有在整个国家的正当的和正义的管理所必要的情况下才可以对这种自由进行限制,且必须根据法律而不能根据任意权力行事。

---

① See D. C. M. Yardley, *Introduction to British Constitutional Law*, London Butterworths 1984, pp. 90 - 92.

② See Roscoe Pound, *The Development of Constitutional Guarantees of Liberty*, 1957, Chs1 and 2.

英国规定公民权利和自由的方法是消极性的,但是为了便利,可以假定存在下列基本权利:第一,个人可以以他喜好的方式行为的自由;第二,法律面前平等;第三,财产自由;第四,自由选举的权利;第五,言论自由和著作自由;第六,公共礼拜的自由(freedom of public worship);第七,集会和结社的自由;第八,家庭权利。此外,还可以增加工作权,保留某人劳动的权利。

2. 英国官方列举的权利

根据英国大使馆 1992 年提供的资料,属于英国宪法人权的内容包括:第一,普遍性条款的权利:人的尊严和平等;第二,属于完整权利的包括:人的完整、废除奴隶制、免受任意处罚、婚姻和家庭方面的权利、财产;第三,法律保护类的权利:法院面前的尊严、法律面前的平等、纠正和救济、无罪假设;第四,自由类的权利:人的自由、隐私、迁徙自由、宗教自由、表达自由;第五,政治权利:一般的政治权利、政治庇护、国籍、集会和结社;第六,社会权利:一般的社会权利、工作、休息、住宅、教育科学和艺术、文化;第七,限制。①

3.《人权法》规定的主要内容

1998 年 11 月 9 日英国制定了专门的《人权法》,基本人权终于写进了英国国内法。这是向宪法性的《权利法案》迈出的历史性一步。

《人权法》的主要内容包括 22 条"条款的议定"和 4 个附件。"条款的议定"第 1 条和附件 1 规定了纳入《人权法》的《欧洲人权公约》权利,即《欧洲人权公约》第 2—12 条和第 14 条、《欧洲人权公约》第一议定书第 1—3 条和第六议定书第 1—2 条,包括生命权、禁止酷刑、禁止奴隶制和强迫劳动、自由和安全权利、法无规定不受处罚、尊重个人和家庭生活的权利、思想、良心和宗教自由、言论自由、集会和结社自由、结婚的权利、禁止歧视、禁止滥用权利、财产保护、教育权、自由选举权、废除死刑等。②

---

① http://www.oefre.unibe.ch/law/icl/uk00000_.html.
② 参见尤雪云:《英国〈1998 年人权法〉》,载《人权》2002 年第 3 期。

(三) 英国人权保护的体制性缺陷

尽管英国是宪法的母国,是宪政思想的发源地,但是由于英国没有成文宪法,也由于英国的司法机关还不能宣布议会的法律因为违反更高的自然法或者正义等原则而无效,因此,从宪政意义上说,英国还存在很大的不足。与美国、法国、德国等相比,甚至与其原来的殖民地、现在已经发展成为独立国家的澳大利亚、加拿大相比,其人权的保障也因为没有成文宪法而显得落后。当然,英国违宪审查只是不彻底,并非完全没有,如法院可以对行政机关的行政行为进行违宪审查。

三、美国

保护个人权利或者保护人权是美国宪法的一项基本原则。然而,原始宪法几乎没有提到个人权利。这是因为,宪法之父知道,他们正在创立的受限制的全国性政府不会成为个人自由和财产的威胁。但是并非每一个人都这样想。托马斯·杰斐逊对宪法之父没有在采用的宪法文件中写进权利法案感到失望。他的想法也是他所在的弗吉尼亚州同胞们的想法,在那里,批准宪法是一个紧迫的问题。幸运的是,弗吉尼亚州批准了宪法,而其他州必须遵循的条件是,国会要立刻开始起草权利法案。最先的十个宪法修正案被合称为《权利法案》,它被1789年第一届国会采纳,然后在1791年得到必需的其他九个州的批准。今天,在《权利法案》中各种人权条款(如堕胎、死刑以及学校祈祷等)中产生的争端既是重要的宪法问题,也是公共政策的重要争议。①

在美国,公民权利自由十分重要。"在美国宪法体制中,维护自由并不完全依靠政府权力的划分。限权政府还表现在关于个人权利和自由的规定上。"②

---

① See Otis H. Stephens, Jr., John M. Scheb II, *American Constitutional Law*, 3rd ed., Thomson West 2003, pp.10-11.
② 〔美〕杰罗姆·巴伦、托马斯·迪恩斯:《美国宪法概论》,刘瑞祥等译,中国社会科学出版社1995年版,"导言",第5页。

第七章 西方宪法原则与宪法制度及其现代化

在美国宪法中,关于公民基本权利的宪法条文,除只作了一些间接规定的1787年宪法第1条、第3条和第6条外,主要是1789年制定的《权利法案》即第1条至第10条宪法修正案,南北战争期间及战争结束后制定的宪法第13条、第14条、第15条修正案,1919年制定的宪法第11条修正案,第二次世界大战后制定的第24条和第26条宪法修正案,1972年制定的第27条修正案。综观各个历史时期制定的关于公民基本权利的宪法条文,①美国公民的权利可概括为以下几方面:

(一)正当法律程序的权利

宪法第5条修正案规定,未经正当法律程序,不得剥夺任何人的生命、自由和财产。凡私有财产,非有恰当的补偿,不得收为公有。第14条修正案规定,任何州不得未经正当的法律程序而剥夺任何人的生命、自由或财产。美国的正当法律程序包含实质性正当程序和程序性正当程序。

早期,正当程序条款主要用来保护经济权利。除了宪法第5条修正案外,宪法修正案第3条还规定,未经户主同意,军队不得在和平时期驻扎民房。除根据法律规定的手续外,战时也不得在民房驻扎军队。第4条修正案规定,人民有保障其住所和财务不受无理搜查和扣押的不受侵犯的权利。这两条规定,实际上是保护公民私有财产不受侵犯权利的延伸。

新政以后,随着联邦权力的扩充,经济方面的实体正当程序理论衰落,最高法院对联邦和各州调控贸易与企业的裁量权予以极大尊重。同时最高法院加强了对个人基本权利的司法审查,并利用第14条修正案选择吸收了《权利法案》的各项主要条款,从而使原来仅适用于联邦政府的限制被逐渐用来约束各州。运用实质正当程序保护的权利主要有:隐私权(如避孕、堕胎和鸡奸)、婚姻和家庭权利、受照管和保护的权利、拒绝治疗的权利等。

---

① 详细内容参看张千帆:《西方宪政体系》上册,中国政法大学出版社2000年版;陆润康:《美国联邦宪法论》,文笙书局1993年增订版。

程序性正当程序被用来保护生命、自由和财产。尤其突出的是司法程序权内容丰富。第一，宪法第 3 条第 3 款规定，任何公民非经两个证人证明，或其本人在公开法庭自首，不得受叛国罪的裁决。剥夺叛国罪犯的公权时，不得没收其财产，不得剥夺其继承权。第二，第 4 条修正案规定，公民人身不受非法定程序的拘捕、搜查、扣押。第三，第 5 条修正案规定了公民享有的三项司法程序权：实行陪审制，非经陪审官提起公诉，公民不得被判罪；已审理的案件不能再度审理，以免使被告因同一罪名而两次遭受生命及身体的危险；审理刑事案件时，不得强迫被告自证其罪。第四，第 6 条修正案规定了公民四项司法程序权：刑事案件应在发案地区进行迅速而公开的审理；应将被告被指控的性质与理由通知被告；原、被告双方在诉讼中与对方证人对质；原、被告双方有权取得对本方有利的证据，并有权接受律师协助其辩护。第五，第 7 条修正案规定，有关普通法上的民事案件，价值超过 20 美元的，公民享有由陪审团陪审的权利。第六，第 8 条修正案规定，在审理一切案件时，不得课以过多的保释金和罚金，不得施用异常的残酷刑罚。

（二）平等保护的权利

美国宪法规定的平等权主要体现在以下几方面：

1. 公民在适用法律上平等。第 14 条修正案规定，各州皆不得制定或施行任何剥夺合众国公民的特权或豁免权的法律；不得在其境内拒绝给任何人享受法律的同等保护，即公民一律受法律的平等保护，任何人在适用法律上不得享有特权。

2. 人种平等。第 13 条修正案废除了奴隶制。第 15 条修正案规定，合众国或其任何一州不得因种族、肤色或曾为奴隶而拒绝或剥夺合众国公民的投票权。即黑人享有与白人一样的选举权，各州不得因人种、肤色不同而剥夺公民选举权。

3. 男女平等。第 19 条修正案规定，合众国或其任何一州不得因性别关系而取消或剥夺合众国公民的投票权。即男女在选举参政权方面具有平等的权利，各州不得因性别而剥夺公民享有的平等的选举权。

4. 公民社会地位平等。宪法第 1 条第 10 款规定,合众国各州不得授予贵族爵位。这表明,公民社会地位平等,合众国宪法不承认具有社会地位特权的贵族制度。

5. 选举平等权。第 14 条修正案第 2 款规定,各州占众议院名额按其全部人口数计算。这废止了 1787 年宪法第 1 条每个黑人奴隶按 3/5 计算的方法。第 24 条修正案规定,不得因未交纳人头税或其他税款,而否认或剥夺公民的选举权。第 26 条修正案规定,18 岁公民获得选举权。这一规定废除了此前不少州规定年满 21 岁的公民始有选举权的制度,扩大了选举权的范围。

另外,根据司法判决,州际迁徙自由也是一项公民的基本权利。① 婚姻和家庭生活、获得正当司法审判的权利也属于平等保护的适用范围。

(三) 自由权

美国宪法论及公民自由权的条文有多处,内容也较多。

1. 人身自由。宪法第 1 条第 9 款规定,除发生内乱或外患外,人身保护令享有的特权不得中止,即公民在被拘捕时,本人及其代理人有权要求法院说明被拘捕原因,否则就应立即释放。第 4 条修正案规定,公民有保护其身体不受无理搜查、拘捕和扣押的权利。第 5 条修正案规定,非经正当法律程序,不得剥夺任何人的生命。

2. 言论、出版、和平集会、向政府请愿的自由。公民这几方面的自由,在第 1 条修正案中有明确规定,即国会不得制定剥夺人民的言论自由或出版自由、剥夺人民和平集会以及向政府申冤请愿的权利的法律。

3. 宗教信仰自由。宪法第 6 条对此作了间接规定,即不得以宗教宣誓或声明作为在合众国担任公职的条件。此外,第 1 条修正案规定,国会不得制定建立宗教或禁止宗教自由的法律,即国会不得干预公民的宗教信仰自由。

---

① 参见〔美〕杰罗姆·巴伦、托马斯·迪恩斯:《美国宪法概论》,刘瑞祥等译,中国社会科学出版社 1995 年版,第 170 页。

（四）个人保护的权利

宪法第 9 条修正案规定,联邦宪法未作列举而被认为应由人民所保留之权利,不得予以取消或轻视。第 10 条修正案规定,联邦宪法未授予联邦或未禁止各州行使的权力,由各州和公民继续保留。

（五）美国的违宪审查制度是人权保障的根本体制

美国的马伯里诉麦迪逊案,开创了司法审查立法的制度,由此使人权免遭立法侵害有了体制性保障。美国的违宪审查制度的重大意义还在于,它是以个案为基础的,它含有取之不尽、用之不竭的动力源泉。

对于美国这种个案审查的特点和优点,托克维尔曾经给予高度称赞。他说:"美国人认为法官之有权对公民进行判决是根据宪法,而不是根据法律。换句话说,美国人允许法官可以不应用在他看来是违宪的法律。"①"在美国,宪法也像制约普通公民一样制约立法者。因此,美国的宪法是一切法律之首,其他任何法律均不能修改它。可见,法院在服从法律的时候要优先服从宪法,也是正确的。这正是坚持司法权宗旨,即法官在选择合法的处置办法时,要从中选择最合乎根本大法的办法,乃是他的天然权利。"②

"实际上,法律很少能够长期逃脱法官的验证分析,因为法律很少不涉及私人利益,而且诉讼当事人在涉及他的利益时也可以和必然向法院提出异议。"③"而且也不难理解,允许私人弹劾法律,使对法律的审判与对人的审判紧密地结合起来,还会保证法制不致轻易地受到攻击。由于采用这种办法,法制便不再天天遭到政党的侵扰。在指责立法者的错误时必须服从实际的需要,即必须实事求是和有据可查,因为这要作为审理案件的依据。"④

托克维尔揭示了个案违宪审查体制的以下优点:首先,它把宪法作为法律的一种,而且作为最高的一种,所以它是可"司"的。其次,

---

① 〔法〕托克维尔:《论美国的民主》上卷,商务印书馆 1988 年版,第 111 页。
② 同上书,第 112 页。
③ 同上书,第 113 页。
④ 同上书,第 114 页。

个案审查与个人利益密切相关,能够促使公民不断地启动违宪审查的程序,从而促使违宪审查制度的更快诞生。从实际情况看也是如此。最后,个案审查针对个案,能够尽可能降低其政治风险,避免法院陷入激烈的政治争论中。

四、法国

(一) 概述

法国人一直以 1789 年《人权宣言》赋予公民的基本自由而感到自豪。它不仅是法国历史上的第一部人权宣言,也是人类历史上第一部正式的人权宣言,具有极其重要的历史意义。《人权宣言》宣称:"在权利方面,人们生来是而且始终是自由平等的",自由、财产、安全和反抗压迫是"人的自然的和不可动摇的权利",任何政治结合的目的都在于保存这些权利,由此使基本人权原则成为宣言的核心内容。

现行的 1958 年宪法继续确认基本人权保障原则。在法国,公民自由权利具有如下内容和特征:[①]

1. 通过提及的方式纳入多项人权内容。1958 年宪法只在其序言中简单地提到"人的权利",但宣称它支持《人权宣言》,以及在序言中包含的 1946 年宪法中包含的自由。序言规定,法国人民在此庄严宣告其对人权和国家主权原则之归附;这些原则定义于 1789 年的《人权宣言》,并获得 1946 年宪法前言的肯定和补充。1946 年宪法序言规定,在自由人民战胜试图奴役并使人类堕落的专制之时,法国人民再次宣布:不论种族、宗教或信仰,每个人都具有不可剥夺的神圣权利。这些宪法庄严肯定了 1789 年《人权宣言》所尊重的人类和公民的权利和自由,以及共和国所承认的基本原则。

2. 法国人权放眼国际范围(视野)。这不仅反映在它自身通过法国立法机关从国际人权宣言中激起的灵感,而且也表现在下列事

---

① See Walter Cairns, Robert Mckeon, *Introduction to French Law*, Cavendish Publishing Limited 1995, p.114.

实中:某些国际性文件如《欧洲人权公约》已经被充分地纳入法国法中。

3. 不需要事先批准。原则上讲,公民被赋权使自己获得这些自由和保障而不必寻求事先的批准。但是,为了阻止任何滥用这些自由的行为,公共权力机关可以施加其认为对公共利益所必要的某些限制。

4. 做或者不做某事的自由。公民对自由的行使不仅可以有能力做某些行为如加入社团的权利的形式表现出来,而且也可以不做某些行为如不从事某种宗教活动的形式体现出来。

5. 多种不同类型的自由权利。一般而言,法国公民的自由权利可以分为四种不同的类别:第一,基本自由(也就是没有这些自由,人就不可能行使自由);第二,内在的自由(它允许内部思想的自由发展);第三,外部自由(它使公民可以对内部自由进行实际的表达);第四,社会和经济自由。

但是实际上,根据《人权宣言》的规定,公民的自由和权利不限于上述内容,还包括其他一些内容。

(二) 具体分类

1. 基本自由

基本自由通常可以被描述为那些保障人的肉体的完整,以及那些使法国国家成为自由社会所不可缺少的、不能降低的最低标准。根据宪法起草者的看法,这种自由主要有三类:涉及个人自由的自由,保证住宅不受侵犯的自由以及保护财产所有权的自由。

(1) 个人自由。它包含在 1789 年《人权宣言》第 2 条和第 7 条中,1958 年宪法也明确提到了这些权利。《人权宣言》第 2 条规定,任何政治结合的目的都在于保存人的自然的和不可动摇的权利。这些权利就是自由、财产、安全和反抗的权利。第 7 条规定,除非在法律所规定的情况下并按照法律所指示的手续,不得控告、逮捕或拘留任何人。凡动议、发布、执行或令人执行专断命令者应受处罚;但根据法律而被传唤或被扣押的公民应当立即服从;抗拒则构成犯罪。

(2) 住宅不受侵犯的自由。在法国,住宅被看成是个人避难的最根本的地方,因此是不可侵犯的。公共权力机关只有在一天中的某段时间才可以进入私人房屋,而且要出示搜查令。

(3) 财产所有权。这也是一种宪法提及的包含在1789年《人权宣言》(第2条和第17条)中的权利。《人权宣言》第2条规定,任何政治结合的目的都在于保存人的自然的和不可动摇的权利。这些权利就是自由、财产、安全和反抗的权利。第17条规定,财产是神圣不可侵犯的权利,除非当合法认定的公共需要所显然必需时,且在公平而预先补偿的条件下,任何人的财产不得受到剥夺。

2. 内在的自由

这种自由包括那些能使公民取得并发展其知识和信仰的自由,也包括其基本的哲学的和宗教的态度。如此,它们可以被分成两种主要的类别:思想自由和教育自由。

(1) 思想自由。个人能自由地在任何问题上持有任何思想,而不管这种思想是宗教的、道德的、政治的或者哲学的,除非这样做会对公共秩序产生危害。从能够行使这些自由的能力来说,最为重要的是宗教。《人权宣言》第10条规定,意见的发表只要不扰乱法律所规定的公共秩序,任何人不得因其意见甚至信教的意见而遭受干涉。

(2) 教育自由。这是国家最难控制的公民自由的一个领域。原则上,国家在必要时,可以限制国家对公共教育服务自由的作用,而给私人积极性提供一种服务,以便为那些不希望使自己参加这种公共服务的人提供服务。

3. 外部自由

它是指那些不仅能使个人存在和思想而且能够行为,并对其基本自由和思想自由能实际表达的自由。这些外部自由主要有结社自由和出版自由。《人权宣言》第11条规定,自由传达思想和意见是人类最宝贵的权利之一。因此,公民都有言论、著述和出版的自由,但在法律规定的情况下,应对滥用此项自由负担责任。

(1) 结社自由。为了给他们的自由以实际的表现,公民不仅有权为了其目标临时集会,而且也应当有永久性的结社权。这样的结社或者是商业的形式,或者是非营利的形式。

(2) 出版自由。"出版"这个词自然被延伸到包括各种视听媒体。它通常被认为是一种最难由法律调整的自由,这是因其具有潜在的破坏性效果而且有必要避免媒体垄断的形成。

至于书面出版,正如在有关的立法(1881年法律)中规定的那样,基本规则是,定期出版物不必接受任何事先的批准或者审查,但是出版者必须提交两套规则:(A)规定某些受禁止的出版类型,如淫秽出版物和关于某些审判的报告;(B)在必要情况下,为了使出版者的刑事责任被有关权力机关追究,应当在出版之前办理一些正式的手续。但是,任何针对出版的刑事程序要服从保护的规则,审判必须在陪审团面前才能发生,也就是说,在陪审团出现的情况下才能开始这项程序。

至于视听媒体,现在由1986年法律所管制,并在1989年得到实质性修正。这些立法的主要影响是打破了国家在电视和广播上的垄断。建立一个被称为视听高级顾问的独立的行政机构,以便监督视听通讯自由原则的执行情况。

4. 社会的和经济的自由

第四共和国宪法第一次承认有许多社会的和经济的权利,它们应当被赋予与前文所提到的传统的自由同样水平的保护和宪法地位。1958年宪法也承认这些新权利,只是以一种更为独特的方式(在其序言中提及1946年宪法序言的相关条款,这由此被认为是纳入了1958年宪法中)表现出来。

(1) 工人的地位。在这个主题上,1946年宪法序言包含了很多条款。它保障了工人在雇主面前的自由,以及工人之间的平等(第5段第1款),属于其选择的工会的权利(第6段),罢工的权利(第7段),在确定工作条件过程中集体决定的权利(第8段),参与公司管理的权利(第8段),职业培训的权利(第13段)。

(2) 经济权利。这些权利不仅涉及个人为公司劳动这种参与公司管理的权利,也涉及国有化原则。1946年宪法序言第9段规定:"任何财产或者事业组织,其运作已经获得,或者取得一种公共全民服务的特征,或者一种事实上垄断,它都应当纳入公有制。"必须指出的是,该条得到实施的热情很大程度上依赖于掌握政权的政党的倾向。

(3) 社会权利。这些权利首先反映在那些授予家庭的权利中(第10段)。在社会生活这一领域和其他领域,第一次承认,国家要发挥积极的作用,而不是1789年《人权宣言》中规定的采取自由放任的方法。因此,现代国家有义务安排社会保险(第11段),确保人民平等地承担因为国家遭受灾难而带来的负担(第12段),也要保证儿童和成年人能够平等地获得教育、职业培训和接受文化(第13段)。

5. 民主和平等权

《人权宣言》第6条规定,法律表达普遍意志。所有公民皆有权亲自或经由其代表参与形成法律。不论是保护或者惩罚,法律必须同等对待所有人。所有公民在法律面前都是平等的,并根据其能力,有权获得官职、公共职位和职务;区别只能基于道德和才能。第13条规定,为了维护公共力量和行政开支,公共赋税是必不可少的;它必须根据能力,在所有公民中平等分配。

6. 1958年宪法直接规定的少量权利

1958年宪法第2条规定,法国保证所有公民,不分出身、种族或者宗教,在法律面前一律平等。它尊重一切信仰。第3条规定,根据宪法规定的条件,选举可以是直接的或者是间接的。它必须是普遍的、平等的和秘密的。第66条规定,不得任意拘留任何人。司法机关作为个人的保护者,保证依照法律规定的条件使此项原则获得遵守。

(三) 宪法人权原则的落实

法国宪法人权原则得以落实,主要是由于现行宪法规定建立宪法委员会认真实施宪法。尽管建立宪法委员会的本意主要是为了协调议会和政府之间的权力冲突,但是自1971年被称为法国

"马伯里诉麦迪逊"的"结社自由决定"开始,[①]宪法委员会开始运用宪法序言即《人权宣言》中的权利自由保护人权。人权由纸上规定开始进入实际生活中。不过,在法国,人民仍然不能直接对自己宪法上的权利向宪法委员会起诉,这是其一大不足,它必将被新的制度所取代。

五、德国[②]

(一) 基本权利的目的

《德国基本法》开头就是基本权利的目录。这是因为在德国宪法理论中,基本权利被看做是德国的最基本的特征之一,因为它们包含了塑造德国民主的价值。《德国基本法》的基本理念是:国家的存在是为了人的利益,而不是其他,人不能被降低到只是国家客体的地步。正如文艺复兴时代哲学家们倡导的那样,人权的目的是要对专制君主实施的任意性行为进行限制。防止国家侵害的观念仍然重要但不再只是目的。

在德国,基本权利条款的发展并不顺利。1848年宪法包括了权利条款,但宪法并没有发生效力。1871年帝国宪法没有规定基本权利。1919年《魏玛宪法》包括了一个广泛的权利目录,但它主要是指导原则而不是可以实施的权利。由于它们不享有任何特殊的保护,所以很容易在第三帝国时被压制。直到1949年才有有效的制度保护它们。

---

① 参见张千帆:《西方宪政体系》下册,中国政法大学出版社2001年版,第76—80页。

② 本部分主要参考 Nigel G. Foster, Satish Sule, *German Legal System & Laws*, Oxford University Press 2002; Sabine Michalowski, Lorna Woods, *German Constitutional Law: The Protection of Civil Liberties*, Ashgate Publishing Company, 1999。

(二) 基本权利的种类

根据不同的标准,可以对《德国基本法》中的权利①作出不同的分类。

1. 《德国基本法》中的权利可分为基本权利和类似基本权利的权利②

(1) 第1—19条列举了基本权利。它们主要保障公民自由。这些权利包括:保护人的尊严,自由权利,法律面前的平等,信仰和信念自由,言论自由,婚姻、家庭、非婚生子女的权利,教育的权利,集会自由,结社自由,迁徙自由,选择营业、职业或专业的权利,住宅不受侵犯,财产、继承权和征用权,社会化方面的权利,国籍的剥夺、引渡和避难权,请愿权,武装部队成员的权利等。

(2) 类似基本权利的权利。在第93条第1款第4项第1目中提到的剩余权利类似于基本权利,因为,即使它们不能构成基本法开头基本权利的组成部分,它们也具有类似那些基本权利的功能,能够保证公民的个人自由。

类似基本权利的权利包括:抵抗权(第20条第4款),公民权利的平等,平等地担任公务的机会和担任公务员的权利(第33条),普遍的、直接的、自由的、平等的和秘密的选举的权利(第38条),合法法官审判的权利(第101条),听证权利,禁止溯及既往的法律,禁止两次处罚(第103条),在被拘留情况下的法律保障权利(第104条)。

2. 有的学者将基本权利分为:传统的自由和平等权,新型的一

---

① 在德国宪法上,所谓"人权",在被宪法予以实定化时,虽已非属自然权,但仍是具有先于国家的性质、任何人都受保障的权利和自由;与只有德国人才受保障的"市民权",概念上有所区别。德国把人权和市民权合称"基本权"。日本使用的"人权"的概念大概与德国"基本权"相当。参见〔日〕芦部信喜:《宪法》,李鸿禧译,月旦出版社1995年版,第100页注释。

② See Sabine Michalowski, Lorna Woods, *German Constitutional Law: The Protection of Civil Liberties*, Ashgate Publishing Company, 1999, p.69.

般权利和积极的程序性政治参与性权利。①

传统的自由和平等权主要是以目录的形式包含在第 1—19 条中,也在基本法的其他许多条款中存在,如第 20 条第 4 款、第 33 条和第 38 条第 2 款(政治参与的权利)以及第 101 条、第 103—104 条(它是程序性权利的目录,涉及接近法院和正当程序权利等)。此类权利被整体称为防御性权利,其目的在于保护个人免遭任意性的国家干预。

在一般性自由权利(如第 2 条第 1 款)和特殊性自由权利(如第 4 条、第 5 条第 1 款、第 8 条第 1 款、第 14 条第 1 款)之间作出区分也很重要。后者保护特定领域的自由,如宗教自由(第 4 条)、言论自由、出版自由和广告自由(第 5 条第 1 款)、集会自由(第 8 条第 1 款)或者财产自由(第 14 条第 1 款)。第 2 条第 1 款是一般性自由权利,特定的权利不能适用时可以求助于这一条款。它宣称,"每个人有自由发展个性的权利"。这样,它就可以被看做是一种对抗国家行为的防御性权利,但其条件是,这些行为没有干预任何特定的自由权利。因此,第 2 条第 1 款从属于其他的权利。

平等权是为了反对歧视而提供的保护手段,它被划分为一般的权利(第 3 条)和特定的权利(第 6 条第 5 款、第 33 条第 2 款)。

基本权利也赋予公民申请特定的国家行为,要求国家保护其权利免遭他人侵害的权利。因此,不仅保护生命权和身体完整的权利免受国家的侵害,而且也要求国家承担保护公民免遭其他人侵害的义务,也即刑事法典惩罚谋杀及对身体造成伤害等的人。其中的困难是哪些行为可以请求。根据宪法委员会的案例法,个人可以要求某些国家行为,但没有明确是哪些类型的行为。②

---

① See Nigel G. Foster, Satish Sule, *German Legal System & Laws*, Oxford University Press 2002, p. 205.

② See Bodo Pieroth, Bernhard Schlink, *Staatsrecht II: Grundrechte*, 15th ed., C. F. Müller, Heidelberg, 1999, n3, pp. 23－26.

（三）权利享有者

在某些情况下,《德国基本法》将德国公民权利即德国人的权利和对所有人给予保护的一般权利加以区分。有些权利只适用于德国公民,比如集会和结社权、自由迁徙权或者职业自由(第8、9、11、12条)。这些被保留的权利尤其是自由迁徙权可能会触犯欧盟法条款。德国公民资格是根据《德国基本法》第116条和附属性法律规定确立的,特别是根据《国籍法》。

基本权利一般只能为活人享有,即人可以从出生到死亡这段时间享有。死亡通常被认为是作为一个整体组织的大脑已停止发挥作用。[1] 但是也有例外的情形。在Mephisto案中,人们普遍认为,人的受尊重和有尊严的权利必须延伸到死亡之外。根据《德国基本法》规定,[2]未出生的小孩享有生命权(第2条第2款)和尊严(第1条第1款)。

第19条第3款规定,在基本权利允许的范围内,基本权利应该适用于国内法人。因此,某个私人有限公司可以享有财产自由和从事商业活动的自由(第14条第1款),但不能享有生命权和身体完整的权利(第2条第2款)。按照通常的看法,公法下的法人不可能是基本权利的享有者。基本权利主要是防御性的公民对抗国家的权利。由于公法中的法人构成国家的一部分,它们不应获得准许享有这些权利。但是在下列情况下,则允许有一些例外:在某种程度上独立于国家,争议中的权利对于法人从事它们的任务是绝对必要的。因此,公共广告频道可以根据第5条第2款(广告自由),大学可以根据第5条第3款(学术自由),教堂可以根据第4条第2款(宗教自由)享有相应的权利。[3]

---

[1] See Bodo Pieroth, Bernhard Schlink, *Staatsrecht II: Grundrechte*, 15th ed., C. F. Müller, Heidelberg, 1999, n3, p.32.

[2] BverfGE39,1; 88,203.

[3] See J. Ipsen, *Staatsrecht II: Grundrechte*, 2nd ed., Luchterhand, Neuwied, 1998, pp. 20-21,with further references.

(四)基本权利的拘束力

《德国基本法》第 1 条第 3 款规定,基本权利作为可以强制实施的法律约束立法机关、行政机关和司法机关。这意味着,基本权利目的不再只是为了良好的目的或者口头言词的目录,此类规定在方便的时候就会被废弃。第 79 条第 3 款"永恒性条款",明确保护第 1 条和第 20 条,防止它们被更改或者修正,它们不仅保护人的尊严,而且也保护所有其他权利的核心内容。① 在权利保障的背景下,立法机关也不能颁布任何与《德国基本法》相冲突的法律。但是,它可以作一些次要的修正。基本权利目录不能过于刚性,以便在不断变化的环境下具有灵活性,或者能适应新的形势,也不能太模糊不清以至于过于不确定。这样,基本法中的权利被明确地公式化但又能被解释以适应新情况的要求。

(五)基本权利的性质

通常认为,基本权利有双重性格:既是客观法律规范,又是主观性权利。作为客观规范,基本权利可以以两种形式中的一种表现出来:机制性的保障或者客观的宪法效果。

起源于基本权利条款的机制性保障名单不是穷尽的,因为解释和适用权利时,可以"发现"或者发展出更多这样的保障。机制性保障的例子如下:第 5 条第 3 款关于大学自治的保障、第 28 条第 2 款关于地方自治的保障、第 92 条和第 97 条关于独立司法机关的保障。第 6 条第 1 款关于婚姻和家庭机制的宪法性保护,以及第 14 条第 1 款关于财产和继承机制的宪法性保护也属于这种类型。

至少有三种②基本权利的客观性宪法效果可以得到区分:③基本权利对整个法律体系的辐射效果;国家有责任积极采取措施确保基

---

① See Luecke in M. Sachs (ed.), *Grundgesetz Kommentar*, 2nd ed.. (1999: C. H. Beck, München), Art. 79, paras. 30 – 35 with further references.

② 一种更为抽象的(而且没有得到普遍承认的)概念是,权利条款的客观性法律内容对主观性实施具有意义。这一概念被作为一种可能的第四种客观效果。See Klaus Stern, *Das Staatsrecht der Bundesrepublik Deutschland*, Vol Ⅲ/1, München 1988, 978ff.

③ See Klaus Stern, *Das Staatsrecht der Bundesrepublik Deutschland*, Vol Ⅲ/1, München 1988, S. 922.

本权利条款提供的保护得以实现;基本权利组织方面的和程序方面的含义。

基本权利的主观性特征,或者主观上可以实施的性质并不总是被看做是不证自明的。① 但是,在制定《德国基本法》时,基本权利显然被明确有意地创造为主观性个人宪法权利。这个目的在第19条第4款第一句中得到明确的回应:任何人在权利受到公共权力侵害的时候都有权向法院诉讼。

基本权利基本上属于公共性的主观性权利,即可以针对国家强制实施,但是个人针对另一个人的主观性权利的间接效力并没有完全被排除。② 一项基本主观性权利的存在必须具备下列三个要求:③第一,必须有一个客观的基本权利条款;第二,该条款的目的必须是使权利的享有者受益;第三,它必须赋予权利享有人依赖于它。

到目前为止,最基本的权利都属于防御性权利类别,其目的是保护个人的私人空间以防国家侵害。

(六) 欧洲人权公约

德国是《欧洲人权公约》的成员国。根据该公约第1条规定,成员国得在其管辖范围内保护公约赋予任何人的权利和自由。根据《德国基本法》第59条第2款规定,德国已有一部议会法律将该国际公约转化成了国内法。因此,该公约的内容在德国可以直接适用,但是,作为一部联邦法律,其地位低于宪法。

《德国基本法》保护的基本权利的范围经常被扩展到公约权利之上。因此,尽管德国法院不得不考虑公约的权利,它们在适用基本法的基本权利时也经常自动地这样做,但如果个人认为根据公约他所享受的权利没有得到国内法院的保护,作为最后的救济他可以向斯特拉斯堡的欧洲人权法院申请救济。

---

① See Klaus Stern, *Das Staatsrecht der Bundesrepublik Deutschland*, Vol III/1, München 1988, S. 508 – 30.
② Ibid., S. 533 and para76.
③ Ibid., S. 543.

（七）宪法法院是德国人权原则保障实施的根本体制

德国的人权原则之所以能够得到有效保障，得益于德国建立了可行的违宪审查制度，建立了宪法法院认真实施宪法，使宪法中的人权由纸面宪法变成了实践中的宪政。

七、日本

（一）人权保障原则的确认

人权保障是日本宪法的重要原则。然而，"权利"（kenri）这一概念直到19世纪60年代才在日本的语言中产生，那时在西方法律的影响下，引进了一个象形图（笔画造型）（pictogram）以便表达这一概念。与此同时，日本还接受了当时西方的自然法概念，这些也引起了人民权利运动，还激发产生了关于人权以及这一术语的论著（jinken）。

当1889年采纳明治宪法时，日本人权文化的发展有了相当大的倒退，尽管有许多宪法权利包含在新宪法之中，如宗教和思想观点自由、出版自由、集会和结社自由、保护住宅以及根据法律进行刑事诉讼。问题在于，所有这些宪法权利必须屈从于具有无限权力的国家的限制。从明治宪法的本质来说，权利也没有被作为宪法的奠基性原则，而是把这些权利设计为天皇赠予的礼品。

1946年日本宪法第11条第2句规定，宪法所保障的国民的基本人权为永久的不可侵犯的权利，现在及将来均赋予国民。第97条规定，宪法对日本国民所保障的基本人权，是人类为争取自由经过多年努力获得的成果，这些权利已于过去几经考验，作为不可侵犯的永久权利现在及将来均赋予国民。

这表明，宪法正式承认基本人权，而且日本国民的人权具有固有性、不可侵犯性和普遍性特点。同时，宪法第三章"国民的权利和义务"包含了所有个人权利。可见，日本宪法不仅承认了基本人权保障的原则，还规定了详细的具体权利。此外，日本在1979年批准了联合国《公民权利和政治权利国际公约》、《经济、社会和文化权利国际公约》，但并未签署那些规定允许个人向联合国人权委员会申诉以及要求废除死刑的其他议定书。

（二）具体的宪法权利

根据日本学者的概括,日本宪法中规定的基本权利可以分为以下几种类型：

1. 概括的基本权

即宪法第13条和第14条规定的原则性权利,它们是法秩序的基本原则,是人权的总则性权利。第13条规定,一切国民都作为人受到尊重。对于国民谋求生存、自由以及幸福的权利,只要不违反公共福祉,在立法及其他国政上都必须予以最大尊重。第14条规定,一切国民在法律面前一律平等。第24条明确规定婚姻自由和男女平等。

2. 自由权

自由权是排除国家权力介入个人的领域,以保障个人决定意思及活动自由的人权。基于这种意义,它又被称为"不受国家干涉的自由"。从保障人权原则确立以来,它就是人权体系中心的重要权利。其内容可细分为：

精神自由权：第19条规定,思想及良心的自由不得侵犯。第20条规定,对任何人均保障其信教自由。第21条规定,保障集会、结社、言论、出版及其他一切表现的自由。不得检查、不得侵犯通信秘密。第23条规定,保障学术自由。

人身自由权：第18条规定,任何人不受任何奴隶性质的拘束。除因犯罪受处罚外,对任何人不得违反本人意志使其服苦役。第31条规定,非依法律规定程序,不得剥夺任何人的生命或自由,或课以其他刑罚。

经济自由权：第29条规定,财产权不得侵犯。第22条规定,在不违反公共福祉的范围内,任何人都有居住、迁徙及选择职业的自由。

3. 社会权

它是20世纪的人权,即针对资本主义高度化而产生的失业、贫穷、劳动条件恶化等弊端,为保障社会的、经济的弱者而形成的权利。

最早规定社会权为基本权的是德国《魏玛宪法》。日本宪法中的社会权包括:第 25 条以福利国家为目标的生存权;第 26 条的受教育权;第 27 条的工作权;第 28 条的劳工的团结权、团体谈判权、争议权等。

4. 参政权

参政权是国民参加国政的权利,又称"参与国家的自由",有助于确保自由权。具体说,除以选举权和被选举权为代表外,还应广泛地包括修改宪法的国民投票,以及对最高法院法官的国民审查在内。有时也应包含出任公务员资格。

宪法第 15 条规定,选举和罢免公务员是国民的固有权利。公务员的选举是保障成年者的普遍选举。在一切选举中,投票秘密不得侵犯。对于选举人所作的选择,无论在公私方面,都不得追究责任。

第 44 条规定,国会议员由国民选举。第 93 条规定,居民直接选举地方公共团体的首长、议会的议员及法律规定的其他官吏。第 79 条规定,国民可罢免最高法院的法官。第 96 条规定,宪法修订要获得国民的承认。

5. 受益权及请求权

受益权是指受裁判的权利与请愿权等,是确保基本权所需的基本权,自古以来就与自由权同受保障。

第 16 条规定,任何人对于损害的救济,公务员的罢免,法律、命令以及规章的制定、修改或废除,都有和平请愿的权利,任何人不因进行此种请愿而受不同待遇。第 17 条规定,任何人因公务员的不法行为而受到损害时,均得根据法律规定,向国家或公共团体要求赔偿。第 32 条规定,不得剥夺任何人在法院接受审判的权利。

6. 新人权与国际化

经济社会发展变化导致追求宪法未规定的新人权的呼声高涨。新人权主要包括:(1)知的权利。(2)隐私权及肖像权,隐私权在通讯的秘密(第 21 条)、住居之不可侵(第 35 条)等规定中得到一定程度的保护。但随着资讯社会的来临,个人的资料往往在本人不知情的情形下被滥用或恶用。因此,新人权之一的隐私权就受到格外重视。目前,一部分日本地方公共团体已制定了个人资料保护条例。
(3) 环境权。随着经济高度发展,公害问题也随之激增。日本政府已于1967年制定了包括公害对策基本法在内的数种公害立法或条例。在四大公害诉讼中,当地居民虽有胜诉,但仍希望能使环境的破坏与污染防范于未然。另外,日照权、海滨利用权也日益受到重视。
(4) 尊重死或安乐死的权利。

(三) 日本人权保障的实践

日本宪法第81条规定,最高法院是有权决定一切法律、命令、规则或行政行为符合宪法与否的终审法院。在违宪审查确立之初,学界虽然在该条赋予最高法院以具体性审查权这一点上存在共识,但对该条是否还赋予了最高法院以抽象性审查权,在遇到实践性问题时会发生争论。1962年10月8日,日本最高法院在审理警察预备队违宪诉讼案的大法庭判决中,否定了主张该条直接赋予最高法院以抽象性违宪审查权的见解,使当时的违宪审查制论争有了一个定论。

但是多年来,日本最高法院采取司法消极主义理念,不能很好地发挥人权保障作用,因而在日本,近来一直有人提出建立宪法法院的主张。[①] 事实说明:日本现行违宪审查制度,没有充分发挥保障人权的作用,因而不符合人民的要求;宪法制度应当服务于宪法基本原则,不能体现宪法基本原则的制度很难适应社会发展和人民的要求,迟早会被新的制度所取代。在当今人权原则张扬的国际社会背景下,更是如此。

[①] 有关资料可参看牟宪魁:《日本宪法诉讼制度论的课题与展望——以司法消极主义的根源与反对设立宪法法院的主流学说为中心》(中国法学会宪法学研究会2005年年会论文)。

第八章

21世纪西方宪法的新课题

第一节 概 述

从西方宪法史的宏大视角来看,立宪主义思潮的兴起以及宪政制度的确立是历史的必然选择,有其规律性和客观性。在这个漫长的宪政进程中,有许多古老与现代的因素不断参与其中,从而塑造了当代立宪主义的丰富内涵。因此,回顾并梳理西方宪法发展的历史,描绘立宪主义发展的脉络,总结立宪主义发展的基本规律,反思西方宪法制度的优势与不足,对于人类在21世纪应对新的政治与社会问题具有十分重要的意义。

当前,人类已经踏入了21世纪,新的历史情境必然给现有的宪政思想、宪法理论、宪法制度与宪法实践带来新的挑战,也必然给立宪主义的发展带来新的机遇。

把握当下是为了展望未来。因此,要正确评析并展望立宪主义的发展趋势,而正确把握当前西方立宪主义的现状具有基础性地位。然而,这项努力的困难也是显而易见的。原因在于,首先,当前世界各国的宪法实践具有很明显的差异性,不同的国家虽然分享着某些共同的宪政理念和宪法价值,但是它们的宪法制度及其宪法实践迥异,并且具有各自的正当性和有效性。因此,对之作一个统摄性的评价似乎难以实现,甚至也不大合理。其次,当前立宪主义无论是思想、理论还是制度都处于某种程度的探索阶段,也因此处于不断变化之中，一些优点和弊端尚未充分呈现出来。这给正确评价带来了难度。再次，在不同的国家和不同的文化传统里，立宪主义具有不同的效果，在脱离语境的抽象层面评价某项宪政思想或宪法制度的合理性和适当性似乎也不大恰当。最后，按照历史唯物主义观点，一切随条件而变化，在新的世纪，立宪主义必然要遇到并应对一些新的问题、新的情况，这将对立宪主义的发展轨迹产生重要的影响，无疑也对预见新世纪立宪主义发展趋势带来了困难。当然，事实也没有那么悲观。如果我们把立宪主义作为一项未完成的事业，从当前立宪主义面临的困境以及准备解决的问题出发，来展望新世纪立宪主义的发展趋势，也是一条不错的进路。

第二节 当代西方宪法的机遇与挑战

日本学者杉原泰雄曾经对当前立宪主义的现状作了一个判断，他认为，考察现代的各种宪法及宪法政治后可发现，无论是在先进的资本主义国家，还是在发展中国家，所有类型的宪法都处于一种可称为混乱时期的状态，没能发挥出应有的作用，尽管其原因各不相同。[①] 由此，他认为立宪主义必然要在近代和现代之后出现第三个历史转折期。而这个历史转折期主要是应对当前立宪主义的一些困境和问题。杉原泰雄的看法有些悲观，并且没有提出什么非常有力的证明。在我们看来，当前立宪主义的主要问题有：

一、福利国家与宪政价值之间的平衡

从西方立宪主义发展史来看，人类为了反抗封建专制而诞生了近代宪法，又为了解决近代宪法中的一些弊端与缺憾而诞生了现代宪法，这是一个一脉相承的历史进程，从而实现了宪法价值从自由权到自由权和社会权兼顾的局面。可以说，人类当前的许多进步与发

---

① 参见〔日〕杉原泰雄：《宪法的历史》，渠涛等译，社会科学文献出版社2000年版，第164页。

展都是建立在立宪主义之上的。

但是,要清醒认识到,现代宪法代替近代宪法并不是一个否定的过程,而是一个弥补和完善的过程,这意味着,以干预主义和福利国家为特征的现代立宪主义的兴起,并不表示国家干预和行政主导具有抽象的合理性,它们的存在必须以保障公民基本自由的实现和维护公民人的尊严为前提。

当前,行政权力日益膨胀,议会的地位每况愈下,这已经昭示着近代立宪主义的一个重要价值,即民主的失落,也意味着如果不对行政权力作出合理的限制,可能会使近代宪法致力解决的基本问题死灰复燃,最后导致现代立宪主义的失败。因此,只有把现代立宪主义当作近代立宪主义的补充而不是否定,继续以自由和民主为宪法的基本价值来建立法制,才能够真正实现人的全面自由。美国学者杰克·唐纳利就曾在《普遍人权的理论与实践》一书中鲜明地指出了这一点。①

由此可见,现代立宪主义向当代立宪主义的转向也是建立在解决现代立宪主义的一些弊端和面临的问题的基础之上的,是对现代立宪主义在近代立宪主义问题上的矫枉过正而产生的弊端进行纠正。但是,这个过程尚未开始,在有些国家,现代立宪主义的发展已经开始侵害宪法的基本价值了,一些宪法实践对于自由和民主产生了较大的侵害,而这些侵害都是打着现代立宪主义的旗号进行的。

其实,如果福利国家代表着一种新自由主义理念的话,那么,福利国家与宪政价值之间的关系可以理解为新自由主义与古典自由主义之间的关系。当前,福利国家和干预主义的兴起,使立宪主义的基本价值即自由有遭受侵害之虞。这也是当代社会持古典自由主义立场的思想家们排斥新自由主义的价值主张与制度诉求,重申古典自由主义立场的现实依据。

因此,福利国家的产生对于人权是一把双刃剑。因为权力对于

---

① 参见〔美〕杰克·唐纳利:《普遍人权的理论与实践》,王浦劬译,中国社会科学出版社2001年版,第170页。

权利的侵蚀从来就没有停止过,权力需要宪法进行限制是自由主义者念兹在兹的。但是,对于平等的诉求有遮蔽自由本身的可能性。也就是说,新自由主义在保障平等的论证下,可能潜在地使自由处于危机状态。因此,自由至上主义者对于新自由主义持一种批评立场。他们对新自由主义强调平等而克减自由、强调公正而可能扩张政府权力感到忧虑。因此,他们再次伸张个人自由,并将自由置于公正的优先性地位。

这种自由主义内部的论争,很大程度上反映了立宪主义在价值上的紧张关系。因此,全面审视现代立宪主义的弊端,重新整理并保留宪法的基本价值,合理维持福利国家与宪法价值之间的平衡,对于当代立宪主义的发展具有重要意义。

二、立宪主义与经济发展的矛盾

在当今世界,和平和发展依旧是两大主题,这意味着经济发展在一个国家依旧具有决定性的价值。从严格意义上讲,立宪主义是一定市场经济的产物。也就是说,市场经济孕育并塑造了立宪主义的基本价值。这同时表明,立宪主义的实现程度是和一定的生产力水平相适应的。从人权的角度来看,一个国家如果有一部文本意义上的宪法,但是生产力水平很低,人民处于贫困状态,那么这样的宪法也只能是一个美丽的泡沫。由此可以认为,立宪主义是否确立及确立以后是否完善与经济发展的水准的确有十分明显的依存关系。经济极不发达构成了宪政生存和发展的障碍。

另外,从宪法到宪政的过程,一个关键的因素是公民的素质要达到一定的水准。公民的素质和文化教育与社会的文明程度休戚相关。这一切有赖于国家经济发展水平的提高。当前,虽然许多发展中国家制定有宪法,但大多数发展中国家的公民普遍缺乏宪法意识,当权利受到侵害时,很少想到宪法,更不善于运用宪法,他们习惯于崇拜权力、畏从权力,这与发达国家的公民习惯于运用宪法保卫自己的权利形成鲜明对照。

可以说,在一个落后的、公民文化尚未生长的国度里是不可能出现宪政奇迹的,它只能为非宪政的政权结构奠定群众基础。美国学者卡尔·柯恩曾指出:"严重贫困的群众,根本无法获知参加公共事务的足够信息,对公共事务进行有效的讨论,进行有效率的组织,并接触他们的代表。""极端的贫困使参与者愚昧无知,即使是广泛的参与,也不过是表面文章,民主必然失败。"①

因此,当前许多国家特别是发展中国家,虽然制定了自己的宪法,但是这种宪法保障自由和民主的力度非常微弱,而确定经济发展和效率原则成了宪法的主要追求。特别是一些后发国家,为了发展经济甚至出现了威权主义宪政。因为后发国家宪政确定的过程与西方国家不同,西方国家的宪政进程是一个主权民族国家确立和民主政治建设、经济发展和政治发展并发的过程,而后发国家经历的是一个从主权民族国家确立到民主政治建设、从经济发展到政治发展前后衔接的过程。②

因此,一些后发国家即使建立了初步的宪政制度,实际上也不会真正重视宪法价值的保护,相反会为了经济发展而轻易改变宪法内容、拖延宪法权利的实现,甚至削减宪法权利,最终损害了宪法的权威,极大地阻碍了公民宪法意识的形成,以致损害立宪主义的确立。

美国学者卡尔·罗文斯坦曾根据宪法的实施效果的不同,将宪法分为规范性宪法、名义性宪法与语义性宪法。规范性宪法是指宪法的内容能够贯彻于社会生活之中的宪法;名义性宪法是指与政治现实存在距离,因而不能有效地运用于社会生活中的宪法;语义性宪法是指既不反映现实状况,也不起实际作用的宪法。③

对于发展中国家来说,由于经济落后,加之在国际经济格局中又处于不利的地位,因而"促进经济是政府的首要任务"。对政府来说,"为了发展的紧急任务而集中和聚合权力(以及取消对人权的讨

---

① 〔美〕柯恩:《论民主》,聂崇信、朱秀贤译,商务印书馆1988年版,第111页。
② 参见潘伟杰:《现代政治的宪法基础》,华东师范大学出版社2001年版,第50页。
③ 参见〔日〕芦部信喜:《宪法》,李鸿禧译,月旦出版社1995年版,第35页。

论)是理所当然的"①。这种为发展经济而采取集权、压制人权、排斥宪政的做法正是这些国家宪政难以生存和发展的历史性两难抉择,可能最终导致名义性宪法和语义性宪法的产生。因此,如何正确对待立宪主义和国家发展的关系,是21世纪立宪主义发展需要面对的严峻问题。

三、西方与非西方立宪主义的冲突

在当前的立宪主义理论中,立宪主义似乎代表着一种普适的价值和理念,对于非西方的国家而言,实现宪政的过程只能是按照西方立宪的轨迹进行。因此,在这种立宪主义的话语之中,西方与非西方之间在历史和文化上的差异便被忽略了。但是,20世纪后半期人类的宪法实践中,西方与非西方在宪法哲学、宪法理论和宪法制度上的差异已经日渐清晰地呈现出来了,甚至构成了立宪主义普适性的危机。这种差异在21世纪将会更加明显。

西方与非西方立宪主义的区别,主要表现在以下几个方面:②首先,西方的立宪主义是在资本主义经济基础开始形成的历史条件下形成的,反映了市场经济发展的客观规律;而非西方社会的立宪主义是在市场经济没有充分发展起来或者发展非常缓慢的历史背景下形成的。

其次,立宪主义是一种文化的产物,反映了一个民族或者特定区域文化的特点。多数学者认为,西方立宪主义的文化基础是基督教文化,它孕育了西方立宪主义的基本价值,而西方以外之社会,虽然有过基督教文化的影响,但是其文化基础依旧是传统文化。有些学者指出:"在立宪主义思想的移植过程中,西方与非西方社会首先在文化领域发生尖锐的冲突,这一冲突始终贯穿立宪主义发展的过程之中。从立宪主义的普遍原理与文化相对主义的相互关系来看,这

---

① 雅施·盖伊:《第三世界的国家理论和宪政制度问题》,载许崇德主编:《宪法与民主政治》,中国检察出版社1994年版,第290页。
② 参见徐秀义、韩大元主编:《现代宪法学基本原理》,中国人民公安大学出版社2001年版,第57页。

一冲突迄今没有完全结束,它以不同的形式影响今后立宪主义发展。"①

最后,西方立宪主义的基本目标是保障人权和分权,而在非西方社会,则是在人权保障方面强调社会和谐,在和谐中实现人权保障。而且,从历史传统和政治文化以及社会心理的角度看,非西方社会比较强调权力的集中。因此,展望21世纪立宪主义的发展,如何应对西方与非西方社会在立宪主义取向上的分殊,是一个值得关注的话题,这里面的关键就是如何在立宪主义的普遍性和特殊性之间正确把握。

四、人权保障面临着新的挑战

回顾西方宪法史,不难发现,立宪主义的发展给人类的自由保障带来了巨大的推动力,提供了有力的价值论证和制度保障。人权发展也经历了自由权到社会权再到集体权三个阶段的进步。但是,不容忽视的是,近代立宪主义和现代立宪主义主要解决的或者试图解决的是权利和权力之间的监督和制约问题。对于一些特殊的人权和特殊主体的人权,现代立宪主义并没有提及或者虽已注意到但没有提出很好的解决方案。这些新课题主要表现为:②

其一,人权保障的物质基础与人权保障的矛盾。因为任何的人权保障必须建立在较为扎实的物质基础之上,特别是福利国家的兴起,社会权作为一项人权已经成为基本共识,但是这些权利的保障需要政府强大的经济实力作后盾,需要国家致力于经济建设,这里面就容易产生效率与公平的问题,产生限制自由权利以服务于经济发展的问题,这个矛盾在发展中国家尤为突出。

其二,一些特殊主体的人权保障值得进一步重视。比如外国人的人权保障问题,当代社会交往频繁,已经成了一个不断开放的社会,把人权保障仅仅局限于国民的范围已经不大可能了,因此如何保

---

① 徐秀义、韩大元主编:《现代宪法学基本原理》,中国人民公安大学出版社2001年版,第57页。
② 参见〔日〕杉原泰雄:《宪法的历史》,渠涛等译,社会科学文献出版社2000年版,第190页。

障外国人的人权值得进一步的探讨。此外还有儿童权利保障问题。儿童的保障在当前似乎是个伪问题,因为一般来说,儿童的权利往往受到政府的特殊的关照,不大容易受到侵害。但是,需要特别强调的是,在当前儿童权利的侵害大多数是恰恰以所谓的保护的名义进行的,因此,应当以明确的程序和清晰地限制来保证儿童在受到保障的同时不因此受到侵害。另外,妇女的歧视问题依旧需要进一步解决。①

其三,一些特殊的人权问题有待于解决,包括:(1)和平生存权。和平是人权保障的最基本条件,政府在保障人权方面应当遵守的首要义务就是确保和平。因为"在和平环境中生存的权利是人权中的人权"②。(2)保障环境权。环境破坏的日益加剧已经逐渐威胁到人类生存本身。而现代立宪主义在文本上几乎没有正面提及环境权,而它也许就是21世纪人权中的重要维度。有学者也因此提出应将环境权作为一项人权写入宪法。③(3)知情权和受教育权。知情权是民主政治的重要条件,受教育权则是提高人民素质的重要手段,但是,国家是否有权干预或者限制教育内容,是涉及真正提高公民理性和自由的一个重要方面。(4)一些少数民族的人权保障问题,依旧是当代立宪主义需要认真对待的课题。

其四,集体人权与人权的关系需要厘清。当前三代人权观已经逐渐成为共识,即自由权、社会权和集体权,其中第三代人权涉及民族自决和发展权等集体权利。这就给当前的人权保障提出了严重的问题。按照《联合国人权宣言》,人权"来自于人的固有的尊严",因此,集体权利是不可能符合人权的定义的,除非给人权重新定义。

按照美国学者唐纳利的观点,集体人权的思想"代表了一种重要的和至少是混乱的概念性偏差"④。他认为,包括国家在内的集体

---

① 参见〔日〕杉原泰雄:《宪法的历史》,渠涛等译,社会科学文献出版社2000年版,第190页。
② 同上。
③ 参见吕忠梅:《环境权条款应写入宪法》,载《中国青年报》2004年8月12日。
④ 〔美〕杰克·唐纳利:《普遍人权的理论与实践》,王浦劬译,中国社会科学出版社2001年版,第171页。

可以而且确实拥有各项权利。可是,这些权利并不是人权。无论它们具有什么样的相对重要性,人权和人民权利是极为不同的权利,应当予以区分。诚然,个体人权不是绝对的,应当受到一定的社会限制,但是这些个体对于社会的义务并不构成一项集体人权。

因此,"今天大多数国家的真正危险不是过分强调个人人权。在大多数国家,个人人权仅仅受到脆弱的保护。集体人权思想中的内在概念混乱,可能会导致进一步的过分强调社会责任。压迫性的,家长统治的政权常常诉诸人民集体权利,用它来藐视或压迫真正的具体的人的欲望,或者否认他们的权利"①。

诚然,唐纳利的观点不免有些过于偏激,但是他提出的问题还是值得深思的,因为在当前一些国家以发展与和平的集体权利的名义压制个体人权的现象时有发生。这无疑也是当代立宪主义在理论上应当回应的一个课题。

五、影响宪法发展的其他关键因素

首先,战争与军备问题。在传统观念上,人们一直认为战争与军备是一个国家免受外国侵犯、保卫国家独立和国民人权不可或缺的、最终的手段。但是,二战以后的世界历史已经清楚地告诉人们,在当代,战争与军备不仅不再具有这种意义,甚至已经成了各类现代宪法的绊脚石。按照日本学者杉原泰雄的观点,二战以后,由于军事科学技术已经发达到惊人的程度,战争不再是保卫国家独立和国民人权的最终手段。如果在当代爆发全面战争,人类将面临灭顶之灾,立宪主义小心翼翼守护的人权可能因此毁于一旦。

更为重要的是军备问题,由于核威慑的存在,军备问题已经失去了以前的合法性,但是军备开支依旧在当前世界各国财政中占有非常大的比重。当前一些国家由于军备原因导致经济和财政上出了问

---

① 〔美〕杰克·唐纳利:《普遍人权的理论与实践》,王浦劬译,中国社会科学出版社2001年版,第172页。

第八章　21世纪西方宪法的新课题

题,从而难以确保人权保障的良好状态,并由此扰乱了正常的宪法秩序。①

其次,南北问题的存在,依旧是 21 世纪立宪主义发展的重要障碍。当前东西方问题已经逐渐转化成南北问题,但是现代立宪主义依旧没有探索出解决这个问题的原理和方法。可以说,这个问题的解决与否,直接影响到立宪主义在 21 世纪的发展。按照一些学者的观点,这个问题可以从几个方面探讨:

其一,要禁止发达国家对于发展中国家的武器进出口,因为武器出口使宗教民族问题很容易上升为武力争端,最后导致人权得不到保障,这个现象在当前的国际政治中可谓屡见不鲜。同时,发展中国家也由此会发生经济和财政衰败,直接影响其人权保障的力度。

其二,发展中国家依旧没有摆脱发达国家在政治、经济、军事等方面的干涉和支配。这导致其国家主权受到很大的制约,直接后果就是其国民人权不能得到完满的保障。因此,正确对待和尊重发展中国家的主权和民族自决权等第三代人权对于第一代、第二代人权的保障具有先决性地位。

其三,发达国家应当尽量将自己现代宪法中所秉承的社会国家理念国际化,在解决南北问题上作出自己的贡献。②

最后,民主危机依旧是一个立宪主义需要认真对待的命题。在近代立宪主义兴起之际,为了反对封建专制,民主作为一个重要的意识形态和价值被纳入到立宪主义理论之中,人民主权成了大多数国家立宪的基本理念。但是,现代立宪主义的一些发展已经逐渐偏离了民主原则,甚至产生了宪政中的民主危机。

达尔曾经尖锐指出:"民主"这个概念应当仅仅用作一种理想类型,这是因为,对于公民选举出来担任公职的人,没有一种政府形式能够让公民获得这些人全面的负责,世界上的大多数国家在最好的

---

① 参见〔日〕杉原泰雄:《宪法的历史》,渠涛等译,社会科学文献出版社 2000 年版,第 164 页。
② 同上书,第 182 页。

情况下所拥有的也只是"多头政治"或者"近似民主"。①

美国政治学家亨廷顿把民主用来指一种政府形式、政府权威来源以及组建政府所必须遵守的程序。② 因此,民主的理念在当代已经偏离了近代宪法所强调的人民主权原则,已经变得难以控制或者成为一种表面上的程序性机制。在代议制国家,民主原则也由于行政国家的出现、议会地位的下降而日渐削弱。

虽然"夜警国家"的长期存在导致议会在处理一些新的现实问题上缺乏能力和效率,但是并不能因此论证行政权力的扩张具有宪政意义上的正当性。议会的削弱最后会导致民主政治失去最低限度的保障,从而削弱立宪主义的正当性。同时,人民如何行使参政权,参与国家的管理与治理,监督政府的行为,也是当前立宪主义在民主问题上面临的重要问题。

另外,法院违宪审查权的存在,对于民主原则提出了新的挑战,需要立宪主义在理论上作出完满的解释。

第三节 知行合一:当代立宪主义的使命③

从西方立宪主义历史来看,在宪法思想、宪法价值和宪法理论等方面,人类的思考已经达到了一定的深度和理性程度。从目前一些国家宪政实践来看,一些基本的宪政原理体现了人类政治文明的发展方向,具有一定的普适价值。一些宪政制度在保障人权、促进发展方面也必不可少。一些基本人权已经成为各国立宪主义的共识。

---

① See Robert Dahl, *Polyarchy: Participation and Opposition*, New Haven: Yale University Press, 1971, pp. 2–8.
② 参见〔美〕亨廷顿:《第三波:20世纪后期民主化浪潮》,刘军宁译,上海三联书店1998年版,第8—11页。
③ 童之伟教授曾经在1997年提出宪政秩序调整的"行易知难"问题,这个判断在当时建立市场经济社会的历史背景下无疑是一个深刻的洞识,也是一个实事求是的判断。笔者认为,经过宪法学界多年来的努力和外国宪政理论和实践的引介,在中国甚至在世界上很多国家,"知"的问题大体上取得了很大的进步,而目前或者今后"知行合一"的问题显得更为迫切。参见童之伟:《论适应市场经济社会的宪政秩序调整》,载《法权与宪政》,山东人民出版社2003年版,第596页。

但是，一些国家对于立宪主义的认识在一定程度上只停留在认识层面，在实践中并没有真正展开或者展开缓慢或者任意克减。这种现象属于知行的断裂，这主要表现为以下方面：

首先，一些国家把宪法当作花瓶的现象依旧存在。宪法的制定不是一个价值理性和工具理性相结合的过程，而是出于一种宪法工具主义考量。要么将宪法作为一种政权合法性的确认形式，要么将宪法视为一种没有实践价值的纲领性文件，要么将宪法作为确认经济发展和社会需求的工具并不断对其进行修改。虽然这些国家对于立宪主义的基本价值了然于胸，但是，由于各种原因它们没有真正按照宪法办事，它们的宪法被人称为装饰性宪法。

其次，在当前世界各国，立宪主义的基本价值已经取得较大的共识，但是，文化相对主义和经济发展的差异导致宪法相对主义具有一定的市场。因此，一些国家在"行"的问题上，过于强调自身发展的特殊性，企图另辟蹊径，探索独特的立宪主义模式以实现人民的福祉。但是，这种实践往往缺乏人类经验的支持和理论上的论证而容易导致破产，从而直接损害立宪主义的形象。

最后，从当前对于立宪主义的认识来看，一些基本人权已经成了宪政必不可少的价值内核，这些人权是人类通过长期的历史经验总结而来的，弥足珍贵。但是，在当代宪法之中，依旧有一些基本人权没有得到真正落实，要么没有落实在宪法文本之上，要么没有落实到宪法实践之中，要么被通过不同的技术手段削减和改造，最终使宪法不能实现其应有价值。

因此，如果说20世纪是一个人类命运风云变幻、跌宕起伏的世纪的话，那么值得欣慰的是，人类通过自己的命运总结了许多弥足珍贵的经验与教训，这些构成了现代立宪主义生生不息的知识渊源。如何维护和发展这些基本价值，是21世纪人类应当致力于奋斗的目标。

当然，21世纪必然有自己的问题和境遇，但是这些问题和境遇可能只有通过人类真真切切实现和维护20世纪总结的价值才能真正得以解决，有些问题甚至可以避免。可以说，知行合一是当代立宪主义致力的使命。